Müller · Leitner · Dilg · Mráz

Physik

Leistungskurs 2. Semester
Elektromagnetische Schwingungen und Wellen
Wellenoptik
Relativitätstheorie

Oldenbourg

Das Papier ist aus chlorfrei gebleichtem Zellstoff hergestellt, ist säurefrei und recyclingfähig.

8., neubearbeitete Auflage 1990
Unveränderter Nachdruck 06 05 04 03 02
Die letzte Zahl bezeichnet das Jahr des Drucks.

Umschlagkonzeption: Mendell & Oberer, München
Satz und Druck: Tutte Druckerei GmbH, Salzweg-Passau
Bindung: R. Oldenbourg, Graph. Betriebe GmbH, München

ISBN 3-486-**02988**-6

Inhalt

Vorwort 5

A Elektromagnetische Schwingungen und Wellen

1. Der Wechselstromkreis 7
2. Der elektromagnetische Schwingkreis 22
3. Vergleich von elektromagnetischer und mechanischer Schwingung 28
4. Erzeugung ungedämpfter Schwingungen 38
5. Elektromagnetische Dipolschwingungen 58
6. Elektromagnetische Strahlung 67
7. Die Wellennatur der elektromagnetischen Strahlung 72
8. Mikrowellen (Zentimeterwellen) 96

B Optik

9. Beugungs- und Interferenzversuche mit Licht 124
10. Mehrfachspalt und optische Gitter 150
11. Polarisation des Lichtes 166
12. Das elektromagnetische Spektrum 169

C Einführung in die Grundlagen der speziellen Relativitätstheorie

13. Der Begriff »Relativität« in der klassischen Kinematik 178
14. Die »Grenzgeschwindigkeit« 182
15. Problematik der Längenmessung 186
16. Zeitlich-räumliches Bezugssystem 196
17. Zeit- und Längenmessung in gegeneinander bewegten Bezugssystemen 202
18. Relativistische Transformation für Zeit, Ort und Geschwindigkeit 219
19. Relativistischer Impuls – Geschwindigkeitsabhängigkeit der Masse 230
20. Relativistische Energie – Äquivalenz von Masse und Energie 236

Anhang 1:
Beispiele zur numerischen Lösung von Schwingungsgleichungen 245
Anhang 2:
Mathematische Behandlung von Gitter und Einfachspalt 253
Anhang 3:
Lösungen zu den Aufgaben 258
Anhang 4:
Reifeprüfungsaufgaben zur Relativitätstheorie und Auszüge aus Reifeprüfungsaufgaben mit Fragen zur Wellenoptik 333
Anhang 5:
Referatsthemen für das 2. Semester im Leistungskurs Physik 351

Register 356

Vorwort

Das vorliegende Buch für das zweite Semester des Leistungskurses Physik behandelt in bewußt straffer Form und einprägsamer bildlicher Darstellung die Lerninhalte des derzeit in Bayern gültigen Lehrplans.
Dem Lehrer bleibt dabei die wünschenswerte Freiheit in der Gestaltung des Unterrichtes erhalten – der Schüler findet das für ihn Wesentliche so dargestellt, daß er die Lernziele erreichen kann. Darüber hinaus wird dem Schüler durch Hinweis auf geeignete Literatur die Möglichkeit geboten, seine Kenntnisse noch zu vertiefen.
Kleinere geeignete Abschnitte des Lehrstoffes werden in Form von Aufgaben gestellt, um den Schüler zur Eigentätigkeit anzuregen. Ausführliche Lösungen hierzu sind in einen Anhang aufgenommen. Darüber hinaus findet der Leser im Lehrbuch zahlreiche für den Leistungskurs geeignete Aufgaben zur Lernzielkontrolle, deren Lösungen meistens in einem Anhang beigegeben werden.
Die beschriebenen Versuche sind im allgemeinen nicht an bestimmte Gerätetypen gebunden. Experimente, die für ein Praktikum geeignet sind, werden so ausführlich beschrieben, daß sie der Schüler selbständig vorbereiten und durchführen kann.
Die mit einem Stern (*) gekennzeichneten Kapitel gehören nicht zum Pflichtpensum des in Bayern gültigen Lehrplanes. Sie können bei Zeitknappheit ohne weiteres übergangen werden. Einige dieser Kapitel eignen sich für Facharbeiten bzw. Referate. Das Symbol ▮ weist auf geeignete Unterrichtsfilme hin.
In einem Anhang sind für zusätzliche Übung neuere Reifeprüfungsaufgaben aus Bayern hinzugefügt.

Die Verfasser

Vorwort zur 8. Auflage

Die Änderung des in Bayern geltenden Lehrplans machte eine Umgestaltung des Buches notwendig. So mußten unter anderem zur Veranschaulichung an geeigneter Stelle mechanische Beispiele zu Schwingungen und Wellen eingearbeitet werden. Die übrigen Teile wurden zur Straffung etwas umstrukturiert.
In einem Anhang werden Beispiele zur numerischen Lösung von Schwingungsgleichungen gegeben, ein weiterer Anhang enthält eine Liste möglicher Referatsthemen.

Die Verfasser

A Elektromagnetische Schwingungen und Wellen

1. Der Wechselstromkreis

Sieht man bei einem Stromkreis mit konstanter Spannung von Ein- und Ausschaltvorgängen ab, so hängt die Stromstärke im Kreis nur vom ohmschen Widerstand ab. Wird z. B. an eine Spule eine Gleichspannung angelegt, so wird der stationäre Endstrom nur vom ohmschen Widerstand des Spulendrahts begrenzt. Legt man dagegen eine Gleichspannung an einen Kondensator, so fließt im stationären Fall kein Strom, da der Kondensator eine Unterbrechung des Stromkreises darstellt. Die Untersuchung des Ein- und Ausschaltvorganges bei Spule und Kondensator hat gezeigt, daß für den Verlauf des Stromes die Induktivität bzw. die Kapazität eine Rolle spielen. Legt man an eine Spule bzw. einen Kondensator eine Wechselspannung, so ist zu erwarten, daß der zeitliche Verlauf des Stromes von Induktivität bzw. Kapazität abhängig ist.
Dabei interessieren in der Praxis häufig nicht die Momentanwerte, sondern nur die Effektivwerte von Strom und Spannung. Ähnlich wie beim Gleichstrom definiert man daher als **Wechselstromwiderstand** von Kondensator, Spule bzw. ohmschem Widerstand den jeweiligen Quotienten aus Effektivspannung und Effektivstromstärke:

$$\boxed{X := \frac{U_{\text{eff}}}{I_{\text{eff}}}}$$

In den folgenden Abschnitten untersuchen wir diese drei Grundbausteine von Wechselstromkreisen jeweils unter zwei Gesichtspunkten:

1. Welcher Zusammenhang besteht zwischen dem zeitlichen Verlauf von angelegter Spannung und Stromstärke?
2. Wie hängt der Wechselstromwiderstand ab von den bestimmenden Größen C, L bzw. R und der Frequenz der angelegten Wechselspannung?

1.1 Ohmscher Widerstand im Wechselstromkreis

1. Versuch: Instrumentenpolung im Gleichstromkreis

Im Gleichstromkreis wird die am Widerstand R anliegende Spannung positiv gezählt, ihr soll ein positiver Ausschlag am Instrument (nach rechts) zugeordnet werden. Der Strom im Kreis ergibt sich aus der Beziehung $I = \frac{U}{R}$ als positive Größe, wobei U die am Widerstand anliegende Spannung bedeutet. Das Am-

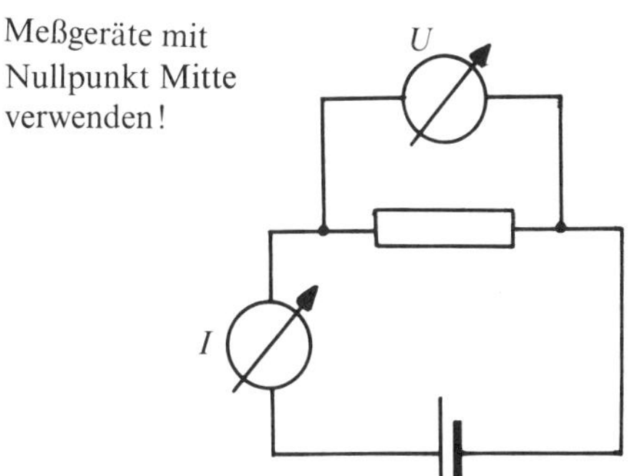

peremeter ist demnach so in den Kreis zu schalten, daß sein Zeigerausschlag ebenfalls nach rechts erfolgt. Die Instrumente zeigen dann Strom und anliegende Spannung vorzeichenrichtig an.

2. Versuch: Momentanwerte von Wechselstrom und -spannung

Die Gleichspannungsquelle wird nun durch eine Wechselspannungsquelle ersetzt, deren Frequenz so klein ist ($f \approx 0{,}5\,\mathrm{s}^{-1}$), daß die Instrumente noch die Momentanwerte von Strom und Spannung anzeigen können.

Meßgeräte wie im 1. Versuch
Als Spannungsquelle dient ein Sinusgenerator

Der Versuch ergibt, daß mit

$$U(t) = U_0 \sin(\omega t)$$

auch

$$I(t) = I_0 \sin(\omega t)$$

ist. Man sagt für diesen Fall: Strom und angelegte Spannung sind **in Phase**.

Weiter findet man für den Quotienten der Scheitelwerte $\frac{U_0}{I_0}$ im 2. Versuch denselben Wert wie für den Quotienten der entsprechenden Größen im Gleichstromkreis, $\frac{U}{I}$, im 1. Versuch.

Da $\frac{U(t)}{I(t)}$ unabhängig von der Zeit konstant ist, ist der verwendete Widerstand nach unserer Festlegung ein ohmscher Widerstand (vgl. 1. Sem. S.165). Für seinen Wechselstromwiderstand ergibt sich nach obiger Definition in Verbindung mit dem Versuchsergebnis:

$$X_R = \frac{U_{\mathrm{eff}}}{I_{\mathrm{eff}}} = \frac{\frac{U_0}{\sqrt{2}}}{\frac{I_0}{\sqrt{2}}} = \frac{U_0}{I_0} = \frac{U}{I} = R \qquad \text{also} \qquad \boxed{X_R = R}$$

Zeitlicher Verlauf von Strom und Spannung

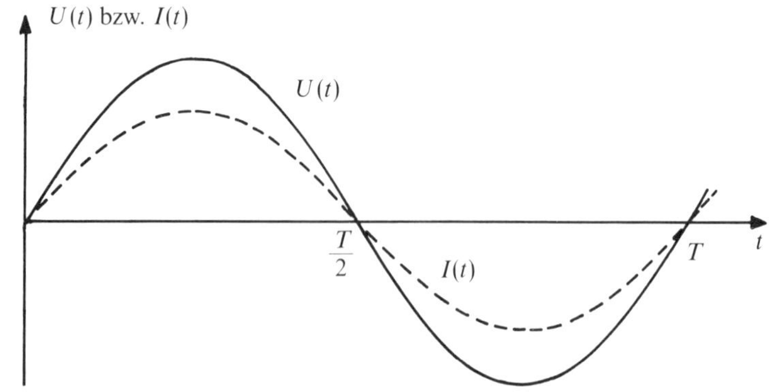

Dabei ist $T = \frac{1}{f}$ bekanntlich die »Periodendauer« von Wechselspannung bzw. -strom,

$\omega = 2\pi \cdot f$ nennt man die »Kreisfrequenz«.

Aus diesem Diagramm lassen sich für jeden Zeitpunkt die Momentanwerte von Spannung bzw. Stromstärke entnehmen.

Dieses Ergebnis bei der Darstellung des zeitlichen Verlaufs einer Größe ist von der Mechanik her schon bekannt: Bei einer harmonischen Schwingung erhält man ebenfalls eine »sinusförmige« Kurve. Für eine solche harmonische Schwingung konstanter Frequenz kann man aber auch eine einfachere und häufig zweckmäßigere Darstellung angeben. Die Schwingung verläuft synchron zur Parallelprojektion einer Kreisbewegung mit geeigneter Umlauffrequenz und Radius.

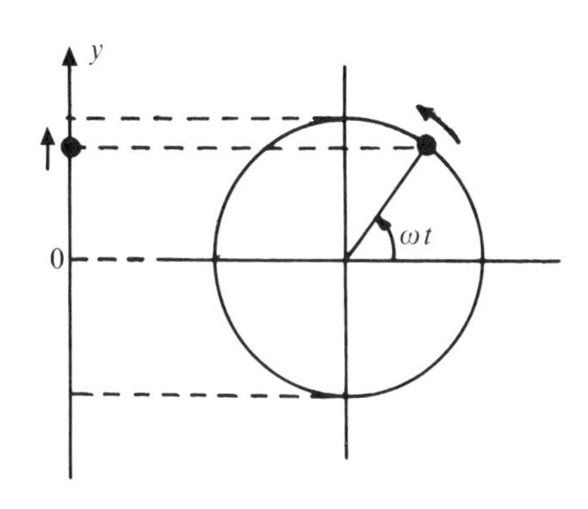

Daraus ergibt sich allgemein für eine Schwingung konstanter Frequenz und insbesondere für Wechselspannung und -strom die Darstellung durch das sogenannte

Zeigerdiagramm:

Dabei wählt man Zeiger, deren Länge ein Maß für U_0 bzw. I_0 ist. Diese Zeiger kreisen mit konstanter Winkelgeschwindigkeit $\omega = 2 \cdot \pi \cdot f$ um den Punkt 0 im mathematisch positiven Drehsinn. Den **Phasenwinkel** $\varphi = \omega \cdot t$ zählt man vereinbarungsgemäß von der Rechtswertachse aus. Die Momentanwerte $U(t)$ bzw. $I(t)$ ergeben sich in dieser Darstellung als Projektion der entsprechenden Zeiger auf die Hochwertachse.

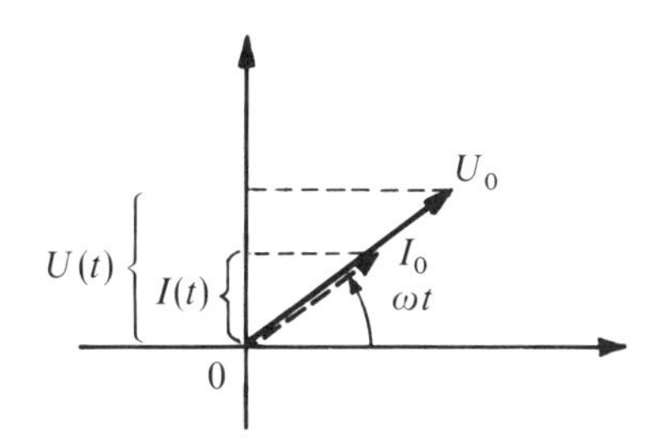

1.2 Kondensator im Wechselstromkreis

Während im Gleichstromkreis mit Kondensator nach Beendigung des Ladevorgangs der Strom den Wert Null annimmt, fließt im Wechselstromkreis – bedingt durch die periodische Auf- und Entladung des Kondensators – dauernd ein Wechselstrom.

3. Versuch: Momentanwerte von Wechselstrom und -spannung

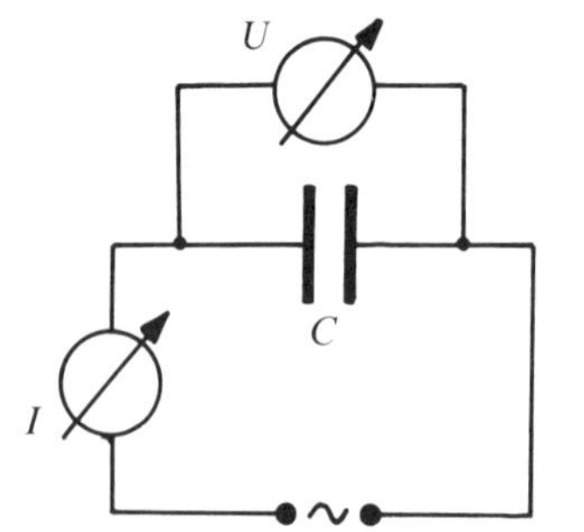

Instrumentenpolung und Frequenz des Wechselstroms wie beim 2. Versuch
Beispiel: $C = 1000\,\mu F$
$U = 2\,V$

Hinweis: Bei allen Versuchen mit Wechselspannung dürfen keine Elektrolytkondensatoren verwendet werden. Das Anlegen einer Wechselspannung zerstört den Kondensator.

Ergebnis: Der Wechselstrom eilt der am Kondensator anliegenden Wechselspannung in der Phase um $\Delta\varphi = \frac{\pi}{2}$ voraus.

Zeitlicher Verlauf von Strom und Spannung:

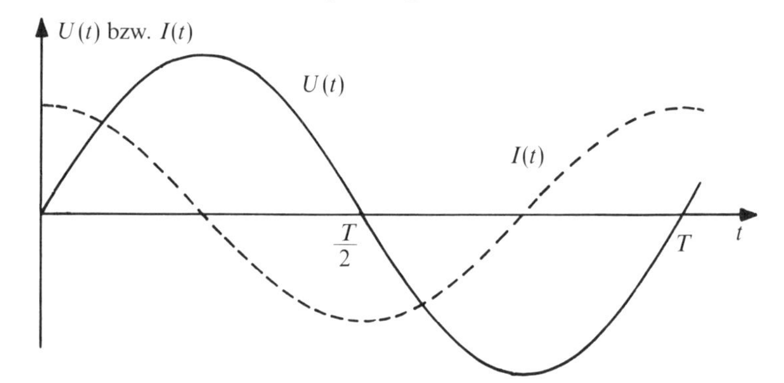

1. Aufgabe:
Geben Sie zur obigen Kurvendarstellung diejenigen Zeitabschnitte an, in denen

a) der Kondensator aufgeladen bzw. entladen wird.
b) die Stromquelle Energie abgibt bzw. aufnimmt (Hinweis: gleiches Vorzeichen von Strom und Spannung bedeutet Energieabgabe der Stromquelle).

Für den oben dargestellten Spannungs- und Stromverlauf erhält man z. B. bei $t = \frac{T}{3}$ das folgende **Zeigerdiagramm:**

Dabei erscheint es auf den ersten Blick merkwürdig, daß der Strom dann seinen Maximalwert hat, wenn die Spannung Null ist bzw. umgekehrt. Diese Erscheinung läßt sich jedoch einfach deuten:

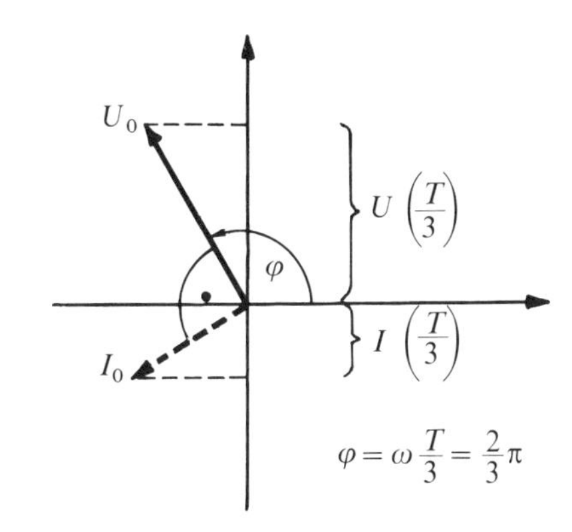

Im Zeitintervall Δt_1 ändert sich die anliegende Spannung und damit die Kondensatorspannung um einen relativ großen Betrag. Da $\Delta Q = C \cdot \Delta U$, ist in diesem Zeitintervall die transportierte Ladungsmenge und damit der Ladestrom $I = \frac{\Delta Q}{\Delta t_1}$ relativ groß.

Im Zeitintervall Δt_2 nimmt die Kondensatorspannung nur wenig zu, somit ist die zufließende Ladung und damit auch der Strom relativ gering.

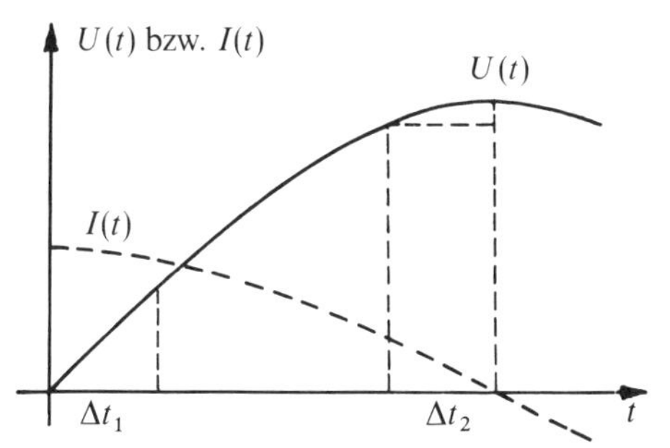

Mathematische Behandlung

Ist U die am Kondensator anliegende Spannung, so beträgt die Ladung

$$Q = C \cdot U.$$

Für den Momentanwert der Stromstärke folgt

$$I = \frac{dQ}{dt} = \frac{dU}{dt} \cdot C.$$

Dabei ist $U(t) = U_0 \sin(\omega t)$ und daher

$$\frac{dU(t)}{dt} = U_0 \omega \cos(\omega t) = U_0 \omega \sin\left(\omega t + \frac{\pi}{2}\right).$$

Also $I(t) = C\omega U_0 \sin\left(\omega t + \frac{\pi}{2}\right) = I_0 \sin\left(\omega t + \frac{\pi}{2}\right)$,

mit $I_0 = C\omega U_0$.

Wie bereits im Experiment zu sehen war, ergibt sich als Phasenverschiebung zwischen Strom und anliegender Spannung

$$\boxed{\Delta\varphi = \frac{\pi}{2}}$$

Für den Wechselstromwiderstand des Kondensators gilt

$$X_C = \frac{U_{eff}}{I_{eff}} = \frac{U_0}{I_0} = \frac{U_0}{C\omega U_0} = \frac{1}{\omega \cdot C}$$

$$\boxed{X_C = \frac{1}{\omega \cdot C}}$$

Da $\omega = 2\pi \cdot f$ ist, ergibt sich der Wechselstromwiderstand als umgekehrt proportional zur Frequenz

$$\boxed{X_C \sim \frac{1}{f}}$$

2. Aufgabe:
Stellen Sie den Wechselstromwiderstand eines Kondensators mit der Kapazität 4,00 μF in Abhängigkeit von der Frequenz graphisch dar. (Für 50 Hz $\leqq f \leqq$ 1 kHz; Maßstab: 100 Hz ≙ 1 cm; 100 Ω ≙ 1 cm)

4. Versuch: Experimenteller Nachweis von $X_C \sim \frac{1}{f}$

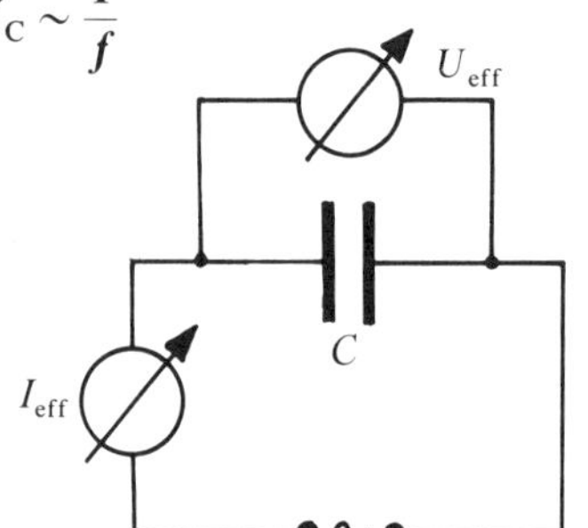

Frequenzgenerator mit variabler Frequenz
$C = 0{,}5\,\mu F$

Da bei diesem Versuch die Frequenzen wesentlich höher als 1 Hz sind, werden Strom und Spannung mit Geräten gemessen, die in Effektivwerten geeicht sind.

f in Hz	10	20	30	40	50	60	70
U_{eff} in V	6,4	6,4	6,4	6,4	6,4	6,4	6,4
I_{eff} in mA	0,20	0,40	0,60	0,80	1,00	1,20	1,40
$X_C = \frac{U_{eff}}{I_{eff}}$ in kΩ	32	16	11	8,0	6,4	5,3	4,6
$X_C = \frac{1}{\omega \cdot C}$ in kΩ	32	16	11	7,9	6,4	5,3	4,6

Ein Vergleich der vorletzten und der letzten Zeile bestätigt die theoretisch abgeleitete Gleichung $X_C = \frac{1}{\omega \cdot C}$.

3. Aufgabe:

a) Berechnen Sie den Wechselstromwiderstand eines Kondensators mit der Kapazität $C = 2{,}50\,\mu F$ bei der Frequenz $f = 50\,s^{-1}$.

b) Bei welcher Frequenz hat dieser Kondensator den Widerstand $X'_C = 10{,}0\,k\Omega$?

4. Aufgabe:

Der Wechselstromwiderstand eines Kondensators beträgt $X_1 = 5{,}0\,k\Omega$ bei $f = 50\,Hz$.

Welchen Kondensator muß man in Serie oder parallel schalten, damit der Gesamtwiderstand der Schaltung $X_g = 3{,}0\,k\Omega$ beträgt?

1.3 Spule im Wechselstromkreis

Legt man eine Gleichspannung an eine Spule, so nimmt die Stromstärke nach Beendigung des Einschaltvorgangs (vgl. 1. Sem. S. 177) einen konstanten Wert an, der nur durch den Drahtwiderstand der Spule bestimmt ist. Im Wechselstromkreis wird dagegen der zeitliche Verlauf von Stromstärke und Spannung wesentlich dadurch beeinflußt, daß jede Änderung der Stromstärke eine in der Spule selbstinduzierte Spannung zur Folge hat. Der Betrag der Induktionsspannung hängt von der Induktivität der Spule ab. Der Zusammenhang zwischen angelegter Spannung und Stromstärke in einer realen Spule wird also im allgemeinen durch ihren ohmschen Widerstand *und* ihre Induktivität bestimmt.

Zunächst wollen wir den Einfluß der Spuleninduktivität möglichst isoliert untersuchen. Dazu eignen sich Spulen mit sehr hoher Induktivität (geschlossener Eisenkern), bei denen der ohmsche Widerstand praktisch keine Rolle spielt. Im Idealfall $R = 0\,\Omega$ spricht man von einer **„idealen Spule"**; eine genauere Umschreibung dieses Begriffs erfolgt in Abschnitt 1.3.2.

1.3.1 Ideale Spule im Wechselstromkreis

5. Versuch: Momentanwerte von Wechselstrom und -spannung

z. B. Spule mit $L = 630\,H / R = 280\,\Omega$; Instrumentenpolung und Frequenz wie beim 2. Versuch.

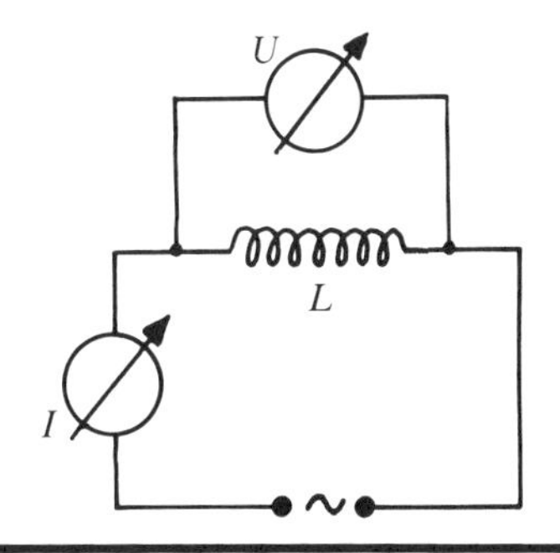

Ergebnis: Der Wechselstrom eilt der an der Spule anliegenden Spannung nach. Bei einer idealen Spule ist die Phasenverschiebung $\Delta\varphi = -\frac{\pi}{2}$.

Zeitlicher Verlauf von Spannung und Strom:

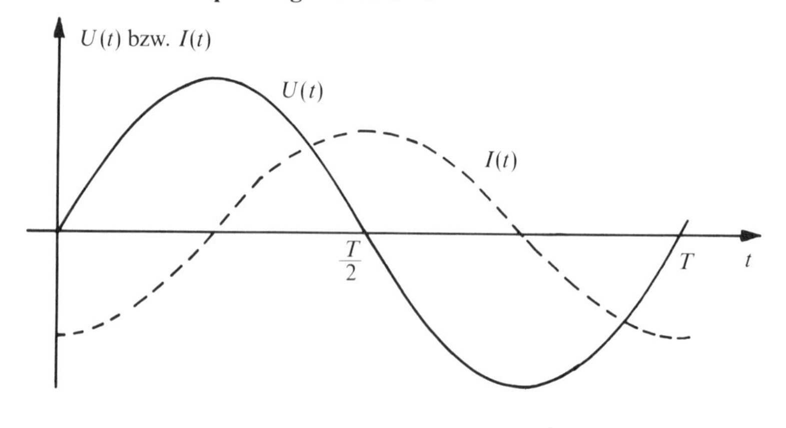

Zeigerdiagramm z. B. für $t = \frac{T}{3}$:

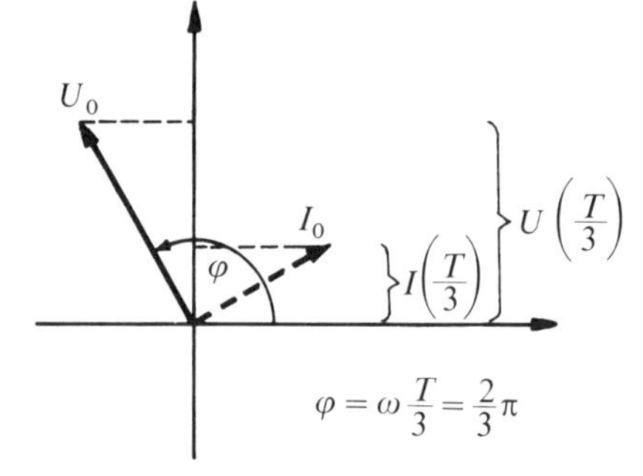

5. Aufgabe:
Geben Sie zur obigen Kurvendarstellung diejenigen Zeitabschnitte an, in denen

a) das Magnetfeld in der Spule auf- bzw. abgebaut wird.
b) die Stromquelle Energie abgibt bzw. aufnimmt (vgl. Hinweis zu Aufgabe 1. b).

Mathematische Behandlung der idealen Spule ($R = 0$)

U sei die an der Spule anliegende Spannung.
Die Summe der anliegenden und induzierten Spannungen im Kreis ist Null:

$$U(t) + U_{\text{ind}}(t) = 0,$$

also $$U(t) + \left(-L \cdot \frac{\mathrm{d}I(t)}{\mathrm{d}t}\right) = 0. \quad \text{(vgl. 1. Sem. S. 179)}$$

$$U(t) = L \cdot \frac{\mathrm{d}I(t)}{\mathrm{d}t}$$

$$\frac{\mathrm{d}I(t)}{\mathrm{d}t} = \frac{U(t)}{L}$$

Einsetzen des vorgegebenen $U(t) = U_0 \sin(\omega t)$ ergibt:

$$\frac{\mathrm{d}I(t)}{\mathrm{d}t} = \frac{U_0 \cdot \sin(\omega t)}{L} \tag{1}$$

Das Resultat des Versuchs legt folgenden Lösungsansatz nahe:

$$I(t) = I_0 \sin(\omega t + \Delta\varphi)$$

also

$$\frac{\mathrm{d}I(t)}{\mathrm{d}t} = I_0 \omega \cos(\omega t + \Delta\varphi) = I_0 \omega \sin\left(\omega t + \Delta\varphi + \frac{\pi}{2}\right) \tag{2}$$

Da die rechten Seiten der Gleichungen (1) und (2) zu jedem Zeitpunkt übereinstimmen müssen, folgt für die Amplitude

$$I_0 \cdot \omega = \frac{U_0}{L}, \qquad \text{und für die Phase} \qquad \omega t + \Delta\varphi + \frac{\pi}{2} = \omega t\,.$$

Daraus ergibt sich die Phasendifferenz

$$\boxed{\Delta\varphi = -\frac{\pi}{2}}$$

und der Wechselstromwiderstand der idealen Spule

$$X_\mathrm{L} = \frac{U_\mathrm{eff}}{I_\mathrm{eff}} = \frac{U_0}{I_0} = \omega L\,.$$

Also: $\boxed{X_\mathrm{L} = \omega \cdot L}$ d.h. $\boxed{X_\mathrm{L} \sim f}$

6. Aufgabe:
Zwei Spulen mit den Induktivitäten $L_1 = 30\,\mathrm{mH}$ und $L_2 = 70\,\mathrm{mH}$ werden

a) in Serie

b) parallel

geschaltet. Berechnen Sie den Wechselstromwiderstand der Schaltungen bei $f = 100$ Hz.

7. Aufgabe:
Bei welcher Frequenz hat eine Spule mit $L = 50\,\mathrm{mH}$ den gleichen Wechselstromwiderstand wie ein Kondensator mit $C = 0{,}10\,\mu\mathrm{F}$?

1.3.2 Reale Spule im Wechselstromkreis (Möglichkeit für Facharbeit bzw. Referat)

6. Versuch:
Gültigkeitsbereich der theoretisch (für $R = 0$) hergeleiteten Formel $X_L = \omega L$ bei einer realen Spule.
Bei verschiedenen Frequenzen werden die Effektivwerte von Strom und Spannung gemessen. Der experimentelle Wechselstromwiderstand $X = U_{eff}/I_{eff}$ wird jeweils mit dem berechneten Wert $X_L = \omega L$ verglichen. Für eine Spule mit $L = 2{,}43$ mH (N = 300; eisenfrei)/$R = 0{,}80\,\Omega$ erhält man folgende Ergebnisse:

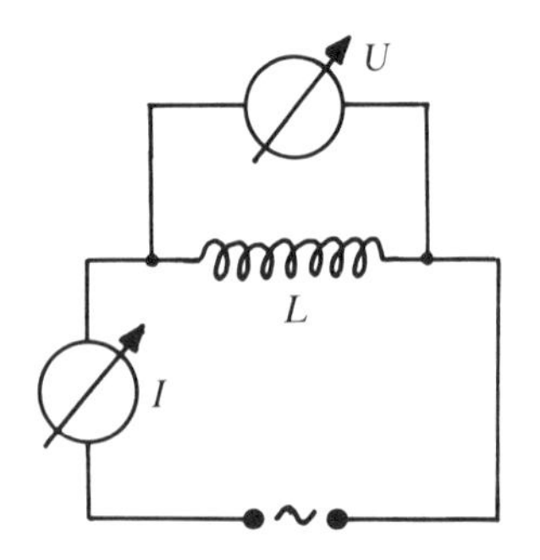

Frequenzgenerator mit variabler Frequenz

f in Hz	20	40	60	80	100	120	140	160	180	200
U_{eff} in V	2,00	2,00	2,00	2,00	2,00	2,00	2,00	2,00	2,00	2,00
I_{eff} in A	2,35	2,00	1,67	1,38	1,15	0,98	0,87	0,78	0,70	0,64
$X = \frac{U_{eff}}{I_{eff}}$ in Ω	0,85	1,00	1,20	1,45	1,74	2,04	2,30	2,56	2,86	3,13
$X_L = \omega L$ in Ω	0,31	0,61	0,91	1,22	1,53	1,83	2,14	2,44	2,75	3,05

Graphischer Vergleich:

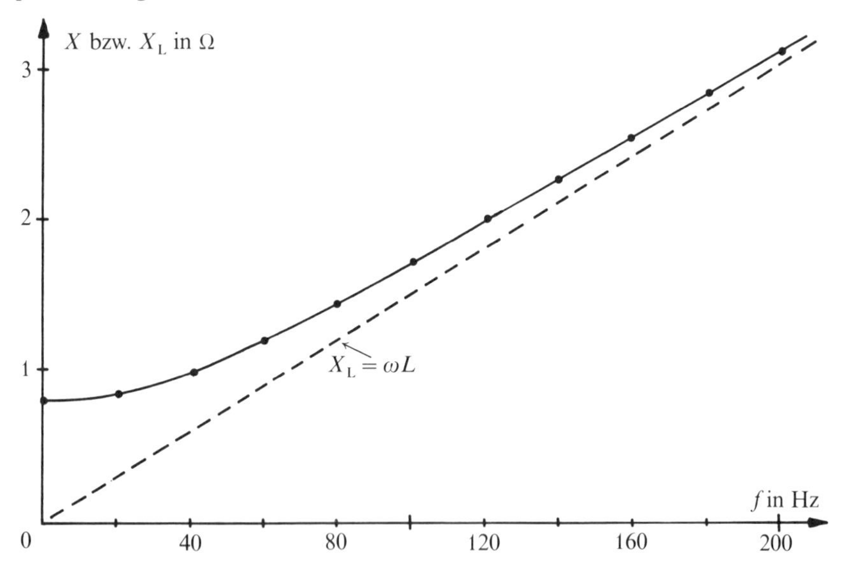

Ergebnis: Nur bei *hohen* Frequenzen wird der Wechselstromwiderstand einer Spule in guter Näherung durch $X_L \approx \omega \cdot L$ beschrieben. Bei kleineren Frequenzen treten deutliche Abweichungen auf, die auf den bisher vernachlässigten ohmschen Widerstand des Spulendrahts zurückzuführen sind. Für $f \to 0$ erhält man $X \to R$.

Ersatzschaltbild für die reale Spule*

Bei der rechnerischen Behandlung wird die reale Spule durch eine Serienschaltung aus ohmschem Widerstand und idealer Spule ersetzt.
Die Summe der anliegenden Wechselspannung $U(t)$ und der induzierten Spannung U_{ind} ist gleich der am Widerstand anliegenden Spannung $U_R = R \cdot I$.

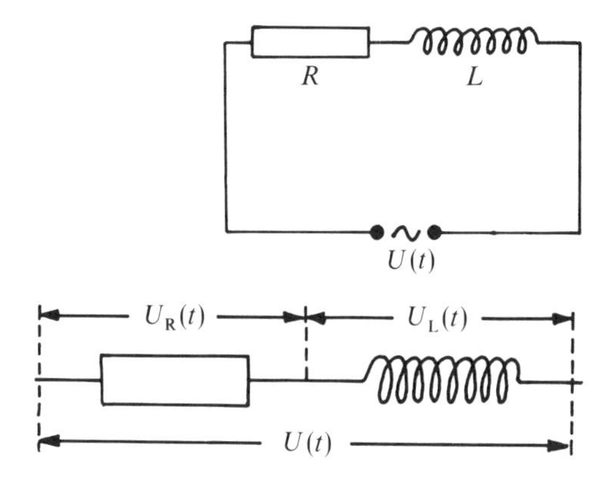

$$U(t) + \left(-L \cdot \frac{dI(t)}{dt}\right) = R \cdot I(t)$$

Umformung ergibt:

$$U(t) = R \cdot I(t) + L \cdot \frac{dI(t)}{dt}.$$

$L \cdot \frac{dI(t)}{dt}$ ist dann die an der Spule *anliegende* Spannung $U_L(t)$.

Also gilt: $U(t) = U_R(t) + U_L(t)$

Mit einem Ansatz der Art $I(t) = I_0 \cdot \sin(\omega t + \Delta\varphi)$ ist diese Gleichung nicht mehr so einfach zu lösen wie bei der idealen Spule. Es wird daher ein anderer Lösungsweg eingeschlagen: Durch beide Elemente (Spule und Widerstand) fließt derselbe Strom, z.B. $I(t) = I_0 \sin(\omega t)$. Er wird im Widerstand durch die anliegende Spannung $U_R(t) = R \cdot I_0 \cdot \sin(\omega t)$ und in der idealen Spule durch die anliegende Spannung $U_L(t) = \omega \cdot L \cdot I_0 \cdot \sin(\omega t + \pi/2)$ verursacht. Die Spannung $U(t)$ ergibt sich also durch Addition zweier Spannungen gleicher Frequenz und im allgemeinen verschiedener Amplitude. Außerdem sind die beiden Spannungen phasenverschoben:

In der Serienschaltung von idealer Spule und Widerstand werden beide vom gleichen Strom durchflossen. Man beginnt die Darstellung im Zeigerdiagramm daher mit dem Stromzeiger.

Zeigerdiagramm z.B. für $L = 3{,}0\,\text{H}$;

$R = 100\,\Omega$; $f = \frac{50}{2\pi}\,\text{Hz}$; $I_0 = 2{,}0\,\text{A}$:

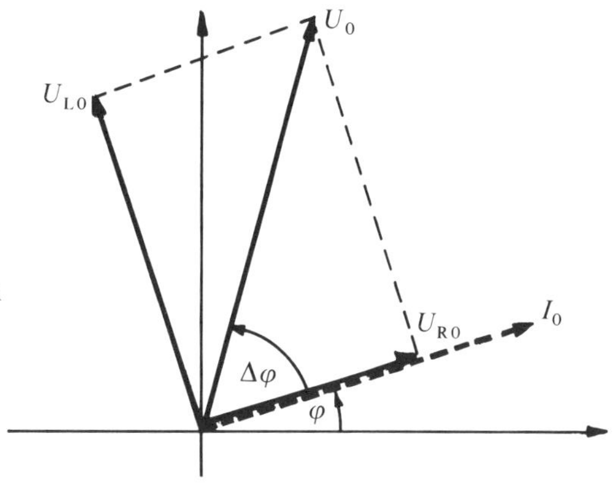

Der Winkel $\varphi = \omega t$, den der Stromzeiger mit der Rechtswertachse bildet, kann dabei beliebig gewählt werden, da der Zeitpunkt, in dem die Schaltung betrachtet werden soll, beliebig gewählt ist. Die Zeiger der Länge U_{R0} bzw. U_{L0} bilden mit dem Stromzeiger die Winkel 0° bzw. 90°. Die Spannung U_L eilt dem Strom voraus. Die Scheitelwerte U_{R0} und U_{L0} sind:

$$U_{R0} = I_0 \cdot R \qquad \text{und} \qquad U_{L0} = I_0 \cdot \omega L\,.$$

Die resultierende Spannung ergibt sich durch Vektoraddition der beiden Spannungspfeile der Länge U_{R0} und U_{L0}. Das gesamte Pfeilgerüst rotiert mit der Kreisfrequenz ω um den Ursprung. Dabei bleiben die Pfeillängen und die Phasendifferenzen erhalten, nur die Projektionen der Pfeile auf die Hochwertachse und damit die Momentanwerte ändern sich fortwährend. Da bei einer Schaltung im allgemeinen die Scheitelwerte bzw. die hieraus berechenbaren Effektivwerte und der Phasenwinkel zwischen Strom und Spannung von Interesse sind, ist es völlig gleichgültig, unter welchem Winkel $\varphi = \omega t$ der Stromzeiger angezeichnet wird.
Da hier die Zeiger der beiden Teilspannungen einen rechten Winkel bilden, erhält man für den Scheitelwert der resultierenden anliegenden Spannung

$$U_0 = \sqrt{U_{L0}^2 + U_{R0}^2} = I_0 \cdot \sqrt{R^2 + (\omega L)^2},$$

und damit für den **Wechselstromwiderstand der realen Spule** $X_{RL} = \dfrac{U_{eff}}{I_{eff}} = \dfrac{U_0}{I_0}$,

$$\boxed{X_{RL} = \sqrt{R^2 + (\omega L)^2}} \qquad (5)$$

Diese Beziehung beschreibt die im 6. Versuch *gemessene* Frequenzabhängigkeit des Wechselstromwiderstands $\dfrac{U_{eff}}{I_{eff}}$ korrekt; vgl. dort die gestrichelte Kurve im f-X-Diagramm!

Aus der Zeigerdarstellung läßt sich auch die **Phasenverschiebung** $\Delta\varphi$ zwischen anliegender Spannung und Strom direkt ablesen:

$$\boxed{\tan \Delta\varphi = \frac{U_{L0}}{U_{R0}} = \frac{\omega L}{R}} \qquad (6)$$

Für das dem Zeigerdiagramm zugrundeliegende Zahlenbeispiel erhält man folgende Werte: $U_{R0} = 200\,V$; $U_{L0} = 300\,V$; $U_0 = 361\,V$; $X_{RL} = 180\,\Omega$; $\Delta\varphi = 56°$.

Nach der Beziehung (6) wird die Phasenverschiebung um so kleiner, je kleiner das Verhältnis $\dfrac{\omega L}{R}$ in einem Kreis ist. Wir überprüfen diese theoretisch hergeleitete Aussage im folgenden

7. Versuch: Phasenverschiebung bei der realen Spule

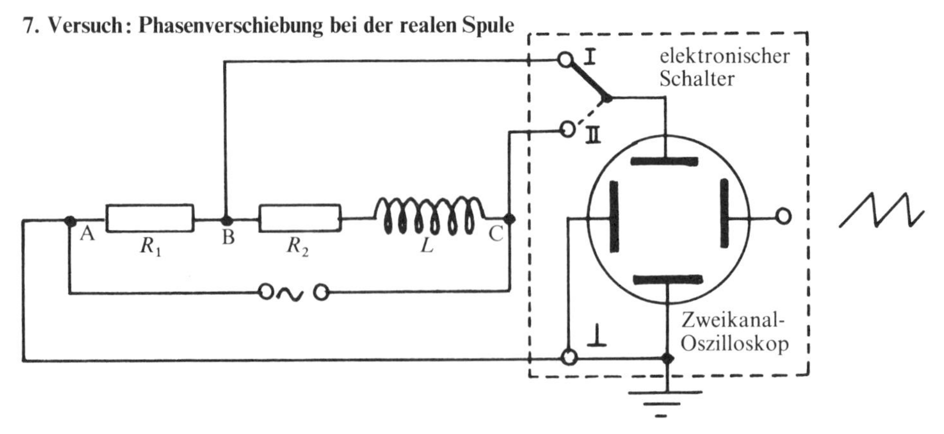

Versuchsdaten: z. B. $R_1 = 50\,\Omega$; $R_2 = 0$ bis $3\,k\Omega$; Spule N = 1200, offener Eisenkern
In der skizzierten Reihenschaltung von R_1, R_2 und der Spule mit ihrem ohmschen Widerstand werden durch Änderung von R_2 verschiedene Werte für $\dfrac{\omega L}{R}$ hergestellt.

Es ist $R = R_1 + R_2$.
Die Schaltung kann insgesamt als reale Spule aufgefaßt werden, bei der durch Änderung von R_2 der ohmsche Widerstand variiert wird.
Der elektronische Schalter im Oszilloskop legt abwechselnd die Spannung U_{BA} bzw. U_{CA} an die Vertikalablenkplatten.
U_{BA} ist proportional zum Strom I und liefert auf dem Schirm die »Stromkurve«. Die Spannung U_{CA} stellt die an der realen Spule anliegende Spannung dar.

Legt man den Masse-Eingang ($\perp$) des Oszilloskops an B, so ist A an den Eingang I zu legen. Zur phasenrichtigen Darstellung muß (durch einen am Oszilloskop vorhandenen Schalter) eines der beiden Signale an Eingang I bzw. II invertiert werden. In diesem Fall ist $R = R_2$.

Man erhält für verschiedene Werte von R_2 z.B. folgende Oszillogramme (Frequenz $f = 560$ Hz):

$R_2 = 0$:

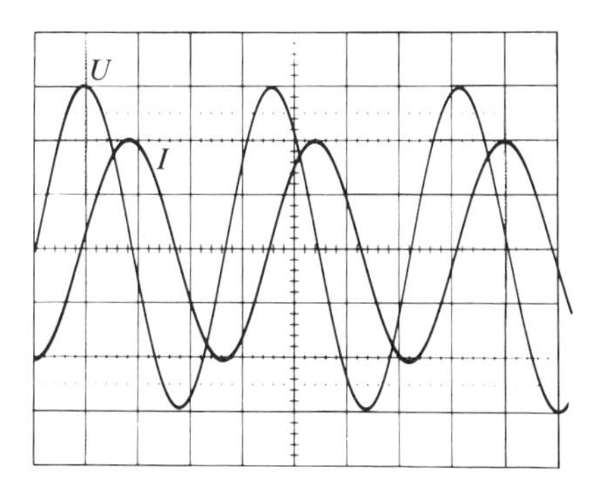

$R_2 = 680\,\Omega$:

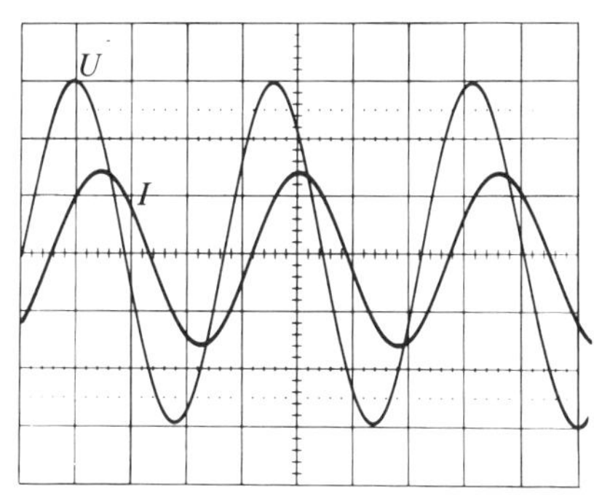

$R_2 = 2{,}2\,\text{k}\Omega$:

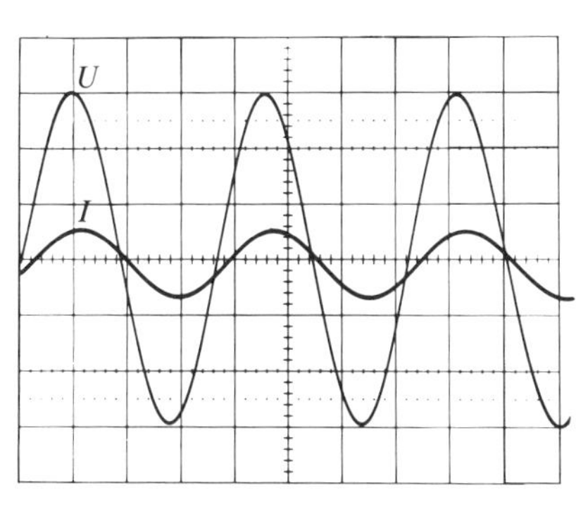

Der Versuch bestätigt, daß auch bei der **realen Spule** der Strom stets der anliegenden Spannung in der Phase *nacheilt*, wobei für die Phasenverschiebung gilt:

Beispiel:

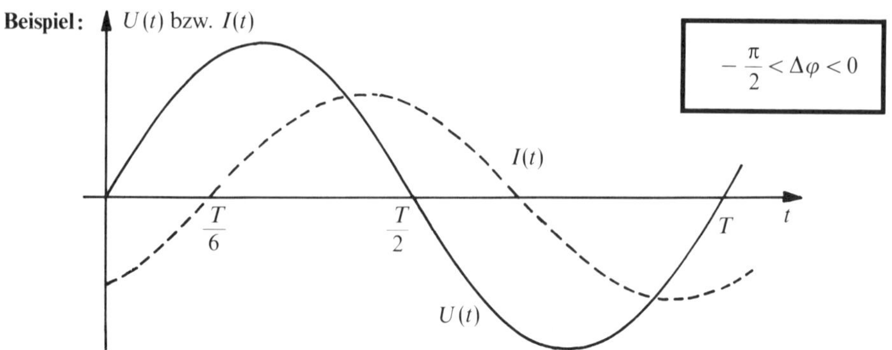

$$-\frac{\pi}{2} < \Delta\varphi < 0$$

> **8. Aufgabe:**
> Zeichnen Sie für dieses Beispiel das zugehörige Zeigerdiagramm zum Zeitpunkt $t = \frac{T}{4}$. ($U_0 \mathrel{\hat{=}} 3$ cm; $I_0 \mathrel{\hat{=}} 2$ cm)

> **9. Aufgabe:**
> Geben Sie zur obigen Kurvendarstellung diejenigen Zeitabschnitte an, in denen
> **a)** das Magnetfeld in der Spule auf- bzw. abgebaut wird,
> **b)** die Stromquelle Energie abgibt bzw. aufnimmt (vgl. Hinweis zu Aufgabe 1.b).
> **c)** Warum erhält man in a) und b) nicht jeweils dieselben Zeitintervalle?

Zum Begriff »ideale Spule«

Mit den Ergebnissen (5) und (6) für die reale Spule läßt sich dieser Begriff nun auch quantitativ fassen. Um eine Phasenverschiebung $\Delta\varphi$ zwischen Strom und Spannung von nahezu 90° zu erhalten, muß $\tan\Delta\varphi$ sehr viel größer als 1 sein. Dies setzt voraus, daß gilt:

$$\omega L \gg R \quad \text{(Bedingung für »ideale Spule«)}$$

Dann gilt auch für den Wechselstromwiderstand in guter Näherung: $X_{RL} \approx \omega L$. Ob eine Spule in einem gegebenen Kreis als »ideal« anzusehen ist, hängt also nicht nur von ihrer Induktivität und ihrem Drahtwiderstand ab, sondern auch von der Frequenz der angelegten Wechselspannung.

> **10. Aufgabe:**
> Gegeben ist eine Spule mit $L = 10{,}0$ mH/$R = 2{,}00\,\Omega$.
> **a)** Von welcher Frequenz an kann man ihren Wechselstromwiderstand X_{RL} mit höchstens 1% Fehler durch die Näherung $\omega \cdot L$ ersetzen?
> **b)** Welche Phasenverschiebung zwischen Spulenstrom und anliegender Spannung liegt bei dieser Frequenz vor?

11. Aufgabe:
Die Induktivität und der ohmsche Widerstand einer Spule sollen bestimmt werden. Dazu stehen zur Verfügung:

Gleichspannungsquelle $U_{-} = \text{const}$
Wechselspannungsquelle $U_{\sim} = U_0 \sin \omega t$
2 Vielfachmeßgeräte (Effektivwertanzeige)
Frequenzzähler

a) Welche Größen müssen gemessen werden?
b) Wie werden R und L aus diesen Meßwerten berechnet?

Zusammenfassung:

Für die Gewinnung der Wechselstromwiderstände und der Phasenverschiebungen gingen wir stets von der folgenden Grundgleichung aus (Kirchhoffsche Maschenregel):

Quellenspannung = angelegte Teilspannung am betrachteten Element

$$U(t) = U_R \text{ mit } U_R = R \cdot I(t) \qquad \text{Widerstand}$$

$$U(t) = U_C \text{ mit } U_C = \frac{Q(t)}{C} \text{ oder } \dot{U}_C(t) = \frac{I(t)}{C} \qquad \text{Kondensator}$$

$$U(t) = U_L \text{ mit } U_L = L \cdot \dot{I}(t) \qquad \text{Spule}$$

Verallgemeinerung bei mehreren Elementen in Serie:

Quellenspannung = Summe aller angelegten Teilspannungen

2. Der elektromagnetische Schwingkreis

Bei den bisherigen Versuchen traten Spannungschwingungen auf, die durch den am Kreis angeschlossenen Frequenzgenerator hervorgerufen wurden.
Wie kann man nun solche Spannungsschwingungen mit verschiedenster Frequenz erzeugen? Um eine Antwort auf diese Frage zu bekommen, ist es sinnvoll, sich an die Erzeugung mechanischer Schwingungen zu erinnern.

2.1 Rückblick auf mechanische Schwingungen

Als Beispiel wählen wir einen Wagen, der zwischen zwei Federn eingespannt ist und sich mit wenig Reibung auf einer glatten Unterlage bewegen kann.

Lenkt man den Wagen einmalig aus, so führt er – je nach Grad der Reibung – eine mehr oder weniger stark gedämpfte Schwingung aus.

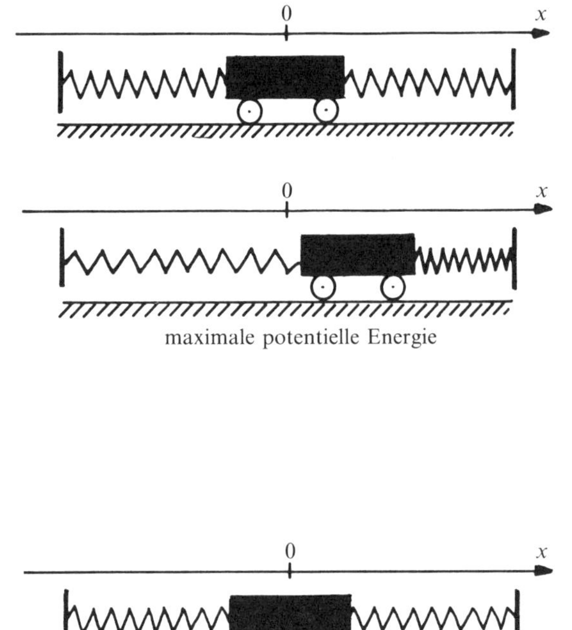

Neben der Periodizität von Elongation, Geschwindigkeit und Beschleunigung des Wagens, ist der **periodische Wechsel zwischen zwei verschiedenen Energieformen** ein Charakteristikum der mechanischen Schwingung. In unserem Beispiel findet ein permanenter Austausch zwischen dem Vorrat an kinetischer Energie des Wagens und dem Vorrat an potentieller Energie, die in der gespannten bzw. gestauchten Feder liegt, statt.

2.2 Erzeugung freier, gedämpfter elektromagnetischer Schwingungen

Übertragen wir diesen Gedanken auf unser »elektrisches« Problem, so müssen wir nach Elementen suchen, die fähig sind, Energie zu speichern. Wie Sie aus dem 1. Semester wissen, ist im elektrischen Feld des geladenen Kondensators elektrische Energie und im Feld der stromdurchflossenen Spule magnetische Energie gespeichert. Um einen Austausch zwischen diesen beiden Energieformen zu ermöglichen, muß man die beiden Elemente nur miteinander verbinden.

1. Versuch:
Um feststellen zu können, ob das System aus Spule und Kondensator schwingungsfähig ist, muß es – ähnlich wie der Wagen – einmalig Energie zugeführt bekommen. Dies kann z. B. wie in dem nebenstehend dargestellten Versuch durch einmaliges Aufladen des Kondensators geschehen.

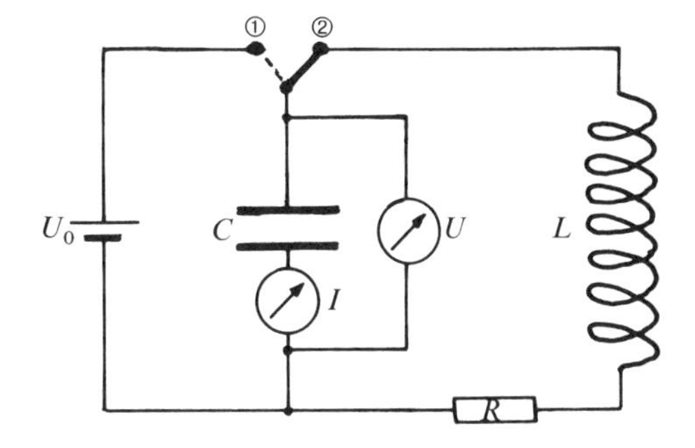

Versuchsdaten: $U_0 = 20$ V; $C = 470$ µF; $L = 630$ H; $R = 280\,\Omega$

In Schalterstellung 1 wird der Kondensator von einer Gleichspannungsquelle (U_0) aufgeladen. Das Strommeßgerät ist dabei so gepolt, daß es einen positiven Ladestrom anzeigt. Bringt man den Schalter in Stellung 2, so entlädt sich der Kondensator über die Spule. Dabei ergibt sich der folgende Verlauf von Kondensatorspannung und Strom im rechten Zweig:

Hinweis: Aufgrund obiger Festlegung der Stromrichtung muß bei der Entladung des Kondensators über die Spule der Strom im negativen Bereich beginnen.

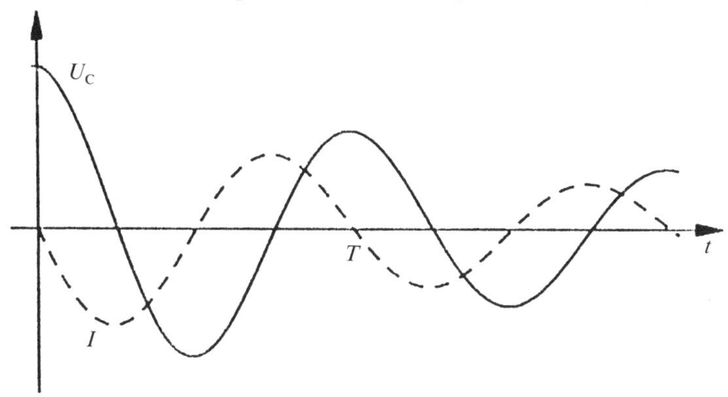

> **Ergebnis:** Nach einmaliger Energiezufuhr tritt im System reale Spule–Kondensator eine freie gedämpfte elektromagnetische Schwingung auf. Die Parallelschaltung von Kondensator und Spule bezeichnet man als elektromagnetischen Schwingkreis.

Vorgänge im Schwingkreis:

- Der Kondensator entlädt sich über den Spulendraht. Dabei baut sich in der Spule ein Magnetfeld auf. Der Strom durch die Spule beginnt bei Null und baut sich wegen der wirkenden Induktionsspannung langsam auf.

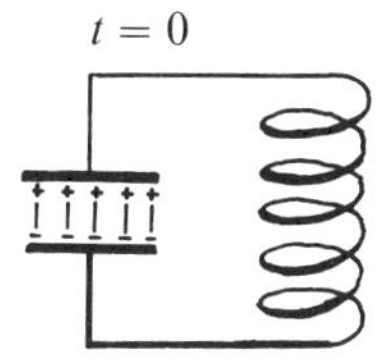

der Kondensator ist **voll** aufgeladen

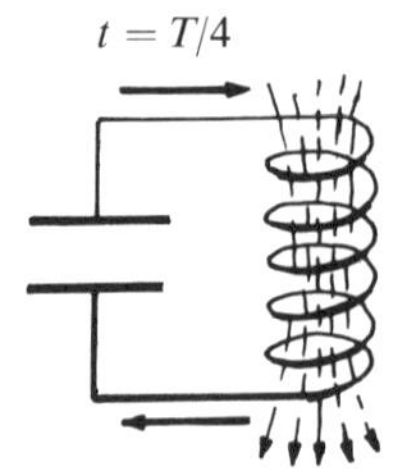

der Kondensator **ist** entladen

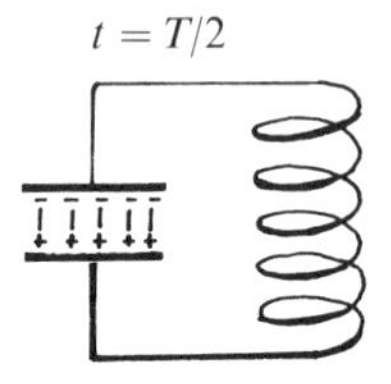

der Kondensator **ist** umgeladen

– Wenn das Magnetfeld voll aufgebaut ist, also der größte Spulenstrom fließt, ist die Spannung an Spule und Kondensator Null.

– Das Magnetfeld bricht nun zusammen, wobei wieder eine Induktionsspannung an der Spule entsteht, die den bestehenden Stromfluß aufrecht zu erhalten sucht. Im Gegensatz zur Induktionsspannung, wie sie an einem angeschlossenen Widerstand entsteht (großer Anfangswert und dann Abnahme auf Null), bewirkt nun der Kondensator, daß die Induktionsspannung langsam ansteigt und erst dann den Höchstwert erreicht, wenn das Magnetfeld vollständig abgebaut ist. Solange nämlich Strom fließt, wird der Kondensator immer stärker aufgeladen, und somit steigt seine Spannung an. Schließlich ist der Kondensator umgekehrt wie zum Beginn aufgeladen. Aufgrund der Energieverluste in der realen Spule steckt jedoch in ihm nicht mehr so viel elektrische Energie wie am Anfang.

2. Versuch: Gedämpfte Schwingungen höherer Frequenz
Einfluß der charakteristischen elektrischen Größen des Kreises (L, C, R) auf die gedämpfte elektromagnetische Schwingung (Möglichkeit für Facharbeit).

Der Aufbau ist dem des 1. Versuches ähnlich, die Werte für L und C sind jedoch wesentlich kleiner, so daß die gedämpfte Schwingung eine wesentlich höhere Frequenz besitzt. Der zeitliche Verlauf von Spannung und Strom wird deshalb mit dem Oszilloskop beobachtet.

Für ein stehendes Oszilloskopbild ist es wegen der abklingenden Schwingung nötig, daß der Kreis nach dem Ausschwingen immer wieder von neuem durch Kondensatoraufladung angeregt wird. Dies geschieht periodisch mit dem Wechselschalter (Relais, das mit Rechteckgenerator betrieben wird), der den Kondensator abwechselnd an die Gleichspannungsquelle und anschließend an die Spule legt.

Versuchsdaten:
$C = 0{,}5$–$2{,}0\ \mu F$
$R = 0$–$360\ \Omega$
$L \approx 10\ mH$ (Spule mit 600 Windungen eisenfrei; Variation von L durch Einschieben eines Eisenkernes.)

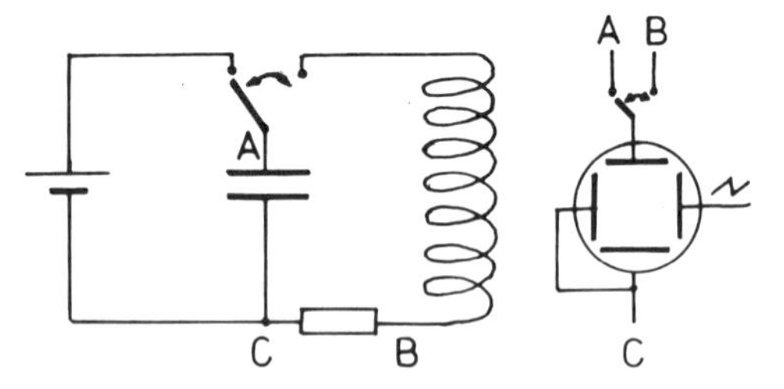

Schließt man das Oszilloskop an die Punkte A und C an, so wird die Spannung dargestellt. Bei Anschluß an die Punkte B und C erhält man eine Spannung, die zum Verlauf des Schwingkreisstromes proportional ist. Besitzt man ein Oszilloskop, das intern sehr rasch zwischen den Anschlüssen A und B umschalten kann (2-Kanal-Oszilloskop), so können Spannungs- und Stromverlauf »gleichzeitig« am Bildschirm dargestellt werden.

a) Zeitlicher Verlauf von Spannung und Strom im gedämpften Schwingkreis:

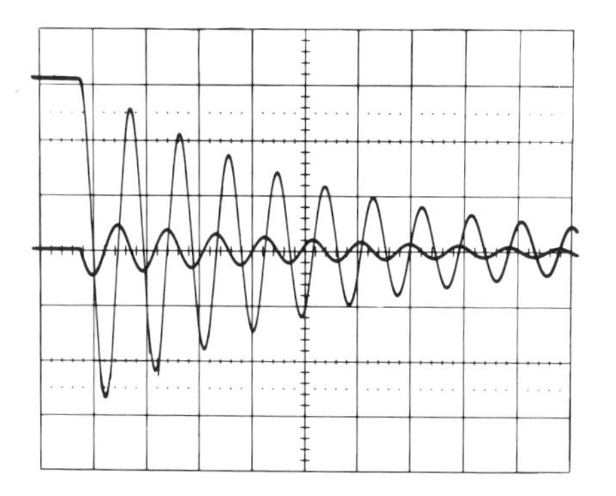

b) Erhöhung der Induktivität der Spule oder der Kapazität des Kondensators (bei konstantem ohmschen Widerstand) vergrößert die Schwingungsdauer:

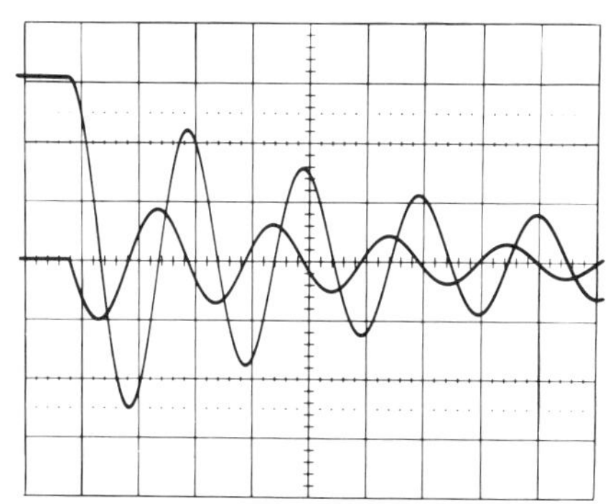

Die folgenden Bilder zeigen den zeitlichen Verlauf von Spannung und Strom bei schrittweiser Erhöhung des ohmschen Widerstands.

c) schwache Dämpfung:

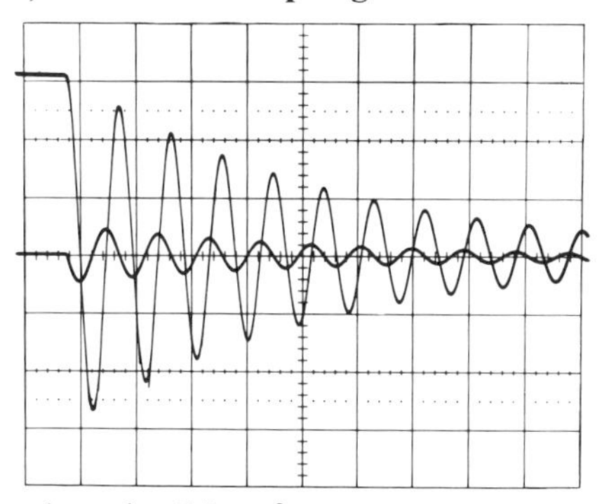

schwache Dämpfung

stärkere Dämpfung

Ergebnis: Erhöhung des ohmschen Widerstands (bei konstantem L und C) verstärkt die Dämpfung des Kreises, wobei die Frequenz der Schwingung nahezu unverändert bleibt.

starke Dämpfung (großer ohmscher Widerstand):

d) kurz vor aperiodischem Grenzfall

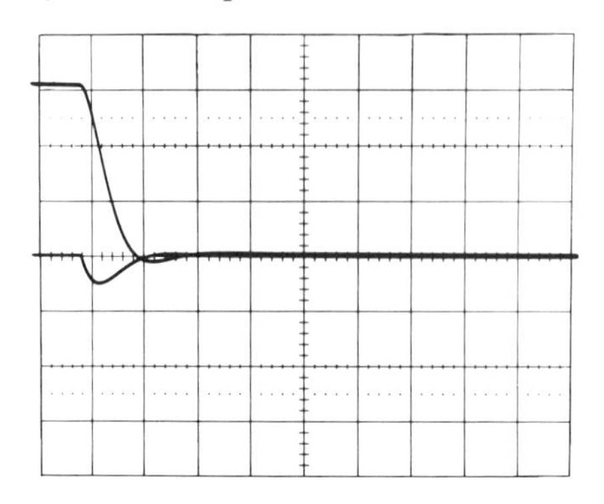

e) aperiodischer Grenzfall

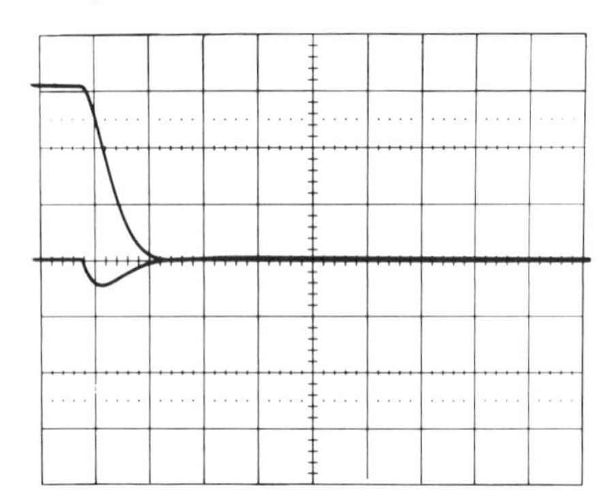

f) Kriechfall

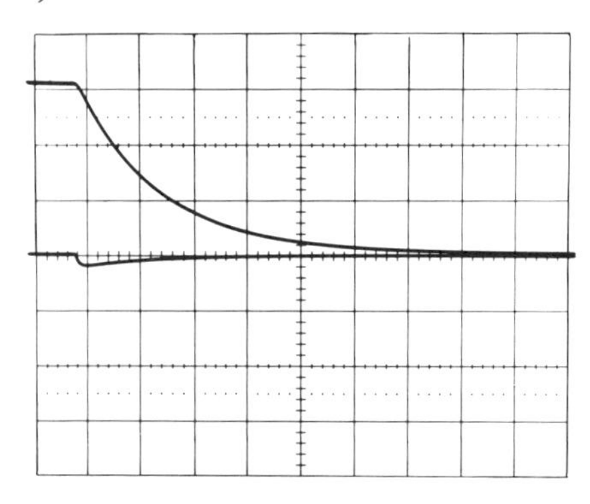

Die Versuche **c)** bis **f)** zeigen, daß eine freie ungedämpfte Schwingung nur im Idealfall $R = 0$ zustande kommen kann.

Wir sind nun dem zu Beginn des Kapitels formulierten Ziel, nämlich der Erzeugung von Strom- bzw. Spannungsschwingungen, ein gutes Stück näher gekommen. Durch Anregung eines aus Kondensator und realer Spule bestehenden Schwingkreises erhielten wir eine elektromagnetische Schwingung, deren Frequenz sich überdies noch durch Variation von Kondensatorkapazität und Spuleninduktivität beeinflussen ließ.
Der einzige – allerdings nicht unerhebliche – Nachteil dieser Schwingung ist ihre Dämpfung. Bevor wir jedoch auf das Problem der »Entdämpfung« eingehen, wollen wir noch einige theoretische Überlegungen zu gedämpften schwingungsfähigen Systemen anstellen.

2.3 Differentialgleichung der freien gedämpften elektromagnetischen Schwingung

Das System aus Kondensator und realer Spule (ideale Spule + Widerstand) wurde im letzten Abschnitt einmalig angestoßen und dann sich selbst überlassen. Würde man diesem System von außen eine Quellenspannung $U(t)$ aufprägen, so könnten wir mit den in **Kapitel 1** gewonnenen Erkenntnissen folgende Gleichung aufstellen:

Quellenspannung = Summe aller anliegenden Spannungen

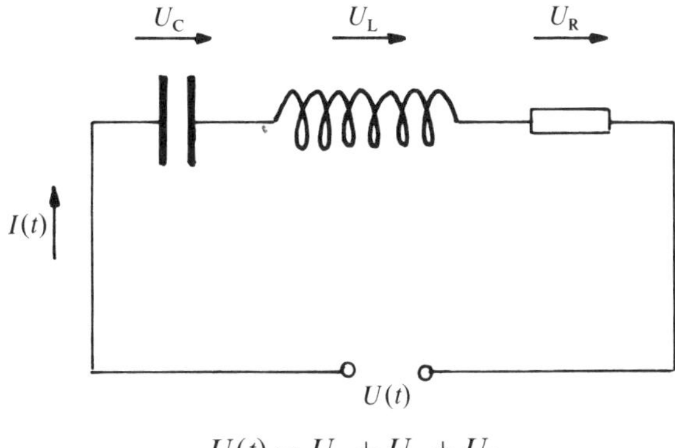

$$U(t) = U_C + U_L + U_R$$

oder mit den Ergebnissen von Kapitel 1:

$$U(t) = \frac{Q}{C} + L \cdot \dot{I} + R \cdot I$$

mit $I = \dot{Q}$ und $\dot{I} = \ddot{Q}$ folgt

$$U(t) = \frac{Q}{C} + L \cdot \ddot{Q} + R \cdot \dot{Q} \qquad (1)$$

Differentialgleichung des gedämpften Schwingkreises bei äußerer Spannung

U teilt sich in drei Teilspannungen auf

$U_C = \frac{Q}{C}$: Spannung zur Erzeugung der Ladung Q auf dem Kondensator

$U_L = L \cdot \dot{I}$: Spannung zur Erzeugung der Stromänderung $\ddot{Q} = \dot{I}$ an der Spule

$U = R \cdot I$: Spannung zur Erzeugung des Stromes $I = \dot{Q}$ im Widerstand R.

Legt man von außen keine Spannung an den Kreis, d.h. $U(t) = 0$, so erhält man die Differentialgleichung der sogenannten freien gedämpften elektromagnetischen Schwingung:

$$0 = \frac{Q}{C} + L \cdot \ddot{Q} + R \cdot \dot{Q}$$

Differentialgleichung der freien gedämpften Schwingung

Die Lösung dieser Differentialgleichung ist uns noch nicht möglich. Im **Anhang 1** wird jedoch eine näherungsweise Lösung mit Hilfe des Computers beschrieben.

3. Vergleich von elektromagnetischer und mechanischer Schwingung

Wir sind auf den Schwingkreis gestoßen, indem wir zunächst ein schwingungsfähiges mechanisches System betrachtet haben.

3.1 Differentialgleichung der freien gedämpften mechanischen Schwingung

In der folgenden Abbildung sind die für die Bewegung des Wagens maßgebenden Kräfte eingezeichnet:

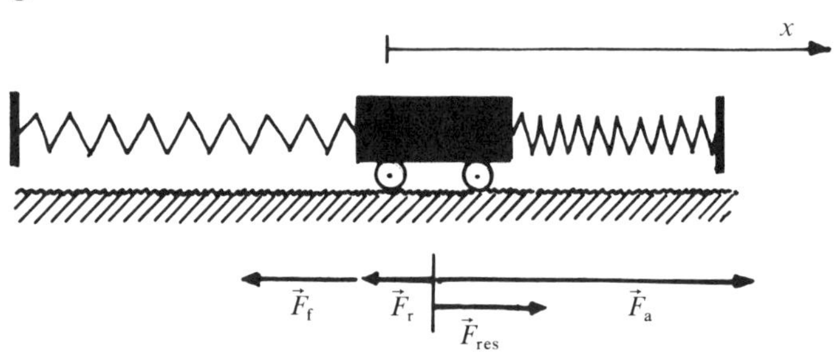

F_a: äußere Kraft, die auf den Wagen einwirkt

F_f: resultierende Kraft der beiden Federn ($F_f = D \cdot x$; wobei x die Auslenkung aus der Ruhelage und D die resultierende Federhärte bedeutet)

F_r: Das reibende Medium sei so gestaltet, daß diese Reibungskraft proportional zur Geschwindigkeit des Wagens ist ($F_r = k \cdot v$; dabei ist k die Proportionalitätskonstante zwischen Reibungskraft und Geschwindigkeit, wir bezeichnen sie kurz als »Reibungskonstante«)

F_{res}: resultierende Kraft, die sich als Summe aller oben genannten Kräfte ergibt; nach Newton II ist $F_{res} = m \cdot a$[1]) für die Beschleunigung des Wagens der Masse m verantwortlich; wir werden später diese Kraft auch »Beschleunigungskraft F_m« nennen

Es gilt nun:

$$\vec{F}_{res} = \vec{F}_a + \vec{F}_r + \vec{F}_f$$

ohne Vektoren:

$$m \cdot \ddot{x} = F_a - k \cdot \dot{x} - D \cdot x \qquad (2)$$

Ordnet man die Beziehung (2) etwas um, so gelangt man zu der folgenden Beziehung:

$$F_a = D \cdot x + m \cdot \ddot{x} + k \cdot \dot{x}$$

[1]) In der 11. Klasse haben Sie gelernt, daß die Geschwindigkeit die Ableitung des Weges nach der Zeit ist: $v = \dot{x}$
Ebenso ist die Beschleunigung die Ableitung der Geschwindigkeit nach der Zeit: $a = \dot{v} = \ddot{x}$

Differentialgleichung des gedämpften mechanischen Schwingers bei äußerer Kraft F_a

Diese Beziehung läßt nun eine ähnliche Interpretation zu, wie die Gleichung (1) des vorhergehenden Kapitels:

F_a teilt sich in drei Kräfte auf.
$D \cdot x$: Kraft zur Erzeugung der Dehnung x an der Feder
$m \cdot \ddot{x}$: Kraft zur Beschleunigung $\ddot{x}$ an dem Körper der Masse m
$k \cdot \dot{x}$: Kraft zur Erzeugung der Geschwindigkeit $v = \dot{x}$ im reibenden Medium.

Auffallend ist auch, daß die Differentialgleichungen (1) und (2) die gleiche Struktur besitzen. Durch einen Vergleich erhält man die folgenden entsprechenden Größen:

Mechanik		Elektrik
äußere Kraft F_a	$\hat{=}$	Quellenspannung $U(t)$
Elongation x	$\hat{=}$	Ladung Q
Geschwindigkeit v	$\hat{=}$	Strom I
Federhärte D	$\hat{=}$	reziproke Kapazität $1/C$
Masse m	$\hat{=}$	Induktivität L
Reibungskonstante k	$\hat{=}$	Widerstand R

Differentialgleichungen mit gleicher Struktur haben auch Lösungen mit gleicher Struktur. Das heißt, wir brauchen nach der Lösung nur im mechanischen oder elektrischen Fall zu suchen. Mit obigen Entsprechungen bekommen wir dann sofort auch die Lösung für den jeweils anderen Fall.

»the same equations $\rightarrow$ the same solutions«

Ist die äußere Kraft $F_a = 0$, so erhält man die Differentialgleichung der freien gedämpften mechanischen Schwingung:

$$0 = D \cdot x + m \cdot \ddot{x} + k \cdot \dot{x} \qquad (1)$$

Differentialgleichung der freien gedämpften Schwingung

3.2 Die ungedämpfte freie Schwingung

Um die Lösung der Differentialgleichung einfacher zu gestalten, wollen wir zu einer Idealisierung greifen, die in der Praxis nur angenähert zu erreichen ist. Wir wollen annehmen, daß die Spule im Schwingkreis ideal ist, d.h. ihr ohmscher Widerstand ist zu vernachlässigen. Im mechanischen Fall würde dies fehlende Reibung bedeuten.

Mechanik	Elektrik
$k \rightarrow 0$	$R \rightarrow 0$

Fehlt auch noch die äußere Anregung, d.h. $F_a = 0$ bzw. $U(t) = 0$, so liegen folgende Fälle vor:

Entspannen der Federn bei glatter Unterlage und angehängtem Körper.

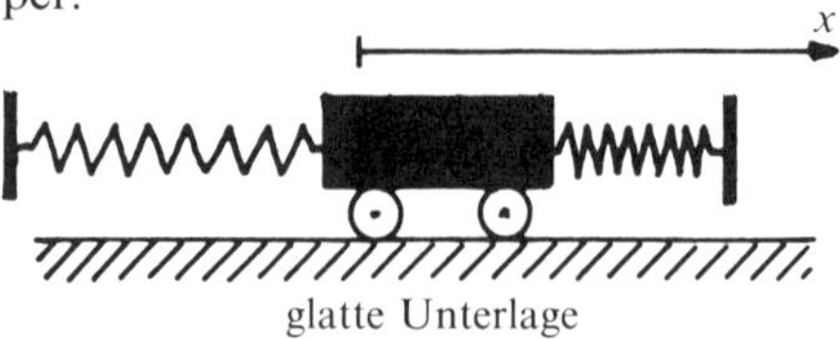

Entladung eines Kondensators über eine ideale Spule.

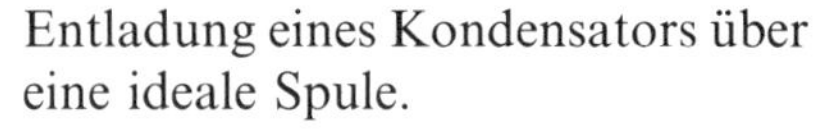
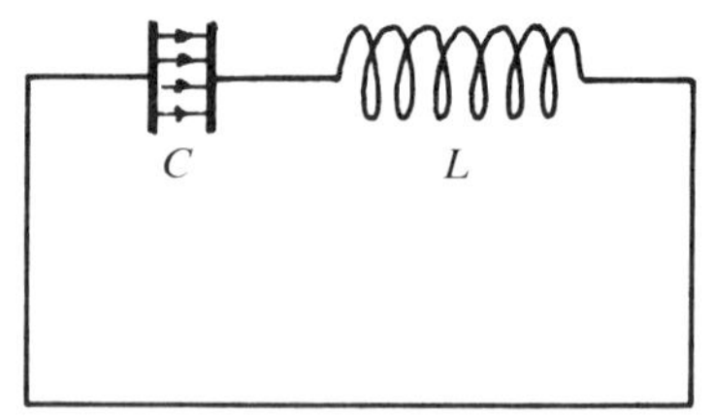

$0 = F_m + F_f$ **Ansatz** $0 = U_L + U_C$

$0 = m \cdot a + D \cdot x$ $\qquad 0 = L \cdot \dot{I} + \frac{1}{C} \cdot Q$

$0 = m \cdot \ddot{x} + D \cdot x$	Differentialgleichung der ungedämpften Schwingung	$0 = L \cdot \ddot{Q} + \frac{1}{C} \cdot Q$

Die Lösung der Differentialgleichung wollen wir mit einem **Ansatz** versuchen. Die Oszilloskopbilder vom gedämpften Schwingkreis zeigen, daß bei kleinen Widerständen die Dämpfung gering ist. Im Idealfall $R = 0$ müßte die Dämpfung ganz verschwinden. Es liegt daher nahe, die Lösung mit einer Sinus- bzw. Kosinus-Funktion für $x(t)$ bzw. $Q(t)$ zu versuchen.

Hinweis: Schreibt man die Differentialgleichung in der Form

$$\ddot{x} = -\frac{D}{m} \cdot x \qquad \ddot{Q} = -\frac{1}{L \cdot C} \cdot Q,$$

so erkennt man, daß x bzw. Q eine Funktion sein muß, bei der – bis auf Konstanten – die zweite Ableitung mit dem Negativen der ursprünglichen Funktion übereinstimmt. Dies ist aber gerade bei der Sinus- oder Kosinus-Funktion der Fall.

Da in den obigen Skizzen $x(0)$ und $Q(0)$ nicht den Wert Null, sondern den positiven Maximalwert einnehmen, versuchen wir die Lösung mit einer Kosinusfunktion:

$x(t) = \hat{x} \cdot \cos(\omega \cdot t)$ **Lösungsansatz** $Q(t) = \hat{Q} \cdot \cos(\omega \cdot t)$ [1]

Durch Differenzieren nach der Zeit erhält man:

$v(t) = \dot{x}(t) = -\omega \cdot \hat{x} \cdot \sin(\omega \cdot t)$ (2) $I(t) = \dot{Q}(t) = -\omega \cdot \hat{Q} \cdot \sin(\omega \cdot t)$

$\ddot{x}(t) = -\omega^2 \cdot \hat{x} \cdot \cos(\omega \cdot t)$ (3) $\ddot{Q}(t) = -\omega^2 \cdot \hat{Q} \cdot \cos(\omega \cdot t)$

Setzt man die Gleichungen (2) und (3) in die ursprünglichen Differentialgleichungen (1) ein[2], so ergibt sich:

[1]) Die Amplitude der Schwingung $x(t)$ bezeichnen wir ab jetzt mit $\hat{x}$. Es soll damit eine Verwechslung der Amplitude mit dem Anfangswert $x_0 = x(0)$ vermieden werden. Entsprechend verfahren wir bei den anderen Größen.

[2]) Wenn Sie prüfen wollen, ob z. B. zwei gegebene x-Werte Lösung einer quadratischen Gleichung sind, setzen Sie auch diese Werte in die ursprüngliche quadratische Gleichung ein und prüfen, ob sich eine wahre Aussage ergibt.

$$0 = -m \cdot \omega^2 \cdot \hat{x} \cdot \cos(\omega \cdot t) + D \cdot \hat{x} \cdot \cos(\omega \cdot t)$$

$$0 = -L \cdot \omega^2 \cdot \hat{Q} \cdot \cos(\omega \cdot t) + \frac{1}{C} \cdot \hat{Q} \cdot \cos(\omega \cdot t)$$

$$0 = (-\omega^2 \cdot m + D) \cdot \cos(\omega \cdot t) \qquad 0 = \left(-\omega^2 \cdot L + \frac{1}{C}\right) \cdot \cos(\omega \cdot t)$$

Die rechten Seiten der Gleichungen werden **zu jedem Zeitpunkt** zu Null (d.h. es ergibt sich eine wahre Aussage), wenn gilt:

$$0 = (-\omega^2 \cdot m + D) \qquad 0 = \left(-\omega^2 \cdot L + \frac{1}{C}\right)$$

daraus folgt für ω

$$\omega = \sqrt{\frac{D}{m}} \qquad \omega = \frac{1}{\sqrt{L \cdot C}}$$

Da die Kreisfrequenz ω in der Form $\omega = 2 \cdot \pi \cdot f$ oder $\omega = \frac{2 \cdot \pi}{T}$ geschrieben werden kann, ergibt sich für die Schwingungsdauer:

$$T = 2 \cdot \pi \cdot \sqrt{\frac{m}{D}}$$

Die Formel für die Schwingungsdauer der freien ungedämpften mechanischen Schwingung müßte Ihnen noch von der 11. Klasse her vertraut sein.

$$T = 2 \cdot \pi \cdot \sqrt{L \cdot C}$$

Die Formel für die Schwingungsdauer der freien ungedämpften elektromagnetischen Schwingung wird als **Thomson-Formel** bezeichnet. Sie bestätigt auch die Beobachtung an der gedämpften Schwingung, daß T mit L und C zunimmt.

Die grafische Lösung der Differentialgleichung ist in folgenden Bildern dargestellt:

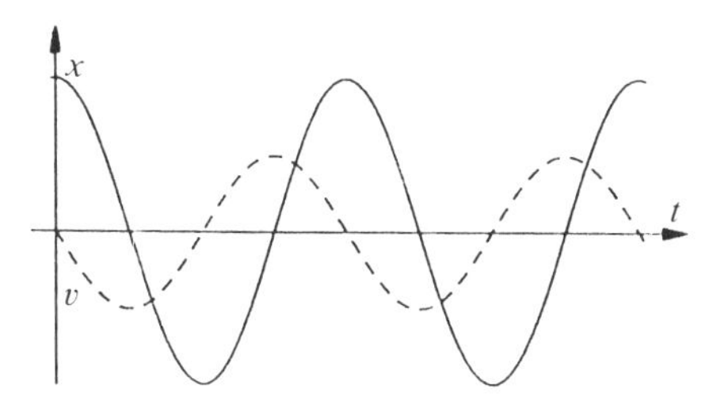

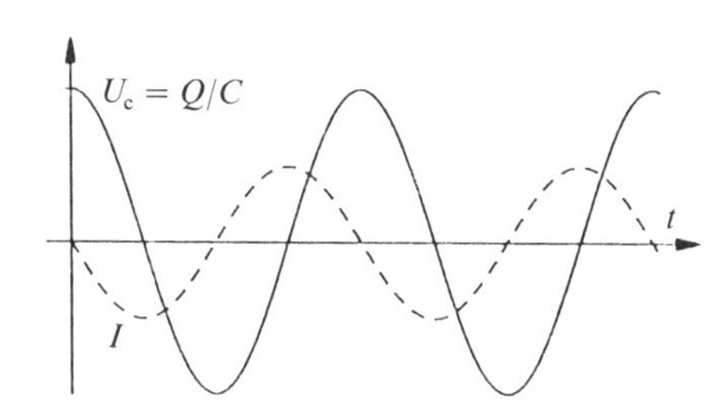

1. Aufgabe:

a) Berechnen Sie die Frequenz, mit der ein Schwingkreis, bestehend aus einem Kondensator ($C = 40\ \mu F$) und einer Spule ($L = 630$ H), schwingt.

b) Wie muß man den Wert der Kapazität abändern, damit die Frequenz auf die Hälfte des bei **a)** berechneten Wertes absinkt?

c) Welche Schwingkreisfrequenz erhält man, wenn in der Anordnung von Teilaufgabe **a)** noch ein weiterer 40-μF-Kondensator zum bereits vorhandenen Kondensator in Serie geschaltet wird?

2. Aufgabe:

a) Skizzieren Sie eine Schaltung, mit der man die Existenz einer Schwingung in einem Schwingkreis nachweisen kann.

b) Fertigen Sie ein Diagramm, in das Sie den zeitlichen Verlauf von Schwingkreisstrom und Kondensatorspannung für eine volle Schwingung eintragen.

c) Erklären Sie, wie die elektrische Schwingung zustande kommt und warum sie gedämpft ist.

3. Aufgabe:

Eine Spule ($L = 2{,}0 \cdot 10^{-12}/\pi$ H) und ein Kondensator ($C = 8{,}0 \cdot 10^{-6}/\pi$ F) bilden einen geschlossenen Schwingkreis. Der Kondensator werde einmal mit $Q_{max} = 1{,}6 \cdot 10^{-4}/\pi$ As elektrisch aufgeladen.

a) Welche Vorgänge setzen im Schwingkreis ein, wenn sich der Kondensator über die Spule entlädt?

b) Berechnen Sie die für den Vorgang typischen Größen U_{max} und T.

c) Die Vorgänge sollen für die Zeitspanne $0 \leq t \leq 2T$ qualitativ durch das zugehörige Zeit-Spannungs-Diagramm skizziert werden.
(Zeitmaßstab: 1 cm $\hat{=}$ $2 \cdot 10^{-9}$ s; Spannungsmaßstab: 1 cm $\hat{=}$ 10 V)
Unterscheiden Sie folgende Fälle:

α) Der Widerstand des Schwingkreises kann vernachlässigt werden,

β) der Widerstand des Kreises kann nicht vernachlässigt werden.

3.3 Energie bei der freien ungedämpften Schwingung

Ausgehend von der Lösung der Differentialgleichung erhält man für den Strom $I(t)$ und die Kondensatorspannung $U_c(t)$ folgende Ausdrücke:

$$I(t) = \dot{Q} = -\omega \cdot \hat{Q} \cdot \sin(\omega \cdot t) \quad \text{und} \quad U_c = Q/C = \frac{\hat{Q}}{C} \cdot \cos(\omega \cdot t)$$

Damit berechnen wir die Momentanwerte der magnetischen bzw. elektrischen Energie:

$$W_m(t) = \frac{1}{2} \cdot L \cdot [I(t)]^2; \qquad W_{el}(t) = \frac{1}{2} \cdot C \cdot [U_c(t)]^2;$$

$$W_m(t) = \frac{1}{2} \cdot L \cdot [-\omega \cdot \hat{Q} \cdot \sin(\omega \cdot t)]^2; \qquad W_{el}(t) = \frac{1}{2} \cdot C \cdot \left[\frac{\hat{Q}}{C} \cdot \cos(\omega \cdot t)\right]^2;$$

$$W_m(t) = \frac{1}{2} \cdot L \cdot \omega^2 \cdot \hat{Q}^2 \cdot [\sin(\omega \cdot t)]^2 \qquad W_{el}(t) = \frac{1}{2} \frac{\hat{Q}^2}{C} \cdot [\cos(\omega \cdot t)]^2;$$

Für den Momentanwert der Gesamtenergie folgt unter Ausnutzung der Thomson-Formel:

$$W_{ges}(t) = W_m(t) + W_{el}(t);$$

$$W_{ges}(t) = \frac{1}{2} \cdot L \cdot \omega^2 \cdot \hat{Q}^2 \cdot [\sin(\omega \cdot t)]^2 + \frac{1}{2} \frac{\hat{Q}^2}{C} \cdot [\cos(\omega \cdot t)]^2;$$

mit $\omega^2 = 1/L \cdot C$ gilt:

$$W_{ges}(t) = \frac{1}{2} \cdot \frac{\hat{Q}^2}{C} \cdot \underbrace{[(\sin(\omega \cdot t))^2 + (\cos(\omega \cdot t))^2]}_{1}$$

$$W_{ges}(t) = \frac{1}{2} \cdot \frac{\hat{Q}^2}{C} = \text{konstant}$$

Der Momentanwert der Gesamtenergie hängt nicht von der Zeit ab. Die gesamte elektromagnetische Energie im Kreis bleibt also konstant.

Hinweis: Der Maximalwert der elektrischen Energie ist aufgrund des Energiesatzes gleich dem Maximalwert der magnetischen Energie und dieser wiederum gleich der Gesamtenergie:

$$W_{ges} = W_{el,max} = W_{m,max}$$

$$\frac{1}{2} \cdot \frac{\hat{Q}^2}{C} = \frac{1}{2} \cdot C \cdot \hat{U}^2 = \frac{1}{2} \cdot L \cdot \hat{I}^2$$

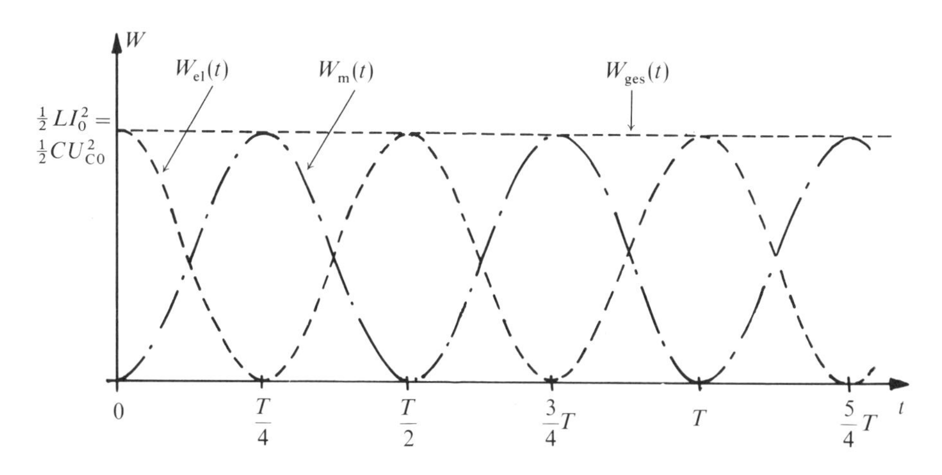

Das Diagramm zeigt, daß die maximale Ausbildung einer Energieform periodisch in Zeitabständen $T/2$ erfolgt und zeitlich jeweils um $T/4$ gegenüber der maximalen Ausbildung der anderen Energieform verschoben ist.

4. Aufgabe: Mechanische Analogie
Geben Sie für den Fall einer mechanischen Schwingung (z. B. der eines Federpendels) eine entsprechende Deutung der drei Energiekurven.
Die nebenstehende Abbildung zeigt entsprechende Momentaufnahmen von Federpendel und Schwingkreis.

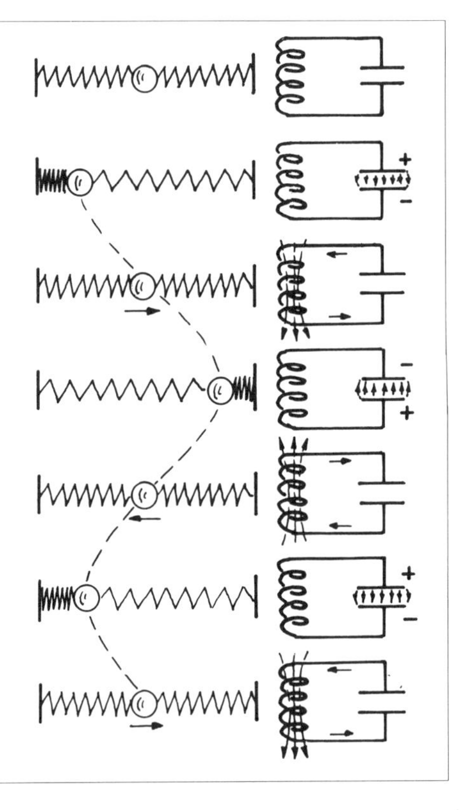

5. Aufgabe:
Ein durch eine Batterie ($U_B = 60$ V) geladener Kondensator ($C = 30$ µF) ist zur Zeit $t = 0$ ganz aufgeladen. Der Kondensator soll über eine ideale Spule ($L = 6{,}0$ H) entladen werden.

a) Berechnen Sie die Gesamtenergie des Systems.
b) Skizzieren Sie den zeitlichen Verlauf der in der Spule gespeicherten Energie.
c) Berechnen Sie die Zeit, die verstreicht, bis die Energie in der Spule vom Minimum bis zum Maximum steigt.

6. Aufgabe:
Ein auf $U_0 = 2{,}6$ V geladener Kondensator der Kapazität $C = 0{,}5$ µF wird über eine ideale Spule der Induktivität $L = 0{,}315$ H entladen.

a) Berechnen Sie die Periodendauer der sich ergebenden elektromagnetischen Schwingung.

b) Stellen Sie die Differentialgleichung für die Schwingung auf.
c) Welche Lösung ergibt sich für den Schwingkreisstrom $I(t)$ aus der Differentialgleichung?
d) Wie groß ist der Maximalwert des Stromes?

7. Aufgabe:
Ein anderer Weg zur Gewinnung der Differentialgleichung für die ungedämpfte elektromagnetische Schwingung ist im folgenden dargestellt. Man geht vom Energiesatz aus:

$$\frac{1}{2} \cdot L \cdot [I(t)]^2 + \frac{1}{2} \cdot C \cdot [U_c(t)]^2 = \text{const.}$$

a) Differenzieren Sie den Energiesatz nach der Zeit unter Beachtung der Kettenregel.
b) Zeigen Sie, daß aus dem Ergebnis von **a)** die Differentialgleichung der freien elektromagnetischen Schwingung folgt.

8. Aufgabe:
Leiten Sie analog zur vorhergehenden Aufgabe die Differentialgleichung für die freie mechanische Schwingung des Federpendels aus dem Energiesatz her.

9. Aufgabe:
Ein ungedämpfter Schwingkreis führt 10 Schwingungen in 12 s aus. Die ideal gedachte Spule des Kreises hat die Induktivität $L = 630$ H.
a) Welche Kapazität C hat der Schwingkreiskondensator?
Die Zeitrechnung beginne bei maximaler Ausbildung des Magnetfeldes in der Spule.
b) Welche Ladung besitzt der Kondensator zur Zeit $t_1 = 1{,}0$ s, wenn die maximale Ladung am Kondensator $Q_{max} = 5{,}0 \cdot 10^{-4}$ As ist?
c) Welcher Strom fließt bei $t_1 = 1{,}0$ s durch die Spule?
d) Berechnen Sie die Energie des Magnetfeldes und des elektrischen Feldes zum Zeitpunkt t_1.

10. Aufgabe: (LK-Reifeprüfung 1987, Baden-Württemberg)
Gegeben ist die folgende Schaltung:
$C = 40$ µF; $L = 630$ H; $U_0 = 40$ V;
Zum Zeitpunkt $t = 0$ s wird der Schalter umgelegt, so daß der geladene Kondensator mit der Spule verbunden ist.

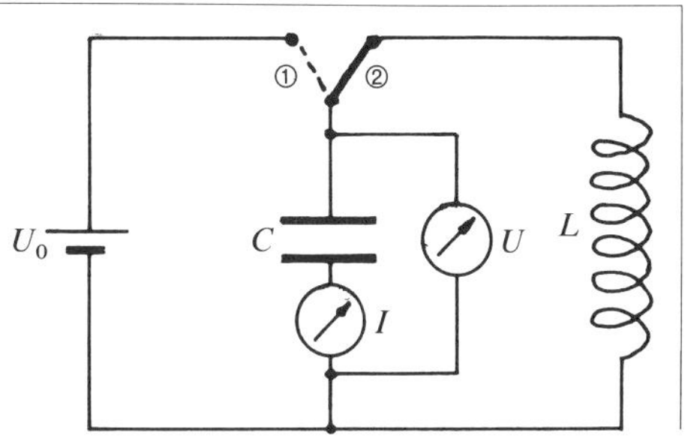

a) Begründen Sie ohne Rechnung, warum es nach dem Umlegen des Schalters von ① nach ② in dem aus Spule und Kondensator bestehenden Stromkreis zu einer elektromagnetischen Schwingung kommt.
Machen Sie dazu für die Zeitpunkte $t_0 = 0$ s, $t_1 = T/4$ und $t_2 = T/2$ Angaben über Strom, Spannung, magnetische Flußdichte und elektrische Feldstärke im Schwingkreis. Fertigen Sie dazu für jeden dieser Zeitpunkte eine Skizze des Schwingkreises an.

b) Zunächst wird der ohmsche Widerstand der Spule vernachlässigt.

α) Zeigen Sie, daß für die entstehende ungedämpfte Schwingung die Differentialgleichung $\frac{1}{C} \cdot Q(t) + L \cdot \ddot{Q}(t) = 0$; (1) gilt, wobei $Q(t)$ die Ladung auf dem Kondensator ist.

β) Leiten Sie aus Gleichung (1) eine Formel zur Berechnung der Frequenz f der entstehenden Schwingung her und berechnen Sie diese Frequenz für den gegebenen Schwingkreis [Ergebnis: $f = 1$ Hz].

γ) Bestimmen Sie – ausgehend von der Lösung für $Q(t)$ aus (1) – die Gleichungen für die Spannung $U(t)$ und den Strom $I(t)$ im gegebenen Schwingkreis und zeichnen Sie die Schaubilder der beiden Funktionen in *ein* Diagramm.
Maßstab: t-Achse: 1 s $\triangleq$ 6 cm; U- bzw. I-Achse: 20 V $\triangleq$ 1 cm; bzw. 10 mA $\triangleq$ 1 cm.

δ) Berechnen Sie Stromstärke und Spannung sowie elektrische und magnetische Energie im Schwingkreis zum Zeitpunkt $t_3 = T/6$.

c) Berücksichtigt man den ohmschen Widerstand R der Spule, so entsteht nach dem Umlegen des Schalters eine gedämpfte elektromagnetische Schwingung.

α) Stellen Sie für diesen gedämpften Schwingkreis eine Differentialgleichung mit der Variablen $Q(t)$ auf.

Eine Messung der Abnahme der Spannungsamplitude $U_m(t)$ am Kondensator liefert die folgenden Meßwerte:

t in T	0	1	2	3	4	5	6
U_m in V	40,0	32,0	25,6	20,5	16,3	13,1	10,4

wobei $T = 1$ s die Schwingungsdauer der gedämpften Schwingung ist.

β) Zeichnen Sie – ausgehend von dieser Tabelle – ein Schaubild der Funktion $U(t) = U_m(t) \cdot \cos(\omega \cdot t)$.
Maßstab: t-Achse: 1 s $\triangleq$ 2 cm; U-Achse: 10 V $\triangleq$ 1 cm.

γ) Für die zeitliche Abnahme der Spannungsamplitude U_m ergibt sich aus der für die gedämpfte Schwingung geltenden Differentialgleichung:

$$U_m(t) = U_0 \cdot e^{-\frac{R}{2 \cdot L} \cdot t} \qquad (2)$$

wobei R der ohmsche Widerstand der Spule und L ihre Induktivität ist. Bestimmen Sie aus den obigen Meßwerten und Gleichung (2) – grafisch oder rechnerisch – den ohmschen Widerstand der Spule.

11. Aufgabe:

Ein Wagen A ($m = 2{,}00$ kg) ist zwischen zwei Federn, die jeweils die Härte $D_1 = 16{,}0$ N/m besitzen, eingespannt.

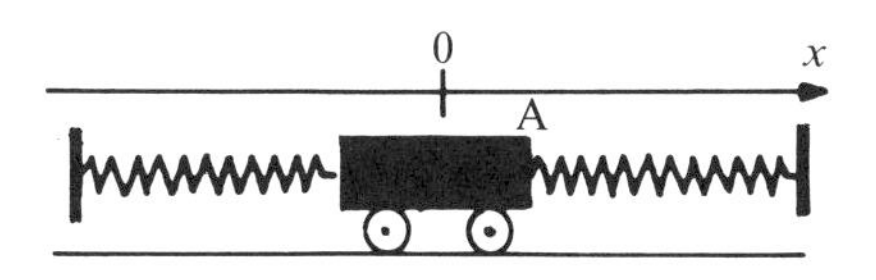

Beide Federn sind in der Gleichgewichtslage von A um $a = 5{,}0$ cm gedehnt. A rolle auf der Unterlage reibungsfrei und werde durch Auslenkung aus der Gleichgewichtslage um $x_m \leq a$ in Schwingungen versetzt.

a) Zeigen Sie, daß die Federhärte des gegebenen Systems $D = 2 \cdot D_1$ ist.

b) Bestimmen Sie die Kreisfrequenz ω_0 der ungedämpften Schwingung.

c) Stellen Sie die zur Schwingung gehörende Differentialgleichung auf und geben Sie die zugehörige allgemeine Lösung $x(t)$ an.

d) Spezialisieren Sie diese Lösung für die folgenden Anfangsbedingungen: Zur Zeit $t = 0$ s sei A am Ort $x_0 = +2{,}0$ cm und habe die Geschwindigkeit $v_0 = +8{,}0$ cm/s.

e) A wird um $x_m = 5{,}0$ cm aus der Gleichgewichtslage ausgelenkt und losgelassen. In der Gleichgewichtslage wird die Spannenergie des Systems $W_{sp} = 0$ J gesetzt.
Geben Sie W_{sp} als Funktion des Ortes x an und zeichnen Sie das zugehörige Schaubild für $-5\text{ cm} \leq x \leq +5\text{ cm}$ (Längeneinheit auf der x-Achse 1 cm; $1{,}0 \cdot 10^{-2}\text{ J} \mathrel{\hat=} 2$ cm).

f) Geben Sie allgemein die kinetische Energie W_{kin} als Funktion von x an.

4. Erzeugung ungedämpfter Schwingungen

Sicher haben Sie schon einmal bei einem Volksfest die Schiffschaukeln beobachtet. Ein geübter »Schaukler« kann ohne allzu große Anstrengung die Schaukel zu relativ großen immer etwa gleich weiten Ausschlägen bringen. Ein Anfänger oder zu stark angeheiterter Schaukler kommen manchmal trotz größter Anstrengung nicht zum gewünschten Ziel. Der Grund hierfür ist, daß sie die im System »Schaukel« durch Reibung verlorengegangene mechanische Energie nicht periodisch und im richtigen Augenblick – der Physiker sagt **»phasenrichtig«** – zuführen.

4.1 Erzwungene mechanische Schwingungen

Eine Möglichkeit, den schon mehrmals betrachteten Wagen, der zwischen zwei Federn eingespannt ist und der eine Reibungskraft erfährt, zu ungedämpften Schwingungen anzuregen, ist in dem folgenden Bild dargestellt.

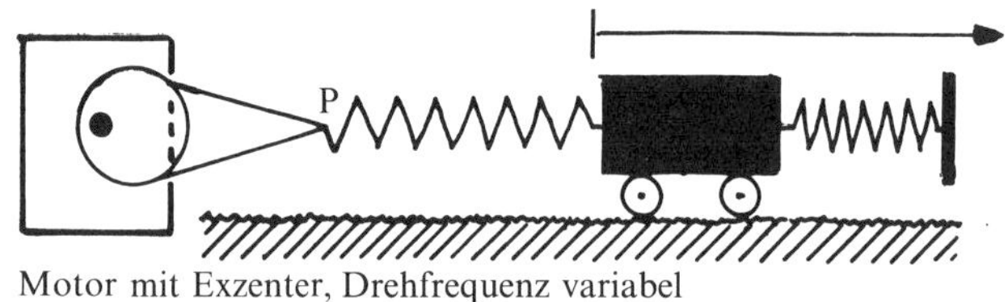

Motor mit Exzenter, Drehfrequenz variabel

Lenkt man den Wagen bei abgeschaltetem Motor einmalig aus, so schwingt dieser gedämpft mit der dem System »Wagen mit Federn« eigenen Frequenz f_0. Wir nennen diese Frequenz auch **Eigenfrequenz f_0**.
Wir steigern die Frequenz f des Motors (Erregerfrequenz) von dem Wert Null ausgehend und beobachten die Auslenkung des Wagens (Oszillator), die Frequenz des Wagens f_{osz} und die jeweilige Phasenverschiebung $\Delta\varphi$ zwischen Erregerschwingung und Wagenschwingung.
Das Ergebnis des Versuches kann – etwas vergröbert – folgendermaßen zusammengefaßt werden:

$f \ll f_0$

- Der Wagen folgt den Ausschlägen des Exzenters synchron. Man sagt Erregerschwingung und Wagenschwingung sind **in Phase** ($\Delta\varphi = 0$).
- Die Auslenkung des Wagens aus der Ruhelage ist in etwa gleich der Auslenkung des Punktes P durch den Exzenter.
- Die Frequenz der Erregerschwingung und die Frequenz der Oszillatorschwingung ist gleich ($f = f_{osz}$).

$f = f_0 = f_{res}$

- Erreger- und Oszillatorschwingung sind phasenverschoben (die Erregerschwingung eilt der Wagenschwingung um $\Delta\varphi = \pi/2$ voraus)
- Die Amplitude A_{osz} des Wagens ist maximal und nur durch die Reibung des Systems begrenzt. Man spricht bei $f = f_0$ von **Resonanz**. f_0 ist also gleich der Resonanzfrequenz f_{res}.
- Die Frequenz der Erregerschwingung und die Frequenz der Wagenschwingung ist gleich ($f = f_{osz}$).

$f \gg f_0$
- Erreger- und Wagenschwingung sind phasenverschoben (die Erregerschwingung eilt der Wagenschwingung um $\Delta\varphi = \pi$ voraus)
- Die Amplitude A_{osz} des Oszillators strebt gegen Null.
- Die Frequenz der Erregerschwingung und die Frequenz der Oszillatorschwingung sind gleich ($f = f_{osz}$).

Hinweis: In allen drei oben skizzierten Fällen wird dem schwingungsfähigen System die Erregerfrequenz aufgeprägt. Man spricht daher von einer erzwungenen Schwingung.

Heimversuch zu den erzwungenen mechanischen Schwingungen und zur Resonanz

Die folgenden Versuche können Sie mit einfachsten Mitteln zu Hause durchführen. Sie werden durch diese Experimente zu einem vertieften Verständnis der erzwungenen Schwingungen geführt.

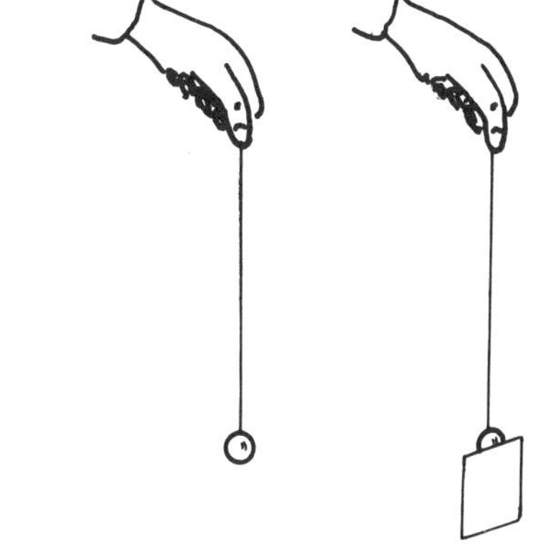

Man benötigt einen Bindfaden von 1 m Länge, an den man einen kleinen Gegenstand von etwa 20 g Masse bindet (z. B. Radiergummi). Die Anordnung stellt ein kleines Fadenpendel dar, bei dem man durch Befestigung eines Blattes (Klebeband) die Dämpfung verändern kann.

1. Versuch:
Der Pendelkörper wird einmal kurz angestoßen und dann sich selbst überlassen.

Ergebnis:
Ohne angeklebtes Blatt ist die Schwingung schwach gedämpft, mit Blatt dagegen stark. Das Pendel schwingt in seiner Eigenschwingung mit seiner Eigenfrequenz f_0.

Die folgenden Versuche werden mit schwacher Dämpfung durchgeführt.

2. Versuch:
Man bringt das Pendel zum Schwingen, indem man die Hand periodisch horizontal einige Zentimeter hin und her bewegt. Die Hand stellt den Erreger dar, der mit einer vorgegebenen Erregerfrequenz f schwingt.
Man beginnt mit sehr kleiner Erregerfrequenz und beobachtet die Auswirkungen auf das Pendel. Dann steigert man die Erregerfrequenz in kleinen Schritten und beobachtet jeweils die Auswirkung auf das Pendel. Die Erregeramplitude A_{Err} sollte dabei jeweils gleich bleiben.

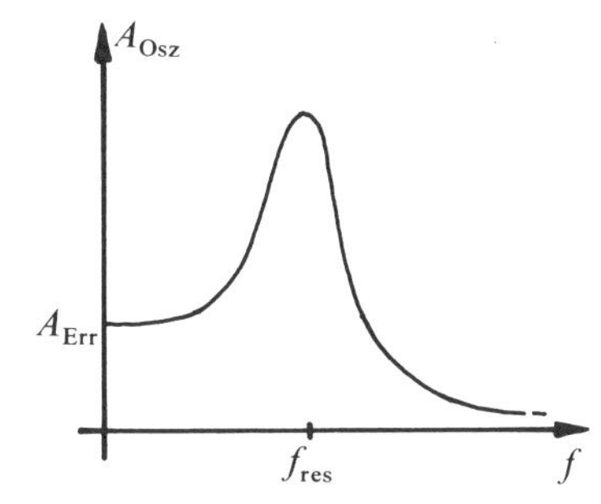

Resonanzkurve

Ergebnis:
Qualitativ erhält man den umseitig dargestellten Verlauf der Amplitude A_{Osz} des Pendelkörpers (Oszillators):
Bei sehr geringer Erregerfrequenz haben Erreger und Oszillator etwa die gleiche Amplitude. Mit zunehmender Erregerfrequenz f steigt die Amplitude des Oszillators und erreicht bei der Resonanzfrequenz f_{res} ein Maximum (Resonanzfall). Bei weiter steigender Erregerfrequenz f sinkt die Oszillatoramplitude nahezu auf Null ab.
In jedem betrachteten Fall ist die Frequenz der erzwungenen Oszillatorschwingung gleich der Erregerfrequenz: Die Frequenz des Erregers wurde dem Oszillator aufgezwungen.

3. Versuch:
Hält man im Resonanzfall den Erreger an, so schwingt der Oszillator mit der Erregerfrequenz weiter. Im Resonanzfall ist die Erregerfrequenz gleich der Eigenfrequenz des Oszillators.

4. Versuch:
Betrachtet man bei der Steigerung der Erregerfrequenz auch die Phasendifferenz zwischen Erreger- und Oszillatorschwingung, so erhält man folgendes Ergebnis:

a) Bei sehr kleiner Erregerfrequenz sind beide Schwingungen phasengleich (Schwingungen im Gleichtakt).

b) Im Resonanzfall eilt die Erregerschwingung der Oszillatorschwingung deutlich voraus.

c) Bei hohen Erregerfrequenzen sind beide Schwingungen nahezu gegenphasig (Gegentakt). Dies kann man gut beobachten, wenn man bei hoher Erregerfrequenz die Erregeramplitude so groß macht, daß auch die Oszillatoramplitude gut beobachtbar wird.

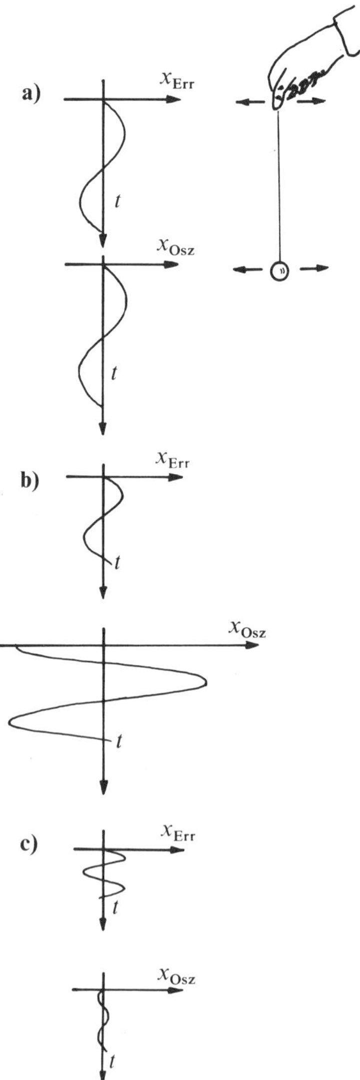

Tatsächlich beträgt die Phasenverschiebung im Resonanzfall gerade $\pi/2$, d.h. beim Nulldurchgang einer Schwingung ist die Auslenkung für die andere Schwingung am größten. Daß dies so sein muß, können wir uns am folgenden Bild klarmachen.
Die starke Aufschaukelung im Resonanzfall kann man sich so erklären, daß in diesem Fall dem Oszillator vom Erreger optimal Energie zugeführt wird. Der Erreger muß also in jedem Augenblick die »richtige« Bewegung durchführen. Dies wird in der folgenden Betrachtung gezeigt:

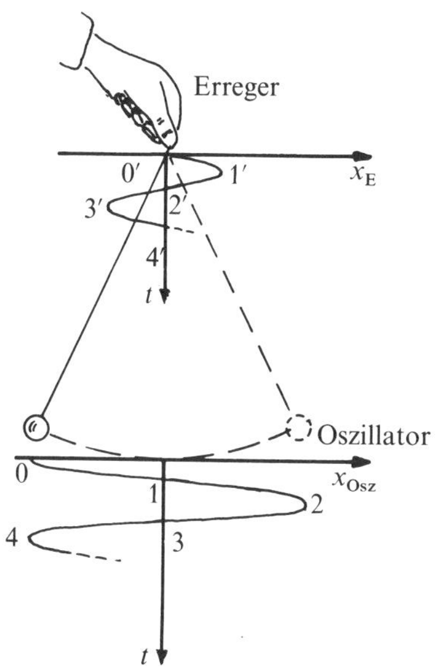

Bei der Bewegung des Pendelkörpers von 0 nach 1 gewinnt das Pendel kinetische Energie. Wir unterstützen dies sicherlich, wenn wir durch Bewegung der Hand das Pendel hinter uns herziehen (0′ → 1′).
Von 1 nach 2 gewinnt das Pendel potentielle Energie. Diese wird natürlich um so größer sein, je weiter das Pendel ausgelenkt ist. Die Handbewegung von 1′ nach 2′ ist genau die richtige Maßnahme.
Von 2 nach 3 gewinnt das Pendel wieder kinetische Energie. Dies unterstützen wir, indem wir es hinter uns herziehen (2′ → 3′) usw.
Es ist natürlich lehrreich, einmal eine andere Phasenverschiebung zwischen Erreger- und Oszillatorschwingung anzunehmen. Man wird dabei feststellen, daß die Handbewegung für die Energiezufuhr zum Pendel manchmal nützlich, manchmal genau verkehrt ist. Damit kann der Oszillator natürlich nicht die große Amplitude wie im Resonanzfall erreichen.
Die bisherigen Ergebnisse über die Phasenverschiebung von Erreger und Oszillator sind in der nebenstehenden Skizze dargestellt.

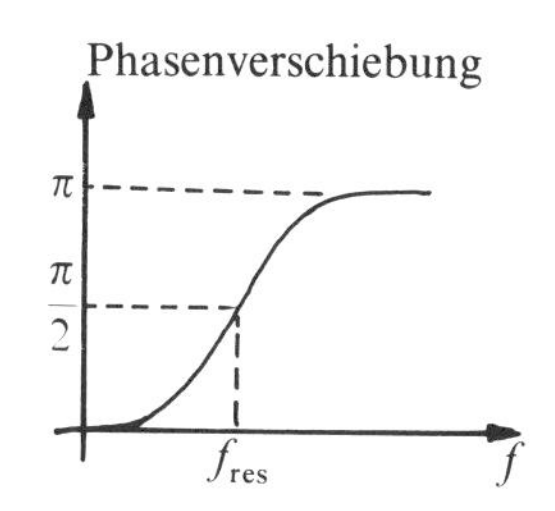

Zusammenfassung:

- Man kann einen Oszillator zu erzwungenen Schwingungen anregen. Die Erregerfrequenz ist dabei stets gleich der Oszillatorfrequenz.
- Bei gleicher Erregeramplitude sind jedoch die Oszillatoramplitude und auch die Phasenverschiebung zwischen beiden Schwingungen von der Erregerfrequenz abhängig.
- Im Resonanzfall ($f = f_0$) erreicht die Oszillatoramplitude ein Maximum. Die Erregerschwingung eilt der Oszillatorschwingung um $\pi/2$ voraus. In diesem Fall ist die Energiezufuhr vom Erreger zum Oszillator optimal.

Bei schwacher Dämpfung kann im Resonanzfall die Amplitude so groß werden, daß das schwingende System zerstört wird (Resonanzkatastrophe). Auf diese Weise sind schon Brücken und Gebäude eingestürzt, die vom Wind zu Resonanzschwingungen aufgeschaukelt wurden, und Maschinen wurden wegen geringer Unwucht bei einer bestimmten Drehzahl aus der Verankerung gerissen.

5. Versuch:
Der Resonanzversuch wird nun mit dem gedämpften Pendel durchgeführt. Das Blatt soll am Pendelkörper so angebracht sein, daß es bei der Bewegung einen Luftwiderstand erfährt.
Ergebnis:
Die Dämpfung mindert die Resonanzamplitude und verhindert im allgemeinen Resonanzkatastrophen.

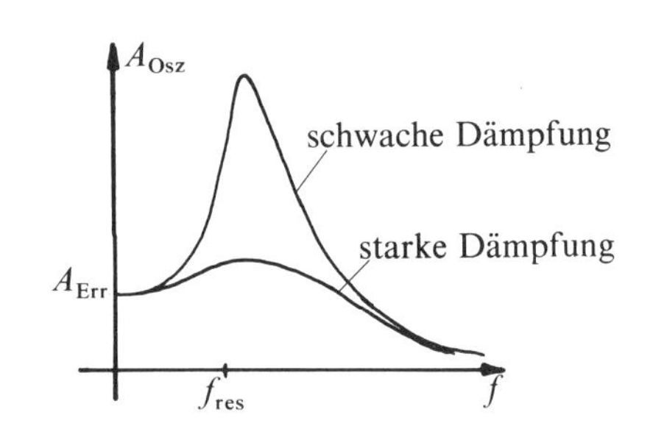

Beispiele für erwünschte Resonanz:

Trockenrasierer: Ein auf 100 Hz abgestimmtes System aus einem Weicheisenkern und Stahlfedern wird durch einen mit Netzstrom gespeisten Elektromagneten einmal je Halbperiode des Stromes angezogen. Die kräftigen Schwingungen bewegen den Scherkopf.

Blasinstrumente: In einer Posaune z. B. wird eine Luftsäule durch die Lippen des Spielers zum Schwingen in der Eigenfrequenz veranlaßt. Diese Schwingung wird als Ton hörbar. Ändern der Länge der Luftsäule ergibt eine andere Eigenfrequenz, also einen anderen Ton.
Bei Orgelpfeifen reagiert die Luftsäule auf das Gemisch vieler Frequenzen im Anblasgeräusch. Die darin auch vorkommende Eigenfrequenz der Luftsäule in der Pfeife wird durch Resonanz verstärkt, die anderen nicht, so daß jede Pfeife auf das Anblasen ihren eigenen Ton gibt.
Diese Reaktion eines Oszillators auf ein Frequenzgemisch läßt sich mit dem ungedämpften Pendel schön zeigen: Hält man es einige Minuten ruhig in der Hand (ohne darauf zu achten oder es gar anzublicken), so beginnt es auf einmal in seiner Eigenfrequenz zu schwingen.

Beispiel für verhinderte Resonanz:

Stoßdämpfer: In einem Kraftfahrzeug übernehmen die Stoßdämpfer (die eigentlich Schwingungsdämpfer heißen sollten) diese Rolle.

Ohne sie könnte sich das Fahrzeug auf leicht welliger Straße bei einer bestimmten Geschwindigkeit zu Resonanzschwingungen mit so großer Amplitude aufschaukeln, daß die Bodenhaftung weitgehend verloren ginge.

Wäscheschleuder: Bei einer Wäscheschleuder sind in der Regel schwere Betonklötze eingebaut. Dadurch wird eine sehr niedrige Eigenfrequenz des Gehäuses erreicht, die weit unter der Nenndrehzahl der Schleuder liegt. Beim Anfahren der Schleuder wird der Bereich um die Eigenfrequenz sehr schnell überschritten, so daß das Auftreten einer Resonanzkatastrophe unwahrscheinlich ist.

Beachte Film: Einsturz einer Brücke – Resonanzkatastrophe; Westermann-Verlag (355722)

1. Aufgabe:
Erklären Sie den Begriff »Resonanzkatastrophe« und führen Sie die Bedingungen für ihr Entstehen auf.

2. Aufgabe:
Welche der folgenden Aussagen ist richtig?
Ein schwingungsfähiges Gebilde mit der Eigenfrequenz f_0 steht unter erzwungener Anregung von außen mit der veränderlichen Frequenz f.
Es schwingt: ...

a) mit f_0,
b) mit f,
c) mit der Überlagerungsfrequenz $\frac{f+f_0}{2}$,
d) gleichphasig mit $f=f_0$,
e) gegenphasig mit $f=f_0$,
f) 90° phasenverschoben, wenn $f \approx f_0$,
g) 180° phasenverschoben, wenn $f \ll f_0$,
h) 180° phasenverschoben, wenn $f \gg f_0$,
i) mit der Erregeramplitude, wenn die Phasenverschiebung 0° beträgt,
k) mit maximaler Amplitude, wenn die Phasenverschiebung 180° beträgt,
l) mit einer von f unabhängigen Amplitude,
m) mit einer Amplitude, die nur von f_0 abhängt,
n) kaum sichtbar, wenn $f \gg f_0$,
o) so lange, bis es seine Schwingungsenergie an den Erreger abgegeben hat.

3. Aufgabe:
Eine Hängebrücke geriet in sehr starke Schwingungen, als eine Personengruppe im Gleichschritt mit 25 Schritten in 20 s die Brücke überquerte. Welche Eigenfrequenz hat die Brücke?

4. Aufgabe:
Eine Autobahnbrücke hat die Eigenfrequenz von 0,15 Hz. Sie gerät in Resonanz, wenn Fahrzeuge mit gleichbleibender Geschwindigkeit darüberfahren, wobei an den Stoßstellen (Abstand 30 m) der Fahrbahnplatten jeweils ein Anstoß der Brücke erfolgt. Bei welcher Fahrzeuggeschwindigkeit schwingt die Brücke am stärksten?

5. Aufgabe:
Die Eigenfrequenz eines Federpendels hängt auf eindeutige Weise von der Masse des Pendelkörpers und der Federhärte ab.
Wie könnte man durch einen Satz verschiedener Federpendel die Frequenz einer vibrierenden Werkbank ermitteln? Wie müssen Sie vorgehen, was müssen Sie messen?

Hinweis: Die Simulation einer erzwungenen Schwingung für die drei besonders besprochenen Fälle der Anregungsfrequenz findet sich in **Anhang 1**.

4.2 Erzwungene elektrische Schwingungen

Ganz ähnlich wie im mechanischen Fall, können wir durch Anlegen einer äußeren Wechselspannung einen Schwingkreis zu ungedämpften Schwingungen anregen.

1. Versuch:
Die Erregung des Kreises erfolgt durch eine kleine Wechselspannung veränderlicher Frequenz, die wir in den Kreis einspeisen.
Die konstante Amplitude der Erregerspannung wird durch die gleichbleibende Helligkeit von Lämpchen L_1 nachgewiesen.
Steigert man die Frequenz, von kleinen Werten ausgehend, so kann man am hellen Aufleuchten der Lampe L_2 das Erreichen der Resonanz feststellen (Maximum des Schwingkreisstromes). Nach Überschreiten der Resonanzfrequenz sinkt der Schwingkreisstrom wieder ab.

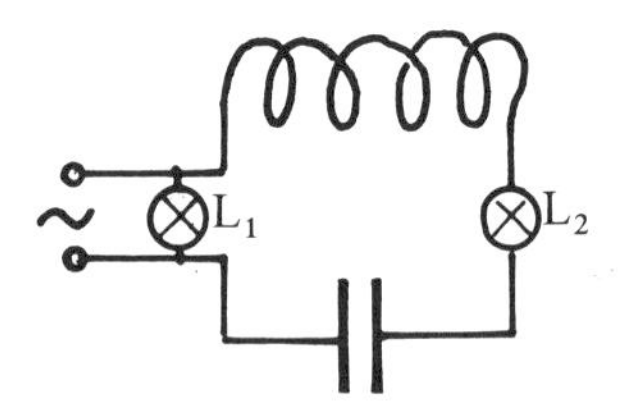

Lämpchen 3,8 V/0,07 A
Kondensator 0,1 µF
Spule 1200 Wdgn. – kurzer Eisenkern

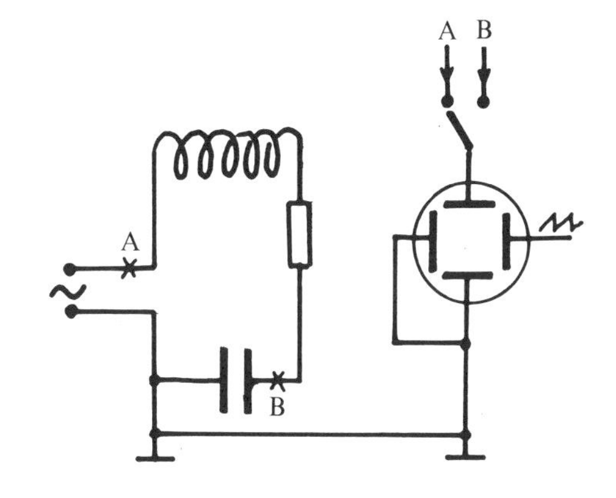

2. Versuch:
Das Lämpchen L_2 wird durch einen ohmschen Widerstand ersetzt. Mit einem Zweikanaloszilloskop können wir die Phasenverschiebung zwischen der Erregerspannung und der Spannung am Kondensator und die Oszillatoramplitude beobachten.
Eine Vergrößerung des Widerstandes erhöht die Dämpfung des Kreises.
Trägt man die Oszillatoramplitude (Spannung am Kondensator bzw. an der Spule) über der Erregerfrequenz auf, so ergibt sich eine Resonanzkurve, wie sie schon im mechanischen Fall festgestellt wurde.

Hinweis: Man bezeichnet den soeben dargestellten Kreis als Serienresonanzkreis. Im Resonanzfall kann die Spannung an Kondensator bzw. Spule ein Vielfaches der Quellenspannung betragen.

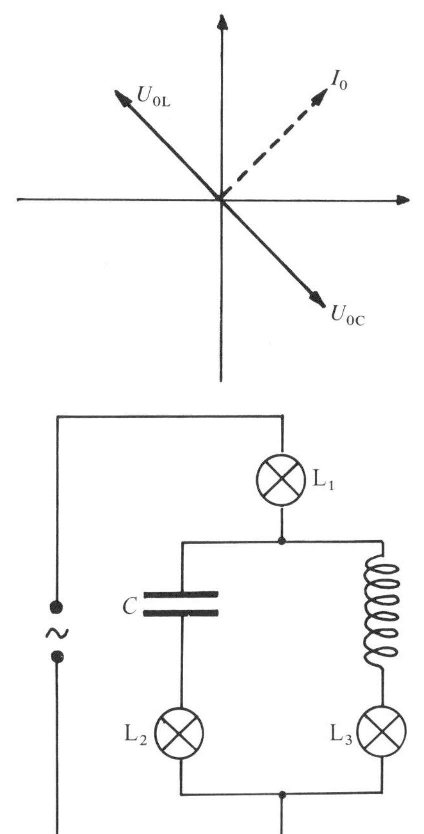

Für vernachlässigbaren ohmschen Widerstand ergibt sich das nebenstehende Zeigerdiagramm (Beginn der Zeichnung mit der Größe, die beiden Elementen gemeinsam ist: Strom):
Die Spannung an der Spule eilt dem Strom um $\pi/2$ voraus, die Spannung am Kondensator hinkt dem Strom um $\pi/2$ nach.
Im Resonanzfall wäre bei verschwindendem Widerstand $U_{0C} = U_{0L}$ und die resultierende Spannung damit gleich Null, obwohl die Teilspannungen an den einzelnen Elementen sehr hoch sein können.

3. Versuch:
Eine etwas andere Art, den Schwingkreis zu ungedämpften erzwungenen Schwingungen anzuregen, ist in nebenstehender Abbildung dargestellt.
Als Quelle dient wieder ein Frequenzgenerator, als einfache Stromanzeiger dienen die drei Glühlämpchen.

Ergebnis:
Bei niederen Frequenzen leuchten alle drei Lämpchen, wobei L_3 heller als L_2 leuchtet. Durch Steigerung der Frequenz kann man erreichen, daß L_2 und L_3 gleich hell sind. Der Strom in der Zuleitung ist dann so gering, daß das Lämpchen L_1 erlischt. Bei höheren Frequenzen leuchten wieder alle drei Lämpchen, wobei L_2 heller als L_3 ist.

Hinweis: Man bezeichnet den soeben dargestellten Kreis als Parallelresonanzkreis. Im Resonanzfall kann der Strom durch Kondensator bzw. Spule ein Vielfaches des Stromes in der Hauptleitung betragen.

1. Aufgabe:
Erklären Sie die Veränderung der Lampenhelligkeiten beim Übergang von niederen zu hohen Frequenzen.

2. Aufgabe:
a) Entwerfen Sie für den Parallelresonanzkreis jeweils ein qualitatives Zeigerdiagramm für **α)** $f < f_0$; **β)** $f = f_0$; **γ)** $f > f_0$;
Gehen Sie davon aus, daß der ohmsche Widerstand im Kreis vernachlässigbar ist.
b) Berechnen Sie für den Fall der Resonanz (Strom in der Hauptleitung ist Null) die Schwingkreisfrequenz in Abhängigkeit von L und C.

3. Aufgabe:
a) Geben Sie zwei Möglichkeiten zur Änderung der Induktivität der Spule im 3. Versuch an.
b) Wie ändert sich die Resonanzfrequenz, wenn im Parallelkreis zu dem vorhandenen Kondensator ein zweiter Kondensator mit gleicher Kapazität parallelgeschaltet wird?

4. Aufgabe:
a) Berechnen Sie die Resonanzfrequenz eines Parallelkreises für $L = 2{,}0\,\text{mH}$ und $C = 4{,}0\,\mu\text{F}$.
b) Welche Induktivität muß eine Spule haben, damit sich bei Parallelschaltung zu einem Kondensator mit $C = 500\,\text{nF}$ die Resonanzfrequenz $f = 600\,\text{Hz}$ ergibt.

5. Aufgabe: »Black-Box«
Von einer Schaltung weiß man, daß sie aus einer Spule mit verschwindendem ohmschen Widerstand, einem Kondensator und einem ohmschen Widerstand besteht. Außerdem kennt man folgende Versuchsergebnisse:
1. Beim Anlegen einer Gleichspannung von 1 V fließt durch die Schaltung ein Gesamtstrom von 1 mA.

Nun wird an die Schaltung eine sinusförmige Wechselspannung mit dem Effektivwert 1 V angelegt. Die Frequenz der Wechselspannung wird, beginnend bei sehr niedrigen Frequenzen, auf sehr hohe Frequenzen gesteigert. Dabei zeigt sich:

2. Bei einer bestimmten Frequenz (deren Wert für die Lösung nicht wichtig ist) ergibt sich ein Maximum des Gesamtstroms ($I_{max} \gg 1\,mA$).
3. Geht man von dieser Frequenz zu sehr hohen Frequenzen, so nimmt der Strom wieder bis zu einem Wert 1 mA (Effektivwert) ab.

Begründen Sie genau für jede der 8 Schaltungsmöglichkeiten, warum sie in Frage bzw. nicht in Frage kommt. Keine Rechnung!

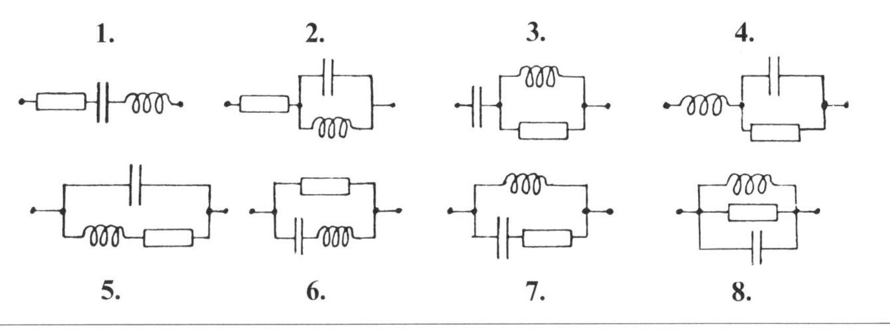

6. Aufgabe:
An eine Parallelschaltung von Kondensator und Spule ($R = 0$) wird die Spannung $U(t) = U_0 \cdot \cos(\omega_{res} \cdot t)$ angelegt.

a) Skizzieren Sie den zeitlichen Verlauf der Kondensatorspannung und des Spulenstromes für $0 < t < 3T/2$.

b) Skizzieren Sie den zeitlichen Verlauf von elektrischer und magnetischer Energie in Kondensator bzw. Spule und zeichnen Sie auch den zeitlichen Verlauf der Gesamtenergie ein.

c) Skizzieren Sie die Parallelschaltung mit Momentbildern der Ladungsverteilung auf dem Kondensator, der Strompfeile sowie der elektrischen und magnetischen Feldlinien jeweils für die Zeitpunkte $t = 0; T/4; T/2; 3T/4; T$; und für $t = 5T/8$.

7. Aufgabe:
Es wird ein Serienresonanzkreis mit realer Spule (Induktivität L; Widerstand R) und Kondensator (Kapazität C) betrachtet.

a) Zur Ermittlung des Gesamtwiderstand X_g der Schaltung ist ein Zeigerdiagramm zu zeichnen. Beginnen Sie das Diagramm mit dem Zeiger für $I_0 = 1\,A$ ($1\,A \mathrel{\hat{=}} 3\,cm$). Für die Zeichnung sei $\omega \cdot L = 6\,\Omega$; $R = 2\,\Omega$ und $(\omega \cdot C)^{-1} = 8\,\Omega$.
Tragen Sie nun die Zeiger für U_{0R}, U_{0L} und U_{0C} in das Diagramm und ermitteln Sie durch vektorielle Addition den Zeiger für die Gesamtspannung U_0. ($1\,V \mathrel{\hat{=}} 1\,cm$)

b) Berechnen Sie den Gesamtwiderstand X_g der Schaltung allgemein in Abhängigkeit von ω, R, L und C.
c) Zeigen Sie, daß X_g im Fall der Resonanz ein Minimum hat. Wie groß ist die Resonanzfrequenz (ausgedrückt durch L und C)? Welchen Widerstand hat die Schaltung im Resonanzfall?

8. Aufgabe:
Die drei im nebenstehend skizzierten Versuch verwendeten Spulen sind gleichartig aufgebaut, sie besitzen die gleiche Windungszahl. Die linke Spule ist eisengefüllt, die mittlere und rechte Spule sind luftgefüllt. Die Spannungsamplitude des angeschlossenen Sinusgenerators ist konstant.
Bei Steigerung der Frequenz – von niederen Werten ausgehend – registriert man bei $f_1 = 336$ Hz ein deutliches erstes Strommaximum, das auch in einer erhöhten Lautstärke des Lautsprechers zum Ausdruck kommt.
Bei $f_2 = 823$ Hz tritt ein zweites Strommaximum auf. Eine weitere Frequenzsteigerung bringt noch ein drittes Strommaximum bei einer Frequenz f_3.

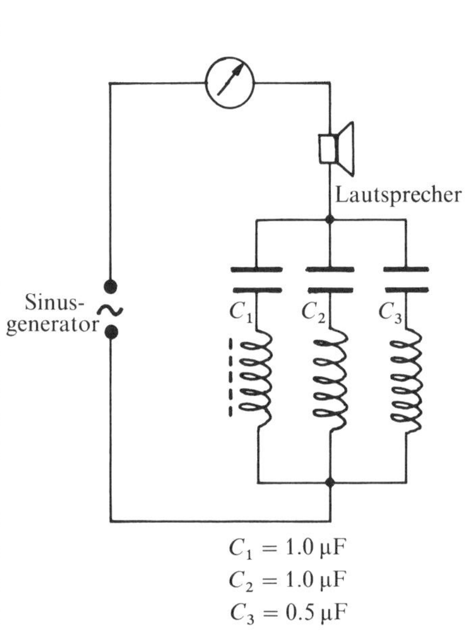

a) Geben Sie eine genaue Deutung des Versuchsergebnisses.
b) Berechnen Sie die Induktivität einer Spule ohne Eisenkern aus den Versuchsdaten.
c) Bei welcher Frequenz f_3 ist das dritte Stromstärkemaximum zu erwarten?

4.3 Erzeugung ungedämpfter elektromagnetischer Schwingungen durch Rückkopplung

Ein Parallelschwingkreis kann nur dann ungedämpfte Schwingungen ausführen, wenn man ihm von außen **periodisch** und **phasenrichtig** Energie zuführt. Dies kann z. B. durch Anlegen einer äußeren Wechselspannung geschehen. Die Frequenz der Schwingung stimmt dann mit der Erregerfrequenz überein (**erzwungene Schwingung**; vgl. Abschnitt 4.1).

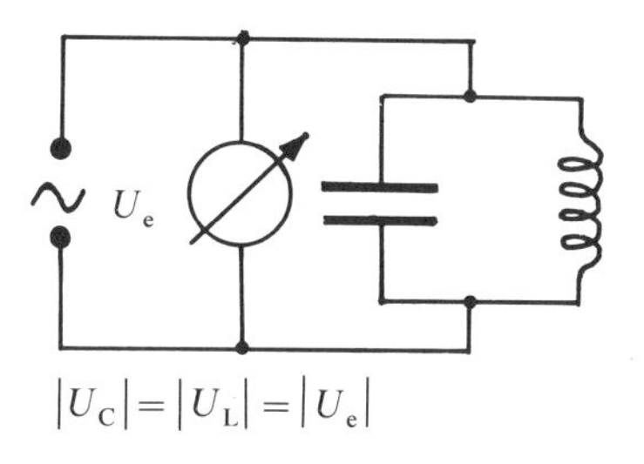

Die äußere Spannungsquelle spielt hier eine doppelte Rolle: einerseits dient sie als »Taktgeber«, der die Frequenz der Schwingung bestimmt, andererseits als Energiereservoir, aus dem die laufenden Energieverluste im ohmschen Widerstand der Spule gedeckt werden. Regt man den Schwingkreis mit einer Erregerfrequenz an, die mit der Eigenfrequenz des Kreises übereinstimmt, so sind die energetischen Verhältnisse am günstigsten (bei gegebener Anregungsspannung ist der Strom in der Zuleitung sehr klein).
Allerdings wird bei dieser Anregung die Spannung an Spule bzw. Kondensator nur so hoch wie die Spannung der äußeren Erregerquelle. Man kann die Spannung an Spule bzw. Kondensator erhöhen, wenn man die äußere Erregerspannung verstärkt.

1. Versuch:

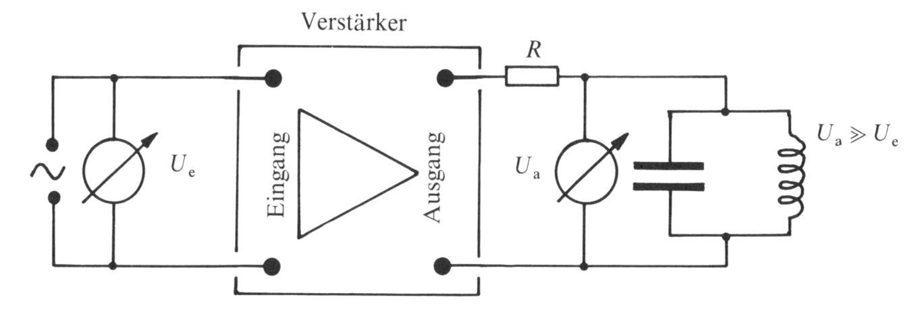

Versuchsdaten: z.B. $C = 40\,\mu F$; $N = 12000$; $U_e < 1\,V$; $f \approx 2\,Hz$; $R = 0 - 10\,k\Omega$.

Hinweis: Die Zeigerinstrumente sollten eine kurze Einstelldauer haben (z.B. Zwillingsmavo). Ohne Widerstand R läge der niederohmige Ausgang des Verstärkers (z.B. AC/DC-Verstärker 30 W) parallel zu Spule und Kondensator und würde den Schwingkreis stark bedämpfen. R wird daher so groß gewählt, daß bei voller Verstärkung im Rückkopplungsfall (4. Versuch) gerade noch eine Schwingung auftreten kann.

Auch hier bestimmt die Erregerspannung U_e die Frequenz der Schwingung. Die zur Deckung der Verluste im Parallelkreis nötige Energie wird jedoch vom Verstärker abgegeben. Energetisch bedeutet dies, daß die kleine Spannung U_e die periodische Energieabgabe eines Energiereservoirs (Betriebsspannungsquelle des Verstärkers) **steuert**.

a) Das Prinzip der Rückkopplung

Bringt man nun eine zweite Spule in das magnetische Wechselfeld der Schwingkreisspule, so entsteht in dieser zweiten Spule eine Induktionsspannung, die **gleichphasig** zur Erregerspannung ist.

2. Versuch:

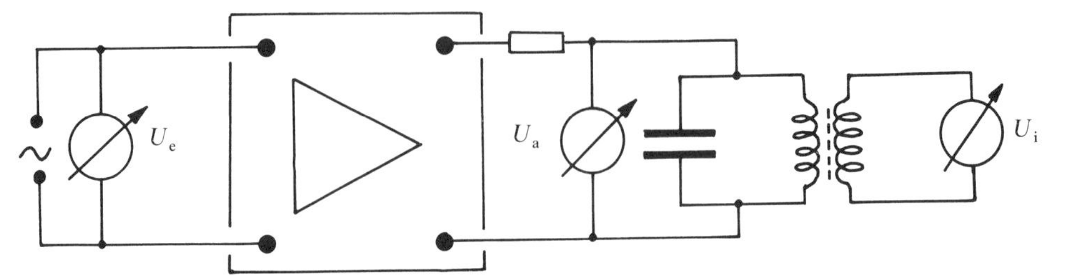

Daher kann auch die Spannung U_i als Steuerspannung für den Verstärker verwendet werden. Die äußere Erregerspannung kann damit entfallen (**Selbststeuerung** des Schwingkreises).

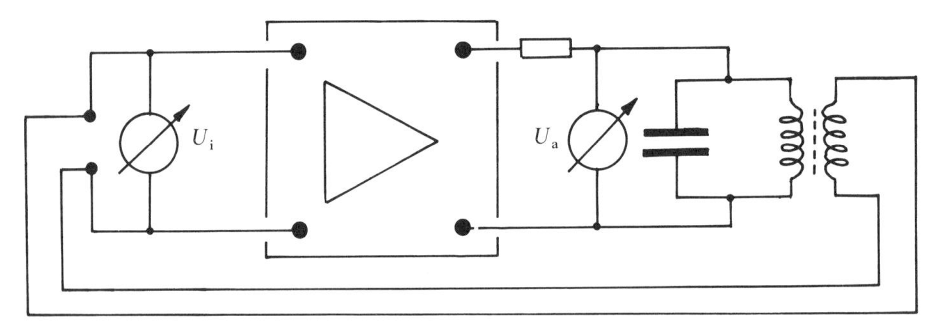

Man bezeichnet dieses Schaltungsprinzip als **Rückkopplung** (genauer: Mitkopplung).[1]) Das Anschwingen des Kreises, eine Voraussetzung für die Induktionsspannung U_i, wird i.a. durch das Anschalten des Verstärkers erreicht. Wie der Versuch zeigt, schaukelt sich dabei die Schwingung bis zu einer maximalen Amplitude auf, bei welcher der Energienachschub gerade die Verluste im ohmschen Widerstand der Spule deckt. In diesem Endzustand schwingt der Parallelkreis dann stets in seiner Eigenfrequenz, bei der die energetischen Verhältnisse am günstigsten sind.

[1]) Die Rückführung einer Spannung vom Schwingkreis zum Verstärkereingang bezeichnet man als Rückkopplung, und zwar in diesem Fall als positive Rückkopplung (Mitkopplung). Vertauscht man die Anschlüsse am Verstärkereingang, so gelingt die Schwingungserzeugung nicht mehr. In diesem Fall liegt nämlich eine negative Rückkopplung (Gegenkopplung) vor, und am Verstärkereingang liegt jeweils eine Spannung, die zur Schwingkreisspannung entgegengesetzte Polarität besitzt.

Prinzipielle Darstellung des Energieflusses:

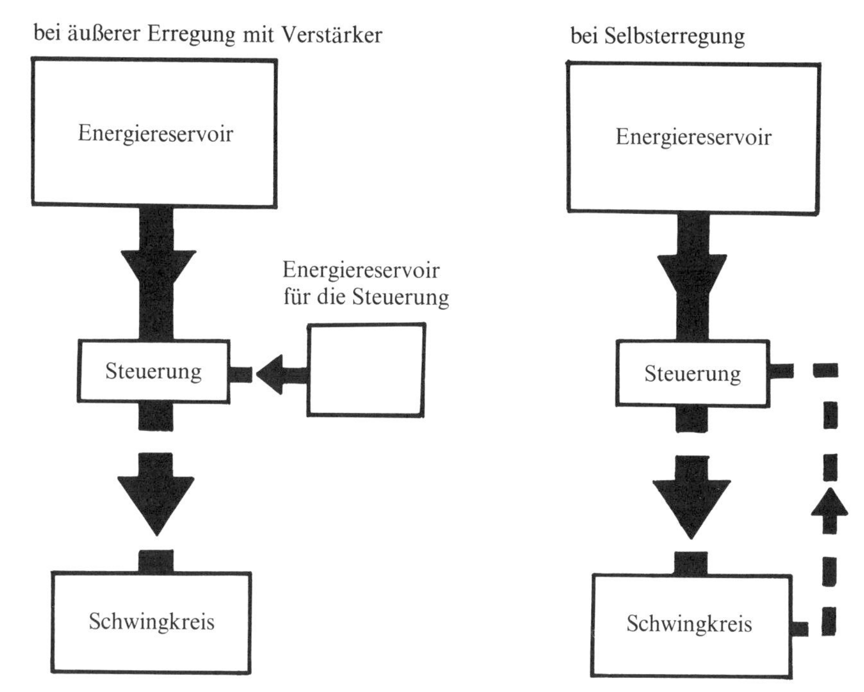

Wir haben nun das zu Beginn des 2. Kapitels formulierte Ziel, nämlich die Erzeugung ungedämpfter elektromagnetischer Schwingungen, erreicht. Durch Änderung der Kondensatorkapazität bzw. der Spuleninduktivität können wir sogar die Frequenz der Schwingungen in einem weiten Bereich variieren.
Mit der Rückkopplungsschaltung sind wir nun auch in der Lage, die Thomsonsche Schwingungsformel experimentell zu prüfen:

- Verwendet man für L und C solche Werte, daß die Schwingungsfrequenz im Tonfrequenzbereich ist, so kann man die Schwingung durch einen in den Kreis geschalteten Lautsprecher »hörbar« machen. Reduziert man dann die Kondensatorkapazität auf 1/4 des ursprünglichen Wertes, so hört man die Oktave des ursprünglichen Tones (Verdoppelung der Frequenz). Dieses Ergebnis wird durch die Thomsonformel vorausgesagt.
- Eine sehr genaue Prüfung der Thomson-Formel ist durch Ausmessung der Schwingungsfrequenz mit einem Oszilloskop und anschließendem Vergleich mit dem aus L und C berechenbaren Wert für die Frequenz möglich.

b) Die Meißnerschaltung

Der Verstärker in der Rückkopplungsschaltung wurde bisher als »black box« betrachtet. Nachdem kurz zuvor die Elektronenröhre entwickelt worden war, gelang es Meißner 1913 mit diesem Bauelement, die nach ihm benannte Rückkopplungsschaltung zu realisieren.
Bevor wir diese Schaltung entwickeln, sollten Sie sich jedoch über die wichtigsten Tatsachen einer Triode vertraut machen.

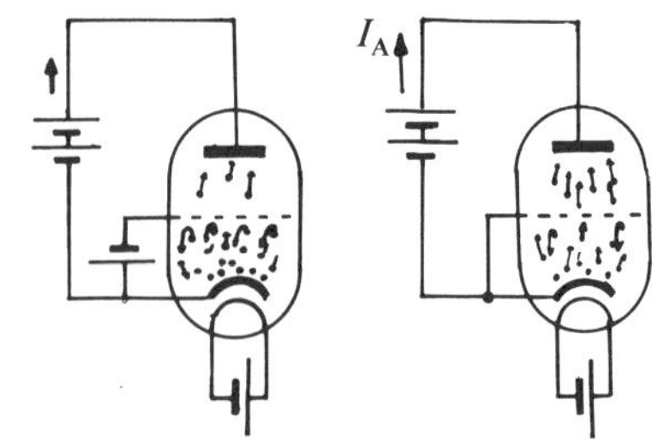

Von der Triode sollten Sie das Folgende wissen:
Aus der Glühkathode treten Elektronen aus, die zur positiven Anode beschleunigt werden. Zwischen Gitter und Kathode liegt eine kleine Spannung (Gitterspannung) so, daß das Gitter negativ ist. Das Gitter vermindert aufgrund der negativen Aufladung den Elektronenstrom zur Anode. Je größer diese Gitterspannung ist, desto geringer wird die Zahl der Elektronen, die zur Anode gelangen kann. Umgekehrt wird bei geringerer Gitterspannung der Anodenstrom I_A größer.

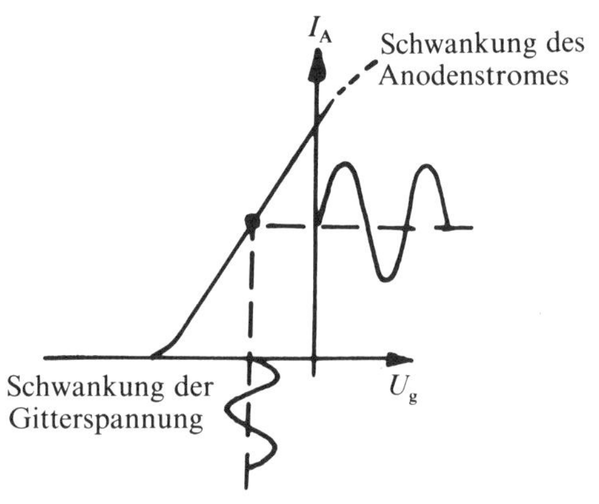

Da Gitter und Kathode einen Kondensator geringer Kapazität darstellen, fließt bei Gitterspannungsänderungen nur ein äußerst geringer Lade- bzw. Entladestrom in der Gitterzuleitung. Man kann also durch eine Gitterspannungsänderung nahezu leistungslos einen relativ großen Anodenstrom steuern.
Die Abbildung zeigt den Zusammenhang zwischen einer Gitterwechselspannung und dem zugehörigen Anodenstrom bei negativ vorgespanntem Gitter.

1. Aufgabe:
Erläutern Sie, warum in nebenstehender Schaltung kleine Spannungsschwankungen zwischen Kathode und Gitter große Spannungsschwankungen am Anodenwiderstand bewirken.

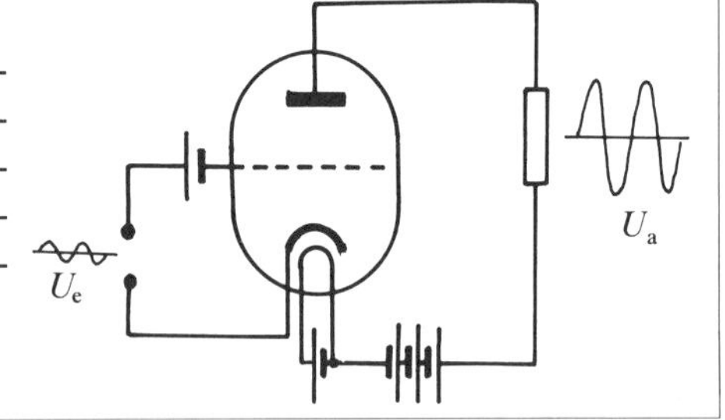

3. Versuch: Entwicklung der Meißnerschaltung

Bei geeigneter Schaltfrequenz wird der Kreis zu ungedämpften Schwingungen angeregt.

Beispiel: $C = 40\,\mu F$
N = 12000 für beide Spulen
$U_1 \approx 20\,V$

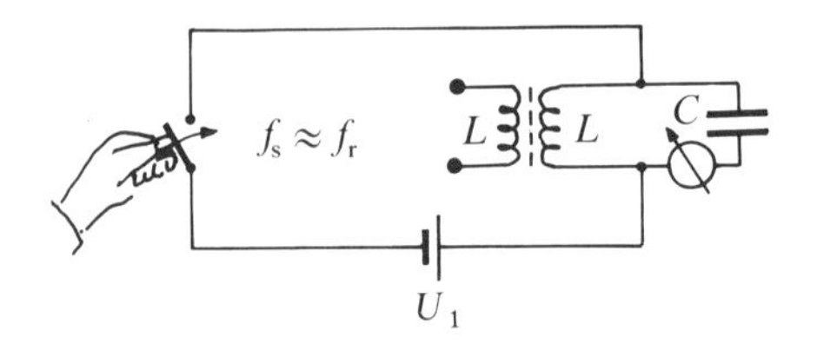

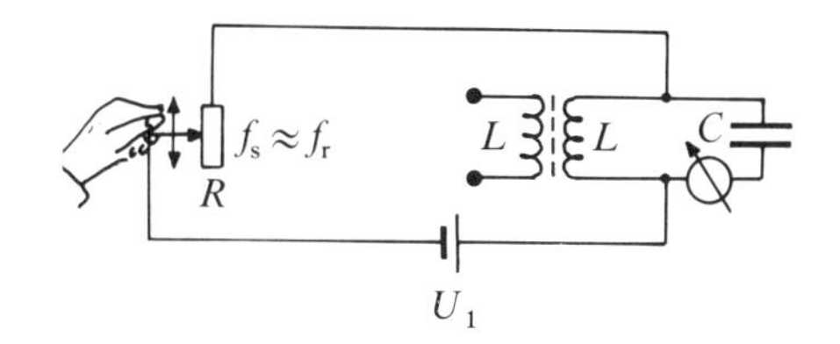

Durch Änderung des Stromes in der Zuleitung kann der Kreis ebenfalls zu ungedämpften Schwingungen angeregt werden, wenn die Änderung des Stromes in der richtigen Frequenz und Phasenlage erfolgt.
Beispiel: R: 0 bis 1 kΩ

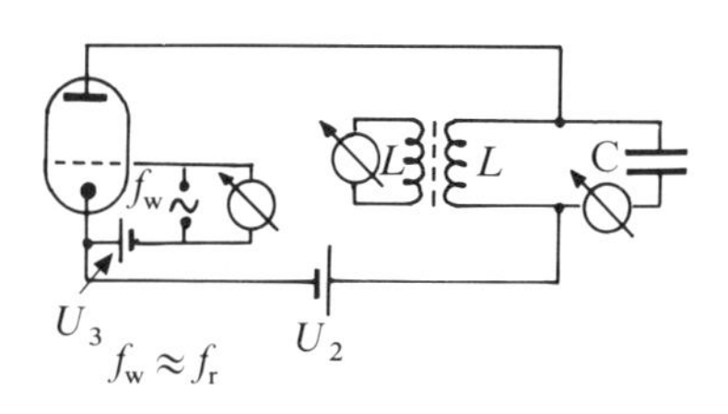

Man ersetzt den Widerstand durch eine Triode. Diese wirkt als Schaltelement, dessen Widerstand mit dem Gitter gesteuert werden kann. Gleichzeitig wird gezeigt, daß man an der Koppelspule des Schwingkreises eine zur Steuerspannung gleichphasige Spannung abnehmen kann. $U_3 \approx 1$ V

Beispiel: $U_2 \approx 80$ V; Röhre EC92; Für Gitterwechselspannung Sinusgenerator ($f \approx 1$ Hz)

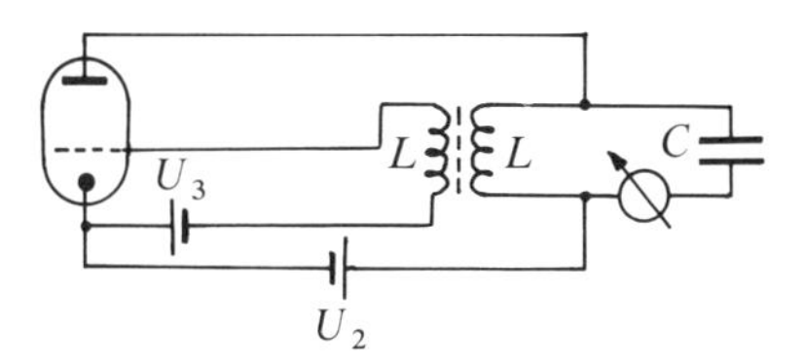

Durch phasenrichtige Rückkopplung der am Schwingkreis gewonnenen Spannung auf das Gitter entsteht eine selbstschwingende Anordnung, die sogenannte Meißnerschaltung.

2. Aufgabe:
Skizzieren Sie die vier Bilder zur Meißnerschaltung und kennzeichnen Sie farbig jeweils das Energiereservoir (rot), den Steuerteil (grün), den Schwingkreis (blau) und das Energiereservoir für die Steuerung (schwarz).

Hinweis: Ungedämpfte elektromagnetische Schwingungen können auch mit Hilfe von Transistorschaltungen erzeugt werden.

Beispiel:

Daten für $f \approx 1$ Hz:
Transistor 2 N 3055;
Spule hoher Induktivität mit
$N_1 = 24$, $N_2 = 10200$;
$C = 40\,\mu F$; $U \approx 10$ V;
$R_1 \approx 10\,\Omega$; $R_2 = 0 - 330\,\Omega$; $R_3 = 1\,k\Omega$.

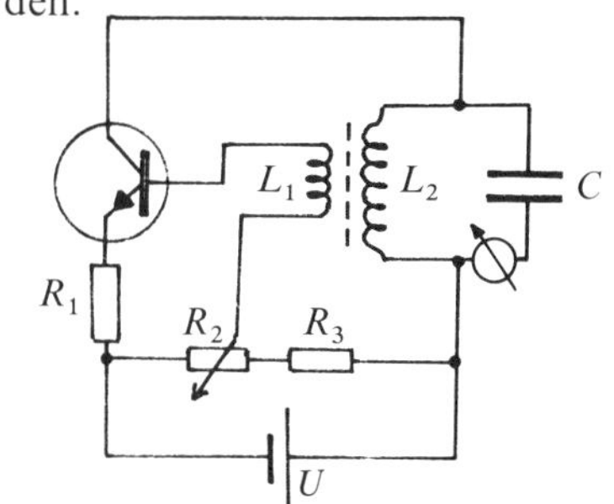

4. Versuch: Elektromagnetische Schwingungen im Tonfrequenzbereich

a) Röhrenschaltung

Mit dieser Schaltung können die Stromschwingungen durch den Lautsprecher in Schallschwingungen umgesetzt werden. Bei geeignet gewähltem L und C liegt die Eigenfrequenz des Schwingkreises im Tonfrequenzbereich.

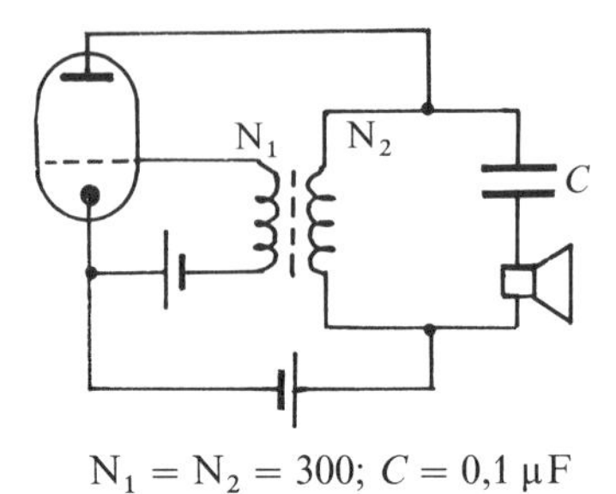

$N_1 = N_2 = 300$; $C = 0{,}1\,\mu F$

b) Transistorschaltung

Im Tonfrequenzbereich ($f \approx 1$ kHz) kann ebenso die umseitige Transistorschaltung mit den folgenden Daten verwendet werden:

$N_1 = 300$; $N_2 = 300$ mit offenem Eisenkern; $C = 0{,}5\,\mu F - 4\,\mu F$; R_1, R_2, R_3 wie umseitig. Die elektromagnetische Schwingung wird akustisch angezeigt, mit einem niederohmigen Lautsprecher im kapazitiven Zweig des Schwingkreises, oder optisch am Schirm eines Oszilloskops (Eingang parallel zum Schwingkreis).

3. Aufgabe:
Welche Bedingung müssen L und C erfüllen, damit
a) die Frequenz im Bereich $20\,\text{Hz} < f < 10^4\,\text{Hz}$ liegt?
b) der Kammerton *a'* (440 Hz) zu hören ist?
c) Wie wirkt sich eine Verminderung von L und C auf die Tonhöhe aus?
d) Wie muß die Kapazität des Kondensators verändert werden, damit man die nächsthöhere Oktave hört? Wie muß ein Zusatzkondensator geschaltet werden und welche Kapazität muß er haben?

4. Aufgabe:
Zum Bau einer elektronischen Orgel soll eine Meißnerschaltung mit Triode verwendet werden. Für den Schwingkreis der Schaltung (siehe Abbildung) steht u. a. eine Spule der Induktivität $L_0 = 520$ mH zur Verfügung.

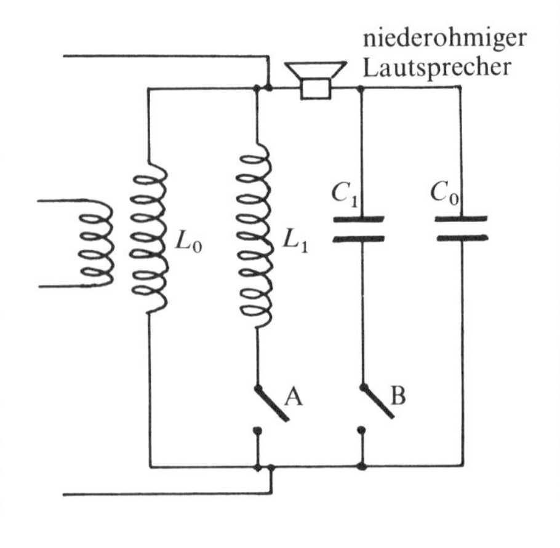

a) Übertragen Sie das Schaltbild in Ihr Heft und vervollständigen Sie die Meißnerschaltung.
b) Wie groß muß die Kapazität C_0 sein, damit man bei geöffneten Schaltern A und B im Lautsprecher den Kammerton a (440 Hz) hört?

c) Wie groß müssen L_1 bzw. C_1 sein, damit beim Schließen des Schalter A oder B der Ton a^0 (880 Hz) oder der Ton a^U (220 Hz) ertönt? Welcher der beiden Töne tritt beim Schließen des Schalters A auf?

4.4 Induktive Kopplung*

Ein Schwingkreis kann auch durch das Magnetfeld einer von Wechselstrom durchflossenen Erregerspule zu Schwingungen angeregt werden, wenn dieses magnetische Wechselfeld die Schwingkreisspule durchsetzt und dort eine Wechselspannung induziert. Man spricht in diesem Fall von induktiver Kopplung.

1. Versuch:
Man steigert die Frequenz des Generators von niederen Werten ausgehend und beobachtet mit dem Zweikanal-Oszilloskop die Spannung am Kondensator des Schwingkreises (Anschlüsse A und B) und die Spannung U_R am Widerstand R (Anschlüsse C und B). Da $U_R \sim I$ ist, stellt diese Spannung ein Maß für den Schwingkreisstrom dar.

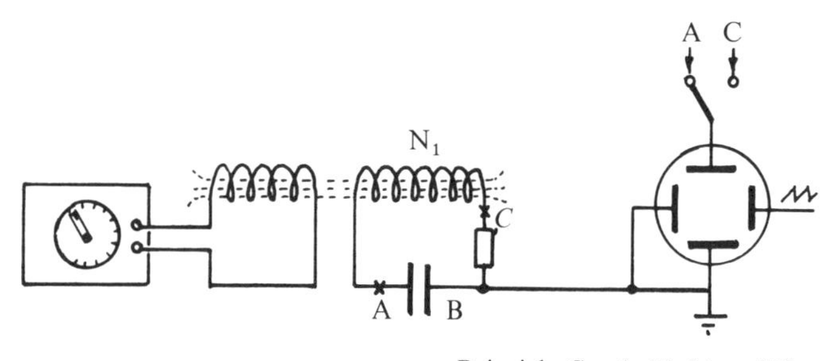

Beispiel: $C = 1\ \mu F$, $N_1 = 150$

Ähnlich wie bei der Serien- bzw. Parallelresonanz kann man feststellen, daß bei einer bestimmten Anregungsfrequenz f_0 die Schwingung im rechten Kreis besonders ausgeprägt ist, es liegt Resonanz vor. In diesem Fall ist die Phasenverschiebung zwischen Strom und Spannung vom Betrag $\pi/2$.

2. Versuch:
An den Schwingkreis von Versuch 1 (Kreis I) läßt sich nun ein zweiter Schwingkreis (Kreis II) induktiv ankoppeln (gemeinsames magnetisches Feld der beiden Schwingkreisspulen). Die Kapazitäten von Kreis I und II mögen übereinstimmen, die Spule von Kreis II besitze eine variable Windungszahl (dies wird durch einen schleifenden Abgriff S erreicht).

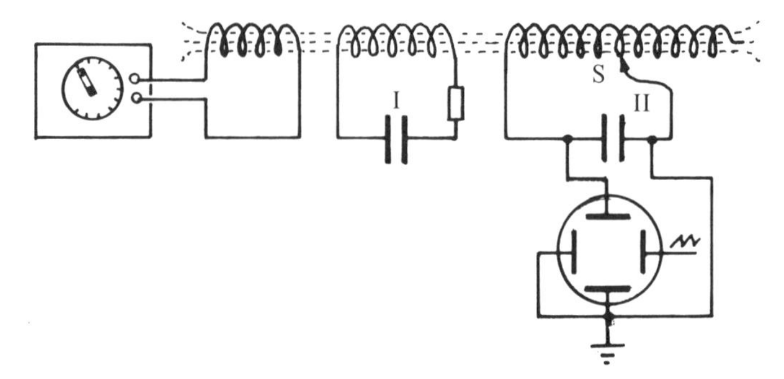

Schwingt Kreis I mit seiner Resonanzfrequenz, so ist die Schwingung in Kreis II genau dann am besten ausgeprägt, wenn die Windungszahlen der beiden Kreise genau übereinstimmen. Man sagt, die beiden Kreise sind auf Resonanz abgestimmt.

Der Teslatransformator – eine Anwendung gekoppelter Schwingkreise

Ein sehr eindrucksvoller Versuch zur induktiven Kopplung von Schwingkreisen gleicher Eigenfrequenz und zur Resonanz kann mit dem sogenannten Tesla-Transformator (N. Tesla, kroatischer Physiker, 1856–1943) gezeigt werden.

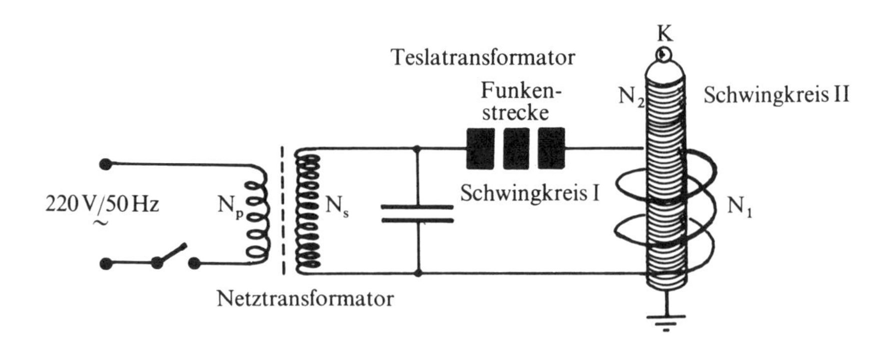

Versuchsdaten z. B.: $N_p = 500$; $N_s = 23000$; $N_1 = 10$; $N_2 = 2500$.
Kondensator: Leidener Flasche.

Schwingkreis I besteht aus der Primärspule (kleine Windungszahl) des Tesla-Transformators, dem Kondensator (Leidener Flasche) und der unterteilten Funkenstrecke.
Der induktiv angekoppelte Kreis II besteht aus einer Spule hoher Windungszahl mit ihrer Induktivität und ihrer Eigenkapazität.[1]) Kreis II hat die gleiche Eigenfrequenz wie Kreis I.

[1]) Die hohe Spannung im Sekundärkreis des Teslatransformators (bedingt durch die hohe Windungszahl der Sekundärspule) zeigt sich in der Büschelentladung im nicht geeerdeten Teil der Sekundärspule. Eine Verbindung des Punktes K mit der Erde über den menschlichen Körper ist trotz der hohen Stromstärke völlig gefahrlos, da wegen der hohen Frequenz der Ströme diese nur an der Oberfläche des Leiters fließen (Haut des Physiklehrers, Skineffekt).

Die Anregung des Kreises I erfolgt in einer Weise, wie sie schon Tesla verwendet hat (vor der Erfindung der Elektronenröhre war dies die einzige Anregungsmöglichkeit für hochfrequente Schwingungen).

Das Prinzip der Anregung kann mit nebenstehender Anordnung gezeigt werden. Der Kondensator wird über einen hochohmigen Widerstand ($\approx 10\ \mathrm{k\Omega}$) aufgeladen. Beim Schließen des Schalters entlädt sich der Kondensator über die Spule. Im geschlossenen Kreis tritt eine gedämpfte Schwingung auf. Nach dem Öffnen des Schalters wird der Kondensator wieder geladen. Ohne den Widerstand könnte sich keine Schwingung ausbilden, da der Kondensator stets auf Batteriespannung gehalten würde.

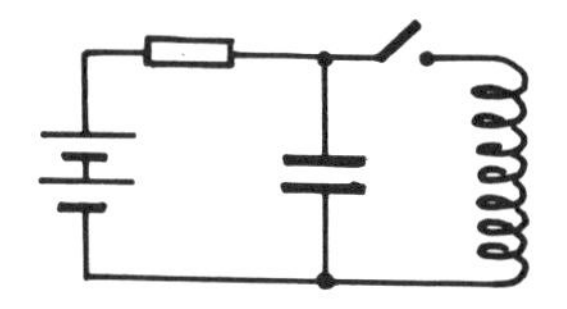

Beim Tesla-Versuch erfolgt die Anregung durch eine hochohmige Wechselspannungsquelle (Sekundärspule eines Transformators). Die Funkenstrecke übernimmt die Rolle des Schalters (Funkenübergang entspricht geschlossenem Schalter).

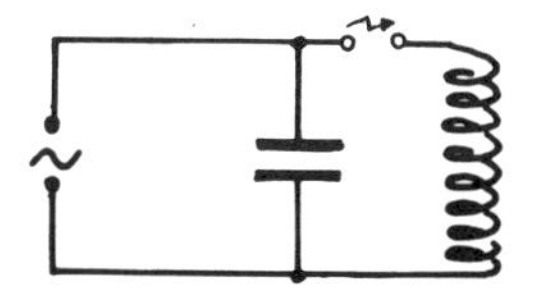

1. Aufgabe:

Ein Schwingkreis I hat die Eigenfrequenz $f_{\mathrm{I}} = 600$ Hz. Der Schwingkreis II mit der Schwingkreiskapazität $C_{\mathrm{II}} = 400$ pF wird induktiv an den ersten Kreis gekoppelt.

a) Mit welcher Frequenz schwingt der Kreis II, wenn er zum Kreis I auf Resonanz abgestimmt ist?

b) Welche Induktivität L_{II} muß im Fall von **a)** der zweite Kreis besitzen?

c) Welche Induktivität L_{I} muß der erste Kreis besitzen, wenn dessen Kapazität C_{I} dreimal so groß ist wie die des Kreises II?

2. Aufgabe:

a) Bei geschlossener Funkenstrecke liegen im Schwingkreis I des Teslaversuches parallel zum Kondensator zwei Spulen mit den Windungszahlen N_1 bzw. N_s. Warum hängt die Eigenfrequenz von Schwingkreis I praktisch nicht von N_s ab?

b) Führen Sie rechnerisch eine größenordnungsmäßige Abschätzung der Eigenfrequenz von Kreis I durch. Die Spule mit den 10 Windungen habe einen Durchmesser von 10 cm und eine Länge von 10 cm. Die Wandstärke der Leidener Flasche sei 3,0 mm, ihr Durchmesser 10 cm; der leitende Innen- und Außenbelag sei 20 cm hoch.

c) Die Spule von Schwingkreis II hat den halben Durchmesser, die 6fache Länge und die 250fache Windungszahl der Spule von Kreis I, der auf gleiche Eigenfrequenz abgestimmt ist. Schätzen Sie daraus die Eigenkapazität der Spule II rechnerisch ab.

5. Elektromagnetische Dipolschwingungen

Bei der Erzeugung elektromagnetischer Schwingungen in Rückkopplungsschaltungen haben wir festgestellt, daß durch Verkleinerung von Kapazität und Induktivität des Schwingkreises die Frequenz erhöht werden kann. Um sehr hochfrequente Schwingungen zu erreichen, reduzieren wir die Schwingkreisspule auf eine Leiterschleife und den Kondensator auf einen sehr kleinen Kapazitätswert. Damit ein solcher Kreis noch sicher schwingt, wurden Rückkopplungsschaltungen entwickelt, die gegenüber der uns bekannten Meißnerschaltung etwas abgewandelt sind, aber auf dem gleichen Grundprinzip beruhen.

5.1 Anregung hochfrequenter Schwingkreise – Dipol

In dem fertigen Gerät[1]) erkennt man eine Leiterschleife, die Schwingkreisspule des frequenzbestimmenden Kreises. Die Frequenz dieses Kreises hat den sehr hohen Wert von etwa 434 MHz.

Schwingkreisspule

Induktionsschleife, mit Lämpchen 3,8 V/0,07 A

1. Versuch:

a) An diesen Kreis koppeln wir induktiv eine Leiterschleife mit einem Lämpchen an: Nähern wir die Induktionsschleife der Schwingkreisspule, so daß ihr Magnetfeld die Schleife durchsetzt, so zeigt das Aufleuchten des Lämpchens, daß in der Schleife eine erzwungene elektromagnetische Schwingung mit der oben angegebenen Frequenz auftritt.

b) Nun ersetzen wir die Induktionsspule durch den abgebildeten Schwingkreis aus einer Leiterschleife als Spule und zwei Kondensatorplatten.
Bei der angegebenen Dimensionierung kann man durch Änderung des Plattenabstands den Kreis auf Resonanz abstimmen und so die Übertragungsweite deutlich steigern.

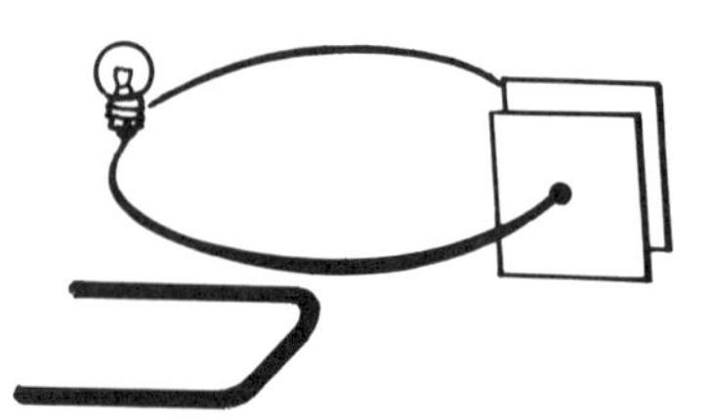

Plattenfläche ca. 4 cm², Kreisdurchmesser ca. 5 cm

[1]) Dezimeter-Sender

In größerer Entfernung können wir jedoch auch unter Ausnutzung der Resonanz zunächst keine elektromagnetische Schwingung nachweisen. Bisher wurde die Übertragung im wesentlichen durch die Kopplung über das gemeinsame Magnetfeld der beiden Leiterschleifen bewirkt. Das elektrische Feld war dabei hauptsächlich auf den Raum zwischen den beiden Kondensatorplatten beschränkt. Wir ändern nun den Schwingkreis so ab, daß das Feld in den Raum »hinausgreifen« kann:

c) Zu diesem Zweck biegen wir die Spule des Schwingkreises so weit auf, daß die Leiter zwischen den Kondensatorplatten gerade werden. Auch diese Anordnung ist noch ein Schwingkreis, da ja in dem Feld um den stromdurchflossenen Draht magnetische Feldenergie gespeichert werden kann und die beiden Leiter mit den abschließenden Platten nach wie vor einen Kondensator darstellen, der elektrische Feldenergie speichern kann. Das Leuchten des Lämpchens zeigt an, daß eine Schwingung auftritt.

d) Da vermutlich Kapazität und Induktivität beim Aufbiegen kleiner geworden sind, ist dieser Schwing»kreis« sicher nicht mehr in Resonanz mit dem anregenden Schwingkreis, wir müssen ihn wieder abstimmen. Zu diesem Zweck entfernen wir die Kondensatorplatten an den Enden und verlängern die Leiter in geeigneter Weise. Koppeln wir diese Anordnung an den Erregerschwingkreis an, so leuchtet das Lämpchen hell auf.
Es tritt also auch in dieser stabförmigen Anordnung, die man Stabdipol, kurz **Dipol** nennt, eine elektromagnetische Schwingung auf.
Die Anordnung ist ein **offener Schwingkreis**.

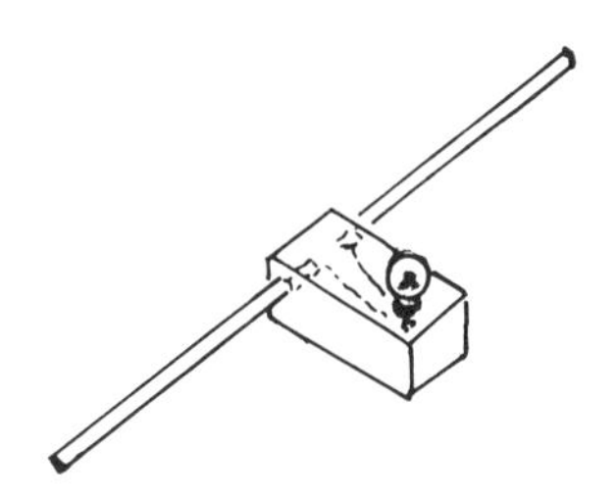

fertiger Dipol mit Lämpchen

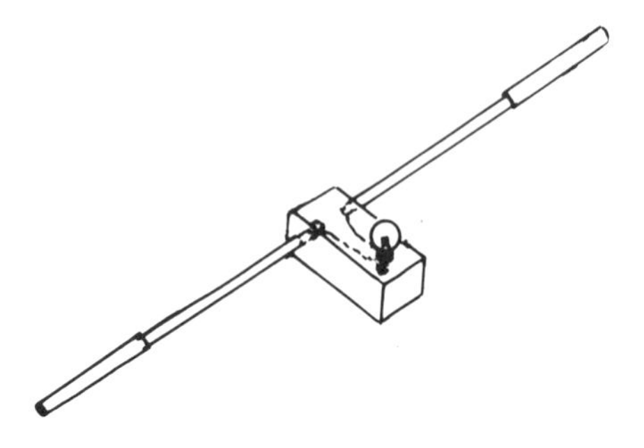

e) Die Resonanzabstimmung ist dabei durch die »richtige« Länge der beiden Leiterstücke erreicht worden. Man kann dies zeigen, indem man die beiden Leiter um kurze Stücke verlängert. Die Lampe im Dipol leuchtet dann bei gleicher Ankopplung schwächer, der Dipol ist nicht mehr auf Resonanz abgestimmt.

f) Die Lampe in der Dipolmitte dient lediglich zum Nachweis, daß der Kreis schwingt. Man kann sie auch weglassen, was noch dazu den Vorteil hat, daß der Kreis nicht mehr durch den Energieverlust in der Lampe gedämpft wird. Was dann übrigbleibt, ist ein einfacher Metallstab. Daß er tatsächlich die Funktion eines Schwingkreises erfüllt, zeigen wir auf folgende Weise:
Wir koppeln diesen Dipol an die Schwingkreisspule des Erregers an und halten nun den Dipol mit Lämpchen parallel dazu. Es zeigt sich, daß nun eine Übertragung der elektromagnetischen Schwingungen deutlich auf größere Entfernung möglich ist.
Künftig wollen wir den angekoppelten Stabdipol als **Sendedipol** und den anderen Dipol als **Empfangsdipol** bezeichnen.

Nun müßten wir eigentlich nur noch anstelle des Lämpchens nach einer empfindlicheren Anzeige suchen, um auch größere Entfernungen überbrücken zu können. Damit wir die dabei auftretenden Probleme besser verstehen können, wollen wir uns einmal ein Bild davon machen, was bei einer Schwingung im und um den Dipol vorgeht.

5.2 Stromstärke-, Ladungs- und Feldverteilung beim Dipol

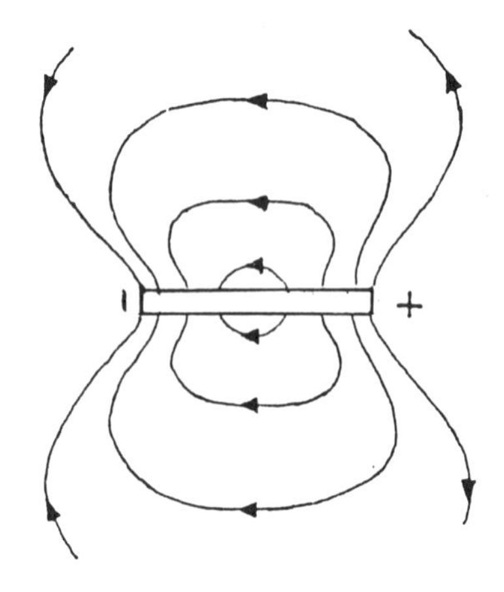

Es ist zunächst klar, daß in dem Dipol Ladungen (Elektronen) hin- und herschwingen, da ja in ihm ein Strom fließt. Diese Ladungen können sich über das Stabende nicht hinausbewegen. Dies führt an den Leiterenden zu periodischen Ladungsanhäufungen. Das Dipolende, auf das die Elektronen zulaufen, wird negativ, das andere wegen Elektronenmangels positiv (daher der Name Dipol = Zweipol). Die entgegengesetzte Aufladung beider Dipolenden führt zu einem elektrischen Feld von Dipolende zu Dipolende.

Der folgende Zusammenbruch dieser Aufladung führt dann zu einer Ladungsbewegung in entgegengesetzter Richtung und zu einer Aufladung des Dipols mit entgegengesetzter Polarität. Während der Ladungsbewegung (Stromfluß) ist der Dipol von einem Magnetfeld umgeben.
Da die beschriebenen Vorgänge bei einer außerordentlich hohen Frequenz (434 MHz) erfolgen, müssen wir uns geeignete Nachweisverfahren für die elektrischen und magnetischen Felder überlegen.

2. Versuch: *E*-Feldverteilung in der unmittelbaren Umgebung des Dipols (Nahzone)

Nachweis des elektrischen Feldes:
Bei der Verwendung der Glimmlampe haben wir gesehen, daß ab einer gewissen Spannung das Gas zwischen den beiden Elektroden leitend wird und dann leuchtet. Das elektrische Feld zwischen den Elektroden hält den Stromfluß aufrecht. Anstelle eines elektrischen Feldes zwischen den Elektroden kann man eine Ladungsbewegung im Gas auch durch ein von **außen** wirkendes elektrisches Feld bewirken. Steigert man die Feldstärke im Gas entweder durch Spannungserhöhung zwischen den Elektroden oder durch ein zusätzliches von außen wirkendes Feld, so steigt die Stromstärke, und damit erhöht sich die Leuchtstärke.

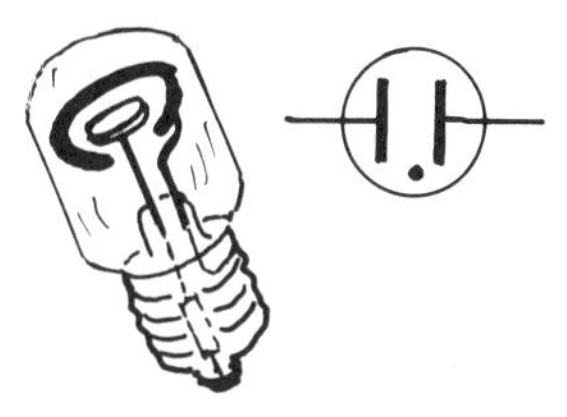
Glimmlampe mit eingebautem Vorwiderstand

Fährt man mit einer geeigneten Glimmlampe den Dipol entlang, so leuchtet sie an den Enden kräftig auf. Beim Verschieben zur Mitte hin wird das Glimmlicht schwächer, in der Mitte erlischt es. Dies zeigt, daß das elektrische Wechselfeld und die damit verknüpfte, periodisch auftretende Ladungsanhäufung an den Dipolenden maximal, in der Mitte minimal ausgebildet ist.

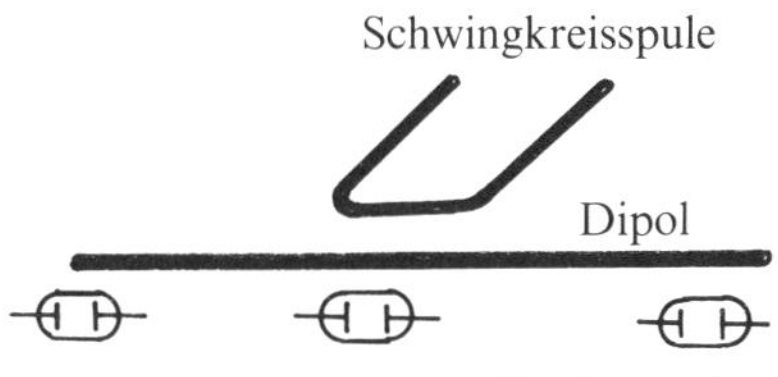

Nachweis des E-Felds

Die *E*-Feldverteilung entlang des schwingenden Dipols kann auch mit einer Leuchtstoffröhre demonstriert werden, die man parallel zum Dipol hält und von außen mit einem kräftig geriebenen Hartgummistab zündet.
Neben dem elektrischen Wechselfeld muß in der Nähe des Dipols, verursacht durch den Wechselstrom, auch ein *magnetisches Wechselfeld* auftreten. Dieses Feld läßt sich mit einer Induktionsschleife nachweisen, die über ein Glühlämpchen geschlossen ist.

3. Versuch: H-Feldverteilung in der unmittelbaren Umgebung des Dipols (Nahzone)

Fährt man mit der Induktionsschleife den Dipol entlang, so leuchtet das Lämpchen in der Mitte am hellsten, beim Verschieben zu den Dipolenden hin schwächer, an den Dipolenden nicht.

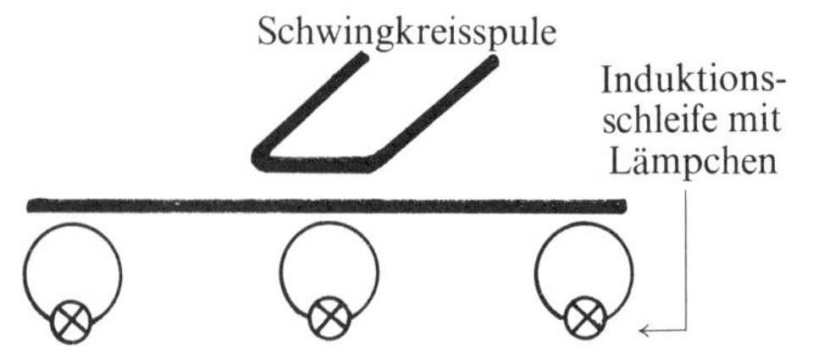

Der Versuch zeigt, daß das magnetische Wechselfeld in der Mitte maximal ausgebildet ist und an den Dipolenden verschwindet. Dasselbe gilt für den Wechselstrom im schwingenden Dipol, der das H-Feld verursacht:

Schwingkreisspule

4. Versuch: Verteilung der Stromstärke im Dipol

Das Lämpchen in der Dipolmitte leuchtet am stärksten, die beiden anderen Lämpchen leuchten schwächer.

Die Versuche 2. bis 4. geben Aufschluß über die *räumliche* Verteilung der Effektivstromstärke bzw. des mittleren Betrags von E- und H-Feld beim angeregten Dipol. Versuche, welche über den *zeitlichen Verlauf und die Richtung* dieser Größen direkt Aufschluß geben könnten, lassen sich wegen der hohen Frequenz der Dipolschwingung an der Schule nicht durchführen. Die weitgehende Analogie zum Schwingkreis (vgl. 1. Versuch) legt jedoch die folgende Modellvorstellung nahe:

Momentbilder der Ladungs- und Stromverteilung

Schwingkreis (1 Windung): für $t = 0$ sei der Kondensator maximal geladen.

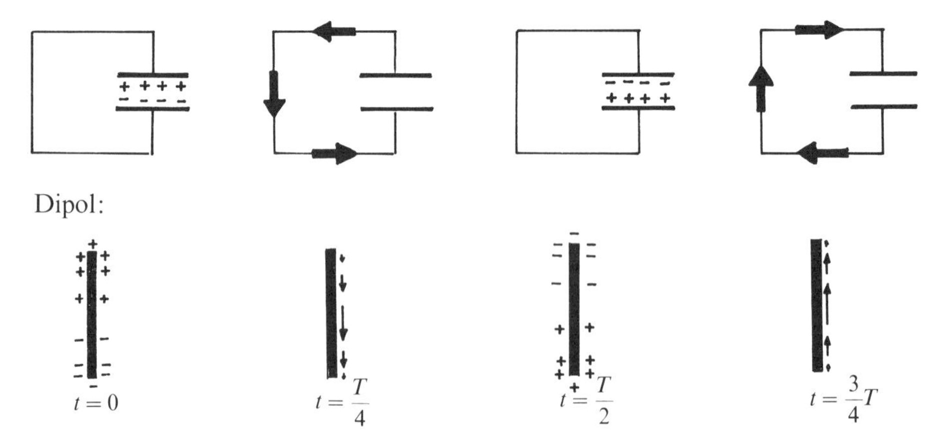

Der unterschiedliche Ladungszustand der Dipolenden bewirkt, daß zwischen einzelnen Punkten des Dipols und z. B. der Dipolmitte eine elektrische Spannung auftritt. Folgender zeitlicher Verlauf von Spannung gegen Dipolmitte und Stromstärke für die einzelnen Punkte des Dipols ist denkbar, eine nähere Begründung hierfür erfolgt in Abschnitt **5.3**.

Strom- und Spannungsverlauf zu verschiedenen Zeiten:

Spannung ist auf Dipolmitte bezogen.

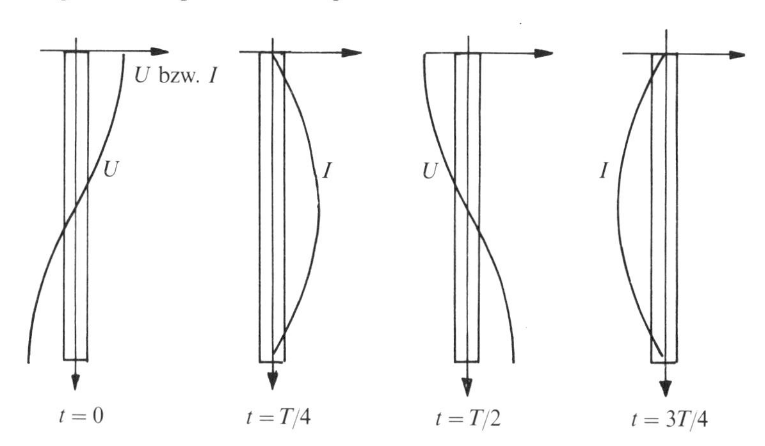

Entsprechend wie für die Ladungs- und Stromverteilung erhält man durch Vergleich mit dem Schwingkreis die folgenden

Momentbilder des *E*- und *H*-Felds (Nahzone – schematische Darstellung)

Schwingkreis:

Dipol:

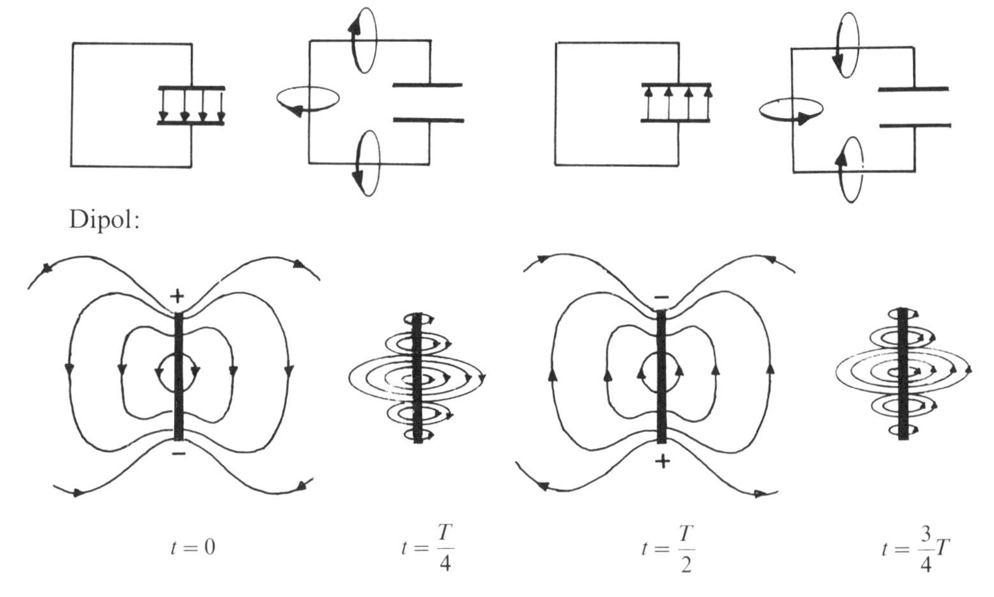

5.3 Mechanisches Analogon zur Dipolschwingung

In den Kapiteln **2** bis **4** wurde der Schwingkreis immer wieder mit der Schwingung eines mechanischen Systems verglichen. Dabei waren im Schwingkreis Induktivität und Kapazität, im mechanischen System der Pendelkörper mit seiner Masse und die Feder mit ihrer Härte weitgehend räumlich getrennt. Im schwingenden Stabdipol ist die Situation komplizierter, da der Stab sowohl Kondensator wie Spule des »Schwingkreises« darstellt und Induktivität wie Kapazität irgendwie (vielleicht sogar gleichmäßig) über den Stab »verteilt« sind. Um die in **5.2** gewonnenen Vorstellungen zu stützen und zu festigen, wollen wir nun ähnlich gleichmäßig, also homogen aufgebaute mechanische Systeme in ihrem Schwingungsverhalten untersuchen.

5. Versuch:
Eine Schraubenfeder wird durch einen mit Wechselstrom gespeisten Elektromagneten zu longitudinalen Eigenschwingungen angeregt:

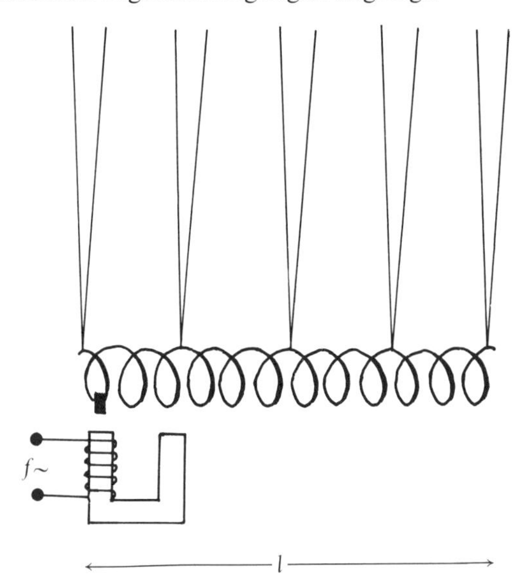

Hinweis: Die Feder muß aus nichtferromagnetischem Material sein. Nur an der Anregungsstelle ist ein kleiner Bügel aus Eisenblech über die Feder zu schieben.

Es zeigt sich, daß die Feder bei einer Grundfrequenz $f_{\text{Eig}\,0}$ eine Resonanzschwingung (Grundschwingung) ausführt. Diese Grundschwingung ist dadurch gekennzeichnet, daß die beiden Enden jeweils (entgegengesetzt) in Richtung der Federachse ausschwingen (Bewegungsbauch), die Federmitte aber in Ruhe bleibt (Bewegungsknoten).
Erhöht man die Frequenz der Anregung, so findet man bei $f = 2 \cdot f_{\text{Eig}\,0} = f_{\text{Eig}\,1}$ wiederum Resonanz, es tritt die **1. Oberschwingung** auf. Sie ist gekennzeichnet durch drei Bewegungsbäuche (in der Mitte und an beiden Enden der Feder) und durch zwei Bewegungsknoten (jeweils im Abstand $l/4$ von den Federenden).

1. Aufgabe:
Wo könnte man die Schraubenfeder noch anregen (bei gleichartiger Anregung wie oben), damit die 1. Oberschwingung auftritt? (Kontrolle im Versuch!)

6. Versuch:
Ähnlich kann man auch mit einem Exzenter ein an beiden Enden eingespanntes Seil zu Schwingungen anregen, die hier allerdings quer zum Seil erfolgen.
Auch hier erhält man bei einer bestimmten Grundfrequenz $f_{\mathrm{Eig}\,0}$ eine Resonanzschwingung, allerdings mit Bewegungsknoten an den Enden (feste Einspannung) und einem Bewegungsbauch in der Mitte des Seils.
Bei Frequenzverdoppelung bzw. allgemein bei n-facher Frequenz treten wieder Oberschwingungen des Seils mit n Schwingungsbäuchen und dazwischen und an den Enden mit Schwingungsknoten auf. Dieses mechanische Beispiel wird uns etwas später noch in anderer Deutung begegnen.
Der »sinusförmige« Verlauf der jeweils größten Elongation fällt auf. Wenn man Ladungs- und Stromverteilung am Dipol damit vergleicht (S. 62), kann man davon ausgehen, daß die Verteilung von Spannung und Stromstärke tatsächlich den auf S. 63 gezeigten Verlauf hat.

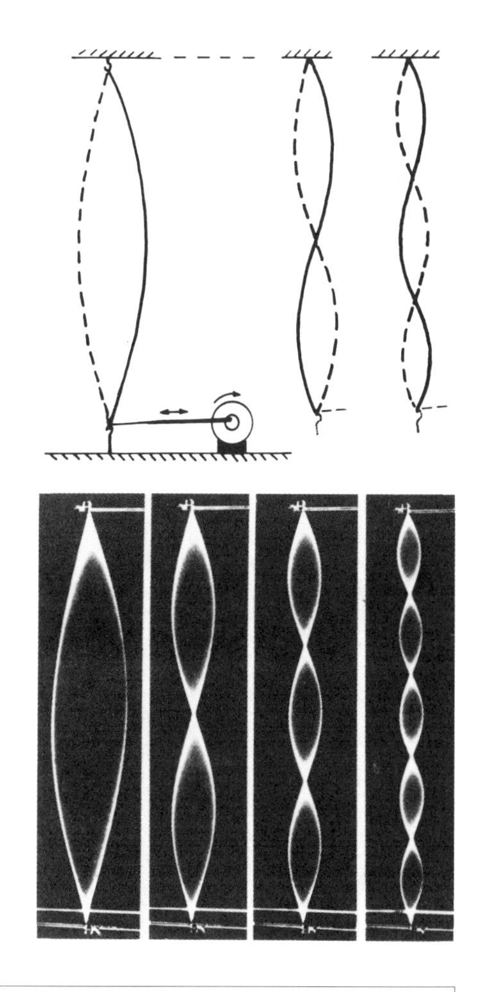

2. Aufgabe: (nach GK-Reifeprüfung 1974)

a) Zeichnen Sie die Stromstärke-Ladungsverteilung längs eines Dipols während einer vollen Schwingung in 5 Momentbildern (Grundschwingung; zur Zeit $t = 0$ s fließe kein Strom).

b) Wie lassen sich die Bäuche der Wechselstromstärke und der Wechselspannung nachweisen?

3. Aufgabe:
Die Stromverteilung am Dipol in der **Grundschwingung** könnte in der nebenstehenden Form dargestellt werden:
In der **1. Oberschwingung** hätte die Stromverteilung das folgende Aussehen:
Zeichnen Sie nun für die 1. Oberschwingung in vier Momentbildern (analog Seite 62/63) die Strompfeile, die Ladungsverteilung sowie die Feldlinien von elektrischem und magnetischem Feld qualitativ ein.

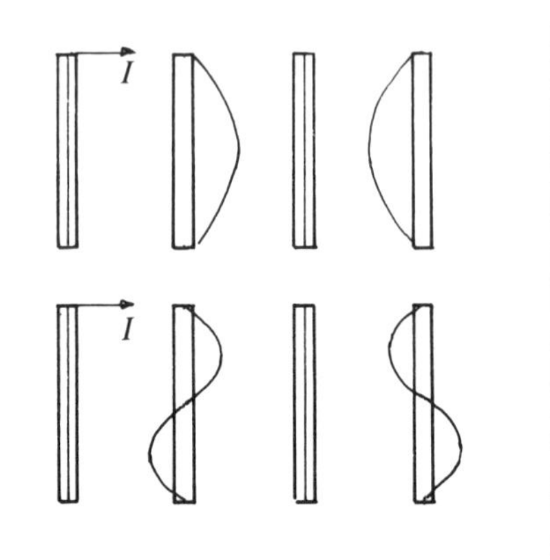

4. Aufgabe:
Wo müßte die induktive Ankopplung beim Dipol erfolgen, damit die 1. Oberschwingung auftritt? (Kontrolle im Versuch!)

5. Aufgabe:
Zeichnen Sie wie oben den Strom- und Spannungsverlauf längs des Dipols in Momentbildern für die 2. Oberschwingung.

6. Elektromagnetische Strahlung

6.1 Die Dipolstrahlung

Kehren wir nun zu unserem Problem, der Übertragung elektromagnetischer Schwingungen, zurück.
Anstelle der Glühlampe als Schwingungsanzeiger wollen wir ein Strommeßgerät (Milliamperemeter) verwenden. Da die Drehspule dieses Gerätes den raschen Richtungsänderungen des Stromes im Dipol nicht folgen kann, sorgen wir dafür, daß im wesentlichen nur Strom in einer Richtung durch das Instrument fließt. Der Zeiger des Gerätes stellt sich dann auf einen Dauerausschlag ein. Um dies zu erreichen, benutzen wir nebenstehende einfache Schaltung:

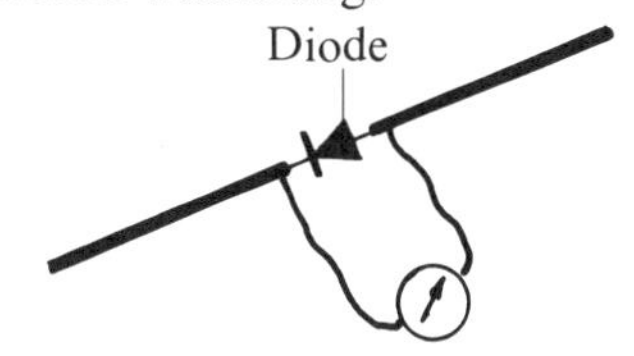

Wird die Diode leitend, so fließt der Hauptstrom durch die Diode, nur ein sehr geringer Strom durch das Meßgerät. Ist die Diode gesperrt, so fließt der gesamte Strom durch das Milliamperemeter.[1])
Mit einem solchen Dipol können wir nun zeigen, daß elektromagnetische Schwingungen auch in großer Entfernung vom Sendedipol noch nachweisbar sind.
Da wir bereits wissen, daß während einer Vollschwingung sowohl das elektrische als auch das magnetische Feld um den Sendedipol auf- und auch wieder vollständig abgebaut wird, könnte man sich vorstellen, daß sich die elektrischen und magnetischen Felder jeweils in der Zeit $T/2$ vom Dipol aus in den Raum hinaus ausbreiten und dann wieder auf den Dipol zusammenziehen, so daß also der schwingende Dipol, abgesehen von Verlusten durch Stromwärme, keine Energie verlieren würde.

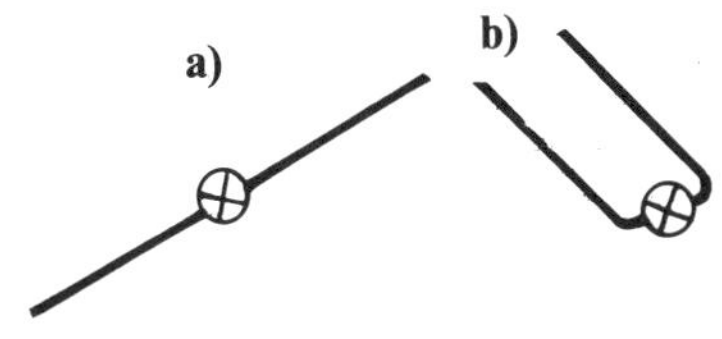

Ob diese Überlegung richtig ist, können wir mit den folgenden Experimenten untersuchen. Als Sendedipol verwenden wir einen abgestimmten Dipol mit eingebautem Lämpchen, dessen Leiter durch Verbiegen in die abgebildeten Stellungen **a)** und **b)** gebracht werden können. Diesen Dipol koppeln wir an die Spule des Sendeschwingkreises an. Den Empfangsdipol stellen wir in etwa 1 m Entfernung vom Sendedipol auf.
Bei Dipolform **a)** leuchtet, wie erwartet, das Lämpchen am Sendedipol, und mit dem Empfangsdipol können elektromagnetische Schwingungen nachgewiesen werden. Nun verstimmen wir diesen geraden Sendedipol, indem wir seine beiden Enden durch zusätzliche Leiterstücke etwas verlängern. Damit stimmt seine Eigenfrequenz nicht mehr mit der konstant bleibenden Anregungsfrequenz überein. Bei einem schwach gedämpften Kreis würde das eine deutliche Verringerung der Schwingungsamplitude bedeuten. Bei einem stark gedämpften Kreis dagegen

[1]) Hf-Diode verwenden! ▮ FWU-Film: Das Strahlungsfeld eines Dipols 360992

bewirkt eine »Verstimmung« kaum eine Änderung der Schwingungsamplitude, da die Resonanzkurve sehr flach verläuft. Da bei der Verstimmung des Sendedipols kaum eine Änderung der Schwingungsamplitude auftritt, müssen wir schließen, daß der Sendedipol stark bedämpft ist und große Energieverluste erfährt. Dies kann nicht durch Wärmeverluste erklärt werden, sondern ist offensichtlich darauf zurückzuführen, daß der Dipol Energie in Form elektrischer und magnetischer Felder **abstrahlt**.

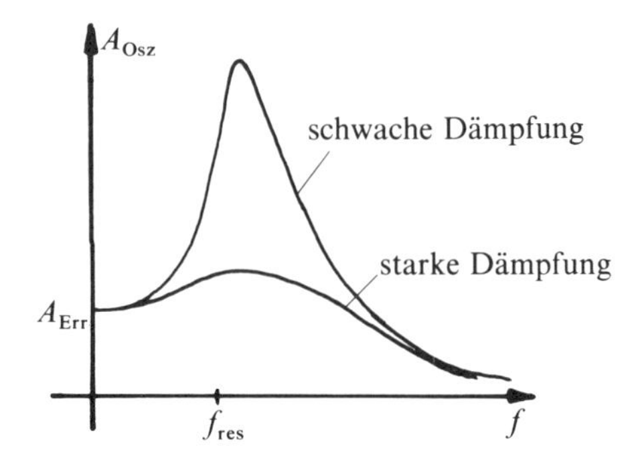

Wir bringen nun den Sendedipol in die Form **b)**.

Auch hier leuchtet das Lämpchen nach der Ankopplung an die Spule des Sendeschwingkreises, die Anordnung führt elektromagnetische Schwingungen aus. Verstimmen wir nun diesen Kreis mit der gleichen Maßnahme wie vorher, so stellen wir fest, daß das Lämpchen erlöscht. Dieser Kreis hat also eine wesentlich schmalere Resonanzkurve, er ist schwach gedämpft. Dies haben wir eigentlich auch erwarten können, denn der Kreis ist wohl eher ein geschlossener Schwingkreis (kein nennenswertes Hinausgreifen der Felder in den Raum), bei dem die Energieverluste im wesentlichen durch Stromwärme während der Schwingung bedingt sind. Die nachweisbare Schwingung am Empfangsdipol ist nun auch außerordentlich gering geworden.

> Aus den Versuchen müssen wir also schließen, daß ein offener Schwingkreis (Dipol) Energie in Form von elektrischen und magnetischen Feldern in den Raum hinaus abstrahlt.

6.2 Eigenschaften des Dipolfelds in der Fernzone – Versuche

Wir wollen nun untersuchen, wie sich die elektrischen und die magnetischen Felder vom Dipol in den Raum hinaus ausbreiten. Zum Nachweis des elektrischen Feldes verwenden wir, wie vorhin auf S. 67 dargestellt, einen Dipol mit Diode und Milliamperemeter. Dieser Empfangsdipol wird maximal zum Schwingen angeregt, wenn er, wie nebenstehend, parallel zum elektrischen Feldvektor gehalten wird, weil sich dann die Influenzierung in seinen Leitern am stärksten auswirkt.

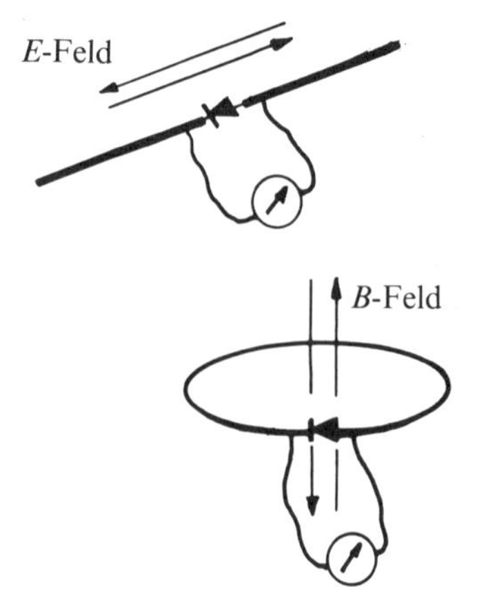

Zum Nachweis des magnetischen Feldes verwenden wir eine Leiterschleife mit Diode und Milliamperemeter. Sie wird zu maximalen Schwingungen angeregt, wenn ihre Fläche senkrecht vom Magnetfeld durchsetzt wird.

Winkel zwischen *E*- und *H*-Vektor

Die oben beschriebenen Nachweisgeräte zeigen nicht nur die Stärke des jeweiligen Wechselfeldes an, sondern geben auch Aufschluß über die Richtung des Feldvektors.

1. Versuch:
Dreht man in einem beliebigen Raumpunkt z. B. den Empfangsdipol so lange, bis maximaler Empfang auftritt, so liegt optimale Influenzwirkung vor, d. h. der Empfangsdipol steht parallel zum elektrischen Feldvektor in diesem Punkt. Entsprechend erhält man bei Drehung der abstimmbaren Induktionsschleife maximalen Empfang, wenn das magnetische Wechselfeld die Schleife senkrecht durchsetzt. Der magnetische Feldvektor steht dann senkrecht auf der Ebene der Induktionsschleife.
Versuche an verschiedenen Orten in der Fernzone führen zu dem Ergebnis:

> In jedem Raumpunkt steht der elektrische Feldvektor auf dem magnetischen Feldvektor senkrecht.

Richtungsabhängigkeit der Abstrahlung (Dipolcharakteristik)

2. Versuch:
Bewegt man den Empfangsdipol oder die Induktionsschleife auf einem geradlinigen Weg vom Dipol weg, so geht der Ausschlag am Instrument mit zunehmender Entfernung zurück. Die Amplitude des elektrischen und magnetischen Wechselfelds nimmt also mit zunehmendem Abstand monoton ab. Dies gilt für eine *feste* Richtung im Raum.

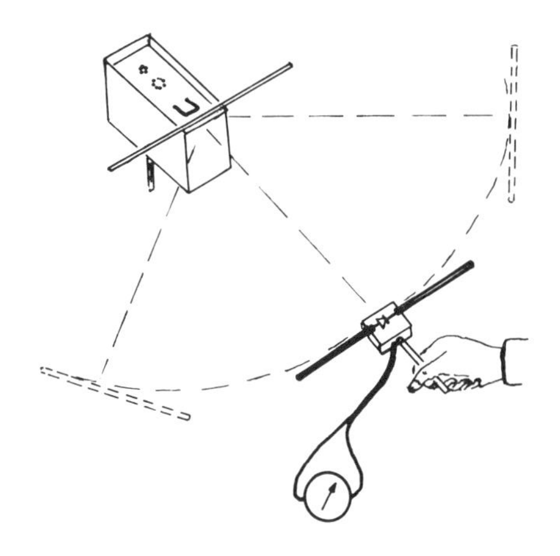

Bewegen wir nun den Empfangsdipol stets in gleicher Entfernung vom Sender auf einem Kreis um den Sendedipol herum, so finden wir, daß die *E*-Feld-Richtung stets etwa senkrecht zur Verbindungslinie der Mitten von Sende- und Empfangsdipol ist. Dabei nimmt die Amplitude des elektrischen Wechselfeldes mit größer werdender Abweichung dieser Verbindungslinie von der Mittelsenkrechten des Sendedipols ab. **In Richtung der Dipolachse** findet **keine Abstrahlung** statt. Mit dem

Nachweisgerät für die magnetischen Wechselfelder stellt man entsprechendes fest.
Aus einer genauen Theorie, die hier nicht behandelt werden kann, folgt das nebenstehende **Polardiagramm für die Abstrahlcharakteristik** des Dipols:

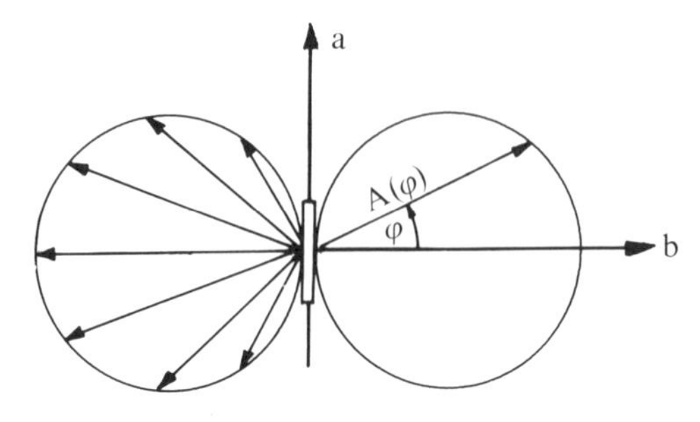

In Richtung der Dipolachse (Richtung a) findet keine, in der Äquatorebene (z. B. Richtung b) maximale Abstrahlung statt. Dabei ist die Pfeillänge jeweils ein Maß für die Amplitude $A(\varphi)$ des elektrischen oder magnetischen Wechselfeldes bei Abstrahlung unter dem Winkel φ gegen die Äquatorebene (bei konstantem Abstand von der Dipolmitte).

6.3 Ausbreitung der Dipolstrahlung

Man könnte annehmen, daß die elektrischen Feldlinien in größerer Entfernung vom Dipol ebenfalls auf Ladungen des Dipols enden (siehe Feldlinienbilder im vorhergehenden Kapitel) und daß die magnetischen Feldlinien eine direkte Folge des Stromes im Dipol sind. Dies trifft jedoch nicht zu:
Die Frequenz der Dipolschwingung beträgt $f = 434 \cdot 10^6\,\mathrm{s}^{-1}$, d.h. die Zeitspanne zwischen maximaler Ausbildung des magnetischen und elektrischen Feldes beträgt $T/4 = 5{,}76 \cdot 10^{-10}\,\mathrm{s}$. Wie man aus Versuchen, die wir an der Schule nicht durchführen, weiß, breiten sich elektrische und magnetische Felder mit der Lichtgeschwindigkeit $c = 3{,}0 \cdot 10^8\,\mathrm{m/s}$ aus. In der Zeit $T/4 = 5{,}76 \cdot 10^{-10}\,\mathrm{s}$ würde sich das elektrische Feld aber nur bis zu Raumpunkten in einer Entfernung von ca. 17 cm vom Dipol ausgebreitet haben. Während der nächsten Viertelperiode würde sich das elektrische Feld wieder in den Dipol zurückziehen, in einer Entfernung von einigen Metern könnte man also gar kein elektrisches Wechselfeld nachweisen.
Das elektrische und magnetische Wechselfeld muß sich offensichtlich vom Dipol ablösen und in den Raum ausbreiten können. Damit verbunden ist eine (drahtlose Übertragung von Energie: Ein Teil dieser Energie tritt z. B. im Meßinstrument am Empfangsdipol als mechanische Arbeit (Zeigerausschlag beim Einschalten des Senders) bzw. als Stromwärme in Erscheinung.
Vom schwingenden Dipol geht also eine **elektromagnetische Strahlung** aus, deren Ausbreitung im Raum mit einem *Energietransport* verknüpft ist.
Wir wollen noch untersuchen, wie die Ausbreitung dieser Strahlung durch Hindernisse beeinflußt werden kann.

3. Versuch:
Sende- und Empfangsdipol werden zueinander parallel in ca. 3 m Abstand aufgestellt. Bringt man nun eine große Metallplatte dazwischen, so geht die Anzeige am Empfänger-

E

S

instrument auf Null zurück. Die vom Sender ausgehende Strahlung kann die Platte nicht durchdringen, weil an der Metallwand das elektrische Feld zusammenbricht. Ob die Strahlung dabei an der Platte reflektiert oder in der Platte absorbiert wird, entscheidet der folgende

4. Versuch:
Ordnet man Sende- und Empfangsdipol in einer Geraden an (zunächst ohne Metallplatte), so ist ein direkter Empfang wegen der Abstrahlcharakteristik des Senders nicht möglich: kein Ausschlag am Empfängerinstrument. Stellt man nun die Metallwand parallel zu beiden Dipolen auf, so spricht der Empfänger kräftig an. Die vom Sender ausgesandte Strahlung wird also an der Metallwand *reflektiert*.

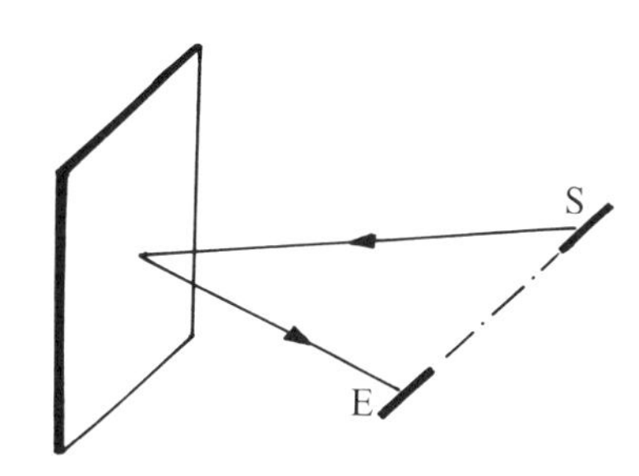

7. Die Wellennatur der elektromagnetischen Strahlung

Auf S. 70 wurde angesprochen, daß sich die elektrischen und magnetischen Wechselfelder mit Lichtgeschwindigkeit in den Raum hinaus ausbreiten. Der schottische Physiker James Clerk Maxwell (1831–1879) hat dies 1865 in einer grundlegenden theoretischen Untersuchung festgestellt. Die unmittelbare Folgerung, die man daraus zu ziehen hat, ist, daß z. B. die Schwingungen des elektrischen Feldes um einen Dipol in zwei verschiedenen Punkten des Raums i. a. gegeneinander phasenverschoben sind. Dies ist das Kennzeichen einer wellenartigen Ausbreitung der Felder.

Die Ausbreitung der elektromagnetischen Strahlung erfolgt offensichtlich in Form einer Welle.

Um das Nachweisverfahren für die Wellennatur einer Strahlung verstehen zu können, wollen wir uns zunächst mit den »anschaulichen« mechanischen Wellen beschäftigen.

7.1 Versuche zur Wellenausbreitung bei mechanischen Wellen

Beispiele für wellenartige Ausbreitung – Wasserwellen, Seilwellen:

Wir betrachten dazu zunächst eine Wasseroberfläche, die an einer Stelle in Schwingungen versetzt wurde. Wegen der Kopplung (s. auch S. 83) benachbarter Wasserteilchen bleibt die Störung nicht auf ihren ursprünglichen Raum beschränkt, sondern breitet sich über die Wasseroberfläche hin aus. Die Ausbreitung erfolgt mit endlicher Geschwindigkeit. Dies hat zur Folge, daß Teilchen in unterschiedlicher Entfernung vom Erregerzentrum im allgemeinen nicht gleichphasig schwingen und damit zum gleichen Zeitpunkt auch unterschiedliche Elongationen besitzen können. Die folgenden Bilder zeigen Momentaufnahmen von Wellenfeldern mit ausgeprägten Wellenbergen und Wellentälern.

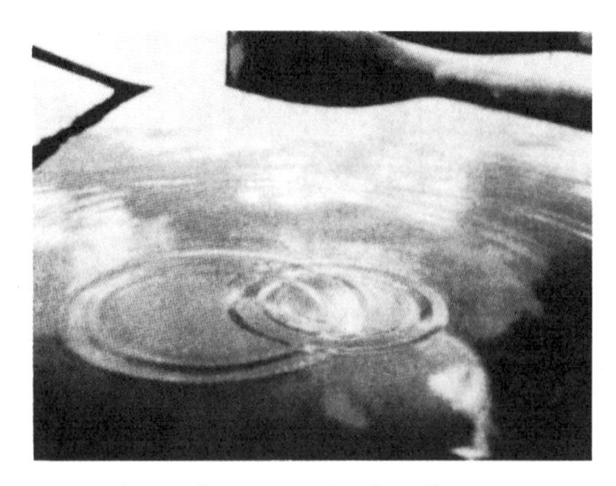

Ausbreitung von Kreiswellen

In einer Wellenwanne können wir durch einmaliges oder periodisches Eintauchen eines Stiftes oder eines Streifens kurze Wellenzüge (Stoßwellen) bzw. kontinuierliche Wellenzüge erzeugen:

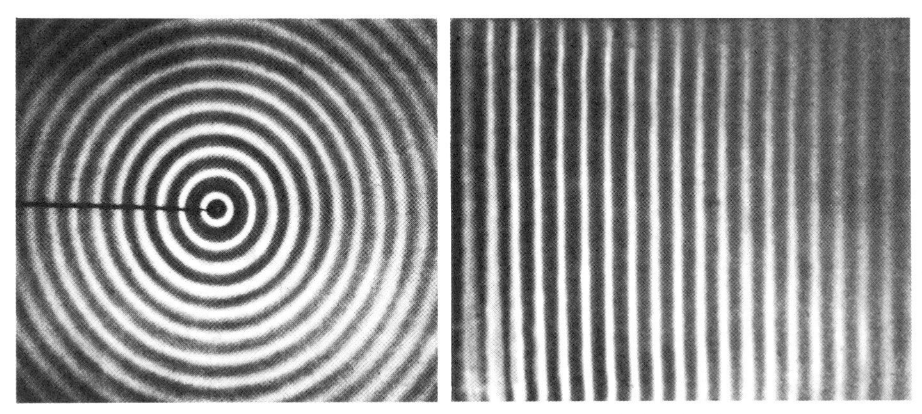

Kreiswellenfronten Parallelwellenfronten

An einem einseitig eingespannten Seil erhalten wir Wellen, wenn wir das andere Seilende kurzzeitig oder periodisch auf und ab bewegen.

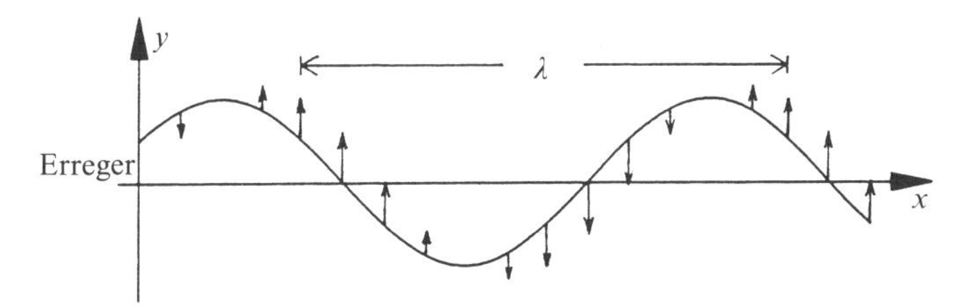

Legt man durch den Wellenerreger eine Ebene in Ausbreitungs- und Schwingungsrichtung einer solchen Seil- oder Wasserwelle, dann kann man in dieser Ebene ein **Momentbild** der Welle skizzieren, in dem für einen bestimmten Zeitpunkt t die momentanen Auslenkungen y der Wasseroberfläche[1]) bzw. des Seils am Ort x festgehalten sind. Durch Pfeile ist für einige Orte auch die augenblickliche Bewegung der Wasseroberfläche bzw. des Seils eingetragen. Elongation und Geschwindigkeit bestimmen zusammen die **Phase** einer Schwingung. Im oben dargestellten Wellenfeld gibt es Orte, an denen die Schwingungen zu jedem Zeitpunkt gleiche Phase besitzen. Diese Schwingungen sind **in Phase**. Der kürzeste Abstand zweier Punkte mit gleicher Schwingungsphase in Ausbreitungsrichtung einer Welle heißt **Wellenlänge λ**. In der Zeit T, die ein Punkt der Wasseroberfläche oder des Seils für eine volle Auf-und-Ab-Bewegung (eine Vollschwingung) benötigt, verschiebt sich eine beliebig herausgegriffene Schwingungsphase genau um eine Wellenlänge nach rechts. Daher gilt für die Geschwindigkeit der Ausbreitung der Phase, die **Wellenausbreitungsgeschwindigkeit c**:

[1]) **Hinweis:** Die Annahme einer Bewegung der Wasserteilchen senkrecht zur Ausbreitungsrichtung der Welle stellt eine starke Vereinfachung dar.

$$c = \frac{\lambda}{T}; \quad \text{oder} \quad c = \lambda \cdot f; \quad \text{mit} \quad f = \frac{1}{T}, \quad \text{»Wellenfrequenz«}$$

Grundgleichung der Wellenlehre

Reflexion von Wellen
In beiden Medien (Wasser bzw. Seil) wird die Welle beim Auftreffen auf ein Hindernis reflektiert. Besonders gut ist diese Reflexion beim Einsatz von Stoßwellen zu beobachten. Aber auch bei kontinuierlichen Wellenzügen sind bei den Wasserwellen die Fronten der hinlaufenden Wellen und der reflektierten Wellen gut zu beobachten.
Wenn Sie bei den Wasserwellen mit verschieden großen Hindernissen experimentieren, können Sie feststellen, daß das Hindernis zumindest in der Größenordnung der Wellenlänge sein muß, damit im Wellenfeld eine ausgeprägte Reflexion zu beobachten ist.
Kleinere Hindernisse stören das Wellenfeld kaum erkennbar.

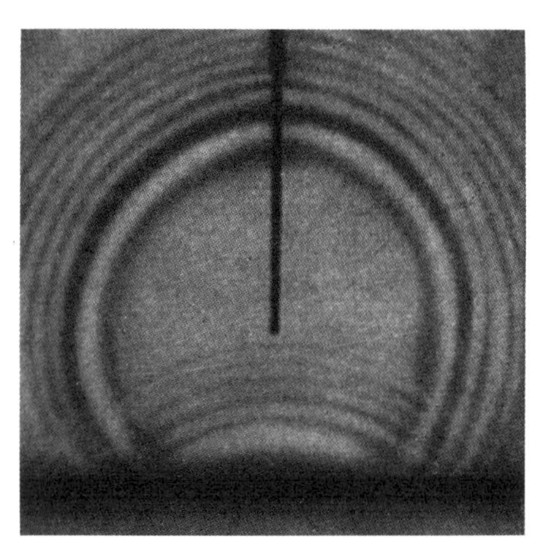

Reflexion von Kreiswellen

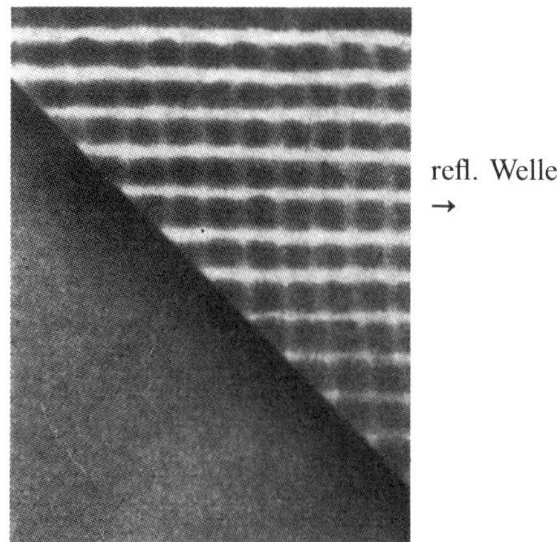

Reflexion von Parallelwellen

Brechung von Wellen
Treffen Wasserwellen schräg auf eine Stufe, an der das Wasser seichter wird, dann laufen sie erkennbar langsamer, und ihre Ausbreitungsrichtung schwenkt etwas.[1])

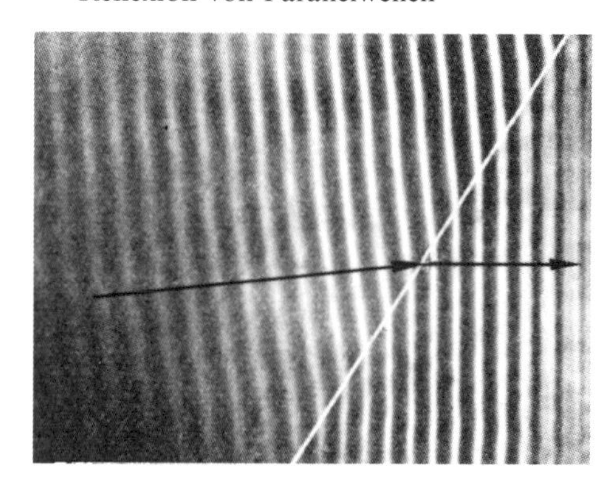

[1]) Die Deutung dieses Verhaltens von Wellen erfolgt mit Hilfe des Huygensschen Prinzips (siehe Abschnitt **8.7**).

Interferenz von Wellen

Wenn wir in der Wellenwanne mit **zwei** gleichfrequent schwingenden Erregern Wellen erzeugen, so können wir die Überlagerung beider Wellen beobachten, die in einzelnen Bereichen des Wellenfeldes zur Verstärkung der Schwingungen, in anderen zur völligen Auslöschung führt. Diese **Interferenzerscheinung** bei Wellen ist darauf zurückzuführen, daß sich die Wellen beider Erreger ungestört überlagern. In diesem Fall erhält man die resultierende Elongation der Schwingung an einer Stelle zu jedem Zeitpunkt, indem man die Elongationen der Einzelwellen addiert.

Erzeugen beide Wellen an einer Stelle genau gegenphasige Schwingungen, so kann dort keine resultierende Schwingung stattfinden (Interferenzminimum; Auslöschung), während bei gleichphasigen Teilschwingungen gerade eine verstärkte resultierende Schwingung (Interferenzmaximum) auftritt.

Eine besonders einfache Interferenzerscheinung erhält man, wenn zwei Wellen gleicher Frequenz und möglichst gleicher Schwingungsamplitude einander entgegenlaufen. Dies macht die Reihe von Momentbildern des Wellenfeldes in nebenstehender Zeichnung klar. Man sieht darin sowohl die Einzelwellen als auch das Resultat der Überlagerung.

In diesem Überlagerungsbereich gibt es wieder Stellen, an denen überhaupt keine Schwingung stattfindet (**Schwingungsknoten**). Zwischen zwei Knoten erfolgen die Schwingungen gleichphasig, jedoch mit unterschiedlichen Amplituden. In der Mitte zwischen zwei Knoten

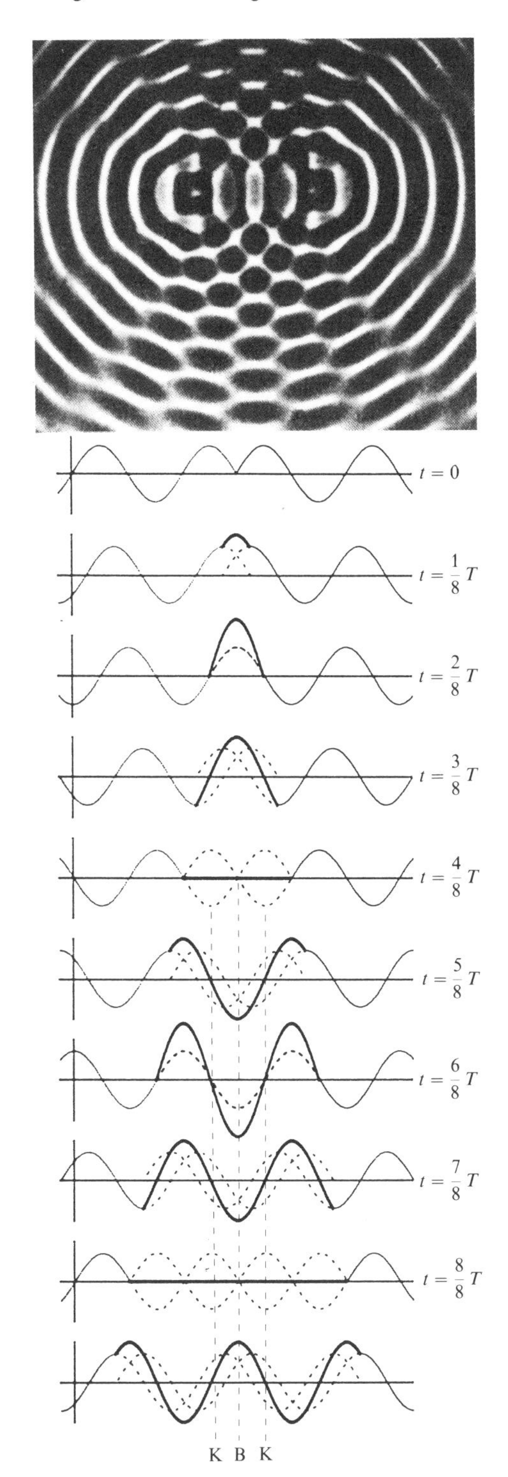

ist die Schwingungsamplitude maximal (**Schwingungsbauch**) und nimmt zu den Knoten hin ab.
Man nennt dieses gesamte Schwingungsfeld eine **stehende Welle**.

1. Aufgabe:
Warum ist die Bezeichnung »stehende Welle« schlecht?

An diesen Bildern sieht man auch, daß der Abstand zweier benachbarter Knoten gleich der halben Wellenlänge der ursprünglichen Wellen ist.

Hinweis:
Die eben gezeigte Überlagerung zweier gegenläufiger **linearer** Wellen (die Ausbreitung wird nur längs einer Geraden betrachtet) läßt sich auch rechnerisch erfassen.
Die Elongation y einer nach rechts vom Wellenerreger an der Stelle $x = 0$ in positive x-Richtung auslaufenden Welle kann durch folgenden Term beschrieben werden:

$$y_1 = a \cdot \sin\left(2\pi \cdot \left(\frac{t}{T} - \frac{x}{\lambda}\right)\right)$$

Der Anteil $2\pi \cdot \frac{t}{T}$ der Gesamtphase gibt dabei für $x = 0$ die Schwingung des Wellenerregers, der Anteil $2\pi\frac{x}{\lambda}$ das Nacheilen der Phase in x-Richtung wegen der endlichen Ausbreitungsgeschwindigkeit der Welle. In einem z. B. um eine halbe Wellenlänge weiter rechts gelegenen Punkt ist die Schwingung genau um π phasenverzögert (also gerade gegenphasig). In einem um eine Wellenlänge weiter rechts gelegenen Punkt ist die Schwingung um 2π phasenverzögert, also gerade wieder gleichphasig, dies ist ja die Definition der Wellenlänge.

2. Aufgabe:
Geben Sie eine Erklärung dafür, daß die gegenläufige Welle durch den Term

$$y_2 = a \cdot \sin\left(2\pi \cdot \left(\frac{t}{T} + \frac{x}{\lambda}\right)\right)$$

bei passender Phasenlage des Erregers beschrieben wird.

Die Überlagerung der beiden Wellen ergibt sich durch Addition der beiden Elongationen.

3. Aufgabe:
a) Zeigen Sie durch Anwendung der Additionstheoreme, daß

$$y_g = y_1 + y_2 = 2a \cdot \sin\left(2\pi \cdot \frac{t}{T}\right) \cdot \cos\left(2\pi\frac{x}{\lambda}\right)$$

b) Geben Sie an, an welchen Stellen der positiven x-Achse die Knoten bzw. Bäuche der »stehenden Welle« liegen.
c) Welche Amplitude hat allgemein die Schwingung am Ort x?

d) Skizzieren Sie in ein Diagramm je ein Momentbild der »stehenden Welle« für $t = T/12$ und $t = 3T/4$.
Wählen Sie dabei $a = 2$ cm und $\lambda = 6$ cm.

e) Skizzieren Sie in ein Diagramm den **zeitlichen Verlauf** der Schwingung am Ort $x = 5$ cm. Wählen Sie wie oben $a = 2$ cm und $\lambda = 6$ cm; $T \triangleq 9$ cm.

Zu unterscheiden ist noch, ob die Schwingung der fortschreitenden bzw. der stehenden Welle quer zur Seil- bzw. Ausbreitungsrichtung erfolgt oder längs dieser Richtung. Bei Querschwingung spricht man von einer **Quer-** oder **Transversalwelle**, bei Längsschwingung von einer **Längs-** oder **Longitudinalwelle**.

Beispiele:
- Die vorgestellten Seilwellen sind Transversalwellen.
- Wellen an einer Flüssigkeitsoberfläche sind Transversalwellen.
- Schall breitet sich z. B. in Luft in Form von Verdichtungs- und Verdünnungsstößen als Longitudinalwelle aus.
- Die Schwingungen von Saiten eines Instruments sind stehende Transversalwellen, die Schwingungen von Luftsäulen in Orgelpfeifen und Blasinstrumenten stehende Longitudinalwellen.

Bei Transversalwellen kann die Schwingung noch in einer beliebigen Richtung in einer zur Ausbreitungsrichtung senkrechten Ebene erfolgen. Legt eine Versuchsanordnung eine solche Schwingungsrichtung fest, so sagt man, die Welle sei **polarisiert**. Longitudinalwellen können nicht polarisiert werden, dies ist ein Mittel zur Unterscheidung von Längs- und Querwellen.

7.2 Gegenüberstellung Schwingung – Welle

Wir haben als allgemeines Kennzeichen einer Schwingung kennengelernt, daß zwei Energieformen vorliegen, die örtlich und zeitlich oszillieren.

Beispiele:

a) Bei einem Federpendel liege etwa für $t = 0$ die Gesamtenergie in Form der Spannenergie der Feder vor, dann erscheint sie für $t = T/4$ in Form der kinetischen Energie des Pendelkörpers, für $t = T/2$ wieder als Spannenergie der Feder usw.

b) Bei einem Schwingkreis liegt die Gesamtenergie z. B. für $t = 0$ als elektrische Feldenergie des Kondensators vor, für $t = T/4$ dann als magnetische Feldenergie der Spule, für $t = T/2$ dann wieder als elektrische Feldenergie usw.

All diesen Fällen ist gemeinsam, daß die Energie also nur innerhalb des Systems pendelt, dieses aber (zumindest im Idealfall) nicht verläßt.
Betrachten wir eine »stehende Welle«, z. B. auf einem Seil. Nach S. 75 ist klar, daß die einzelnen Punkte des Seiles mit Ausnahme der Knoten eine Auf-und-Ab-Schwingung mit mehr oder weniger großer Amplitude ausführen. Genau zwischen den Knoten (an den Bäuchen) erfahren die Seilpunkte die größte Auslenkung und haben beim Durchgang durch die Nullage die größte Geschwindigkeit. Die Bäuche sind also die Stellen, in denen die Gesamtenergie zu bestimmten Zeiten als

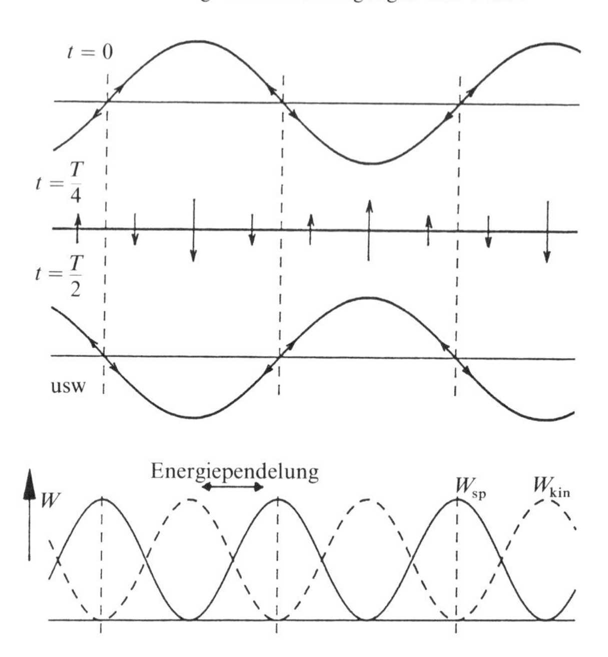

kinetische Energie auftritt. Wo und wann tritt sie als potentielle Energie, hier als Spannungsenergie des Seils auf? Man überlegt sich leicht, daß dies in den Knotenstellen zur Zeit der maximalen Auslenkung der Fall ist. Denn nur von dort aus können die ausschwingenden Seilstücke abgebremst und wieder zur Nullage hin beschleunigt werden.
Man sieht in der obenstehenden Reihe von Momentaufnahmen einer stehenden Welle das Pendeln der Energie von den Knoten zu den Bäuchen und zurück und die Verteilung der beiden Energieformen über das Seil.
Wie aber verteilt sich die Energie über das Seil, wenn eine Welle das Seil entlang läuft?

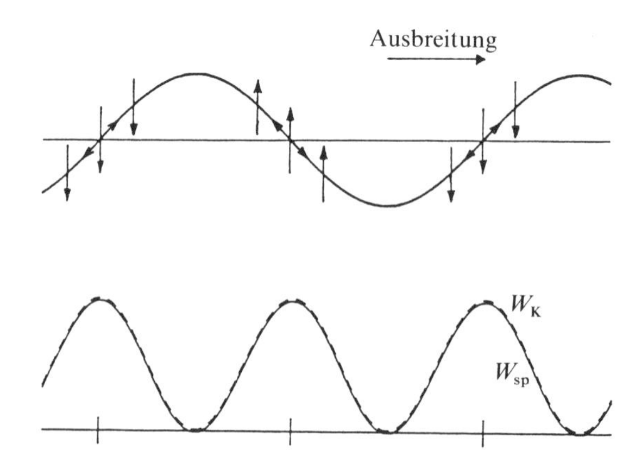

Wie schon der Darstellung von S. 73 zu entnehmen ist, läuft bei einer Welle eine Störung (hier eine Sinusschwingung der einzelnen Seilpunkte) am Seil entlang in Ausbreitungsrichtung der Welle. Wenn wir die augenblickliche Auslenkung zusammen mit der Bewegung der Seilpunkte betrachten, so sehen wir, daß an den Stellen der Nulldurchgänge sowohl das Maximum der Seilspannung wie auch das des Geschwindigkeitsbetrags für die einzelnen Seilpunkte auftritt. Das heißt, daß Spannenergie und kinetische Energie an den Nulldurchgängen gemeinsam mit maximalem Wert auftreten, an den Stellen maximaler Auslenkung gemeinsam den Wert Null haben. Kinetische und potentielle Energie sind bei der Welle also »in Phase«.

Die Energie tritt hier also in »Paketen« auf, die längs des Seiles jeweils auf Bereiche der halben Wellenlänge verteilt sind und durch Stellen voneinander getrennt sind (maximale Auslenkung), an denen die Gesamtenergie den Wert Null hat. Diese Energiepakete wandern (mit den Nulldurchgängen) in der Ausbreitungsrichtung mit der Ausbreitungsgeschwindigkeit c der Welle. Eine Welle transportiert also Energie in ihrer Ausbreitungsrichtung.

Man sieht daraus, daß eine »stehende Welle« also keine Welle, sondern eine Schwingung ist. Allerdings ist festzuhalten, daß es sich hier um eine besondere Form der Schwingung handelt, die in Systemen auftritt, bei denen die Größen, die eine Energieform bestimmen, also z. B. die Masse oder die Elastizität des Seils, kontinuierlich verteilt sind.

Tabellarische Übersicht:

a) Vergleich von Schwingung und Welle:

	Schwingung	*Welle*
Energieformen	zwei	zwei
Bewegung der Energie	Pendeln zwischen zwei (oder mehreren) Orten und beiden Formen	Wandern der Energie in eine bestimmte Richtung
zeitliches Verhalten	maximale Ausprägung der Energieformen an verschiedenen Orten um $T/4$ phasenverschoben	beide Energieformen am selben Ort »in Phase«

b) Vergleich von »stehender Welle« und Welle:

	stehende Welle	*fortschreitende Welle*
Aussehen	das räumliche Wellenbild »steht«	das räumliche Wellenbild bewegt sich mit Ausbreitungsgeschwindigkeit c
Phasenbeziehung	Alle Schwingungen erfolgen gleich- oder gegenphasig	Schwingungsphase ändert sich von Ort zu Ort; gleiche Phasen in Abständen der Wellenlänge
Amplituden	Amplituden ändern sich von Ort zu Ort; Wiederholung in Abständen der halben Wellenlänge	alle Schwingungen mit gleicher Amplitude
Energie	Die Energie pendelt nur zwischen den Knoten und Bäuchen	Die Energie wandert mit der Störung (Ausbreitungsgeschwindigkeit c)

Von den Phänomenen Reflexion, Brechung und Interferenz, die wir bei den mechanischen Wellen kennengelernt haben, ist das Auftreten von Interferenzen, speziell die Ausbildung stehender Wellen, der zwingendste Hinweis auf die Wellennatur eines Phänomens.

7.3 Nachweis der Wellennatur der elektromagnetischen Strahlung

1. Versuch:

Eine Metallwand wird parallel zu einem Sendedipol aufgestellt. Dadurch können sich die hinlaufende und die von der Metallwand reflektierte Strahlung überlagern. Tastet man nun mit dem Empfangsdipol (parallel zum Sender) bzw. der Induktionsschleife den Raum zwischen Sendedipol und Wand ab, so findet man in beiden Fällen abwechselnd Stellen mit maximalem und minimalem Empfang. Die Entfernung dieser Stellen von der Wand ändert sich *nicht*, wenn man den Abstand zwischen Sendedipol und Wand verändert. Die Überlagerung des hinlaufenden und des reflektierten Strahlungsfeldes führt also zur Ausbildung einer **stehenden elektromagnetischen Welle**. Da an der Metallwand das elektrische Feld zusammenbricht, liegt dort ein E-Feld-Knoten und wegen des Stroms in der leitenden Wand ein H-Feld-Bauch.

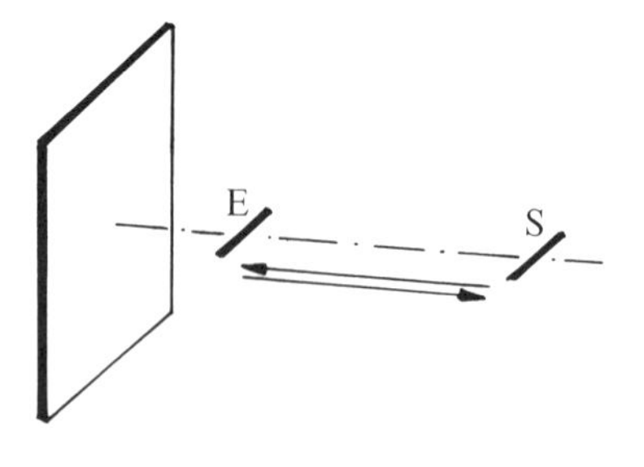

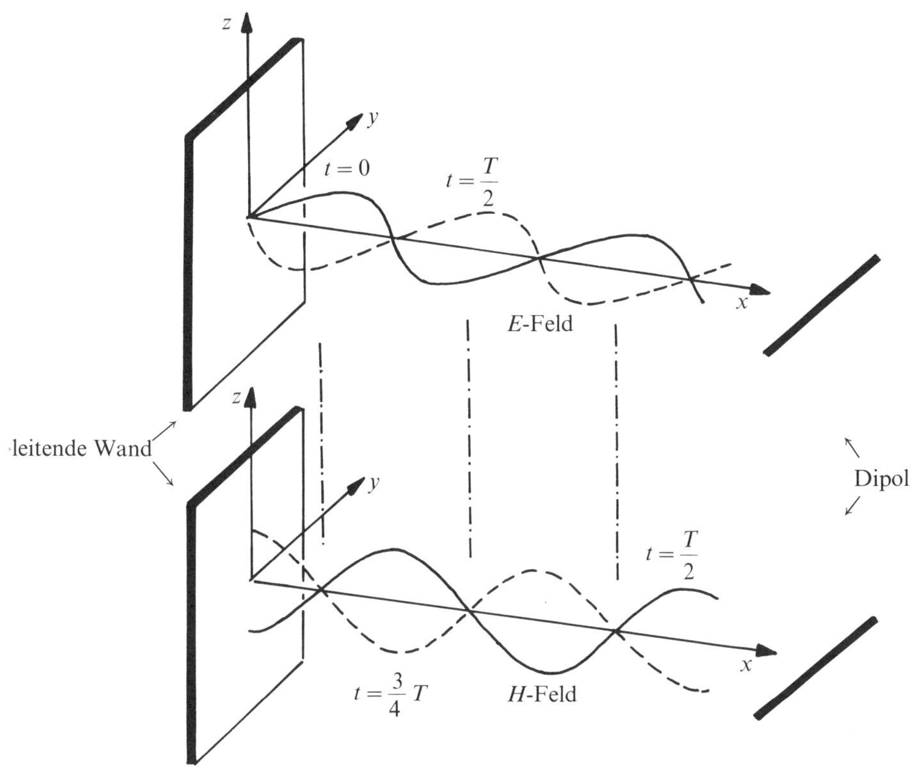

Mit Hilfe dieses Versuches gelingt es also, den Wellencharakter der Dipolstrahlung nachzuweisen. Darüber hinaus kann die **Wellenlänge** der Strahlung gemessen werden. In der stehenden Welle ist nämlich (vgl. mechanische Wellen) der Abstand zweier Bäuche bzw. zweier Knoten gleich der halben Wellenlänge der ursprünglich fortlaufenden Wellen. Im Versuch ergibt sich $\lambda/2 = 35\,\mathrm{cm}$. Mit der bekannten Senderfrequenz $f = 434 \cdot 10^6\,\mathrm{s}^{-1}$ erhält man für die **Ausbreitungsgeschwindigkeit** der fortlaufenden elektromagnetischen Welle

$$v = \lambda \cdot f \approx 3{,}0 \cdot 10^8\,\frac{\mathrm{m}}{\mathrm{s}} = c \text{ (Lichtgeschwindigkeit)}.$$

Auch in der unmittelbaren Dipolumgebung trat eine stehende elektromagnetische Welle auf, die mit der *E*- bzw. *H*-Feldverteilung nachgewiesen wurde:

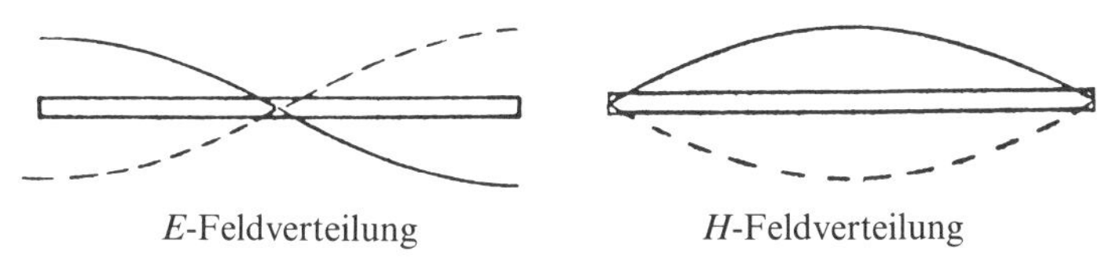

E-Feldverteilung *H*-Feldverteilung

Aus den Skizzen ist zu entnehmen, daß die Länge des Dipols gleich der halben Wellenlänge ist. Man spricht daher von einem **λ/2-Dipol**.

Man sieht, daß die Schwingungen der aufgehängten Feder und des eingespannten Seiles in Abschnitt **5.3** nichts anderes sind als stehende Wellen mit der Grundfrequenz f_0 und den Oberfrequenzen $2 \cdot f_0$, $3 \cdot f_0$ usw. Dabei paßt jeweils die halbe Wellenlänge bzw. das Doppelte, Dreifache davon auf die Länge der Feder bzw. des Seils.

4. Aufgabe:
Ein Dipol der Länge $l = 3 \cdot \pi\,\mathrm{m}$ soll durch einen Schwingkreis aus einem Kondensator der Kapazität 1,0 pF und einer Spule der Induktivität 5,0 µH erregt werden. Welche Zusatzkapazität C' muß parallelgeschaltet werden, damit zwischen Schwingkreis und Dipol Resonanz in der Grundschwingung auftritt?

5. Aufgabe:
Ein Stabdipol schwingt in der Grundschwingung mit $f = 4{,}0 \cdot 10^8\,\mathrm{s}^{-1}$.
a) Welche Induktivität muß die Spule des Erregerschwingkreises haben, wenn der Kondensator dieses Schwingkreises die Kapazität $C = 0{,}50$ pF hat?
b) Welche Wellenlänge hat die ausgesandte Strahlung?
c) Wie lang muß ein Stabdipol sein, damit bei der gegebenen Frequenz die Grund- bzw. die 2. Oberschwingung auftritt?

6. Aufgabe (nach Grundkursabitur 1976)
Ein Sender liefert elektromagnetische Wellen der Wellenlänge $\lambda = 70$ cm.
a) Erläutern Sie ein Verfahren, wie man diese Wellenlänge experimentell bestimmen kann.
b) Geben Sie eine geeignete Länge l des Sendedipols an und begründen Sie diese Länge.
c) Wie groß ist die Frequenz des Senders?
d) Wie müßte man bei obigem Sender die Schwingkreiskapazität C (bei konstanter Induktivität) ändern, um eine elektromagnetische Welle mit der Wellenlänge $\lambda' = 35$ cm zu erhalten? Begründen Sie Ihre Antwort.

7. Aufgabe:
Ein Stabdipol schwingt mit der Frequenz $f = 4{,}0 \cdot 10^8$ Hz in der Grundschwingung. Der Dipol stehe im Abstand a auf der x-Achse vor einer Metallwand, die parallel zur y-z-Ebene (also senkrecht zur x-Achse) steht. Die Dipolachse zeige in die y-Richtung.
a) Skizzieren Sie den Verlauf der elektrischen Feldstärke und den Verlauf der magnetischen Feldstärke in zwei getrennten Skizzen für die Punkte der x-Achse zwischen Wand und Dipol ($x < a$) in ein ebenes x-y- oder x-z-Koordinatensystem.

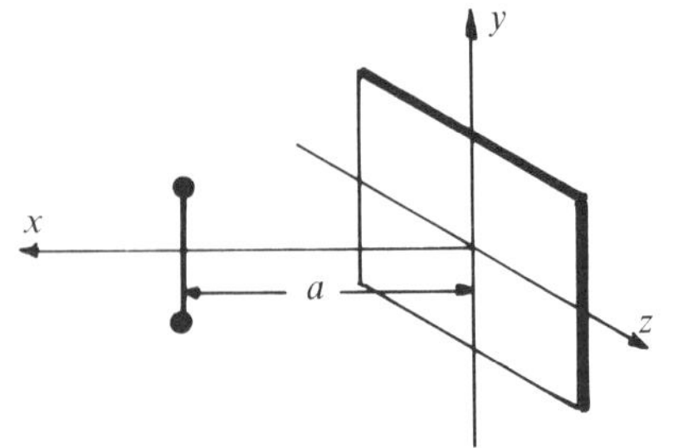

Beschriften Sie die Skizze und geben Sie eine kurze physikalische Begründung für diese Erscheinung.

b) Es soll nun der Aufbau wie bei **a)** bleiben, jedoch die Punkte auf der x-Achse untersucht werden, die weiter von der Wand entfernt sind als der Dipol ($x \gg a$). Geben Sie an, für welche Werte von a man längs der x-Achse ($x \gg a$) maximalen Empfang hat und für welche Werte von a man minimalen Empfang hat. Begründen Sie Ihre Antwort.

8. Aufgabe: (nach GK-Reifeprüfung 1980)
Ein Schwingkreis wird zu ungedämpften Schwingungen mit der Frequenz $f = 4{,}5 \cdot 10^7$ Hz angeregt. Die Schwingungen werden mittels eines geeigneten Dipols in den Raum abgestrahlt.

a) Berechnen Sie die günstigste Länge für den in der Grundschwingung erregten Dipol.

b) Die vom Dipol ausgehenden elektromagnetischen Wellen dringen in Wasser ein, in dem ein 37 cm langer Dipol so liegt, daß er durch die Wellen in der Grundschwingung maximal angeregt wird. Welche Ausbreitungsgeschwindigkeit haben die Wellen im Wasser?
Bedenken Sie dazu, daß sich die Frequenz einer Welle beim Eindringen in ein anderes Medium nicht ändert.

7.4 Kopplung von elektrischen und magnetischen Wechselfeldern

Kopplung als Ursache einer Welle:
Wie kommt es z. B. bei einem Seil bei Anregung an einem Ende überhaupt zu einer phasenverzögerten Schwingung, damit zu einer endlichen Ausbreitungsgeschwindigkeit einer Störung und damit letztendlich zu einer Welle?
Man kann sich ein einfaches Modell von einem Seil machen: eine Kette von gleichen beweglichen Körpern, die mit elastischen Federn untereinander **gekoppelt** sind. (Von der Wirkung der Gravitation werde zunächst abgesehen.)

vereinfacht:

Diese Kette sei zunächst in Ruhe. Wenn der erste Körper nach oben ausgelenkt wird, dann erfährt der zweite erst dann eine Kraft, wenn die Auslenkung des ersten schon erfolgt ist und er setzt sich später in Bewegung als dieser. Entsprechendes gilt dann für alle weiteren Körper, bei jedem erfolgt die Auslenkung etwas später als beim Vorgänger, die Störung breitet sich mit endlicher Geschwindigkeit entlang der Kette aus. Führt der erste Körper eine Querschwingung aus, wandert eine

Querwelle die Kette entlang. (Schwingt der erste Körper in der Richtung der Kette, dann wandern Verdichtungen und Verdünnungen durch die Kette und man erhält eine Längswelle. So breiten sich z. B. Schallwellen in Luft aus.)
Die Ursache für eine Welle ist also das Vorliegen eines Kopplungsmechanismus, der die einzelnen schwingungsfähigen Punkte (Oszillatoren) jeweils erst nach ihrem Vorgänger reagieren läßt. Somit kommt es zur endlichen Ausbreitungsgeschwindigkeit und damit zur Welle.

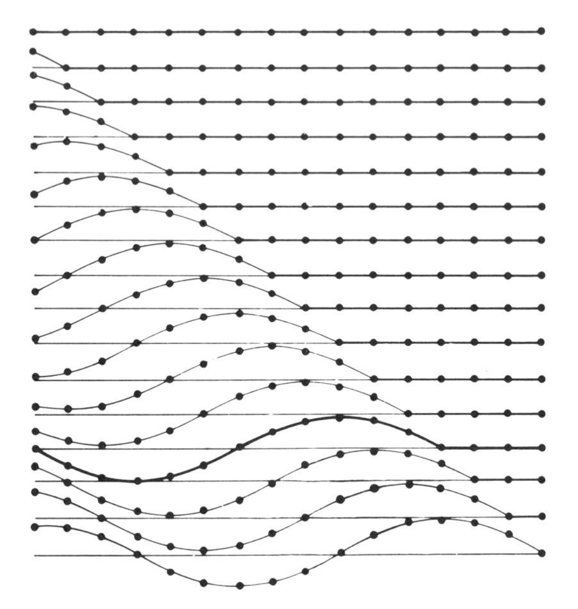

Ein solcher Kopplungsmechanismus müßte also auch bei elektromagnetischen Wellen vorliegen. Es ist das Verdienst von J.C. Maxwell, diese Kopplung bei der bereits angesprochenen Arbeit zur Theorie der elektrischen und magnetischen Felder gefunden zu haben, das Verdienst von Heinrich Hertz (1857–1894), seine Wirksamkeit als erster in der Praxis nachgewiesen zu haben. Es handelt sich z.T. um Ihnen wohlbekannte Effekte.

Der Verschiebungsstrom

2. Versuch:
Verbindet man die Platten eines Kondensators mit einer Quelle hochfrequenter Wechselspannung (z.B. den Enden des induktiv angekoppelten Dipols), so fließt in den Zuleitungen zum Kondensator ein Wechselstrom I_1, der von einem ringförmigen magnetischen Wechselfeld umgeben ist.

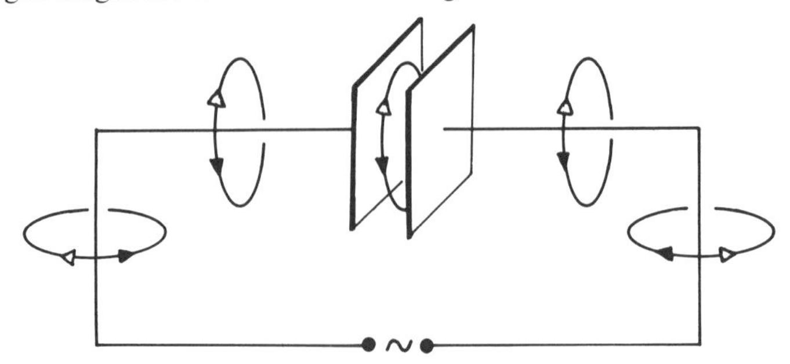

Im Kondensator bildet sich ein elektrisches Wechselfeld aus. Da die Kondensatorplatten voneinander getrennt sind, kann im Kondensator kein Leitungsstrom I_1

fließen. Untersucht man nun das Kondensatorinnere mit der schon besprochenen Sonde (abstimmbare Induktionsspule) auf magnetische Wechselfelder, so kann man feststellen, daß das elektrische Wechselfeld ringförmig von einem magnetischen Wechselfeld umgeben ist. Wäre die obige Anordnung in einen undurchsichtigen Kasten eingebaut, so wäre sie bezüglich des äußeren Magnetfeldes von einer Anordnung, die nur aus einem metallischen Leiter bestehen würde, nicht zu unterscheiden.

Man kann also so tun, als ob der Leitungsstrom I_1 durch den Kondensator fortgesetzt würde. Maxwell nannte diesen Strom den Verschiebungsstrom I_v. Der Grund für das magnetische Wechselfeld im Kondensator sind jedoch nicht durch den Kondensator fließende Ladungen, sondern ein zeitlich veränderliches elektrisches Feld.

Geht man von der im Vakuum gültigen Beziehung $Q = A \cdot D = A \cdot \varepsilon_0 \cdot E$ aus und differenziert sie nach der Zeit, so ergibt sich

$$I_1 = \frac{\mathrm{d}Q}{\mathrm{d}t} = A \cdot \varepsilon_0 \cdot \frac{\mathrm{d}E}{\mathrm{d}t}$$

Die Größe $A \cdot \varepsilon_0 \cdot \frac{\mathrm{d}E}{\mathrm{d}t}$ ist nur dann von Null verschieden, wenn ein zeitlich veränderliches elektrisches Feld vorliegt. Sie hat die Dimension eines Stromes. Nach Maxwell ist der »Verschiebungsstrom« die stetige Fortsetzung des Leitungsstroms im Kondensator, also

$$I_v := A \cdot \varepsilon_0 \cdot \frac{\mathrm{d}E}{\mathrm{d}t}$$

Ergebnis: Jedes zeitlich veränderliche elektrische Feld wird von einem magnetischen Wechselfeld umschlossen.

Beispiele:

H, I, E, H — Aufladung

für $t_1 < t_2$: $\vec{E}(t_1)$, $\vec{E}(t_2)$, $\Delta\vec{E}$

H, I, E, H — Entladung

$\vec{E}(t_1)$, $\vec{E}(t_2)$, $\Delta\vec{E}$

Richtungsregel:

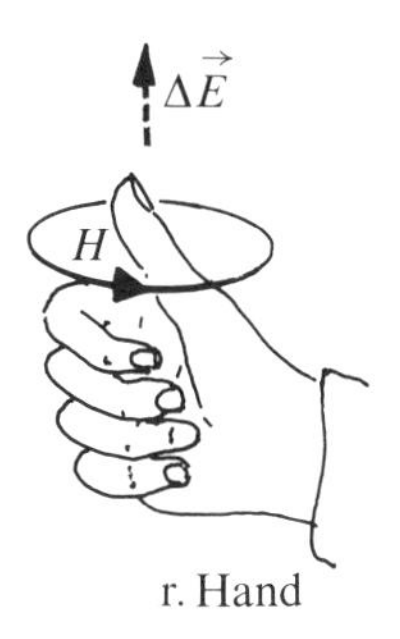

r. Hand

Verallgemeinerung des Induktionsgesetzes

Wird eine geschlossene Leiterschleife von einem sich zeitlich ändernden Magnetfeld durchsetzt, so wird in ihr ein Strom induziert. Die Ursache des Stromes ist eine Spannung und damit ein elektrisches Feld. Man kann nun vermuten, daß *jedes* sich ändernde Magnetfeld von einem elektrischen Feld umgeben ist, auch wenn kein Leiter vorhanden ist, in dem ein Induktionsstrom fließen kann. Dieses elektrische Feld kann durch den folgenden Versuch nachgewiesen werden:

3. Versuch: Elektrodenlose Ringentladung
Um den mit verdünntem Neongas gefüllten Glaskolben sind einige Drahtwindungen gelegt. Sie stellen die Spule eines hochfrequent schwingenden Kreises dar. Im Glaskolben zeigt sich eine ringförmige Leuchterscheinung, welche das Magnetfeld umgibt. Diese Leuchterscheinung kommt bei der Anregung des Gases durch das ringförmige elektrische Wechselfeld zustande.

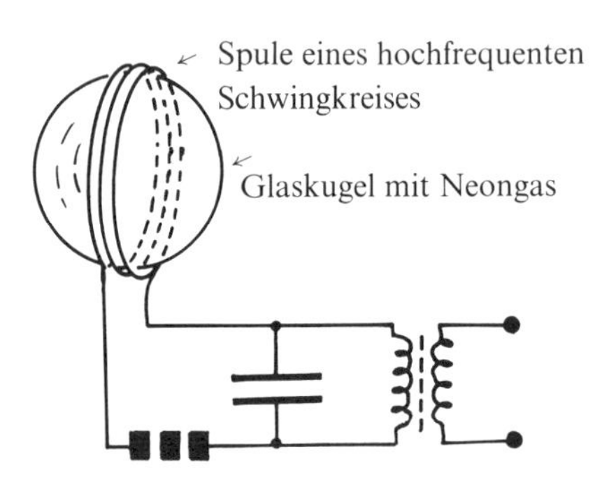

Versuchsdaten:
Primär- und Sekundärspule, Leidener Flasche und Funkenstrecke wie im Versuch auf S. 56.

> **Ergebnis:** Jedes zeitlich veränderliche Magnetfeld wird von einem elektrischen Wechselfeld umschlossen.

Hinweis: Im Unterschied zu elektrostatischen Feldern sind die Feldlinien hier geschlossen. Sie enden also nicht auf Ladungen: **elektrisches Wirbelfeld.**

Beispiele: **Richtungsregel:**

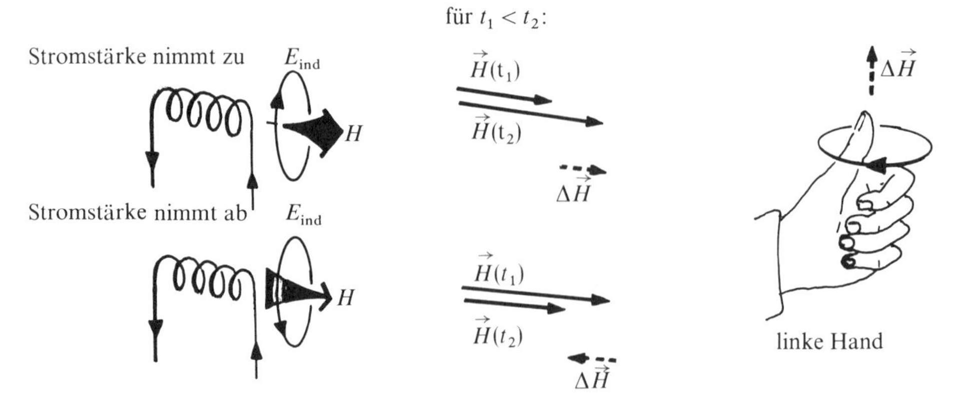

7.5 Struktur des Dipolfelds in der Fernzone – Theoretische Begründung

Der im vorigen Abschnitt behandelte Kopplungsmechanismus zwischen elektrischen und magnetischen Wechselfeldern erklärt die Ausbreitung elektromagnetischer Wellen im Raum: Tritt an einem Ort ein elektrisches Wechselfeld auf, so ist es von einem magnetischen Wechselfeld umgeben. Dieses bewirkt nun in seiner Umgebung wieder ein elektrisches Wechselfeld, usw. Auch zunächst feldfreie Gebiete werden so von elektrischen und magnetischen Feldern erfaßt. Genauere Aussagen gewinnt man durch die folgende Überlegung:

Feldstruktur in der fortschreitenden elektromagnetischen Welle*

Zu einem Zeitpunkt t habe die Verteilung der elektrischen Feldstärke den in Skizze **a)** dargestellten sinusförmigen Verlauf. Breitet sich die Welle in positiver x-Richtung aus, so ist der Feldverlauf zu einer etwas späteren Zeit durch die gestrichelt gezeichnete Sinuskurve gegeben.

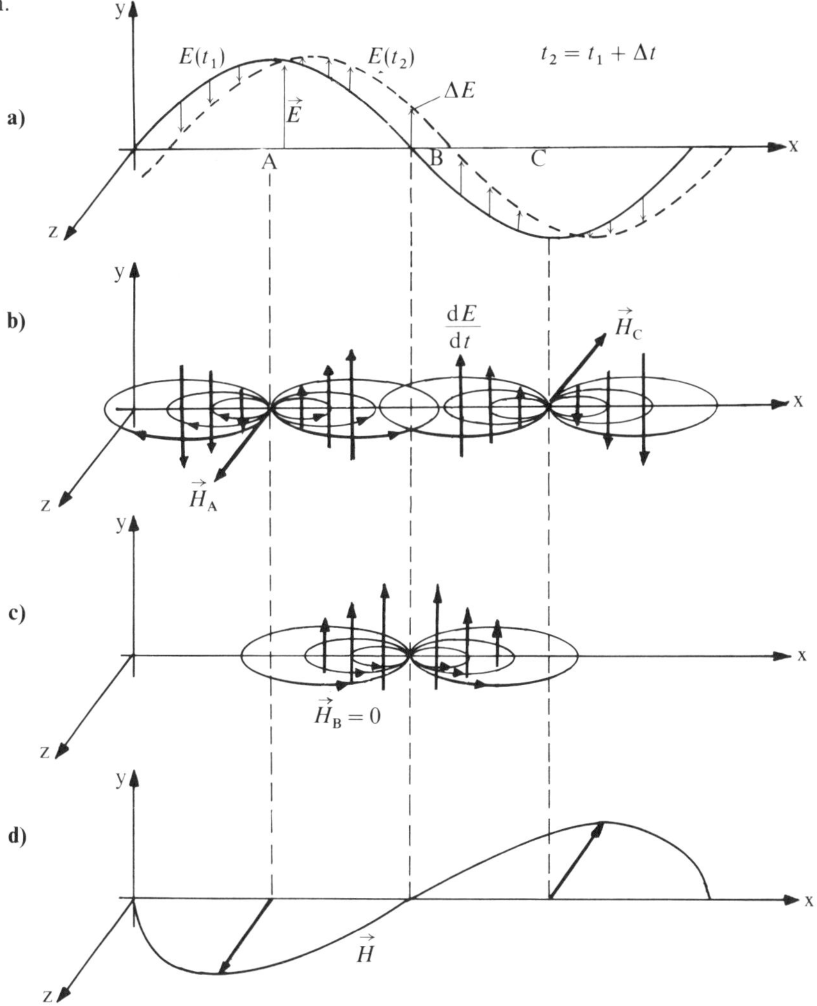

Daraus kann man entnehmen, daß an den Stellen A und C die Größe $\frac{dE}{dt}$ und damit I_v Null ist, bei B dagegen ist $\frac{dE}{dt}$ und damit I_v maximal. Jeder dieser Verschiebungsströme erzeugt ein magnetisches Wirbelfeld; die Überlagerung dieser Felder ergibt das resultierende Magnetfeld der fortschreitenden Welle zum Zeitpunkt t. Dies bedeutet aber, daß bei A und C das Magnetfeld am stärksten ist, da sich nur dort – bei der skizzierten E-Feldverteilung die Magnetfelder aller benachbarter Verschiebungsströme gleichsinnig überlagern (Skizze **b)**). Bei B ist das Magnetfeld Null, da sich hier die Magnetfelder aller Verschiebungsströme aus Symmetriegründen gegenseitig auslöschen (Skizze **c)**). Der Verlauf des resultierenden Magnetfeldes zur Zeit t ist in der Skizze **d)** dargestellt.

Ein Vergleich des Verlaufs der elektrischen bzw. magnetischen Feldstärke (Skizze **a)** bzw. **d)**) führt zu zwei wichtigen Ergebnissen dieser Überlegung:

1. Magnetfeld und elektrisches Feld der fortschreitenden Welle sind in größerer Entfernung vom Dipol (Fernzone) in Phase.

2. An allen Orten und zu jedem Zeitpunkt stehen die Vektoren des elektrischen bzw. des magnetischen Felds und der Vektor der Ausbreitungsgeschwindigkeit paarweise aufeinander senkrecht. Für die Orientierung der Vektoren gilt dabei die Dreifingerregel der rechten Hand:

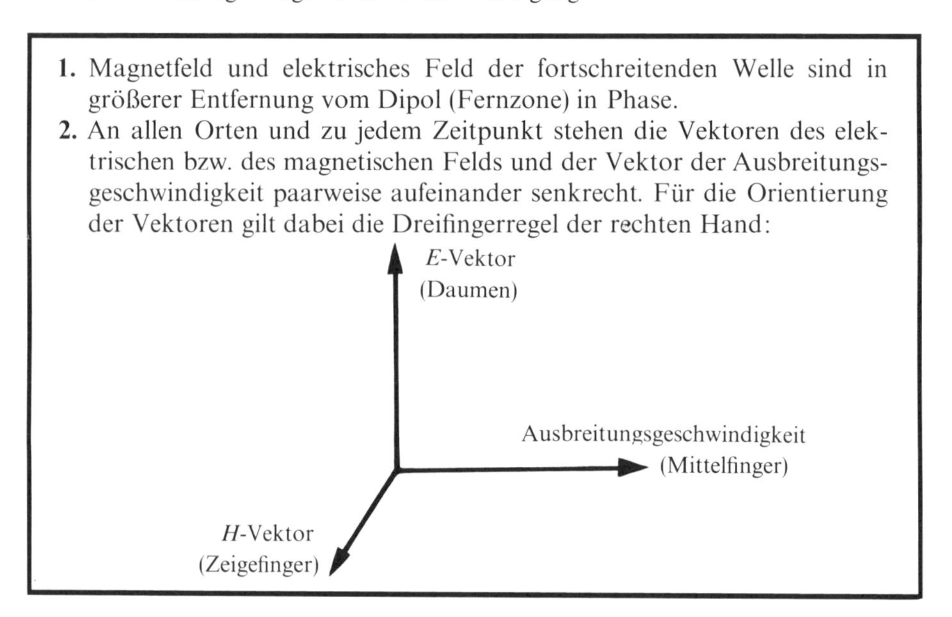

Hinweis: Da die elektrischen und magnetischen Felder Energieinhalt besitzen, ist mit ihrer Ausbreitung auch eine Ausbreitung der Energie in den Raum verbunden. Wie man heute weiß, wird nicht nur von schwingenden Dipolen Energie in Form elektromagnetischer Wellen abgestrahlt, sondern überall dort, wo elektrische Ladungen beschleunigt werden (Beispiel: Teilchenbeschleuniger). Auch dabei ist die Struktur des elektromagnetischen Feldes in der Fernzone durch die Eigenschaften 1. und 2. gekennzeichnet, weil derselbe Kopplungsmechanismus zugrunde liegt.

Die vom Dipol ausgesandte elektromagnetische Welle ist **linear polarisiert,** d. h.: In jedem Raumpunkt schwingt der Vektor der elektrischen Feldstärke in einer festen Richtung, die von Ort zu Ort verschieden sein kann. Man erkennt dies mit Hilfe eines Empfangsdipols dadurch, daß es an jedem Ort eine Stellung für maximalen Empfang gibt. In jeder dazu senkrechten Stellung des Dipols an diesem Ort verschwindet der Empfang (keine Influenzwirkung).

In der nebenstehenden Zeichnung ist die Ausbildung der elektrischen und magnetischen Felder um einen schwingenden Dipol für einen bestimmten Augenblick dargestellt. Die horizontalen Kreise stellen die magnetischen Feldlinien dar, die nierenförmigen Gebilde die elektrischen Feldlinien.

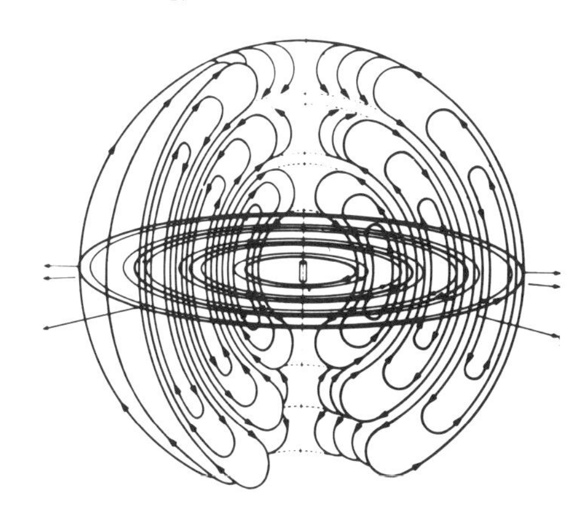

Vergleichen Sie mit der auf S. 70 dargestellten Strahlungscharakteristik eines Dipols.

Zustandekommen der stehenden elektromagnetischen Welle

Die stehende Welle kann man sich durch Überlagerung der auf die Wand zulaufenden und der vollständig reflektierten Welle entstanden denken. Wegen der vollständigen Reflexion tritt hinter der Metallwand kein elektromagnetisches Feld auf.

Eine zweite Deutungsmöglichkeit für das Zustandekommen der stehenden Welle beruht auf der folgenden, mehr physikalischen Modellvorstellung:

Die im Metall frei beweglichen Ladungsträger werden durch das elektrische Wechselfeld der ankommenden Welle **(Primärwelle)** zu erzwungenen Schwingungen angeregt und erzeugen eine **Sekundärwelle**, die sich sowohl in die positive als auch in die negative x-Richtung ausbreitet. Hinter der Metallwand löschen sich Primär- und Sekundärwelle gegenseitig aus, vor der Wand bilden sie eine stehende Welle.

Momentbilder der *E*-Feldverteilung

(Primärwelle läuft in $+$x-Richtung; Metallwand steht in der y-z-Ebene)

Beachte: Bei vorgegebenem *E*-Feld-Verlauf der Primärwelle ist der *E*-Feld-Verlauf der Sekundärwelle durch zwei Bedingungen bestimmt:

a) Das resultierende elektrische Feld hinter der Wand ist Null.

b) Die *E*-Feld-Verteilung der Sekundärwelle ist symmetrisch zur y-z-Ebene.

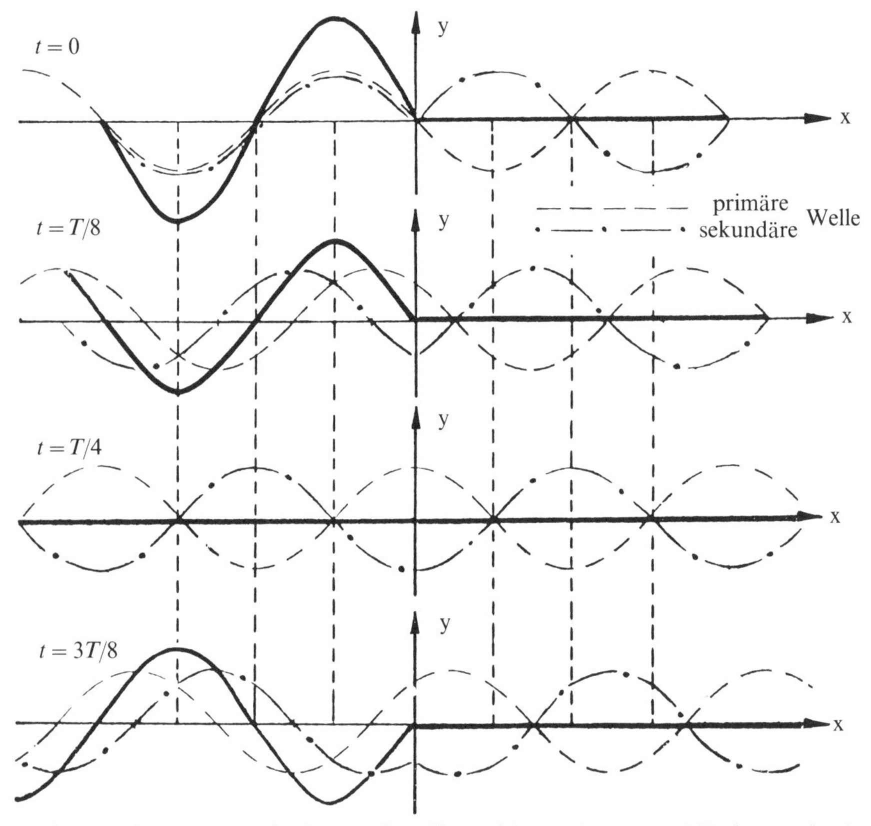

Durch Interferenz entsteht in regelmäßigen Abständen von $\lambda/2$ dauernde Auslöschung der Schwingung (Knoten); dazwischen liegen jeweils ortsfest die Stellen größter Schwingungsamplitude (Bäuche).

Die Diagramme zeigen darüber hinaus eine wichtige Phasenbeziehung zwischen der einfallenden und der reflektierten Welle (Sekundärwelle vor der Wand) auf: *Wird eine elektromagnetische Welle an Metall reflektiert, so erfolgt ein* **Phasensprung** *um* π.

9. Aufgabe:
Zeichnen Sie zu den obigen Momentaufnahmen der Verteilung der elektrischen Feldstärke jeweils die zugehörige Verteilung der magnetischen Feldstärke in ein entsprechendes x-z-Koordinatensystem (vier Skizzen, jeweils mit Primärwelle-Sekundärwelle-Überlagerung).
Beachten Sie dabei insbesondere Erkenntnis 2.

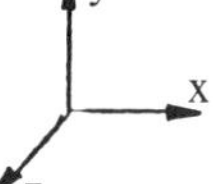

10. Aufgabe:
In einer stehenden elektromagnetischen Welle sei bei $t = 0$ das elektrische Feld maximal ausgebildet und habe den folgenden Verlauf:

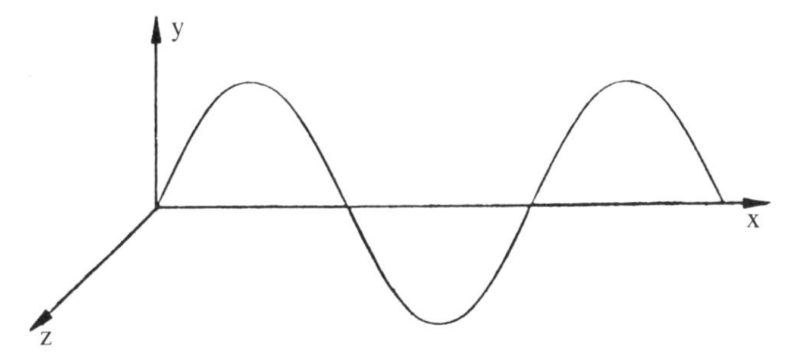

a) Zeichnen Sie in ein Schrägbild des x-y-z-Systems den Verlauf der elektrischen Feldstärke bei $t = 0$ und $t = T/4$ ein (vgl. Aufgabe 9)

b) Kennzeichnen Sie die Stellen, wo $\mathrm{d}E/\mathrm{d}t$ maximal bzw. minimal ist, und tragen Sie die sich daraus ergebende H-Feldverteilung für $t = T/4$ qualitativ ein.

Beachte FWU-Film: Überlagerung gegenläufiger Wellen 360018

Es ist festzuhalten, daß auch im elektromagnetischen Fall bei den fortschreitenden Wellen (Fernfeld) elektrische und magnetische Energie an jedem Raumpunkt in Phase sind und sich gemeinsam in den Raum hinausbewegen. Bei den stehenden Wellen (Wellenfeld vor einer reflektierenden Wand oder Nahfeld des Dipols) oszillieren die beiden Energieformen örtlich und zeitlich.

7.6 Polarisation der Dipolstrahlung

Wie bei der Untersuchung der Struktur des Dipolfeldes festgestellt wurde, verläuft die Richtung des E-Vektors parallel, die des H-Vektors senkrecht zur Dipolachse. Beide Vektoren stehen senkrecht zur Ausbreitungsrichtung der Welle. Die abgestrahlte elektromagnetische Welle ist damit eine Transversalwelle. Da der elektrische Vektor immer seine Schwingungsrichtung beibehält, spricht man von einer **linear polarisierten Welle**. Die Polarisationsrichtung wird durch Definition mit der Schwingungsrichtung des E-Vektors gleichgesetzt. Die Ebene, die durch die Ausbreitungsrichtung und die Schwingungsrichtung des E-Vektors festgelegt ist, heißt **Polarisationsebene**.

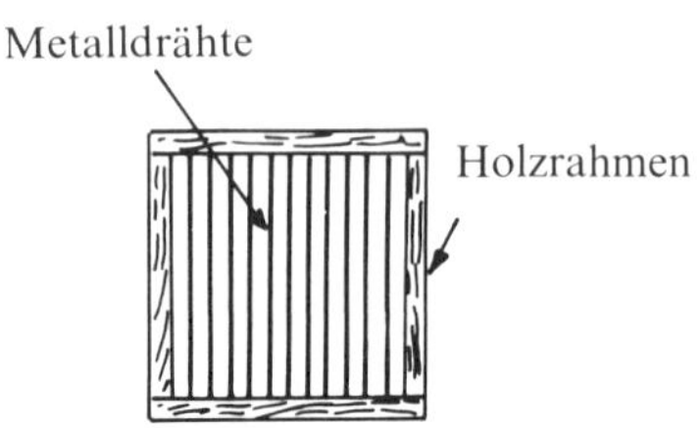

4. Versuch:
Zwischen den Sendedipol und den dazu parallel stehenden Empfangsdipol wird ein Rahmen mit parallel gespannten Drähten (siehe Skizze) gebracht (**Hertzsches Drahtgitter**).

Liegen die Metalldrähte parallel zum Sendedipol, so ist an dem Meßgerät, das am Empfangsdipol angeschlossen ist, kein Ausschlag festzustellen. Stehen dagegen die Drähte senkrecht zum Dipol, dann erhält man denselben Ausschlag wie ohne Drähte.

Deutung:
Liegt die Schwingungsrichtung des E-Vektors (d.h. die Dipolachse) parallel zu den Drähten, so werden die freibeweglichen Ladungen im Metall mit der Frequenz der Primärwelle zu erzwungenen Schwingungen angeregt. Die Drähte stellen somit schwingende Dipole dar und senden Sekundärwellen aus (vgl. **7.5**, S. 90), welche im Raum hinter dem Gitter die Primärwelle auslöschen. Vor dem Drahtgitter bildet sich eine stehende Welle.
Steht der Dipol dagegen senkrecht zu den Drähten, so ist eine Ausbildung von Dipolschwingungen in den Gitterdrähten nicht möglich, weil ihre Querausdehnung sehr viel kleiner als die Länge eines frequenzabgestimmten $\lambda/2$-Dipols ist. Es entsteht also keine Sekundärwelle, die Primärwelle geht ungeschwächt durch das Gitter.

Polarisation tritt nur bei Transversalwellen auf.

Der Nachweis der Polarisation der elektromagnetischen Strahlung im obigen Versuch ist also zugleich ein Beweis für ihre Transversalität und bestätigt somit die theoretischen Überlegungen in Abschnitt **7.5**.

11. Aufgabe:
Vom Empfangsdipol aus gesehen befindet sich der Sendedipol hinter dem Drahtgitter in der skizzierten Stellung. Der Sendedipol und die Drähte bilden den Winkel α.

a) Begründen Sie, daß die Welle nach dem Durchgang durch das Gitter linear polarisiert ist. Welche Polarsisationsebene besitzt die Welle nach dem Durchgang durch das Gitter?

b) Wie muß der Empfangsdipol gerichtet werden, damit der Empfang maximal bzw. minimal ist?

c) Wie verhält sich die maximale Empfangsfeldstärke ohne Gitter, E_0, zur maximalen Empfangsfeldstärke mit Gitter, E_α?

12. Aufgabe:

Gegeben ist die folgende Anordnung:

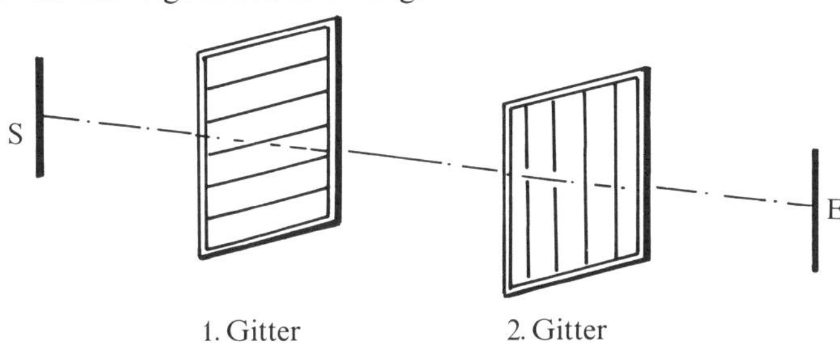

Die Ebenen sämtlicher Drahtgitter sind senkrecht zur Strahlrichtung. Sende- und Empfangsdipol stehen parallel.

a) Ist der Empfang in der gezeichneten Stellung möglich? Begründung!

b) Kann der Empfang dadurch verbessert werden, daß man das 1. Gitter in einer zur Strahlrichtung senkrechten Ebene dreht? Begründung!

c) Man bringt das 1. Gitter wieder in Ausgangsstellung, dazu ein weiteres Gitter zwischen das erste und das zweite, wobei dessen Stabrichtung gegen den Sendedipol um 60° gedreht ist. Berechnen Sie den Bruchteil der auf das 1. Gitter auffallenden Energie, welcher durch die gesamte Anordnung hindurchgeht. In welcher Stellung des Empfangsdipols läßt sich diese Energie nachweisen?

13. Aufgabe:

Die Frequenz eines Senders liegt zwischen 100 MHz und 600 MHz. Zum Nachweis der Senderstrahlung steht das nebenstehende Empfangsgerät, bestehend aus Induktionsspule, Hochfrequenzdiode und Amperemeter A für Gleichströme, zur Verfügung.

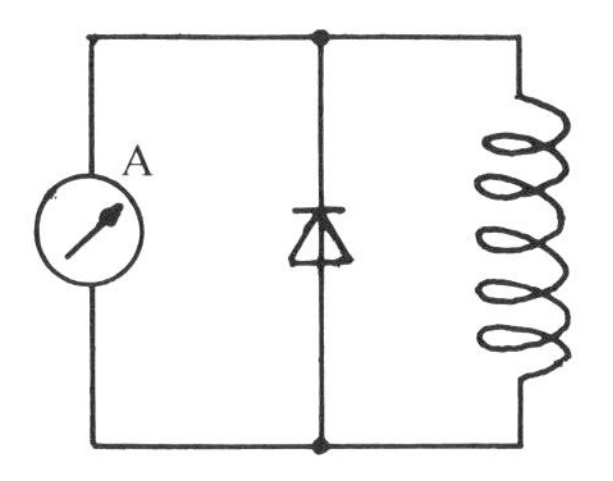

Auch in einigen Metern Entfernung vom Sender zeigt das Amperemeter einen deutlichen Ausschlag.

a) Erläutern Sie kurz die Funktionsweise des Nachweisgerätes.

b) Wie kann man mit Hilfe eines Hertzschen Drahtgitters die Richtung von E- und B-Feld am Empfangsort feststellen?

c) Wie kann man mit obigen Hilfsmitteln die Frequenz des Senders ermitteln?

d) In welchem Längenbereich sollte ein Empfangsdipol liegen, wenn er für den obigen Frequenzbereich optimal in der Grundschwingung schwingen sollte?

e) Ein Empfangsdipol D, der parallel zum Sendedipol S aufgestellt ist, erfährt eine mittlere Feldstärke $E_1 = 10\ \mathrm{V/m}$.
Der Empfangsdipol D wird nun so gedreht, daß er keine Feldstärke mehr nachweist. Außerdem wird zwischen S und D ein Hertzsches Drahtgitter gebracht, dessen Gitterstäbe mit dem E-Vektor der ankommenden Welle einen Winkel von 30° bilden. Welche mittlere Feldstärke erfährt nun der Empfangsdipol D?

7.7 Übertragung von Information mit elektromagnetischen Wellen – Modulation und Demodulation

Um Signale im Tonfrequenzbereich mit Hilfe hochfrequenter elektromagnetischer Wellen drahtlos übertragen zu können, müssen diese in geeigneter Weise **moduliert** werden. Eine sehr einfache, heute noch übliche Modulationsart ist die **Amplitudenmodulation**.

5. Versuch: Amplitudenmodulation und Demodulation (Modell)

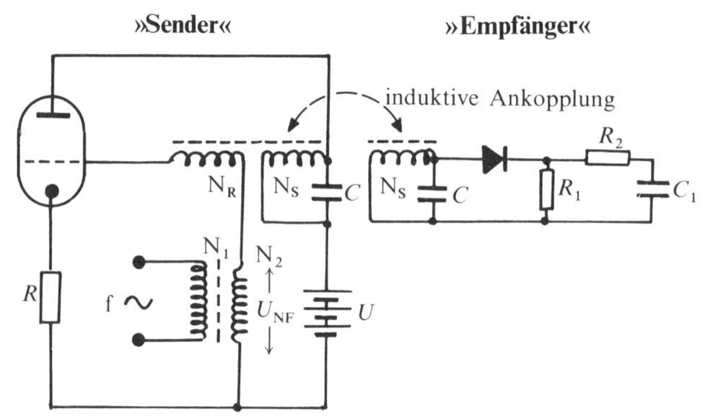

Versuchsdaten z.B.: Niederfrequenz $f = 200\,\mathrm{Hz}$; $N_1 = 3600$; $N_2 = 1200$;
$R = 330\,\Omega$; Rückkopplungsspule $N_R = 300$;
Sender- und Empfängerschwingkreis: $N_S = 600$; $C = 0{,}05\,\mu\mathrm{F}$;
Demodulation: $R_1 = R_2 = 5\,\mathrm{k}\Omega$; $C_1 = 0{,}5\,\mu\mathrm{F}$.

Wirkungsweise: Bei einer Meißnerschaltung wird der hochfrequenten Gitterspannung eine niederfrequente Wechselspannung U_{NF}, welche die Information enthält, überlagert. Dadurch schwankt die Amplitude der hochfrequenten Schwingung **(Träger)** im Takt der Niederfrequenz. Der Empfängerschwingkreis wird durch die vom Sender ausgehende elektromagnetische Welle zu Schwingungen angeregt. Im obigen Modellversuch erfolgt die Anregung des »Empfänger«-Schwingkreises einfach durch induktive Ankopplung an den »Sender«-Schwingkreis. Die Wechselspannung des Empfängerschwingkreises wird gleichgerichtet und der hochfrequente Anteil der Wechselspannung durch den Kondensator ausgefiltert. Am Ausgang der Empfängerschaltung steht dann wieder die niederfrequente Wechselspannung (Information) zur Verfügung.

Mit einem Oszilloskop beobachtet man die folgenden Spannungsverläufe:

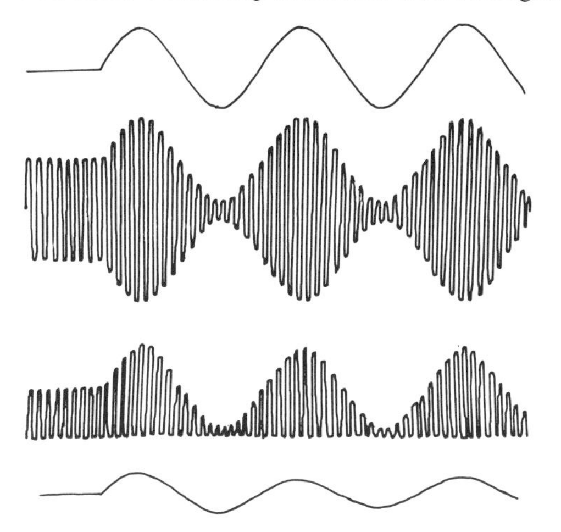

niederfrequente Wechselspannung U_{NF}

Spannung an der Rückkopplungsspule des Senders und am Empfängerschwingkreis (ohne Gleichrichter)

gleichgerichtete Spannung am Widerstand R_1

geglättete Spannung am Kondensator C_1

Die Glättung der modulierten, gleichgerichteten Trägerwelle zu einem Signal, das die gleiche Frequenz hat wie die ursprüngliche Wechselspannung U_{NF}, erfolgt durch das RC-Glied am Ende der Empfängerschaltung. Dieses Schaltelement aus dem Widerstand R_2 und dem Kondensator C_1 stellt ein träges System dar, das den rasch aufeinanderfolgenden Stromstößen der gleichgerichteten Trägerwelle nicht folgen kann, nur eine Art Mittelwert aufaddiert. Dieses Verhalten kann durch eine Computer-Simulation nachgeahmt werden (S. **Anhang 1**, S. 251).

Hinweise:
Der Dezimeter-Sender der Fa. Leybold kann tonfrequent moduliert werden. Das vom Empfangsdipol mit Diode aufgenommene Signal ist an dessen Ausgang bereits gleichgerichtet und braucht nur noch, z. B. mit einem kleinen Transistorverstärker, verstärkt zu werden. Auf diese Weise ist es möglich, Sprache oder Musik auf eine Distanz von ca. 15 m zu übertragen.

In der Rundfunktechnik findet die Amplitudenmodulation bei Lang- und Mittelwellen ($\lambda > 200$ m) Anwendung. Kurzwellen- und UKW-Sender sind **frequenzmoduliert**. Bei ihnen wird die Modulationsspannung nicht in eine Amplitudenänderung, sondern in eine Frequenzänderung des Trägers umgesetzt. Die Trägeramplitude bleibt konstant.

8. Mikrowellen (Zentimeterwellen)

8.1 Verkleinerung der Wellenlänge

starke Störung des Wellenfeldes

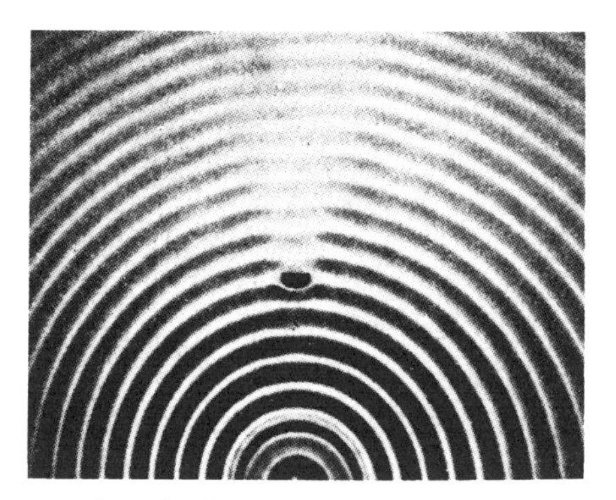
schwache Störung des Wellenfeldes

Wir haben gesehen, daß eine ausgedehnte Metallwand elektromagnetische Wellen reflektiert. Hinter der Wand werden mit dem Dipol keine Wellen empfangen. Das Wellenfeld wird durch die Wand also erheblich beeinflußt. Bringt man dagegen eine kleine Metallplatte von 10 bis 15 cm Durchmesser in den Weg der Strahlung, so ist in einiger Entfernung fast ungestörter Empfang möglich. Am Beispiel von Wasserwellen ist gut zu beobachten, daß ein Hindernis, dessen Ausdehnung wesentlich größer ist als die Wellenlänge, die Wellenausbreitung stark beeinflußt. Ist das Hindernis dagegen in der Größenordnung der Wellenlänge oder noch kleiner, so wird das Wellenfeld nur schwach gestört.
Will man also in einem Wellenfeld Untersuchungen anstellen, so müssen die Versuchsanordnungen mindestens in der Größenordnung von einigen Wellenlängen liegen. Dies führt bei Dezimeterwellen zu sehr unhandlichen Vorrichtungen. Eine Verkürzung der Wellenlänge ist aber durch Verkleinerung von Schwingkreisspule bzw. -kondensator nur mehr begrenzt erreichbar, weil diese Elemente dann kaum noch nennenswert Energie speichern können.
Man wählt eine andere Methode:
In einem Hohlraum mit metallischen Wänden (Hohlraumresonator) wird eine stehende elektromagnetische Welle erzeugt. Hohlraumresonatoren gibt es in ähnlicher Weise in der Akustik. Jede Orgelpfeife z. B. stellt in ihrem wesentlichen Teil einen akustischen Hohlraumresonator dar, in dem eine stehende akustische Welle (Schallwelle) auftritt. Je kürzer die Pfeife ist, desto kürzer die Wellenlänge und, wegen der für alle Wellenlängen gleichen Schallgeschwindigkeit, desto höher die Eigenfrequenz der schwingenden Luftsäule.

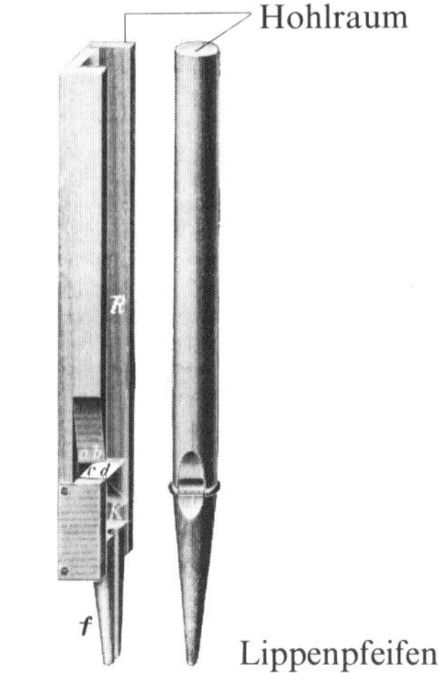

Lippenpfeifen

Aber auch die Resonanzkästen bei Stimmgabeln stellen solche Hohlraumresonatoren dar. Angeregt durch die Schwingungen der Stimmgabel, bildet sich in ihrem Inneren eine stehende Schallwelle aus, die in der angeregten Grundschwingung am geschlossenen Kastenende einen Schwingungsknoten und am offenen Ende einen Schwingungsbauch hat. Da der Abstand Knoten–Bauch gerade eine viertel Wellenlänge der Schallwelle beträgt, muß der Resonanzkasten ziemlich genau ein Viertel der Wellenlänge der abgestrahlten Schallwelle lang sein. Nur dann bildet sich bei der vorgegebenen Stimmgabelfrequenz im Kasten eine stehende Welle aus und die gleichphasig schwingenden Luftteilchen am ganzen offenen Kastenende erzeugen die Abstrahlung einer Schallwelle. Die Abstrahlung ist viel wirkungsvoller als die der Stimmgabel allein. Bei ihr gleicht sich nämlich der Überdruck an einer Seite der schwingenden Zinke weitgehend unmittelbar mit dem gleichzeitig erzeugten Unterdruck auf der anderen Zinkenseite aus.

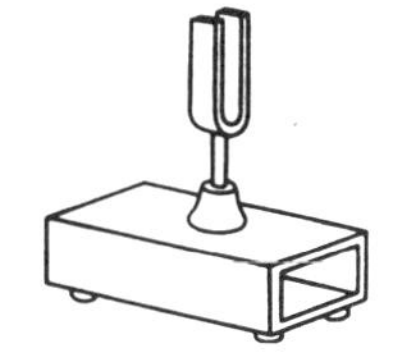

Stimmgabel mit Resonanzkasten

Elektrische Hohlraumresonatoren müssen elektrisch leitende Wände haben, damit sich in ihnen stehende elektromagnetische Wellen ausbilden können. Es handelt sich also um ganz oder teilweise geschlossene Metallbehälter geeigneter Form. Man kennt verschiedene Verfahren, elektromagnetische Mikrowellen zu erzeugen. Der hier verwendete Sender enthält in einer Elektronenröhre einen kleinen frequenzbestimmenden Hohlraumresonator. In ihm erzeugen die aus der Glühkathode austretenden Elektronen beim Durchfliegen des Resonators stehende elektromagnetische Wellen, deren Frequenzen wegen der Kleinheit des Resonators sehr hoch sind. Dieser Resonanzkreis ist über eine Leitung mit einem zweiten, gleich abgestimmten Hohlraumresonator außerhalb der Röhre verbunden. Dieser Hohlraum ist einseitig offen, so daß die elektromagnetischen Schwingungen an diesem Ende zum Ausgangspunkt elektromagnetischer Wellen in den Raum werden. Der angesetzte Trichter dient lediglich dazu, die abgestrahlten Wellen durch Reflexion so zu bündeln, daß nahezu ein Parallelbündel elektromagnetischer Wellen den Sender

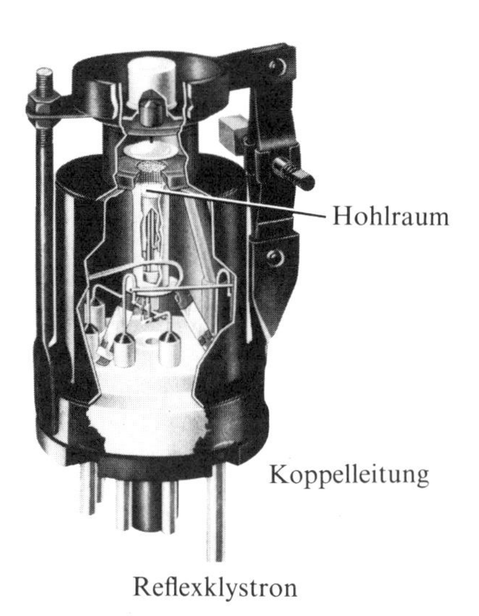

Reflexklystron

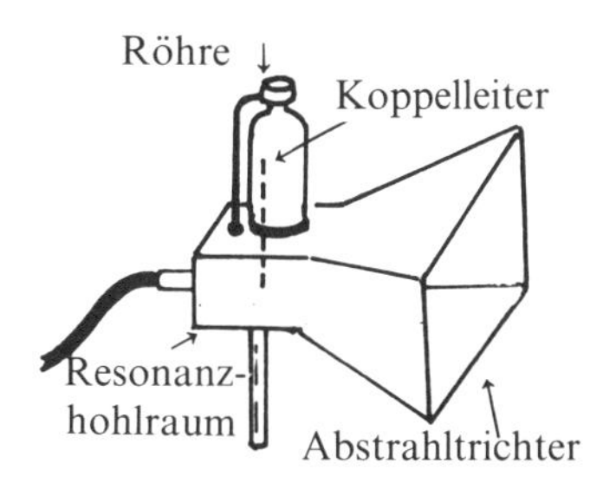

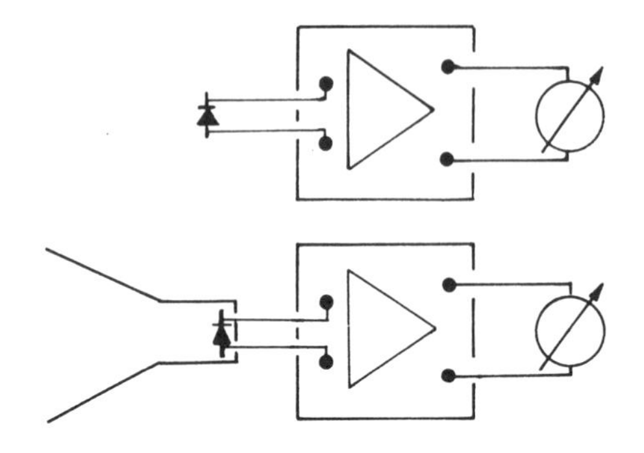

verläßt. Die abgestrahlten Wellen sind außerdem mit 100 Hz amplitudenmoduliert.
Als Empfänger kann ein kleiner Dipol mit eingebauter Diode dienen, der allerdings wegen der kleinen Wellenlänge auf die Diode selbst (mit zwei kurzen Anschlußdrähten) zusammengeschrumpft ist. Eine etwas empfindlichere Anordnung ist ein auf die Senderfrequenz abgestimmter Hohlraumresonator, in den die ankommende Welle eingestrahlt wird. In seinem Inneren befindet sich ebenfalls ein kleiner Diodendipol zur Gleichrichtung der hochfrequenten modulierten Schwingung. Die niederfrequente Modulationsspannung wird mit einem einfachen Niederfrequenzverstärker so weit erhöht, daß sie entweder über einen Lautsprecher hörbar gemacht oder mit einem Wechselspannungsmeßgerät angezeigt werden kann.

8.2 Analogieversuche zur geometrischen Optik – Hertzsche Versuche

Von der Ausbreitung des Lichts sind Ihnen sicher noch die Erscheinungen der Reflexion und der Brechung mit ihren Gesetzmäßigkeiten bekannt. Sie wissen wohl auch noch, daß man Licht mittels Reflexion (Hohlspiegel) oder Brechung (Linse) bündeln kann.
Die folgenden Versuche zeigen das gleiche Verhalten bei Mikrowellen. Außerdem erkennen wir, daß Stoffe, die Licht durchlassen, auch Mikrowellen durchlassen. Besonders schön wird die Gleichartigkeit der Ausbreitung erkennbar, wenn man die entsprechenden Versuche mit Licht und Mikrowellen parallel durchführt.
Sie haben bereits bei Versuchen mit Wasserwellen (S. 74) gesehen, daß die Wellenausbreitung Reflexion (nach dem bekannten Reflexionsgesetz) und Brechung zeigt.

1. Versuch: Durchlässigkeit

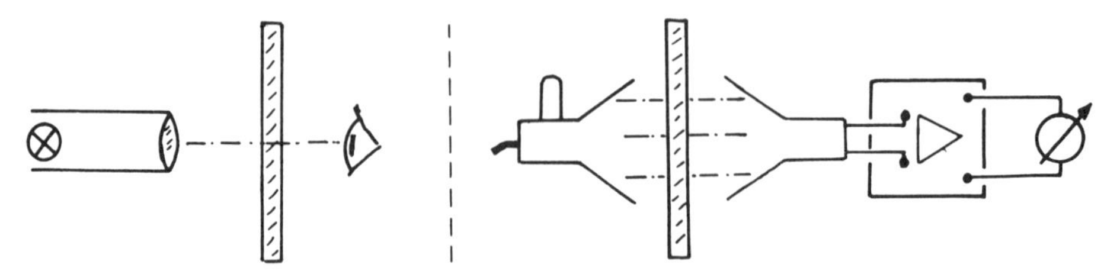

Es gibt Stoffe, die für die Strahlung durchlässig sind, und solche, die wenig oder nicht durchlässig sind.

2. Versuch: Reflexion

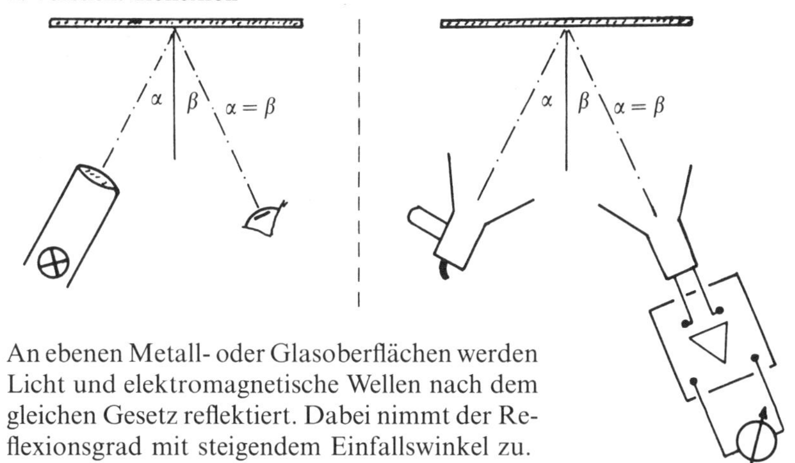

An ebenen Metall- oder Glasoberflächen werden Licht und elektromagnetische Wellen nach dem gleichen Gesetz reflektiert. Dabei nimmt der Reflexionsgrad mit steigendem Einfallswinkel zu.

3. Versuch: Brechung

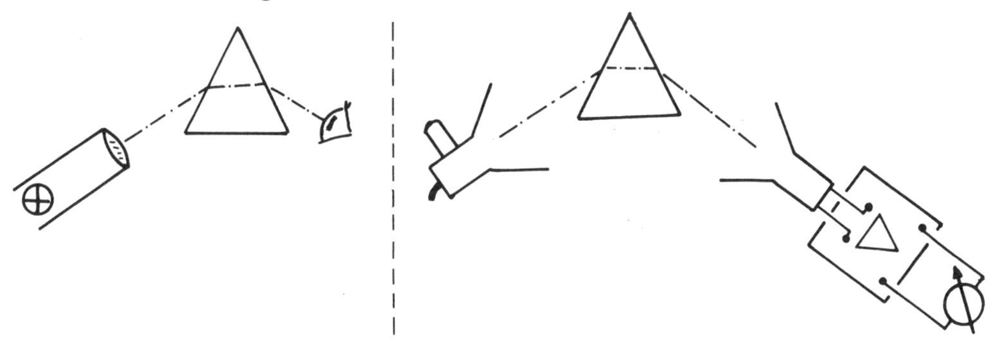

Licht und elektromagnetische Wellen werden an der Grenzfläche verschiedener durchlässiger Medien gebrochen.

4. Versuch: Bündelung

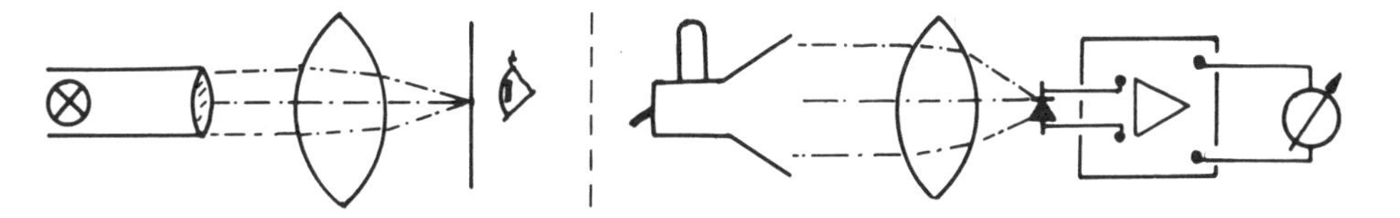

Paralleles Licht und parallele elektromagnetische Wellen werden beim Durchgang durch Glaslinsen gebündelt. Wegen der Gültigkeit des Reflexionsgesetzes können elektromagnetische Wellen wie Licht auch durch Hohlspiegel gebündelt werden.

Ergebnis: Elektromagnetische Wellen und Licht zeigen auffallende Gemeinsamkeiten in der Ausbreitung. Dies legt die Vermutung nahe, daß es sich bei Licht um eine elektromagnetische Welle handelt.

8.3 Nachweis der Wellennatur der Klystronstrahlung

Ausbildung einer stehenden Welle – Wellenlängenmessung

5. Versuch:
Stellt man den Sendetrichter vor einem Metallspiegel auf, so lassen sich die Bäuche und Knoten des E-Feldes der stehenden Welle mit dem Empfangsdipol (ohne Trichter) leicht nachweisen (vgl. 1. Versuch in **7.3**). Durch Messung des Abstandes benachbarter Knoten, $d = \lambda/2$, erhält die Wellenlänge der Mikrowelle: $\lambda = 3{,}2\,\text{cm}$.

Polarisation

6. Versuch:
Die Polarisation der Mikrowelle kann auf mehrfache Weise demonstriert werden:

a) durch Drehen des Empfangsdipols gegenüber dem Sendetrichter.

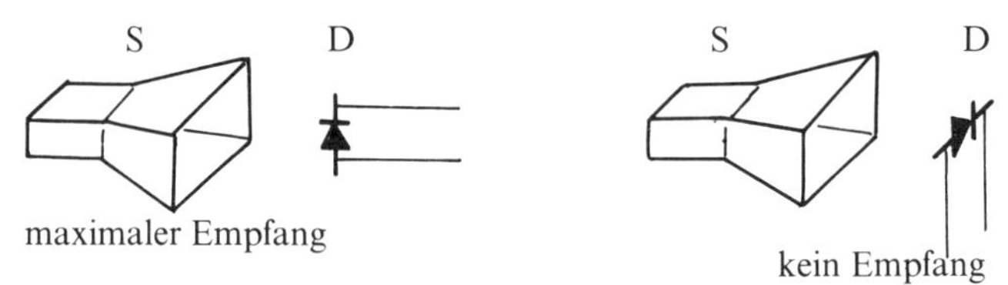

b) durch Drehen des Empfangstrichters gegenüber dem Sendetrichter (Drehachse SE).

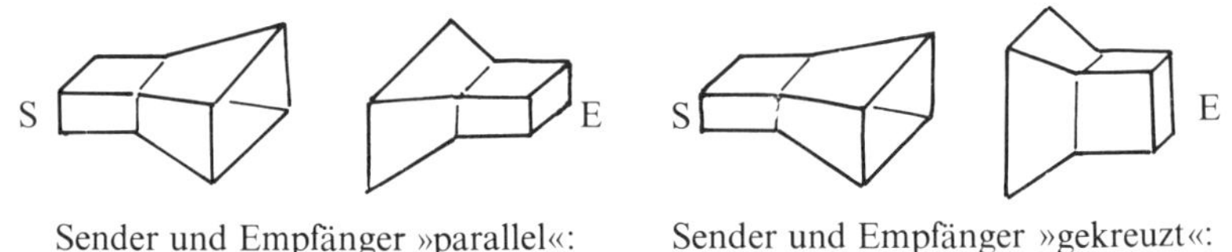

Sender und Empfänger »parallel«: maximaler Empfang

Sender und Empfänger »gekreuzt«: kein Empfang

c) durch Drehen eines Drahtgitters (vgl. **7.6**) zwischen »parallel« gestelltem Sender und Empfänger.

Die Versuchsergebnisse zeigen, daß auch die Zentimeterwellen linear polarisiert und somit transversal sind. Die Versuche **a)** und **c)** ergeben, daß die Polarisationsebene der Mikrowelle parallel zur Schmalseite des Resonanzhohlraums ist.

8.4 Beugung von Wellen

7. Versuch:
Sende- und Empfangstrichter werden parallel gestellt und in etwa 50 cm Abstand voneinander so ausgerichtet, daß die vom Sender ausgehende Mikrowelle im Empfänger nicht mehr direkt nachgewiesen wird **(a)**.

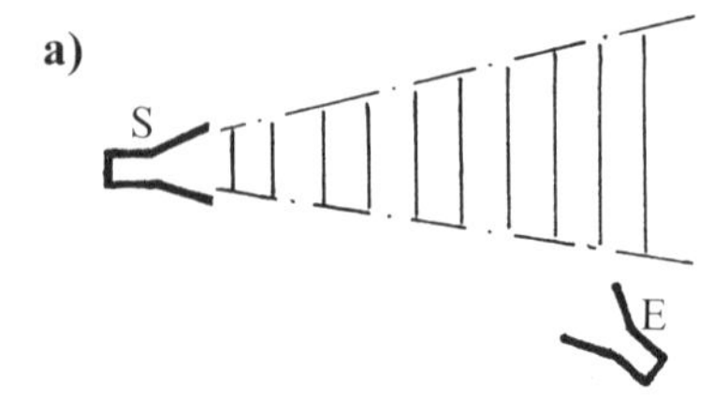

Zwischen Sender und Empfänger werden nun zwei Metallplatten so in das Strahlungsfeld gebracht, daß zwischen ihnen ein etwa 3 cm breiter Spalt bleibt **(b)**. Der Empfänger spricht nun an.

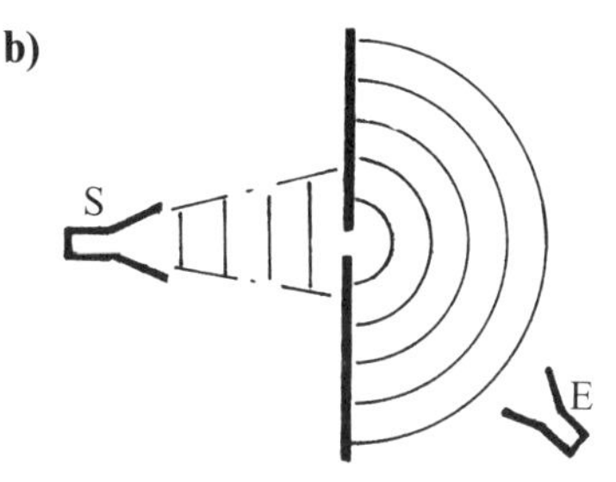

Wir können uns dieses Phänomen in der Wellenwanne mit Wasserwellen veranschaulichen. Wenn eine ebene Wellenfront auf eine Spaltblende trifft, so sind im wesentlichen drei Fälle unterscheidbar:

a) Die Spaltbreite B ist wesentlich größer als die Wellenlänge λ.

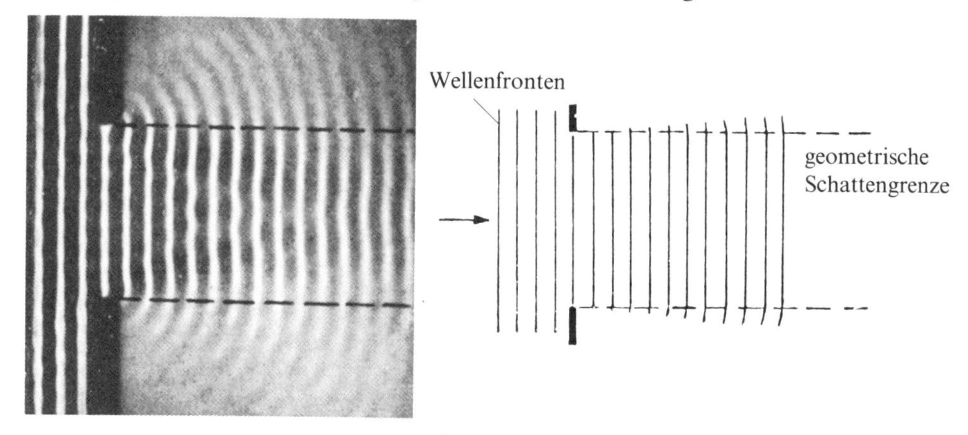

Nach dem Spalt wird das Wellenfeld durch den geometrischen Schattenraum begrenzt, am Rand ist ein leichtes Übergreifen der Welle in den Schattenraum zu beobachten.

b) Die Spaltbreite B beträgt wenige Wellenlängen.

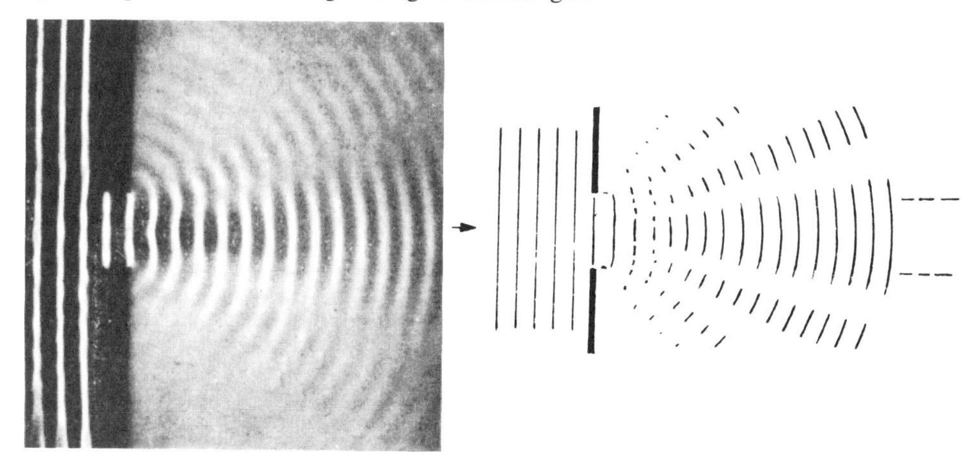

Nach dem Spalt zeigt das Wellenfeld eine Struktur, die durch Gebiete mit minimaler bzw. maximaler Amplitude gekennzeichnet sind. Die Ausbreitung erfolgt wesentlich weiter in den geometrischen Schattenraum hinein als bei **a)**. **Das Eindringen der Welle in den geometrischen Schattenraum wird als Beugung bezeichnet.**

c) Die Spaltbreite B ist nicht größer als die Wellenlänge λ.

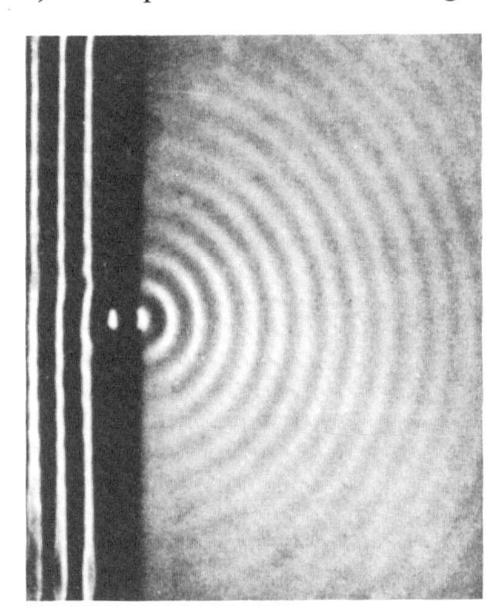

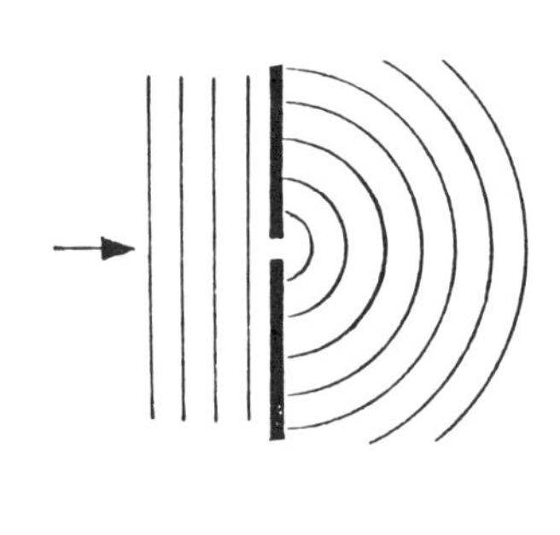

Die vom Spalt ausgehende Welle breitet sich nach dem Spalt mit nahezu gleicher Intensität in alle Richtungen aus: Näherungsfall einer (zylindrischen) »**Elementarwelle**«, wie sie von einem »linienförmigen« Wellenzentrum ausgehen würde.

Hinweis: Die Begriffe **Beugung** und **Elementarwelle** werden im Abschnitt **8.7** noch näher erläutert. Dort wird die Ausbreitung von Wellen genauer untersucht. Für das Verständnis der folgenden Abschnitte genügt das hier Festgestellte.

8.5 Interferenz von Wellen, die von zwei punktförmigen Erregern ausgehen

Betrachten wir nochmals die Überlagerung von Wasserwellen, die von zwei Tupfern ausgehen, die periodisch mit gleicher Frequenz in eine Wasseroberfläche tauchen **(Zweiquelleninterferenz)**.

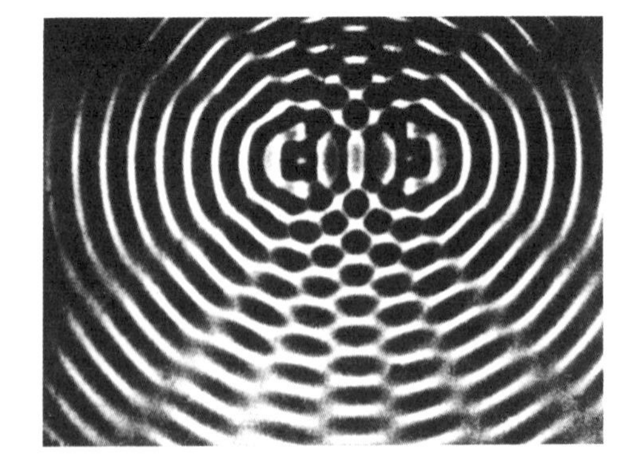

Zwei **gleichphasig** schwingende Tupfer, die wir als nahezu punktförmig ansehen können, erzeugen je eine Kreiswelle. Im Überlagerungsbereich beider Wellenfelder beobachten wir die nebenstehend dargestellte Erscheinung.

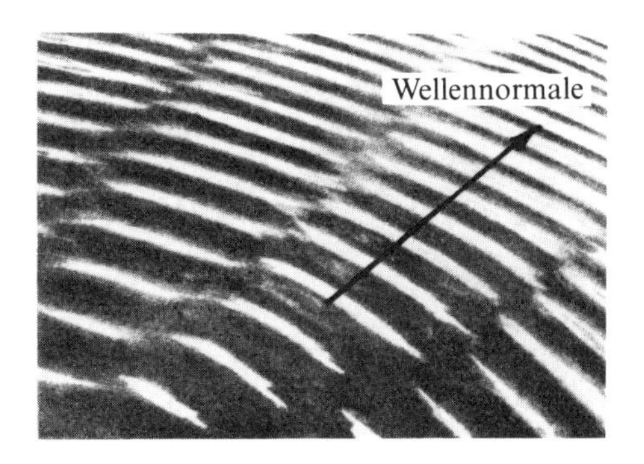

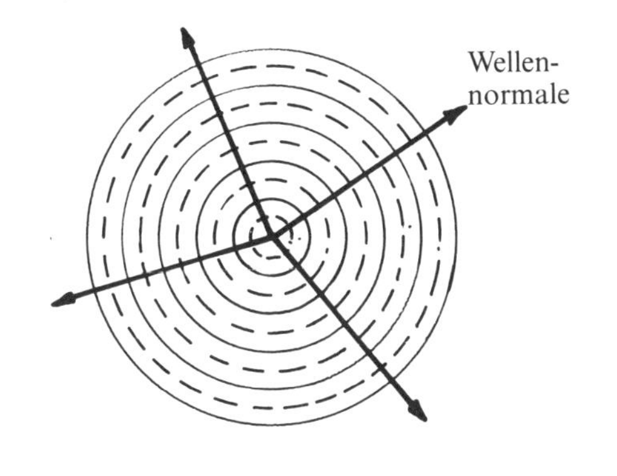

In bestimmten Bereichen findet keine Schwingung statt **(Minima)**, während man zwischen zwei solchen Bereichen maximale Schwingung beobachtet **(Maxima)**.
Greifen wir zunächst irgendeinen Punkt in einem Minimum des Wellenfeldes heraus. Daß dort keine Schwingung zustande kommt, kann man sich nur so erklären, daß die Schwingungen beider Einzelwellen an diesem Punkt genau gegenphasig sind, so daß sich die Elongationen bei der Überlagerung zu jedem Zeitpunkt aufheben.
Für irgendeinen Punkt in einem Maximum dagegen sind die Schwingungen der Einzelwellen gleichphasig. Dies führt bei der Überlagerung zu einer Schwingung mit doppelter Amplitude, also zur stärkstmöglichen Schwingung im Wellenfeld.
Im Wellenfeld einer einzelnen Kreiswelle sind die Schwingungen an zwei Punkten, die auf der **gleichen** Wellennormalen[1]) liegen, dann gleichphasig, wenn ihr Abstand eine Wellenlänge oder ein ganzzahliges Vielfaches davon beträgt.
Ist dagegen der Abstand dieser Punkte eine halbe Wellenlänge oder ein ungeradzahliges Vielfaches einer halben Wellenlänge, so sind die Schwingungen an diesen Punkten gegenphasig.
Nun können wir die Bedingungen für Maxima und Minima im Überlagerungsfeld beider Quellen leicht angeben. Wir setzen dabei voraus, daß die beiden Quellen gleichphasig schwingen.

> Ein Punkt liegt in einem Minimum, wenn der Unterschied der Abstände von den Quellen zu diesem Punkt – man nennt den Betrag dieses Unterschiedes den **Gangunterschied Δs** – eine halbe Wellenlänge oder ein ungeradzahliges Vielfaches davon beträgt.
>
> **Bedingung für Minimum:** $\Delta s = (2k - 1) \cdot \frac{\lambda}{2}; \quad k \in \mathbb{N}$
>
> k nennt man die **Ordnung** des Minimums.

[1]) Eine Wellennormale ist eine Gerade, die senkrecht auf der **Wellenfront** (Verbindungslinie jeweils **benachbarter** Punkte gleicher Schwingungsphase) steht. Sie gibt die **Ausbreitungsrichtung** der Welle an.

Der Beweis hierfür ist einfach. Zieht man um P einen Kreis mit dem Radius der kleineren Entfernung Quelle–Punkt, so bleibt auf der größeren Strecke der Gangunterschied Δs übrig. Da $\Delta s = (2k - 1) \cdot \frac{\lambda}{2}$ ist,

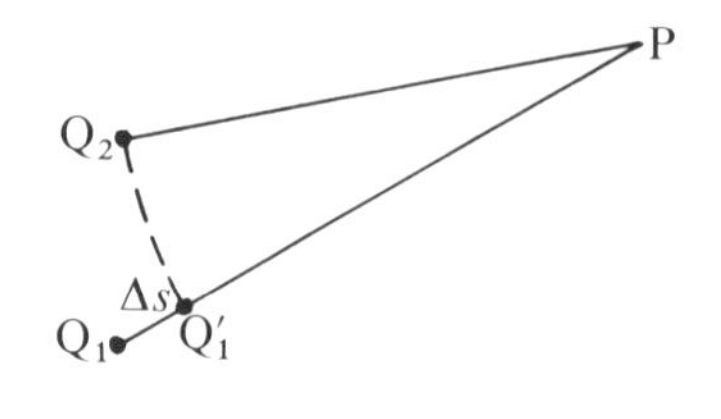

sind die Schwingungen in Q_1 und Q_1' gegenphasig und damit auch die Schwingungen in Q_2 und Q_1'. Die Schwingungen der Einzelwellen in P sind gegenüber denen von Q_2 und Q_1' **zusätzlich** phasenverschoben, jedoch um **gleiche Beträge**, da $\overline{Q_1'P} = \overline{Q_2P}$. Damit bleibt die Gegenphasigkeit der Schwingungen in P erhalten.

Ein Punkt liegt in einem Maximum, wenn der Gangunterschied null oder ein ganzzahliges Vielfaches einer Wellenlänge beträgt.

Bedingung für Maximum: $\Delta s = k \cdot \lambda; \quad k \in \mathbb{N}_0$

k nennt man die **Ordnung** des Maximums.

Im Falle eines **Maximums** spricht man auch von **konstruktiver Überlagerung** der beiden Wellensysteme, im Falle eines **Minimums** von **destruktiver Überlagerung**.

In der nebenstehenden Abbildung sind die Maxima und Minima sowie ihre Ordnungen eingetragen.
In Punkten, die weder in Maxima noch in Minima liegen, findet durch Überlagerung nur eine teilweise Auslöschung bzw. Verstärkung statt.
Sind die Schwingungen beider Quellen **gegenphasig**, so vertauschen Maxima und Minima ihren Platz.

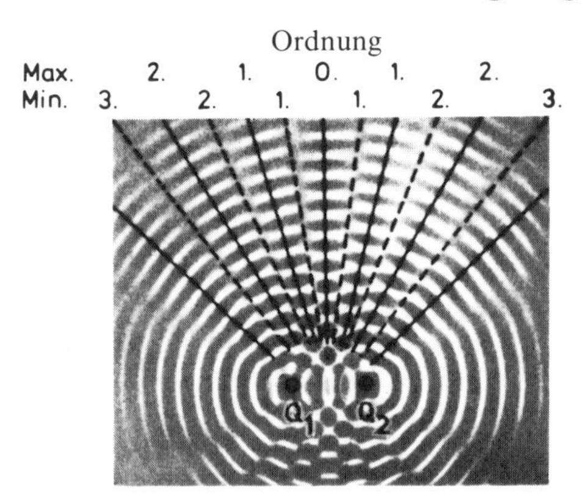

1. Aufgabe:
Geben Sie eine Begründung für die Richtigkeit dieser eben getroffenen Feststellung.

Die Lage und Anzahl der Maxima und Minima hängt vom Abstand *b* der beiden Quellen ab, wie man durch Veränderung des Tupferabstandes bei Wasserwellen leicht zeigen kann. Je größer dieser Abstand (bei konstanter Wellenlänge) wird, desto enger rücken Maxima und Minima zusammen, so daß sie schließlich kaum mehr unterschieden werden können. Sehr schön läßt sich dies an einem Modell zeigen:

Modellversuch zur Zweiquelleninterferenz

Ein Transparent, bestehend aus konzentrischen, gleich breiten Kreisen, die abwechselnd schwarz bzw. transparent sind, stellt gewissermaßen ein Momentbild des Wellenfeldes einer Kreiswelle dar. Die transparenten Stellen kann man als Wellentäler, die undurchsichtigen schwarzen als Wellenberge deuten. Legt man zwei solcher Kreiswellensysteme so übereinander, daß sich die Zentren nicht decken, so stellen die Mittellinien der dunklen Gebiete Minima dar. Auf den Wellenberg des Wellensystems der einen Quelle trifft jeweils ein Wellental des Wellensystems der anderen Quelle.
Entsprechend kennzeichnen die Mittellinien der hellen Felder die Maxima des Interferenzwellenfeldes.

Hinweis: Legen Sie ein selbst gezeichnetes, maßstabsgleiches Transparent auf das obenstehend gezeichnete Kreiswellensystem. Beobachten Sie die Lage der Maxima und Minima und verändern Sie dabei auch die gegenseitige Entfernung der Wellenzentren.[1])

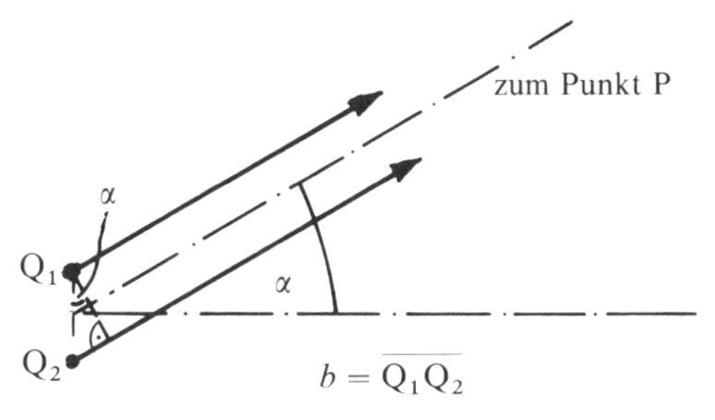

Aus der Lage der Maxima und Minima im Interferenzwellenfeld kann man nun die Wellenlänge der sich überlagernden Wellen bestimmen. Wir wollen die Beziehung an dem Fall herleiten, bei dem der Abstand des Beobachtungspunktes von den beiden Quellen groß gegenüber dem Quellenabstand ist. Dies ist in der Praxis nahezu immer realisierbar. Unter dieser Voraussetzung kann man die Strahlen von den Quellen zu dem Punkt P in guter Näherung als parallel ansehen.

Dann wird $$\boxed{\Delta s = b \cdot \sin\alpha,}$$

wobei α der Winkel zwischen der Mittelsenkrechten zur Verbindungslinie beider Quellen und den Verbindungslinien Quelle–Punkt ist.

Es gilt also:

$$\Delta s = b \cdot \sin\alpha = \mathrm{k} \cdot \lambda, \quad \text{falls P in einem Maximum liegt,}$$

$$\Delta s = b \cdot \sin\alpha = (2\mathrm{k} - 1) \cdot \frac{\lambda}{2}, \quad \text{falls P in einem Minimum liegt.}$$

[1]) Noch besser wird der Eindruck, wenn der Kursleiter eine Folienkopie des Kreiswellensystems macht.

Aus diesen Beziehungen kann man bei Kenntnis der Ordnung von Maximum bzw. Minimum und nach Ausmessen des Winkels α die Wellenlänge berechnen.

Die **Zweiquelleninterferenz** kann man nun auf alle Wellenarten anwenden, soweit nur folgende Bedingungen erfüllt sind:

1. Die beiden Quellen müssen mit der gleichen Frequenz in gleicher Schwingungsrichtung schwingen.

2. Zwischen den Schwingungen beider Quellen muß stets die gleiche Phasenbeziehung bestehen (im allgemeinen ist dies Gleichphasigkeit).

3. Der Abstand zweier Quellen muß während der Beobachtungsdauer konstant bleiben.

4. Beide Quellen müssen selbstverständlich gleichzeitig und etwa mit gleicher Amplitude schwingen.

Zweiquelleninterferenz mit Schallwellen

Es bereitet keine Schwierigkeiten, diese Bedingungen mit zwei Schallstrahlern (Lautsprechern, Ultraschallstrahlern) zu erfüllen, soweit sie vom gleichen Generator parallel betrieben werden (siehe Aufgaben 5 und 7). Dabei sind Ultraschallstrahler ($f \approx 40$ kHz) gegenüber hörbarem Schall in Räumen vorzuziehen, da man bei ihnen wegen der geringen Wellenlänge alle Abmessungen (Quellenabstand, Abstand Quelle–Beobachtungspunkt) sehr klein halten kann, so daß die Schallreflexionen an den Wänden des Zimmers das Interferenzwellenfeld durch zusätzliche Überlagerungen praktisch nicht mehr stören. Sie können aber auch die Physikstunde mittels einiger Verlängerungskabel ins Freie verlegen, was bei schönem Wetter nicht zu verachten ist. Mit gespitzten Ohren können Sie dann als wandelnde Beobachtungspunkte das Interferenzwellenfeld untersuchen. Bei Verwendung von Ultraschall legen Sie die vom Empfänger erzeugte Wechselspannung an ein Oszilloskop.

Bei Mikrowellen wird Ihnen die Erfüllung der Bedingungen 1 und 2 Schwierigkeiten bereiten, da im allgemeinen keine zwei gleichen Mikrowellensender zur Verfügung stehen. Selbst wenn Sie diese Sender hätten, könnten Sie doch die feste Phasenbeziehung zwischen den beiden Sendern nicht herstellen. Die Frequenzen sind von Sender zu Sender immer etwas verschieden.

Wir werden daher versuchen, mit einem Sender die beiden Quellen Q_1 und Q_2 zu realisieren (s. **8.6**).

2. Aufgabe:

Mit einem Motor werden zwei Tupfer betätigt. Sie berühren mit der Frequenz $f = 5$ Hz im Gleichtakt eine Wasseroberfläche in zwei verschiedenen Punkten Q_1 bzw. Q_2. Von jedem dieser beiden Punkte breitet sich ein Wellensystem kreisförmig mit der Geschwindigkeit $c = 20 \frac{\text{cm}}{\text{s}}$ auf der Wasseroberfläche aus.

Untersuchen Sie, ob in den folgenden Punkten jeweils ein Maximum oder Minimum vorliegt, und geben Sie die Ordnung an.

a) Punkt A: $\overline{AQ_1} = 64$ cm; $\overline{AQ_2} = 60$ cm;
b) Punkt B: $\overline{BQ_1} = 62$ cm; $\overline{BQ_2} = 60$ cm;
c) Punkt C: $\overline{CQ_1} = 62$ cm; $\overline{CQ_2} = 62$ cm;
d) Punkt D: $\overline{DQ_1} = 62$ cm; $\overline{DQ_2} = 74$ cm;
e) Punkt E: $\overline{EQ_1} = 66$ cm; $\overline{EQ_2} = 60$ cm;
f) Punkt F: $\overline{FQ_1} = 66$ cm; $\overline{FQ_2} = 71$ cm.

3. Aufgabe:
In A und B stehen senkrecht zur Zeichenebene zwei gleich lange Sendedipole im Abstand 12 dm. Beide Dipole schwingen gleichphasig mit der Frequenz 750 MHz.

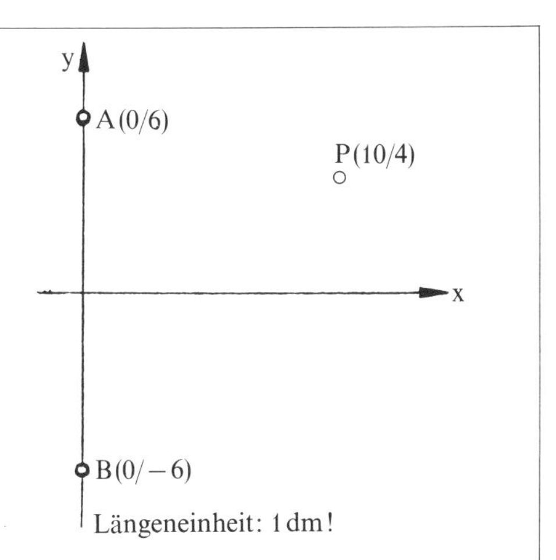

a) Untersuchen Sie zeichnerisch und rechnerisch, ob im Punkt P der Empfang gegenüber der Umgebung maximal ist.
b) In wie viele Richtungen in der x-y-Ebene strahlt das Antennensystem Energie maximal ab?
c) Berechnen Sie – für große Entfernungen – die zu den Richtungen maximaler Abstrahlung gehörenden Winkel α_{max} (nur für den 1. Quadranten).

4. Aufgabe: (nach Reifeprüfung GK 1981)
In der nebenstehenden Grundrißskizze sind S_1 und S_2 zwei gleiche, vertikal stehende Sendedipole, die gleichphasig schwingen. E ist ein Empfangsdipol gleicher Länge, der in der skizzierten Lage ein Intensitätsmaximum registriert.
Es gilt $S_1S_2 \perp S_1E$, $a = 6{,}0$ cm, $b = 8{,}0$ cm.

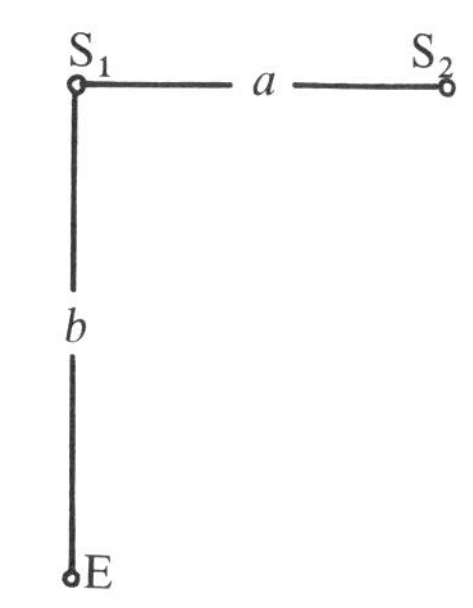

a) Berechnen Sie die drei größten Wellenlängen, für die sich dort ein Maximum ergeben kann.
b) Es sei nun $\lambda = 2{,}0$ cm. Der Empfangsdipol wird auf der Geraden S_1E verschoben. Ermitteln Sie eine Stelle, an der ein Minimum der Intensität angezeigt wird.

5. Aufgabe:
Auf einer großen ebenen Fläche sind zwei kleine Lautsprecher nebeneinander im Abstand $b = 36$ cm aufgestellt. Sie sind an den gleichen Tonfrequenzgenerator angeschlossen und strahlen gleichphasig eine Schallwelle der Wellenlänge $\lambda = 8{,}0$ cm ab.
Berechnen Sie, unter welchen Winkeln α_M bzw. α_m gegen die Mittelsenkrechte (zur Verbindungsstrecke der beiden Lautsprecher) man in größerer Entfernung Maxima bzw. Minima der empfangenen Schallwellen registriert.

6. Aufgabe: (nach Reifeprüfung GK 1975)
An einen geeigneten Schwingkreis werden zwei parallele, gleichartige Sendedipole S_1 und S_2 gekoppelt, so daß sie gleichphasig schwingen. Die abgestrahlten elektromagnetischen Wellen überlagern sich. Ein weiterer gleichartiger Empfängerdipol E wird parallel zu S_1 und S_2 so aufgestellt, daß die Entfernungen $\overline{S_1E} = 1000$ m und $\overline{S_2E} = 1003$ m betragen.

a) Welche Wellenlänge haben die von den gekoppelten Sendern ausgestrahlten Wellen, wenn der Empfänger E das 2. Maximum (Maximum 2. Ordnung) der Sendeenergie aufnimmt?

b) Berechnen Sie den gegenseitigen Abstand $\overline{S_1S_2} = b$ der beiden Sendedipole, wenn der Empfang des 2. Maximums unter einem Winkel von $30°$ gegen die Mittelsenkrechte zur Verbindungsstrecke der beiden Sendedipole erfolgt.

c) Welche Länge müssen die drei Dipolstäbe haben, wenn sie in der Grundschwingung angeregt sein sollen?

7. Aufgabe:
In der Anordnung der **5**. Aufgabe wird nun als einzige Änderung der in Abstrahlungsrichtung rechte Lautsprecher mit entgegengesetzter Polung an den Tonfrequenzgenerator angeschlossen, so daß er gegenphasig zum anderen Lautsprecher schwingt.

a) Geben Sie an, unter welchen Winkeln gegen die Mittelsenkrechte zur Verbindungsstrecke der beiden Lautsprecher man in größerer Entfernung Maxima bzw. Minima der empfangenen Schallwellen registriert.

b) Zeigen Sie, daß sich die Änderung so auswirkt, als würde ein **zusätzlicher** Gangunterschied von einer halben Wellenlänge auftreten.

8. Aufgabe: (nach Reifeprüfung GK 1977)
Ein vertikal stehender Sendedipol S strahlt elektromagnetische Wellen der Wellenlänge $\lambda = 3{,}2$ cm ab. Er befindet sich im Abstand $s = 8{,}0$ cm vor einer vertikalen, ebenen Metallwand M. Der ebenfalls vertikale Empfangsdipol E kann längs einer horizontalen, zu M senkrechten Geraden, die von S den Abstand $e = 79{,}2$ cm hat und in derselben Horizontalebene liegt wie S, verschoben werden. E wird sowohl von Wellen getroffen, die direkt von S kommen, wie auch von solchen, die an der Wand M reflektiert werden.

a) Fertigen Sie eine Grundrißskizze der Anordnung und untersuchen Sie durch Rechnung, ob der Empfänger ein Intensitätsmaximum oder -minimum registriert, wenn er sich – wie der Sendedipol – 8,0 cm vor der Wand befindet.
Berücksichtigen Sie hierbei, daß durch die Reflexion am Metall die Welle so beeinflußt wird, als wäre ihr Laufweg um eine halbe Wellenlänge größer.

b) Beschreiben Sie, wie und warum sich die registrierte Intensität ändert, wenn man E längs der vorgegebenen Geraden verschiebt.

8.6 Beugung und Interferenz am Doppelspalt

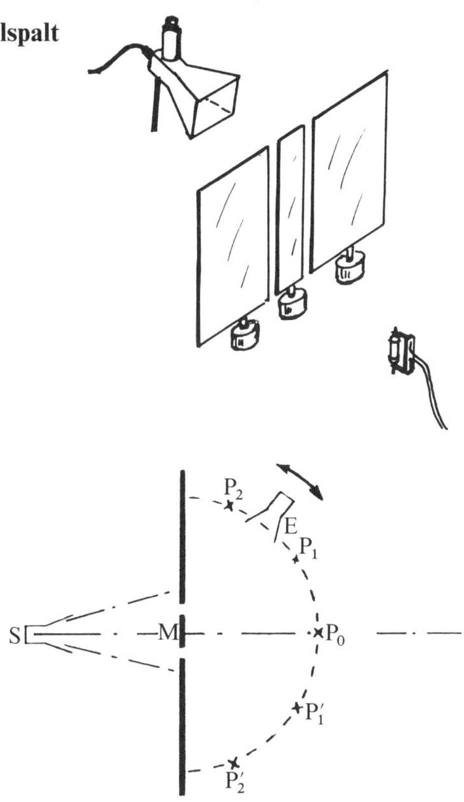

8. Versuch:
Zwei rechteckige Metallplatten und eine dritte schmale werden so angeordnet, daß zwei parallele Spaltöffnungen gleicher Breite (etwa 2 cm) entstehen. Der Abstand der Spaltmitten beträgt etwa 8 cm. Vor dieser Anordnung stellt man den Sender so auf, daß beide Spalte gut »ausgeleuchtet« sind. Hinter dem Doppelspalt wird nun, in konstantem Abstand vom Punkt M, die Strahlungsintensität untersucht. Maximalen Empfang findet man im Punkt P_0 auf der Symmetrieachse SM. Bewegt man den Empfänger von P_0 aus auf einem Viertelkreis bis zu einer der Platten, so treten abwechselnd Minima und relative Maxima (P_1, P_2 bzw. P'_1, P'_2) des Empfangs auf.

Deutung des Versuchsergebnisses
Wenn die Spaltmitten zu einem bestimmten Zeitpunkt immer von derselben Wellenfront getroffen werden, erfolgen die Schwingungen in den Spalten gleichphasig. Es breiten sich zwei Elementarwellen hinter den Spalten aus **(Beugung)**, die sich hinter dem Doppelspalt überlagern **(Interferenz)**. Man erhält das bekannte Interferenzmuster der Zweiquelleninterferenz.

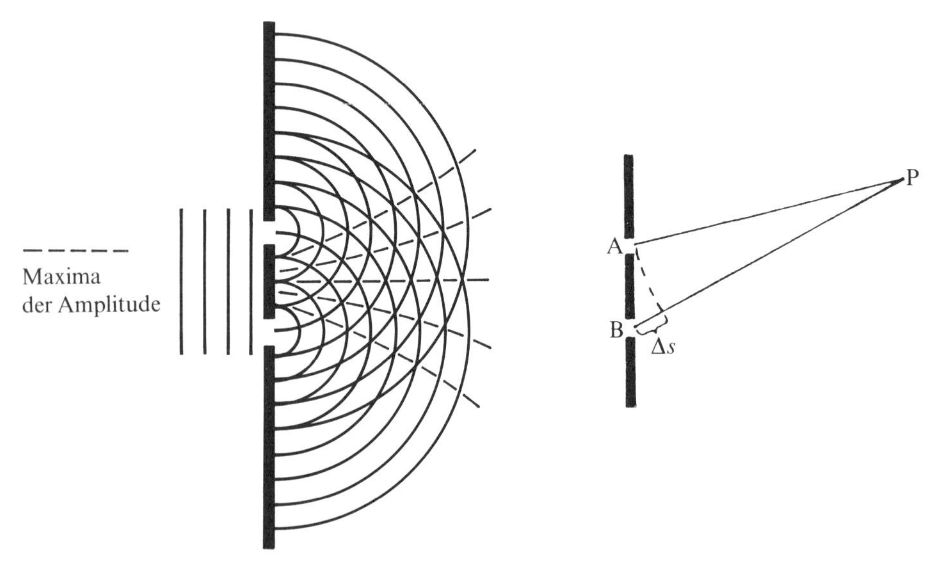

Beträgt der Unterschied der Wege von den beiden Spalten (Wellenzentren) zum Punkt P, $\Delta s = |\overline{BP} - \overline{AP}|$, ein ganzzahliges Vielfaches der Wellenlänge λ,

$$\Delta s = k \cdot \lambda; \quad k \in \mathbb{N}_0,$$

so tritt **konstruktive Überlagerung**, d. h. ein Maximum der Amplitude, auf.
Ist der Wegunterschied ein ungeradzahliges Vielfaches der halben Wellenlänge, $\lambda/2$,

$$\Delta s = (2k - 1) \cdot \frac{\lambda}{2}; \quad k \in \mathbb{N},$$

dann tritt **destruktive Überlagerung** ein, d. h. ein Minimum der Intensität.

9. Aufgabe:
Begründen Sie, warum im 8. Versuch nur fünf Maxima beobachtet werden können.
Wie viele Maxima könnten höchstens auftreten, wenn man in derselben Versuchsanordnung Strahlung mit der Wellenlänge 6 cm verwendet?

Der Doppelspaltversuch liefert also eine weitere Möglichkeit zur Bestimmung der Wellenlänge elektromagnetischer Strahlung. Zur Auswertung der Messungen verwendet man dabei häufig die folgende **Näherung, gültig für große Entfernungen des Empfängers ($\overline{MP} \gg \overline{AB}$):**

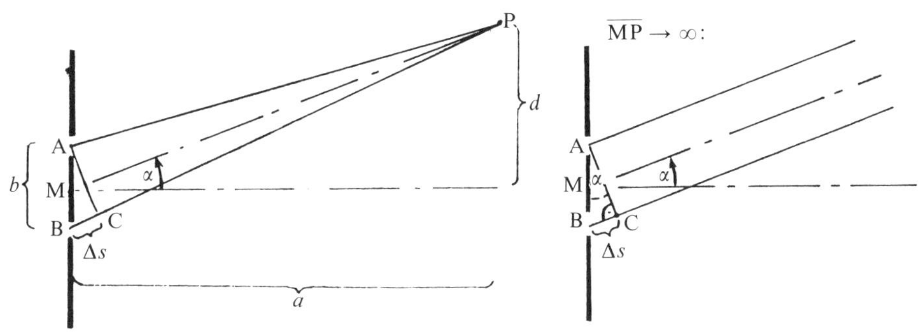

In diesem Fall kann der Bogen $\widehat{AC}$ durch die Sehne [AC] ersetzt werden, die nahezu senkrecht auf BP steht. Die Strahlen AP und BP verlaufen fast parallel zu MP, also gilt $\sphericalangle$ BAC $\approx \alpha$. Somit ergibt sich aus ΔABC der Gangunterschied:

$$\Delta s \approx b \cdot \sin\alpha$$

Für das **Maximum 1. Ordnung** gilt $\Delta s = \lambda$, also

$$\sin\alpha \approx \frac{\lambda}{b}.$$

Aus der Zeichnung liest man weiter ab

$$\tan\alpha = \frac{d}{a}.$$

Durch Einsetzen der beiden letzten Beziehungen in die trigonometrische Formel

$$\sin\alpha = \frac{\tan\alpha}{\sqrt{1 + (\tan\alpha)^2}}$$

erhält man nach kurzer Umformung:

$$\lambda = \frac{b}{\sqrt{1 + (a/d)^2}}$$

Mit Hilfe des Taschenrechners wird diese letzte Umformung meist überflüssig, da man aus einem Sinuswert einfach den Tangens errechnen kann und umgekehrt.

Bestimmung der Wellenlänge von Mikrowellen mit dem Doppelspalt (Praktikum)

Versuchsaufbau:

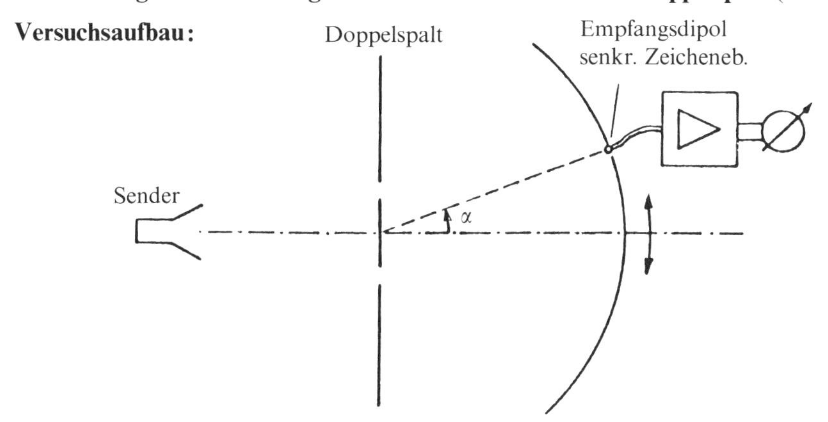

Aufgaben:

a) Messen Sie die Winkel α, unter denen Maxima und Minima auftreten.

b) Berechnen Sie mit Hilfe dieser Winkel die Wellenlänge der verwendeten elektromagnetischen Strahlung.

10. Aufgabe:
Bei dem oben beschriebenen Doppelspaltversuch ergibt sich, daß die Richtung des 2. Maximums mit der Richtung des 0. Maximums einen Winkel von 40° einschließt.
Berechnen Sie daraus die Wellenlänge.

11. Aufgabe:
Ein Mikrowellensender strahlt mit einer Frequenz von $1{,}0 \cdot 10^{10}$ Hz. Aus Metallblechen wird ein »Doppelspalt« hergestellt, dessen Einzelspalte eine Breite von 1,0 cm haben; der Abstand der Mitten der beiden Einzelspalte ist 9,0 cm. Der Empfangsdipol ist etwa 1,0 m vom Doppelspalt entfernt auf einem Schwenkarm befestigt, der um eine vertikale Achse um die Mitte des Doppelspalts geschwenkt werden kann. Durch eine Trichteranordnung wird die Strahlung des Senders zu einem Parallelstrahlenbündel zusammengefaßt, das senkrecht auf den Doppelspalt trifft.
Berechnen Sie den Winkel, den die Richtung für das Maximum 2. Ordnung mit der Richtung des Maximums 0. Ordnung einschließt.

Bei diesem Doppelspaltversuch muß die Lage des Senders hinter den Spalten fest bleiben. Es läßt sich leicht zeigen, daß eine Verschiebung des Senders – seitlich zur Mittelsenkrechten der Verbindung beider Spalte – zu einer Lageänderung der Maxima und Minima führt. Dies wird verständlich, wenn man bedenkt, daß jetzt ein und dieselbe Wellenfront die beiden Spalte nicht mehr gleichzeitig erreicht. Die in den Spalten erzeugten Schwingungen sind dann nicht mehr gleichphasig, und dies führt bei gleichgebliebenem Gangunterschied zu einer anderen Phasenverschiebung der beiden Einzelschwingungen am Beobachtungsort. Wir kommen auf diesen Versuch nochmals beim Interferenzversuch mit Licht zurück.
Bei der Erzeugung von Interferenzen mit einem Doppelspalt werden durch einen »Trick« aus einem Wellensender zwei gleichphasig oder wenigstens mit gleichbleibender Phasenbeziehung schwingende Wellensender erzeugt. Dies ist ein ganz allgemein anwendbares Mittel zur Erzeugung einer Zweiquellen- oder, wie man auch sagt, einer Zweistrahlinterferenz.

8.7 Deutung der Reflexion und Brechung mit dem Huygensschen Prinzip*

Mit Hilfe der Interferenz läßt sich nun auch die Beugung, wie sie am Einfachspalt auftrat, erklären. Dazu nimmt man an, daß jede Stelle im Spalt Ausgangspunkt einer Elementarwelle ist. Mit der Überlagerung dieser Elementarwellen wird das Zustandekommen der neuen Wellenfront sowie das Hinübergreifen der Wellen in den geometrischen Schattenraum verständlich:

Grundlage dieser Überlegung ist das Huygenssche Prinzip, das besagt, daß jeder Punkt einer Wellenfront als Zentrum einer Elementarwelle betrachtet werden kann. Die Überlagerung dieser Elementarwellen ergibt die neue Wellenfront.
Eine eingehende Behandlung dieses Interferenzproblems für den Einfachspalt findet sich in einem späteren Abschnitt (S. 144).
Das Huygenssche Prinzip ermöglicht darüber hinaus auch eine sehr einfache Erklärung für das Zustandekommen der Reflexion und der Brechung an der Grenzfläche von zwei Medien.

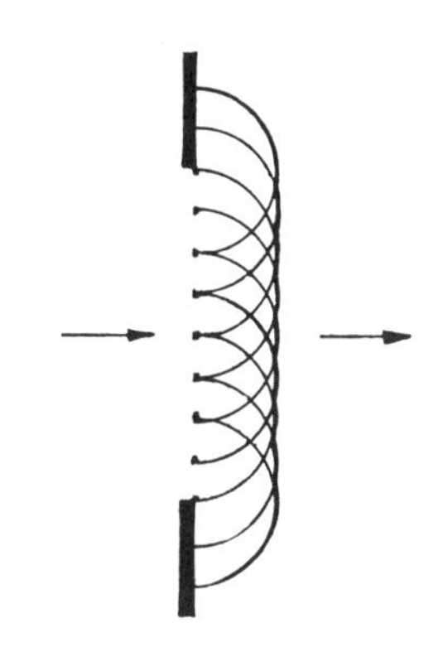

Deutung des Reflexionsgesetzes mit dem Huygensschen Prinzip

Trifft eine ebene Wellenfront schräg auf einen Spiegel, so erreichen nicht alle ihre Punkte die Grenzfläche zur selben Zeit. Wir betrachten dazu in den folgenden Skizzen die Wellenfront A_1B. Während der äußerste Punkt der Front noch von B nach C fortschreitet, wird die Grenzfläche bereits in den Punkten A_1, A_2, A_3, usw. angeregt. Von jedem dieser Erregungszentren geht eine Elementarwelle aus, die Einhüllende dieser Elementarwellen bildet die neue Front der reflektierten Welle. Bis die Erregung den Randpunkt C erreicht hat, ist die von A_1 ausgehende Elementarwelle bereits um die Strecke $\overline{A_1D}$ fortgeschritten. Sind die Ausbreitungsgeschwindigkeiten der einfallenden und der reflektierten Wellenfront gleich, so gilt $\overline{BC} = \overline{A_1D}$ und damit $\alpha = \beta$ (Kongruenz der Dreiecke A_1BC und A_1DC). Die Anwendung des Huygensschen Prinzips auf die Reflexion führt also zum

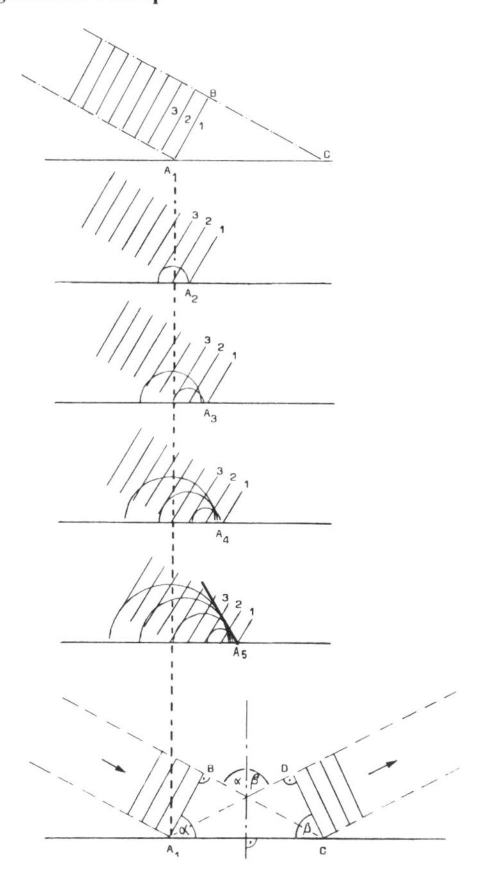

> Reflexionsgesetz:
> Einfallswinkel α = Reflexionswinkel β

Beachte Film FWU: Das Huygensche Prinzip, Reflexion 360090

Deutung des Brechungsgesetzes mit dem Huygensschen Prinzip

Die Überlegung entspricht weitgehend der obigen. Die neue Front der gebrochenen Welle erhält man hier als Einhüllende von Elementarwellen, die sich in das Medium hinein ausbreiten. Das Zustandekommen der Brechung läßt sich nun einfach erklären mit der folgenden Annahme: *Die Ausbreitung der Welle im Medium erfolgt mit einer anderen Geschwindigkeit* (c_1) *als im Vakuum* (c_0), *bzw. in Luft.*

Aus der Zeichnung liest man ab: In derselben Zeit, in der die ebene Front der einfallenden Welle von B nach C fortschreitet, ist die von A_1 ausgehende Elementarwelle bis zum Punkt D fortgeschritten. Die dabei zurückgelegten Wege verhalten sich also wie die entsprechenden Geschwindigkeiten:

$$\frac{\overline{BC}}{\overline{A_1D}} = \frac{c_0}{c_1};$$

Einsetzen von $\overline{BC} = \overline{A_1C} \cdot \sin\alpha$ und $\overline{A_1D} = \overline{A_1C} \cdot \sin\beta$ ergibt das

$$\text{Brechungsgesetz:} \quad \frac{\sin\alpha}{\sin\beta} = \frac{c_0}{c_1}$$

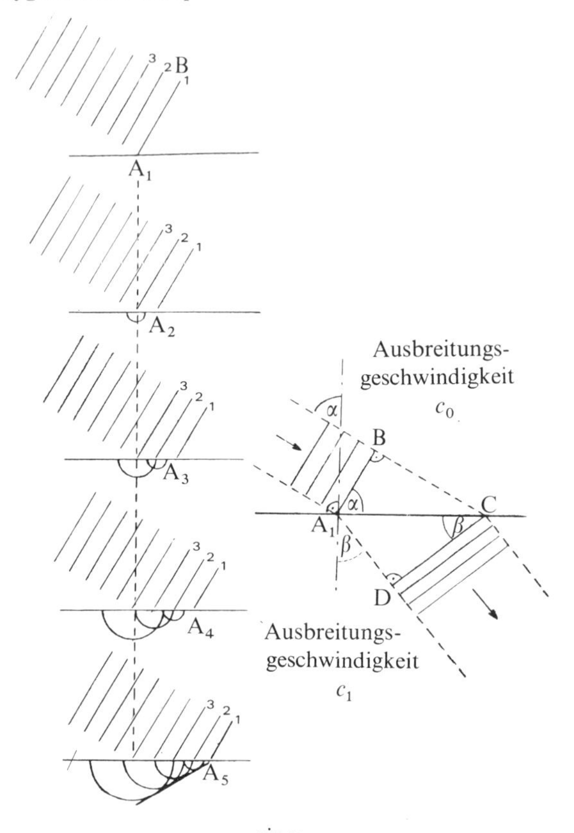

Der Vergleich mit dem experimentell gefundenen Brechungsgesetz $\frac{\sin\alpha}{\sin\beta} = \text{const.} = n$ führt zur physikalischen Deutung der Brechzahl n als Verhältnis von zwei Ausbreitungsgeschwindigkeiten:

$$n = \frac{c_0}{c_1}$$

Beachte Film FWU:
Das Huygenssche Prinzip 360091

Man kann wenigstens den qualitativen Zusammenhang zwischen Ausbreitungsgeschwindigkeit und Brechung von Wellen sehr schön an der Wellenwanne beobachten. Die Ausbreitungsgeschwindigkeit der beobachteten Wellen hängt von der Wassertiefe ab, die man gut durch Einlegen einer Glasplatte in die Wanne verändern kann. Die Wellen laufen in nebenstehendem Bild von unten nach oben aus tieferem in seichteres

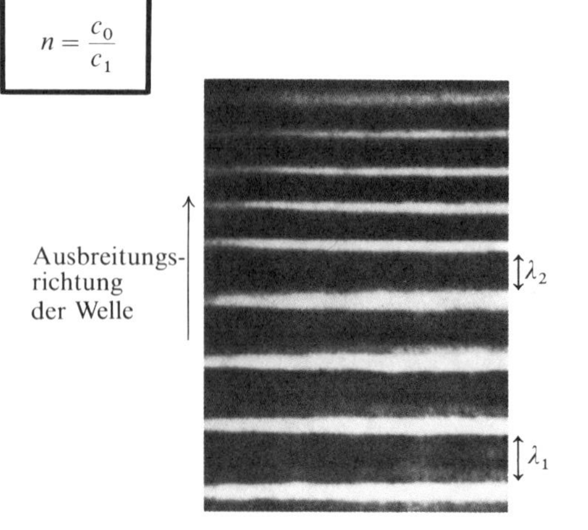

Wasser. Da eine feste Phasenbeziehung zwischen benachbarten Teilchen der Wasseroberfläche besteht, ändert sich die Wellenfrequenz beim Übergang zwischen beiden Gebieten nicht. Dies kann man auch durch Betrachtung bei stroboskopischer Beleuchtung feststellen: Man erhält ein stehendes Bild in beiden Gebieten. Wegen $c = \lambda \cdot f$ ist für das Gebiet oben die Ausbreitungsgeschwindigkeit kleiner:

$$\lambda_2 < \lambda_1, \quad \text{also} \quad c_2 < c_1.$$

Wiederholt man das Experiment mit einer Glasplatte, bei der die Kante, die die Grenzlinie zwischen »tief« und »seicht« bildet, von den Wellenfronten schräg getroffen wird, so erkennt man, daß die geradlinigen Wellenfronten auch im seichten Gebiet (kleinere Wellenlänge!) gerade bleiben, daß aber ihre Ausbreitungsrichtung stärker zum Einfallslot hin gerichtet ist. Daneben erkennt man im tiefen Wasser noch schwach reflektierte Wellen.

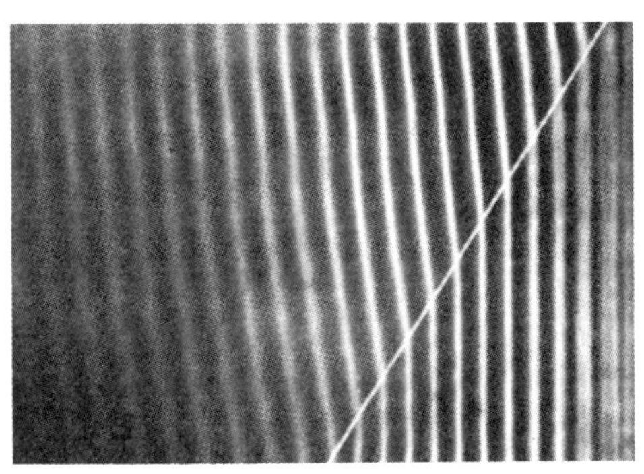

12. Aufgabe: Physikalische Deutung des Brechungsgesetzes – Das Prinzip von Fermat

Der französische Mathematiker Pierre de Fermat (1601–1665) erkannte, daß Licht bei der Brechung einem einfachen Prinzip gehorcht: Es breitet sich beim Übergang von einem Medium (Ausbreitungsgeschwindigkeit c_1) in ein anderes (Ausbreitungsgeschwindigkeit c_2) gerade so aus, daß es seinen Weg in **möglichst kurzer Zeit** zurücklegt.

a) Licht soll vom Punkt 1 zum Punkt 2 gelangen. c_1, c_2, b und d seien feste Größen, x ist variabel. Berechnen Sie die Teilwege s_1 und s_2 in Abhängigkeit von b, d und x.

b) Berechnen Sie die gesamte Lichtlaufzeit T als Funktion von x: $T = f(x)$

c) Eine notwendige Bedingung für ein Extremum der Laufzeit ist: $f'(x) = 0$. Zeigen Sie durch Differenzieren des Ergebnisses von **b)**, daß hieraus die Beziehung:

$$\frac{1}{c_1} \cdot \frac{x}{\sqrt{b^2 + x^2}} - \frac{1}{c_2} \cdot \frac{(d - x)}{\sqrt{b^2 + (d - x)^2}} = 0 \text{ folgt.}$$

d) Drücken Sie $\sin\alpha$ und $\sin\beta$ (α, β: Einfalls- bzw. Brechungswinkel) durch b, d und x aus. Zeigen Sie, daß hiermit aus dem Ergebnis von c) das Brechungsgesetz in der Form

$$\frac{\sin\alpha}{\sin\beta} = \frac{c_1}{c_2}$$

folgt. (Auf den Nachweis, daß es sich bei dem Extremum der Laufzeit um ein **Minimum** handelt, wollen wir verzichten.)

8.8 Verhalten von Wellen in anderen Medien als Luft

Berechnung effektiver Weglängen beim Durchgang elektromagnetischer Strahlung durch Materie

Trifft eine elektromagnetische Welle aus Vakuum oder Luft kommend auf Materie, in der sie sich ausbreiten kann (Isolator), so löst sie in der Materie eine frequenzgleiche elektromagnetische Welle aus. Da die Geschwindigkeit c_1 der Welle in Materie geringer als im Vakuum ist, ergibt sich nach der Beziehung

$$c = \lambda \cdot f$$

in Materie eine kleinere Wellenlänge.
Aus dem Verhältnis der Geschwindigkeiten im Vakuum und in Materie, $\frac{c_0}{c_1} = n$, erhält man wegen der gleichen Frequenz beider Wellen

$$\boxed{\frac{\lambda_0}{\lambda_1} = n}$$

Dies hat zur Folge, daß auf ein Materiestück der Länge d die gleiche Anzahl von Wellenlängen trifft, wie im Vakuum auf eine Strecke der Länge $n \cdot d$.
Betrachten Sie dazu auch das Bild zu den Wasserwellen von S. 114.
$n \cdot d$ bezeichnen wir als **effektive Weglänge** oder später in der Optik als **optische Weglänge**.

Beispiel: für $n = 1{,}5$

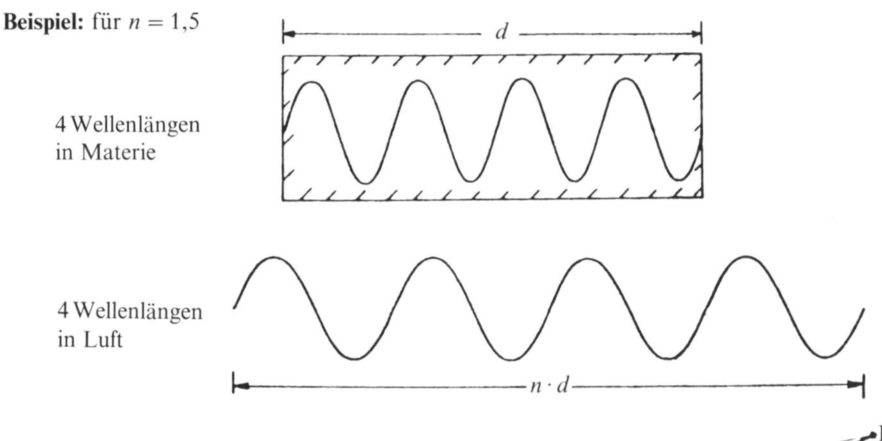

Die effektive Weglänge spielt häufig eine Rolle bei der Berechnung des Gangunterschieds in Interferenzversuchen. Der Gangunterschied Δs zweier Wellenzüge ist nur dann $|s_2 - s_1|$, wenn die beiden Wellenzüge im gleichen Medium verlaufen. Anderenfalls ist die Verkürzung der Wellenlänge im Medium gegenüber derjenigen in Vakuum bzw. Luft zu berücksichtigen.

Beispiel:

Durchläuft einer der beiden Wellenzüge ein Materiestück der Länge d und der Brechzahl n (bezogen auf die Umgebung), so ergibt sich

$$\Delta s = |(s_3 + n \cdot d + s_4) - s_1|,$$

d.h. für die Berechnung des Wegunterschieds sind die effektiven optischen Weglängen maßgebend.

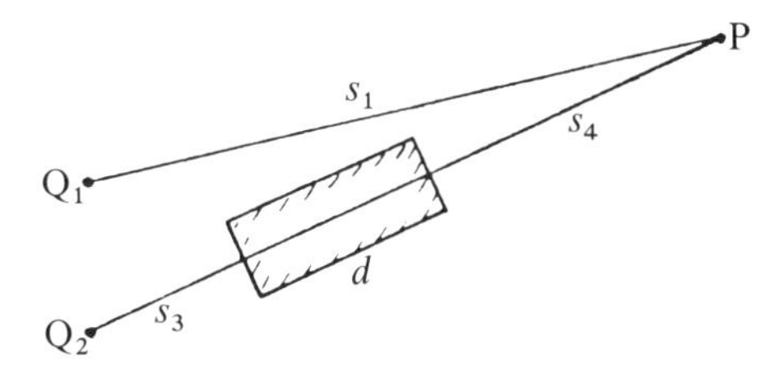

Phasenbeziehungen bei der Reflexion an Grenzflächen

Die Reflexion elektromagnetischer Strahlung an einer *Metalloberfläche* wurde bereits in Abschnitt **7.4** behandelt. Die folgende Skizze zeigt nochmals ein Momentbild der E-Feld-Verteilung für die einfallende und die reflektierte Welle. Hinter der Grenzfläche, im Metall selbst, kommt keine Welle zustande. Dies wurde erklärt durch die Anregung von Elementarwellenzentren im Metall, welche zur Ausbildung einer Sekundärwelle (2) und zur Auslöschung der Primärwelle (1) im Metall führt.

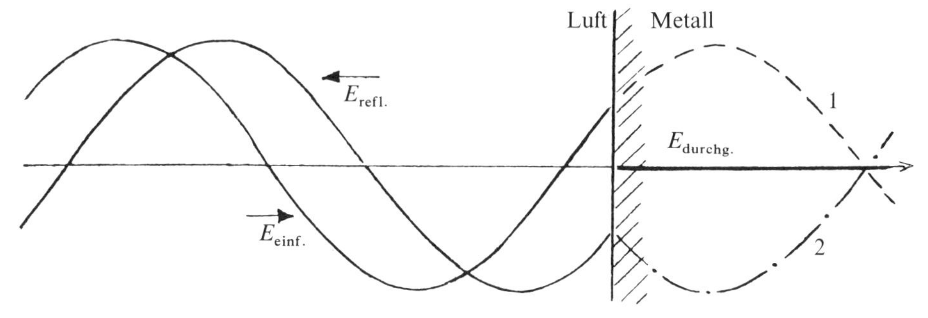

Die nach links laufende Sekundärwelle stellt die reflektierte Welle dar. Wie die Zeichnung zeigt, tritt bei der Reflexion der einfallenden Welle an der Metallfläche ein **Phasensprung π** auf.

Trifft elektromagnetische Strahlung dagegen auf eine Grenzfläche zwischen zwei Isolatoren, so tritt im allgemeinen eine Aufspaltung der einfallenden Welle in eine reflektierte und eine durchgehende (gebrochene) Welle ein. Dabei sind zwei Fälle zu unterscheiden:

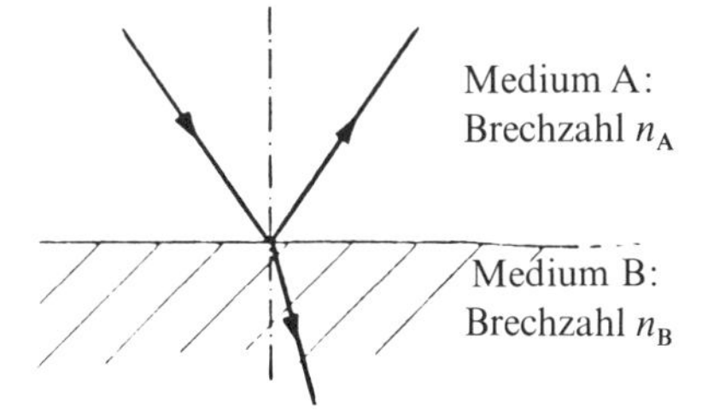

a) **Reflexion am »optisch dichteren« Medium:** $n_A < n_B$ (d.h. $c_A > c_B$).
In diesem Fall wird eine aus Medium A kommende Welle mit einem **Phasensprung π** reflektiert. Für die Berechnung von Gangunterschieden muß man die Weglänge für diesen Wellenzug um $\lambda/2$ vergrößern.

b) **Reflexion am »optisch dünneren« Medium** $n_A > n_B$ (d.h. $c_A < c_B$)
In diesem Fall wird eine aus Medium A kommende Welle ohne Phasensprung reflektiert.

Eine genaue Begründung dieser Aussagen (vgl. z.B. Gerthsen: Physik, 7. Aufl., S. 403) kann hier nicht gegeben werden. Zur Verdeutlichung zeigen die folgenden Skizzen Momentbilder des E-Feld-Verlaufs der einfallenden, reflektierten und durchgehenden Welle bei senkrechtem Einfall auf die Grenzfläche:

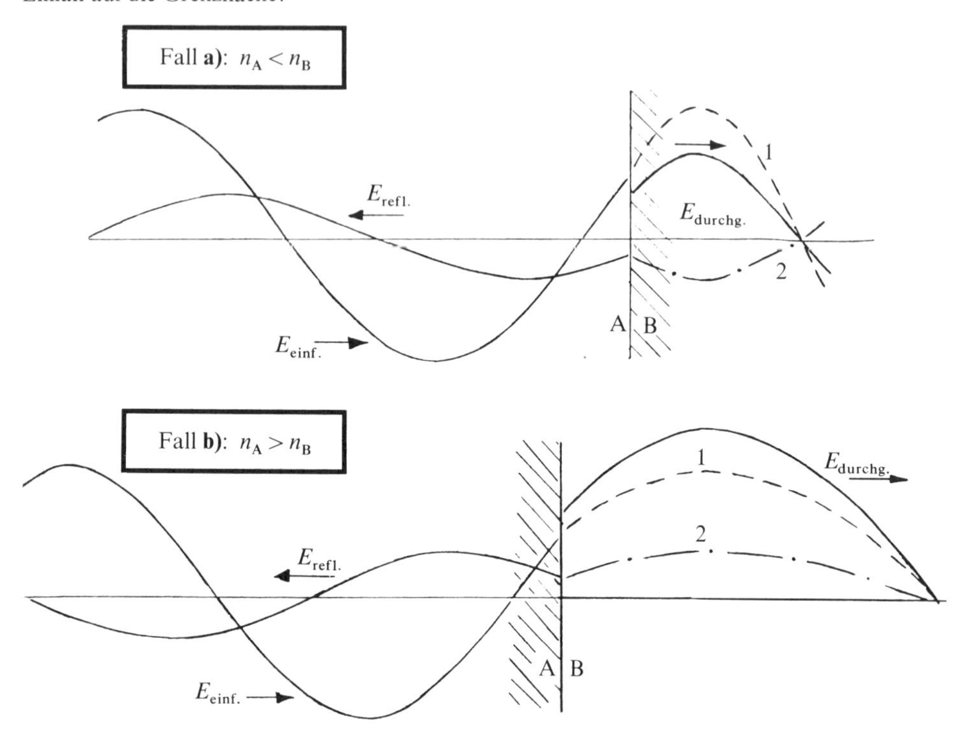

Der Phasensprung bei der Reflexion am dichteren Medium läßt sich folgendermaßen deuten: Die E-Feld-Verteilung ist ähnlich wie bei der Reflexion an Metall. Die Amplitude der Sekundärwelle ist jedoch kleiner, weil im Dielektrikum keine freien Ladungsträger vorliegen und Dipolschwingungen nur innerhalb von Molekülen auftreten können. Also wird die Primärwelle im Medium nur teilweise ausgelöscht (Zustandekommen der durchgehenden Welle) und die Amplitude der reflektierten Welle ist kleiner als beim Metall. Bezüglich der Phasen besteht jedoch kein Unterschied, es tritt also derselbe Phasensprung π auf.
Die Skizzen a) und b) zeigen auch, daß die *durchgehende Welle* die Grenzfläche in beiden Fällen *ohne Phasensprung* passiert.
Den Einfluß der oben behandelten Phasenbeziehungen auf die Interferenz von Mikrowellen zeigt z. B. der folgende

9. Versuch:

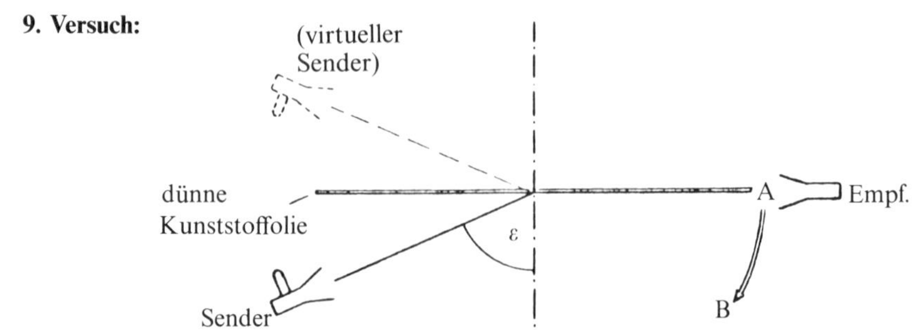

Für $\varepsilon > 60^\circ$ ist der Reflexionsgrad bereits so groß, daß nur noch ein geringer Anteil der elektromagnetischen Welle in die Folie eindringt. Den an der Rückseite der Folie reflektierten Anteil kann man daher gegenüber dem an der Vorderseite reflektierten vernachlässigen. Mit dem Empfänger stellt man bei A ein Minimum und in Richtung auf B zu Maxima bzw. weitere Minima fest.

13. Aufgabe:
Erklären Sie das Zustandekommen der Interferenzerscheinungen, insbesondere das Auftreten des Minimums bei A.

14. Aufgabe:
Ein vertikal stehender Sendedipol steht 10 m hoch über einer Ebene und strahlt eine elektromagnetische Welle der Frequenz $6{,}0 \cdot 10^8$ Hz ab. In einem Fesselballon, der in 5,0 km Entfernung vom Dipol senkrecht in die Höhe aufgelassen werden kann, ist ein Empfänger eingebaut, mit dem die Empfangsamplituden gemessen werden.

a) Geben Sie an, für welche Ballonhöhen Maxima der Empfangsamplitude zu erwarten sind, wenn man den Erdboden als vollständig leitend und die Entfernung 5,0 km als sehr groß gegen die Höhe beider Dipole über dem Erdboden ansieht.

b) Für welche Wellenlänge tritt bei gleicher räumlicher Anordnung in 125 m Höhe ein Maximum der Empfangsamplitude auf?

8.9 Reflexion von Mikrowellen an einem Nichtleiter, Polarisationsverhalten

Untersuchung in Abhängigkeit von der Polarisationsrichtung der elektromagnetischen Welle

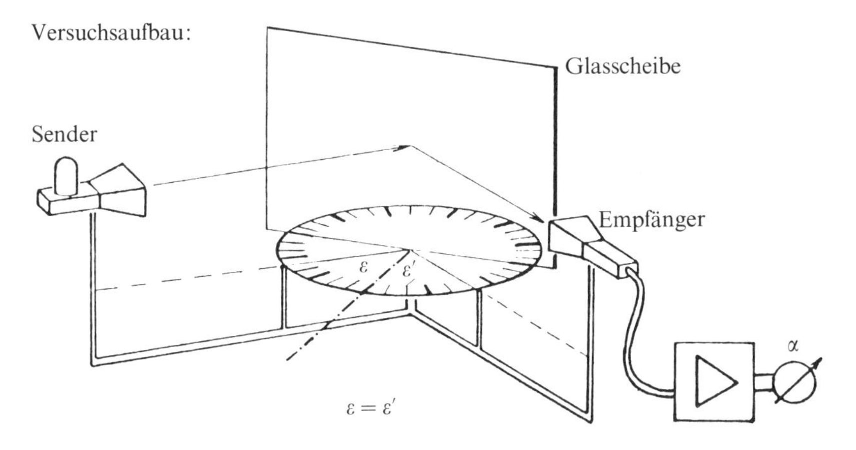

a) Polarisationsebene senkrecht zur Einfallsebene

Ergebnis: Ähnlich wie bei der Reflexion an einem Leiter wächst der Reflexionsgrad mit dem Einfallswinkel.

b) Polarisationsebene und Einfallsebene fallen zusammen

> **Ergebnis:** Der Reflexionsgrad nimmt zunächst mit steigendem Einfallswinkel ab und erreicht bei $\varepsilon = 65^\circ$ nahezu den Wert Null. Für größere Einfallswinkel nimmt der Reflexionsgrad wieder zu.

Deutung:
Fallen Polarisationsebene und Einfallsebene zusammen, so tritt bei einem bestimmten Winkel, dem sogenannten **Brewsterwinkel** ε_B, überhaupt keine Reflexion auf. Der Ausfall der reflektierten Welle läßt sich folgendermaßen erklären: Gebrochene und reflektierte Welle resultieren aus einer erzwungenen Schwingung, die durch die einfallende elektromagnetische Welle in der Materie hervorgerufen wird.
Weist nun die Reflexionsrichtung gerade in Schwingungsrichtung der erzwungenen Schwingung, so tritt keine Reflexion auf (vergleichen Sie mit der Strahlungscharakteristik eines Dipols).
Die Richtung der gebrochenen Welle und die Reflexionsrichtung stehen in diesem Fall senkrecht aufeinander.

Luft
Isolator

Aus dem Brechungsgesetz: $\dfrac{\sin \varepsilon_B}{\sin \varepsilon_B'} = n$

und der Bedingung $\varepsilon_B + \varepsilon_B' = 90^\circ$,
also $\sin \varepsilon_B' = \cos \varepsilon_B$, folgt:

> $\tan \varepsilon_B = n$
> **Brewstersches Gesetz**

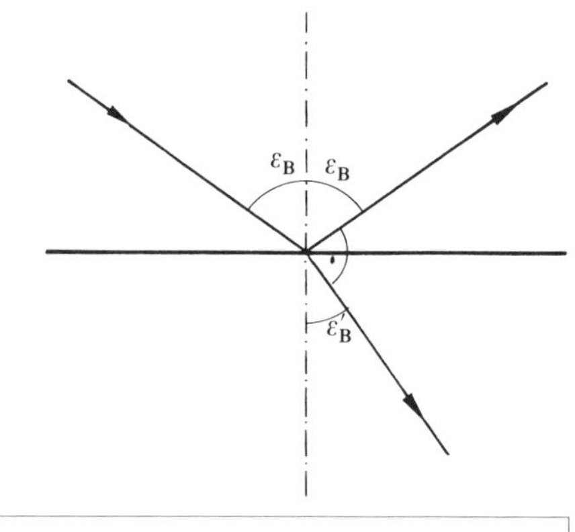

15. Aufgabe:
Berechnen Sie für $\varepsilon_B \approx 65^\circ$ die Brechzahl für den Übergang Luft–Glas für Mikrowellen.

16. Aufgabe:
Mikrowellen vom Sender S, deren Polarisationsrichtung aus der Skizze hervorgeht, treffen unter dem Brewsterwinkel ε_B auf eine Glasplatte G.

a) Wird die Welle unter den beschriebenen Bedingungen reflektiert? Begründung!

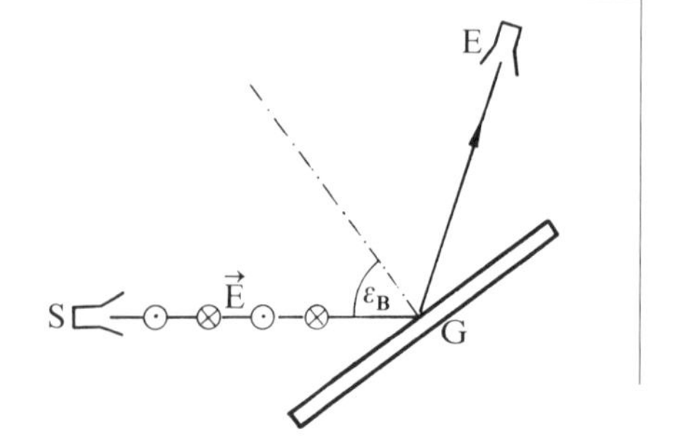

b) Der Sender S wird nun gedreht. Drehachse ist die Gerade SG. Bei welchen Drehwinkeln φ ($0° \leqq \varphi < 360°$) tritt maximaler bzw. minimaler Empfang auf?

Literaturhinweis:
Technische Anwendung von Mikrowellen

a) Meinke: Radar zur Sicherung von Luftfahrt und Schiffahrt, Oldenbourg-Verlag
b) Meinke, Groll: Radar, Reclam-Verlag

8.10 Zweiquelleninterferenz – Längsbetrachtung (Praktikum)

Interferenzen durch mehrfache Reflexion

Versuchsaufbau:

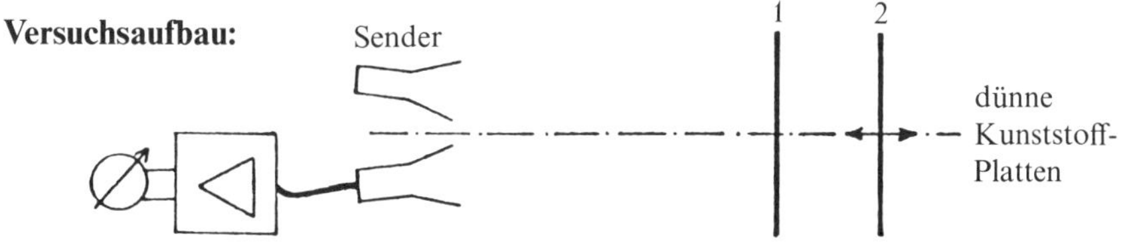

Die zweite Kunststoffplatte wird aus einem Abstand von etwa 10 cm langsam in Richtung auf die erste Kunststoffplatte zu verschoben.

Erklärung:
Die Kunststoffplatten werden so dünn gewählt, daß die beiden Spiegelbilder, die durch Reflexion der Wellenstrahlung an Vorder- bzw. Rückseite einer Platte vom Sender entstehen, hinreichend gut zusammenfallen. Betrachtet man z. B. die Spiegelbilder durch die Reflexion an der Vorderseite, dann hat man wegen der gleichen Phasensprünge bei der Reflexion **zwei phasengleiche Wellenerreger** erhalten. (Für die beiden Spiegelbilder bezüglich der Reflexion an der Rückseite der Platten gilt entsprechendes).
Da Gegenstand und Spiegelbild vom jeweiligen Spiegel gleichen Abstand haben, ist der Abstand der beiden Spiegelbilder $2d$, wenn d der Abstand der Platten ist:

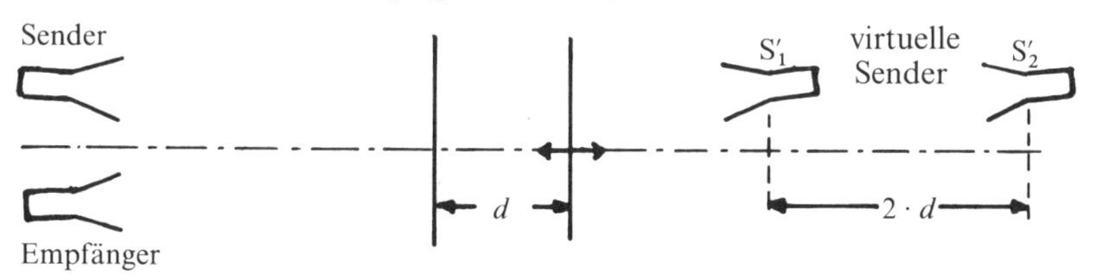

Man betrachtet also nicht wie bisher die Überlagerung der Wellenstrahlung zweier Sender quer zu ihrer Verbindungslinie, sondern (etwa) in Richtung dieser Linie **(Längsbetrachtung)**.
Dabei tritt links von den Platten

konstruktive Interferenz ein, wenn $2 \cdot d = \mathrm{k} \cdot \lambda; \quad \mathrm{k} \in \mathbb{N};$

destruktive Interferenz ein, wenn $2 \cdot d = (2\mathrm{k} - 1) \cdot \frac{\lambda}{2}; \quad \mathrm{k} \in \mathbb{N};$

Sie sollten diesen Versuch als Praktikum durchführen.

Aufgaben:

a) Beschreiben Sie Ihre Beobachtungen.

b) Erklären Sie das Zustandekommen dieser Interferenzerscheinung.

c) Bestimmen Sie die Zahl der beobachteten Minima und messen Sie die Strecke zwischen der Stellung beim ersten und der Stellung beim letzten Minimum.

d) Berechnen Sie die Wellenlänge der elektromagnetischen Strahlung.

Man kann diesen Versuch auch mit einzelnen Platten verschiedener Dicke durchführen, wenn man die Brechzahl des Materials für Mikrowellen kennt. Die beiden Spiegelbilder schwingen hier aber gegenphasig.

17. Aufgabe:
Begründen Sie diese Aussage.

18. Aufgabe:
Wenn man statt zwei Platten eine sehr dünne Platte, z. B. eine Folie für den Tageslichtprojektor verwendet, dann erhält man kein nachweisbares reflektiertes Signal. Begründen Sie dies.

Das bedeutet, daß man im oben angeführten Versuch die Platten nicht zu dünn machen darf, da sonst jede einzelne schon nichts reflektiert.

19. Aufgabe:
Auf eine Metallplatte M trifft unter dem Winkel α die gebündelte Strahlung eines Mikrowellensenders S mit der Wellenlänge λ. Die von der Metallwand M reflektierte Strahlung wird vom Empfänger E registriert.

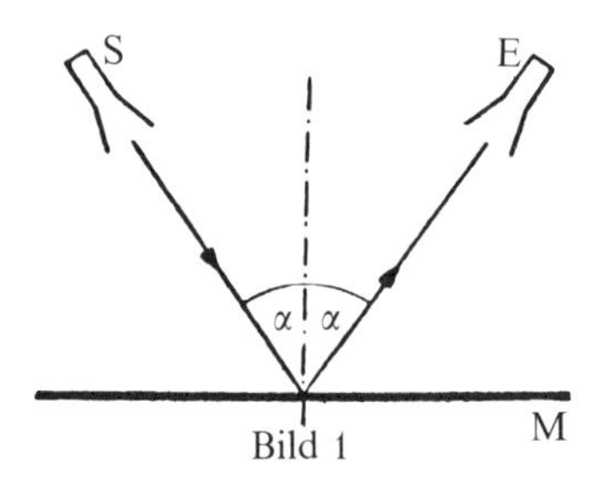

Bild 1

a) S und E seien wie in Bild 1 angeordnet (maximaler Empfang bei E). Nun wird parallel zur Metallplatte M im Abstand d eine Glasplatte G angebracht (Bild 2), die sehr dünn ist.
Wie groß muß der kleinste Abstand d zwischen M und G sein, damit jetzt in E minimaler Empfang ist? Berücksichtigen Sie bei der Rechnung die Vereinfachungen 1 und 2 (s. u.) und fertigen Sie eine saubere und klare Skizze als Grundlage der Rechnung.

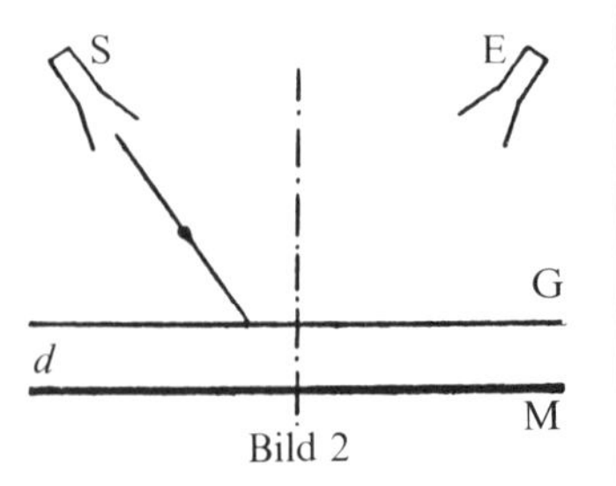

Bild 2

b) M und G werden jetzt durch eine Glasplatte der Dicke d ersetzt (Bild 3). Die Vereinfachungen 1 und 2 seien noch gültig. Was ändert sich jedoch bei der Berechnung des Gangunterschiedes zweier interferierender Bündel?

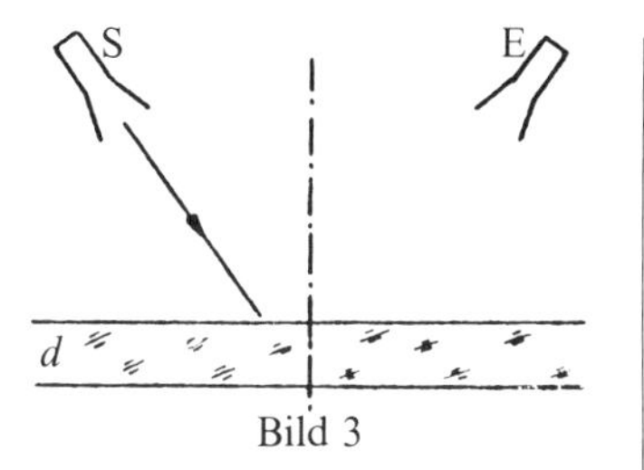

Bild 3

Vereinfachungen:
1. Die Brechung der Strahlung durch die Glasplatte ist zu vernachlässigen.
2. Strahlung, die mehr als einmal reflektiert wird, ist zu vernachlässigen.

20. Aufgabe: (nach Reifeprüfung GK 1986)
Zwei vertikale Dipole S_1 und S_2 senden elektromagnetische Wellen derselben Wellenlänge $\lambda = 6{,}0$ m aus. Dabei schwingen sie gleichphasig in der Grundschwingung.
Ein Empfangsdipol E gleicher Länge befindet sich zwischen S_1 und S_2, 10 m von S_1 entfernt. Der Abstand $\overline{S_1S_2}$ wird verändert, indem S_2 von E wegbewegt wird.
Bei welchen Abständen $\overline{S_1S_2}$ registriert E ein Intensitätsmaximum?

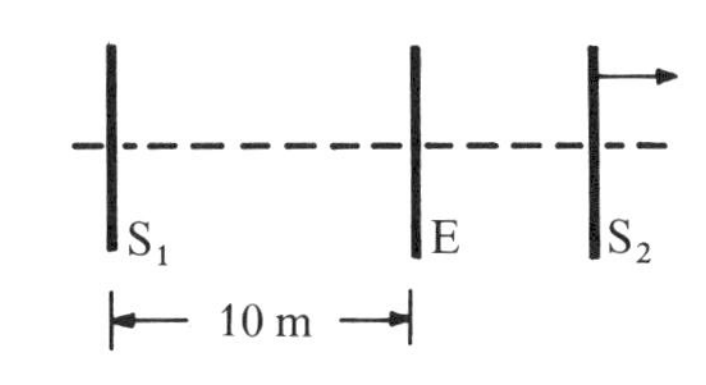

B Optik

9. Beugungs- und Interferenzversuche mit Licht

9.1 Licht als elektromagnetische Welle – Größenordnung der Wellenlänge

Die Hertzschen Versuche, bei denen sich weitgehende Übereinstimmung in der Art der Ausbreitung von elektromagnetischen Wellen und Licht zeigte, sowie die Darlegungen zum Huygensschen Prinzip lassen darauf schließen, daß es sich bei Licht ebenfalls um elektromagnetische Wellen handeln könnte. Darauf läßt auch die für beide Phänomene gleiche Ausbreitungsgeschwindigkeit von rund $3{,}0 \cdot 10^8$ m/s schließen.
Welche Wellenlängen sind dem Licht dann zuzuordnen? Wenn wir von der Tatsache ausgehen, daß ein Hindernis im Wellenfeld mindestens in der Größenordnung der Wellenlänge liegen muß, um das Wellenfeld merklich zu stören, dann muß die Wellenlänge sehr gering sein. In hellem Licht z.B. kann man auch sehr kleine Staubteilchen deutlich in der Luft schweben sehen. Sie müssen also größer sein als die Lichtwellenlänge, sonst würden sie die Lichtausbreitung nicht stören und wären unsichtbar. Bei einem Lichtmikroskop werden die Objekte dadurch sichtbar, daß sie das Wellenfeld des Lichts stören und diese Störung vermittelt uns dann den Bildeindruck von dem Objekt. Strukturen, die klein gegen die Wellenlänge sind, stören das Wellenfeld nicht, und das Bild ist dasselbe, als wenn der Objektträger leer wäre. Man sieht ein gleichmäßig ausgeleuchtetes Bildfeld, sonst nichts. Unter einem Lichtmikroskop kann man noch Strukturen von etwa 1/1000 mm sichtbar machen. Das bedeutet, daß die Wellenlänge des sichtbaren Lichts etwa in dieser Größenordnung liegt.
Eine genaue Bestimmung der Wellenlänge des Lichts mit stehenden Wellen wird mit schulischen Mitteln sicher nicht möglich sein, da der Abstand der Knoten für eine Messung zu klein ist. Die Auswahl eines geeigneten und hinreichend kleinen Empfängers ist sicher auch nicht einfach. Trotzdem ist dieser Versuch erfolgreich durchgeführt worden, wie das nebenstehende Versuchsresultat zeigt:
Eine Photoplatte (3) liegt mit ihrer lichtempfindlichen Schicht (2) auf einem Oberflächenspiegel (1). Senkrecht zu Platte und Spiegel fällt Licht ein, das vorher ein passendes Farbfilter durchlaufen hat. (Der Zweck des Filters wird erst später

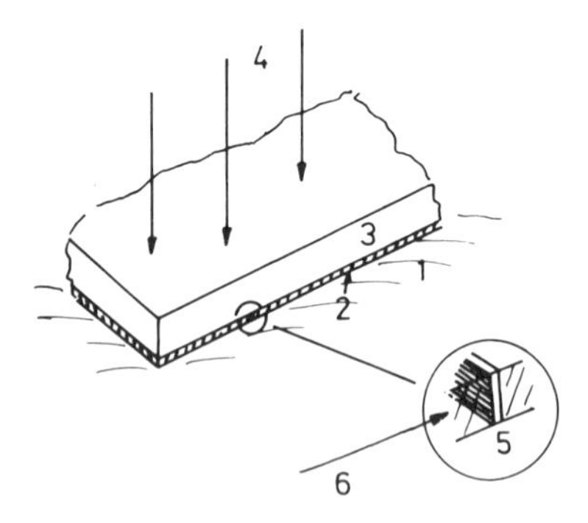

1 spiegelnde Metallschicht
2 Gelatineschicht mit Bromsilberkristallen
3 Glasträger für Gelatineschicht
4 einfallendes Licht
5 Schnitt aus der belichteten Gelatineschicht,
6 in Vergrößerung gezeigt

verständlich.) Es bilden sich vor dem Spiegel in der Gelatineschicht durch Überlagerung des einfallenden und des reflektierten Lichts stehende Lichtwellen aus. An den Bäuchen des elektrischen Feldes wird Bromsilber zu amorphem Silbermetall reduziert, das an diesen Stellen eine Schwärzung hervorruft.

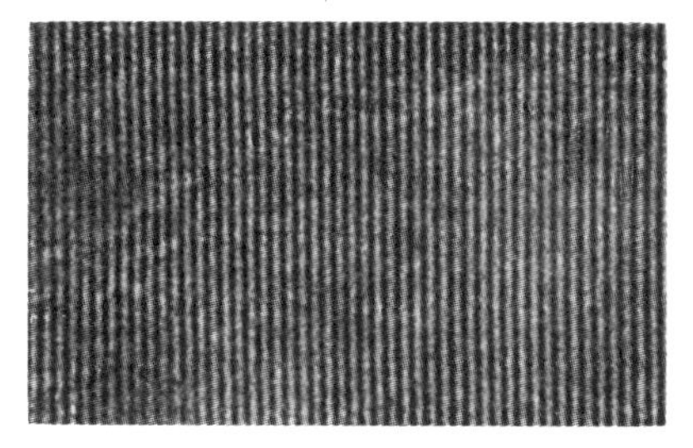

Schnitt durch die Gelatineschicht. An den E-Feld-Bäuchen ist das Bromsilber zu Silber (schwarz) reduziert.

9.2 Wellenlängenbestimmung bei Licht – praktische Durchführung

Wir werden also einen Interferenzversuch mit einem Doppelspalt zur Bestimmung der Lichtwellenlänge durchführen. Als Lichtquelle verwenden wir einen in der Schule üblichen Helium-Neon-Laser, da er, ähnlich wie der Mikrowellensender ein Wellenbündel mit nahezu parallelen Wellenfronten liefert. Damit ist die gleichphasige Erregung von Elementarwellen am Doppelspalt gesichert. Der Doppelspalt selbst muß natürlich wegen der geringen Wellenlänge eine viel kleinere Spaltbreite und einen kleineren Spaltabstand besitzen, etwa einige Zehntel Millimeter. Der Abstand der Beobachtungsebene vom Spalt wird so groß gewählt, daß die interferierenden Strahlen von den Spalten zum Beobachtungsort nahezu parallel sind. Der Versuch mit der nebenstehenden Anordnung zeigt das obere der beiden angegebenen Interferenzbilder. Die Bedeutung des unteren Bildes im Zusammenhang mit der ungleichen Intensität der Interferenzmaxima im oberen Bild wird auf S. 149 erläutert.

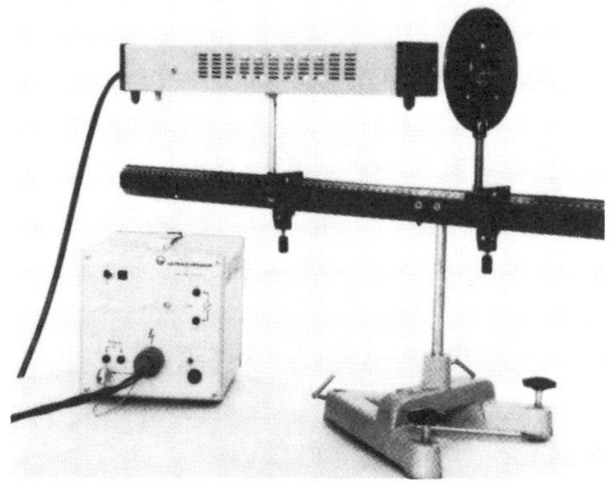

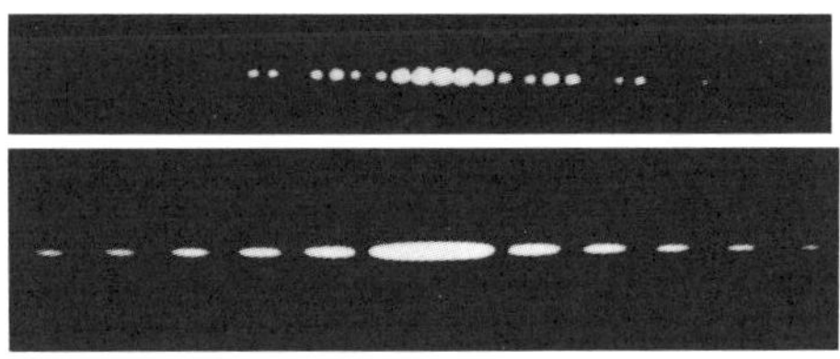

Hinweis:
Die nach außen hin kontinuierliche Abnahme der Intensität rührt von der Beugung an den Einzelspalten her (unteres Interferenzbild). Sie ist hier nicht von Bedeutung.

Zur Auswertung:
Bei der Auswertung des Doppelspaltversuchs mit Licht sind immer die zwei folgenden Vereinfachungen zulässig:

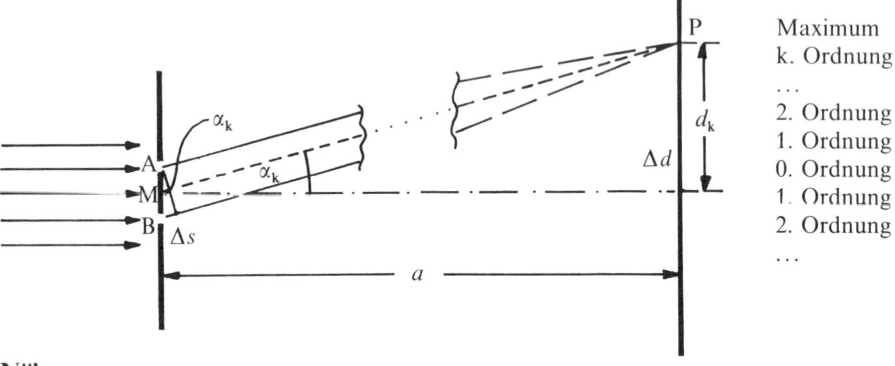

Näherungen:

1. $\overline{MP} \gg \overline{AB}$, also gilt: $\boxed{\Delta s \approx b \cdot \sin \alpha}$ (vgl. S. 111)

2. $d_k \ll a$, d.h. die auftretenden Winkel α sind sehr klein; also gilt:

$$\boxed{\sin \alpha \approx \tan \alpha \approx \alpha}$$

Das **Maximum k-ter Ordnung** tritt auf beim Gangunterschied

$$\Delta s = k \cdot \lambda\,, \quad k \in \mathbb{N}_0$$

also für

$$b \cdot \sin \alpha_k = k \cdot \lambda\,.$$

Der Abstand zwischen dem Maximum k-ter Ordnung und dem Maximum 0. Ordnung beträgt

$$d_k = a \cdot \tan \alpha_k \approx a \cdot \sin \alpha_k \approx k \cdot \frac{a \cdot \lambda}{b}\,.$$

Bei Verwendung der 2. Näherung ergibt also auch die Rechnung eine Folge **äquidistanter** Maxima. Der Streifenabstand Δd ist

$$\Delta d = d_k - d_{k-1} = (k - (k-1)) \cdot \frac{a \cdot \lambda}{b} = \frac{a \cdot \lambda}{b}\,.$$

Für die Wellenlänge folgt:

$$\boxed{\lambda = \frac{b \cdot \Delta d}{a}}$$

Da es nicht ganz einfach ist, das Zentrum des Maximums 0. Ordnung genau festzulegen, mißt man den wesentlich leichter bestimmbaren Abstand zweier Maxima gleicher Ordnung k links und rechts vom Maximum 0. Ordnung. Wenn man diesen Abstand durch 2k teilt, erhält man den Wert von Δd und damit leicht die

Wellenlänge. In unserem Versuch wählen wir als Spaltabstand $b = 0{,}60$ mm, als Abstand Doppelspalt – Schirm $a = 5{,}00$ m und messen den Abstand der 3. Maxima. Es ergibt sich als Wellenlänge des verwendeten roten Laserlichts

$$\lambda = 6{,}3 \cdot 10^{-7}\,\mathrm{m}.$$

1. Aufgabe:
Welchen Abstand haben die Maxima 3. Ordnung links und rechts vom Maximum 0. Ordnung voneinander etwa, wenn man die oben angeführten Versuchsdaten $b = 0{,}6$ mm und $a = 5{,}00$ m sowie eine Lichtwellenlänge $\lambda = 6{,}3 \cdot 10^{-7}$ m zugrunde legt?

9.3 Interferenz mit nicht kohärentem Licht

Nun gibt es natürlich auch Licht anderer Farben, und es erhebt sich die Frage, ob die Wellenlänge für die Lichtfarbe bestimmend ist. Da im allgemeinen in der Schule kein Laser mit andersfarbigem Licht zur Verfügung steht, ist es naheliegend, für diese Untersuchungen Glühlicht zu verwenden, aus dem wir mit Filtern Licht verschiedener Farben herstellen können. Aus den Wellen, die von der Glühwendel oder der glühenden Bogenlampenkohle ausgehen, können wir durch eine Sammellinse angenähert parallele Wellenfronten erzeugen. Nun kommt jedoch eine kleine Überraschung:
Auch wenn Sie die Anordnung sorgfältig aufbauen und eine intensive Lichtquelle verwenden, werden Sie vergeblich nach einem Interferenzbild wie bei der Verwendung des Lasers suchen. Dies kann seine Ursache wohl nur in der unterschiedlichen Art der Lichterzeugung haben. Um weiterzukommen, müssen wir deshalb kurz auf die Unterschiede bei der Lichterzeugung eingehen.

In beiden Fällen stammt das Licht aus Atomen. Im glühenden Körper werden die Atome in ganz unregelmäßiger Weise energetisch angeregt und senden auch in gleicher Weise Licht aus. Zwischen den einzelnen Wellen bestehen keine festen Phasenbeziehungen, und die lichtaussendenden Atome sind über den ganzen Bereich des glühenden Körpers gleichmäßig verteilt.

Beim Laser wird unter Verwendung geeigneter Atomsorten mit einigem technischem Aufwand erreicht, daß sehr viele angeregte Atome ihre Energie länger als normal behalten und erst durch eine vorbeilaufende Lichtwelle zur Emission angeregt werden. Diese Lichtaussendung erfolgt **phasengleich** zur vorbeilaufenden Lichtwelle. Es erfolgt also eine Art Lichtverstärkung. Dies drückt das Wort LASER auch aus, das als Abkürzung für **L**ight **a**mplification by **s**timulated **e**mission of **r**adiation steht. Das Licht, das den Laser verläßt, ist genauso beschaffen, wie wenn die gesamte Austrittsfläche mit **gleichzeitig** Licht aussendenden Atomen besetzt wäre. Die Wellenfronten des Laserlichts lösen am Doppelspalt zwei Elementarwellen aus, die stéts in derselben Phasenbeziehung zueinander stehen. Man nennt solche Wellen **kohärent**. Diese starre Phasenbeziehung (Kohärenz) ist Voraussetzung dafür, daß am gleichen Ort stets das gleiche Interferenzbild erscheint.

Beim Glühlicht dagegen erzeugen die von den einzelnen Atomen ausgehenden Lichtwellen am Doppelspalt Elementarwellen, deren Phasenbeziehung von der Lage der Atome abhängt, wie es die beiden herausgegriffenen Fälle veranschaulichen. Die beiden Elementarwellen sind nicht kohärent (**inkohärent**).

Der dauernde Wechsel der Phasenbeziehungen führt auch zu einer dauernden seitlichen Verschiebung des Interferenzbildes am Beobachtungsort. Man sieht nur eine verwaschene Lichterscheinung. Sie erinnern sich noch, wir haben schon bei den Mikrowellen gesehen, daß eine seitliche Verschiebung des Senders zu einer Verschiebung des Interferenzwellenfeldes führt.

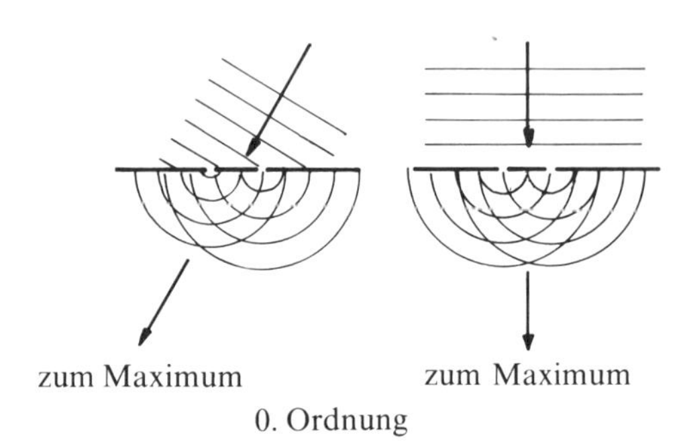

Als Lösung für dieses Problem bleibt uns nur die Möglichkeit, das Feld der Licht aussendenden Atome so weit einzuengen, daß ein Ortswechsel des »Senders« nur zu einer unwesentlichen Veränderung der am Doppelspalt anlaufenden Wellenfronten führt. Dann können wir erwarten, daß die Elementarwellen nahezu kohärent sind und alle Interferenzfiguren etwa an der gleichen Stelle der Beobachtungsebene entstehen.

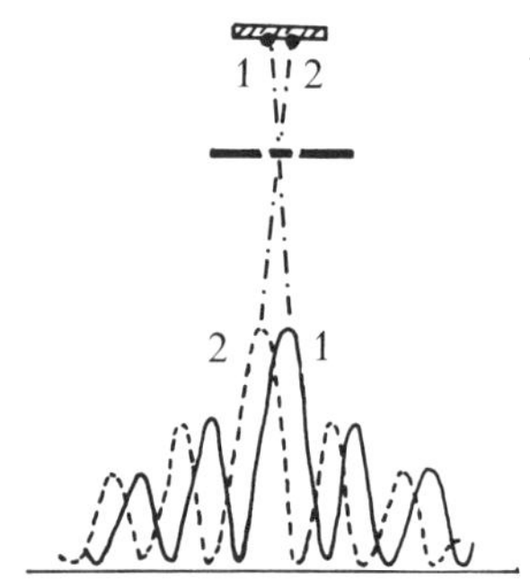

Quelle 1: Interferenzbild ①
Quelle 2: Interferenzbild ②

Diese Einengung erreichen wir durch eine Spaltblende, die wir vor die Lichtquelle setzen. Man nennt diese Spaltblende **Kohärenzspalt**.

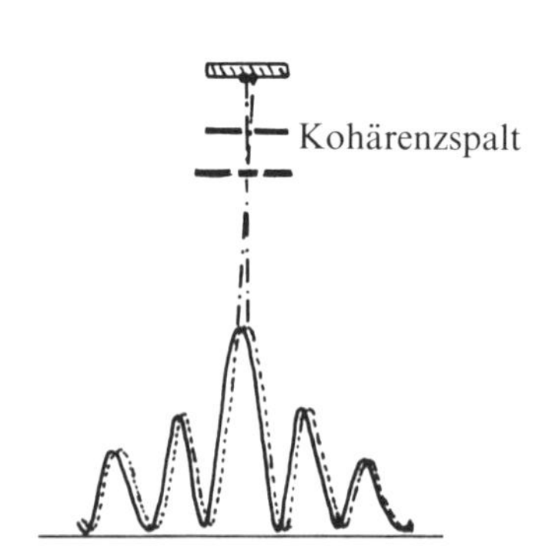

Mit zunehmender Verengung des Kohärenzspaltes wird die Interferenzerscheinung immer deutlicher. Die Intensität nimmt dabei natürlich ab.
Für das Zustandekommen der Interferenz bei Licht müssen noch weitere Bedingungen erfüllt sein:

Aufgrund der begrenzten Dauer der Lichtemission für ein Einzelatom haben die ausgesandten Wellenzüge eine endliche Länge l (Kohärenzlänge). Die Kohärenzlänge hängt stark von der Art der Lichtquelle ab. Sie liegt bei gewöhnlichen Temperaturstrahlern in der Größenordnung von 10^{-6} m, kann aber bei Lasern bis zu 100 m betragen.
Wird der Gangunterschied zweier Wellenzüge aufgrund unterschiedlicher Weglängen vergleichbar mit l, so findet keine oder nur teilweise Interferenz statt. Außerdem müssen die interferierenden Wellenzüge gleiche Frequenz und Schwingungsrichtung, sowie vergleichbare Amplituden haben.

Youngscher Doppelspalt-Versuch (Praktikum)

Praktische Hinweise:
Wenn man den Doppelspalt-Versuch in der eben beschriebenen Form durchführt, ist die zu beobachtende Interferenzerscheinung ziemlich lichtschwach. Man erzielt bessere Resultate, wenn man den Kohärenzspalt zunächst (noch ohne Doppelspalt) mit einer Linse (besser mit einem Projektionsobjektiv) scharf auf den Beobachtungsschirm abbildet. Dabei muß mit einem Kondensor die Lichtquelle in das Objektiv abgebildet werden, damit alles Licht, das durch den Kohärenzspalt geht, das Abbildungsobjektiv durchläuft, und die Interferenzerscheinung möglichst lichtstark wird. Nun stellt man den Doppelspalt in den Strahlengang und beobachtet die Interferenzerscheinung.

Versuchsanordnung:

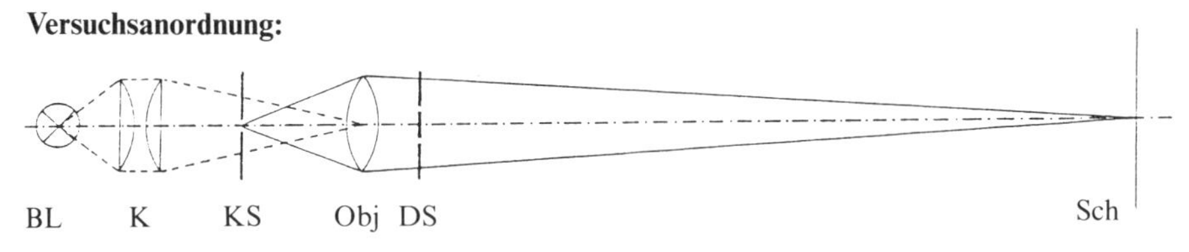

BL: Bogenlampe;	Obj: Abbildungsobjektiv;
K: Kondensor;	DS: Doppelspalt;
KS: Kohärenzspalt;	Sch: Beobachtungsschirm;

Zur Auswertung werden wie oben die Werte von b, a und d_k gemessen.

Messung des Spaltabstands *b*
Mit einer geeigneten Sammellinse (z. B. $f = 15$ cm) läßt sich der Doppelspalt auf dem Schirm vergrößert abbilden:

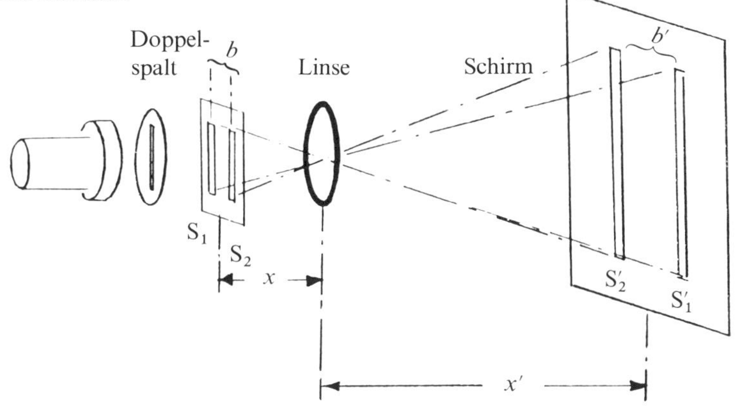

Aus den Abbildungsgesetzen der geometrischen Optik folgt:

$\frac{b'}{b} = \frac{x'}{x}$, also:

$$\boxed{b = \frac{b' \cdot x}{x'}}$$

Noch einfacher wird die Bestimmung von b, wenn man die Bildgröße b' auf dem Schirm markiert und anschließend ohne weitere Veränderung der Anordnung den Doppelspalt durch einen Mikromaßstab (z. B. 1 cm in 100 Teilen) ersetzt. Auf dem Bild des Maßstabs wird b' abgelesen.

Führt man den Versuch mit hinreichend engem Kohärenzspalt und weißem Licht einer Bogenlampe durch, so beobachtet man im Muster der parallelen Interferenzstreifen Farberscheinungen. Neben einem mittleren weißen Streifen (Maximum 0. Ordnung) sind nur wenige weiße Streifen (höchstens bis zur dritten Ordnung) zu beobachten, die jeweils am Rand zum 0. Maximum hin blau, am anderen Rand rot gesäumt sind. Die Breite der Farbsäume nimmt nach außen hin zu, so daß eine deutliche Interferenzfigur nur über wenige Streifenbreiten zustande kommt.
Bringt man dagegen vor den Doppelspalt ein Farbfilter, so entsteht ein einfaches Interferenzmuster aus parallelen, äquidistanten, einfarbig hellen und dunklen Streifen. Mit Filtern für verschiedene Farben findet man, daß der Abstand benachbarter Maxima bzw. Minima in der Reihenfolge blau–grün–rot zunimmt. Dies zeigt, daß verschiedenfarbiges Licht unterschiedliche Wellenlänge und Frequenz besitzt. Aus den im Versuch gemessenen Streifenabständen können die entsprechenden Wellenlängen berechnet werden, wenn man den Abstand b der beiden Spalte kennt.
Wellenlängenmessungen mit verschiedenen Farbfiltern ergeben, daß im sichtbaren Licht Wellenlängen von 400 nm (violett) bis 750 nm (rot) auftreten (1 nm = 1 Nanometer = 10^{-9} m).
Licht, das nicht Streifen mit Farbrändern, sondern nur Maxima einer Farbe liefert, nennt man **monochromatisch**. Laserlicht ist monochromatisch. Die verwendeten Farbfilter lassen aus dem weißen Licht, das offensichtlich eine Mischung aus verschiedenen Farben darstellt, je nach Qualität mehr oder minder monochromatisches Licht durch (s. auch S. 161).

2. Aufgabe:
In einem Doppelspaltversuch erhält man folgende Meßwerte:
Interferenzversuch mit einem Farbfilter:

Abstand Doppelspalt–Schirm	4,65 m
Abstand zwischen den beiden Maxima 3. Ordnung	33 mm

Messung des Spaltabstands b:

Abstand Doppelspalt–Schirm wie oben	
Abstand Doppelspalt–Linse	15 cm
Abstand der beiden Spaltbilder auf dem Schirm	12 mm

Berechnen Sie

a) den Abstand Δd der Interferenzstreifen.
b) den Abstand des Maximums 4. Ordnung vom Maximum 0. Ordnung.
c) den Abstand b der beiden Spalte.
d) die Wellenlänge des Lichts, das von dem verwendeten Farbfilter durchgelassen wird.
e) die Frequenz dieses Lichts.

3. Aufgabe:
Bei Verwendung von Farbfiltern erhalten wir bei unserem Versuch (Daten siehe **1**. Aufgabe)

a) bei Verwendung eines Rotfilters für die beiden Maxima 3. Ordnung den Abstand 35 mm,
b) bei Verwendung eines Grünfilters entsprechend 25 mm,
c) bei Verwendung eines Blaufilters als Abstand der Maxima 2. Ordnung 15 mm.

Berechnen Sie jeweils den angenäherten Wert der Wellenlänge des betreffenden Farbbereichs und skizzieren Sie das ungefähre Aussehen der Interferenzfiguren in den drei Fällen untereinander.

4. Aufgabe:

a) Ein Doppelspalt mit dem Spaltabstand $b = 0{,}50$ mm werde mit monochromatischem, rotem Licht der Wellenlänge 750 nm beleuchtet. Der Abstand vom Doppelspalt zum Schirm sei 2,00 m. Wie groß ist der Abstand benachbarter Maxima?
b) Unmittelbar vor dem einen der beiden Spalte von a) wird nun eine dünne Glasplatte angebracht. Verändert sich dadurch das Interferenzbild? Verändert sich die Zahl der Interferenzstreifen? Ist es möglich, daß gar keine Interferenzstreifen mehr zustande kommen?
c) Der Doppelspalt von a) wird nun mit weißem Mischlicht bestrahlt, das aus rotem Licht der Wellenlänge 750 nm und aus grünem Licht der Wellenlänge 500 nm besteht. Es werde angenommen, daß alle Maxima gleiche Intensität haben.
Gibt es in dem entstehenden Interferenzbild
weiße Maximalstellen (rotes und grünes Maximum) außer dem Hauptmaximum 0. Ordnung?
rote Maximalstellen (rotes Maximum und grünes Minimum)?
dunkle Stellen (rotes und grünes Minimum)?

5. Aufgabe:
Mit einem Doppelspalt wird vom Licht einer Natriumdampflampe (Wellenlänge $5{,}9 \cdot 10^{-7}$ m) auf einem Schirm, der vom Doppelspalt den Abstand

3,40 m hat, eine Interferenzfigur erzeugt. Die hellen Streifen haben einen Abstand von 2 mm. Welchen gegenseitigen Abstand haben die beiden Spalte des Doppelspalts?

6. Aufgabe:
Eine Interferenzfigur soll auf einer Fotoplatte festgehalten werden. Es wird einfarbiges Licht der Wellenlänge $5{,}5 \cdot 10^{-7}$ m verwendet, der Abstand der beiden Spalte beträgt 1,2 mm. Wie weit muß die Fotoplatte vom Doppelspalt entfernt sein, damit der gegenseitige Abstand der einzelnen Maxima wenigstens 1,5 mm beträgt?

7. Aufgabe: (nach Reifeprüfung GK 1980)
Kohärentes Licht der Wellenlänge λ fällt senkrecht auf einen Doppelspalt. Der Abstand der Spaltmitten sei $b = 0{,}40$ mm. Hinter dem Doppelspalt befindet sich im Abstand $a = 1{,}8$ m ein zur Spaltebene paralleler Schirm.

a) Erklären Sie kurz, warum auf dem Schirm helle und dunkle Streifen zu sehen sind.

b) Der helle Streifen 1. Ordnung hat vom hellen Streifen 0. Ordnung den Abstand d. Leiten Sie anhand einer Skizze für $d \ll a$ allgemein eine Beziehung zwischen der Wellenlänge und den gegebenen Größen der Anordnung her.

c) Berechnen Sie λ für $d = 2{,}5$ mm.

d) Statt monochromatischem wird jetzt kohärentes weißes Licht verwendet. Beschreiben und begründen Sie die Veränderung des Interferenzbildes.

8. Aufgabe: (nach Reifeprüfung GK 1983)
Mit Hilfe des Doppelspaltversuches soll die Wellenlänge monochromatischen Lichtes ermittelt werden.

a) Erklären Sie kurz die Begriffe Beugung und Interferenz. Erläutern Sie, inwiefern bei diesem Versuch beide Erscheinungen auftreten.

b) Das Maximum 3. Ordnung erscheint unter einem Winkel $0{,}15°$ gegenüber dem Maximum 0. Ordnung. Der Abstand der Spaltmitten beträgt $b = 0{,}50$ mm. Berechnen Sie die Wellenlänge des Lichtes. Geben Sie mit Begründung an, welche Farbe das Licht vermutlich hat.

c) Bis zu welcher Ordnung könnte man theoretisch bei diesem Doppelspaltversuch Maxima beobachten?

9. Aufgabe:
Mit Hilfe eines Doppelspalts soll die Wellenlänge eines Lichtes bestimmt werden, das mit einem Filter aus Glühlicht gewonnen wurde. Da der Spaltabstand nicht bekannt ist, wird der Versuch zunächst mit Laserlicht der

Wellenlänge $6{,}33 \cdot 10^{-7}$ m durchgeführt, wobei sich im Interferenzbild auf dem Schirm für die beiden Maxima 4. Ordnung ein Abstand von 25 mm ergibt. Wenn man den Doppelspalt mit dem Filterlicht beleuchtet, dann erhält man entsprechend 21,5 mm.

a) Berechnen Sie die Wellenlänge des durch das Filter gelangenden Lichtes.

b) Geben Sie an, mit welcher Unsicherheit der bei **a)** errechnete Wert behaftet ist, wenn die Ungenauigkeit der Messung jeweils etwa 0,25 mm beträgt.

Der Versuch von Young stellt gewissermaßen einen optischen Trick dar, mit Hilfe dessen man aus **einer** Lichtquelle (Kohärenzspalt) **zwei** machen kann, die kohärentes Licht aussenden: Die vom Spalt ausgehenden, nahezu ebenen Wellenfronten treffen auf den Doppelspalt und verursachen dort gleichphasige Schwingungen. Hinter den beiden Spalten breitet sich das Licht auch in den geometrischen Schattenraum hinein aus **(Beugung)**, so daß sich die von den Spalten ausgehenden Wellenzüge überlagern **(Interferenz)**. Der Youngsche Doppelspaltversuch liefert also **Interferenz durch Beugung**.

9.4 Zweiquelleninterferenz – Längsbetrachtung: Der Versuch von Pohl

In Abschnitt **8.10** haben wir die Interferenz von Wellen betrachtet, die von zwei gleichphasig schwingenden Wellensendern ausgingen. Mit Hilfe eines anderen »optischen Tricks«, nämlich durch Reflexion an zwei zueinander parallelen Grenzflächen hatten wir sie aus einem einzigen Wellensender erzeugt. Falls der Abstand der reflektierenden Flächen voneinander genügend klein und die Kohärenzlänge hinreichend groß ist, müßte damit auch im optischen Wellenlängenbereich, also mit Licht, Interferenz zu erreichen sein.

Gegenüber dem Youngschen Versuch bestehen zwei wesentliche Unterschiede:

1. Die beiden (virtuellen, also nicht tatsächlich vorhandenen) Lichtquellen werden durch Reflexion erzeugt, nicht durch Beugung. **Interferenz** ist also auch **ohne Beugung** möglich.
2. Der Beobachtungsschnitt durch das Interferenzwellenfeld ist anders gewählt. Für die Beobachtung einer Interferenz sind folgende Betrachtungsweisen sinnvoll:

Zweiquelleninterferenz, Querbetrachtung:
(z. B. Youngscher Doppelspaltversuch)

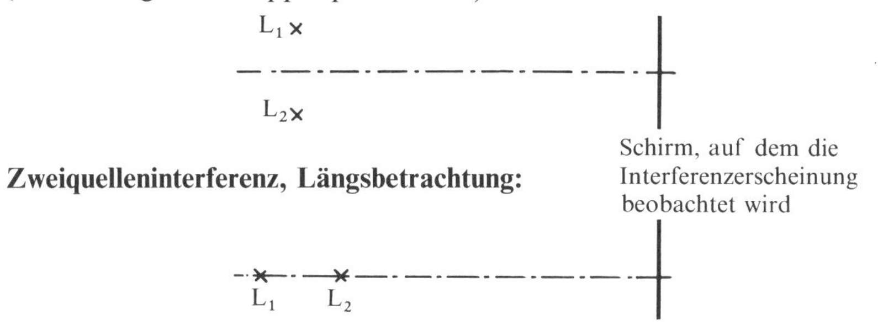

Zweiquelleninterferenz, Längsbetrachtung:

Der Versuch von Pohl:
Das Licht einer Lichtquelle L trifft z. B. auf ein dünnes Glimmerplättchen P mit der Dicke d. Wenn man die Brechzahl des Plättchens als 1 annimmt, ergibt sich als Abstand der beiden Spiegelbilder $\overline{L'L''} = 2d$ (s. Skizze).
(Für $n > 1$ erhält man $\overline{L'L''} = 2nd$, siehe Seite 116.)
Natürlich senden die beiden Spiegelbilder wie die eigentliche Lichtquelle Licht in verschiedene Raumrichtungen aus, es interferieren auch schief auftreffende und ebenso reflektierte Lichtbündel. Die Anordnung ist dabei um die Achse LL″ rotationssymmetrisch, d. h. für gleiche Winkel α und gleiche Abstände r auf der Projektionswand von der Achse erhält man gleiche Gangunterschiede Δs. Die Interferenzfigur besteht daher aus kreisförmig angeordneten Maxima und Minima (s. unteres Bild).

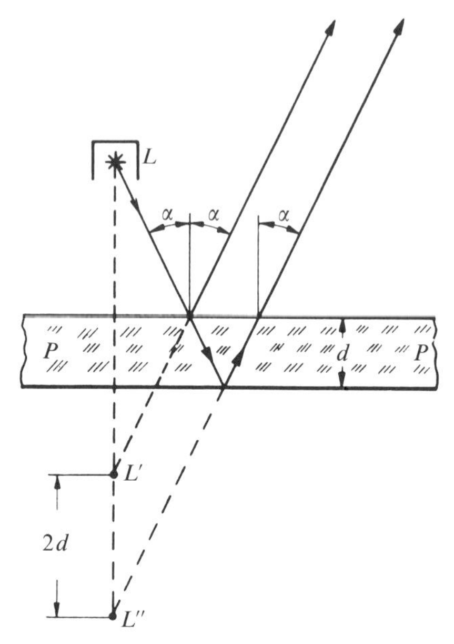

Da ein heller bzw. dunkler Ring (Maximum bzw. Minimum) auf dem Schirm für Strahlen mit jeweils gleichem Winkel entsteht ($\Delta s = 2d \cdot \cos\alpha + \lambda/2$), sagt man: Die Maxima bzw. Minima liegen auf dem Beobachtungsschirm auf **Kurven** jeweils **gleicher Neigung** der Strahlen zum Einfallslot.

9.5 Weitere Interferenzversuche – Praktikum*
(Möglichkeiten für Facharbeit bzw. Referat)

Die folgenden Versuche zeigen Interferenz ohne Beugung. Ähnlich wie beim Pohlschen Versuch werden durch Reflexion oder Brechung aus einer Lichtquelle zwei gleichphasig oder mit konstanter Phasendifferenz schwingende Quellen hergestellt. Bei den Fresnelschen

Versuchen und beim Lloydschen Versuch benötigt man dabei eine räumlich begrenzte Lichtquelle (vgl. Kohärenzspalt), beim Versuch mit den Newtonschen Ringen kann wie beim Pohlschen Versuch eine ausgedehnte Lichtquelle verwendet werden.

Der Fresnelsche Doppelspiegelversuch
Prinzip:

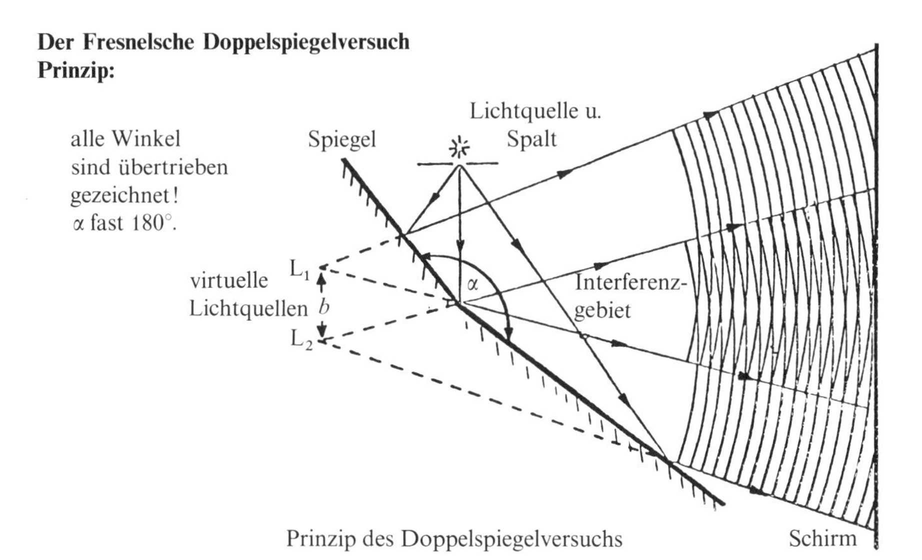

Prinzip des Doppelspiegelversuchs

Versuchsaufbau:

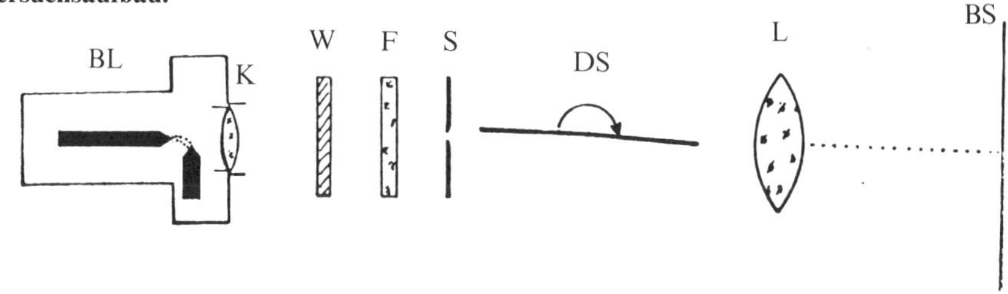

BL	Kohlenbogenlampe	S	veränderbarer, drehbarer Spalt
K	Kondensor	DS	Doppelspiegel
W	Wärmeschutzfilter	L	Linse $f = 30\,\text{cm}$
F	Farbfilter	BS	Beobachtungsschirm

Justierung der Anordnung

a) Kondensor K so verschieben, daß Spalt gerade voll ausgeleuchtet wird.

b) Mit Linse L Spalt und seine beiden virtuellen Spiegelbilder auf den etwa 5 m entfernten Schirm abbilden. Bei richtiger Stellung des Spiegels erscheinen alle 3 Bilder gleichzeitig scharf, d. h. die virtuellen Bilder liegen etwa in der Spaltebene.

c) Spalt so drehen, daß die drei Spaltbilder parallel sind. In diesem Fall ist der Kohärenzspalt parallel zur gemeinsamen Kante der Spiegel ausgerichtet.

d) Neigungswinkel der beiden Spiegel so einstellen, daß die Bilder der virtuellen Lichtquellen bei der vorgegebenen Anordnung einen Abstand von höchstens 1–2 cm haben. Nur in diesem Fall ist wegen der endlichen Kohärenzlänge des Lichtes Interferenz zu beobachten (überlegen Sie, warum!).

e) Gesamte Spiegelanordnung um ihre Achse so schwenken, daß das Bild des Spaltes von den Bildern der virtuellen Lichtquellen L_1 und L_2 einen Abstand von ca. 10 cm hat. In diesem Fall stört die Beugungserscheinung, die an den Spiegelkanten auftritt, das Interferenzbild nicht.
f) Spiegelstellung unter Beibehaltung der bereits genannten Bedingungen so nachkorrigieren, daß die Bilder der virtuellen Lichtquellen gleich hell erscheinen.

Um Interferenzen beobachten zu können, entfernt man die Linse L. Bei Verwendung von einfarbigem Licht beobachtet man helle und dunkle, äquidistante Interferenzstreifen, die parallel zu den ursprünglichen Spaltbildern sind.

Messung des Abstands *b* der virtuellen Lichtquellen L_1 und L_2

Wenn die Apparatur wie oben beschrieben justiert ist, liegen die virtuellen Lichtquellen etwa in der Ebene des Spalts (vgl. b)). Ihr Abstand $b = \overline{L_1 L_2}$ läßt sich daher aus dem Abstand ihrer Bilder auf dem Schirm, $b' = \overline{L_1' L_2'}$, berechnen:

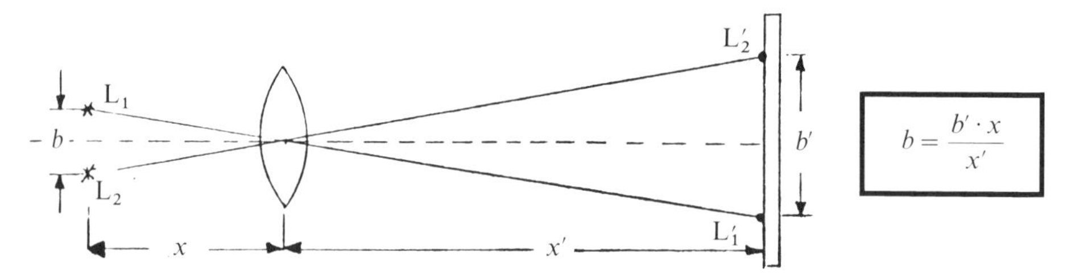

Dabei ist x der Abstand Spalt–Linse, x' der Abstand Linse–Schirm.

Die Messung kann auch, wie beim Youngschen Versuch (s. S. 130) mit Hilfe eines Feinmaßstabs erfolgen.

Aufgaben:
a) Justierung der Anordnung und Messung von x, x' und b'.
b) Bestimmung des Abstands Δd der Interferenzstreifen für die vorgegebenen Farbfilter. (Messung über möglichst viele Streifen vornehmen!)
c) Auswertung: Berechnung der Wellenlänge λ für die verschiedenen Filter.

▮ **Beachte FWU-Film:** Der Fresnelsche Winkelspiegel 360022

Eine Abwandlung des Fresnelschen Spiegelversuchs stellt der Lloydsche Versuch dar, bei dem nur ein Spiegel verwendet wird und das Licht des Spaltbilds mit Licht aus dem Spalt interferiert. Die Versuchsdurchführung ist sonst die gleiche. Die Durchführung des Versuchs mit Mikrowellen ist auf S. 118 beschrieben.

Der Fresnelsche Biprisma-Versuch

Das Licht aus einem Spalt fällt auf ein Doppelprisma und wird in zwei entgegengesetzte Richtungen abgelenkt, als käme es von zwei verschiedenen virtuellen Lichtquellen L_1 und L_2.

Prinzip:

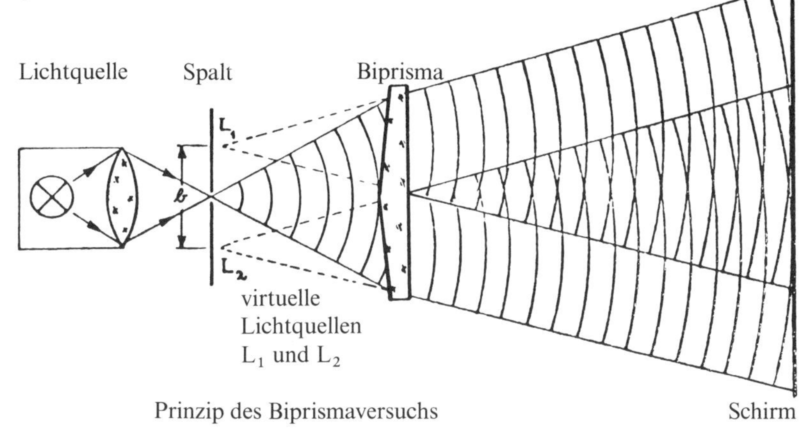

Prinzip des Biprismaversuchs

Versuchsaufbau

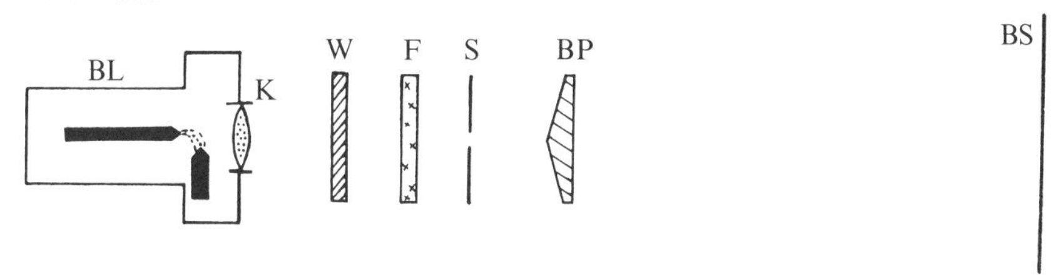

BP Biprisma; im übrigen Bezeichnungen wie auf S. 135

Justierung der Anordnung

a) Kondensor K so verschieben, daß Spalt gerade voll ausgeleuchtet wird.
b) Bringe das Biprisma ca. 10 cm nach dem Spalt so in den Strahlengang, daß die brechende Kante im Zentrum des Bündels liegt.
c) Drehe den Spalt so, daß er parallel zur brechenden Kante des Prismas ist. Nur dann ist die Interferenzerscheinung am ca. 3 m entfernten Beobachtungsschirm gut ausgeprägt.

Messung des Abstands *b* der virtuellen Lichtquellen L_1 und L_2

a) Abbilden der beiden virtuellen Lichtquellen mit einer Sammellinse ($f = 20$ cm) auf den Schirm. Markierung der beiden Bilder auf dem Schirm.
b) Entfernung des Biprismas und des Spaltes. Abbilden eines Glasmaßstabes (1/10 mm-Teilung) bei unveränderter Stellung der Abbildungslinse. Am Schirm kann zwischen den beiden Markierungen unmittelbar der Abstand $\overline{L_1L_2}$ abgelesen werden. Gleichzeitig liegt mit dem Abstand Maßstab–Schirm die Entfernung a der Lichtquellen vom Schirm fest.

Aufgaben

a) Justierung der Anordnung
b) Messung des Abstands Δd der Interferenzstreifen für die gegebenen Farbfilter.
c) Messung von $b = \overline{L_1L_2}$.
d) Auswertung: Berechnung der Wellenlänge λ für die verschiedenen Filter.

10. Aufgabe: Fresnelsches Biprisma
Bei Verwendung monochromatischen Lichtes werden bei diesem Versuch auf einem Schirm in $a = 5{,}0\,\text{m}$ Abstand vom Beleuchtungsspalt helle Streifen mit 2,0 mm Mittenabstand beobachtet.

a) Warum sind diese Streifen praktisch »äquidistant«?

b) Der 25 mm lange Spalt liefert bei der Abbildung mit einer Linse auf dem Schirm ein 40 cm langes Spaltbild. Beim Einbringen des Biprimas erscheinen auf dem Schirm zwei Spaltbilder, deren Mitten 24 mm voneinander entfernt sind. Welche Wellenlänge besitzt das verwendete Licht?

Die Newtonschen Ringe

Dieser Versuch stellt eine Variante des Versuchs von Pohl dar. Es liegt ebenfalls eine Längsbetrachtung des Interferenzwellenfeldes vor. Der Abstand der beiden reflektierenden Grenzschichten bleibt hier aber nicht gleich und die Interferenzmaxima bzw. -minima markieren nicht Kurven gleicher Neigung der Lichtstrahlen, sondern **Kurven gleicher Dicke** einer Luftschicht.

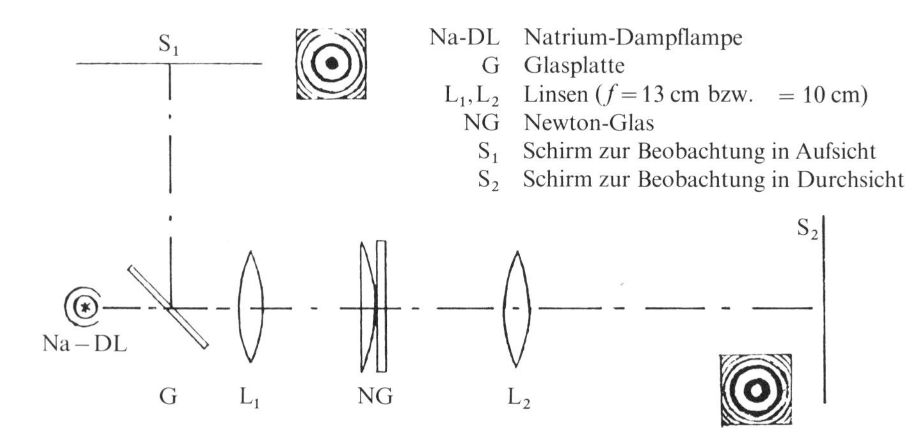

Licht einer Natrium-Dampf-Lampe ($\lambda = 589\,\text{nm}$) wird in der Linse 1 parallel gerichtet und trifft auf das Newton-Glas. Die vom Newton-Glas *reflektierten* Strahlen werden mit der selben Linse über die halbdurchlässige Glasplatte (Dia-Deckscheibe) auf den Schirm 1 abgebildet. Hier kann man helle und dunkle Ringe erkennen, die auf Interferenzen im Newton-Glas zurückzuführen sind. In der Mitte der Interferenzfigur tritt ein kreisförmiger dunkler Fleck auf.
Auch im *durchgehenden* Licht (Schirm 2) sind solche Erscheinungen zu beobachten, allerdings wesentlich kontrastärmer als in der Aufsicht. In Durchsicht erscheint die Interferenzfigur außerdem in *komplementärer* Form, d. h. in der Mitte tritt ein heller Fleck auf.

Erklärung für das Zustandekommen der Interferenzen in Aufsicht

a) Die Teile des Newton-Glases (Linse und Glasplatte) liegen fest aufeinander:

Ein eintreffender Lichtstrahl wird sowohl an der Unterseite der Linse als auch an der Oberfläche der Glasplatte reflektiert, wobei an der Glasplatte ein Phasensprung von π auftritt. Weil der Krümmungsradius der Linse sehr groß ist verglichen mit ihrer Dicke, trifft der Strahl auf beide Grenzflächen fast senkrecht auf, so daß Änderungen der Strahlrichtung durch Brechung vernachlässigt werden können.

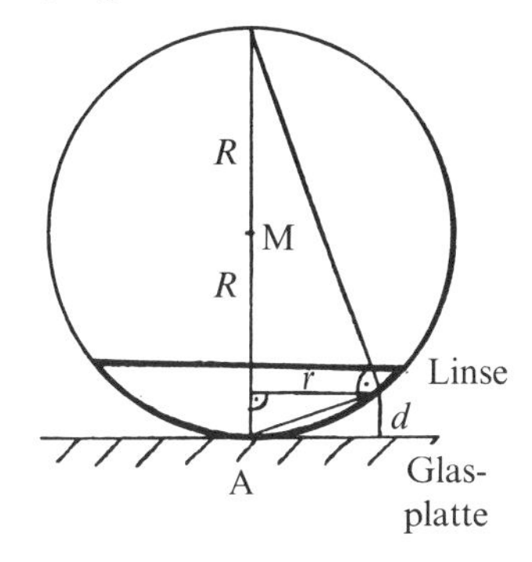

Da die gekrümmte Linsenfläche ein Kugelsegment ist, ist die Anordnung um die Achse AM rotationssymmetrisch und auftretende Interferenzmaxima bzw. -minima werden Kreisringe sein.
Der Gangunterschied der beiden reflektierten Strahlen beträgt also:

$$\Delta s = 2 \cdot d + \lambda/2 \,,$$

wobei d nach dem Höhensatz berechnet werden kann:

$$r^2 = d \cdot (2 \cdot R - d) = 2 \cdot d \cdot R - d^2 \approx 2 \cdot d \cdot R \,,$$

folglich $d \approx \dfrac{r^2}{2R}$

Für ein zu beobachtendes **Minimum** muß

$$\Delta s = (2\mathrm{k} + 1) \cdot \lambda/2 \,, \quad \mathrm{k} \in \mathbb{N}_0$$

sein. Für den k-ten dunklen Ring gilt somit:

$$\frac{r_\mathrm{k}^2}{R} + \lambda/2 = (2\mathrm{k} + 1) \cdot \lambda/2 \,,$$

also

$$\boxed{r_\mathrm{k} = \sqrt{\mathrm{k} \cdot \lambda \cdot R}}$$

Dies zeigt, in Übereinstimmung mit dem Versuchsergebnis, daß die Newtonschen Ringe nicht äquidistant sind. Für die Radien der dunklen Ringe gilt vielmehr

$$r_1 : r_2 : r_3 \ldots = 1 : \sqrt{2} : \sqrt{3} \ldots$$

Für $\mathrm{k} = 0$ wird $\Delta s = \lambda/2$; dies entspricht dem Grenzfall $r \rightarrow 0$.
Das Auftreten des dunklen Flecks in der Mitte ist ein direkter Beweis dafür, daß das Licht bei der Reflexion am dichteren Medium einen Phasensprung π erfährt.

Beachte FWU-Film: Newtonsche Ringe 360038

b) Die Teile des Newton-Glases (Linse und Glasplatte) liegen nicht fest aufeinander, es bleibt ein Zwischenraum d_0.

Der Gangunterschied der reflektierten Strahlen beträgt nun

$$\Delta s = 2 \cdot d + 2 \cdot d_0 + \lambda/2\,,$$

$$\Delta s = \frac{r^2}{R} + 2d_0 + \lambda/2\,.$$

Die Bedingung für Minima lautet wieder

$$\Delta s = (2\mathrm{k} + 1) \cdot \lambda/2\,.$$

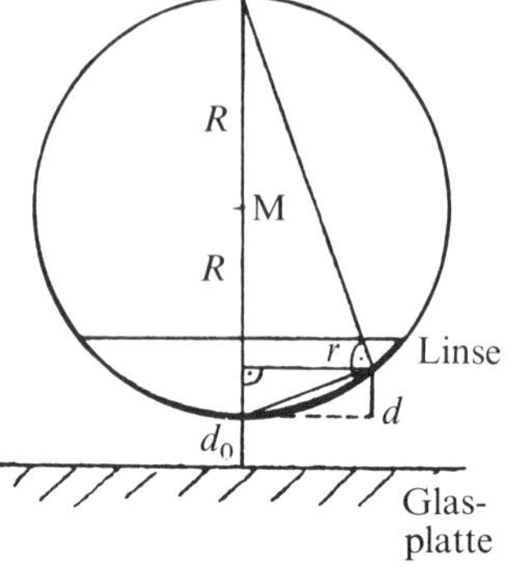

Die Platznummern m und n des m-ten bzw. n-ten dunklen Rings seien bestimmte Werte für k. Man erhält:

$$(2\mathrm{m} + 1) \cdot \lambda/2 = \frac{r_\mathrm{m}^2}{R} + 2 \cdot d_0 + \frac{\lambda}{2}\,,$$

$$(2\mathrm{n} + 1) \cdot \lambda/2 = \frac{r_\mathrm{n}^2}{R} + 2 \cdot d_0 + \frac{\lambda}{2}\,.$$

Die Differenz dieser Gleichungen ergibt

$$(\mathrm{m} - \mathrm{n}) \cdot \lambda = \frac{r_\mathrm{m}^2 - r_\mathrm{n}^2}{R}\,.$$

Hieraus erhält man, ohne Kenntnis von d_0, den Krümmungsradius der Linse:

$$R = \frac{r_\mathrm{m}^2 - r_\mathrm{n}^2}{\lambda \cdot (\mathrm{m} - \mathrm{n})}$$

Erklärung für das Zustandekommen der Interferenzen in Durchsicht

Ein Teil des Lichts passiert das Newton-Glas ungestört, während ein weiterer Teil an der Oberfläche der Glasplatte und dann an der Unterseite der Linse reflektiert wird. Die Überlagerung dieser Wellen führt zur Interferenzerscheinung in Durchsicht. Dabei ist der geometrische Wegunterschied gleich wie im Fall der Reflexion, jedoch tritt bei der *zweifach* am dichteren Medium reflektierten Welle der Phasensprung π *zweimal* auf. Somit unterscheiden sich die effektiven Gangunterschiede in Aufsicht und Durchsicht gerade um $\lambda/2$, was das Auftreten des komplementären Interferenzbilds erklärt. Der schlechtere Kontrast bei Beobachtung in Durchsicht erklärt sich daraus, daß die zweifach reflektierte Welle eine wesentlich geringere Amplitude besitzt als die ungestört durchgehende. Dagegen interferieren in Aufsicht zwei (einfach reflektierte) Wellen mit vergleichbaren Amplituden.

11. Aufgabe: Newtonsche Ringe in Reflexion

Gegeben sei eine Newtonsche Anordnung zur Erzeugung von Interferenzringen (Skizze!). Der Radius des zehnten hellen Interferenzringes sei 1,40 cm. Bringt man eine Immersionsflüssigkeit mit unbekanntem Brechungsindex n_2 zwischen Linse und Glasplatte, so verringert sich der Radius des zehnten hellen Ringes auf 1,27 cm. Berechnen Sie den Brechungsindex n_2 der Flüssigkeit.

R $n_2 = ?$ r_{10} d_{10}

12. Aufgabe: Interferenzen am Luftkeil

Versuchsbedingungen:

$h \ll D$ und $D \ll L$

Beispiel: $L \approx 50\,\text{mm}$
$D \approx 2\,\text{mm}$
$h \approx 0{,}1\,\text{mm}$

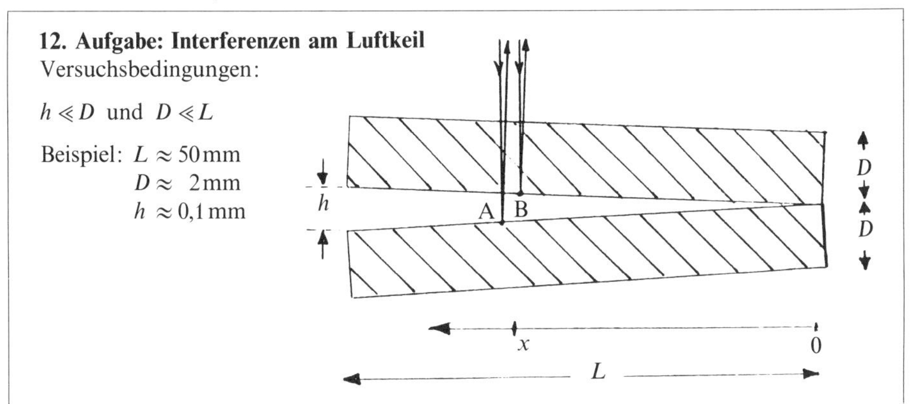

Auf zwei planparallele Glasplatten mit Luftkeil fällt senkrecht monochromatisches Licht einer Na-Dampf-Lampe. In Reflexion beobachtet man dann eine Interferenzerscheinung, die durch Überlagerung der in A und B reflektierten Strahlen zustande kommt.

a) Betrachten Sie einen Strahl, der im Abstand x von der Keilkante auftrifft. Stellen Sie eine Bedingung dafür auf, daß am Ort x ein Maximum beobachtet wird.

b) In welchem Abstand Δx findet man das nächste Maximum?

c) Beschreiben Sie die Art der Interferenzfigur genau.

13. Aufgabe: Linsenvergütung

Man kann die Lichtreflexion einer Glasoberfläche stark herabsetzen, wenn man die Oberfläche mit einer dünnen ein- oder mehrlagigen Schicht aus Material von geeignetem Brechungsindex überzieht. Die an den Schichtgrenzen reflektierten Wellen können sich praktisch aufheben. Die Schichten werden im Vakuum aufgedampft.

Man berechne den Brechungsindex n_2 und die Dicke d der Vergütungsschicht, die für senkrechten Lichtauffall und für $\lambda = 589{,}0\,\text{nm}$ Reflexionsfreiheit bei Glas mit dem Brechungsindex $n_3 = 1{,}5$ ergibt.

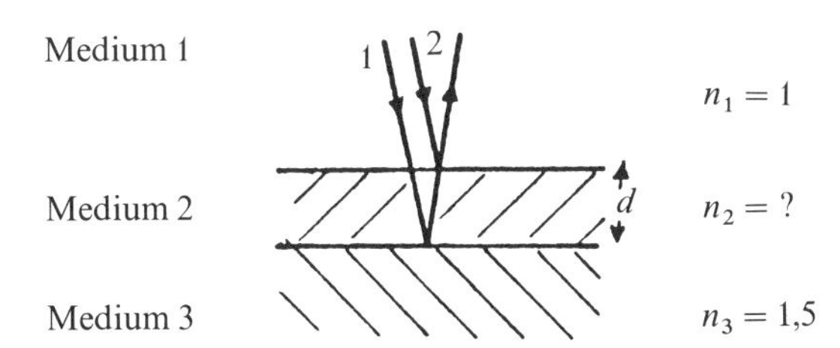

Strahl 1 soll beim Übergang von Medium 1 nach Medium 2 nicht geschwächt werden.

Hinweis: Bei senkrechtem Einfall von Licht auf die Grenzfläche zwischen zwei Medien a und b gilt für den sog. Reflexionskoeffizienten r:

$$r := \frac{\text{Intensität des reflektierten Strahls}}{\text{Intensität des einfallenden Strahls}} = \left(\frac{n_a - n_b}{n_a + n_b}\right)^2$$

9.6 Beugung am Einfachspalt

1. Versuch:
Wenn man bei der Anordnung von Abschnitt **9.2**[1]) statt des Doppelspalts einen Einfachspalt mit veränderlicher Spaltbreite B einsetzt und diese, ausgehend von einigen Millimetern, zunehmend verkleinert, dann kann man auf dem Beobachtungsschirm drei charakteristische Intensitätsverteilungen unterscheiden (vgl. auch Abschnitt **8.4**, **a)**–**c)**):

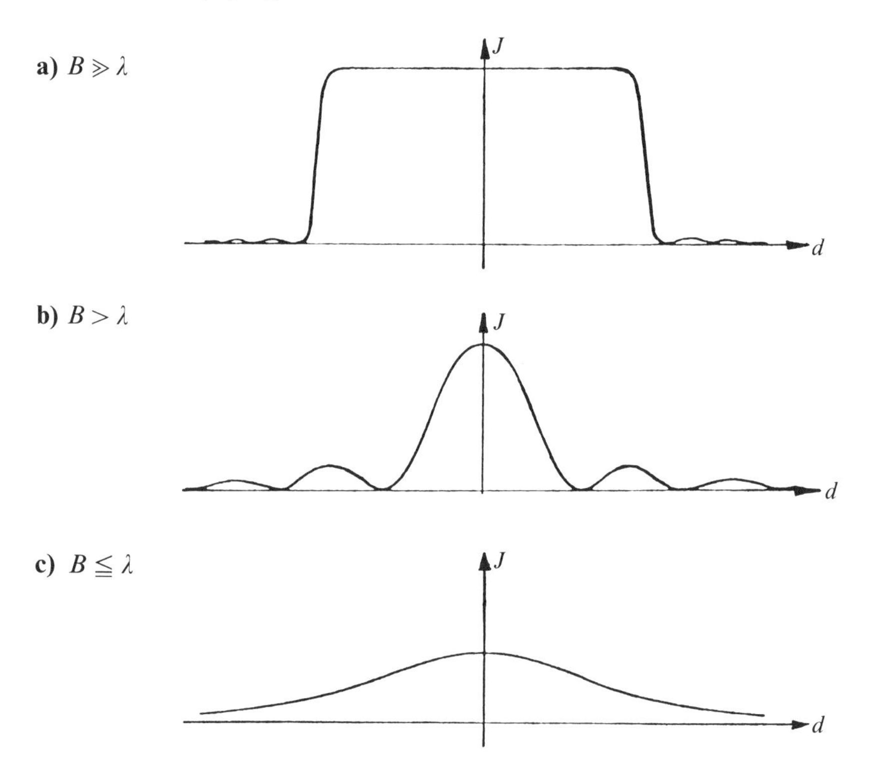

Für die weitere Betrachtung wesentlich ist das Erscheinungsbild **b)** der Beugungsfigur. Zum besseren Vergleich mit der Interferenzfigur, die man bei einem Doppelspalt erhält, wählt man die gleichen Versuchsdaten wie im Abschnitt **9.2**, also z. B. $a = 5{,}00$ m und $B = 0{,}60$ mm. Die Breite des Einzelspalts wird also so groß gewählt, wie im früheren Versuch der Abstand der beiden Spaltmitten. Die Wellenlänge des verwendeten Laserlichts ist mit $\lambda = 633$ nm ebenfalls die gleiche.

Man erhält ein etwas überraschendes Ergebnis:

[1]) Der Versuch kann auch mit Bogenlampe, Kohärenzspalt und Farbfilter durchgeführt werden.

Doppelspalt: (schematisch)

Einfachspalt:
(siehe auch Bilder S. 147 oben)

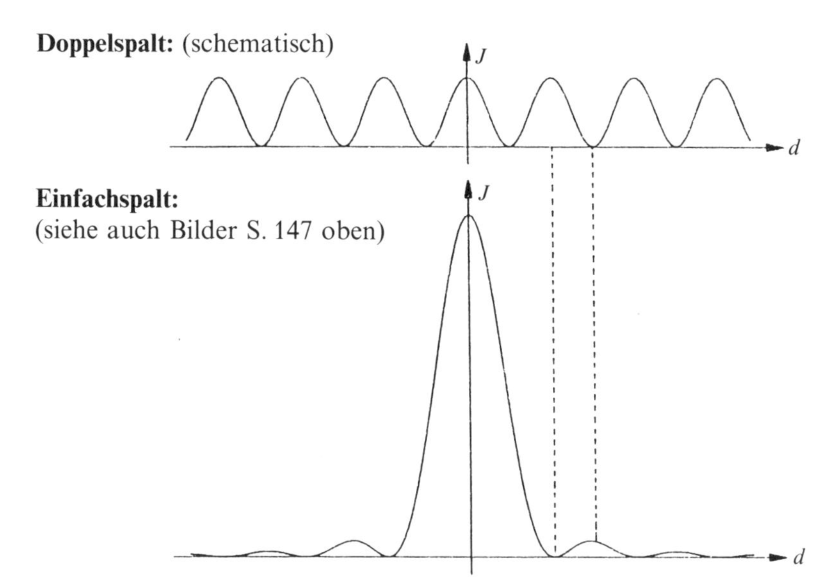

Man sieht, daß das 1., 2., 3., ... Maximum der Doppelspaltinterferenz beim Einfachspalt jeweils durch ein Minimum ersetzt ist, und das 2., 3., 4., ... Minimum jeweils durch ein Maximum. Diese Maxima werden mit größerem Abstand von der optischen Achse immer schwächer. Das 0. Maximum ist durch ein helles Maximum von doppelter Breite ersetzt.
Wegen $B_{\text{Spalt}} = b_{\text{Doppelspalt}}$ gilt offensichtlich:
Für Minima der Beugungsfigur beim Einzelspalt ist der Gangunterschied für die Strahlen von den Spalträndern (Randstrahlen) ein ganzzahliges Vielfaches der Wellenlänge:

$$\Delta s = \mathrm{k} \cdot \lambda; \quad \mathrm{k} \in \mathbb{N}; \text{ für } \textbf{Minima}$$

Für den Winkel α zwischen der Richtung zum Minimum und der optischen Achse gilt:

$$\sin \alpha = \mathrm{k} \cdot \frac{\lambda}{B}; \quad \mathrm{k} \in \mathbb{N};$$

Für alle Maxima mit Ausnahme des nullten ist der Gangunterschied der Randstrahlen ein ungeradzahliges Vielfaches der halben Wellenlänge:

$$\Delta s = (2\mathrm{k} + 1) \cdot \frac{\lambda}{2};$$

$$\mathrm{k} \in \mathbb{N}; \text{ für } \textbf{Maxima}$$

und

$$\sin \alpha = (2\mathrm{k} + 1) \cdot \frac{\lambda}{2 \cdot B};$$

> **Merkregel:**
> Bei der Beugung am Einfachspalt kommt ein **Minimum** zustande, wenn die Gangdifferenz der **Randstrahlen** $\Delta s = \mathrm{k} \cdot \lambda (\mathrm{k} \in \mathbb{N})$ beträgt. In der Mitte zwischen zwei aufeinanderfolgenden Minima liegt jeweils ein Maximum.

Um die Beugungserscheinung am Einfachspalt verstehen zu können, muß man vom **Huygensschen Prinzip** ausgehen.

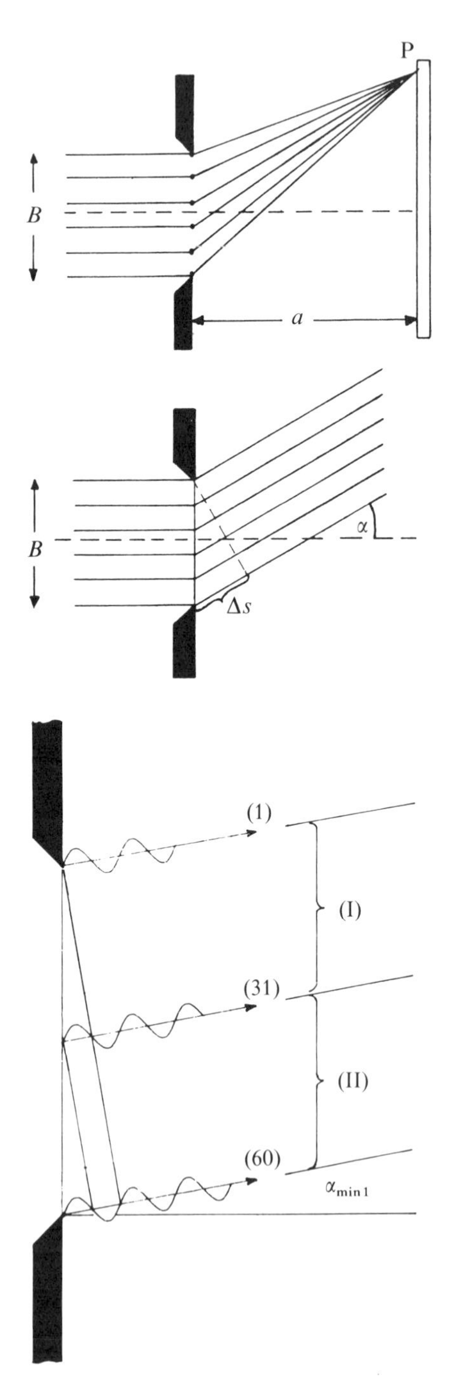

Trifft eine ebene Wellenfront parallel zum Spalt auf, so löst sie über die gesamte Spaltbreite gleichzeitig Elementarwellen aus. Man denkt sich zunächst N Wellenzentren im Spalt; später macht man den Grenzübergang $N \to \infty$. Die folgende Abbildung zeigt die Laufwege der einzelnen Elementarwellen zum Aufpunkt P auf dem Schirm:

Ist der Beobachtungsschirm sehr weit vom Spalt entfernt ($a \gg B$), so kann man annehmen, daß die Verbindungslinien zwischen den Elementarwellenzentren und dem Punkt P parallel sind.

Folgende vereinfachte Überlegung hilft zum Verständnis für das Zustandekommen der Beugungsfigur:
(Eine exakte Theorie findet sich im **Anhang 2**).
Wir ersetzen die unendlich vielen Elementarwellenzentren durch endlich viele, z. B. 60 Zentren, die gleichmäßig über den Spalt verteilt sind. Die von den Zentren ausgehenden Wellen rufen im Punkt P auf dem Schirm Schwingungen mit der gleichen Amplitude A' hervor, die Schwingungsphasen sind je nach Gangunterschied verschieden.
Wir betrachten den Fall, daß der Gangunterschied der Randstrahlen, also der Gangunterschied der Wellen von den Zentren (1) und (60) gerade eine Wellenlänge ist. Man kann das vom Spalt in Richtung $\alpha_{\min 1}$ ausgehende Parallelstrahlenbündel in die beiden Teilbündel (I) (von Zentren (1) bis (30)) und (II) (von Zentren (31) bis (60)) aufteilen. Man sieht, daß sich die Teilwellen von (I) und (II) paarweise destruktiv überlagern:
Die Wellen, die von (1) und (31) ausgehen, haben den Gangunterschied $\lambda/2$, ebenso die von (2) und (32) usw. Damit ergibt sich für den betrachteten Fall ein Minimum.

Die Überlegung ist dabei grundsätzlich unabhängig von der angenommenen Zahl der Wellenzentren, man kann sehr viele annehmen. Damit wird sogar der Fehler bedeutungslos, den wir an sich gemacht haben. Genau genommen haben (1) und (31) nicht exakt den Gangunterschied $\lambda/2$, der Unterschied wird beliebig klein, wenn die Zahl der Zentren groß ist. Das Ergebnis ist auch unabhängig von der Art, wie die interferierenden Strahlen zusammengefaßt werden, da in dem Punkt auf dem Schirm, in dem sie zusammentreffen, einfach die Feldstärkevektoren addiert werden. Der Wert der Summe hängt nicht von der Reihenfolge der Additionen ab.

14. Aufgabe:
Führen Sie die entsprechende Überlegung wie oben für die Minima mit den Gangunterschieden $\Delta s = 2\lambda$ bzw. $\Delta s = 3\lambda$ der Randstrahlen durch.

Wir betrachten weiter den Fall, daß der Gangunterschied der Randstrahlen gerade eineinhalb Wellenlängen ist. Man kann das vom Spalt in Richtung $\alpha_{\max 1}$ ausgehende Parallelstrahlenbündel nun in die drei Teilbündel (I) (von Zentren (1) bis (20)), (II) (von Zentren (21) bis (40)) und (III) (von Zentren (41) bis (60)) aufteilen. Man sieht, daß sich die Teilwellen von (I) und (II) paarweise destruktiv überlagern:
Die Wellen, die von (1) und (21) ausgehen, haben den Gangunterschied $\lambda/2$, ebenso die von (2) und (22) usw. Damit verbleiben nur die Wellen von Bündel (III). Um zu sehen, wie sie auf dem Schirm interferieren, müssen wir die Schwingungen betrachten, die sie dort bewirken. Dies geschieht wie in der Wechselstromlehre am besten mit einem *Zeigerdiagramm*, in dem die gegenseitige Phasenbeziehung der Schwingungen festgehalten ist. Die Amplitude (und die Phasenlage) der resultierenden Schwingung erhält man einfach durch *Zeigeraddition*:

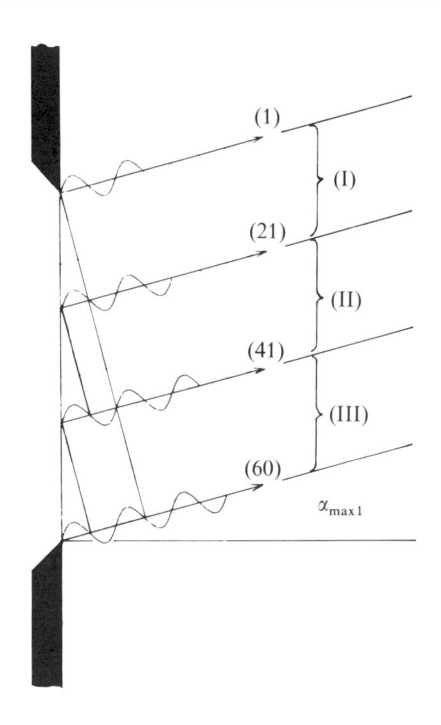

Die »Strahlen« (1) und (21) haben den Gangunterschied $\lambda/2$, also die Phasendifferenz $\pi = 180°$. Die Phasendifferenz zwischen zwei beliebigen benachbarten Strahlen, also z. B. zwischen (41) und (42), ist damit $\delta = \pi/20 = 9°$. Der Winkel zwischen zwei aneinanderhängenden Zeigern ist damit δ, der Winkel zwischen dem ersten und letzten damit $19 \cdot \delta < 180°$. Man sieht, die resultierende Amplitude A_{res} ist fast der Durchmesser eines Kreises, auf dem die Zeiger der Einzelschwingungen liegen. (Im Diagramm des Versuchsergebnisses sieht man, daß das Maximum bei einem etwas kleineren Gangunterschied als $\lambda/2$ auftritt.)

Es kann damit noch nicht nachgewiesen werden, daß für den gezeigten Fall ein Maximum auftritt, es ergibt sich jedenfalls, daß die Gesamtintensität von Bündel (III) nicht Null ist. Darüber hinaus ist zu erkennen, daß zwei Bündel wie (I) und (II) mit dieser Methode einen Vollkreis liefern und daß die resultierende Amplitude dort den Wert Null hat. Die Reihenfolge der Additionen ist also tatsächlich belanglos.

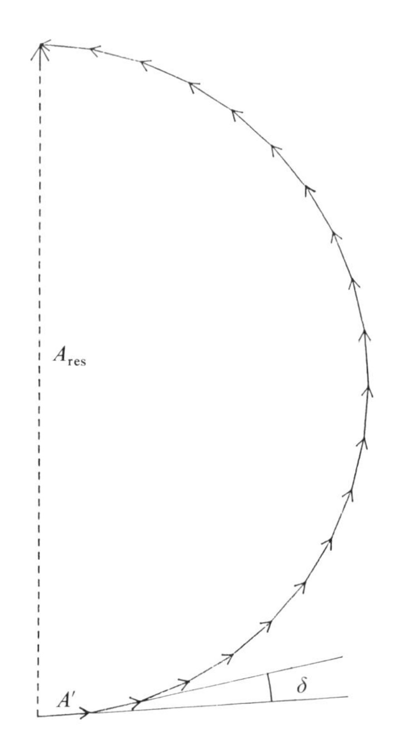

Hinweis:
Diese graphische Darstellung kann für verschiedene Winkel δ einfach mit einem Computer erstellt werden (z. B. Turtle-Graphik).

> **15. Aufgabe:**
> Führen Sie die entsprechende Überlegung wie oben für das Maximum mit dem Gangunterschied $\Delta s = 5 \cdot \lambda/2$ der Randstrahlen durch. Zeichnen Sie auch das Zeigerdiagramm für das verbleibende Bündel.

Für das Maximum 1. Ordnung teilt man das Gesamtbündel also in 3 Teilbündel, für das Maximum 2. Ordnung in 5, für die 3. Ordnung in 7 Teilbündel usw., von denen jeweils nur eines übrig bleibt, die anderen interferieren sich weg. Es ergibt sich (bei gleichbleibender Gesamtzahl der Zentren), daß für Maxima höherer Ordnung die Zahl der konstruktiv interferierenden Strahlen immer kleiner wird. Daher wird die Intensität der Maxima immer geringer.

2. Versuch:
Die Verteilung der Lichtintensität in einer Beugungsfigur kann z. B. photographisch erfaßt werden. Hierzu entfernt man am besten die Wechseloptik der Kamera und nimmt das Beugungsbild direkt in der Filmebene auf. Der Saal muß wegen des störenden Streulichts verdunkelt werden.
Beispiel für eine geeignete Kombination von Daten:

Laserleistung:	$P_L = 0{,}1$ mW;
Spaltbreite:	$B = 0{,}60$ mm;
Schirmabstand:	$a = 2{,}50$ m;
Filmempfindlichkeit:	100 ASA;
Belichtungszeit:	$t = 1/60$ s;

Beispiele:

Doppelspalt:

Einfachspalt:

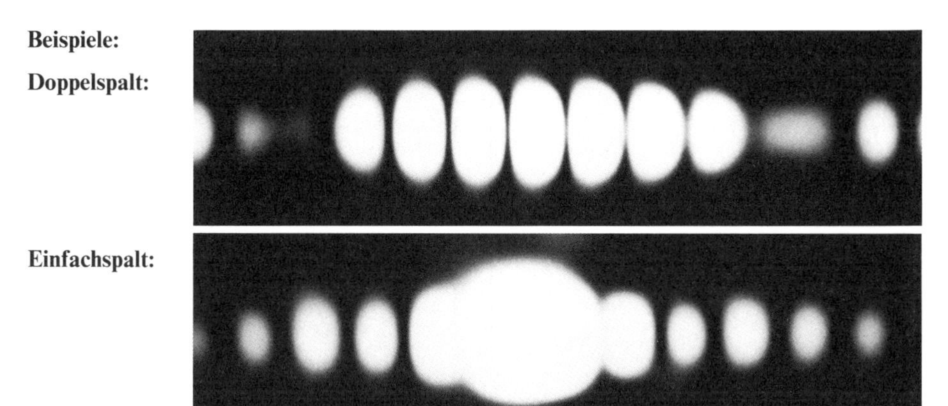

(Siehe auch Graphik S. 143 oben).

3. Versuch:

Noch günstiger ist eine photometrische Erfassung. Hierzu verwendet man moderne optoelektronische Bauelemente:
Als Lichtempfänger dient beispielsweise ein Fotoelement[1]), das – mit einem engen Spalt abgedeckt – auf dem beweglichen Arm eines x-y-Schreibers montiert und im t-y-Betrieb des Schreibers langsam durch das Interferenzbild gefahren wird. Der Kurzschlußstrom des Elements wird mit einem Mikrovoltmeter gemessen und steuert über dessen Analogausgang die y-Achse des Schreibers an.

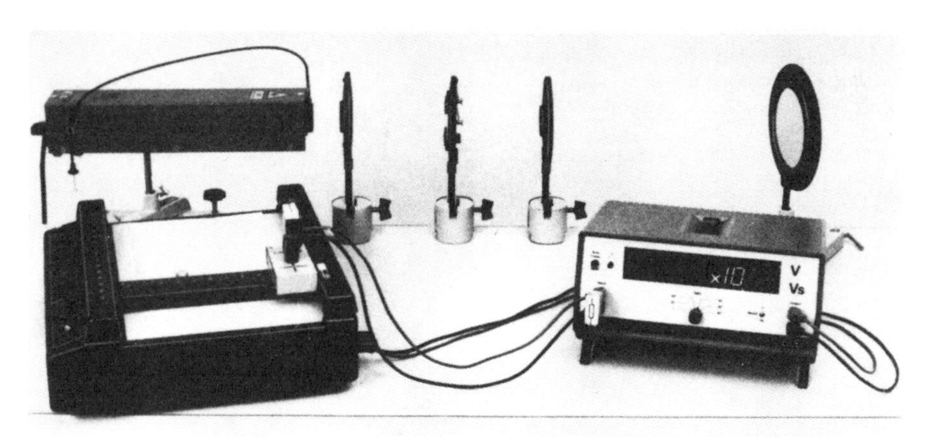

[1]) Zum Beispiel Leybold Nr. 578 62
Anstelle des Fotoelements in der dargestellten Versuchsanordnung bietet sich auch die Verwendung des Sensors TFA 1001 W (Fa. Siemens) an. Dieses Element beinhaltet eine Fotodiode, einen Verstärker und eine Referenzspannungsquelle für die Versorgung der integrierten Schaltung. Die Schaltung kann mit einer beliebigen Gleichspannung zwischen 2,5 V und 15 V betrieben werden. Der Vorteil dieses Elements besteht in der hervorragenden Linearität zwischen Fotostrom und Beleuchtungsstärke über einen Bereich von mehr als 5 Dekaden.
Wenn man nicht über einen Schreiber verfügt, kann man das Meßelement auf einen Experimentierwagen setzen und dessen Ort durch ein Potentiometer in einen entsprechenden Wert eines elektrischen Potentials umsetzen. Die Intensität der Beugungsfigur kann dann z. B. mit einem Computer-Meßwerterfassungssystem aufgenommen werden.

Meßbeispiele:

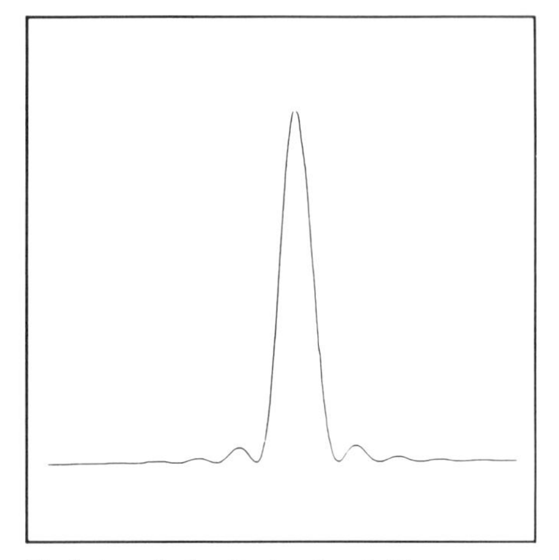

Einfachspalt der Breite $B = 0{,}12$ mm

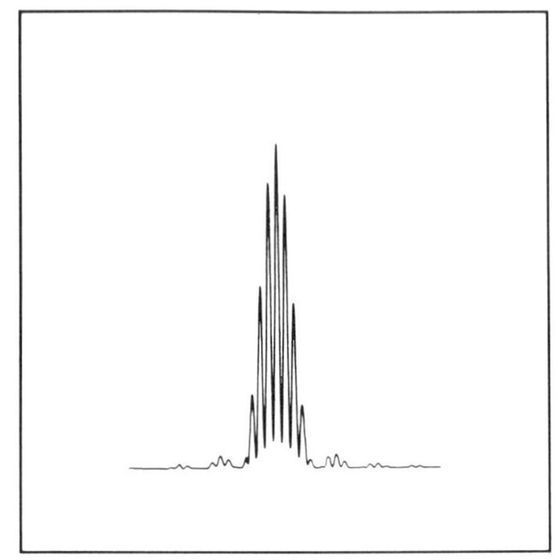

Doppelspalt aus zwei Einfachspalten der Breite $B = 0{,}12$ mm mit dem Mittenabstand $b = 0{,}60$ mm

Die Intensitätsverteilung der Beugungsfigur des idealen Einzelspalts ist im folgenden dargestellt, wobei das Verhältnis J/J_0 (J_0: Intensität in der Mitte des 0. Maximums) gegen den Gangunterschied der Randstrahlen angetragen ist. Sie wird in **Anhang 2** hergeleitet.

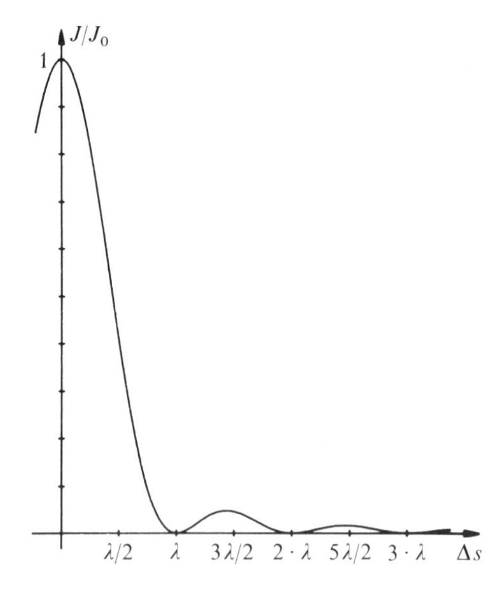

Begründung für das reale Erscheinungsbild der Doppelspaltinterferenz:
Es ist jetzt zu verstehen, warum in der Praxis die Beugungsfigur des Doppelspalts (s. S. 125 und 147) keine überall gleich hellen Maxima ergibt. Die Beugungsfiguren der beiden Einzelspalte sind nur um den Spaltabstand gegeneinander verschoben:

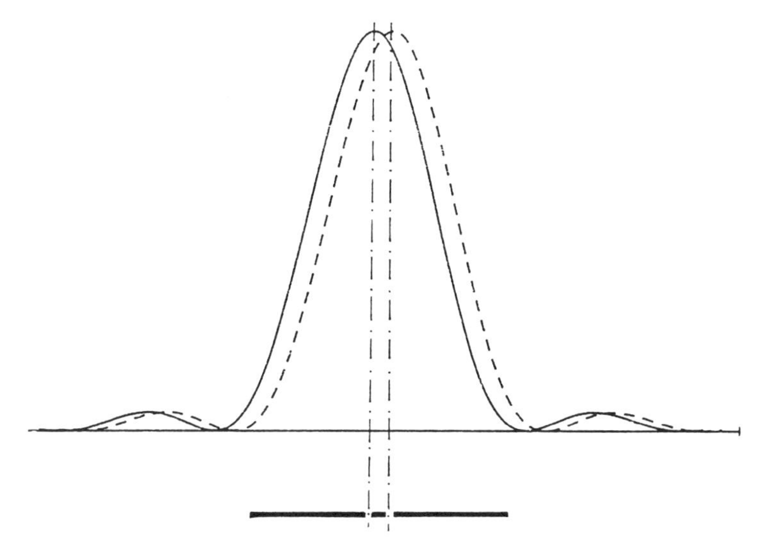

Da die Einzelspalte stets erheblich schmaler sind als der Abstand der Spaltmitten, sind die 0. Maxima der Einzelspalte, die nur um den Spaltabstand gegeneinander verschoben sind, erheblich breiter als die Maxima der Interferenzfigur. Man erhält also im 0. Maximum der Einzelspalte mehrere Maxima der Doppelspaltinterferenz

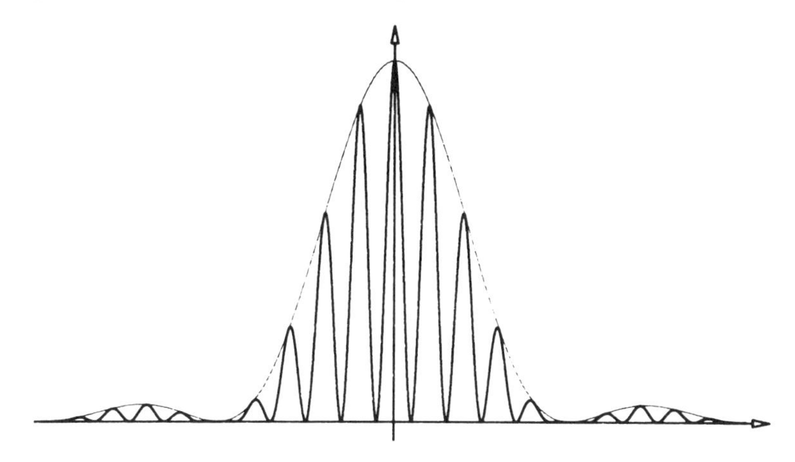

16. Aufgabe:
Geben Sie an, für welchen Wert des Verhältnisses $B:b$ gerade wie im Bild die 5. Maxima der Doppelspaltinterferenz nicht auftreten.

Hinweis:

Beugung, also das Eintreten einer Welle in den geometrischen Schattenraum, tritt nicht nur hinter einem Spalt, sondern hinter jedem beliebigen Hindernis auf. Mit den Anordnungen des **2.** bzw. **3. Versuchs** kann man die Beugungsfigur z. B. hinter einer Kante oder einem Draht aufnehmen. Zu berechnen ist die Intensitätsverteilung mit schulischen Mitteln nicht mehr.

10. Mehrfachspalt und optische Gitter

Wenn man mit dem Doppelspalt oder einer anderen Anordnung mit Hilfe von Zweiquelleninterferenz die Wellenlänge für verschiedene Farben des sichtbaren Lichtes bestimmen möchte, ergibt sich (s. Aufgabe 132/9), daß das Ergebnis mit einer ziemlich großen Ungenauigkeit behaftet ist, da die Lage der einzelnen Interferenzmaxima höchstens auf 10% genau zu bestimmen ist. Mit einem anderen Verfahren kommt man zu wesentlich genaueren Ergebnissen.

10.1 Mehrfachspalt

1. Versuch:

Ein Laserstrahl wird mit einer Anordnung aus zwei Linsen aufgeweitet: Mit einer kurzbrennweitigen Linse L_1 ($f = 25$ mm) wird der Strahl in deren Brennpunkt F gebündelt, der Punkt F mit einer langbrennweitigen Linse L_2 ($f = 200$ mm) auf den Beobachtungsschirm (bzw. die Filmebene) im Abstand a abgebildet. In den (fast) parallelen Strahlengang hinter L_2 bringt man einen Mehrfachspalt, d. h. eine Anordnung von mehreren (Anzahl N) parallelen Spalten, die untereinander den jeweils gleichen Abstand b haben. Die Breite B der einzelnen Spalte sei klein gegen deren Abstand b.[1])

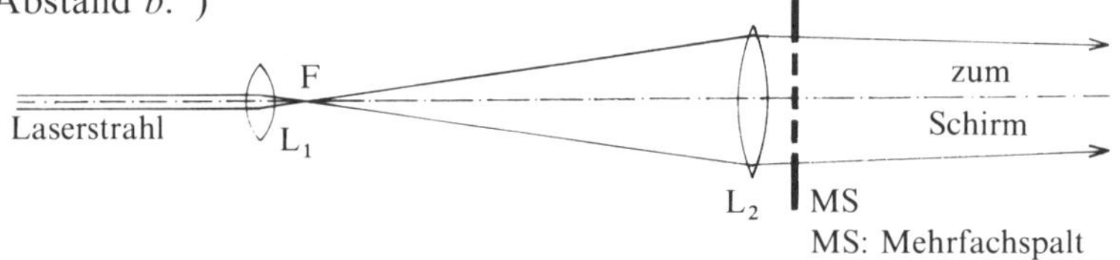

Daten:

$b = 0{,}60$ mm; $B = 0{,}12$ mm; $a = 3{,}00$ m; $\lambda = 633$ nm; N = 2; bzw. N = 3; bzw. N = 4; bzw. N = 5;

Ergebnis:

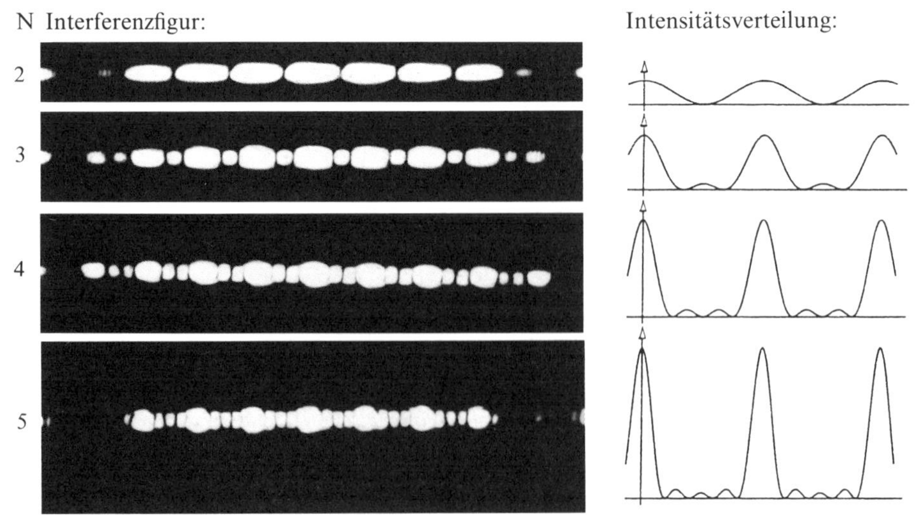

[1]) Der Versuch kann auch wie auf S. 129 unter Verwendung eines Farbfilters durchgeführt werden.

Allgemein:

Läßt man eine ebene Wellenfront von monochromatischem Licht (hier in der Anordnung von S. 129) auf drei oder mehr parallele äquidistante Spalte fallen, so erhält man Interferenzmuster gemäß nebenstehender Abbildung. Dabei haben in allen betrachteten Fällen benachbarte Spalte immer den gleichen Mittenabstand b, N ist die Zahl der gleichmäßig ausgeleuchteten Spalte, k die Ordnung des betreffenden Maximums.

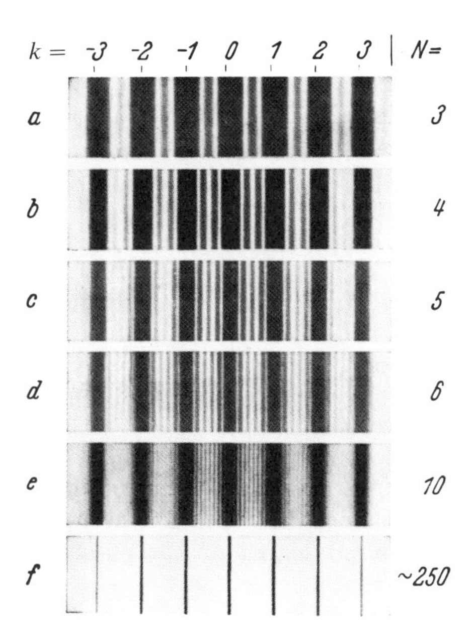

Dargestellt ist ein *Negativ* der Intensitätsverteilung. Das heißt, Schwarz entspricht maximaler Intensität.

Trifft auf einen solchen Mehrfachspalt eine dazu parallele Wellenfront auf, so löst sie an jedem Spalt eine Elementarwelle aus, diese interferieren hinter dem Mehrfachspalt. Ist der Gangunterschied benachbarter Strahlen, die zum gleichen Beobachtungspunkt führen, ein ganzzahliges Vielfaches der Wellenlänge, so überlagern sich **alle** Elementarwellen am Beobachtungsort konstruktiv, und man erhält ein Maximum.

Insofern ist kein Unterschied zum Doppelspalt. Die Maxima liegen bei gleichem Spaltabstand und gleichem Abstand zum Schirm immer an den gleichen Stellen. Es zeigt sich jedoch, daß mit zunehmender Anzahl der Spalte die Maxima immer heller und schmäler werden (s. Abb.).

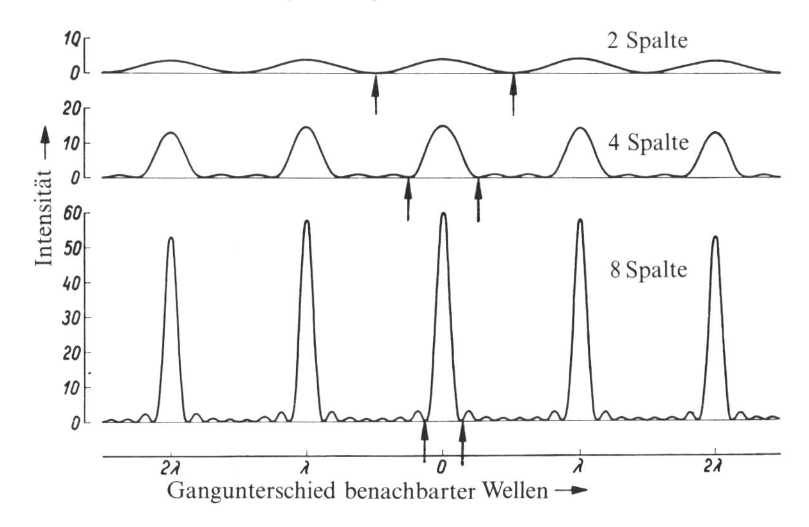

Es treten zwar zwischen den Maxima jeweils noch N-2 »Nebenmaxima« auf, deren Intensität jedoch so gering ist, daß sie nicht stören. Bei sehr hoher Spaltzahl (ca. 600 Spalte pro mm, man nennt die Spaltanordnung dann **optisches Gitter**) werden die Maxima schon so scharf, daß man von »Linien« sprechen kann. Damit ist die Wellenlänge des betreffenden Lichts wesentlich genauer zu bestimmen.
Im folgenden soll geklärt werden, wie das Aussehen der Interferenzfigur zustande kommt.

10.2 Einfache Theorie des Mehrfachspalts

Vereinfachung:
Die untereinander gleichen Einzelspalte seien so eng, daß von ihnen Elementarwellen ausgehen.

In den Elementarwellenzentren treten gleichphasige Schwingungen auf, die von der anlaufenden Wellenfront ausgelöst werden. Die Beobachtung findet in so großer Entfernung vom Mehrfachspalt (Gitter) statt, daß die Richtungen von den Elementarwellenzentren zum Beobachtungspunkt als parallel angenommen werden können.

Um die resultierende Schwingungsamplitude $A_{N\,res}$ in einem Aufpunkt P zu erhalten, muß man die von den Elementarwellen ausgelösten Schwingungen unter Berücksichtigung ihrer Phasenlage addieren. Vergleiche: Wechselstromlehre und S. 146!

Beispiel: Vierfachspalt

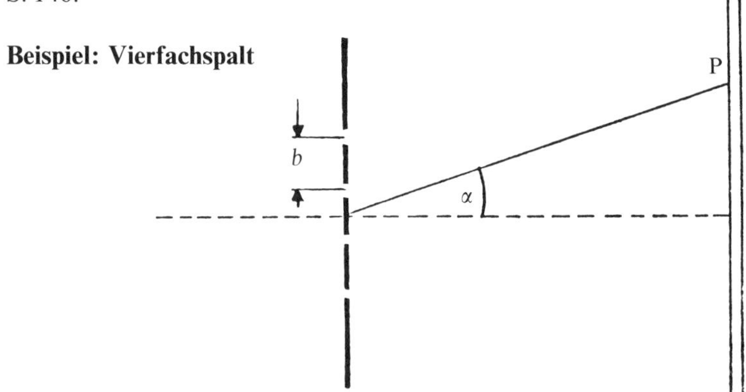

Bezeichnungen

δ : Phasendifferenz der Schwingungen im Punkt P, die von benachbarten Elementarwellen hervorgerufen werden.
A_4 : Amplitude einer Elementarwelle in P.
$A_{4\,res}$: Amplitude der resultierenden Schwingung in P.
$\Delta s'$: Gangunterschied benachbarter Elementarwellen.

Es gilt: $\frac{\Delta s'}{\lambda} = \frac{\delta}{2\pi}$

Bestimmung von $A_{4\,\mathrm{res}}$ in Abhängigkeit vom Winkel δ (graphisch)

$A_4 \triangleq 1$ LE

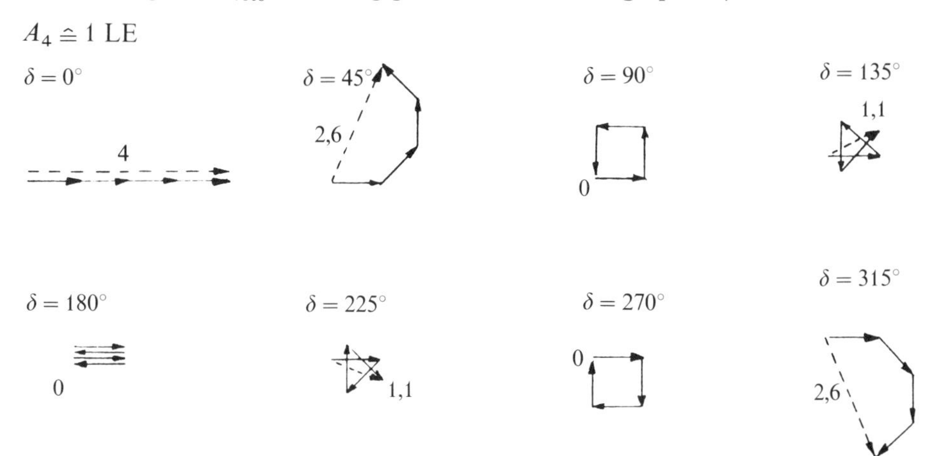

Auf diese Weise konstruiert man sich die **Amplitude** des E- bzw. des H-Felds. Ein Maß für die **Intensität**, d.h. die pro Zeiteinheit durch ein Flächenelement transportierte Energie (proportional zu E^2 bzw. H^2) ist das **Amplitudenquadrat**. In der folgenden Tabelle sind für die gewählten Winkel δ jeweils die Gangunterschiede $\Delta s' = \lambda \cdot \delta / 2\pi$ sowie die resultierenden Amplituden und deren Quadrate zusammengestellt:

δ	0°	45°	90°	135°	180°	225°	270°	315°
$\Delta s'$	0	$\frac{1}{8}\lambda$	$\frac{1}{4}\lambda$	$\frac{3}{8}\lambda$	$\frac{1}{2}\lambda$	$\frac{5}{8}\lambda$	$\frac{3}{4}\lambda$	$\frac{7}{8}\lambda$
$A_{4\,\mathrm{res}}$	4	2,6	0	1,1	0	1,1	0	2,6
$(A_{4\,\mathrm{res}})^2$	16	6,7	0	1,2	0	1,2	0	6,7

Für Winkel δ von 360°; 360° + 45°; 360° + 90°... bekommt man gleiche Zeigerdiagramme wie für $\delta = 0°$; 45°; 90°.... Im Rahmen dieser einfachen Theorie erhält man also einen periodischen Verlauf für die Schwingungsamplitude und ihr Quadrat. Der Graph der Tabellenwerte $(A_{4\,\mathrm{res}})^2$ ergibt die folgende **relative Intensitätsverteilung für den Vierfach-Spalt**

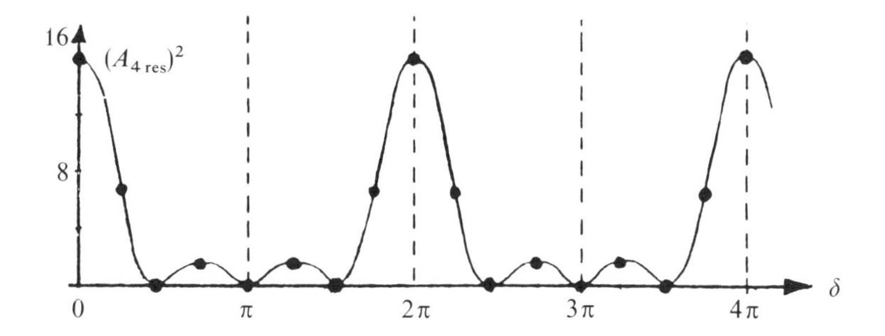

1. Aufgabe:
Warum stimmt diese Kurve nicht mit dem tatsächlich beobachteten Intensitätsverlauf überein?

2. Aufgabe: Achtfach-Spalt

a) Welche Amplitude $A_{8\,\mathrm{res}}$ und welches Amplitudenquadrat $(A_{8\,\mathrm{res}})^2$ ergibt sich für $\delta = 0$?

b) Zeigen Sie anhand von Zeigerdiagrammen ($A_8 \mathrel{\hat{=}} 1\,\mathrm{cm}$), daß Minima bereits bei $\delta = \pi/4$; $\pi/2$; $3\pi/4$... auftreten. Wie wirkt sich dies auf die Breite der Hauptmaxima aus?

c) Bestimmen Sie zeichnerisch die resultierende Amplitude für $\delta = \pi/8$ und $\delta = 3\pi/8$. ($A_8 \mathrel{\hat{=}} 1\,\mathrm{cm}$)

d) Zeichnen Sie in ein Koordinatensystem den relativen Intensitätsverlauf für den Achtfach-Spalt ein. (Einheiten auf beiden Achsen wie im obigen Diagramm für den Vierfach-Spalt)

3. Aufgabe: Doppel-Spalt

a) Bestimmen Sie $A_{2\,\mathrm{res}}$ zeichnerisch für $\delta = 0°; 45°; 90° \ldots; 315°$ ($A_2 \mathrel{\hat{=}} 1\,\mathrm{cm}$). Stellen Sie δ, $A_{2\,\mathrm{res}}$ und $(A_{2\,\mathrm{res}})^2$ wie beim Vierfach-Spalt in einer Tabelle dar.

b) Zeichnen Sie in ein Koordinatensystem den relativen Intensitätsverlauf für den Doppel-Spalt ein. (Einheiten auf beiden Achsen wie im obigen Diagramm für den Vierfach-Spalt)

Bedingung für die Lage der Hauptmaxima beim Mehrfachspalt

Der 1. Versuch und die oben angestellten theoretischen Überlegungen zeigen übereinstimmend, daß die Lage der Hauptmaxima bei vorgegebenem Spaltabstand b unabhängig von der Spaltzahl N ist. Hauptmaxima treten auf, wenn die Phasendifferenz δ der von benachbarten Spalten ausgehenden Strahlen im Aufpunkt P

$$\delta = \mathrm{k} \cdot 2\pi \quad (\mathrm{k} \in \mathbb{N}_0)$$

beträgt. Der entsprechende Gangunterschied ist

$$\boxed{\Delta s' = \mathrm{k} \cdot \lambda \quad (\mathrm{k} \in \mathbb{N}_0)}$$

Da $\Delta s' = b \cdot \sin\alpha$ ist, ergeben sich die Winkel α_k, unter denen Hauptmaxima auftreten, aus der Beziehung

$$\boxed{\sin\alpha_\mathrm{k} = \frac{\mathrm{k} \cdot \lambda}{b} \quad (\mathrm{k} \in \mathbb{N}_0)}$$

Merkregel:
Bei der Beugung am Mehrfachspalt kommen Hauptmaxima zustande, wenn die Gangdifferenz der Strahlen von **benachbarten** Spalten $\Delta s' = k \cdot \lambda (k \in \mathbb{N}_0)$ beträgt.

Für diesen Fall sind im Aufpunkt P alle Teilwellen in Phase:

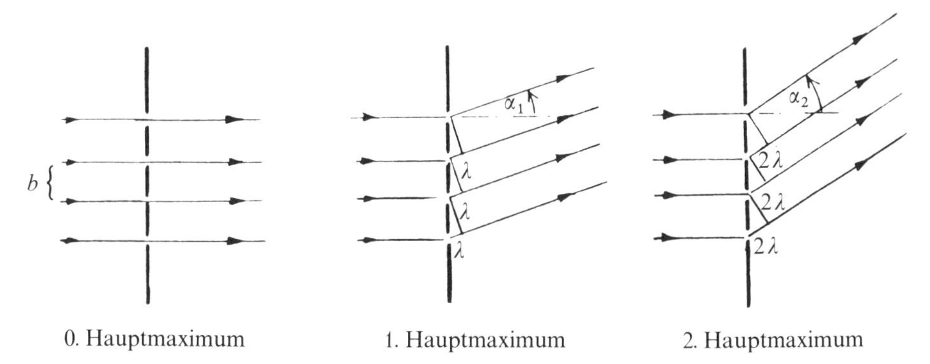

Durch Verallgemeinerung der Ergebnisse von den Aufgaben **2** und **3** auf Seite 154 kommt man zu dem Ergebnis (vgl. hierzu auch **Anhang 2**):

1. Bei der Beugung an N Spalten treten zwischen zwei aufeinanderfolgenden Hauptmaxima jeweils N – 1 Minima und N – 2 Nebenmaxima auf.
2. Mit zunehmender Spaltzahl N wächst die Intensität der Hauptmaxima, während ihre Breite abnimmt.

10.3 Wellenlängenmessung mit dem optischen Gitter

Die am Doppelspalt und am Fresnelschen Doppelspiegel bzw. Biprisma durchgeführten Versuche lassen nur eine grobe Bestimmung der Lichtwellenlänge zu, da die Interferenzmaxima sehr breit sind.
Bei einem Mehrfachspalt mit großer Spaltzahl, einem sogenannten **Gitter**, erhält man dagegen sehr intensive und scharfe Hauptmaxima, deren Lage wesentlich genauer bestimmt werden kann. Die Genauigkeit der Wellenlängenmessung ist abhängig von der **Gitterkonstante *b*** (Abstand zweier Einzelspalte), welche bei vorgegebener Versuchsanordnung und Wellenlänge den Abstand zwischen zwei Hauptmaxima festlegt.
Im folgenden Versuch wird ein Gitter verwendet, dessen Spalte noch so weit voneinander entfernt sind, daß sie mit einer Linse getrennt abgebildet werden können. Damit läßt sich die Gitterkonstante b einfach bestimmen.

2. Versuch: Messung der Gitterkonstanten *b*

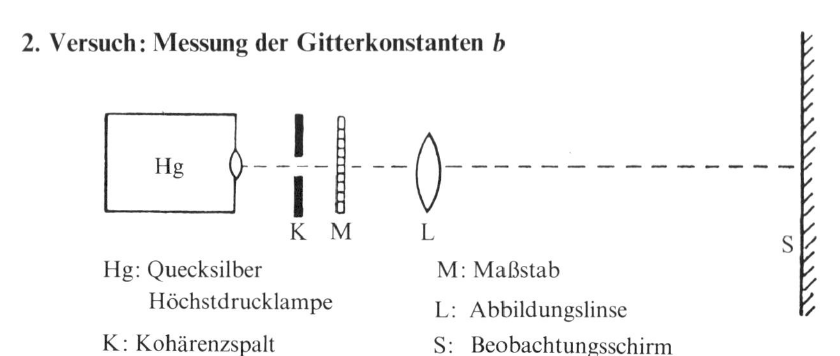

Mit einer Linse ($f = 100$ mm) wird der Maßstab M (Millimeter-Teilung) auf dem Schirm S abgebildet. Eine Strecke, die im Original 2,00 mm lang ist, wird auf dem Schirm markiert.
An die Stelle des Maßstabes wird nun das Gitter gebracht. Man zählt die Gitterspalte zwischen den Markierungen und errechnet sich daraus die Gitterkonstante b.

3. Versuch: Messung der Lichtwellenlänge

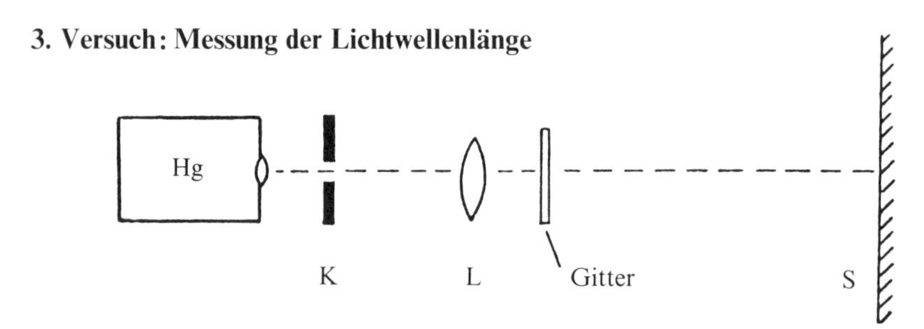

Man beobachtet Hauptmaxima verschiedener Ordnungen für die blaue, grüne und gelbe Hg-Linie. Der Abstand zwischen den beiden Maxima 1. Ordnung kann jeweils auf ca. 1% genau gemessen werden.

Auswertung

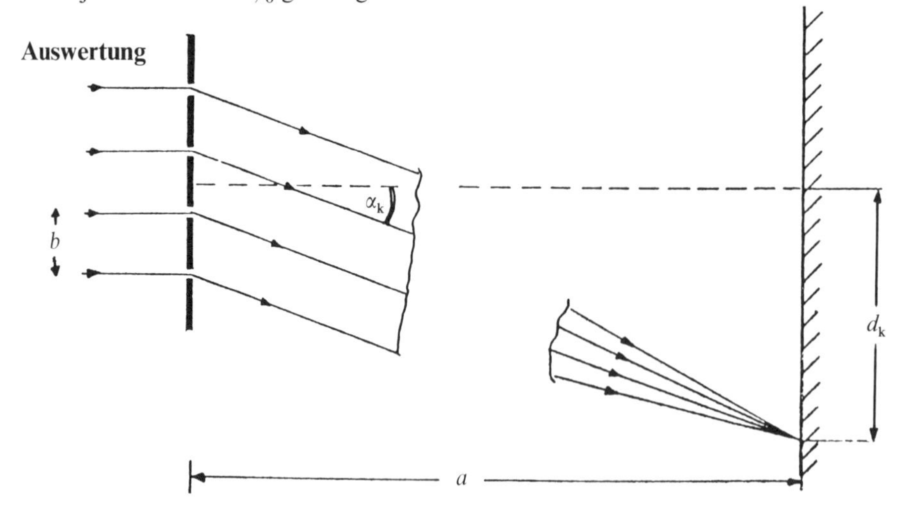

Für das k-te Hauptmaximum gilt

$$\sin \alpha_k = \frac{k \cdot \lambda}{b} \tag{1}$$

und:

$$\tan \alpha_k = \frac{d_k}{a}. \tag{2}$$

Einsetzen von (1) und (2) in die trigonometrische Beziehung

$$\sin \alpha = \frac{\tan \alpha}{\sqrt{1 + (\tan \alpha)^2}}$$

und Umformung ergibt:

$$\boxed{\lambda = \frac{b \cdot d_k}{k \cdot \sqrt{a^2 + d_k^2}}} \tag{3}$$

Für $a \gg d_k$ gilt die Näherung:

$$\lambda \approx \frac{b \cdot d_k}{k \cdot a} \tag{4}$$

Auch hier kann die Rechnung vereinfacht werden, wenn mit Hilfe des Taschenrechners aus dem Sinus- oder Tangenswert der Winkel und dann die andere trigonometrische Funktion berechnet wird (s. S. 111).

Fehlerabschätzung

Da das optische Gitter eine relativ genaue Messung der Lichtwellenlänge ermöglicht, ist eine Schätzung des Fehlers sinnvoll. Hierbei gehen wir aus von der einfacheren Näherungsformel (4). Eine Möglichkeit zur Abschätzung des gesamten relativen Fehlers ist die Addition der relativen Einzelfehler

$$\frac{\Delta \lambda}{\lambda} = \frac{\Delta b}{b} + \frac{\Delta d_k}{d_k} + \frac{\Delta a}{a}.$$

Schätzung der Einzelfehler: Mit dem beschriebenen Verfahren ist eine Messung der Gitterkonstanten b auf höchstens 2% genau möglich. Bei der Messung von a auf cm genau ist der Fehler kleiner als 0,5%, der Fehler bei der Messung von d_k beträgt auf Grund der Breite der Interferenzstreifen etwa 1%. Der Gesamtfehler ist also rund 3%.
Die Meßgenauigkeit beim optischen Gitter läßt sich durch Verkleinerung der Gitterkonstanten b verbessern. Dies kann man unter anderem durch Schrägstellung des Gitters erreichen, da hierbei die effektive Spaltbreite verkleinert wird.

Unter Verwendung eines »Rowlandgitters« (570 bzw. 590 Spalte pro mm) können wir nun die Wellenlängen von Licht verschiedener Farbe wesentlich genauer bestimmen als beim Doppelspalt.

Bei Verwendung von weißem Licht erhalten wir sehr helle Spektren mehrerer Ordnungen, wobei sich allerdings die Spektren höherer als zweiter Ordnung gegenseitig überlappen.

Spektr. Ordnung

Ordnung 3 2 1 0 1 2 3

Interferenzmaxima nach Durchgang durch das »Rowlandgitter«.

Daß diese Spektren nun schon bei geringem Beobachtungsabstand viel weiter auseinandergezogen sind als beim Doppelspalt, hat seinen Grund darin, daß wir beim Gitter viel engere Einzelspalte haben, die wesentlich enger beisammenliegen als beim Doppelspalt.
Die hohe Intensität im Spektrum kommt dadurch zustande, daß sehr viele Spalte zu der Interferenzfigur beitragen. Wollten wir beim Doppelspalt mit gleicher Spaltbreite und Spaltabstand arbeiten wie beim Gitter, so bekämen wir zwar gleich starke Winkelablenkungen, aber die Interferenzfigur wäre für eine Beobachtung zu lichtschwach.

Verschiedene Spektren
Mit Hilfe des Gitters können wir nun auch das Licht anderer Lichtquellen untersuchen, etwa das Licht, das in Gasentladungsröhren erzeugt wird. Hier zeigt sich nun ein wesentlicher Unterschied zu den Spektren von Glühlicht. Man erhält kein kontinuierliches Spektrum, sondern nur einzelne Spektrallinien (**Linienspektrum**), die für die entsprechende Atomsorte im Gas charakteristisch sind. Auf dieser Grundlage beruht die Spektralanalyse, die 1859 von Bunsen und Kirchhoff begründet wurde. Mit ihrer Hilfe ist es möglich, auch von geringsten Spuren einer Atomsorte deren Art zu bestimmen, ja sogar deren Konzentration.

Hinweis:
Linienspektren finden Sie auf der Farbtafel am Ende des Buches.

Nun bestehen auch die Festkörper, die wir als Lichtquellen zum Glühen gebracht haben, aus Atomen, u. U. sogar aus nur einer Sorte von Atomen. Daß sie kein Linienspektrum liefern, liegt an der um ein Vielfaches höheren gegenseitigen Störung der Atome als in einem Gas. Diese Störungen führen dazu, daß das ausgesandte Licht nicht mehr einzelne charakteristische Wellenlängen besitzt, sondern verbreiterte Wellenlängenbereiche. Diese liefern in ihrer Gesamtheit das kontinuierliche Spektrum. Wenn man in einem Gas unter sehr hohem Druck eine Gasentladung erzeugt, so treten dort ebenfalls gegenseitige Störungen der Atome auf, weil sie sich ziemlich nahe kommen. Auch in diesem Fall wird das Linienspektrum mit wachsendem Druck mehr und mehr zu einem kontinuierlichen Spektrum. Man nutzt dies übrigens in dem für die Fotografie so wichtigen Elektronenblitz aus. In ihm wird ja auch eine Gasentladung gezündet. Würde nun das Gas ein Linienspektrum liefern, so wäre es aus mit den natürlichen Farben, denn Sie bekommen eben nur diejenigen Farben auf den Film, die auch in dem Licht vorhanden sind, das zur Beleuchtung des aufzunehmenden Objektes dient.

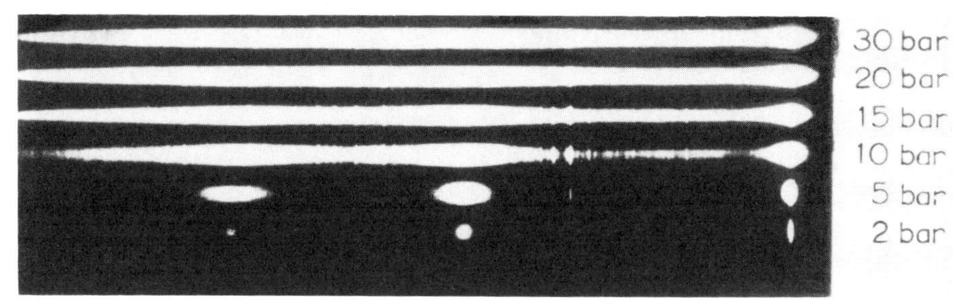

Verbreiterungen der Linien des Spektrums von Wasserstoff durch Störungen

Siehe auch Farbtafel auf S. 170.

Anmerkung zu den folgenden Aufgaben:
Der Abstand b der Mitten zweier benachbarter Gitterspalte wird als **Gitterkonstante** bezeichnet (s. S. 155).
Statt durch die Angabe der Gitterkonstanten wird das Gitter oft auch durch die Angabe der Anzahl der Spalte (oder **Striche**) pro mm oder cm beschrieben. Die Gitterkonstante ist dann der Kehrwert dieser »Spaltzahl pro mm bzw. cm« und umgekehrt.

Beispiel: Ein Gitter der Gitterkonstanten $b = 1{,}0 \cdot 10^{-5}$ m $= 1{,}0 \cdot 10^{-2}$ mm hat 100 Spalte pro mm.

Wellenlängen werden oft in den Einheiten μm $= 10^{-6}$ m oder nm $= 10^{-9}$ m angegeben.

Beispiel: $6{,}33 \cdot 10^{-7}$ m $= 633 \cdot 10^{-9}$ m $= 633$ nm.

4. Aufgabe:
Auf ein Gitter mit 250 Spalten pro cm trifft monochromatisches Licht. Auf einem Schirm im Abstand $a = 3{,}83$ m vom Gitter wird der Abstand der beiden Maxima 1. Ordnung zu 12,3 cm, der Abstand der beiden Maxima 2. Ordnung zu 24,9 cm und der der Maxima 3. Ordnung zu 37,2 cm gemessen.

a) Berechnen Sie die Wellenlänge des Lichtes.

b) Bis zu welcher Ordnung höchstens könnte man mit diesem Gitter theoretisch Maxima des verwendeten Lichts beobachten?

5. Aufgabe:
Bei einem Interferenzversuch mit einem Gitter mit 100 Strichen pro mm wird Licht einer Quecksilberdampflampe verwendet. Im Spektrum findet sich eine helle grüne Linie. Das Maximum 2. Ordnung dieser Linie hat vom Maximum 0. Ordnung den Abstand 38,9 cm. Der Schirm ist vom Gitter 3,54 m entfernt.
Berechnen Sie die Wellenlänge des Lichts der grünen Quecksilberlinie.

6. Aufgabe:
Die beiden Maxima 1. Ordnung der grünen Quecksilberlinie (Wellenlänge s. Formelsammlung) haben auf einem Schirm in 3,45 m Abstand vom Gitter den gegenseitigen Abstand 18,8 cm.
Berechnen Sie die Gitterkonstante. Wie viele Spalte hat das Gitter pro cm?

7. Aufgabe:
Die gelbe Linie im Quecksilberspektrum hat die Wellenlänge $\lambda = 578$ nm. Im Spektrum 3. Ordnung fällt sie fast genau mit der blauen Quecksilberlinie 4. Ordnung zusammen.

a) Berechnen Sie die Wellenlänge dieser blauen Linie.

b) Wie viele Spalte pro mm darf das Gitter höchstens haben, damit die Ablenkung dieser Linie gegen das Maximum 0. Ordnung nicht mehr als 45° beträgt?

8. Aufgabe:
Das Glühlicht einer Bogenlampe soll mit einem Gitter zerlegt werden.

a) Skizzieren Sie eine Versuchsanordnung, die geeignet ist, mit Glühlicht ein auswertbares Interferenzbild zu erzeugen.

Das Gitter ist ein Rowlandgitter mit 570 Strichen/mm. Auf einem Schirm im Abstand 2,50 m haben die beiden Enden des Spektrums 1. Ordnung vom Maximum 0. Ordnung den Abstand 57 cm bzw. 122 cm.

b) Geben Sie an, welcher der beiden Abstände zum roten bzw. violetten Ende des Spektrums gehört.

c) Berechnen Sie die Wellenlängen des Lichtes am roten bzw. violetten Ende des Spektrums.

Eine genaue Untersuchung eines Glühlichtspektrums ergibt folgende Zuordnung zwischen Farben und Wellenlängen:

Farbe:	**Wellenlänge in nm:**
Violett	390 ... 425
Blau	425 ... 485
Grün	485 ... 555
Gelb	555 ... 595
Orange	595 ... 615
Rot	615 ... 770

Sie sollten sich merken, daß die Wellenlängen des sichtbaren Lichtes etwa zwischen den Grenzen 400 nm und 800 nm liegen. Die rote Grenze des Spektrums hat etwa die doppelte Wellenlänge der violetten Grenze.
Siehe auch Farbtafel auf S. 170.

9. Aufgabe:
Berechnen Sie die Frequenz des Lichtes am roten bzw. violetten Ende des Spektrums.

Es ergibt sich, daß die Frequenz am violetten Ende etwa doppelt so groß ist wie am roten Ende. In der Akustik nennt man das Intervall zwischen einem Ton mit der Frequenz f und einem Ton der Frequenz $f' = 2 \cdot f$ eine **Oktave**.

10. Aufgabe:
Nehmen Sie als Grenzen des Spektrums von Glühlicht die Wellenlängen 400 bzw. 800 nm an.

a) Zeigen Sie, daß die Gitterspektren 1. und 2. Ordnung voneinander getrennt sind, daß sich aber die Spektren 2. und 3. Ordnung bereits teilweise überlappen.

b) Zeigen Sie, daß mit einem Gitter von 600 Linien/mm nur noch das Spektrum 2. Ordnung ganz zu beobachten ist.

11. Aufgabe:
Auf einer Ebene stehen vertikal zwei Sendedipole S_1 und S_2 der Länge $l = 35$ cm im gegenseitigen Abstand $b = 14$ m. Sie werden durch einen Hochfrequenzgenerator gleichphasig in ihrer Grundschwingung angeregt.

Nebenstehende Skizze zeigt (nicht maßstäblich) die Anordnung der beiden Sendedipole und eines vertikal aufgestellten abgestimmten Empfangsdipols E. Die Entfernung $\overline{MP}$ beträgt 5,00 km.

a) Beschreiben Sie zunächst allgemein den Intensitätsverlauf des von E empfangenen Signals, wenn sich E längs der Linie durch P bewegt, wie in der Skizze angedeutet.

b) Berechnen Sie, in welchen Entfernungen von P man dabei Maxima bzw. Minima des Empfangs registriert.

Nun werden auf der Geraden S_1S_2 über die beiden Sendedipole hinaus in Abständen von je 14 m auf beiden Seiten je weitere 5 Sendedipole der Länge l aufgestellt, wobei nun alle Dipole vom Generator gleichphasig und jeder in der gleichen Stärke wie vorher angeregt werden sollen.

c) Wie ändert sich die Amplitude der in P empfangenen Strahlung?

d) Beschreiben Sie zunächst allgemein, wie sich der Empfang vom Fall **a)** unterscheidet, wenn sich E wieder längs der Linie durch P bewegt.

e) Berechnen Sie, in welchen Entfernungen von P man nun Hauptmaxima erhält.

f) Berechnen Sie, in welcher minimalen Entfernung von P man nun zum erstenmal ein Minimum des Empfangs registriert.

12. Aufgabe:

a) Fertigen Sie eine vollständige Skizze eines Versuchsaufbaus zur Erzeugung und Beobachtung von Gitterinterferenzen und erläutern Sie die Funktion der einzelnen Teile.

b) Der Abstand Gitter-Schirm sei 1,00 m. Die beiden Maxima 2. Ordnung einer roten He-Linie ($\lambda = 668$ nm) haben voneinander den Abstand $\Delta d = 70{,}8$ cm. Geben Sie mit einer Skizze der Gitterstege die Bedingung für dieses Interferenzmaximum an und berechnen Sie die Gitterkonstante b.

13. Aufgabe:

Unter welchen physikalischen Voraussetzungen sind bei einem Gitter die Abstände der Hauptmaxima bis zur 3. Ordnung auf drei Dezimalstellen gleich?

Lösungshinweis: Setzen Sie $d_3 \approx 3 \cdot d_1$.

14. Aufgabe:
Auf ein Beugungsgitter, Gitterkonstante b, fällt senkrecht ein Bündel parallelen, kohärenten Lichts mit $\lambda = b/3$. Auf einem 0,5 m entfernten Schirm sind die Hauptmaxima erster und zweiter Ordnung sichtbar.

a) Welchen Abstand Δd haben diese Maxima auf dem Schirm?

Das Beugungsgitter wird nun als Reflexionsgitter verwendet. Licht der Wellenlänge λ fällt unter α ein. In Richtung α_n beobachtet man das n-te Hauptmaximum, siehe Bild:

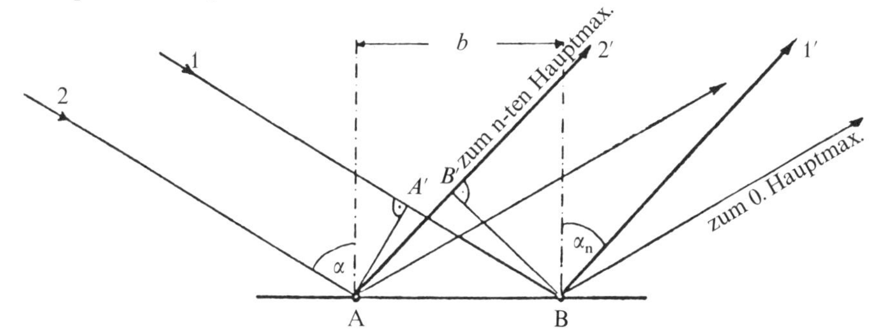

b) Drücken Sie den geometrischen Gangunterschied Δs der gebeugten Wellen 1′ und 2′ im n-ten Hauptmaximum aus mit: b, α, α_n. Zur Erleichterung sind zwei besondere Wellenfronten AA′ und BB′ eingezeichnet. Geben Sie nun über die Interferenzbedingung für Maxima den Ausdruck für $\sin \alpha_n$ an.

10.4 Das Auflösungsvermögen des optischen Gitters

Wie der 3. Versuch zeigt, kann man mit einem optischen Gitter Mischlicht in seine verschiedenfarbigen Anteile zerlegen: Prinzip des **Gitterspektralapparats**. Im Gegensatz zum Brechungsprisma (vgl. Abschnitt 12) wird jedoch bei der Beugung langwelliges rotes Licht am stärksten abgelenkt, wie man durch Auflösen von Gleichung (4), S. 157, nach d_k sieht:

$$d_k \approx \frac{k \cdot a \cdot \lambda}{b}$$

Die Güte eines optischen Gitters im Hinblick auf die Spektralanalyse von Mischlicht charakterisiert man durch das sogenannte **Auflösungsvermögen**. Darunter versteht man den Quotienten $\lambda/\Delta\lambda$ für zwei Spektrallinien mit den Wellenlängen λ und $\lambda + \Delta\lambda$, welche im Versuch gerade noch getrennt beobachtet werden können.

Hauptmaxima der gleichen Ordnung können gerade noch getrennt beobachtet werden, wenn das Hauptmaximum für $\lambda + \Delta\lambda$ mindestens in das 1. Minimum neben dem Hauptmaximum für λ fällt:

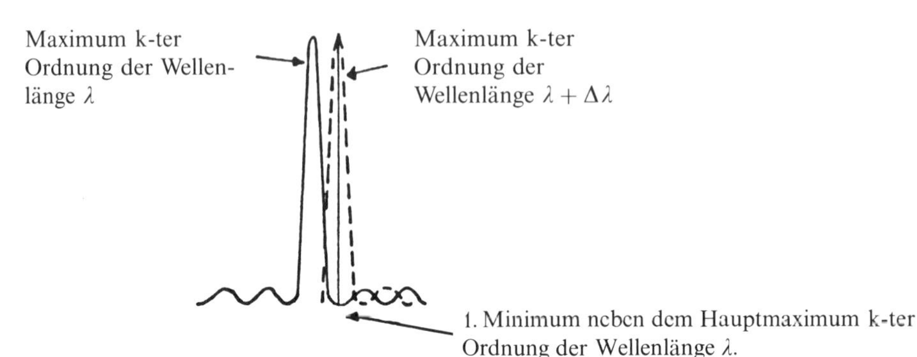

Der Gangunterschied benachbarter Strahlen für das Hauptmaximum k-ter Ordnung (Wellenlänge $\lambda + \Delta\lambda$) ist:

$$k \cdot (\lambda + \Delta\lambda)$$

Der Gangunterschied benachbarter Strahlen für das neben dem Hauptmaximum k-ter Ordnung liegende Nebenminimum (Wellenlänge λ) ist (vgl. folgende Skizze):

$$k\lambda + \lambda/N$$

Beispiel: $N = 8$

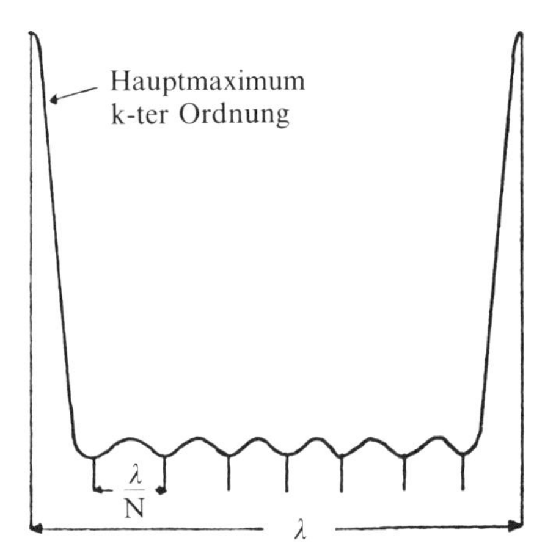

Trennung der Hauptmaxima k-ter Ordnung der Wellenlängen λ und $\lambda + \Delta\lambda$ ist möglich, wenn:

$$k(\lambda + \Delta\lambda) \geqq k \cdot \lambda + \frac{\lambda}{N}$$

daraus folgt:

$$\boxed{\frac{\lambda}{\Delta\lambda} \leqq k \cdot N}$$

Das Auflösungsvermögen eines Gitters ist also um so größer, je höher die Zahl der ausgeleuchteten Spalte ist und je höher die Ordnung ist, in der beobachtet wird.

15. Aufgabe:
Ein Gitter hat in einem beobachteten Hauptmaximum das Auflösungsvermögen $k \cdot N = 950$. Lassen sich damit die beiden Natrium-Linien mit den Wellenlängen $\lambda_1 = 589{,}0\,\text{nm}$ und $\lambda_2 = 589{,}6\,\text{nm}$ getrennt beobachten?

16. Aufgabe: Brechzahlbestimmung mittels Gitter

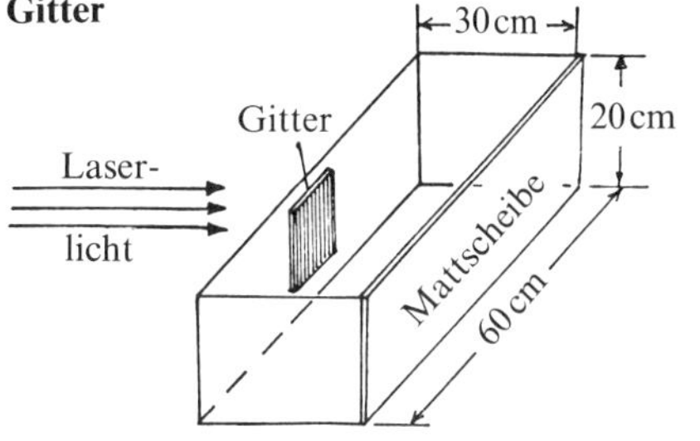

Ein Glastrog, dessen Wandstärke für den Versuch unberücksichtigt bleibt, ist 30 cm lang und 60 cm breit. Auf die Mitte der längeren Wand wird ein Strichgitter mit 600 Strichen pro mm geklebt und mit Laserlicht der Wellenlänge $\lambda = 633$ nm bestrahlt. Auf der gegenüberliegenden Trogwand werden die Interferenzpunkte auf einem Mattglasschirm beobachtet.

a) Wie groß ist der gegenseitige Abstand der Laserlichtpunkte 1. Ordnung?

b) Bis zu welcher Ordnung kann man auf dem Mattglas Maxima beobachten?

c) In den Trog wird Wasser gefüllt. Nun beobachtet man, daß der Abstand der beiden Maxima 1. Ordnung 17,8 cm beträgt. Geben Sie die Wellenlänge des Laserlichts in Wasser an und berechnen Sie die Brechzahl für Wasser!

d) Kann man mit Wasserfüllung mehr Maxima beobachten als ohne? Begründung!

11. Polarisation des Lichtes

Alle unsere bisherigen Versuche haben gezeigt, daß sich Licht wie eine elektromagnetische Welle verhält. Es ist daher zu vermuten, daß Licht auch polarisierbar ist. Von den Versuchen mit Mikrowellen kennen wir zwei Möglichkeiten zur Polarisierung:

a) **Polarisation von Mikrowellen durch parallel ausgerichtete Gitterstäbe.**
Die von den Gitterstäben ausgehende Sekundärwelle interferiert mit der Primärwelle. Das Gitter löscht diejenige Komponente der elektromagnetischen Welle aus, deren E-Vektor parallel zu den Gitterstäben ist. Die durchgehende Welle ist linear polarisiert, der E-Vektor ist senkrecht zu den Gitterstäben.

b) **Polarisation von Mikrowellen durch Reflexion beim Brewsterwinkel ε_B.**
Von einer elektromagnetischen Welle, die unter dem Brewsterwinkel auf ein Dielektrikum fällt, wird derjenige Anteil ausgelöscht, deren E-Vektor parallel zur Einfallsebene ist. Die reflektierte Strahlung ist linear polarisiert, das E-Feld steht senkrecht zur Einfallsebene.

11.1 Polarisation von Licht durch Absorption

Eine ähnliche Wirkung wie parallele Gitterstäbe für Mikrowellen haben langgestreckte Moleküle geeigneter Kunststoffolien für Licht (Polarisationsfilter).
Die Komponente der Strahlung, deren E-Feld parallel zur Achse der Moleküle ist, wird weitgehend absorbiert. Die Komponente der Strahlung, deren E-Feld dazu senkrecht ist, geht nahezu ungeschwächt durch das Filter.

1. Versuch:

a) Eine Polarisationsfolie **(Polarisator)** wird senkrecht von natürlichem Licht durchstrahlt. Das durchgehende Licht wird auf einem Schirm beobachtet. Dreht man die Polarisationsfolie um eine zur Strahlrichtung parallele Achse, so ist keine Helligkeitsänderung festzustellen.

b) Zwischen Polarisator und Schirm wird eine zweite Polarisationsfolie **(Analysator)** gebracht.

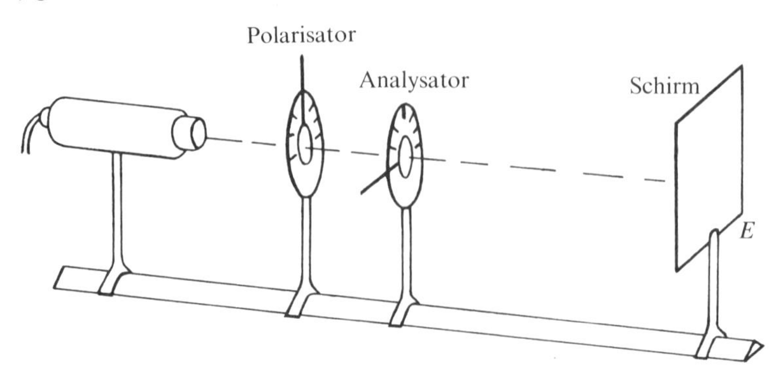

Der Anteil des durchgehenden Lichts hängt nun von der gegenseitigen Stellung von Analysator und Polarisator ab. Bei einer Stellung des Analysators läßt dieser kein Licht durch. Dreht man ihn um 90°, so geht das Licht ungehindert durch.

Aus **b)** folgt, daß das natürliche Licht durch ein Polarisationsfilter linear polarisiert wird (die Schwingungsrichtung des E-Feldes bleibt konstant).

Aus **a)** folgt, daß beim natürlichen Licht im zeitlichen Mittel alle Schwingungsrichtungen gleich häufig vorkommen.

11.2 Polarisation von Licht durch Reflexion

Ähnlich wie bei Mikrowellen kann man auch das Licht durch Reflexion polarisieren. Erklärung siehe S. 119/120!

2. Versuch:

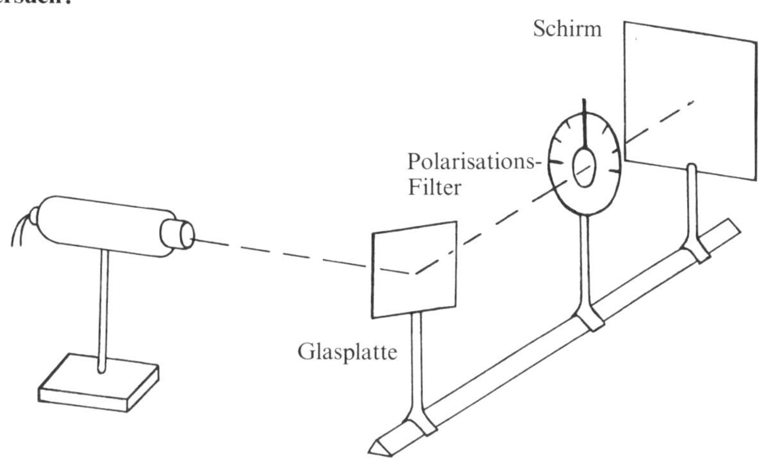

Der Brechungsindex des Glases bezogen auf Luft ist für das verwendete Licht $n_{\text{Luft-Glas}} = 1{,}5$.

1. Aufgabe:
Unter welchem Winkel muß das Licht auf das Glas treffen, damit der reflektierte Anteil linear polarisiert ist?

2. Aufgabe:
Wie ist das E-Feld des reflektierten Lichtes im Vergleich zum Zeiger des Analysators gerichtet?

3. Aufgabe:
Man bringt nun das Polarisationsfilter in den Strahlengang zwischen Lampe und Glasplatte. Die Lichtintensität auf dem Beobachtungsschirm ändert sich bei Drehung des Filters. Erklären Sie dies!

11.3 Weitere Versuche mit polarisiertem Licht

1. Streuung von polarisiertem Licht

3. Versuch:
Schickt man polarisiertes Licht durch Wasser, in dem sich lichtstreuende Teilchen befinden, so ist die Intensität des Streulichts stark abhängig von der Beobachtungsrichtung.

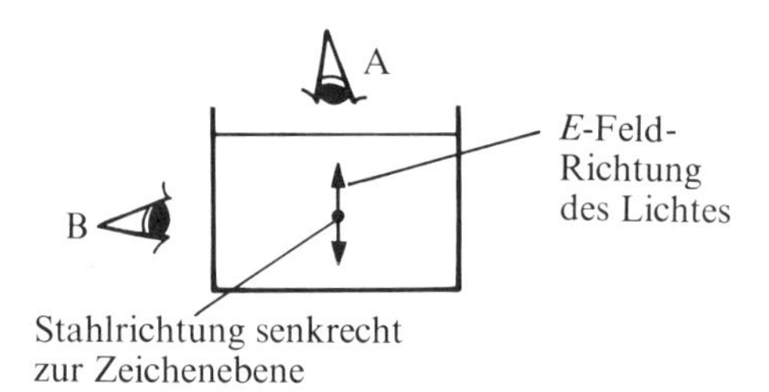

Erklärung:
Man kann die einzelnen streuenden Teilchen als Dipole auffassen, die aufgrund ihrer Strahlungscharakteristik in Beobachtungsrichtung A minimal, in Beobachtungsrichtung B maximal abstrahlen.

2. Drehung der Schwingungsebene durch optisch aktive Stoffe

Es gibt Stoffe, welche die Schwingungsebene des durchgehenden Lichtes drehen. Beispiele: Quarz, Zuckerlösung.

4. Versuch:
Bringt man den optisch aktiven Stoff zwischen die gekreuzten Polarisationsfilter, so tritt eine Aufhellung am Beobachtungsschirm auf. Man dreht den Analysator so lange, bis der Lichtfleck am Schirm wieder verschwindet. Man erhält so den Winkel α, um den die Schwingungsebene (des E-Feldes) gedreht wird.
Es gibt rechts- und linksdrehende Stoffe. Der Drehwinkel hängt vom Material, der Dicke des Materials ($\alpha \sim d$), von der Wellenlänge des Lichtes und der Konzentration bei Lösungen ab.

Anwendung: Konzentrationsbestimmung bei Zuckerlösungen (Saccharimetrie)

12. Das elektromagnetische Spektrum

Wir haben bisher elektromagnetische Wellen im optischen Bereich (Wellenlängen von 0,4 μm bis 0,8 μm) und im Wellenlängenbereich von 3 cm bis zu einigen Metern erzeugt und untersucht. Trotz der unterschiedlichen Wellenlänge haben diese Wellen im Vakuum die gleiche Ausbreitungsgeschwindigkeit und sind Transversalwellen. Die Lücke, die zwischen diesen beiden Wellenlängenbereichen besteht, kann mit einfachen Hilfsmitteln experimentell untersucht werden.
Siehe auch die Farbtafel auf der folgenden Seite!

12.1 Infrarotstrahlung

1. Versuch:
Ein Spalt wird mit dem Licht einer Bogenlampe (Glühlicht) beleuchtet und auf einen Schirm abgebildet. In den Strahlengang wird ein Prisma gebracht. Da der Brechungsindex des Glases von der Wellenlänge des Lichtes abhängt, erhält man auf dem Schirm im sichtbaren Bereich ein kontinuierliches Spektrum, das von Rot bis Violett reicht.

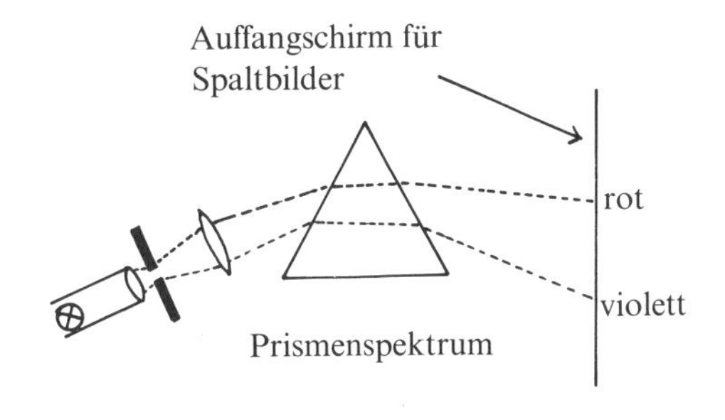

Zur Untersuchung des Spektrums dient uns eine Thermosäule, mit der die spektrale Energiedichte in den einzelnen Wellenlängenbereichen nachgewiesen werden kann.

Aufbau einer Thermosäule
Erwärmt man die Lötstelle A des Thermoelementes, so entsteht an der Berührungsstelle der beiden Metalle I und II eine »Thermospannung«, die in dem Kreis einen Thermostrom zur Folge hat. Erwärmt man dagegen die Lötstelle B, dann fließt der Strom in umgekehrter Richtung. Schaltet man mehrere Thermoelemente so, wie es die Skizze zeigt, in Serie und sorgt man dafür, daß nur die Lötstellen A Strahlung absorbieren und sich dabei erwärmen, so addieren sich die einzelnen Thermospannungen und liefern dadurch einen höheren Thermostrom.

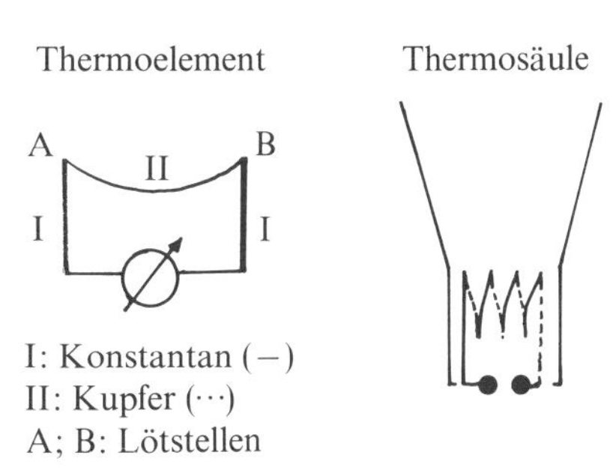

Versuchsdurchführung

Man bringt die Thermosäule in den Strahlengang und läßt zunächst den kurzwelligen violetten Teil und dann nacheinander den blauen, grünen,... roten Teil

A. Prismenspektren

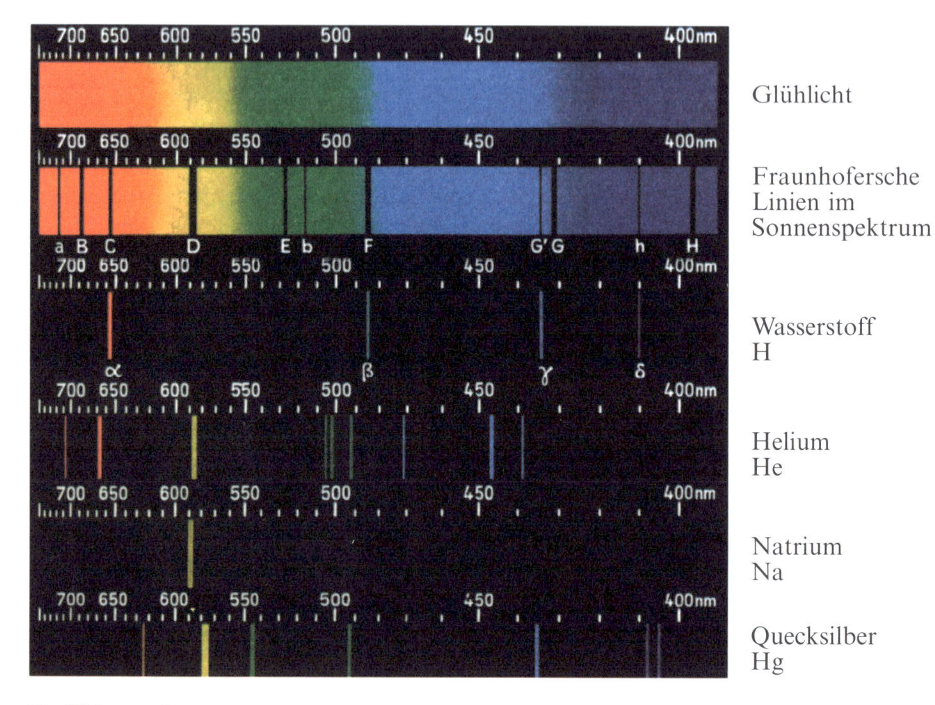

B. Gitterspektren

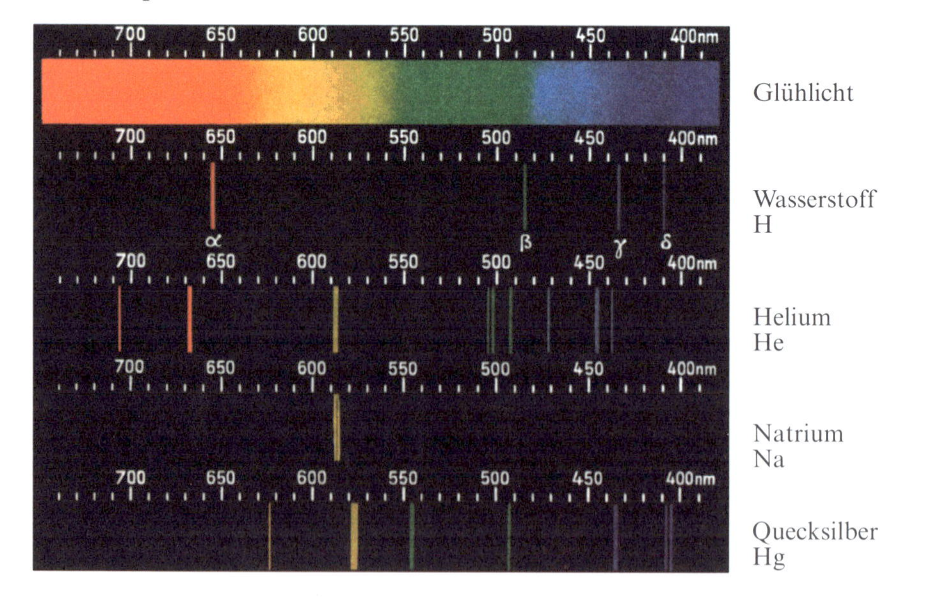

des Spektrums in sie einfallen. Mit zunehmender Wellenlänge der absorbierten Strahlung beobachtet man eine Erhöhung des Thermostroms.
Überschreitet man das rote Ende des Spektrums, dann steigt der Thermostrom zunächst noch an, um nach Überschreiten des Maximums deutlich außerhalb des sichtbaren Bereiches wieder abzunehmen. Den Bereich, der an das rote Ende des sichtbaren Spektrums anschließt ($\lambda > \lambda_{rot}$), bezeichnet man als **Infrarotbereich**, soweit es sich bei der Strahlungsquelle um einen optischen Strahler (z.B. erhitzte Körper) handelt. Mit geeigneten Methoden (siehe Bergmann-Schäfer, Lehrbuch der Experimentalphysik, Bd. III, S. 201 ff.) kann man noch Infrarotstrahlung mit Wellenlängen über 1 mm nachweisen. Elektromagnetische Strahlung gleicher Wellenlängen läßt sich aber auch mit geeigneten Röhren erzeugen. Die beiden, auf unterschiedliche Weise erzeugten Strahlungsarten zeigen gleiche Eigenschaften. Dies ist ein weiterer Hinweis auf die elektromagnetische Natur des Lichtes.

12.2 Ultraviolettstrahlung

Auch über das kurzwellige, violette Ende des Spektrums hinaus läßt sich zu noch kürzeren Wellenlängen hin Strahlung nachweisen.

2. Versuch:
Man entwirft das Spektrum hier auf einem Zinksulfidschirm, der über das violette Ende hinaus deutlich zu Fluoreszenzleuchten angeregt wird, d.h. die auftreffende Strahlung wird in sichtbares Licht umgewandelt. Dieser Bereich, der an das violette Ende des sichtbaren optischen Spektrums anschließt, heißt **Ultraviolettbereich** ($\lambda < \lambda_{viol}$).

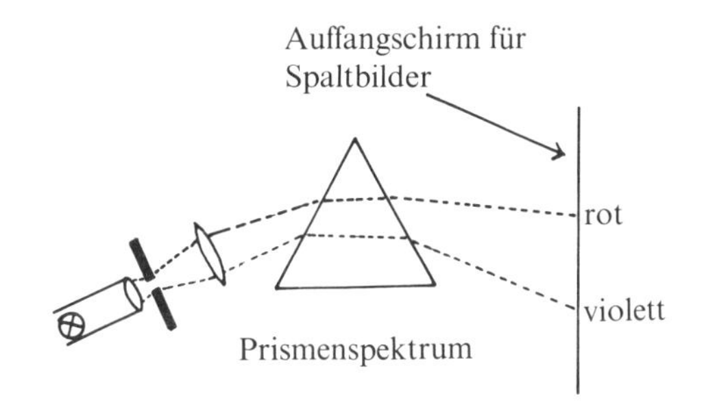

12.3 Röntgenstrahlung

Noch kurzwelligere elektromagnetische Strahlung kann man mit Röntgenröhren erzeugen, wobei langwellige Röntgenstrahlung den Bereich kurzwelliger Ultraviolettstrahlung überdeckt.

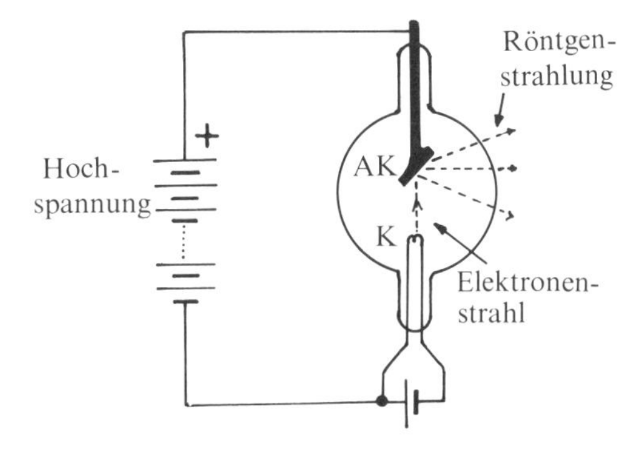

Aufbau und Wirkungsweise einer Röntgenröhre

Die Abbildung zeigt den Aufbau einer Röntgenröhre. Die aus der

Kathode K austretenden Elektronen werden im Feld zwischen K und Antikathode AK beschleunigt. Dabei wird von der AK sehr kurzwellige (λ von 10^{-8} m bis 10^{-14} m) elektromagnetische Strahlung (Röntgenstrahlung) emittiert.

Nachweis

Die Röntgenstrahlung wird über das Aufleuchten eines Fluoreszenzschirmes, die Schwärzung einer Photoplatte bzw. die ionisierende Wirkung in einem Zählrohr (Erklärung siehe 4. Semester) nachgewiesen.

Wellenlängenspektrum

Das Spektrum der von uns verwendeten Röntgenröhre (Molybdän-Antikathode, Beschleunigungsspannung 42 kV) zeigt die folgende Abbildung:

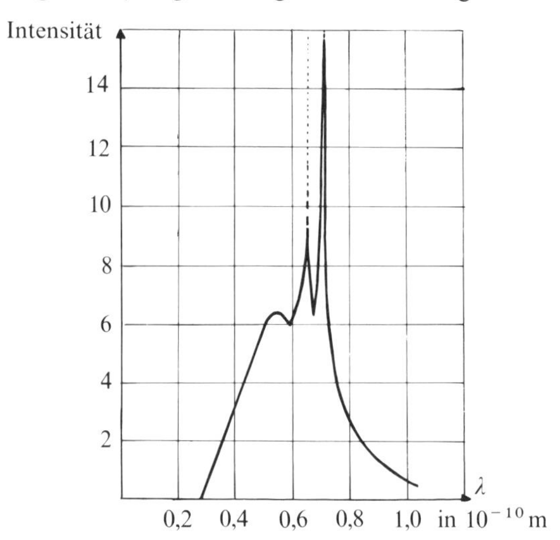

Röntgenspektrum (vereinfacht)
Molybdän-Antikathode $U = 42$ kV

Hinweis: Auf S. 176 wird eine Versuchsanordnung zur Aufnahme dieses Spektrums gezeigt.

Das Wellenlängenspektrum setzt sich aus zwei Anteilen zusammen:

a) einem kontinuierlichen Spektrum **(Röntgen-Bremsspektrum)** mit einer unteren Grenzwellenlänge die durch die angelegte Hochspannung bestimmt ist (Erklärung siehe 3. Sem.);

b) einem Linienspektrum **(charakteristisches Röntgenspektrum)**, dessen Linien charakteristisch für das Material der Antikathode sind (Erklärung siehe 3. Semester).

Wellenlängenmessung bei Röntgenstrahlung

Bei Röntgenstrahlung versagen wegen der kleinen Wellenlänge

a) die Wellenlängenmessung mit dem Prisma, da $n \approx 1$ ist;

b) die Wellenlängenmessung mit dem Gitter, da $\lambda \ll b$ ist.

Bei sehr langwelliger Röntgenstrahlung kann durch streifenden Einfall auf ein Gitter (Verkleinerung der effektiven Gitterkonstanten) die Wellenlänge noch bestimmt werden. Bei kurzwelliger Röntgenstrahlung versagt dieses Verfahren; Gitter mit genügend kleiner Gitterkonstanten hat man jedoch in Kristallen, deren regelmäßig angeordnete Atome Streuzentren für die Strahlung darstellen.
Die gestreute Strahlung interferiert in bestimmten Raumpunkten konstruktiv. Aus der Richtung, in der solche Maxima auftreten, lassen sich bei bekanntem Abstand der Streuzentren Rückschlüsse auf die Wellenlänge der einfallenden Strahlung ziehen.
Ein Modellversuch mit Mikrowellen ($\lambda = 3{,}2$ cm) zeigt die Interferenz an einem Raumgitter.

3. Versuch:
Die Anordnung von Sender und Empfänger in diesem Versuch ist dieselbe wie beim optischen **Reflexionsgitter** (vgl. S. 163, 14b), wo ein 1-dimensionales Gitter von Streuzentren (»Kette«) verwendet wird. Demgegenüber zeigt der Versuch mit dem 2-dimensionalen Gitter aus Metallstäben zwei grundlegende Unterschiede auf: Nur bei bestimmten Richtungen der einfallenden Strahlung findet man deutliche Reflexionsmaxima, und zwar jeweils nur ein Maximum. Dieses tritt in Richtung der regulären Reflexion auf.

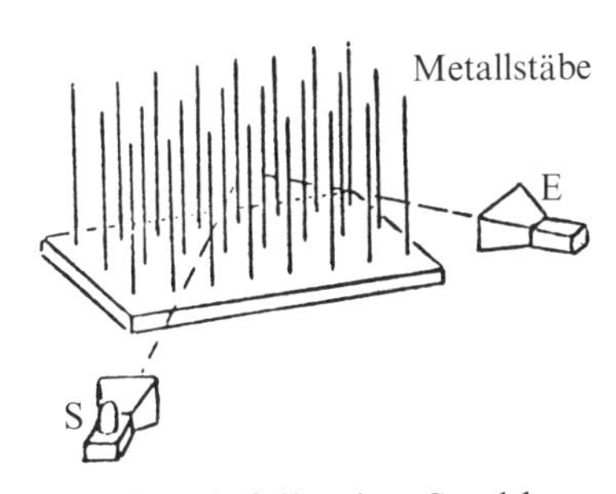

Deutung
Die in dieser Richtung von Streuzentren innerhalb einer »Kette« ausgehenden Wellen überlagern sich immer (bei beliebigen Einfallswinkeln) konstruktiv. Dagegen führt die Interferenz der von den vielen hintereinander liegenden »Ketten«

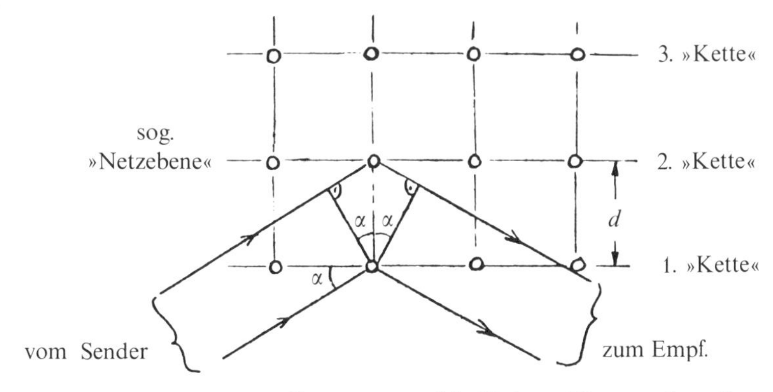

reflektierten Teilwellen, wegen ihrer unterschiedlichen Phasen, im allgemeinen zur Auslöschung. Die Gesamtamplitude der reflektierten Welle wird nur dann maximal, wenn alle Teilwellen, die von hintereinander liegenden »Ketten« kommen, in Phase sind.

Aus der Zeichnung sieht man, daß der Gangunterschied zwischen zwei an benachbarten »Ketten« reflektierten Strahlen

$$\Delta s = 2d \cdot \sin \alpha$$

ist. Die Strahlen interferieren konstruktiv, wenn

$$\Delta s = k \cdot \lambda \quad (k \in \mathbb{N})$$

ist. Man erhält also Maxima der reflektierten Strahlung, wenn gilt:

$$\boxed{2d \cdot \sin \alpha_k = k \cdot \lambda}$$

Beachte: α ist hier der **Glanzwinkel** zwischen einfallendem Strahl und Netzebene.

1. Aufgabe:
Berechnen Sie für $d = 4{,}0\,\text{cm}$ und $\lambda = 3{,}2\,\text{cm}$ die Glanzwinkel, bei denen Maxima auftreten können.

Diese Überlegungen lassen sich entsprechend auf 3-dimensionale Gitter mit kugelförmigen Streuzentren übertragen, wie sie in Kristallen vorliegen:

Bedingung für Maxima der Reflexion:

$$2 \cdot d \cdot \sin \alpha_k = k \cdot \lambda \quad (k \in \mathbb{N})$$

Braggsche Bedingung

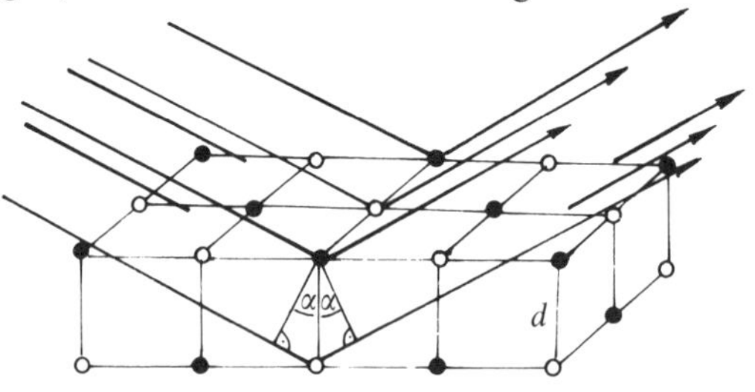

Die Braggsche Drehkristallmethode

Um mit einem Kristallgitter die charakteristische Reflexion bei bestimmten durch die obige Bedingung gegebenen Winkeln beobachten zu können, muß man im Versuch Röntgenstrahlung *einer* Wellenlänge (»monochromatische Röntgenstrahlung«) verwenden. Bei dem Spektrum unserer Röntgenröhre (vgl. S. 172) kann dies z. B. mit Hilfe eines Zirkon-Filters erreicht werden. Zirkon hat das in der folgenden Skizze angegebene Absorptionsverhalten beim Durchgang von Röntgenstrahlung (vgl. 4. Semester):

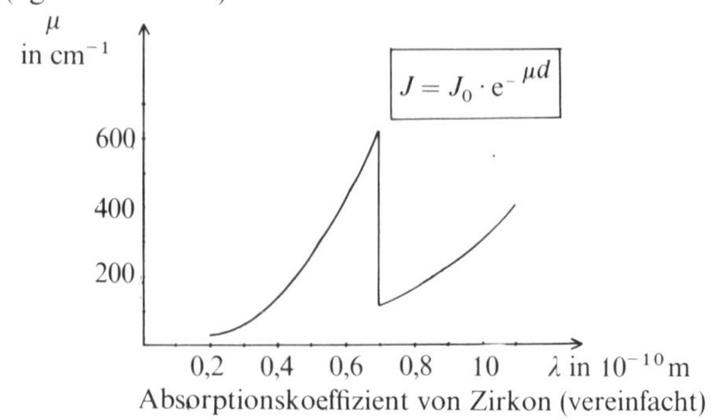

Absorptionskoeffizient von Zirkon (vereinfacht)

Für eine bestimmte Wellenlänge hat dieser Absorptionskoeffizient ein Minimum. Daher wird von dem Gesamtspektrum unserer Röntgenröhre praktisch nur die langwelligere der beiden charakteristischen Linien (vgl. S. 172) durchgelassen.

4. Versuch: Messung der Braggschen Winkel für NaCl und LiF

Die Röntgenstrahlung trifft nach dem Durchgang durch eine Zirkonfolie unter dem Winkel α auf einen drehbar gelagerten Kristall. Da die Strahlung regulär reflektiert wird, muß das zum Nachweis verwendete Zählrohr um den Winkel 2α gegen die Horizontale geneigt werden.

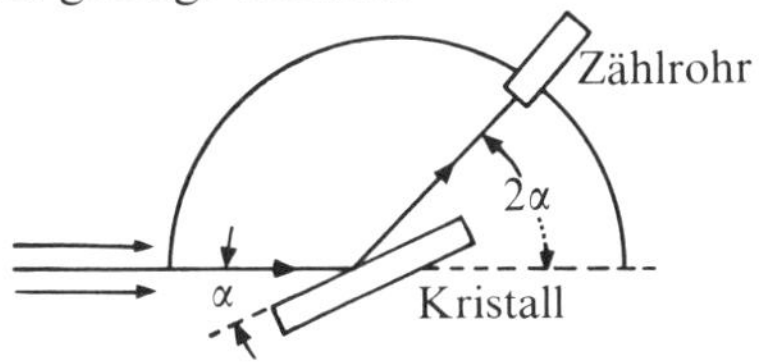

Ergebnis: Zusammenhang zwischen der Anzahl der Impulse/s des Zählrohrs und dem Drehwinkel

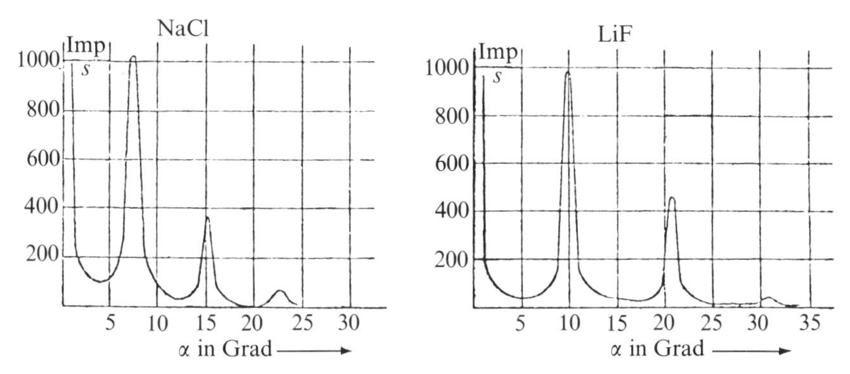

2. Aufgabe:
Berechnen Sie die Wellenlänge der auf den Kristall auftreffenden Röntgenstrahlung aus dem obigen Versuchsergebnis und aus den Werten für den Netzebenenabstand $d_{\text{NaCl}} = 2{,}82 \cdot 10^{-10}\,\text{m}$ bzw. $d_{\text{LiF}} = 2{,}01 \cdot 10^{-10}\,\text{m}$.

Die folgende Anordnung ermöglicht die Aufnahme der einzelnen Ordnungen des Röntgenspektrums auf einen Film:

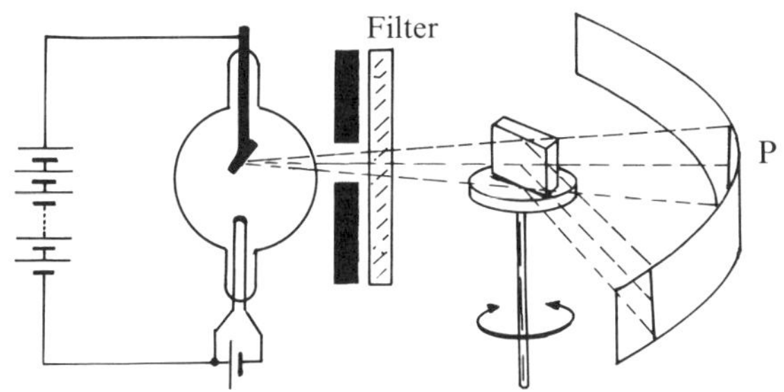

Röntgenspektrum mit Drehkristallmethode (Bragg)

3. Aufgabe:

a) Erklären Sie die Wirkungsweise dieser Versuchsanordnung.

b) Die Wellenlänge der einfallenden monochromatischen Röntgenstrahlung, sei $0{,}85 \cdot 10^{-10}$ m, der Netzebenenabstand des Kristalls sei $2{,}8 \cdot 10^{-10}$ m. Bei der Aufnahme wird der Film auf einem Halbkreis vom Radius 40 cm um den Kristall befestigt.
In welchen Abständen von P findet man nach dem Entwickeln Stellen maximaler Schwärzung auf dem Filmstreifen?

Versuchsanordnung zur Aufnahme des vollständigen Röntgenspektrums:
Im Gegensatz zur oben dargestellten Anordnung fehlt das Filter. In der Regel wird nur die 1. Ordnung beobachtet.

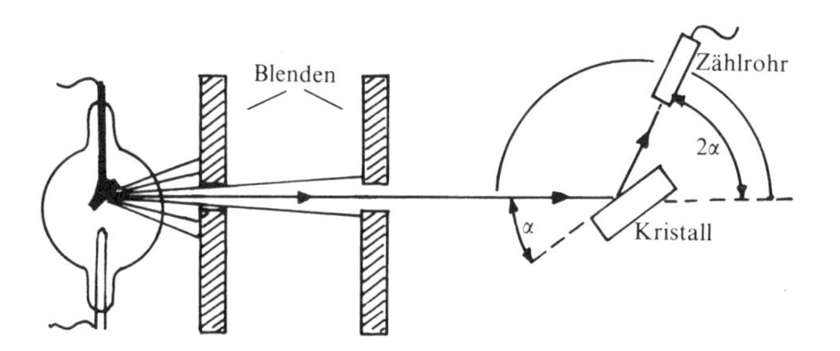

Durch Drehung des Kristalles kann die Intensität der Strahlung (Nachweis mit Zählgerät) bei verschiedenen Wellenlängen untersucht werden. In nebenstehender Abbildung sehen Sie das vollständige Spektrum der Röntgenstrahlung, wie sie von einer Molybdän-Antikathode ausgeht (Emissionsspektrum).

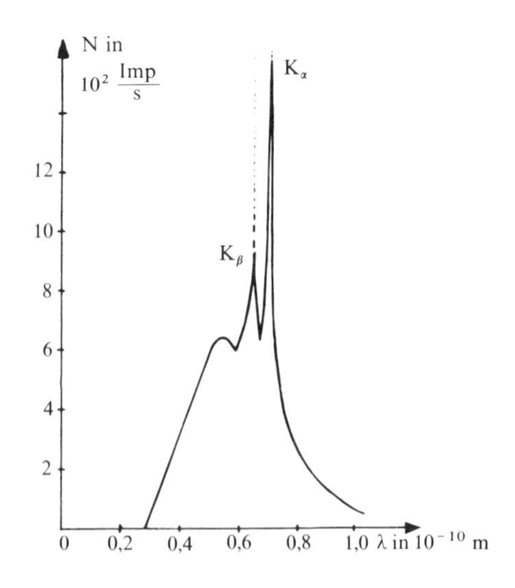

Man erkennt ein kontinuierliches Spektrum (**Röntgenbremsspektrum**) mit scharfer kurzwelliger Grenze, das von einzelnen Linien (**charakteristisches Röntgenspektrum**) überlagert ist.

12.4 Überblick über das elektromagnetische Spektrum

Eine andere Art elektromagnetischer Strahlung entsteht durch Prozesse im Atomkern, z. B. beim Zerfall gewisser radioaktiver Atome (vgl. 4. Semester). Diese sogenannte γ-Strahlung ist im allgemeinen noch kurzwelliger als die Röntgenstrahlung, hat aber einen gewissen Wellenlängenbereich mit dieser gemeinsam. Eine Übersicht über das gesamte elektromagnetische Spektrum gibt die folgende Tabelle:

Frequenz in Hz	Wellenlänge in m		Bereich	Wellenart	Erzeugung	Auftreten u. Verwendung	Nachweis
10^1	$3 \cdot 10^7$		elektrische Wellen (10^1 – 10^{11})	technischer			
10^2	$3 \cdot 10^6$	3000 km		Wechselstrom	Maschinen-generatoren	Wechselstrom	Wechselstrom-Instrumente
1kHz 10^3	$3 \cdot 10^5$			tonfrequenter Wechselstrom	elektrische Schwingkreise	Übertragung von Sprache	Lautsprecher
10^4	$3 \cdot 10^4$					und Musik, Telegrafie	Oszilloskop
10^5	$3 \cdot 10^3$	3 km					
1MHz 10^6	$3 \cdot 10^2$			Langwellen	mit Transistoren		
10^7	$3 \cdot 10^1$			Mittelwellen	oder gittergesteuerten	Rundfunk	abgestimmte Empfänger
10^8	$3 \cdot 10^0$	3 m		Kurzwellen	Elektronenröhren		
1GHz 10^9	$3 \cdot 10^{-1}$	3 dm		Ultrakurzwellen	oder	Fernsehen	abgestimmte Empfänger
10^{10}	$3 \cdot 10^{-2}$	3 cm		Mikrowellen	Laufzeitröhren (Klystron,	Radar	
10^{11}	$3 \cdot 10^{-3}$	3 mm	optischer Bereich (10^{11} – 10^{16})		Magnetron u.a.)		
10^{12}	$3 \cdot 10^{-4}$			Infrarot	Schwingungen von	Wärme	Thermoelement Bolometer
10^{13}	$3 \cdot 10^{-5}$				Molekülen und Atomen		Fotoplatte Fotozelle
10^{14}	$3 \cdot 10^{-6}$	3 µm			Übergänge von		
10^{15}	$3 \cdot 10^{-7}$			sichtbares Licht	Elektronen in	Glühlampen	Auge Fotoplatte
10^{16}	$3 \cdot 10^{-8}$		Röntgenstrahlung (10^{16} – 10^{22})		äußerer Atomhülle	Quarzlampen	
10^{17}	$3 \cdot 10^{-9}$	3 nm		Ultraviolett			Fotoplatte Fotozelle
10^{18}	$3 \cdot 10^{-10}$			weiche Röntgenstrahlung	Übergänge von		
10^{19}	$3 \cdot 10^{-11}$		Höhen- und Gammastrahlung (10^{19} – 10^{25})		Elektronen in		Fotoplatte
10^{20}	$3 \cdot 10^{-12}$				innerer	Röntgenröhren Betatron	Fluoreszenz Ionisation
10^{21}	$3 \cdot 10^{-13}$			harte Röntgenstrahlung	Atomhülle		
10^{22}	$3 \cdot 10^{-14}$			Gammastrahlung	Kernschwin-gungen	radioaktiver Zerfall	Fotoplatte Ionisation
10^{23}	$3 \cdot 10^{-15}$	3 fm			Synchrotron-		
10^{24}	$3 \cdot 10^{-16}$				strahlung	Stoß kosmi-scher Materie	Ionisation
10^{25}	$3 \cdot 10^{-17}$			Höhenstrahlung			

C Einführung in die Grundlagen der speziellen Relativitätstheorie

Ausgangspunkt für die Entwicklung der speziellen Relativitätstheorie um die Jahrhundertwende waren ungeklärte Erscheinungen im Zusammenhang mit der Ausbreitung des Lichts. Die Klärung dieser Probleme erfolgte vor allem durch grundlegend neue Gedanken **Einsteins** (veröffentlicht um 1905), welche jedoch nicht speziell bei Fragen des Elektromagnetismus ansetzen, sondern die ganze Mechanik betreffen. Einsteins Theorie führte so zu einer Revision aller wesentlichen Begriffe sowohl der klassischen Kinematik (Länge und Zeit) als auch der klassischen Dynamik (Masse, Impulse, Energie).

13. Der Begriff »Relativität« in der klassischen Kinematik*

Soll die Bewegung eines Körpers im Raum vollständig erfaßt werden, so muß man seinen Ort zu jedem Zeitpunkt kennen. Der Ort ist bestimmt durch Angabe der Koordinaten des Körpers in einem Bezugssystem, wobei die Wahl des Koordinatensystems im Prinzip willkürlich ist.
Der Einfachheit halber beschränken wir uns im weiteren auf **geradlinige Bewegungen**. In diesem Fall wählt man das Bezugssystem zweckmäßigerweise so, daß eine der Koordinatenachsen mit der Bewegungsgeraden zusammenfällt. Der Ort ist dann durch eine Koordinate (z. B. x) eindeutig bestimmt, da die beiden anderen konstant bleiben ($y = z = 0$). Die Bewegung wird vollständig beschrieben durch Größenpaare $(t; x)$.
Auch diese Bedingung legt natürlich das Koordinatensystem nicht eindeutig fest.

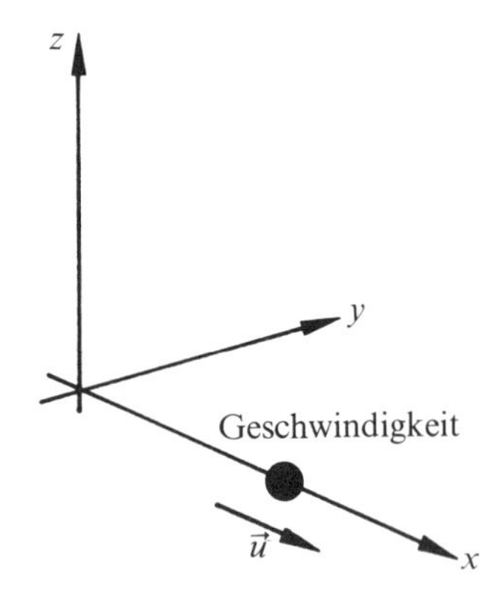

1. Beispiel:
Ein Körper bewegt sich im System S gleichförmig mit der Geschwindigkeit $u = 7\,\frac{\text{m}}{\text{s}}$ in positiver x-Richtung. Ein anderes Bezugssystem S′, dessen Achsen parallel zu denen von S liegen, bewegt sich gegenüber S mit der Geschwindigkeit $v = 5\,\frac{\text{m}}{\text{s}}$ in der gleichen Richtung. Die Lage des Ursprungs und der Zeitnullpunkt in S′ werden (willkürlich) so gewählt, daß für $t = 0$ und $x = 0$ auch $t' = 0$ und $x' = 0$ gilt.

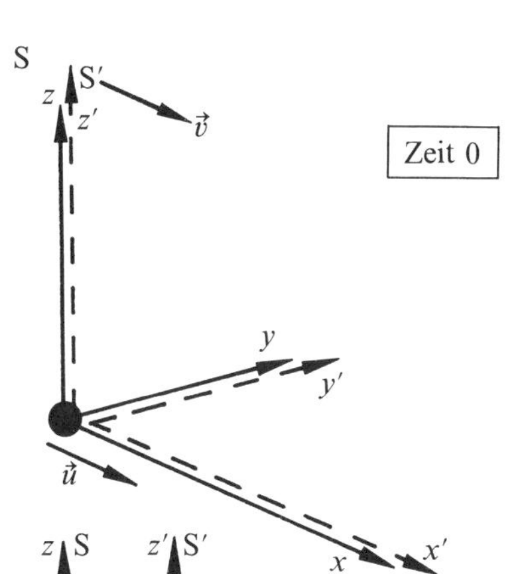

Messung in $S(t;x)$:

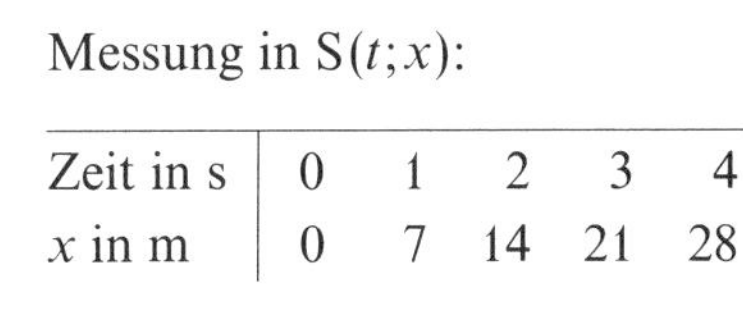

Zeit in s	0	1	2	3	4	...
x in m	0	7	14	21	28	...

Messung in $S'(t';x')$:

Zeit in s	0	1	2	3	4	...
x' in m	0	2	4	6	8	...

Der Zusammenhang zwischen den Ortskoordinaten in S und S' ist allgemein gegeben durch

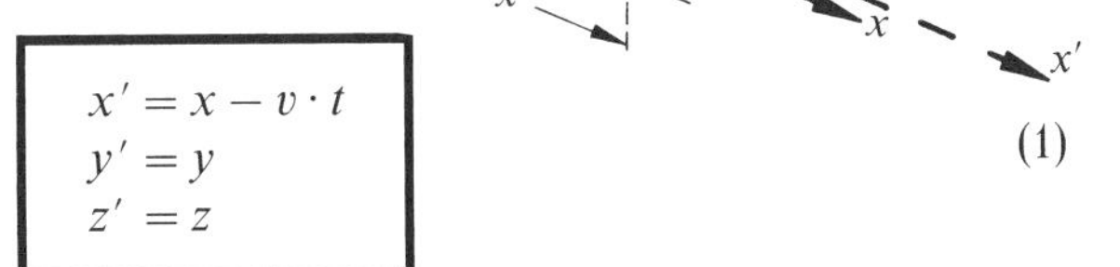

Galilei-Transformation

$$x' = x - v \cdot t \qquad y' = y \qquad z' = z \tag{1}$$

Dabei ist stillschweigend vorausgesetzt, daß eine beliebige Zeitangabe t für beide Bezugssysteme verbindlich ist, daß also gilt:

Grundannahme der klassischen Mechanik

$$t' = t \tag{2}$$

Die Bewegung erscheint in beiden Bezugssystemen gleichförmig, allerdings mit unterschiedlichen Geschwindigkeiten; im Beispiel: $u = 7\,\frac{\text{m}}{\text{s}}$; $u' = 2\,\frac{\text{m}}{\text{s}}$.

klassische Geschwindigkeitsaddition

$$u' = u - v \tag{3}$$

Diese Beziehung folgt aus Gleichung (1) unter Verwendung der Annahme (2) ($t' = t \Rightarrow \mathrm{d}t' = \mathrm{d}t$):

$$u' = \frac{\mathrm{d}x'}{\mathrm{d}t'} \overset{②}{=} \frac{\mathrm{d}x'}{\mathrm{d}t} \overset{①}{=} \frac{\mathrm{d}}{\mathrm{d}t}(x - vt) = \frac{\mathrm{d}x}{\mathrm{d}t} - v = u - v$$

2. Beispiel:

Ein Körper bewegt sich in S mit konstanter Beschleunigung $a = 4\frac{\text{m}}{\text{s}^2}$.
Anfangsbedingung: Für $t = 0$ sei $x = 0$ und $v = 0$. System S′ bewegt sich gegenüber S wie im 1. Beispiel mit konstanter Relativgeschwindigkeit $v = 5\frac{\text{m}}{\text{s}}$.

Messung in $S(t; x)$ für $a = 4\frac{\text{m}}{\text{s}^2}$

t in s	0	1	2	3	4	...
x in m	0	2	8	18	32	...
u in $\frac{\text{m}}{\text{s}}$	0	4	8	12	16	...

Die Transformationen (1) und (3) ergeben:

Messung in $S'(t'; x')$:

t' in s	0	1	2	3	4	...	
x' in m	0	−3	−2	3	12	...	
u' in $\frac{\text{m}}{\text{s}}$	−5	−1	3	7	11		
$\frac{\Delta u'}{\Delta t'}$ in $\frac{\text{m}}{\text{s}^2}$	+4	+4	+4	+4		...	also: $a' = 4\frac{\text{m}}{\text{s}^2}$

Bei konstanter Relativgeschwindigkeit v der Bezugssysteme erhält man gleiche Beschleunigungen:

$$\boxed{a' = a} \tag{4}$$

Dies folgt auch allgemein durch Differenzieren von Gl. (3) unter der Annahme (2):

$$a' = \frac{du'}{dt'} = \frac{du'}{dt'} \cdot \frac{dt}{dt'} \overset{②}{=} \frac{du'}{dt} \overset{③}{=} \frac{d}{dt}(u - v) = \frac{du}{dt} - 0 = a$$

Nehmen wir an, das Bezugssystem S sei ein **Inertialsystem**[1]), so gilt dasselbe für das mit konstanter Relativgeschwindigkeit bewegte Bezugssystem S′. Im 1. Beispiel bewegt sich der Körper von beiden Bezugssystemen aus beurteilt kräftefrei und behält daher seine Geschwindigkeit bei. Geht man von der in der klassischen Mechanik gültigen Beziehung $F = m \cdot a$ aus, so folgt auch im 2. Beispiel aus der Gleichheit der Beschleunigungen in beiden Bezugssystemen die Gleichheit der Kräfte:

$$\boxed{F' = F}$$

[1]) d.h. ein Bezugssystem, in dem der Trägheitssatz (1. Newtonsches Axiom: »Kräftefreie Körper ruhen oder bewegen sich geradlinig mit konstanter Geschwindigkeit«) gilt. Vgl. Lehrbücher der 11. Klasse.

Dabei wurde stillschweigend vorausgesetzt, daß die träge Masse eines Körpers in allen Inertialsystemen den gleichen Wert hat:

$$\boxed{m' = m}$$

Wie die obigen Beispiele zeigen, sind bereits in der klassischen Mechanik *Ort und Geschwindigkeit relative Begriffe.* Dagegen wird angenommen, daß es eine für alle Inertialsysteme verbindliche, *absolute Zeit* und eine *absolute Masse* gibt.

Beachte FWU-Film: Frames of Reference 322348

14. Die »Grenzgeschwindigkeit«

Die Gültigkeit der Newtonschen Mechanik ist innerhalb des Erfahrungsbereichs der klassischen Physik durch zahlreiche Befunde experimentell bestätigt worden. Deutliche Abweichungen und zum Teil sogar völlig falsche Vorhersagen durch die klassische Theorie findet man erst bei Bewegungen mit sehr hohen Geschwindigkeiten (nahe der Lichtgeschwindigkeit). Solche Geschwindigkeiten spielen zwar im »normalen« Erfahrungsbereich des Menschen keine Rolle; sie treten aber z.B. in der Astrophysik, im atomaren Bereich und bei der Beschleunigung von geladenen Teilchen in elektrischen Feldern nicht selten auf.

1. Aufgabe:
Welche Geschwindigkeit erhalten Elektronen, die in der Bildröhre eines Fernsehgeräts eine Beschleunigungsspannung von 20 kV durchlaufen? Welche Potentialdifferenz müßte ein Elektron durchlaufen, damit es *nach klassischer Rechnung* die Vakuumlichtgeschwindigkeit erreicht?

2. Aufgabe:
Bei der sogenannten α-Strahlung (vgl. 4. Semester), die beim radioaktiven Zerfall schwerer Atome entsteht, handelt es sich um zweifach positiv geladene He-Kerne mit einer kinetischen Energie von 5,0 MeV. Berechnen Sie die Geschwindigkeit eines solchen α-Teilchens.

Von allen geladenen Teilchen läßt sich das Elektron wegen seiner großen spezifischen Ladung am leichtesten auf hohe Geschwindigkeiten beschleunigen. Elektronen eignen sich daher besonders für Experimente, welche die Gültigkeit der klassischen Mechanik für sehr schnelle Teilchen untersuchen. Ein solches Kontrollexperiment wurde bereits vor der Veröffentlichung der Relativitätstheorie von **Kaufmann** (1901) durchgeführt. Wir behandeln hier jedoch einen leichter verständlichen Versuch aus neuerer Zeit, der von **Bertozzi**[1]) beschrieben wurde. Das Experiment besteht aus der direkten Messung der Geschwindigkeit v von Elektronen, die in einem Linearbeschleuniger eine bekannte Potentialdifferenz U durchlaufen haben. Nach der Newtonschen Mechanik ergibt sich der Zusammenhang zwischen U und v aus der Energiebeziehung

$$\frac{m_e}{2} \cdot v^2 = e \cdot U \tag{1}$$

zu: $$v = \sqrt{\frac{2eU}{m_e}}.$$

[1]) Eine ausführliche Darstellung des Versuchsaufbaus und der Meßergebnisse findet man bei French: Die spezielle Relativitätstheorie, S. 4–10.

Wie wir aus Versuchen wissen, gilt diese Beziehung bei Spannungen bis zu einigen kV sehr genau (vgl. 1. Semester: Bewegung von Ladungen in elektrischen und magnetischen Feldern). Im Versuch von Bertozzi wurden Beschleunigungsspannungen von der Größenordnung einiger MV verwendet.

Das Grenzgeschwindigkeits-Experiment

Versuchsanordnung (schematisch)

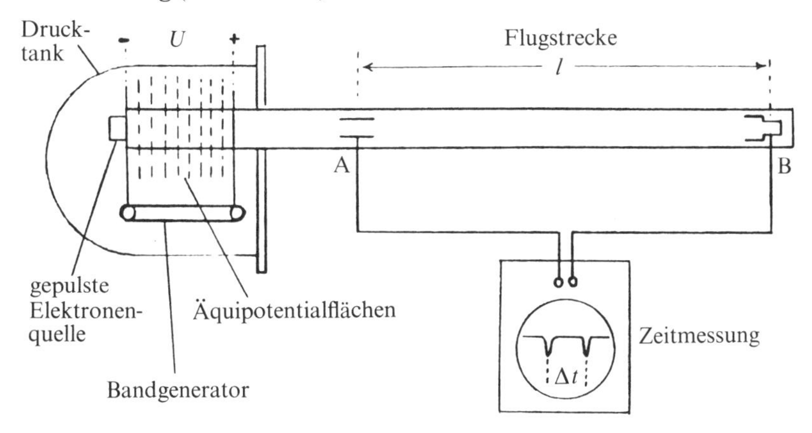

Die Beschleunigung der Elektronen erfolgt im elektrostatischen Feld eines Van de Graaff-Generators, d.h. eines Bandgenerators, der zur Erhöhung der Durchbruchfeldstärke in einen Drucktank eingebaut ist, so daß Spannungen von mehreren Millionen Volt erzeugt werden können. Im negativen Hochspannungsteil werden von einer gepulsten Quelle Elektronen in kurzen Stößen von einigen ns Dauer injiziert. Im Anschluß an die Beschleunigungsstrecke läßt man die »Elektronenwolke« eine Flugstrecke der Länge l durchlaufen, auf der die Geschwindigkeit gemessen wird. Beim Passieren der zylinderförmigen Elektrode A erzeugt der Elektronenschwarm durch Influenz ein elektrisches Signal; ein zweites Signal entsteht bei der Ankunft im Faraday-Becher B. Führt man beide Impulse durch genau gleich lange Kabel an ein geeignetes Oszilloskop, so läßt sich am Schirm die Flugzeit Δt der Elektronen für die Flugstrecke l direkt ablesen. Daraus folgt unmittelbar die Geschwindigkeit $v = l/\Delta t$.

Ergebnis

Die Werte der gemessenen Geschwindigkeit bei Beschleunigerspannungen von 0,5 MV, 1,0 MV, 1,5 MV, 4,5 MV und 15 MV sind in folgenden Diagramm dargestellt. Die durchgezogene Linie stellt die Vorhersage der klassischen Theorie dar (Abb. Seite 184).

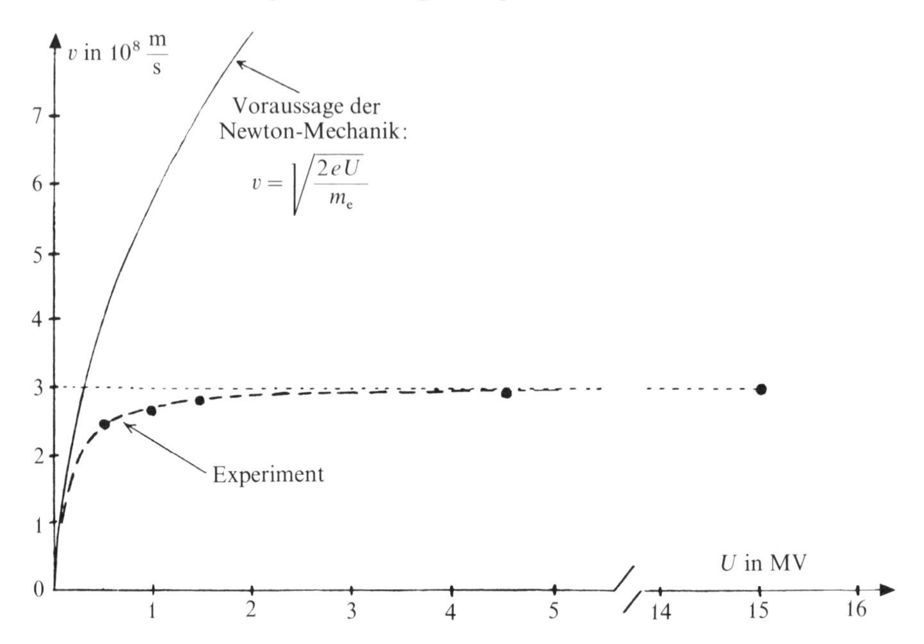

Deutung

a) Im Widerspruch zu (1) wächst die Elektronengeschwindigkeit v bei zunehmender Spannung U nicht unbeschränkt. Vielmehr nähert sie sich asymptotisch einer **Grenzgeschwindigkeit** von $3{,}0 \cdot 10^8\,\frac{\text{m}}{\text{s}}$, die übereinstimmt mit der Ausbreitungsgeschwindigkeit des Lichts im Vakuum. Allgemein gilt, bestätigt durch zahlreiche andere Kontrollexperimente dieser Art:

> Die Vakuumlichtgeschwindigkeit stellt eine obere Grenzgeschwindigkeit für die Bewegung materieller Körper dar.

b) Das Versagen der klassischen Beziehung (1) legt die Frage nahe, wie die kinetische Energie der beschleunigten, sehr schnellen Elektronen korrekt zu beschreiben ist: durch den Ausdruck $\frac{m_e}{2} \cdot v^2$ oder durch den Ausdruck $e \cdot U$?
Diese Frage wird durch ein Zusatzexperiment beantwortet: Im Versuch von Bertozzi treffen die Elektronen am Ende der Flugstrecke auf den Faraday-Becher, wo sie abgebremst werden und ihre kinetische Energie vollständig abgeben. Dies führt zu einer meßbaren Erwärmung des Bechers. Durch eine kalorische Messung kann man daher die gesamte kinetische Energie ΔW derjenigen Elektronen bestimmen, die während einer Zeit Δt im Faraday-Becher ankommen. Ihre Zahl erhält man aus der in dieser Zeit im Becher angesammelten Ladung ΔQ: $\text{N} = \Delta Q/e$. Hieraus folgt die kinetische Energie pro Elektron zu $E_{\text{kin}} = \Delta W/\text{N}$. Der Versuch ergibt: Die kinetische Energie eines beschleunigten Elektrons wird richtig beschrieben durch das Produkt $e \cdot U$. Somit folgt:

> Die klassische Beziehung für die kinetische Energie $E_{\text{kin}} = \frac{1}{2}mv^2$ ist bei hohen Geschwindigkeiten nicht gültig.

c) Die Existenz der Grenzgeschwindigkeit hat eine weitere bemerkenswerte Konsequenz für die Beschreibung von Bewegungen in gegeneinander bewegten Bezugssystemen. Im Laborsystem S, in dem der Versuch ausgeführt wurde, ist die maximale Geschwindigkeit für Teilchenbewegungen in positiver bzw. negativer x-Richtung $u_1 = c$ bzw. $u_2 = -c$. Wie groß sind dann die Grenzgeschwindigkeiten in einem System S′, das sich gegenüber S gleichförmig mit der Relativgeschwindigkeit v bewegt?

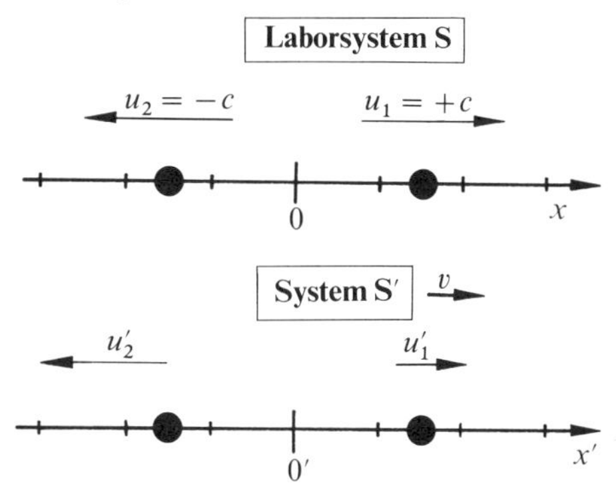

Mit der klassischen Regel für die Addition von Geschwindigkeiten erhält man $u'_1 = c - v$ bzw. $u'_2 = -(c + v)$. Dies erscheint in doppelter Hinsicht merkwürdig: Einerseits wäre die Grenzgeschwindigkeit (und damit die Vakuumlichtgeschwindigkeit) in verschiedenen Inertialsystemen unterschiedlich groß, im Widerspruch zum Relativitätsprinzip der klassischen Mechanik (Gleichwertigkeit aller Inertialsysteme). Andererseits würde der Betrag der Grenzgeschwindigkeit (und damit der Vakuumlichtgeschwindigkeit) in ein und demselben Bezugssystem von der Bewegungsrichtung abhängen, im Widerspruch zu einer grundlegenden Eigenschaft, die man dem physikalischen Raum zuspricht: der Isotropie (Gleichwertigkeit aller Richtungen im Raum).

Diese unbefriedigenden Konsequenzen legen den Schluß nahe, daß auch die klassische Regel für die Geschwindigkeitsaddition bei schnellen Teilchen modifiziert werden muß. Wie die obige Überlegung zeigt, ist dieses Problem eng verknüpft mit der Frage, ob die Vakuumlichtgeschwindigkeit universell ist, d. h. ob sie in allen Inertialsystemen unabhängig von der Ausbreitungsrichtung den gleichen Wert besitzt.

3. Aufgabe:

Wir betrachten drei Galaxien A, B und C (vgl. Skizze). Ein Beobachter in A stellt fest, daß sich B und C relativ zu ihm in entgegengesetzten Richtungen mit Geschwindigkeiten von $-0{,}5c$ bzw. $0{,}8c$ bewegen. Wie hoch wären, nach der klassischen Regel für die Geschwindigkeitsaddition, die Geschwindigkeiten

$-0{,}5c$ B A C $0{,}8c$

a) von A bzw. B nach Messung eines Beobachters in C?

b) von A bzw. C nach Messung eines Beobachters in B?

15. Problematik der Längenmessung

Die Existenz der Grenzgeschwindigkeit zwingt nicht nur zu einer Revision grundlegender Begriff der klassischen Dynamik (Beispiel: kinetische Energie), sondern macht auch eine Neufassung der Kinematik erforderlich (Beispiel: Geschwindigkeitsaddition). Die klassische Kinematik basiert auf der Grundannahme der absoluten Zeit. Zeit und Raum werden von vorneherein als getrennte Begriffe verstanden, obwohl eine angemessene Definition dieser Begriffe nicht möglich ist.
Einsteins Revision der Kinematik setzt gerade bei diesen physikalischen Grundgrößen, Länge und Zeit, an. Durch welche Meßverfahren sind diese Größen definiert?

15.1 Überblick über Längenmeßverfahren

Längenmessung mit Maßstäben

Im Alltag bestimmt man Längen mit einem Maßstab. Als Maßstäbe verwendet man »starre Körper«, von denen man erfahrungsgemäß annehmen kann, daß sich ihre Länge im Lauf der Zeit sowie bei Lageänderungen im Raum nicht (oder nur geringfügig und in bekannter Weise) ändert. Die Längeneinheit wird definiert durch den Abstand der Enden eines Normkörpers (Meterprototyp). Gleiche Länge spricht man zwei Maßstäben zu, wenn beim Aneinanderlegen ihre Enden gleichzeitig paarweise zusammenfallen. Das Vielfache einer Länge wird dargestellt durch geradliniges Aneinanderfügen mehrerer Stäbe gleicher Länge.
Dieses Meßverfahren entsprach direkt der früher gültigen Meterkonvention (1875), die das Meter durch einen Prototyp definierte. In neuerer Zeit zieht man es vor, physikalische Grundeinheiten durch in der Natur vorgegebene Größen festzulegen, denen man bessere Konstanz und Reproduzierbarkeit zuspricht. So hat **Michelson** als erster einen präzisen Vergleich des Meterprototyps mit der Wellenlänge einer Spektrallinie durchgeführt. Im heutigen internationalen Einheitensystem ist das Meter als das 1 650 763,73fache der Wellenlänge einer bestimmten Spektrallinie des ^{86}Kr-Atoms definiert. Die Wellenlänge dieser Linie beträgt also nach Definition $(1\,650\,763{,}73)^{-1}$ m. Relativ dazu kann man die Wellenlängen anderer Linien am optischen Gitter sehr genau bestimmen, wozu nur Winkelmessungen erforderlich sind[1]).
Im Sinne der neuen Meterdefinition ist daher heute das direkteste Längenmeßverfahren die Längenbestimmung mit Lichtinterferenzen

Längenbestimmung mit Lichtinterferenzen

Prinzip (vgl. auch S. 121):

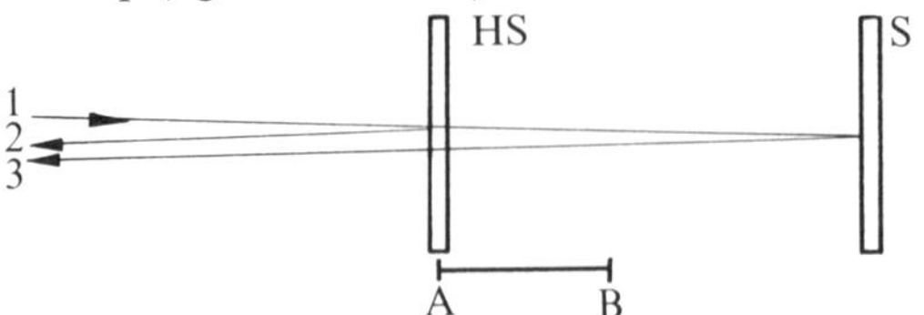

S: Spiegel
HS: halbdurchlässiger Spiegel
1: Laserstrahl
2,3: reflektierte Strahlen

[1]) Neueste Festlegung des Meters:
»Das Meter ist die Länge der Strecke, die Licht im Vakuum während des intervalls von $^1/_{299792458}$ Sekunden durchläuft«.

Verschiebt man den halbdurchlässigen Spiegel parallel von der Marke A zur Marke B, so ändert sich der Gangunterschied zwischen den reflektierten interferierenden Strahlen 2 und 3 um $2 \cdot \overline{AB}$. Dies führt im Interferenzbild zu einem N-maligen Wechsel hell–dunkel–hell, wobei $N = (2 \cdot \overline{AB})/\lambda$. Also:

$$\overline{AB} = N \cdot \frac{\lambda}{2}$$

Die Längenmessung wird auf eine Zählung zurückgeführt. Nach diesem Verfahren kann man jedoch prinzipiell nur Strecken ausmessen, die kürzer sind als die halbe Kohärenzlänge des verwendeten Lichts.
Die beiden oben aufgeführten direkten Meßverfahren sind daher nur beschränkt anwendbar. Große Entfernungen müssen indirekt bestimmt werden. Eine indirekte Methode, die seit langem in der Astronomie und in der Landvermessung Anwendung findet, ist die sogenannte Triangulierung.

Triangulierung

Die Längenmessung wird dabei zurückgeführt auf Winkelmessungen und die Messung einer kürzeren Strecke.
Beispiel: Bestimmung der Entfernung Erde-Mond (schematisch)

Aus der Messung von α, β und $\overline{AB}$ erhält man a, b nach:

$$\frac{a}{\sin\alpha} = \frac{b}{\sin\beta} = \frac{\overline{AB}}{\sin(180^\circ - \alpha - \beta)}$$

(Sinussatz)

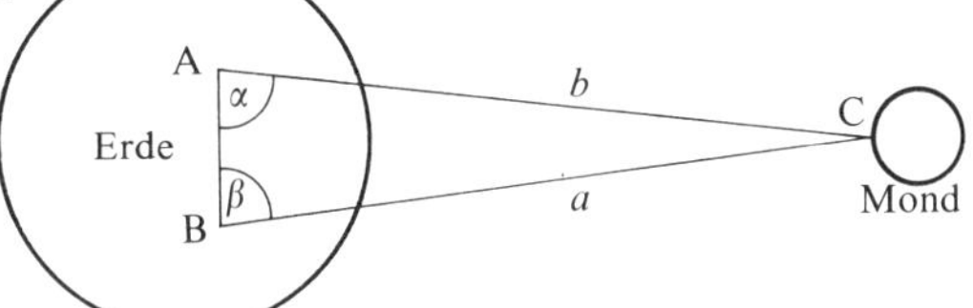

Zugrundeliegende Annahmen:
1. Gültigkeit der Euklidischen Geometrie
2. Geradlinigkeit der Lichtausbreitung

Eine andere Methode der indirekten Längenmessung ist die Laufzeitmessung von Signalen.

Laufzeitmessung von Signalen

Um die Länge einer Meßstrecke $\overline{AB}$ zu bestimmen, sendet man vom Anfangspunkt A ein Schall- oder Lichtsignal aus, läßt dieses am Endpunkt B reflektieren und registriert den Zeitpunkt der Signalrückkehr in A. Die Längenmessung wird auf eine Zeitmessung zurückgeführt.

Beispiel: Bestimmung der Entfernung Erde-Mond (schematisch)

S Sender
E Empfänger
R Reflektor (Spiegel)
c Signalgeschwindigkeit (= Lichtgeschwindigkeit)
T_{SRE} Rückkehrzeit

$$l = \frac{c \cdot T_{SRE}}{2}$$

Zugrundeliegende Annahmen:
1. Geradlinigkeit der Signalausbreitung
2. Konstante Signalgeschwindigkeit

Die Laufzeitmethode mit Schall- bzw. Ultraschallwellen verwendet man seit langem beim **Echolot-Verfahren** zur Ausmessung von Meerestiefen. Mit der Entwicklung elektronischer Zeitmeßgeräte sind in neuerer Zeit entsprechende Messungen auch mit elektromagnetischen Signalen möglich geworden. So stellt das **Radar** (meist mit cm-Wellen) die heute wichtigste und genaueste Methode zur Navigation in der Schiff-, Luft- und Raumfahrt dar.

1. Aufgabe:
Von einem Schiff wird ein Ultraschallsignal ausgesandt, das am Meeresboden reflektiert und nach 3,7280 s wieder empfangen wird. Wie groß ist die Meerestiefe, wenn die Schallgeschwindigkeit im Meerwasser $1480{,}0\,\frac{\mathrm{m}}{\mathrm{s}}$ beträgt?

2. Aufgabe:
Mit Laserlicht-Signalen wurden sehr genaue Messungen der Entfernung Erde–Mond (rund 380000 km) durchgeführt. Die Genauigkeit ist prinzipiell begrenzt durch die Unsicherheit im experimentellen Wert für die Vakuumlichtgeschwindigkeit. Er beträgt nach Präzisionsmessungen (mit Fehler): $c_0 = (299\,792\,458 \pm 1{,}2)\,\frac{\mathrm{m}}{\mathrm{s}}$. Welcher absolute Fehler (in m) folgt aus dem angegebenen Fehler von c_0 für die Meßstrecke Erde-Mond? (Von weiteren Fehlern, z. B. bei der Zeitmessung, soll abgesehen werden.)

Im Unterschied zu den zuerst angeführten direkten Längenmeßverfahren ist die Laufzeitmethode im Prinzip bei großen ebenso wie bei kleinen Entfernungen anwendbar. Es liegt daher nahe, den physikalischen Begriff Länge grundsätzlich auf die Laufzeitmessung mit geeigneten Signalen zu gründen. Dabei stellt sich die Frage, welche methodischen Fehler bei einer solchen Längendefinition auftreten können. So zeigen einfache Überlegungen, daß z. B. das Schallradar falsche Ergebnisse liefert, wenn sich der Träger der Schallwellen (Luft, Wasser) relativ zur Meßstrecke bewegt.

15.2 Schallradar – Änderung der Laufzeit durch »Wind«

Der Fehler der Entfernungsmessung mit Schallradar hängt von der »Wind«-Geschwindigkeit v und dem Winkel zwischen »Wind«-Richtung und Meßstrecke ab. Die Rückkehrzeit bei Wind läßt sich in Sonderfällen leicht berechnen:

a) Windstille

$$T_{\mathrm{ARA}} = \frac{2l}{c}$$

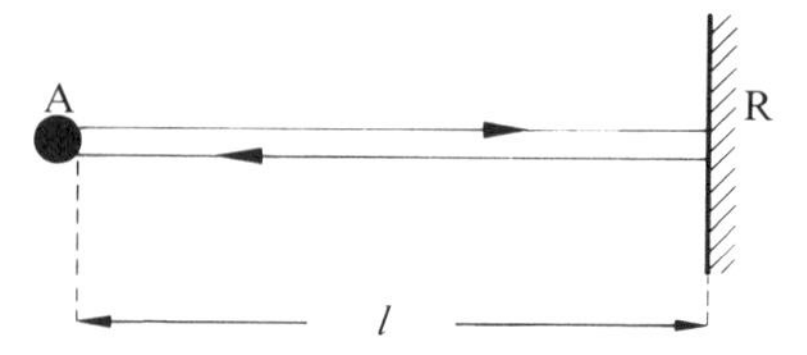

b) Rückenwind hin / **Gegenwind** zurück (oder umgekehrt)

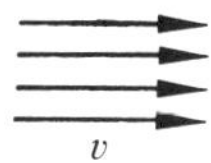

$$T_{ARA} = T_{AR} + T_{RA} = \frac{l}{c+v} + \frac{l}{c-v} = \frac{2l}{c} \cdot \frac{1}{1-\left(\frac{v}{c}\right)^2}$$

c: Schall- } Geschwindigkeit
v: »Wind«- }

c) Seitenwind

Der Wind würde eine Abdrift eines in Richtung AR ausgesandten Signals bewirken. Damit das Signal R trifft, muß die Vektorsumme aus Schallgeschwindigkeit $\vec{c}$ und Windgeschwindigkeit $\vec{v}$ eine effektive Geschwindigkeit $\vec{v}_{eff}$ in Richtung AR ergeben.

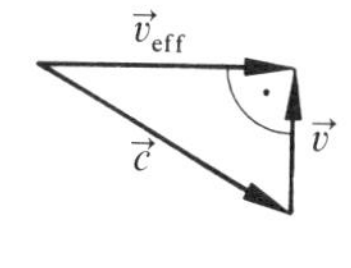

Also: $\quad v_{eff} = \sqrt{c^2 - v^2}$

$$T_{ARA} = \frac{2 \cdot l}{\sqrt{c^2 - v^2}} = \frac{2l}{c} \cdot \frac{1}{\sqrt{1-\left(\frac{v}{c}\right)^2}}$$

3. Aufgabe:
Welche Meerestiefe erhält man aus der Echolot-Messung von Aufgabe 1, wenn das Schiff mit einer Geschwindigkeit von $40{,}00 \frac{\text{km}}{\text{h}}$ über Grund fährt? Das Wasser wird als ruhend angenommen.

4. Aufgabe:
Berechnen Sie die Rückkehrzeit T_{ARA} für den Fall, daß ein Wind der Geschwindigkeit v unter einem Winkel von 45° zur Meßstrecke weht. (Anleitung: Skizzieren Sie zunächst die Vektordiagramme für c_{eff} auf dem Hin- bzw. Rückweg)

5. Aufgabe:
Eine 200,0 m lange Strecke wird mit Schallradar $\left(c = 340{,}0 \frac{\text{m}}{\text{s}}\right)$ vermessen.

a) Wie groß ist die Laufzeit bei Windstille? Um wieviel % ändert sich die Laufzeit, wenn Rücken-/Gegenwind bzw. Seitenwind der Geschwindigkeit $v = 17{,}00 \frac{\text{m}}{\text{s}}$ herrscht? Vergleichen Sie die beiden Prozentsätze untereinander und mit dem Quotienten $(v/c)^2$!

b) Berechnen Sie allgemein die Verhältnisse:
T(Rücken-/Gegenwind) / T(Windstille) und T(Seitenwind) / T(Windstille)

c) Mathematische Näherungen: Vergleichen Sie in einer Tabelle die Werte der vier Terme $\frac{1}{1-x}$; $\frac{1}{\sqrt{1-x}}$; $1+x$; $1+\frac{x}{2}$ jeweils für $x = 0{,}01$; $0{,}02$; $0{,}05$; $0{,}1$; $0{,}2$; $0{,}5$ (Rechnung auf 4 Dezimalen genau). Bis zu welchen Werten von x gelten die Näherungsformeln

$$\frac{1}{1-x} \approx 1+x \quad \text{und} \quad \frac{1}{\sqrt{1-x}} \approx 1+\frac{x}{2} \qquad (|x| \ll 1)$$

mit einem Fehler kleiner als $1 \cdot 10^{-3}$?
Hinweis: Diese Näherungen gelten auch bei negativem Vorzeichen von x; so ist z. B.

$$\frac{1}{\sqrt{1+y}} \approx 1-\frac{y}{2} \qquad (|y| \ll 1)$$

Beachte: Die Laufzeit bei Wind ist stets größer als bei Windstille.
Das Bezugssystem, in welchem der Träger der Schallwellen ruht, stellt also im Hinblick auf Schallradarmessungen ein *ausgezeichnetes System* dar.

Die Frage, ob es ein solches ausgezeichnetes Bezugssystem auch für die Ausbreitung elektromagnetischer Wellen gibt, war historisch einer der Ausgangspunkte für die Entwicklung der Relativitätstheorie.

15.3 Die Frage nach dem »Ätherwind« – Der Michelson-Versuch

Gegen Ende des vorigen Jahrhunderts nahm man an, daß Licht auch bei der Ausbreitung im Vakuum einen Träger, den sogenannten »Äther«, benötigt. Von diesem hypothetischen Äther wurde angenommen, daß er gegenüber dem Fixsternhimmel ruhte. Wenn ein solcher Äther existierte, müßte sich die Erde mit ihrer Eigendrehung und ihrer Bahnbewegung um die Sonne durch ihn hindurchbewegen. Ein Beobachter auf der Erde würde einen »Ätherwind« wahrnehmen mit einer »Wind«-Geschwindigkeit v relativ zur Erde. Unter der Annahme, daß v gleich der Bahngeschwindigkeit des Erdumlaufs um die Sonne ist, nämlich $30\,\frac{\text{km}}{\text{s}}$, beträgt $\frac{v}{c} \approx 10^{-4}$.

6. Aufgabe:
Bestätigen Sie diesen Zahlenwert rechnerisch! Der Radius der Erdbahn um die Sonne ist $1{,}49 \cdot 10^{11}$ m.

Abschätzung des zu erwartenden Effekts bei Lichtlaufzeit-Messungen auf der Erde

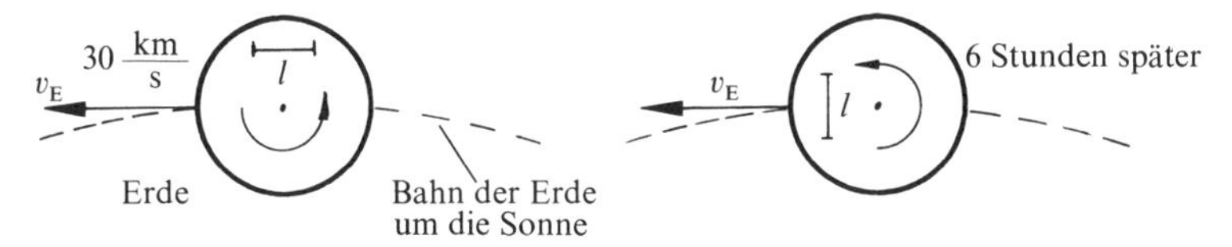

maximaler Laufzeitunterschied: $\Delta T = T$ (Rücken-/Gegenwind) $- T$ (Seitenwind)

Mit den in Aufgabe 5 angegebenen mathematischen Näherungen folgt:

$$\Delta T = \frac{2l}{c}\cdot\left[\frac{1}{1-\left(\frac{v}{c}\right)^2} - \frac{1}{\sqrt{1-\left(\frac{v}{c}\right)^2}}\right] \approx \frac{2l}{c}\cdot\left[1+\left(\frac{v}{c}\right)^2 - \left(1+\frac{1}{2}\left(\frac{v}{c}\right)^2\right)\right]$$

Damit: $\Delta T \approx \frac{l}{c}\cdot\left(\frac{v}{c}\right)^2$

Zahlenbeispiel: $l = 100\,\text{m}$, $v = 30\,\text{km/s}$, $c = 3\cdot 10^5\,\text{km/s} \Rightarrow \Delta T \approx 3\cdot 10^{-15}\,\text{s}$.

Ein solch kleiner Effekt entzieht sich einer direkten Zeitmessung. **Michelson** (1852–1931, Nobelpreis 1907) entwickelte jedoch ein optisches Interferometer, dessen extreme Empfindlichkeit ein Kontrollexperiment zur Ätherhypothese ermöglichte (Michelson 1881, **Michelson und Morley** 1887).

Das Michelson-Interferometer (schematisch)

Im Fernrohr beobachtet man Interferenz des 1. Strahls LABAF mit dem 2. Strahl LACAF. Durch eine geringe Neigung eines der beiden Spiegel entsteht ein System von Interferenzstreifen, ähnlich wie sie ein schmaler Keil erzeugt (vgl. **12. Aufg.**, S. 141). Für die Laufzeitdifferenz kann es zwei Gründe geben:

a) die unterschiedlichen Längen $l_1 = \overline{AB}$ und $l_2 = \overline{AC}$ der beiden Interferometerarme, da man experimentell $l_1 = l_2$ nicht exakt erfüllen kann;

b) den unterschiedlichen Einfluß des Ätherwinds auf den Lichtwegen ABA bzw. ACA.

Die Grundidee des Michelson-Versuchs besteht darin, das ganze Interferometer um A um 90° zu drehen.

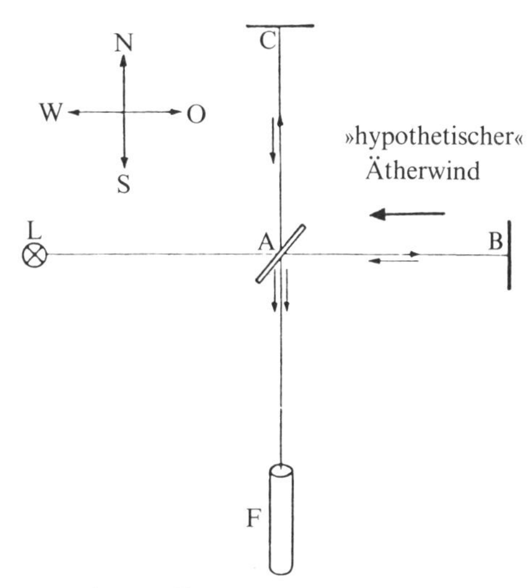

L Lichtquelle
A halbdurchlässiger Spiegel
B, C Spiegel
F Fernrohr

Dabei bleibt der Effekt **a)** erhalten, während sich der »Ätherwind«-Effekt, **b)** ändern müßte.

Empfindlichkeit der Meßanordnung

Die Änderung des Laufzeitunterschieds der zwei interferierenden Strahlen bei Drehung der Interferometers ergibt sich aus folgender Überlegung $\left(\text{Abkürzung } \beta = \frac{v}{c}\right)$:

Stellung:		wie skizziert	um 90° gedreht
Weg ABA	Wind:	Gegen-/Rückenwind	Seitenwind
	Zeit:	$T_1 = \frac{2l_1}{c} \cdot \frac{1}{1-\beta^2}$	$T_1' = \frac{2l_1}{c} \cdot \frac{1}{\sqrt{1-\beta^2}}$
Weg ACA	Wind:	Seitenwind	Gegen-/Rückenwind
	Zeit:	$T_2 = \frac{2l_2}{c} \cdot \frac{1}{\sqrt{1-\beta^2}}$	$T_2' = \frac{2l_2}{c} \cdot \frac{1}{1-\beta^2}$
Laufzeit-unterschied:		$\Delta T = T_1 - T_2 = \frac{2}{c} \cdot \left[\frac{l_1}{1-\beta^2} - \frac{l_2}{\sqrt{1-\beta^2}}\right]$	$\Delta T' = T_1' - T_2' = \frac{2}{c} \cdot \left[\frac{l_1}{\sqrt{1-\beta^2}} - \frac{l_2}{1-\beta^2}\right]$

Wenn ein Ätherwind vorliegt ($\beta > 0$), folgt $\Delta T \neq \Delta T'$, d.h. bei Drehung der Apparatur um 90° tritt eine Änderung des Laufzeitunterschieds der beiden interferierenden Strahlen auf um

$$\Delta T - \Delta T' = \frac{2}{c} \cdot (l_1 + l_2) \cdot \left[\frac{1}{1-\beta^2} - \frac{1}{\sqrt{1-\beta^2}}\right]$$

Mit den mathematischen Näherungen, gültig für $\beta \ll 1$ (vgl. S.189, 5. Aufgabe):

$$\frac{1}{1-\beta^2} \approx 1 + \beta^2 \quad \text{und} \quad \frac{1}{\sqrt{1-\beta^2}} \approx 1 + \frac{1}{2}\beta^2$$

folgt:

$$\Delta T - \Delta T' \approx \frac{l_1 + l_2}{c} \cdot \left(\frac{v}{c}\right)^2$$

Der Änderung des Laufzeitunterschieds entspricht eine Änderung des Gangunterschieds der beiden Lichtstrahlen um

$$\Delta s \approx (l_1 + l_2) \cdot \left(\frac{v}{c}\right)^2,$$

d.h. für $(l_1 + l_2) = 20\,\text{m}$ (Versuch von Michelson und Morley 1887):

$$\Delta s \approx 20\,\text{m} \cdot 10^{-8} \approx 2 \cdot 10^{-7}\,\text{m} \approx \frac{1}{2} \cdot \lambda_{\text{Licht}}.$$

Nach der Ätherhypothese wäre also eine Verschiebung des Interferenzmusters um rund einen halben Streifenabstand zu erwarten (Wechsel hell-dunkel und umgekehrt).

Versuchsergebnis

Das Ergebnis des Michelson-Experiments ebenso wie das zahlreicher späterer Durchführungen desselben Versuchs mit noch empfindlicheren Anordnungen war *negativ*. Bei Drehung des Interferometers erfolgt keine Verschiebung der Interferenzstreifen. *Auf der Erde bläst kein »Ätherwind«*.

Deutungsmöglichkeiten

1. Auf der Erde ist kein Ätherwind meßbar, weil *die Erde im Äther ruht*. Gegen diese Hypothese spricht, daß sie der Erde eine einzigartige Sonderstellung im Kosmos einräumt.
2. **Mitführungshypothese:** Es gibt keinen Ätherwind, weil alle Körper mit endlicher Masse, also auch die Erde, den Äther an ihrer Oberfläche mit sich führen. Diese Hypothese ist durch Versuche widerlegt, die zeigen, daß Materie den Äther höchstens teilweise mitführt.
3. **Kontraktionshypothese** (Lorentz 1892): Der Ätherwind ist vorhanden, kann aber prinzipiell nicht beobachtet werden, weil alle Körper in Richtung ihrer Bewegung durch den Äther gerade so verkürzt werden, daß keine meßbaren Laufzeitunterschiede zustande kommen.
4. Die einfachste Deutungsmöglichkeit ist: *Es gibt keinen Äther*. Physikalische Theorien werden nur über beobachtbare Vorgänge aufgestellt. In diesem Sinne zog Einstein zwei grundlegende Schlüsse aus dem negativen Ausgang des Michelson-Experiments (zitiert nach A. Einstein, Annalen der Physik, Bd. 17 (1905) S. 891):

   »... die erfolglosen Versuche, eine Bewegung der Erde relativ zum ›Lichtmedium‹ nachzuweisen, lassen vermuten, daß es bei elektrodynamischen wie auch bei mechanischen Phänomenen keinerlei Eigenschaften gibt, die die Vorstellung der absoluten Ruhelage rechtfertigen könnten. Sie beweisen eher, *daß ... für alle Bezugssysteme, für die die Gesetze der Mechanik gelten, die gleichen elektrodynamischen und optischen Gesetze gelten müssen*. Wir wollen nun weiter gehen und diese Annahme ... als *Postulat* auffassen, und noch ein *zweites Postulat* einführen, das nur scheinbar mit dem ersten unvereinbar ist, *daß nämlich das Licht sich überall im leeren Raum mit der endlichen Geschwindigkeit c ausbreitet, und daß diese nicht von der Bewegung der Lichtquelle abhängt.*«

Diese beiden Postulate sind die Grundlage der speziellen Relativitätstheorie:

1. **Relativitätsprinzip:**
   Alle Inertialsysteme sind bezüglich aller Gesetze der Physik gleichberechtigt. Es existiert kein bevorzugtes (ruhendes) Inertialsystem.
2. **Prinzip von der Konstanz der Lichtgeschwindigkeit:**
   Die Ausbreitung des Lichts im Vakuum erfolgt in allen Inertialsystemen, unabhängig von der Bewegung der Lichtquelle und der Ausbreitungsrichtung, mit der gleichen Geschwindigkeit c.

Folgerungen aus der Konstanz von c – Relativierung des Zeitbegriffs

Die neue Idee, von der Einstein ausging, erscheint vom heutigen Standpunkt aus sehr einfach, fast selbstverständlich; sie hat aber einschneidende Konsequenzen für die Zeitmessung in gegeneinander bewegten Bezugssystemen. Dies zeigt unmittelbar der folgende, recht »anschauliche« Gedankenversuch[1])

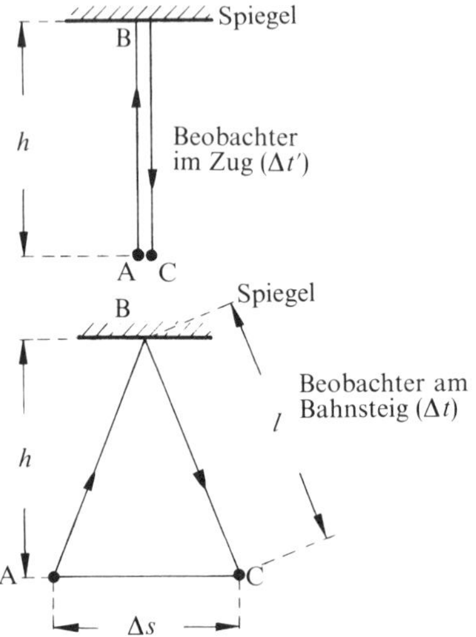

Auf einem Zug, der sich relativ zum Boden mit der Geschwindigkeit v bewegt, wird ein Experiment durchgeführt. Im Punkt A auf der Zugplattform befindet sich ein Blitzlichtgerät, darüber, parallel zur Plattform, ein Spiegel. Ein Reisender im Zug löst einen Blitz aus und mißt mit einer Uhr die Zeit, die das Licht zum Durchlaufen des Wegs ABC benötigt ($C \equiv A$). Ein anderer Beobachter auf dem Bahnsteig sieht während dieser Zeitspanne den Zug nach rechts fahren ($C \neq A$). Für ihn legt das Licht daher eine größere Strecke zurück ($2l$) als für den Reisenden ($2h$). Wegen der Konstanz der Lichtgeschwindigkeit erfolgt die Ausbreitung des Lichtblitzes von beiden Bezugssystemen aus beurteilt mit der gleichen Geschwindigkeit c. Der Beobachter am Bahnsteig mißt deshalb eine größere Zeitspanne (Δt) als der Reisende ($\Delta t'$) für dasselbe Zeitintervall (vom Auslösen des Blitzes bis zur Signalrückkehr). Quantitativ gilt:

$$\Delta t' = \frac{2h}{c} \quad \text{und} \quad \Delta t = \frac{2l}{c},$$

also:

$$\frac{\Delta t'}{\Delta t} = \frac{h}{l} = \frac{\sqrt{l^2 - \left(\frac{\Delta s}{2}\right)^2}}{l} = \sqrt{1 - \left(\frac{\Delta s}{2l}\right)^2}$$

Dabei ist $\Delta s = v \cdot \Delta t$ und $2l = c \cdot \Delta t$, also $\Delta s/2l = v/c$. Somit folgt:

$$\frac{\Delta t'}{\Delta t} = \sqrt{1 - \frac{v^2}{c^2}}.$$

Dieses Ergebnis ist ein erstes Beispiel für die sogenannte **Zeitdilatation**, auf die wir in einem späteren Abschnitt genauer eingehen werden. Es zeigt unmittelbar, daß die Annahme der Konstanz der Lichtgeschwindigkeit gleichbedeutend ist mit der Aufgabe der klassischen Vorstellung von einer absoluten Zeit.

Bedeutung der Konstanz von c für die Längenmessung mit der Radar-Methode

Unter anderem wegen der Konstanz von c nehmen die elektromagnetischen Signale eine *Sonderstellung* ein:

1. Sie benötigen zur Ausbreitung keinen materiellen Träger.

2. Sie haben im Vakuum die kürzeste Rückkehrzeit.

[1]) nach R. Resnick: Einführung in die spezielle Relativitätstheorie, S. 69.

Ihre Ausbreitungsgeschwindigkeit im Vakuum ist unabhängig
3. Von der Ausbreitungsrichtung (vgl. Michelson-Versuch),
4. von der Geschwindigkeit der Lichtquelle[1]),
5. von der Frequenz[2]).

Das Entfernungsradar mit Lichtsignalen geht also im Vakuum per definitionem niemals falsch. Es ist daher sinnvoll, Längenmessungen grundsätzlich auf Licht-Laufzeitmessungen zurückzuführen. »Länge« ist dann kein Grundbegriff mehr, wohl aber die »Zeit«. Längen und Zeiten werden mit Uhren gemessen.

7. Aufgabe:
Variationen des obigen Gedankenversuchs zur Zeitdilatation

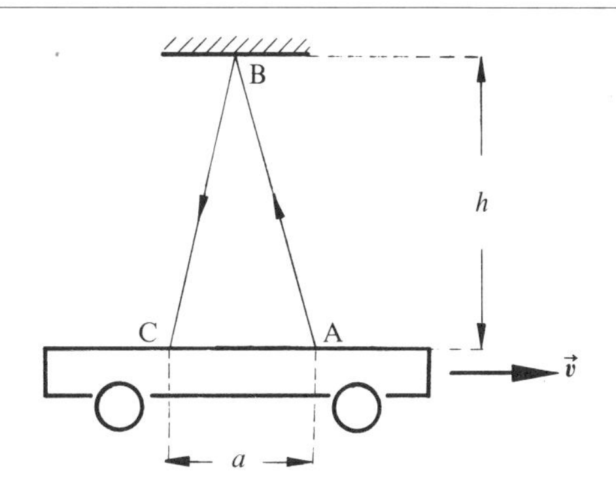

a) 1. Variation: Wie ist der Versuch abzuwandeln, damit der Beobachter am Bahnsteig die kürzere Zeitspanne mißt?
b) 2. Variation: Der Reisende führt den Versuch nun so aus, daß er, vom Zug aus betrachtet, wie oben skizziert abläuft. Welche Beziehung muß zwischen h, a und der Zuggeschwindigkeit v (nach rechts!) bestehen, damit der Reisende und der Mann am Bahnsteig die gleiche Zeitspanne messen?

8. Aufgabe:
Vergleichen Sie Schall und Licht im Hinblick auf Signal-Laufzeitmessungen! (U.a. unter dem Gesichtspunkt: Gibt es ein »ausgezeichnetes« Inertialsystem für solche Messungen?)

9. Aufgabe:
Welche Postulate liegen der speziellen Relativitätstheorie zugrunde? Erläutern Sie Ihren Inhalt.

[1]) bestätigt durch Versuche mit Teilchen hoher Geschwindigkeit, die γ-Strahlung emittieren; vgl. French: Die spezielle Relativitätstheorie S. 72.
[2]) bestätigt durch zahlreiche Präzisionsmessungen von c mit elektromagnetischer Strahlung im Wellenlängenbereich von mehreren Metern (Radiowellen) bis herab zu 10^{-14} m (Gammastrahlung); vgl. French, ibd. S. 10.

16. Zeitlich-räumliches Bezugssystem

16.1 Zeitmessung

Grundlage für die Zeitmessung sind periodische Vorgänge in der Natur, bei denen sich nach unserem Empfinden gleiche Zustände in völlig gleicher Weise wiederholen. Beispiele sind der Lauf der Erde um die Sonne, die tägliche Eigendrehung der Erde, die Schwingungen eines mechanischen Pendels, Schwingungen von Quarzkristallen oder Schwingungen innerhalb von Atomen, deren Perioden elektronisch gezählt werden können.
Maßgebend für die Güte einer »Uhr« ist die Konstanz ihrer Periode. Aussagen hierüber gewinnt man durch den Vergleich des Gangs verschiedener Uhren einer Bauart untereinander sowie mit dem Gang von Uhren anderer Bauart. Die besten Ganggenauigkeiten erreicht man heute mit Quarzuhren und Atomuhren, bei denen die relativen Gangunterschiede $\Delta t/t$ unter 10^{-10} liegen. Man hat daher die früher gültige astronomische Definition der Sekunde als Bruchteil des Jahres aufgegeben und auch die Zeitmessung an atomare Vorgänge angeschlossen (vgl. Längenmessung, S. 186). Nach der heute gültigen internationalen Definition ist eine Sekunde das 9162631720-fache der Periode einer bestimmten Schwingung des ^{133}Cs-Atoms.

Literaturhinweis:
Näheres über Zeit und Zeitmessung findet man in:
Sexl/Schmidt, Raum-Zeit-Relativität, rororo/vieweg Taschenbuch
Sexl/Schmidt, Relativitätstheorie, kolleg-text, Vieweg Schulverlag
Die betreffenden Kapitel in den beiden Büchern sind identisch.

16.2 Einführung eines zeitlich-räumlichen Bezugssystems – Minkowski-Diagramme

Die graphische Darstellung einer geradlinigen Bewegung eines Körpers erfolgt zweckmäßigerweise durch ein geeignet gewähltes t-x-Diagramm (die x-Achse fällt mit der Bewegungsgeraden zusammen.).
Beispiele:

Der Körper *ruht* im Punkt P der Ortsachse.

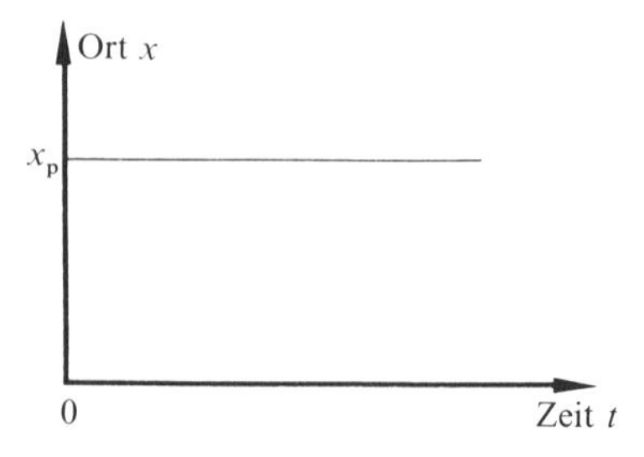

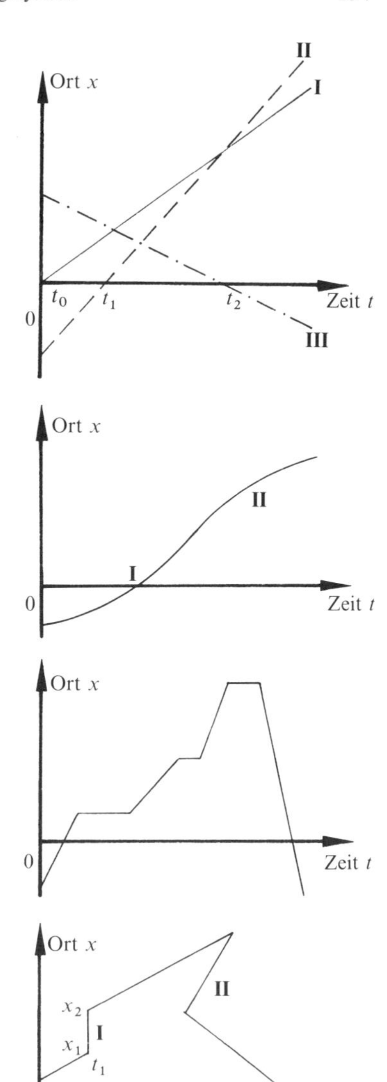

geradlinig gleichförmige Bewegung

I in $+x$-Richtung, zur Zeit $t_0 = 0$ im Nullpunkt der x-Achse
II in $+x$-Richtung, zur Zeit $t_1 > 0$ im Nullpunkt der x-Achse
III in $-x$-Richtung, zur Zeit $t_2 > 0$ im Nullpunkt der x-Achse

geradlinig ungleichförmige Bewegung

I beschleunigte Bewegung
II verzögerte Bewegung

zusammengesetzte geradlinige Bewegung
(»graphischer Fahrplan«)

Nebenstehender »Fahrplan« ist nicht möglich, da ein Körper nicht zur Zeit t_1 an zwei verschiedenen Orten x_1 und x_2 sein kann **(I)** und weil die Zeit nicht zurückläuft **(II)**.

Solche Diagramme können auch die Ausbreitung von Lichtsignalen in positiver bzw. negativer x-Richtung veranschaulichen. Da die Lichtgeschwindigkeit in der Relativitätstheorie eine zentrale Rolle spielt, wählt man meist folgende Einheiten auf den Achsen:

Zeitachse	Ortsachse
1 s	1 Ls = 1 Lichtsekunde = $3 \cdot 10^8$ m
1 μs	10^{-6} Ls = 300 m

usw.

Damit verläuft der Graph für die Darstellung der Ausbreitung eines Lichtsignals unter 45° gegen die Koordinatenachsen:

Lichtsignale, die vom Koordinatenursprung ($x = 0$) nach beiden Richtungen ausgesandt werden

Lichtsignale, die zur Zeit t_1 vom Punkt P der Ortsachse (x_p) nach beiden Richtungen ausgesandt werden.

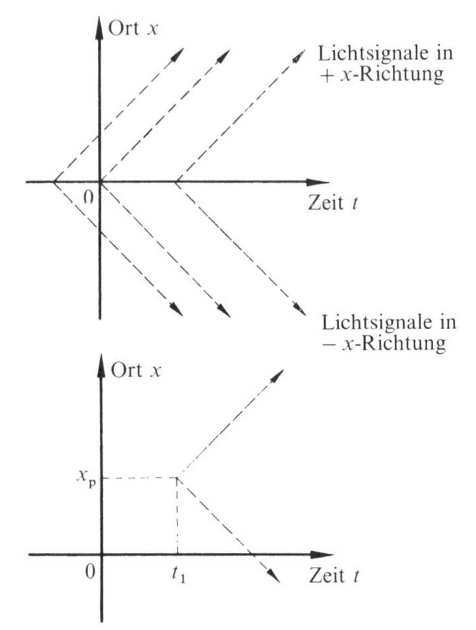

In der Relativitätstheorie bezeichnet man solche Zeit-Ort-Diagramme als **Minkowski-Diagramme.**

Hinweis: In manchen Büchern sind in den Minkowski-Diagrammen Zeit- und Ortsachse vertauscht.

Definitionen, ergänzende Bemerkungen und Zusammenfassung:

In solchen Minkowski-Diagrammen bezeichnet man den von Ort und Zeit aufgespannten »Raum« als »die **Welt**«.

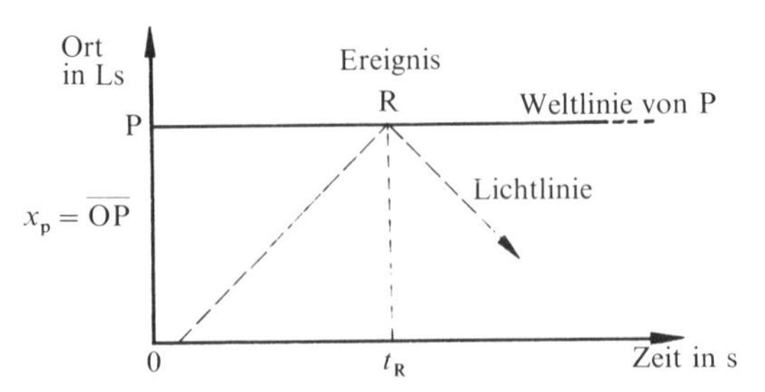

Ein **Ereignis** (z. B. das Ereignis R: »Das Signal wird im Punkt P reflektiert) heißt **Weltpunkt.**
Als **Weltlinie** eines Körpers bezeichnet man den Graphen seines Orts als Funktion der Zeit (siehe S. 196f). Zu Bewegungen mit konstanter Geschwindigkeit gehören gerade Weltlinien.

Die Weltlinien von Lichtsignalen nennt man »**Lichtlinien**«. Wählt man die Einheiten auf den Achsen entsprechend der Tabelle auf S. 197, also z. B. 1 s und 1 Ls, so erhalten die Lichtlinien die Steigung + 1 bzw. − 1 bei Ausbreitung des Signals in positiver bzw. negativer x-Richtung. (Die Steigung von Weltlinien für materielle Körper, für die die Lichtgeschwindigkeit eine obere Grenzgeschwindigkeit darstellt, muß dann im Intervall $-1 < m < +1$ liegen.)

16.3 Bestimmung der beiden Koordinaten eines Ereignisses – Raumvermessung, Uhrensynchronisation

Wir haben nun einfach ein Koordinatensystem zur Beschreibung der Bewegung eines Körpers eingeführt, mit einer Orts- und einer Zeitkoordinatenachse. Dabei haben wir aber noch nicht geklärt, *wie* die Koordinaten gemessen werden können. Bei großen Entfernungen werden wir auf das Entfernungsradar zurückgreifen müssen, also auf eine **Lichtlaufzeit-Messung**. Die Koordinatenmessung führt also in beiden Fällen auf eine Zeitmessung. Dabei ergibt sich folgendes Problem:

Wenn der Körper den Ort mit der Koordinate x passiert, muß auf einer *dort* stehenden Uhr die zugehörige Zeit t abgelesen werden, sonst verfälscht die Zeitdauer für die Übertragung der Information von der Meßstelle bis zur Uhr die Zeitmessung.

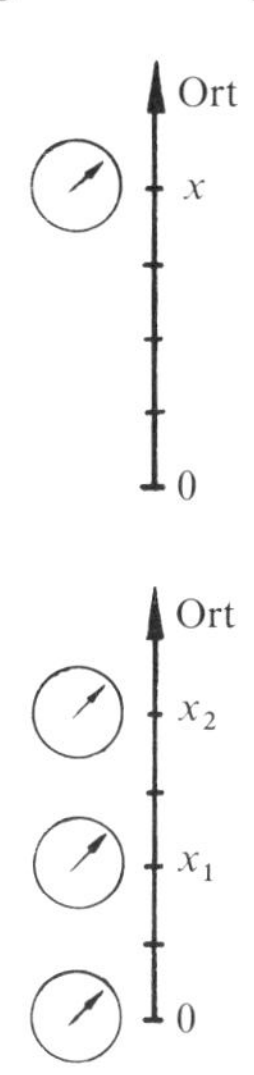

Man braucht daher im Grunde an jeder Meßstelle eine eigene Uhr. Man stellt also (in Gedanken) entlang der Bewegungsgeraden viele gleichartige Uhren auf, die relativ zueinander ruhen. Damit die Daten von verschiedenen Meßstellen sinnvoll koordiniert werden können, müssen zwei Voraussetzungen erfüllt sein:

1. Für jede Uhr muß die Koordinate x, d. h. ihre Entfernung vom Koordinatenanfangspunkt 0 bekannt sein.
2. Alle Uhren müssen mit einer »Normaluhr«, z. B. am Punkt 0, **synchronisiert** sein.

Dies erreicht man durch folgende Meßvorschriften (wobei wir davon ausgehen, daß in jedem Inertialsystem die Lichtgeschwindigkeit den gleichen Wert c hat, der von der Ausbreitungsrichtung unabhängig ist, so daß ein Signal für Hin- und Rückweg über dieselbe Strecke die gleiche Zeit benötigt):

1. Raumvermessung:
Die Koordinate $x_P = \overline{OP}$ für die Uhr im Punkt P wird durch eine Lichtlaufzeitmessung von der Normaluhr von 0 aus bestimmt:
Wird zur Normalzeit t ein Lichtsignal ausgesandt, das im Punkt P reflektiert wird und zur Normalzeit T wieder in 0 ankommt, so folgt nach unserer Längendefinition:

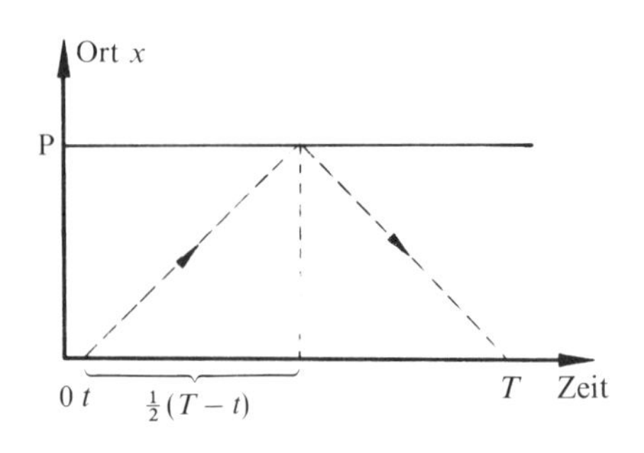

$$x_P = \overline{OP} = \frac{1}{2} \cdot (T - t) \cdot c$$

2. Synchronisation von (gedachten) Uhren, die gegeneinander ruhen:

Findet die Reflexion des Lichtsignals in P zur Normalzeit t_R statt, so gilt:

$$t_R - t = T - t_R = \frac{1}{2} \cdot (T - t)$$

also
$$t_R = \frac{1}{2} \cdot (t + T)$$

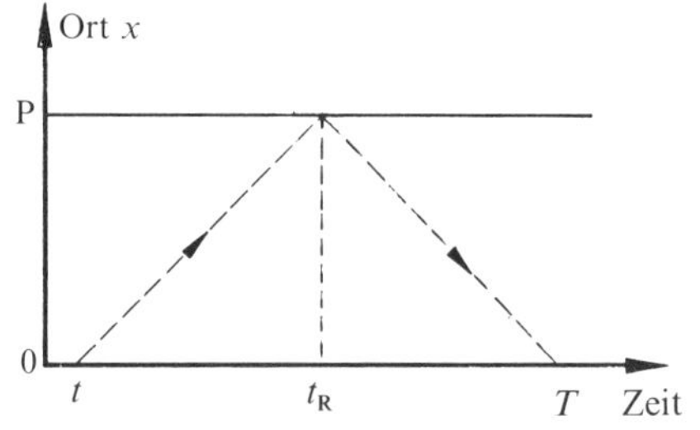

Die Reflexion findet also im »Zeitmittelpunkt« zwischen t und T statt.

1. Aufgabe:
Entfernungsmessung und Uhrensynchronisation für ein Raumschiff, das gegenüber der Erde ruht: Von der Erde aus sendet man stündlich ein Zeitsignal, das im Raumschiff empfangen und prompt beantwortet wird. Das Echo des 12-Uhr-Signals trifft um 12 Uhr 3,8 s auf der Erde ein.

a) Berechnen Sie die Entfernung Erde–Raumschiff.

b) Diese Entfernung wird dem Raumschiff mitgeteilt. Wie berechnen die Raumfahrer die Zeit, auf die sie ihre Uhr beim Empfang des 13-Uhr-Signals einstellen müssen?

c) Wie kann man von der Erde aus bzw. im Raumschiff feststellen, ob das Raumschiff tatsächlich gegenüber der Erde ruht?

Wenn für alle Uhren entlang der Meßstrecke die Position entsprechend 1. vermessen und die Synchronisation entsprechend 2. durchgeführt ist, können Bewegungsabläufe registriert werden. Alle diese Uhren bilden dann zusammen ein **zeitlich-räumliches Koordinatensystem,** sie zeigen die Systemzeit an.

Anmerkung:
Zwei Ereignisse im t-x-System heißen **gleichzeitig**, wenn ihre Weltpunkte auf

einer Parallelen zur x-Achse **(Gleichzeitigkeitslinie)** liegen. Dies ist nach der Definition des Koordinatensystems anschaulich klar, aber auch mit der Definition der Zeit verträglich, die einem Ereignis zugeschrieben wird:

$$t_E = \frac{1}{2} \cdot (t_1 + T_1) = \frac{1}{2} (t_2 + T_2)$$

aus Symmetriegründen.

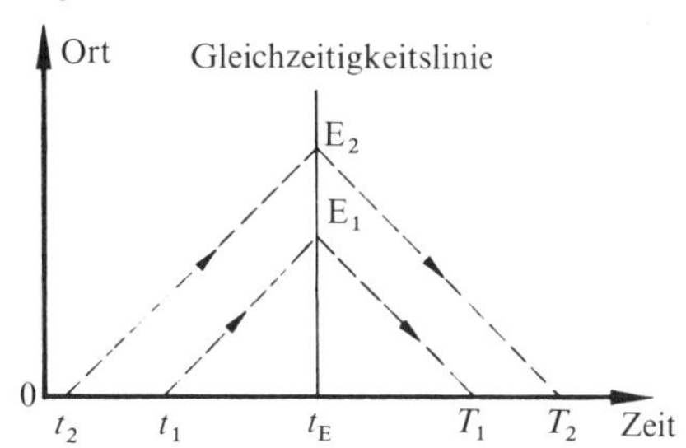

2. Aufgabe:
In einem Bezugssystem ist am Ort $x = +1800\,\text{m}$ ein Spiegel S fest aufgestellt. Ein Beobachter B, der sich mit konstanter Geschwindigkeit $v = 0{,}6\,c$ in positiver x-Richtung bewegt, passiert den Ursprung 0 zur Zeit Null.

a) Tragen Sie in ein $(t; x)$-Diagramm (Zeitachse 18 cm; $1\,\mu\text{s} \mathrel{\hat{=}} 1\,\text{cm}$) die Weltlinien von S und B ein.

b) Welcher Weltpunkt gehört zum Ereignis: »Beobachter B passiert den Spiegel S«?

c) Vom Ursprung aus werden zu den Zeiten $t = 0\,\mu\text{s}$; $1{,}5\,\mu\text{s}$; $3{,}0\,\mu\text{s}$; $4{,}5\,\mu\text{s}$ Lichtsignale in positiver x-Richtung ausgesandt und vom Spiegel reflektiert. Zeichnen Sie die entsprechenden Lichtlinien ein.

d) Wie viele Weltpunkte mit der Eigenschaft: »Ein Lichtsignal passiert B« gibt es?

3. Aufgabe: (Leistungskursabitur 1979, VI, Teilaufgabe 1a, b)
Zwei Raumstationen R_1 und R_2 ruhen im System X im festen Abstand von 1,00 Lichtstunden voneinander. Ihre gleichanzeigenden Uhren sind synchronisiert.
Zum Zeitpunkt $t_0 = 0{,}00\,\text{h}$ passiert das Raumschiff S′ (mit dem Eigensystem X′) die Station R_1 fahrplanmäßig in Richtung auf R_2 mit der Geschwindigkeit $0{,}6\,c$ (Ereignis P). Die Borduhr von S′ zeige im Vorbeiflug die Zeit $t'_0 = 0{,}00\,\text{h}$ an.

1. 0,50 h nach dem Ereignis P registriert R_2 einen mit der Geschwindigkeit $0{,}8\,c$ vorbeistreichenden Meteoriten M in Richtung auf S′ und R_1.

   a) Tragen Sie in ein Minkowski-Diagramm (kartesisches Koordinatensystem für X) die Weltlinien von R_1, R_2, S′ und M ein. (Querformat; Ursprung 4 cm vom linken, 6 cm vom unteren Blattrand entfernt. Zeitachse nach rechts, $10\,\text{cm} \mathrel{\hat{=}} 1\,\text{h}$; $-0{,}3\,\text{h} \leqq t \leqq 2\,\text{h}$. $+x$-Richtung von R_1 nach R_2; Lichtlinien unter 45° gegen die Achsen.)

   b) Zu welcher X-Zeit t_K und in welcher Entfernung x_K von R_1 befürchtet die Besatzung von R_2 eine gefährliche Kollision (Ereignis K) von M und S′? Ermitteln Sie die Lösung graphisch.

17. Zeit- und Längenmessung in gegeneinander bewegten Bezugssystemen

17.1 Relativität der Gleichzeitigkeit

Bereits der Gedankenversuch von S. 194 hat gezeigt, daß in gegeneinander bewegten Systemen eine einheitliche Zeitmessung nicht eingeführt werden kann. Auch der Begriff der *Gleichzeitigkeit von zwei Ereignissen* ist relativ, wie die folgende Überlegung ergibt.

Gedankenversuch:
Ein Beobachter B bewegt sich mit konstanter Geschwindigkeit v relativ zu einem Beobachter A. B sendet *gleichzeitig* zwei Lichtsignale in die $+x'$ und $-x'$ Richtung aus (Ereignis P), die so reflektiert werden, daß sie *gleichzeitig* wieder bei ihm ankommen (Ereignis Q). Welche Schlußfolgerung zieht B (bzw. A) über die Zeitpunkte und Orte, an denen die beiden Reflexionen R_1 und R_2 stattgefunden haben?

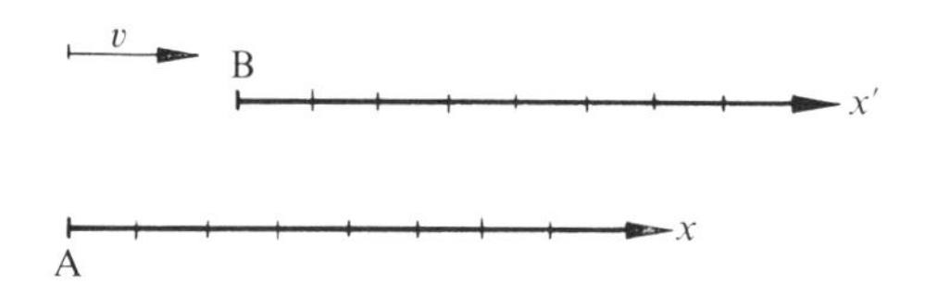

Zur Verdeutlichung stellen wir die Lichtlinien der Signale für beide Bezugssysteme graphisch dar. Dabei ist zu beachten:

a) Die Ereignisse P und Q finden im System $(t'; x')$ am gleichen Ort $x' = 0$ statt; im A-Diagramm $(t; x)$ müssen die Weltpunkte P und Q daher auf der Weltlinie von B liegen.

b) Wegen der Konstanz von c haben Lichtlinien in beiden Diagrammen die Steigung 1 bzw. -1.

B-Diagramm $(t'; x')$

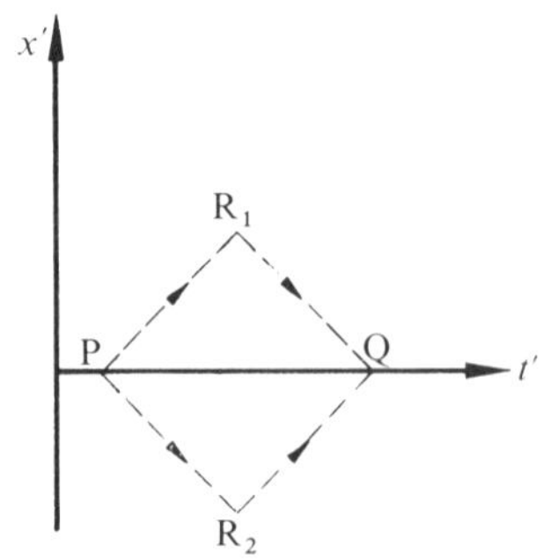

Von B's Bezugssystem $(t'; x')$ aus beurteilt, haben die beiden Reflexionen R_1 und R_2 *gleichzeitig* und in derselben Entfernung von B stattgefunden.

A-Diagramm $(t; x)$

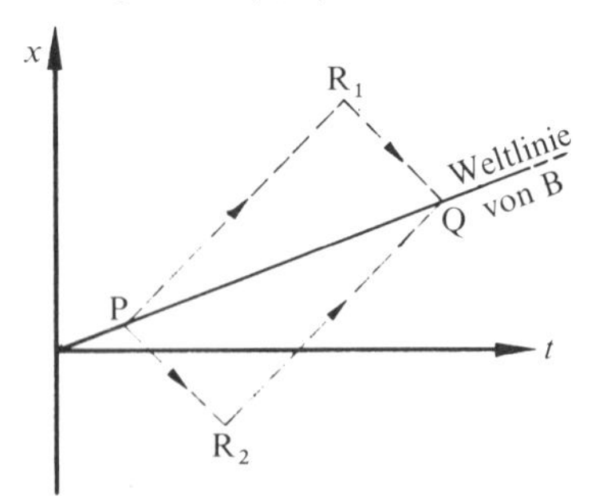

Von A's Bezugssystem $(x; t)$ aus beurteilt, haben die beiden Reflexionen R_1 und R_2 *nicht gleichzeitig* stattgefunden (R_1 ist später als R_2).

Ergebnis: Zwei in einem Bezugssystem gleichzeitige Ereignisse sind in einem dazu bewegten Bezugssystem im allgemeinen nicht gleichzeitig (Relativität der Gleichzeitigkeit).

Die Diagramme zeigen, daß dieses absurd erscheinende Ergebnis unmittelbar aus der Konstanz der Lichtgeschwindigkeit folgt. In unserem »normalen« Erfahrungsbereich, d.h. bei Geschwindigkeiten, die sehr viel kleiner sind als c, spielt die Relativität der Gleichzeitigkeit allerdings keine Rolle. Für $v \ll c$ ist die klassische Vorstellung von der absoluten Zeit eine gute Näherung.

1. Aufgabe:
Zeigen Sie dies für den obigen Gedankenversuch durch eine qualitative Skizze des A-Diagramms im Falle $v \ll c$.

17.2 Feststellung der relativen Bewegung

Wie kann ein nur mit einer Uhr ausgerüsteter Beobachter A überhaupt feststellen, ob und mit welcher Geschwindigkeit v ein anderer Beobachter B sich ihm gegenüber bewegt?
Drei Fälle sind möglich: B ruht gegenüber A; B entfernt sich von A; B nähert sich A. Zur Fallunterscheidung kann A folgenden Versuch ausführen: Er sendet in Zeitabständen τ periodisch Lichtsignale aus und registriert mit seiner Uhr, zu welchen Zeiten das Echo der von B reflektierten Strahlen zurückkommt.

Graphische Darstellung:

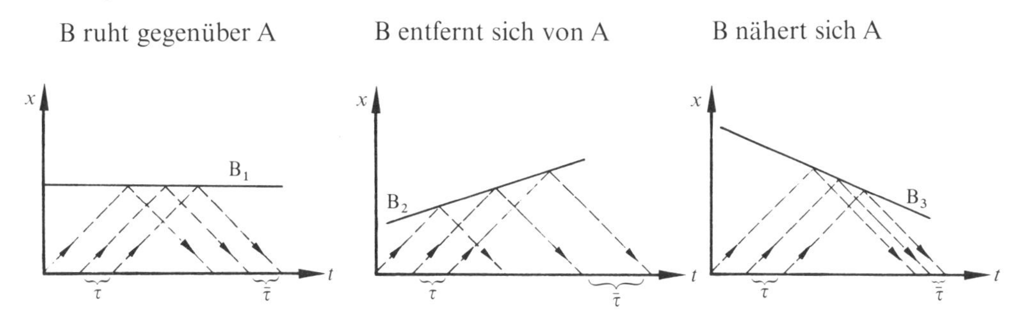

In allen Fällen ist das bei A eintreffende Echo wiederum eine periodische Signalfolge. Die Empfangsperiode $\bar{\tau}$ stimmt jedoch nur dann mit der Sendeperiode τ überein, wenn B gegenüber A ruht. Bei Entfernung von B erhält man $\bar{\tau} > \tau$, bei Annäherung von B $\bar{\tau} < \tau$. Zwischen der Relativgeschwindigkeit v und dem Quotienten $\bar{\tau}/\tau$ besteht offensichtlich eine umkehrbar eindeutige Zuordnung: **Prinzip des Geschwindigkeitsradars**.

2. Aufgabe:
A sendet mit der Frequenz 1 kHz modulierte Signale. Beobachter B
a) entfernt sich von A
b) nähert sich A mit der Geschwindigkeit $0{,}6\,c$.
Bestimmen Sie jeweils graphisch die Periode und die Frequenz des von A empfangenen Echos. (t-x-Diagramm mit a) $1\,\text{ms} \mathrel{\hat{=}} 0{,}5\,\text{cm}$; b) $1\,\text{ms} \mathrel{\hat{=}} 2\,\text{cm}$).

17.3 Beziehung zwischen der Systemzeit und der Anzeige einer im Bezugssystem bewegten Uhr

A und B seien zwei mit konstanter Geschwindigkeit v relativ zueinander bewegte Beobachter, die sich in ihren Bezugssystemen $(t; x)$ bzw. $(t'; x')$ jeweils am Ursprung befinden. Beide sind mit physikalisch gleichartigen Uhren ausgestattet. Wir nehmen weiter an, daß zu dem Zeitpunkt, in dem Beobachter B den Beobachter A passiert, beide ihre Uhren auf Null stellen. Eine Aussage über die Anzeige der bewegten Uhr zu einem späteren Zeitpunkt liefert der folgende Gedankenversuch:

Zu einer beliebigen A-Zeit t sendet A dem B ein Lichtsignal hinterher. Wenn es B erreicht, zeigt dessen Uhr gerade die B-Zeit $\varphi(t)$ an. Was läßt sich über den Zusammenhang $t \mapsto \varphi(t)$ aussagen?

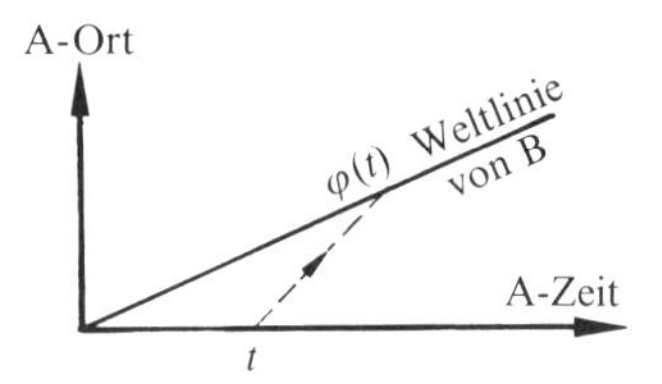

a) Eine erste Eigenschaft der gesuchten Funktion $\varphi(t)$ folgt aus der Tatsache, daß *die von A periodisch ausgesandten Signale beim Beobachter B auch periodisch (nach dessen Uhr) ankommen.* Hierfür sprechen zahlreiche *experimentelle* Befunde aus verschiedenen Bereichen der Physik (Akustik, Atomspektroskopie, optische Astronomie), die man unter dem Stichwort **Doppler-Effekt** zusammenfaßt.
Der akustische Dopplereffekt ist jedermann aus dem Alltag bekannt: Wird eine Schallquelle (z. B. eine Sirene auf einem Fahrzeug) bewegt, so hängt die von einem ruhenden Beobachter registrierte Tonhöhe vom Betrag und der Richtung der Relativgeschwindigkeit ab. Bei konstanter Relativgeschwindigkeit hört der Beobachter jedoch einen *reinen* Ton, d. h. er empfängt eine periodische Signalfolge, wenn auch mit anderer Frequenz als bei ruhender Schallquelle.
In der Optik beobachtet man entsprechende Frequenzverschiebungen bei Licht, das von schnell bewegten Atomen ausgesandt wird. Auch im Licht von Sternen, die sich mit hoher Geschwindigkeit gegenüber der Erde bewegen, findet man die von irdischen Lichtquellen her bekannten Spektrallinien wieder, nur mit geänderten Wellenlängen. Licht, das zu einer Spektrallinie gehört, ist

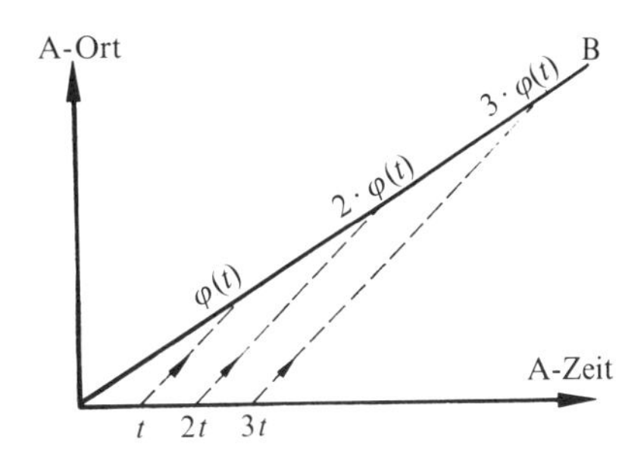

ja nach Definition eine periodische Folge von Signalen (vgl. **16.1**). Periodisch ausgesandte Signale werden also auch als solche empfangen, wenn auch mit anderer Periodendauer.

In unserem Gedankenversuch folgen also aus periodischen Sendezeiten bei A: t, $2t$, $3t$, ... entsprechende Ankunftszeiten bei B: $\varphi(t)$, $2\cdot\varphi(t)$, $3\cdot\varphi(t)$, ... Hieraus ergibt sich, daß die Funktion $\varphi(t)$ eine Proportionalität ist:

$$\boxed{\varphi(t)=\mathrm{k}\cdot t}$$

Wenn in beiden Bezugssystemen die Zeit in der gleichen »Richtung« verlaufen soll, müssen wir außerdem $\mathrm{k}>0$ annehmen.

b) Der Betrag von k folgt aus dem **Relativitätsprinzip** (d.h. hier: beide Bezugssysteme sind in jeder Hinsicht gleichberechtigt). Hierzu erweitern wir unser Gedankenexperiment um einen weiteren Schritt: Das vom Beobachter A zum Beobachter B gesandte Signal 1 wird von diesem prompt beantwortet (oder reflektiert): Signal 2. Die graphische Darstellung ergibt qualitativ:

A-System

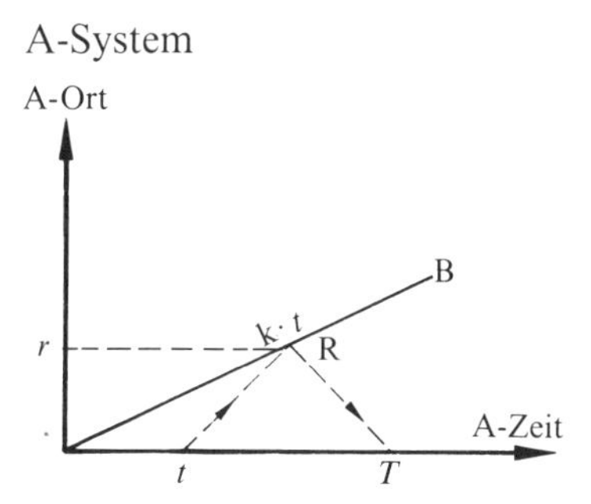

B-System

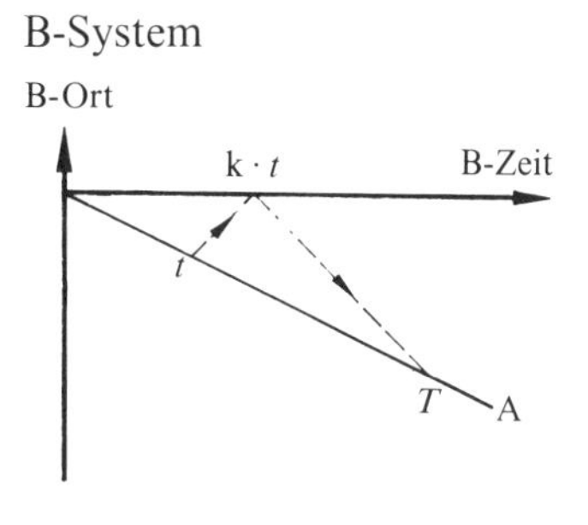

In diesem Fall führt das Relativitätsprinzip zur folgenden **Symmetrieforderung**:

Standpunkt von A	Standpunkt von B
Uhr B entfernt sich mit konstantem Geschwindigkeitsbetrag v. Ein zu einer beliebigen A-Zeit t abgesandtes Lichtsignal erreicht B zur B-Zeit $\mathrm{k}\cdot t$.	Uhr A entfernt sich mit konstantem Geschwindigkeitsbetrag v. Ein zu einer beliebigen B-Zeit $t'(=\mathrm{k}t)$ abgesandtes Lichtsignal erreicht A zur A-Zeit $\mathrm{k}\cdot t'$ $(=\mathrm{k}\cdot\mathrm{k}t)$.

Mit den Bezeichnungen der Figur ist deshalb die Rückkehrzeit T im A-System

$$T=\mathrm{k}^2\,t.$$

Für den A-Ort der Reflexion erhält man

einerseits: $r = \frac{1}{2}(t + T)v$, (1) andererseits: $r = \frac{1}{2}(T - t)c$.

Einsetzen von $T = \mathrm{k}^2 t$ in beide Terme und Gleichsetzen liefert

$$(\mathrm{k}^2 + 1)v = (\mathrm{k}^2 - 1)c$$

Auflösen nach k^2 ergibt $\mathrm{k}^2 = \frac{c + v}{c - v}$

und, wegen $\mathrm{k} > 0$: $\boxed{\mathrm{k} = \sqrt{\frac{c + v}{c - v}}}$

Ergebnis: Für zwei mit der Geschwindigkeit v gegeneinander bewegte Beobachter, die im Moment des Passierens ihre Uhren auf Null stellen, gilt: Schickt ein Beobachter zur Zeit t (nach seiner Uhr) dem anderen ein Lichtsignal hinterher, so erreicht es diesen zur Zeit $\sqrt{\frac{c + v}{c - v}}\, t$ (nach dessen Uhr).

Beachte: **1.** Diese Aussage bezieht sich auf die Zeitpunkte von *zwei verschiedenen Ereignissen* (Signalstart/-ankunft) gemessen mit zwei verschiedenen gegeneinander bewegten Uhren. Insofern ist der Unterschied nicht überraschend.

2. Solange die Beobachter sich mit dem Geschwindigkeitsbetrag v aufeinander zu bewegen, gilt ein entsprechender Zusammenhang:

$$\varphi(t) = \sqrt{\frac{c - v}{c + v}} \cdot t$$

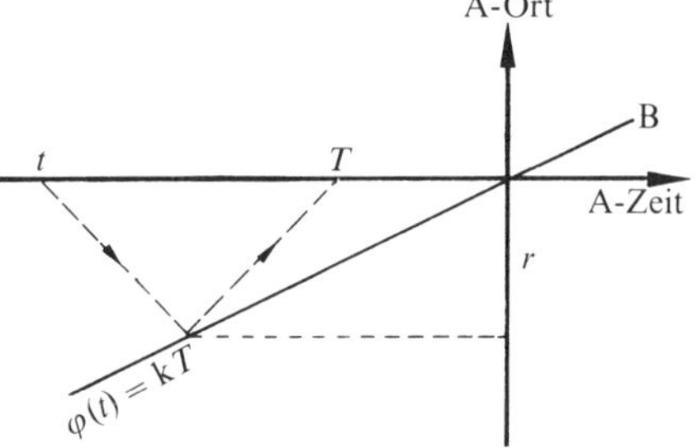

Die Herleitung verläuft analog zur obigen, jedoch ist Gl. (1) zu ersetzen durch die Beziehung

$$r = \frac{1}{2}|t + T|v = -\frac{1}{2}(t + T)v,$$

weil $t + T < 0$ ist.

3. Das Umrechnen von t-Zeiten in t'-Zeiten mit dem k-Faktor ist nur zulässig, wenn sich beide Beobachter zur Zeit $t = t' = 0$ treffen.

3. Aufgabe:
Begründen Sie, daß im A-Diagramm von S. 202 *alle* Ereignisse, die auf der Geraden $R_1 R_2$ liegen, für B gleichzeitig stattfinden.

4. Aufgabe:
Berechnen Sie allgemein die Verhältnisse τ'/τ und $\bar{\tau}/\tau$ in Abhängigkeit von v für die beiden Fälle, daß B mit der Geschwindigkeit v sich von A entfernt bzw. sich A nähert. Begründen Sie, warum der k-Kalkül auf die Zeitintervalle τ, τ', $\bar{\tau}$ anwendbar ist, obwohl die Weltlinie von B nicht durch den Ursprung des A-Diagramms verläuft.

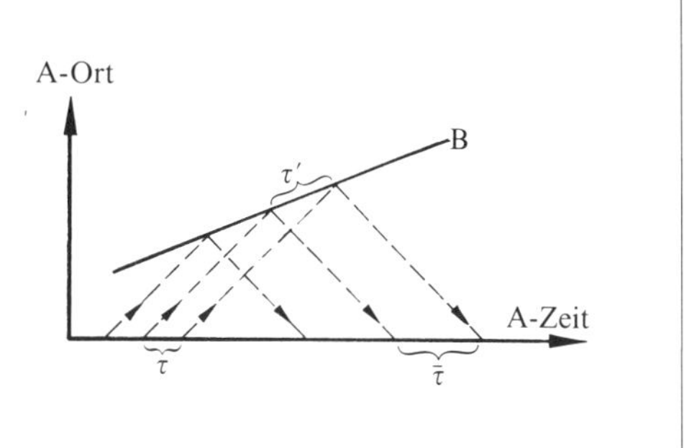

Der k-Faktor heißt auch **Doppler-Faktor**.

5. Aufgabe:
Ein System A sendet zu einem System B, das sich mit der Geschwindigkeit v entfernt, eine elektromagnetische Welle mit der Frequenz f ab. Die Periodendauer der Welle ist T, ihre Wellenlänge λ.

a) Geben Sie an, wie die Periodendauer T' der in B empfangenen Welle von der Periodendauer T der in A abgestrahlten Welle und der Relativgeschwindigkeit v abhängt.

b) Berechnen Sie die in B beobachtete Frequenz f' in Abhängigkeit von f und die beobachtete Wellenlänge λ' in Abhängigkeit von λ.

c) Zeigen Sie, daß sich in den Teilaufgaben **a)** und **b)** derselbe Zusammenhang zwischen T' und T, f' und f bzw. λ' und λ ergibt, wenn sich A und B aufeinander zu bewegen und v nicht als Betrag, sondern als Größe mit Vorzeichen eingesetzt wird.

d) Berechnen Sie allgemein die sog. **Dopplerverschiebung** der Wellenlänge, $\Delta\lambda = \lambda' - \lambda$, sowie die Dopplerverschiebung der Frequenz, $\Delta f = f' - f$.

e) Berechnen Sie für den Fall $|v| \ll c$ die **relative Dopplerverschiebung** für die Wellenlänge, $\Delta\lambda/\lambda$, und für die Frequenz, $\Delta f/f$, für Annäherung bzw. Entfernung von A und B.

Der Dopplereffekt bei elektromagnetischen Wellen kann mit einem Mikrowellensender quantitativ nachgewiesen werden (Geschwindigkeitsradar, bekannt von den Geschwindigkeitskontrollen der Polizei aus dem Straßenverkehr). Dabei ist die Frequenz f' aber nur indirekt meßbar, da die Verschiebung zu gering ist.

Versuch:
Auf einen Experimentierwagen, der sich mit bekannter Geschwindigkeit v bewegt, ist ein leichtes Stück Blech (20 cm × 20 cm) montiert. Es reflektiert die Mikrowellenstrahlung des Senders S, im Empfangsdipol E werden abgesandtes und reflektiertes Signal (das scheinbar vom virtuellen Sender S' kommt) überlagert:

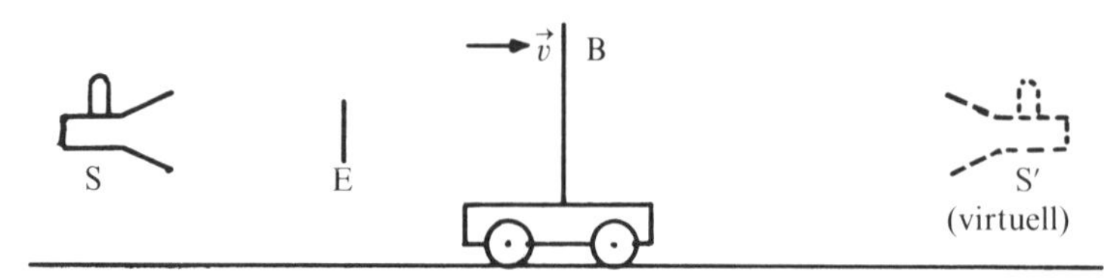

Der Sender S ruht gegenüber E, E empfängt von dort also Strahlung der Frequenz f bzw. der Wellenlänge λ. Der Sender S′ bewegt sich gegenüber E mit der Geschwindigkeit $2v$, da $v \ll c$ (s. S. 222). Damit gilt, unter Verwendung des Ergebnisses von Aufgabe **5e)**, für die in E von S bzw. S′ empfangenen Wellenlängen bzw. Frequenzen:

	von S:	von S′:
Wellenlänge:	$\lambda;$	$\lambda' = \lambda \cdot \left(1 + \frac{2v}{c}\right);$
Frequenz:	$f = \frac{c}{\lambda};$	$f' = \frac{c}{\lambda'} = \frac{c}{\lambda(1 + 2v/c)}$

Wenn man zwei Schwingungen überlagert, die sich in der Frequenz nur wenig unterscheiden, erhält man eine sog. **Schwebung**. Man kann eine akustische Schwebung beobachten, wenn man die Töne zweier ein wenig verschiedener Stimmgabeln anhört (eine von beiden vorher erwärmen): Man hört **einen** an- und wieder abschwellenden Ton.
Schwingungsüberlagerung (Formelsammlung Mathematik):

$$y = A \cdot \sin(2\pi \cdot f \cdot t) + A \cdot \sin(2\pi \cdot f' \cdot t)$$

$$y = A \cdot \cos\left(2\pi \cdot \frac{f - f'}{2} t\right) \cdot \sin\left(2\pi \frac{f + f'}{2} t\right)$$

Dies kann gedeutet werden als Schwingung mit der Frequenz

$$\tilde{f} = (f + f')/2 \approx f \approx f'$$

und der Amplitude

$$\tilde{A} = A \cdot \cos\left(2\pi \frac{f - f'}{2} t\right),$$

die mit der geringen Frequenz (Schwebungsfrequenz)

$$f_s = |f - f'|,$$

also in der Zeit $T_s = 1/f_s$ langsam von 0 zum vollen Wert ansteigt und wieder zurückgeht.
Damit erhält man für die Schwebungsfrequenz bzw. die Zeit zwischen zwei Minima (unter Verwendung der Näherung $1/(1 + x) \approx 1 - x$ für $|x| \ll 1$):

$$f_s = \frac{2v}{\lambda}; \quad T_s = \frac{\lambda}{2v};$$

Wenn man das von E aufgenommene und verstärkte Signal auf einem t-y-Schreiber aufzeichnet, kann man T_s messen und bei bekannter Wellenlänge und Wagengeschwindigkeit die hergeleitete Formel verifizieren.

Hinweis:
Der Versuch läßt sich (mit gleichem Ergebnis) auch als Bewegung der Knoten der stehenden Welle vor dem bewegten Blech deuten:

$$T_s = \frac{\lambda}{2} \cdot \frac{1}{v}$$

6. Aufgabe:
Im sichtbaren Licht des Sterns Alpha Centauri findet man eine Calcium-Linie mit der Wellenlänge 396,820 nm. Im Spektrum irdischer Lichtquellen tritt die gleiche Linie bei der Wellenlänge 396,849 nm auf. Welche Radialgeschwindigkeit hat Alpha Centauri relativ zum Sonnensystem! Entfernt oder nähert sich dieser Stern?

7. Aufgabe:
Im Jahr 16943 wurden wegen der hohen Verkehrsdichte im interplanetarischen Raum verkehrsordnende Maßnahmen notwendig, nämlich eine generelle Geschwindigkeitsbegrenzung auf $0{,}2c$ und die Einrichtung von Raum-Ampeln.
Ein Raumfahrer, der eine Ampel bei Rot überfahren hat, erklärt, er habe das Rotlicht wegen der Dopplerverschiebung als Grün gesehen. Kann diese Aussage stimmen? Soll die Entschuldigung akzeptiert werden?

17.4 Anwendung des k-Faktors: Graphische Bestimmung von Linien gleicher B-Zeit und Linien gleichen B-Orts im A-Diagramm

Im folgenden Abschnitt wird gezeigt, daß es mit Hilfe des k-Faktors möglich ist, zu einem Ereignis $(t; x)$ im A-System die Koordinaten $(t'; x')$ im B-System graphisch zu bestimmen.

a) Konstruktion eines B-Zeit-Maßstabs auf der Weltlinie von B:

Voraussetzung: Der Moment der Begegnung von A und B wird in beiden Systemen als Zeitnullpunkt gewählt.

Gegeben: A-Zeit-Skala auf der t-Achse; Geschwindigkeit v von B relativ zu A; vorgegebene B-Zeiteinheit τ'.

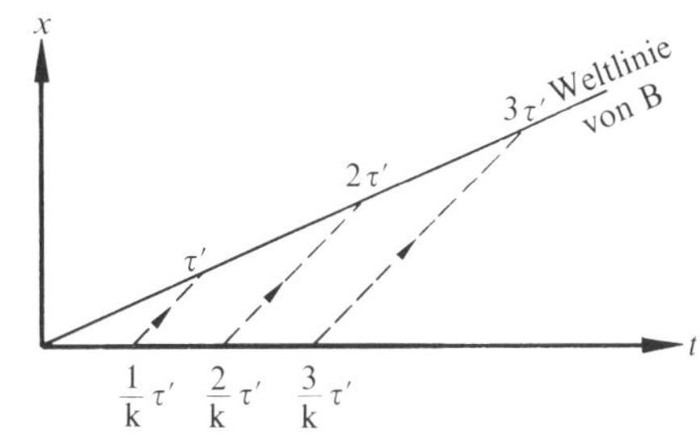

Gesucht: B-Zeit-Skala auf der Weltlinie von B.

1. Berechne $k(v)$.
2. Berechne $\frac{1}{k}\tau', \frac{2}{k}\tau', \ldots$, trage diese Zeitpunkte auf der t-Achse an und zeichne durch sie Lichtlinien mit der Steigung $+1$.
3. Die Schnittpunkte mit der Weltlinie von B ergeben die gewünschte B-Zeitskala.

b) Konstruktion von Linien gleicher B-Zeit im A-Diagramm

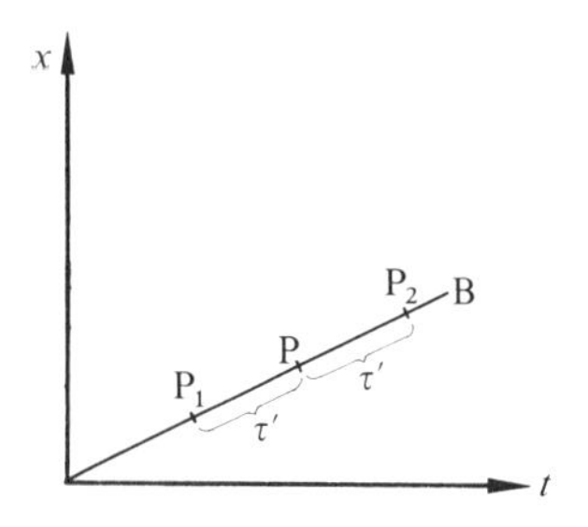

Auf der Weltlinie von B werden zu einem vorgegebenen Weltpunkt P zwei Weltpunkte P_1 und P_2 so gewählt, daß gilt:

$$t'_2 - t'_P = t'_P - t'_1 = \tau'$$

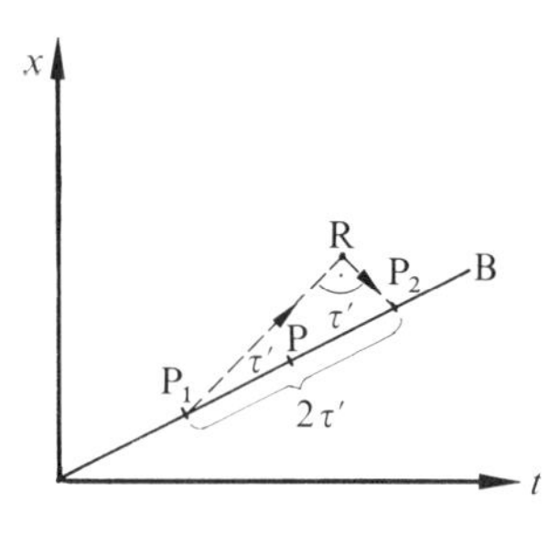

Die skizzierten Lichtlinien durch P_1 und P_2 schneiden sich in einem Weltpunkt R mit gleicher B-Zeit wie P (vgl. Skizze auf S. 202 und Aufgabe 1, S. 203)

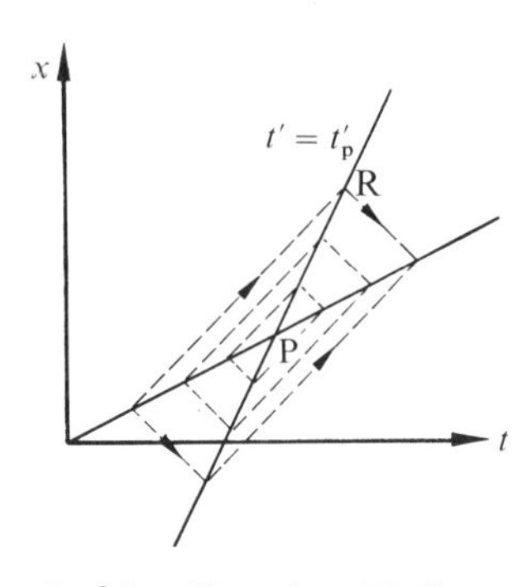

Auf der Geraden PR liegen die Weltpunkte aller Ereignisse, die im B-System gleichzeitig mit P stattfinden: Gleichzeitigkeitslinie

Aus der Konstruktion folgt: Alle Gleichzeitigkeitslinien sind parallel.

c) Konstruktion von Linien gleichen B-Orts im A-Diagramm

In der Konstruktion nach **b)** empfängt B das reflektierte Signal nach der Laufzeit $2 \cdot \tau'$. Die Reflexion fand damit am B-Ort

$x'_R = c \cdot \tau'$ statt.

Führt man diese Konstruktion mit gleichem τ' von der Weltlinie von B aus mehrfach durch, so haben die Ereignispunkte aller Reflexionen denselben B-Ort $c \cdot \tau'$.

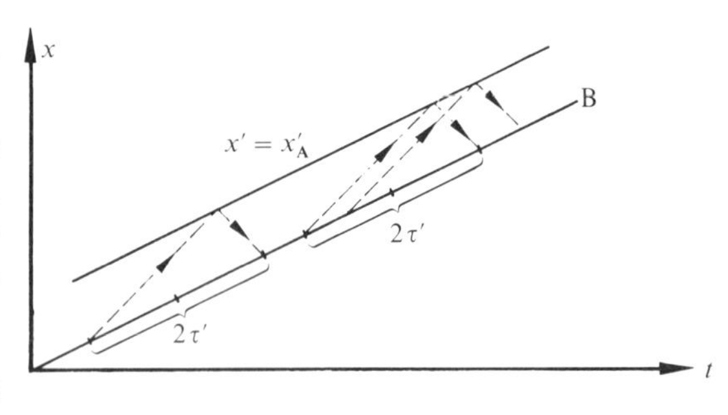

Aus der Konstruktion folgt: Alle Linien gleichen B-Orts sind parallel.

d) Konstruktion eines B-Längen-Maßstabs auf der Gleichzeitigkeitslinie $t' = 0$

Man konstruiert zunächst die Weltlinie von B, darauf den B-Zeit-Maßstab nach a), sowie die Gleichzeitigkeitslinie $t' = 0$ nach **b)**.

Ein Lichtsignal, das zur Zeit $t' = 0$ am B-Ort $c \cdot \tau'$ in negative x'-Richtung ausgesandt wird, kommt zur Zeit $t' = \tau'$ am Ort $x' = 0$ an.

Entsprechendes gilt für die Orte $n \cdot c \cdot \tau'$ und Zeiten $n \cdot \tau'$.

Somit erhält man das Netz der B-Zeit-Koordinaten und der B-Orts-Koordinaten im A-Diagramm:
Orts- und Zeitachse liegen in beiden Systemen symmetrisch bezüglich der Winkelhalbierenden des 1. Qudranten. Dies führt zu einer einfachen Konstruktion der x'-Achse.

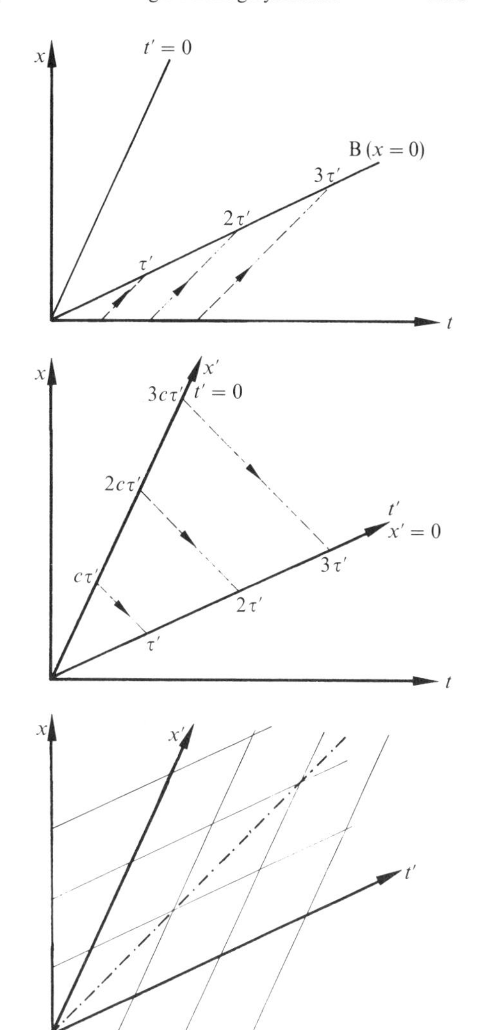

8. Aufgabe:
Führen Sie alle oben angegebenen Konstruktionen durch für $v = 0{,}8\,c$ und $\tau' = 1\,\text{s}$. Maßstab im A-Diagramm: $1\,\text{s} \mathrel{\hat{=}} 3\,\text{cm}$

17.5 Die Zeitdilatation

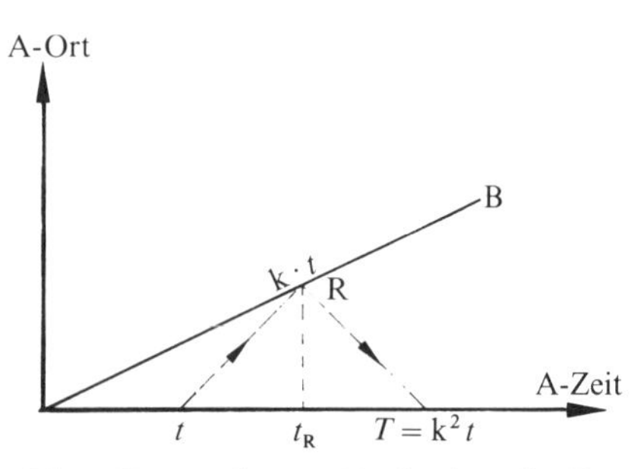

Wir wenden uns nun der Frage zu, welche Zeiten in den Bezugssystemen von A bzw. B für *ein- und dasselbe Ereignis* gemessen werden. Dazu betrachten wir im Gedankenversuch von S. 205 das Ereignis: Reflexion des Lichtsignals durch B.

Von A aus beurteilt findet die Reflexion im Zeitmittelpunkt zwischen Sendung (t) und Empfang (T) des Signals statt, d. h.

$$t_R = \frac{1}{2}(t + T)$$

$$t_R = \frac{1}{2}t(1 + k^2)$$

Von B aus beurteilt findet die Reflexion zur Zeit kt statt.

$$t'_R = kt$$

Wir betrachten nun die *Zeitintervalle* τ und τ' vom Augenblick der Begegnung von A und B ($t = t' = 0$) bis zur Reflexion des Lichtsignals durch B, in den beiden Systemen. Für das Verhältnis der Zeitintervalle gilt:

$$\frac{\tau'}{\tau} = \frac{\text{Zeitintervall (bewegte Uhr B)}}{\text{Zeitintervall (ruhende Uhren A)}} = \frac{t'_r - 0}{t_r - 0} = \frac{2k}{1 + k^2} = \sqrt{1 - \frac{v^2}{c^2}} < 1$$

Diesen Sachverhalt (»Eine bewegte Uhr geht langsamer«) bezeichnet man als Zeitdilatation. Dabei ist zu beachten, daß das Zeitintervall τ' bestimmt ist durch zwei aufeinanderfolgende Ablesungen einer Uhr im B-System (nämlich derjenigen, die sich auf der Weltlinie von B bewegt). Dagegen ist das Zeitintervall τ bestimmt durch Ablesungen auf zwei verschiedenen Uhren im A-System (nämlich der Uhr bei $x = 0$ und der Uhr bei $x = r$). Umgekehrt geht wegen der Gleichberechtigung der Bezugssysteme eine Uhr aus A langsamer als ein Satz synchronisierter B-Uhren, an denen sie vorbeifliegt. Eine präzisere Umschreibung des Begriffs »Zeitdilatation« ist deshalb:

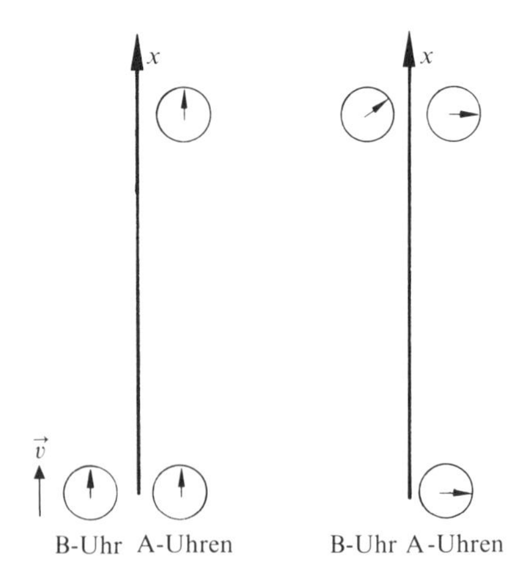

> Eine bewegte Uhr geht langsamer als ein Satz synchronisierter Uhren, an denen sie vorbeikommt.

9. Aufgabe:

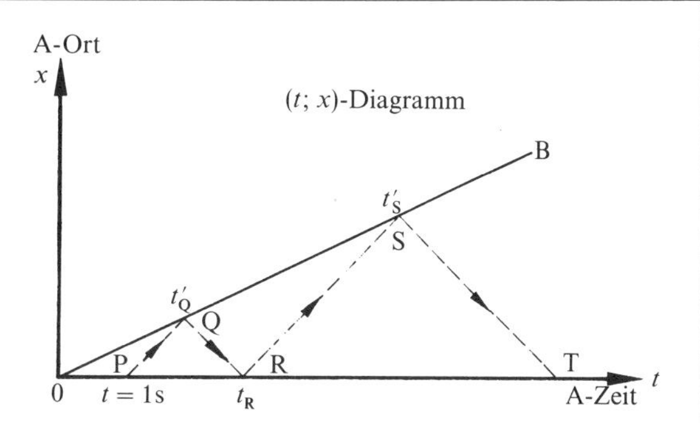

OB sei die Weltlinie eines Beobachters B (System $(t';x')$), der sich relativ zu einem Beobachter A (System $(t;x)$) mit der Geschwindigkeit $v = 0{,}6\,c$ bewegt. Zum Zeitpunkt, in dem B den Beobachter A passiert (Ereignis 0), stellen beide ihre Uhren auf Null. Zur Zeit $t = 1$ s schickt A dem B ein Lichtsignal nach (Ereignis P), das im weiteren von B und A abwechselnd reflektiert wird (Ereignisse Q, R, S, T; vgl. Skizze).

a) Geben Sie die Zeiten t'_Q, t_R, t'_S, t_T an!
Zeichnen Sie das Minkowski-Diagramm für das $(t;x)$-System und tragen Sie die berechneten Werte ein! (t-Achse: 1 cm $\hat{=}$ 1 s; x-Achse: 1 cm $\hat{=}$ 1 Ls)

b) Welche Zeiten t_Q und t_S werden im System A den Ereignissen Q und S zugeordnet? Welche *Zeitspanne* liegt zwischen diesen Ereignissen in A's System ($\tau_{QS} = t_S - t_Q$), bzw. in B's System? Bilden Sie das Verhältnis dieser Zeitintervalle τ'_{QS}/τ_{QS} und vergleichen Sie mit der Formel für die Zeitdilatation!

c) Skizzieren Sie denselben Signalwechsel in einem Minkowski-Diagramm für B's System $(t';x')$! Welche Zeit t'_R wird in diesem System für das Ereignis R gemessen? Betrachten Sie nun die *Zeitspanne* zwischen den Ereignissen 0 und R im System von A bzw. B (τ_{OR} bzw. τ'_{OR}) und bilden Sie das Verhältnis τ'_{OR}/τ_{OR}!

d) Vergleichen Sie die in b) und c) berechneten Werte τ'_{QS}/τ_{QS} und τ'_{OR}/τ_{OR}! Erläutern Sie *ausführlich*, worauf die unterschiedlichen Ergebnisse zurückzuführen sind!

e) Berechnen Sie die Zeit t'_T. (Hinweis: Zu welcher B-Zeit würde die nächste Reflexion U stattfinden?). Ermitteln Sie das Verhältnis der Zeitspannen zwischen den Ereignissen Q und T im B- bzw. A-System, τ'_{QT}/τ_{OT}. Vergleichen Sie mit den Ergebnissen von b), c) und der Formel für die Zeitdilatation. Begründen Sie genau, warum diese Formel hier überhaupt nicht anwendbar ist.

10. Aufgabe:
Erklären Sie genau, worauf die unterschiedlichen Ergebnisse beim Gedankenversuch S. 194 und bei den beiden Variationen (S. 195, Aufg. 7a) und b)) zurückzuführen sind.

17.6 Das Myonenexperiment

Eine experimentelle Bestätigung für die relativistische Zeitdehnung fand man bei der Untersuchung des Zerfalls schneller Myonen. Myonen (ältere Bezeichnung: μ-Mesonen) sind geladene Elementarteilchen, die durch Kernreaktionen entstehen, wenn kosmische Strahlung in die Erdatmosphäre eintritt. Die Hauptkomponente der Myonenbewegung in der Atmosphäre ist daher nach unten gerichtet. Ihre Geschwindigkeit ist nur wenig kleiner als *c*.
Die Myonen sind selbst instabil; sie zerfallen in ein Elektron, ein Neutrino und ein Antineutrino (vgl. 4. Sem.):

$$\mu^- \rightarrow e^- + \nu + \bar{\nu}$$

Der Zerfall eines Myons ist ein individuell-zufälliger Prozeß, für eine große Zahl von Myonen gilt jedoch ein einfaches statistisches Gesetz: Innerhalb einer bestimmten Zeitspanne T_H, der sog. **Halbwertszeit**, zerfällt jeweils die Hälfte der anfangs vorhandenen Teilchen. Geht man von einer Menge von N-Teilchen aus, so sind nach der Zeit T_H noch N/2, nach $2T_H$ noch N/4, nach $3T_H$ noch N/8,... Teilchen vorhanden. Eine große Zahl instabiler Teilchen stellt also eine Art »Uhr« dar: die unzerfallene Menge ist ein Maß für die abgelaufene Zeit.
Die Halbwertszeit von Myonen bestimmt man auf folgende Weise: Beim Eintritt des Teilchens in einen geeigneten Detektor (Plastik-Szintillator) wird es sehr rasch abgebremst, wobei ein meßbarer Lichtimpuls auftritt. Danach ist das Myon fast in Ruhe, bis es innerhalb weniger μs zerfällt. Dabei tritt ein 2. Lichtblitz auf, verursacht durch das beim Zerfall entstandene Elektron. Der Zeitabstand der beiden Lichtblitze zeigt daher die Zerfallszeit für das eine beobachtete Myon an. Durch derartige Messungen an sehr vielen Teilchen kann man die Halbwertszeit (fast) ruhender Myonen zu $T_H = 1{,}52\,\mu s$ berechnen.
Die durch die kosmische Strahlung erzeugten Myonen zerfallen natürlich z.T. bereits auf ihrem Weg durch die Atmosphäre, wo ihre Geschwindigkeit fast *c* ist. Die Myonenintensität nimmt daher vertikal, von oben nach unten, ab. Man könnte nun den Schluß ziehen, daß die Intensität jeweils nach Durchlaufen einer Höhendifferenz von $\Delta h \approx c \cdot T_H \approx 3 \cdot 10^8 \frac{m}{s} \cdot 1{,}5\,\mu s = \mathbf{450\,m}$ auf die Hälfte abnimmt.
Dieser Schluß ist falsch, wie der experimentelle Vergleich der Myonenintensität auf Meereshöhe mit der in einigen tausend Metern Höhe zeigt (Versuch von **Rossi und Hall** 1941). Tatsächlich nimmt die Intensität erst nach einer Laufstrecke von **4000 m** auf die Hälfte ab.
Der scheinbare Widerspruch löst sich auf, wenn man die Zeitdilatation berücksichtigt. Die Halbwertszeit $T_H = 1{,}52\,\mu s$ ist gemessen an (fast) ruhenden Myonen;

sie beschreibt den Zerfall der Myonen richtig in ihrem **Eigensystem**. In diesem verstreicht also eine Zeit von **1,52 μs**, während die Teilchen, von der Erde aus beurteilt, 4000 Höhenmeter mit nahezu Lichtgeschwindigkeit durchlaufen. Für einen Beobachter auf der Erde verstreicht währenddessen eine viel größere Zeit, nämlich etwa $4000\,\mathrm{m}/c \approx$ **13 μs**.
Das Myonenexperiment zeigt, daß die Zeitdilatation nicht nur in der Theorie existiert und daß sie bei »Uhren«, die sich relativ zu einem Bezugssystem sehr schnell bewegen, einen großen Effekt haben kann.

11. Aufgabe:
Berechnen Sie für das beschriebene Experiment den Zeitdilatationsfaktor und die mittlere Myonengeschwindigkeit relativ zur Erde.

12. Aufgabe: (Leistungskurs-Abitur 1976, VI: Teilaufgabe 2b)
Myonen sind instabile Teilchen, die beim Eindringen kosmischer Strahlung in die Erdatmosphäre entstehen. Ruhende Myonen haben eine Halbwertszeit von $1{,}5 \cdot 10^{-6}\,\mathrm{s}$. Nach klassischer Vorstellung wären von $N_0 = 1{,}0 \cdot 10^4$ Myonen, die sich in 2 km Höhe in der Erdatmosphäre mit 0,99facher Lichtgeschwindigkeit in Richtung zur Erdoberfläche bewegen, durchschnittlich nur noch 440 Myonen an der Erdoberfläche zu erwarten. Tatsächlich erreichen durchschnittlich $N' = 6{,}45 \cdot 10^3$ dieser Myonen die Erdoberfläche. Erläutern Sie den Widerspruch. Weisen Sie die Richtigkeit des angegebenen Wertes für N' durch Berechnung nach.

17.7 Das Zwillingsparadoxon

Von allen Paradoxa der Relativitätstheorie ist das sogenannte **Uhren- oder Zwillingsparadoxon** das berühmteste. Es handelt sich dabei um ein Gedankenexperiment, das bereits von **Einstein** (1911) formuliert wurde. Aufgrund der Zeitdilatation, d. h. der Aussage »bewegte Uhren gehen langsamer«, wird behauptet: Verbleibt von zwei gleichen Uhren eine in einem Inertialsystem in Ruhe, während man die zweite auf eine Reise mitnimmt und an deren Ende schließlich wieder an den Ort der ersten zurückbringt, so wird die zweite Uhr gegenüber der ersten nachgehen. In der Zwillingsversion desselben Gedankenversuchs bedeutet das: Geht einer von zwei Zwillingen auf eine »Raumfahrt«, so ist er nach seiner Rückkehr zur Erde jünger als sein zu Hause gebliebener Zwillingsbruder.
Zur Veranschaulichung betrachten wir ein einfaches Zahlenbeispiel, das von **Darwin**[1]) vorgeschlagen wurde: An einem Neujahrstag verläßt Astronaut Max seinen Zwillingsbruder Sepp in einem Raumschiff, das mit $v = 0{,}8\,c$ fährt. Nach 5 Jahren, gemessen von der Erde aus, kehrt er um und fährt mit gleicher Geschwindigkeit zurück. Dort trifft er nach einer Gesamtreisezeit von 10 Jahren

[1]) nach R. Resnick: Einführung in die spezielle Relativitätstheorie, S. 193–198.

ein. Für die Borduhren hat die Hinreise wegen der Zeitdilatation jedoch nur $\sqrt{1 - v^2/c^2} \cdot 5\,\text{Jahre} = 3\,\text{Jahre}$ gedauert, ebenso wie die Rückreise (Beachte: Der Effekt der Zeitdilitation ist von der Bewegungs-Richtung unabhängig; die hergeleiteten Formeln gelten ebenso für negatives v). Max war also insgesamt nur 6 Jahre, nach Bordzeit, unterwegs. Nach der Rückkehr ist Max um 4 Jahre jünger als Sepp.

Der Zusammenhang zwischen den Zeitmessungen auf der Erde bzw. an Bord wird noch deutlicher in einem Zeit-Ort-Diagramm. Dabei wollen wir zusätzlich annehmen, daß die Brüder einander jeweils am Neujahrstag (jeder nach *seiner* Uhr) per Funk Glückwünsche schicken:

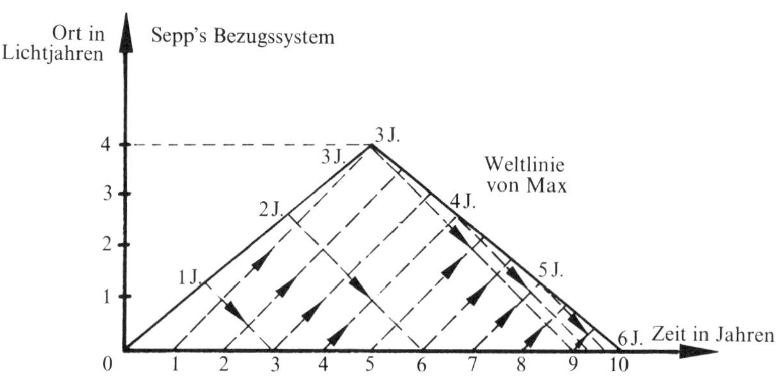

Über die Zahl der Signale sind sich die Zwillinge einig: Sepp sendet neun und Max empfängt neun; Max sendet fünf und Sepp empfängt fünf. Beide empfangen die Signale mit der jeweils korrekten Dopplerverschiebung: Solange sich die Uhren voneinander fortbewegen, treffen die Signale in Zeitabständen von

$$k(v) \cdot 1\,\text{Jahr} = \sqrt{\frac{c+v}{c-v}} \cdot 1\,\text{Jahr} = \sqrt{\frac{1{,}8}{0{,}2}} \cdot 1\,\text{Jahr} = 3\,\text{Jahren}$$

ein (bei Max allerdings nur eines). Sobald sich die Uhren einander nähern, ist die Empfangsperiode

$$k(-v) \cdot 1\,\text{Jahr} = \sqrt{\frac{c-v}{c+v}} \cdot 1\,\text{Jahr} = \sqrt{\frac{0{,}2}{1{,}8}} \cdot 1\,\text{Jahr} = \frac{1}{3}\,\text{Jahr}\,.$$

Das Diagramm bestätigt voll die obige Überlegung zum Altersunterschied nach der Rückkehr von Max.

Das »Paradoxe« am Zwillingsparadoxon ist die scheinbare Verletzung des Relativitätsprinzips. Es kann doch *jeder* der beiden Zwillinge vom anderen behaupten, dieser würde sich relativ zu ihm zuerst fortbewegen und dann wieder zurückkommen. Dann müßte also jeder den anderen bei der Wiederbegegnung jünger und zugleich älter vorfinden, was ein logischer Widerspruch ist.

Dieser Standpunkt setzt jedoch voraus, daß die Situation der Brüder **symmetrisch** ist, was nicht zutrifft. Sepp bleibt auf der Erde ständig in ein und demselben Bezugssystem. Für Max gilt dasselbe nur auf der Hinreise; bei der Umkehr muß er sein Raumschiff beschleunigen, d.h. er »steigt um« in ein anderes Inertialsystem. Jeder der Zwillinge weiß, welcher von ihnen die Geschwindigkeit geändert hat: Max verspürt bei der Umkehr Beschleunigungs- und Trägheitskräfte, Sepp bemerkt nichts dergleichen. Die Situation der Zwillinge ist also nicht austauschbar.

Das Zwillingsparadoxon widerspricht nicht dem Relativitätsprinzip, weil es *eine* bewegte Uhr mit *einer* ruhenden Uhr vergleicht. Dazu müssen die Uhren *zweimal* gleichzeitig am gleichen Ort sein, was voraussetzt, daß die bewegte Uhr mindestens einmal beschleunigt wird.

13. Aufgabe:
Auf einer anderen Raumreise fährt Max mit $v = 0{,}6c$. Für den Hinweg braucht er nach seiner Uhr 4 Jahre.

a) Wie lange dauert die ganze Reise von Sepp aus beurteilt?
b) Welche Entfernung von der Erde mißt Sepp für Maxens Umkehrpunkt?
c) Zeichnen Sie das Weg-Zeit-Diagramm einschließlich der Lichtlinien für die jährlichen Neujahrs-Signale.
d) Bestimmen Sie graphisch *und* rechnerisch die Empfangsperioden für diese Signale beim Hin- bzw. Rückweg.

14. Aufgabe:
Max (20 Jahre alt) plant eine Reise

a) zum Stern Alpha Centauri, 4 Lichtjahre von der Erde entfernt. Mit welcher Geschwindigkeit muß er fahren, damit er zu Sepps 60. Geburtstag zurück ist? Wie alt wäre Max dann?
b) zum Zentrum der Milchstraße, 30000 Lichtjahre von der Erde entfernt. Mit welcher Geschwindigkeit muß Max fahren, damit er *seinen* 60. Geburtstag wieder auf der Erde feiern kann? In welchem Erdzeit-Jahrhundert wäre das etwa?

17.8 Die Längenkontraktion

Diese Erscheinung, ein weiteres sogenanntes »Paradoxon« der Relativitätstheorie, folgt unmittelbar aus der Zeitdilatation.

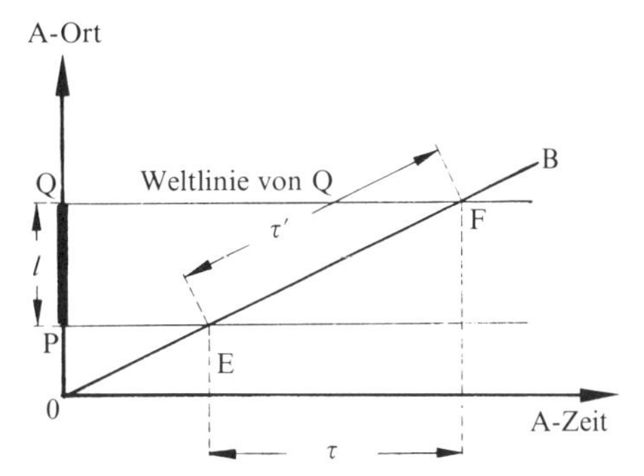

P und Q seien die Enden eines Maßstabs, der im A-System ruht und die Länge $l = \overline{OQ} - \overline{OP}$ besitzt. $\overline{OQ}$ und $\overline{OP}$ werden durch zwei Laufzeitmessungen entsprechend Abschnitt **15.1** bestimmt.

Der relativ zu A bewegte Beobachter B fährt mit konstanter Geschwindigkeit v an dem Stab vorbei. Er bestimmt dessen Länge, indem er das Zeitintervall τ' vom Passieren des

einen Endes (Ereignis E) bis zum Passieren des anderen Endes (Ereignis F) mit seiner Uhr mißt. Da B den Stab mit der Geschwindigkeit v an sich vorbeifliegen sieht, spricht er ihm dann die Länge $l' = v \cdot \tau'$ zu.
Welche Zeitdauer τ' mißt B für das »Vorbeifliegen« des Stabs? Im A-System beträgt die entsprechende Zeitdauer, gemessen mit zwei Uhren an den Orten P und Q, $\tau = l/v$. Beobachter B mißt dafür mit einer Uhr, wegen der Zeitdilatation, das kürzere Zeitintervall $\tau' = \sqrt{1 - v^2/c^2} \cdot \tau = \frac{l}{v} \cdot \sqrt{1 - v^2/c^2}$. Er schreibt also dem Stab nur die Länge

$$l' = v \cdot \tau' = l \cdot \sqrt{1 - \frac{v^2}{c^2}} \qquad \text{zu.}$$

> Ein mit der Geschwindigkeit v bewegter Körper wird in der Bewegungsrichtung um den Faktor $\sqrt{1 - \frac{v^2}{c^2}}$ verkürzt gemessen.

Beachte: Diesem Ergebnis liegt die folgende (neue!) Vorschrift für die Längenmessung an einem *bewegten* Stab zugrunde:

1. Bestimme die Geschwindigkeit des Stabs (z. B. mit Geschwindigkeitsradar).
2. Miß mit *einer* Uhr die Zeit τ' für das Vorbeifliegen des Stabs.
3. Berechne $l' = v \cdot \tau'$.

Das Ergebnis l' ist dann um den Faktor $\sqrt{1 - v^2/c^2}$ kleiner als die Länge l, die man bei der Vermessung desselben Stabs mit einer relativ zu diesem *ruhenden Uhr* erhält. Dabei würde man jedoch eine völlig andere Meßvorschrift zugrundelegen (vgl. **15.1**: Laufzeitmethode).

15. Aufgabe:
Deuten Sie das Ergebnis des Myonenexperiments mit der Längenkontraktion!

16. Aufgabe:
a) Mit welcher Geschwindigkeit v müssen sich zwei Inertialsysteme A und B gegeneinander bewegen, damit ein im A-System ruhender »Maßstab« von der Länge 450 m vom B-System aus beurteilt die Länge 360 m besitzt?
b) Wie lange dauert das Vorüberziehen des Maßstabs, vom B-System aus beurteilt?
c) Wie lange dauert derselbe Vorgang, vom A-System aus beurteilt?
d) Ein Ende des Maßstabs befinde sich im Ursprung des A-Systems, das andere bei $x = 450$ m. Skizzieren Sie in geeignetem Maßstab das $(t'; x')$-Diagramm mit den Weltlinien der beiden Enden des Maßstabs.

18. Relativistische Transformation für Zeit, Ort und Geschwindigkeit

18.1 Die Lorentz-Transformation

Die Erscheinungen der Zeitdilatation und der Längenkontraktion zeigen, daß die vertraute Vorstellung einer »absoluten Zeit« bzw. einer »absoluten Länge« eine unzulässige Fiktion ist. Zwei relativ zueinander bewegte Beobachter A und B schreiben einem beliebigen Ereignis im allgemeinen verschiedene Zeiten und Orte zu (auch wenn ihre Uhren *einmal*, z.B. im Moment des Passierens, synchronisiert waren). Daher stellt sich nun das Problem: Welche Formeln gelten für die Umrechnung (Transformation) zwischen den A-Daten $(t; x)$ für ein beliebiges Ereignis und den entsprechenden B-Daten $(t'; x')$?

Dabei beschränken wir uns (wie bisher) auf den Sonderfall *einer* Raumdimension (x bzw. x'), d.h. auf Vorgänge, die sich auf einer Geraden abspielen. Wir nehmen weiter an, daß der Moment der Begegnung von A und B in beiden Systemen als Zeitnullpunkt gewählt wird. Die gesuchte Transformation ergibt sich dann aus folgender Überlegung:

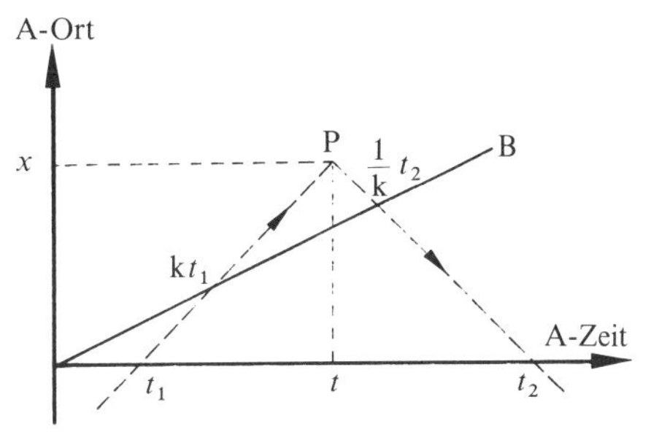

Ein in $+x$-Richtung laufendes Lichtsignal passiert nacheinander die Beobachter A und B und wird dann reflektiert (Ereignis P). Das Signal passiere den Beobachter A zu den Zeiten t_1 und t_2. Dann sind die Zeitpunkte, zu denen das Signal den Beobachter B (nach dessen Uhr) passiert, $k \cdot t_1$ und $\frac{1}{k} t_2$.

Für Zeit und Ort des Ereignisses P, gemessen in den beiden Systemen, erhält man daher:

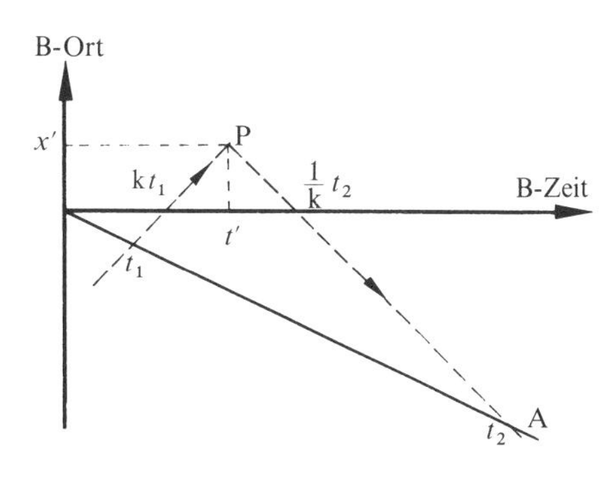

I $\quad t = \frac{1}{2}(t_2 + t_1)$

II $\quad x = \frac{1}{2} c (t_2 - t_1)$

III $\quad t' = \frac{1}{2}\left(\frac{1}{k} t_2 + k t_1\right)$

IV $\quad x' = \frac{1}{2} c \left(\frac{1}{k} t_2 - k t_1\right)$

Eliminiert man aus diesen vier Gleichungen die Hilfsgrößen t_1 und t_2, so läßt sich t und x durch t' und x' ausdrücken (oder umgekehrt):

$k \cdot \mathbf{III} + \frac{k}{c} \cdot \mathbf{IV}$: $\qquad t_2 = k\left(t' + \frac{x'}{c}\right) \quad (*)$

$\frac{1}{k}\cdot\mathbf{III} - \frac{1}{kc}\cdot\mathbf{IV}$: $\qquad t_1 = \frac{1}{k}\left(t' - \frac{x'}{c}\right) \qquad (*)$

(*) in **I**: $$2t = \left(k + \frac{1}{k}\right)t' + \left(k - \frac{1}{k}\right)\frac{x'}{c} \qquad (\mathbf{I'})$$

(*) in **II**: $$\frac{2x}{c} = \left(k - \frac{1}{k}\right)t' + \left(k + \frac{1}{k}\right)\frac{x'}{c} \qquad (\mathbf{II'})$$

Mit:

$$k + \frac{1}{k} = \sqrt{\frac{c+v}{c-v}} + \sqrt{\frac{c-v}{c+v}} = \frac{c+v}{\sqrt{c^2-v^2}} + \frac{c-v}{\sqrt{c^2-v^2}} = \frac{2c}{\sqrt{c^2-v^2}} = \frac{2}{\sqrt{1-\left(\frac{v}{c}\right)^2}}$$

und:

$$k - \frac{1}{k} = \sqrt{\frac{c+v}{c-v}} - \sqrt{\frac{c-v}{c+v}} = \frac{c+v}{\sqrt{c^2-v^2}} - \frac{c-v}{\sqrt{c^2-v^2}} = \frac{2v}{\sqrt{c^2-v^2}} = \frac{2\cdot\frac{v}{c}}{\sqrt{1-\left(\frac{v}{c}\right)^2}}$$

erhält man nach Einsetzen in **I'** und **II'**:

$$t = \frac{1}{\sqrt{1-\left(\frac{v}{c}\right)^2}}\left(t' + \frac{v}{c^2}x'\right)$$

$$x = \frac{1}{\sqrt{1-\left(\frac{v}{c}\right)^2}}(x' + vt')$$

Entsprechend liefert das Auflösen der Gleichungen **I–IV** nach t' und x':

$$t' = \frac{1}{\sqrt{1-\left(\frac{v}{c}\right)^2}}\left(t - \frac{v}{c^2}x\right)$$

$$x' = \frac{1}{\sqrt{1-\left(\frac{v}{c}\right)^2}}(x - vt)$$

Merkregel für die Auflösung nach den gestrichenen Größen:
Ersetze überall v durch $-v$ und vertausche x mit x' und t mit t'.

1. Aufgabe:
Begründen Sie diese Merkregel physikalisch!

2. Aufgabe:
Ableitung der Lorentz-Transformation für einen Sonderfall:
A (System $(t;x)$) und B (System $(t';x')$) seien zwei mit der Geschwindigkeit $v = 0{,}6\,c$ gegeneinander bewegte Beobachter, die im Moment des Passierens beide

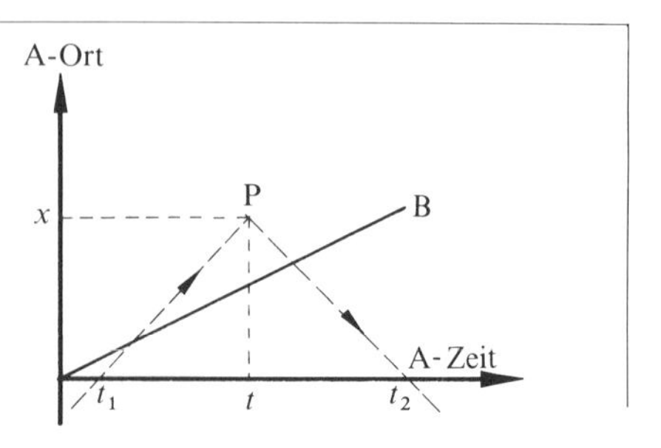

ihre Uhren auf Null stellen. Ein Lichtsignal passiert A zur Zeit t_1, wird im Weltpunkt $P(t;x)$ reflektiert und passiert A zum zweitenmal zur Zeit t_2.

a) Geben Sie die beiden Zeitpunkte an (ausgedrückt durch t_1 und t_2), zu denen das Lichtsignal den Beobachter B, nach *dessen* Uhr, passiert!

b) Bestimmen Sie die Koordinaten für das Ereignis P im A-System (t und x) sowie die Koordinaten für dasselbe Ereignis im B-System (t' und x'); alle Größen ausgedrückt durch t_1 und t_2!

c) Leiten Sie aus den vier Beziehungen von b) die Transformationsgleichungen für t' bzw. x', ausgedrückt durch t und x, her!

$$\left(\text{Ergebnis: } t' = \frac{5}{4}t - \frac{3x}{4c}\,;\; x' = \frac{5}{4}x - \frac{3}{4}ct\right)$$

d) Im A-System $(t;x)$ sind drei Ereignisse Q, R und S durch die Koordinaten Q(0;4), R(8;0) und S(8;4) bestimmt. (Zeiten in s, Orte in Ls). Berechnen Sie mit dem Ergebnis von c) die Koordinaten derselben Ereignisse im B-System $(t';x')$! Skizzieren Sie im B-System die Weltpunkte Q, R, S und die Weltlinie von A! (Maßstab: 1 s $\hat{=}$ 0,5 cm; 1 Ls $\hat{=}$ 0,5 cm)

e) Welche Zeitspanne liegt zwischen den Ereignissen Q und S im A-System (τ) bzw. im B-System (τ')? Berechnen Sie τ'/τ und erläutern Sie das Ergebnis unter dem Gesichtspunkt der Zeitdilatation!

f) Durch die Weltpunkte Q und R ist die Weltlinie eines Körpers C bestimmt, der sich mit konstanter Geschwindigkeit u im A-System bewegt. Geben Sie Betrag und Vorzeichen von u an! Welche Geschwindigkeit u' (Betrag und Vorzeichen) hat der Körper im B-System? Überprüfen Sie, ob die Werte u und u' die Galilei-Transformation für Geschwindigkeiten erfüllen!

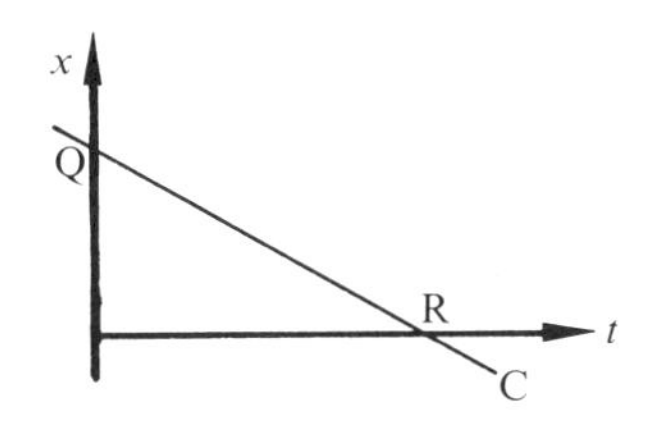

3. Aufgabe: Gleichzeitigkeitslinien und Linien gleichen Orts

Die Bezugssysteme A und B seien wie in Aufgabe 2 mit $v = 0{,}6\,c$ gegeneinander bewegt. Zeichnen Sie ein $(t;x)$-Diagramm für das A-System (1 s, 1 Ls $\hat{=}$ 1 cm) und darin die Weltlinie von B.

a) Auf welcher Linie in diesem Diagramm liegen die Weltpunkte aller Ereignisse, die zur *gleichen B-Zeit* $t' = 0$ s stattfinden? Bestimmen Sie diese Linie rechnerisch mit Hilfe der Lorentz-Transformation und tragen Sie sie ins A-Diagramm ein.

b) Bestimmen Sie ebenso die *Linien gleicher B-Zeit* 2 s bzw. 4 s und die *Linien gleichen B-Orts* 2 Ls bzw. 4 Ls und zeichnen Sie diese Linien ins Diagramm von a) ein.

c) Vergleichen Sie die Steigungen der Linien gleicher B-Zeit mit denen der Linien gleichen B-Orts!

d) Zeichnen Sie nun das $(t';x')$-Diagramm für das B-System und darin die Weltlinie von A. Bestimmen Sie analog zu a), b) die *Linien gleicher A-Zeit* $t = 0\,\text{s}, 2\,\text{s}, 4\,\text{s}$ und die *Linien gleichen A-Orts* $x = 2\,\text{Ls}$ bzw. $4\,\text{Ls}$ im B-Diagramm. Vergleichen Sie wieder die Steigungen der Gleichzeitigkeitslinien mit denen der Linien gleichen Orts.

4. Aufgabe: (Leistungskurs-Abitur 1976, VI, Teilaufgabe 2a)
Leiten Sie die Beziehung für die Zeitdilatation aus der Lorentz-Transformation her. Betrachten Sie hierzu zwei Ereignisse E_1 und E_2, die im »bewegten« System am gleichen Ort stattfinden.

18.2 Die relativistische Geschwindigkeitsaddition

Von zwei mit der Geschwindigkeit v gegeneinander bewegten Systemen A und B aus werde die gleichförmige Bewegung eines »Objekts« C (Körper, Signal) beobachtet. Zwischen den Geschwindigkeiten des Objekts, gemessen in den beiden Systemen, u bzw. u', besteht nach der *klassischen Mechanik* der Zusammenhang $u = u' + v$ (Galilei-Transformation oder klassische Geschwindigkeitsaddition). Die Existenz der Grenzgeschwindigkeit (vgl. Abschnitt 14.) und einfache Berechnungsbeispiele (vgl. S. 221, Aufgabe **2f**) zeigen, daß diese Beziehung in der Relativitätstheorie nicht allgemein gelten kann.

Um die korrekte **relativistische Geschwindigkeitstransformation** zu finden, betrachten wir die Weltlinie des Objekts C in beiden Systemen:

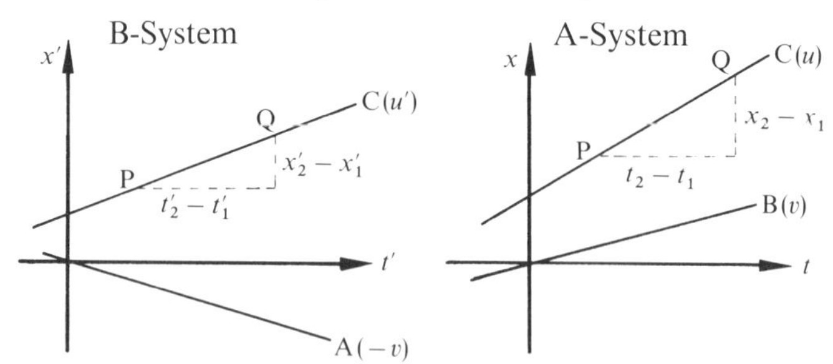

Im B-System sei die Weltlinie von C festgelegt durch zwei Weltpunkte $P(t_1'; x_1')$ und $Q(t_2'; x_2')$. Ihnen entsprechen im A-System zwei Weltpunkte $P(t_1; x_1)$ und $Q(t_2; x_2)$, deren Koordinaten mit Hilfe der Lorentz-Transformation berechnet werden können:

$$t_1 = \gamma \cdot \left(t_1' + \frac{v}{c^2} x_1'\right); \quad t_2 = \gamma \left(t_2' + \frac{v}{c^2} x_2'\right); \qquad \gamma = \frac{1}{\sqrt{1 - \left(\frac{v}{c}\right)^2}}$$

$$x_1 = \gamma \cdot (x_1' + v \cdot t_1'); \qquad x_2 = \gamma (x_2' + v \cdot t_2');$$

Die Geschwindigkeiten u' und u sind dann nach Definition:

$$u' = \frac{x_2' - x_1'}{t_2' - t_1'}$$

$$u = \frac{x_2 - x_1}{t_2 - t_1} = \frac{\gamma \cdot (x_2' + vt_2' - x_1' - vt_1')}{\gamma \cdot \left(t_2' + \frac{v}{c^2} x_2' - t_1' - \frac{v}{c^2} x_1' \right)} = \frac{(x_2' - x_1') + v(t_2' - t_1')}{(t_2' - t_1') + \frac{v}{c^2}(x_2' - x_1')}$$

Durch Kürzen des letzten Bruchterms mit $(t_2' - t_1')$ erhält man:

$$\boxed{u = \frac{u' + v}{1 + \frac{u'v}{c^2}}}$$

relativistische Addition von Geschwindigkeiten

Auflösung nach u' ergibt die Umkehrung:

$$\boxed{u' = \frac{u - v}{1 - \frac{uv}{c^2}}}$$

Merkregel für die Umkehrung
Ersetze v durch $-v$ und vertausche u mit u'.

Sonderfälle:

a) Objekte, die in einem der Systeme ruhen: $u' = 0 \Leftrightarrow u = v$

$u = 0 \Leftrightarrow u' = -v$

b) Transformation der Lichtgeschwindigkeit: $\boxed{u' = \pm c \Leftrightarrow u = \pm c}$

Das heißt, die relativistische Geschwindigkeitsaddition ist mit dem Prinzip von der Konstanz der Lichtgeschwindigkeit in Übereinstimmung.

Klassischer Grenzfall der relativistischen Transformationsgleichungen

Hierzu stellen wir die relativistischen Transformationen für Zeit, Ort und Geschwindigkeit nachmals zusammen und vergleichen mit den Beziehungen, welche im Grenzfall $\frac{v}{c} \to 0$ daraus hervorgehen:

relativistisch

$$t = \frac{1}{\sqrt{1-\left(\frac{v}{c}\right)^2}} \cdot \left(t' + \frac{v}{c^2}x'\right)$$

$$x = \frac{1}{\sqrt{1-\left(\frac{v}{c}\right)^2}} \cdot (x' + vt')$$

$$u = \frac{u' + v}{1 + \frac{u' \cdot v}{c^2}}$$

klassisch $\left(\frac{v}{c} \to 0\right)$

$$t = t'$$

$$x = x' + vt' = x' + vt$$

$$u = u' + v$$

Im klassischen Grenzfall gehen die Lorentz-Transformationen für Ort und Geschwindigkeit über in die entsprechenden Galilei-Transformationen. Die Lorentz-Transformation für die Zeit führt für $\frac{v}{c} \to 0$ auf die scheinbar triviale Beziehung $t = t'$, entsprechend der *Grundannahme der klassischen Mechanik*, daß es in allen Inertialsystemen *eine »absolute« Zeit* gibt.
Die relativistischen Transformationen stehen also nicht im Widerspruch zu den klassischen Formeln, sondern enthalten diese als *Grenzfall*.

5. Aufgabe:
Beantworten Sie dieselben Fragen wie in Aufg. 3 auf S. 185, jetzt jedoch ausgehend von der korrekten relativistischen Geschwindigkeitstransformation.

6. Aufgabe:
Das Geschwindigkeits-Additionstheorem kann auch in der

Form: $\frac{u}{c} = \frac{\frac{u'}{c} + \frac{v}{c}}{1 + \frac{u'}{c} \cdot \frac{v}{c}}$ geschrieben werden.

Die Relativgeschwindigkeit der beiden Bezugssysteme sei $v = 0{,}4c$.

a) Berechnen Sie $\frac{u}{c}$ für $\frac{u'}{c} = -1;\ -0{,}8;\ -0{,}6; \ldots +0{,}8;\ +1$, und stellen Sie eine Wertetabelle auf. Stellen Sie u in Abhängigkeit von u' graphisch dar (Einheit auf beiden Achsen: $c \mathrel{\hat{=}} 5\,\text{cm}$).

b) Tragen Sie in das Diagramm in anderer Farbe die Linie ein, die der klassischen Geschwindigkeitstransformation entspricht. In welchen u- bzw. u'-Bereichen besteht gute Übereinstimmung?

7. Aufgabe:
Drei Radiosender A, B und C, die mit der gleichen Frequenz f_0 (bezogen auf ihr Eigensystem) senden, bewegen sich relativ zueinander wie nebenstehend skizziert (Geschwindigkeitsangaben von A).

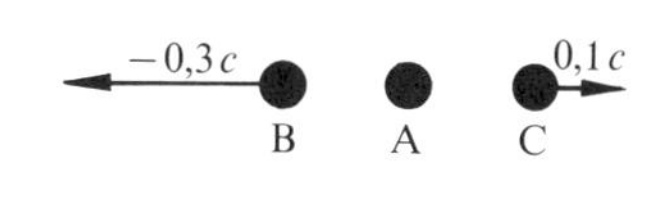

a) Mit welcher Frequenz empfängt B die Sendung von A?
b) Mit welcher Frequenz empfängt A die Sendung von C?
c) Mit welcher Frequenz empfängt C die Sendung von B?

8. Aufgabe: (Leistungskurs-Abitur 1978, VI, Teilaufgabe 1 a–d)
In einer Entfernung von 30 Lichtminuten zur Erde befindet sich eine bezüglich der Erde ortsfeste Raumstation. Die Uhren der Raumstation sind mit den Uhren der Empfangsstation auf der Erde synchronisiert. Um 0.00 Uhr meldet die Raumstation den Vorbeiflug eines Raumschiffs R_1 mit direktem Kurs zur Erde an die Empfangsstation. Die Uhren des vorbeifliegenden Raumschiffs zeigen ebenfalls 0.00 Uhr an.

a) Die Erdstation sendet unabhängig von den Meldungen der Raumstation in Abständen von 10 Minuten 3 Radarimpulse in Richtung Raumstation aus. Diese Radarimpulse werden vom Raumschiff R_1 reflektiert. Das erste reflektierte Radarsignal wird nach 37,5 min, die weiteren werden in Abständen von 2,5 min von der Erdstation registriert. Ermitteln Sie die Geschwindigkeit des Raumschiffes R_1. [Ergebnis: $0{,}6c$]

b) Sobald die Meldung über den Vorbeiflug des Raumschiffes R_1 an der Raumstation die Empfangsstation auf der Erde erreicht, wird von der Erde aus ein Aufklärungsraumschiff R_2 mit einer Geschwindigkeit von $0{,}2\,c$ in Richtung Raumstation gestartet. Legen Sie für einen Beobachter in der Raumstation ein t-x-Koordinatensystem an. (Rechtsachse: 2 cm $\hat{=}$ 5 min; Hochachse: 2 cm $\hat{=}$ 5 Lichtminuten; Querformat.)
Zeichnen Sie in dieses Koordinatensystem die Weltlinien der Erde, der Raumstation und der beiden Raumschiffe R_1 und R_2 sowie aller Radarsignale ein.

c) Zu welcher Zeit t' und an welchem Ort x' findet der Start des Raumschiffs R_2 von der Erde in einem mit dem Raumschiff R_1 fest verbundenen t'-x'-Koordinatensystem statt, wenn als Koordinatennullpunkt der Weltpunkt des Vorbeifluges an der Raumstation gewählt wird? Das Ergebnis ist sowohl graphisch unter Verwendung von Teilaufgabe 1 b als auch rechnerisch mittels Lorentz-Transformation herzuleiten.

d) Wann können die Raumfahrer im Raumschiff R_1 frühestens Kenntnis vom Start des Raumschiffs R_2 erhalten? Graphische Lösung mit kurzer Erläuterung!

9. Aufgabe: (Leistungskurs-Abitur 1976, VI, Teilaufgabe 1 a–e)
Relativ zu einem System S mit Ursprung A bewege sich ein System S′ mit Ursprung B mit der Geschwindigkeit $v = 0{,}6c$ in Richtung zunehmender x-Werte. Die Ortsachsen beider Systeme sind gleich orientiert. Die Uhren beider Systeme werden bei der Begegnung von A und B auf Null gestellt.
Ein von A zur S-Zeit $t_1 = 0{,}20\,\mathrm{s}$ ausgehendes Lichtsignal passiert B zur S′-Zeit t'_{I}, wird an einem Spiegel im Ereignispunkt P zur S-Zeit $t_\mathrm{p} = 1{,}3\,\mathrm{s}$ reflektiert, trifft in B zur S′-Zeit t'_{II} und in A zur S-Zeit t_2 ein.

a) Stellen Sie den Vorgang in einem Minkowski-Diagramm dar. Wählen Sie dazu für das S-System ein rechtwinkliges Koordinatenkreuz mit der Einheit $1{,}0\,\mathrm{s} \mathrel{\hat=} 5{,}0\,\mathrm{cm}$ auf der Zeitachse, und bestimmen Sie die Einheit auf der Ortsachse so, daß die Lichtlinien (Zeit-Weg-Linien für Licht) unter 45° zur Zeitachse verlaufen.

b) Ergänzen Sie das Diagramm durch die Gleichzeitigkeitslinie durch P bezüglich S′ und durch die Ortsachse von S′. Tragen Sie ferner die Koordinaten $(t_\mathrm{p}; x_\mathrm{p})$ und $(t'_\mathrm{p}; x'_\mathrm{p})$ des Ereignispunktes P auf den Koordinatenachsen ein.

c) Berechnen Sie die Ankunftszeit t_2 des Lichtsignals in A und die Ortskoordinate x_p des Reflexionspunktes im S-System.
Ermitteln Sie die Zeiten t'_I und t'_{II}, in denen das Lichtsignal den Punkt B passiert. (Entnehmen Sie notfalls die zugehörigen S-Werte der Graphik.)

d) Berechnen Sie die S′-Daten $(t'_\mathrm{p}; x'_\mathrm{p})$ des Ereignispunktes P.
[Ergebnis: $t'_\mathrm{p} = 0{,}80\,\mathrm{s}$; $x'_\mathrm{p} = 1{,}2 \cdot 10^8\,\mathrm{m}$.]

e) Der oben erwähnte Spiegel bewege sich im S-System mit konstanter Geschwindigkeit u. Zur S-Zeit $t_\mathrm{Q} = 1{,}8\,\mathrm{s}$ wird der S-Ort des Spiegels zu $x_\mathrm{Q} = 3{,}6 \cdot 10^8\,\mathrm{m}$ bestimmt.
Tragen Sie die Zeit-Weg-Linie des bewegten Spiegels in das Minkowski-Diagramm ein.
Berechnen Sie die Geschwindigkeiten u und u' des Spiegels in den beiden Systemen.
Wie ist das negative Vorzeichen von u' zu deuten?

Hinweis:

Betrachtet man die Bewegung eines Objektes C (vgl. S. 222) in zwei verschiedenen Bezugssystemen A und B, so kann entgegen der bisherigen Schreibweise eine Doppelindizierung der Geschwindigkeiten günstiger sein.
Festlegungen: v_{AC} ist die Geschwindigkeit des Objektes C bezüglich des A-System.
Dabei gilt $v_{\mathrm{CA}} = -v_{\mathrm{AC}}$ (Geschwindigkeit des A-Systems bezüglich C).
v_{AB} ist die Geschwindigkeit des B-Systems bezüglich des A-Systems.
Mit dieser Schreibweise lautet die klassische Addition für Geschwindigkeiten:

$$v_{\mathrm{AC}} = v_{\mathrm{BC}} + v_{\mathrm{AB}}$$

Für die relativistische Geschwindigkeitsaddition ergibt sich

$$v_{\mathrm{AC}} = \frac{v_{\mathrm{BC}} + v_{\mathrm{AB}}}{1 + \frac{v_{\mathrm{BC}} \cdot v_{\mathrm{AB}}}{c^2}}$$

Zusammenfassung der relativistischen Kinematik

1. Grundaufgabe: Entfernungsradar

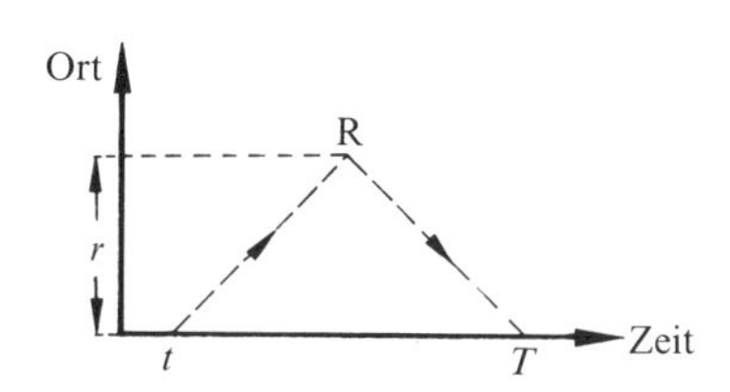

Signallaufzeit:

$$T - t = \frac{2 \cdot r}{c}$$

$$r = \frac{1}{2} \cdot c \cdot (T - t)$$

2. Grundaufgabe: Synchronisation von gegeneinander ruhenden Uhren

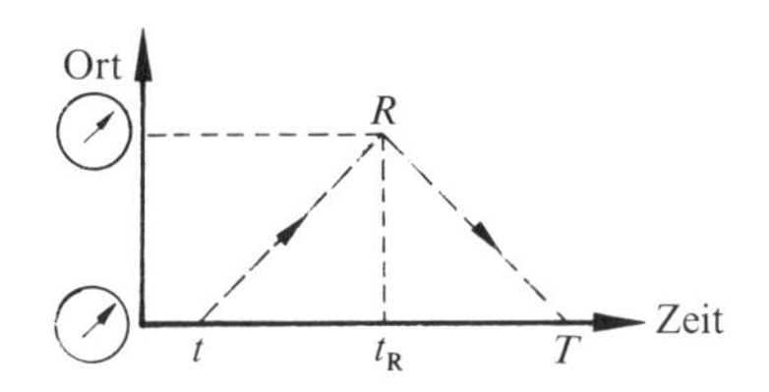

Laufzeit hin = Laufzeit zurück

$$T - t_R = t_R - t$$

$$t_R = \frac{1}{2} \cdot (T + t)$$

Reflexion im Zeitmittelpunkt zwischen Sendung und Empfang

3. Grundaufgabe: Feststellung der relativen Bewegung

B entfernt sich von A mit dem Geschwindigkeitsbetrag v

B nähert sich A mit dem Geschwindigkeitsbetrag v

Dopplereffekt

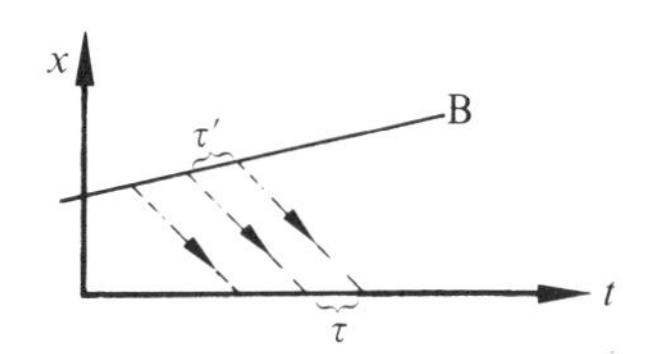

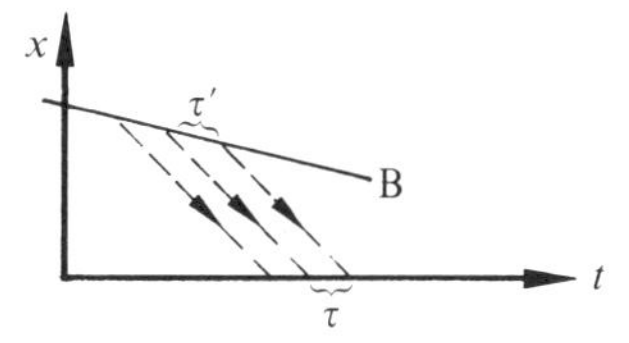

τ': Sendeperiode von B
τ : Empfangsperiode von A

$$\tau = \mathrm{k} \cdot \tau' \text{ mit } \mathrm{k} = \sqrt{\frac{c+v}{c-v}} > 1$$

für Licht: $f < f'$ bzw. $\lambda > \lambda'$

(Rotverschiebung)

$$\tau = \mathrm{k} \cdot \tau' \text{ mit } \mathrm{k} = \sqrt{\frac{c-v}{c+v}} < 1$$

für Licht: $f > f'$ bzw. $\lambda < \lambda'$

(Blauverschiebung)

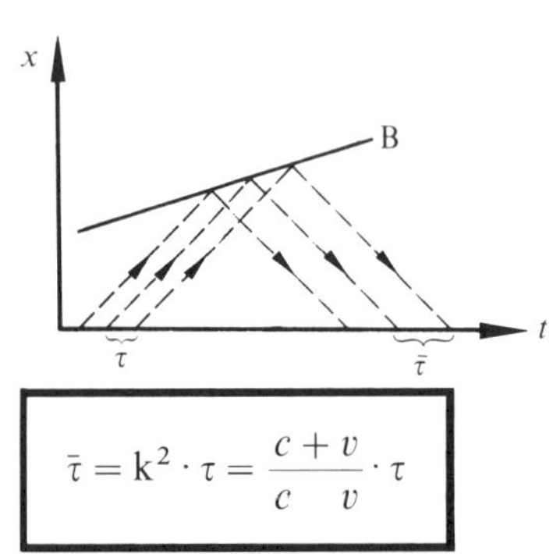

Geschwindigkeits-Radar

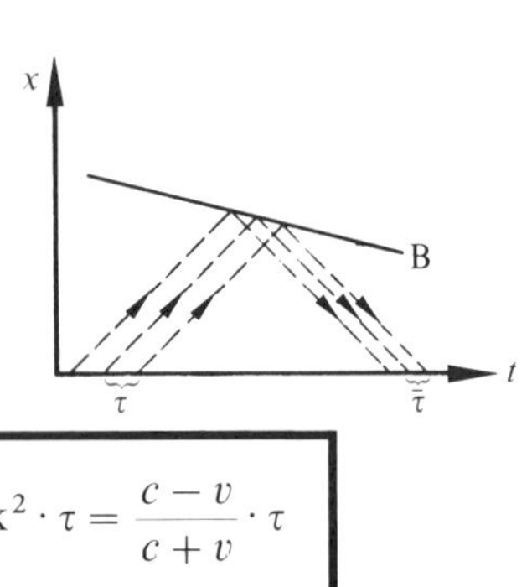

$$\bar{\tau} = \mathrm{k}^2 \cdot \tau = \frac{c+v}{c-v} \cdot \tau$$

$$\bar{\tau} = \mathrm{k}^2 \cdot \tau = \frac{c-v}{c+v} \cdot \tau$$

τ: Sendeperiode von A
$\bar{\tau}$: Empfangsperiode von A für das Echo

4. Grundaufgabe: Konstruktion einer Linie gleicher B-Zeit im A-Diagramm

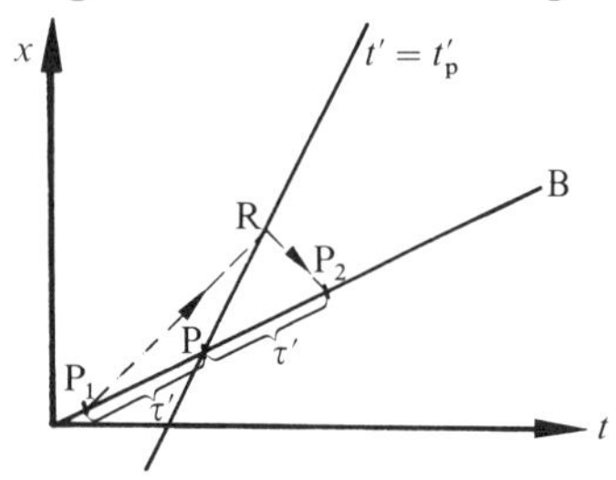

5. Grundaufgabe: Konstruktion einer Linie gleichen B-Orts im A-Diagramm

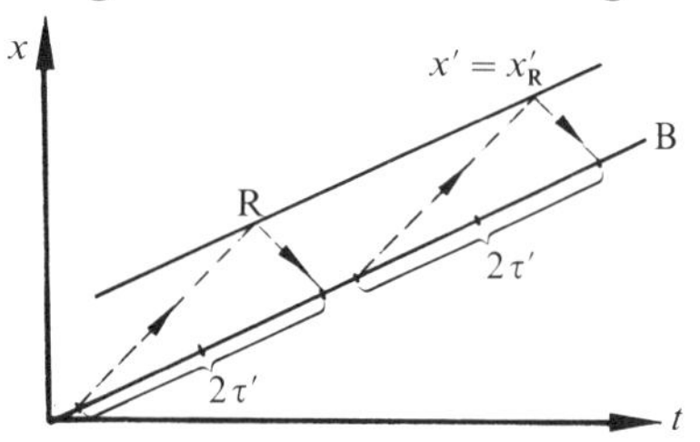

6. Grundaufgabe: Konstruktion eines B-Zeit-Maßstabs auf der Linie $x' = 0$

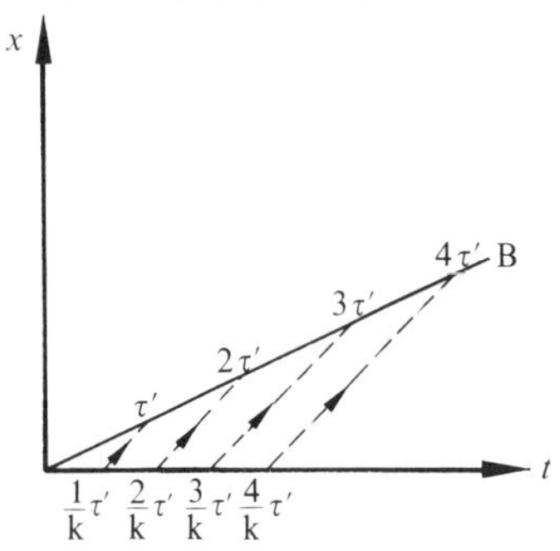

7. Grundaufgabe: Konstruktion eines B-Längen-Maßstabs auf der Linie $t' = 0$

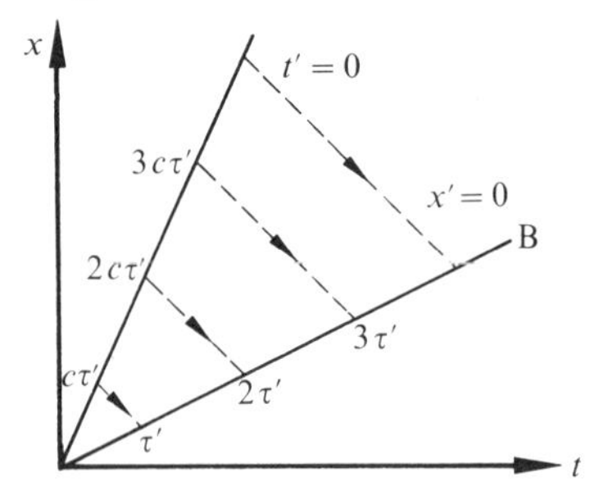

8. Grundaufgabe: Zeitdilatation

$$\tau' = \tau \cdot \sqrt{1 - \left(\frac{v}{c}\right)^2}$$

Voraussetzung:

Das Zeitintervall τ' ist bestimmt durch zwei aufeinanderfolgende Ablesungen auf *einer Uhr im B-System* (*am gleichen Ort*).

Das Zeitintervall τ ist bestimmt durch Ablesungen auf *zwei verschiedenen Uhren im A-System* (*an verschiedenen Orten*).

9. Grundaufgabe: Längenkontraktion

$$l' = v \cdot \tau' = l \cdot \sqrt{1 - \left(\frac{v}{c}\right)^2}$$

Voraussetzung:
Die Länge l' wird bestimmt aus der Zeitdauer τ' für das Vorbeifliegen des bewegten Maßstabs am Beobachter und aus seiner Geschwindigkeit v relativ zum Beobachter: $l' = v \cdot \tau'$.
Die Länge l wird von einem relativ zum Maßstab ruhenden Beobachter mit Entfernungsradar gemesssen.

10. Grundaufgabe: Lorentz-Transformation

$$t = \frac{1}{\sqrt{1 - \left(\frac{v}{c}\right)^2}} \left(t' + \frac{v}{c^2} x'\right)$$

$$x = \frac{1}{\sqrt{1 - \left(\frac{v}{c}\right)^2}} (x' + vt')$$

Umkehrung:
$v \longrightarrow -v$
$x \leftrightarrow x'$
$t \leftrightarrow t'$

$$t' = \frac{1}{\sqrt{1 - \left(\frac{v}{c}\right)^2}} \left(t - \frac{v}{c^2} x\right)$$

$$x' = \frac{1}{\sqrt{1 - \left(\frac{v}{c}\right)^2}} (x - vt)$$

11. Grundaufgabe: Bestimmung von Gleichzeitigkeitslinien bzw. von Linien gleichen Orts – rechnerisch

Linien gleichen B-Orts im A-Diagramm:

$x' = \text{const.}$ $\Rightarrow$ Gerade im A-Diagramm: $x = v \cdot t + x' \cdot \sqrt{1 - \left(\frac{v}{c}\right)^2}$

Linien gleicher B–Zeit im A-Diagramm:

$t' = \text{const.}$ $\Rightarrow$ Gerade im A-Diagramm: $x = \frac{c^2}{v} \cdot t - \frac{c^2}{v} \cdot t' \cdot \sqrt{1 - \left(\frac{v}{c}\right)^2}$

Linien gleichen A-Orts im B-Diagramm:

$x = \text{const.}$ $\Rightarrow$ Gerade im B-Diagramm: $x' = -v \cdot t' + x \cdot \sqrt{1 - \left(\frac{v}{c}\right)^2}$

Linien gleicher A-Zeit im B-Diagramm:

$t = \text{const.}$ $\Rightarrow$ Gerade im B-Diagramm: $x' = -\frac{c^2}{v} \cdot t' + \frac{c^2}{v} \cdot t \cdot \sqrt{1 - \left(\frac{v}{c}\right)^2}$

12. Grundaufgabe: Relativistische Geschwindigkeitsaddition

v: Geschwindigkeit von System $S'(t';x')$, gemessen im System $S(t;x)$.
u: Geschwindigkeit von C, gemessen in S.
u': Geschwindigkeit von C, gemessen in S'.

$$u = \frac{u' + v}{1 + \frac{u'v}{c^2}}$$

Umkehrung:
$v \longrightarrow -v$
$u \leftrightarrow u'$

$$u' = \frac{u - v}{1 - \frac{uv}{c^2}}$$

19. Relativistischer Impuls – Geschwindigkeitsabhängigkeit der Masse

Bisher haben wir uns auf Fragen der **Kinematik** beschränkt, d. h. auf die Beschreibung von Bewegungen von »Objekten« (Körper, Lichtsignale) mit Hilfe von Zeit-, Orts- und Geschwindigkeitsangaben. Dagegen beschäftigt sich die **Dynamik** mit den Kräften zwischen Körpern, also den Ursachen von Bewegungsänderungen. Von besonderem Interesse bei der Wechselwirkung zwischen Körpern sind, wie in der klassischen Mechanik, diejenigen physikalischen Größen, für die Erhaltungssätze gelten: Masse, Impuls, Energie. Es stellt sich daher die Frage: Sind diese Erhaltungssätze mit der relativistischen Kinematik vereinbar? Insbesondere: Gelten sie in allen Inertialsystemen gleichermaßen (Relativitätsprinzip!)? Ein einfaches Beispiel zeigt, daß dies nicht der Fall ist, solange man die klassischen Definitionen $m = \text{const.}$, $p = m \cdot v$ und $W_{\text{kin}} = \frac{1}{2} mv^2$ zugrunde legt.

Gedankenversuch:
Vollständig inelastischer Stoß zweier Körper mit gleicher Masse, betrachtet in zwei gegeneinander bewegten Systemen.

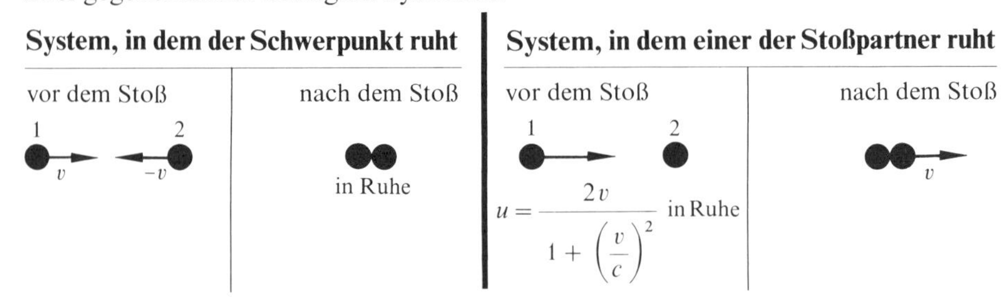

Ausgehend von der klassischen Annahme, daß die Massen konstant (geschwindigkeitsunabhängig) sind und daß die Gesamtmasse erhalten bleibt, erhält man:

$m + m = (2m)$	Masse	$m + m = (2m)$
$mv + (-mv) = 0$	Impuls	$m \cdot \frac{2v}{1 + \left(\frac{v}{c}\right)^2} + 0 \neq (2m)v$

Ergebnis: Die Verknüpfung der relativistischen Kinematik (Geschwindigkeitstransformation) mit den klassischen Begriffen von Masse und Impuls ist unvereinbar mit der Allgemeingültigkeit des Impulserhaltungssatzes.

19.1 Experimente zur Geschwindigkeitsabhängigkeit der Masse

Bereits die ersten Versuche zur relativistischen Dynamik (**Kaufmann** 1901, **Bucherer** 1909) zeigten, daß der klassische Begriff einer konstanten Masse revidiert werden muß. Diese Versuche verwendeten Elektronen, die beim β-Zerfall radioaktiver Atomkerne entstehen.

Versuchsaufbau (Bucherer 1909)

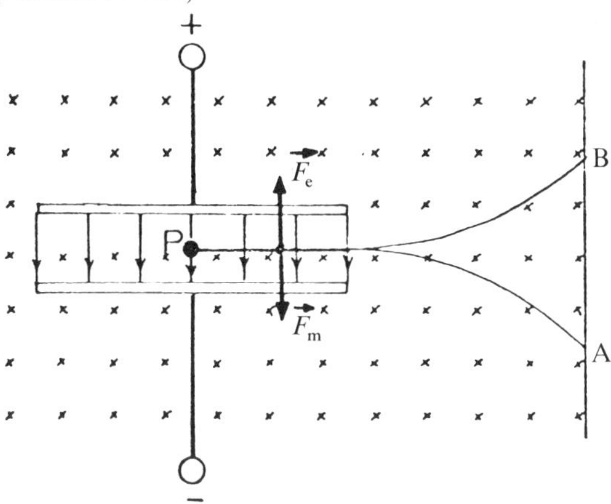

Im Zentrum eines Plattenkondensators (Durchmesser 8 cm, Plattenabstand 0,25 mm) wird ein β-Strahler (radioaktives Präparat), welcher Elektronen unterschiedlicher Geschwindigkeit aussendet, befestigt. Neben dem elektrischen Feld des Kondensators herrscht noch ein zu diesem senkrechtes Magnetfeld. Diese Anordnung wirkt als Geschwindigkeitsfilter, welches die Geschwindigkeit der austretenden, im Kondensator nicht abgelenkten Elektronen festlegt. Dann treten sie in das homogene Magnetfeld ein, in dem der Radius ihrer Kreisbahn und damit ihre spezifische Ladung e/m gemessen wird.

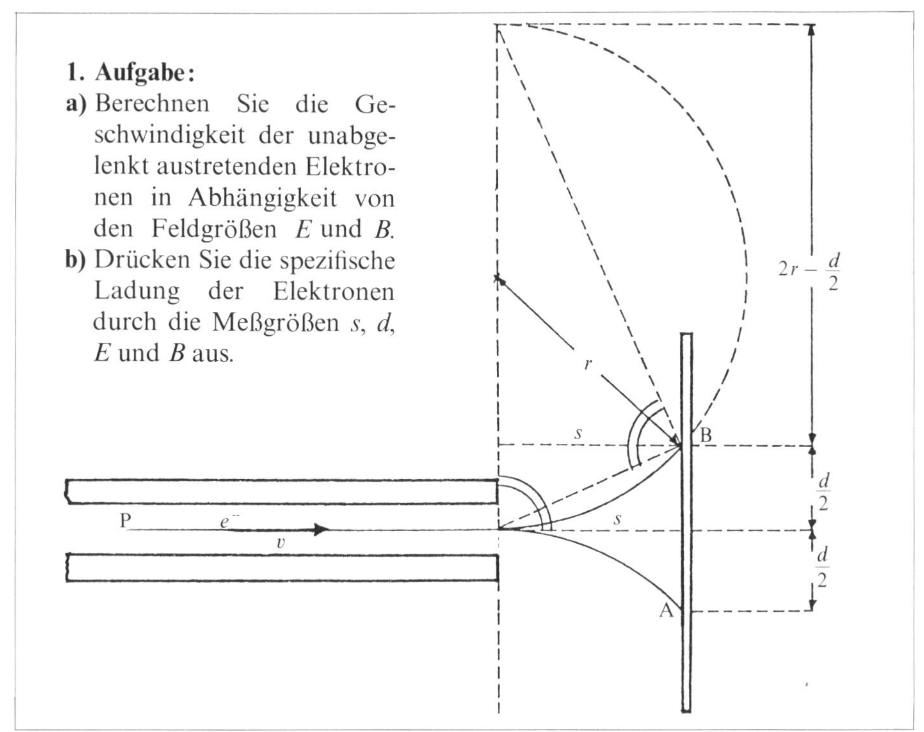

1. Aufgabe:

a) Berechnen Sie die Geschwindigkeit der unabgelenkt austretenden Elektronen in Abhängigkeit von den Feldgrößen E und B.

b) Drücken Sie die spezifische Ladung der Elektronen durch die Meßgrößen s, d, E und B aus.

Versuchsergebnis

Die spezifische Ladung e/m nimmt mit steigender Geschwindigkeit ab. Da aufgrund des **Möllenstedt-Versuchs** (siehe 3. Semester) bekannt ist, daß die Elektronenladung von der Geschwindigkeit unabhängig ist, folgt daraus, daß die Elektronenmasse mit steigender Geschwindigkeit zunimmt. Das folgende Diagramm stellt die experimentell gefundene Abhängigkeit der Elektronenmasse von der Geschwindigkeit dar; m_0 ist dabei die Masse des Elektrons bei $v = 0$ **(Ruhemasse)**. Die durchgezogene Kurve stellt die von Einstein theoretisch vorhergesagte Geschwindigkeitsabhängigkeit dar.

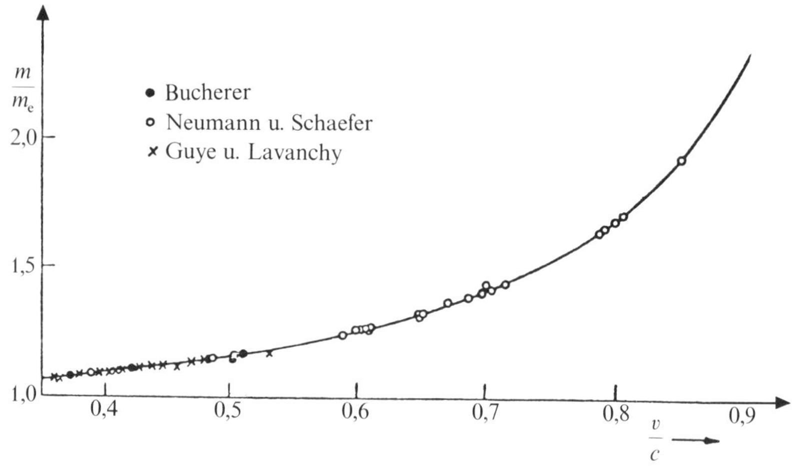

19.2 Herleitung der relativistischen Massenformel

Wir betrachten erneut den oben skizzierten, vollständig unelastischen, zentralen Stoß zweier gleicher Teilchen, jetzt jedoch ausgehend von den folgenden Postulaten:

1. Die Masse ist geschwindigkeitsabhängig: $m = m(|\vec{v}|) = m(v)$
2. Impuls ist gleich Masse (im Sinn von 1.) mal Geschwindigkeit: $\vec{p} = m(v) \cdot \vec{v}$
3. Die Erhaltung der Gesamtmasse (im Sinn von 1.) und des Gesamtimpulses (im Sinn von 2.) gilt in *allen* Inertialsystemen.

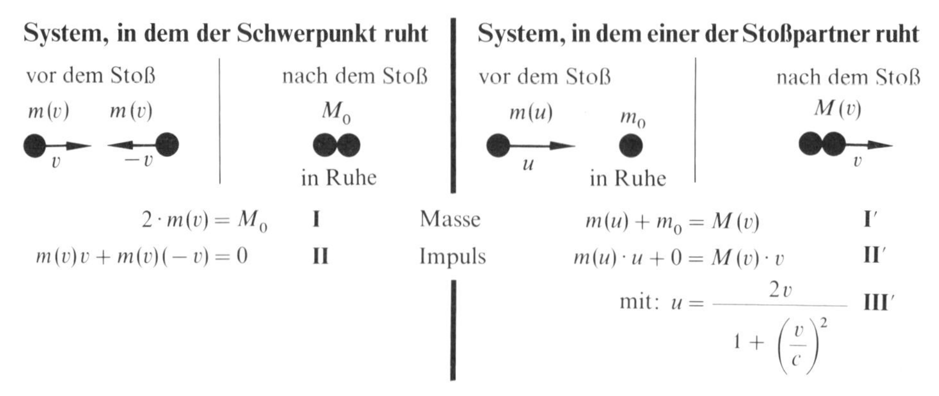

$2 \cdot m(v) = M_0$	I	Masse	$m(u) + m_0 = M(v)$	I′
$m(v)v + m(v)(-v) = 0$	II	Impuls	$m(u) \cdot u + 0 = M(v) \cdot v$	II′
			mit: $u = \dfrac{2v}{1 + \left(\dfrac{v}{c}\right)^2}$	III′

Aus den Gl. **I′** bis **III′** läßt sich m als Funktion von u bestimmen. Wir eliminieren zunächst $M(v)$ (**I′** in **II′**):

$$m(u) \cdot u = (m(u) + m_0) \cdot v$$

und lösen nach $m(u)$ auf: $m(u) = \dfrac{m_0}{\dfrac{u}{v} - 1}$ (1)

Der Nenner des letzten Bruchterms läßt sich mit Hilfe der Beziehung **III′** durch u allein ausdrücken. Aus **III′** folgt:

$$\left(1 + \frac{v^2}{c^2}\right) \cdot \frac{u}{v} = 2 \Rightarrow \left(1 + \frac{v^2}{c^2}\right) \cdot \frac{u^2}{v^2} = 2 \cdot \frac{u}{v} \Rightarrow \frac{u^2}{v^2} + \frac{u^2}{c^2} = 2 \cdot \frac{u}{v} \Rightarrow$$

$$\Rightarrow \frac{u^2}{v^2} - 2\frac{u}{v} + 1 = 1 - \frac{u^2}{c^2} \Rightarrow \left(\frac{u}{v} - 1\right)^2 = 1 - \frac{u^2}{c^2} \Rightarrow \frac{u}{v} - 1 = \underset{(-)}{+}\sqrt{1 - \frac{u^2}{c^2}}$$

Dabei gilt nur das positive Zeichen, weil aus **III′** $\dfrac{u}{v} > 1$ folgt. Einsetzen in (1) ergibt:

relativistische Masse	**relativistischer Impuls**
$m(u) = \dfrac{m_0}{\sqrt{1 - \dfrac{u^2}{c^2}}}$	$p = m(u) \cdot u = \dfrac{m_0 u}{\sqrt{1 - \dfrac{u^2}{c^2}}}$

2. Aufgabe:
Berechnen Sie, bis zu welcher Geschwindigkeit u die relativistische Massenzunahme $\Delta m = m - m_0$ weniger als 1% von m_0 beträgt

Aus dem Ergebnis von Aufgabe 2 folgt als **Faustregel**:
Die relativistische Massenzunahme muß erst bei Geschwindigkeiten $u > 0{,}1\,c$ berücksichtigt werden.

3. Aufgabe: (Abitur 1972 im Leistungskurs)

1. Von einem Präparat T ist bekannt, daß es negativ geladene Teilchen emittiert, die verschiedene Geschwindigkeiten haben.

a) Skizzieren und beschreiben Sie eine Anordnung, die nur Teilchen einer bestimmten Geschwindigkeit durchläßt. Erläutern Sie kurz, warum diese Forderung in der Praxis nicht exakt erfüllbar ist. Welche Möglichkeiten gibt es, sie möglichst gut zu realisieren?

b) Zur Identifizierung der von T emittierten Teilchen soll ihre spezifische Ladung $\dfrac{e}{m}$ in Abhängigkeit von der Geschwindigkeit v bestimmt werden.

Schildern Sie einen geeigneten Versuch und stellen Sie die spezifische Ladung durch Größen dar, die man in diesem Versuch messen kann!

2. Der in 1 b beschriebene Versuch liefert folgende Ergebnisse:

$\frac{v}{c}$	0,52	0,62	0,72	0,80	0,86
$\frac{q}{m}$ in 10^{11} As/kg	1,5	1,4	1,2	1,1	0,90

c ist dabei die Lichtgeschwindigkeit

a) Stellen Sie allgemein $\left(\frac{q}{m}\right)^2$ als Funktion von $\left(\frac{v}{c}\right)^2$ dar! Zeigen Sie rechnerisch, daß der zugehörige Graph ein Geradenstück sein sollte! Welche physikalische Bedeutung kommt seinen Randpunkten zu?

b) Zeichnen Sie das Geradenstück mit Hilfe obiger Meßergebnisse und bestimmen Sie damit graphisch einen Mittelwert der spezifischen Ladung für $v = 0$! Um welche Teilchen handelt es sich vermutlich?

Wählen Sie für die Zeichung: $0{,}1 \mathrel{\hat{=}} 1\,\text{cm}$ auf der $\left(\frac{v}{c}\right)^2$-Achse

$0{,}2 \cdot 10^{22}\,(\text{C/kg})^2 \mathrel{\hat{=}} 1\,\text{cm}$ auf der $\left(\frac{q}{m}\right)^2$-Achse

3. a) In einem Versuch wird die β^--Strahlung von Thallium ($^{204}_{81}\text{Tl}$) in geeigneter Weise durch ein homogenes Magnetfeld geschickt. Dabei stellt man fest, daß ein Anteil der Strahlung bei einer Kraftflußdichte von $6{,}0 \cdot 10^{-2}\,\text{Vsm}^{-2}$ auf einem Kreisbogen mit dem Radius 5,7 cm geführt wird. Berechnen Sie die Geschwindigkeit dieser Teilchen!

b) Thallium sendet β^--Teilchen mit einer maximalen kinetischen Energie von 0,77 MeV aus. Mit wieviel Prozent der Lichtgeschwindigkeit verlassen diese schnellsten Teilchen den Kern?

Hinweis: Diese Aufgabe kann erst nach 20.1. gelöst werden.

4. Aufgabe: (Leistungskurs-Abitur 1973, I, Teilaufgabe 4a, b)

In der Mitte eines homogenen Magnetfeldes der Flußdichte $\vec{B}$ befindet sich eine punktförmige Elektronenquelle, von der nach allen Richtungen Elektronen mit verschiedenen Geschwindigkeiten $\vec{v}_n$ abgestrahlt werden.

a) Zunächst werden nur Elektronen betrachtet, deren Bahnen in einer Ebene verlaufen, die zu $\vec{B}$ senkrecht steht und durch die Elektronenquelle gelegt ist.

α) Skizzieren Sie den Verlauf einiger Elektronenbahnen. Begründung!

β) Wie lange brauchen die einzelnen Elektronen, bis sie wieder zu ihrem Ausgangspunkt zurückkehren? Allgemeine Rechnung!

b) Es soll nun die Bahn eines Elektrons betrachtet werden, dessen Geschwindigkeit $\vec{v}$ mit der Feldrichtung den Winkel ($0^\circ < \alpha < 90^\circ$) bildet.

α) Berechnen Sie die Entfernung, in der das Elektron wieder auf die Gerade trifft, die parallel zur Feldrichtung durch die Elektronenquelle geht.

β) Die Elektronenquelle sei ein radioaktives Präparat, das Elektronen der Geschwindigkeit $v = 0{,}6 \cdot c$ emittiert. Alle unter dem Winkel $\alpha = 30^\circ$ gegen die Feldrichtung emittierten Elektronen werden durch eine Ringblende ausgewählt. In welcher Entfernung von der Elektronenquelle treffen sich diese Elektronen, wenn der Betrag der magnetischen Flußdichte $0{,}25\,\mathrm{Vsm}^{-2}$ ist?

5. Aufgabe: (Leistungskurs-Abitur 1976, VI, Teilaufgabe 3a)
Beschreiben Sie ein Experiment, mit dem die Geschwindigkeitsabhängigkeit der Masse schneller Elektronen ermittelt werden kann. Fertigen Sie eine übersichtliche Zeichnung der Versuchsanordnung an, aus der auch die Richtungen der verwendeten Felder hervorgehen. (Es sind keine Berechnungen verlangt.)

6. Aufgabe: (Leistungskurs-Abitur 1977, II, Teilaufgabe 2a–d)
[Hinweis: α-Teilchen sind zweifach positiv geladene Helium-Kerne]

α-Teilchen bewegen sich im Vakuum mit der Geschwindigkeit v in einem homogenen Magnetfeld der Flußdichte $\vec{B}$ auf einer Kreisbahn vom Radius r.

a) Berechnen Sie den Betrag der Flußdichte in Abhängigkeit von der spezifischen Ladung und der Zeitdauer T für einen Umlauf zunächst allgemein.

b) Begründen Sie, warum bei vorgegebenem T der Betrag von $\vec{B}$ vom Radius r der Kreisbahn abhängt, obwohl r in der unter a) berechneten Gleichung nicht mehr explizit vorkommt.

c) Berechnen Sie den Betrag von $\vec{B}$, wenn die α-Teilchen in $T = 5{,}0 \cdot 10^{-8}\,\mathrm{s}$ einen Kreis mit $r = 1{,}0\,\mathrm{m}$ durchlaufen.

d) Schießt man α-Teilchen der Geschwindigkeit $v = 4{,}0 \cdot 10^6\,\mathrm{m/s}$ unter dem Einschußwinkel ε bezüglich der Magnetfeldrichtung in ein Feld der Flußdichte $B = 1{,}3\,\frac{\mathrm{Vs}}{\mathrm{m}^2}$ ein, so durchlaufen sie eine Schraubenlinie der Ganghöhe $h = 8{,}0\,\mathrm{cm}$. Berechnen Sie den Einschußwinkel ε.

20. Relativistische Energie – Äquivalenz von Masse und Energie

Das Grenzgeschwindigkeitsexperiment (S. 183) zeigt eindeutig, daß die klassische Beziehung $E_{\text{kin}} = \frac{1}{2}mv^2$ bei hohen Geschwindigkeiten nicht gilt. Ausgehend von den relativistischen Formeln für Masse und Impuls können wir nun die korrekte Abhängigkeit der kinetischen Energie von der Geschwindigkeit herleiten.

20.1 Berechnung der kinetischen Energie

Wir gehen aus von derselben Situation wie beim Grenzgeschwindigkeitsexperiment auf der 1. Teilstrecke: ein geladenes Teilchen (z. B. ein Elektron) durchläuft ein homogenes elektrisches Längsfeld der Ausdehnung L. Dabei wird es durch eine konstante Kraft $F = e \cdot E$ von der Anfangsgeschwindigkeit $v = 0$ auf die Endgeschwindigkeit u beschleunigt. Wir betrachten zunächst nur ein kleines Wegstück Δx, das in der Zeit Δt durchlaufen wird, wobei die Geschwindigkeit um $\Delta v = v_2 - v_1$ wächst. Die mittlere Geschwindigkeit zwischen x_1 und x_2 sei v.

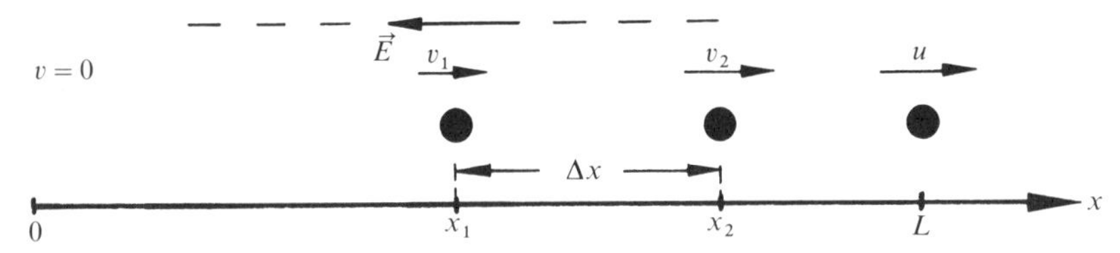

Der Zuwachs an kinetischer Energie auf diesem Wegstück ist dann

$$\Delta E_{\text{kin}} = F \cdot \Delta x = F \cdot (v \Delta t) = v \cdot (F \Delta t) = v \cdot \Delta p \tag{1}$$

Im letzten Schritt wurde angenommen, daß wie in der klassischen Mechanik gilt:

»Kraftstoß = Impulsänderung«,

oder, was gleichbedeutend ist (für kleine Δt):

$$\boxed{F = \frac{\mathrm{d}p}{\mathrm{d}t}} \tag{2}$$

Dies ist die allgemeingültige Formulierung des **2. Newtonschen Axioms**. (Beachte: Die in der klassischen Mechanik übliche Schreibweise $F = m \cdot \frac{\mathrm{d}v}{\mathrm{d}t} = m \cdot a$ setzt eine *konstante Masse* voraus. Diese Beziehung ist bei hohen Geschwindigkeiten auch dann *nicht gültig*, wenn man für m die relativistische Masse einsetzt; vgl. Aufgabe 5b). Wir wollen nun im Ergebnis von Gl. (1) die Impulsänderung Δp durch die entsprechende Geschwindigkeitsänderung Δv ausdrücken. Der folgende Graph zeigt den Zusammenhang zwischen relativistischem Impuls und Geschwindigkeit.

Für kleine Δv und Δp gilt:

$$\frac{\Delta p}{\Delta v} \approx \frac{\mathrm{d}p(v)}{\mathrm{d}v},$$

also: $\Delta p \approx \frac{\mathrm{d}p(v)}{\mathrm{d}v} \cdot \Delta v$ (3)

und daher:

$$\Delta E_{\mathrm{kin}} = v \cdot \frac{\mathrm{d}p(v)}{\mathrm{d}v} \cdot \Delta v \qquad (4)$$

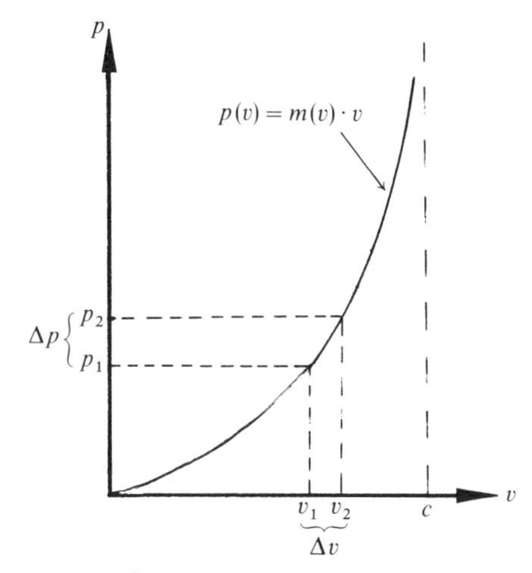

Nebenrechnung: Wegen $p(v) = m(v) \cdot v$ erhält man $\frac{\mathrm{d}p}{\mathrm{d}v}$ nach der Produktregel

$$\frac{\mathrm{d}p(v)}{\mathrm{d}v} = \frac{\mathrm{d}m(v)}{\mathrm{d}v} \cdot v + m(v) \cdot 1\,, \qquad (5)$$

mit: $$\frac{\mathrm{d}m(v)}{\mathrm{d}v} = \frac{\mathrm{d}}{\mathrm{d}v}\left[m_0\left(1-\frac{v^2}{c^2}\right)^{-\frac{1}{2}}\right] = m_0 \cdot \left(-\frac{1}{2}\right) \cdot \left(1-\frac{v^2}{c^2}\right)^{-\frac{3}{2}} \cdot \left(-\frac{2v}{c^2}\right) =$$

$$= \frac{m_0 v}{c^2} \cdot \left(1-\frac{v^2}{c^2}\right)^{-\frac{3}{2}} \qquad (6)$$

(6) in (5): $$\frac{\mathrm{d}p(v)}{\mathrm{d}v} = \frac{m_0 v^2}{c^2} \cdot \left(1-\frac{v^2}{c^2}\right)^{-\frac{3}{2}} + m_0 \cdot \left(1-\frac{v^2}{c^2}\right)^{-\frac{1}{2}} = m_0 \cdot \left(1-\frac{v^2}{c^2}\right)^{-\frac{3}{2}} \qquad (7)$$

(7) in (4): $$\Delta E_{\mathrm{kin}} = m_0 \cdot v \cdot \left(1-\frac{v^2}{c^2}\right)^{-\frac{3}{2}} \cdot \Delta v \qquad (8)$$

Die kinetische Energie des Teilchens bei der Endgeschwindigkeit u ergibt sich als Summe der Energiezunahmen auf den einzelnen kleinen Teilstrecken

$$E_{\mathrm{kin}}(u) = \lim_{\Delta v \to 0} \sum_{\mathrm{i}} \Delta E_{\mathrm{kin\,i}}\,,$$

d. h. durch ein bestimmtes Integral:

$$E_{\mathrm{kin}}(u) = m_0 \cdot \int_0^u \underbrace{v \cdot \left(1-\frac{v^2}{c^2}\right)^{-\frac{3}{2}}}_{\mathrm{f}(v)} \mathrm{d}v$$

1. Aufgabe:

Zeigen Sie durch Differenzieren, daß $\mathrm{F}(v) = c^2 \cdot \left(1-\frac{v^2}{c^2}\right)^{-\frac{1}{2}}$ eine Stammfunktion der Integrandenfunktion $\mathrm{f}(v)$ ist.

Damit erhalten wir für die **kinetische Energie** des Teilchens der Ruhemasse m_0 bei der Geschwindigkeit u:

$$E_{\text{kin}}(u) = \frac{m_0 c^2}{\sqrt{1 - \frac{u^2}{c^2}}} - m_0 c^2$$

Klassischer Grenzfall: Bei Geschwindigkeiten $u \ll c$ kann man die Näherungsformel

$$\frac{1}{\sqrt{1 - x}} \approx 1 + \frac{1}{2} x$$

anwenden, die für Zahlen $|x| \ll 1$ gut erfüllt ist (vgl. S. 189, Aufg. 5). Damit folgt:

$$E_{\text{kin}} \approx m_0 c^2 + m_0 c^2 \cdot \frac{1}{2} \cdot \frac{u^2}{c^2} - m_0 c^2$$

also

$$E_{\text{kin}} \approx \frac{1}{2} m_0 u^2$$

2. Aufgabe:

a) Berechnen Sie für Elektronen (Ruhemasse $m_0 = 9{,}11 \cdot 10^{-31}\,\text{kg}$) die Größe $m_0 c^2$ in der Einheit eV.

b) Berechnen Sie die kinetische Energie von Elektronen (in eV) für $\frac{u}{c} = 0{,}3$; 0,6; 0,8; 0,9; 0,95; 0,99 und stellen Sie u in Abhängigkeit von E_{kin} graphisch dar (Rechtswertachse: $10^6\,\text{eV} \mathrel{\hat{=}} 5\,\text{cm}$; Hochwertachse: $c \mathrel{\hat{=}} 10\,\text{cm}$). Vergleichen Sie mit den experimentellen Werten des Grenzgeschwindigkeits-Versuchs (Diagramm S. 184)!

3. Aufgabe:

Bestimmen Sie die Geschwindigkeit eines Elektrons, das eine Beschleunigungsspannung von 800 kV durchlaufen hat (*rechnerische* Lösung!).

4. Aufgabe: (Leistungskurs-Abitur 1978, II, Teilaufgabe 4a)

Welchen Wert hat $\frac{e}{m}$ für Elektronen, die mit vernachlässigbarer Anfangsgeschwindigkeit in einem elektrischen Feld die Potentialdifferenz $1{,}0 \cdot 10^5\,\text{V}$ durchlaufen haben?

5. Aufgabe: (Leistungskurs-Abitur 1978, VI, Teilaufgabe 2a, b)
Elektronen werden in ein begrenztes homogenes elektrisches Feld parallel zur Feldrichtung mit der Anfangsgeschwindigkeit $v_1 = 3.0 \cdot 10^6$ m/s eingeschossen und erreichen nach einer gewissen Flugstrecke die Geschwindigkeit $v_2 = 1{,}5 \cdot 10^8$ m/s.

a) Welche Potentialdifferenz haben die Elektronen durchlaufen?

b) Welche Beschleunigung erfahren die Elektronen beim Erreichen der Geschwindigkeit v_2, wenn die Feldstärke $E = 1{,}0 \cdot 10^5$ V/m beträgt?

Beachten Sie, daß $F = \dot{p} = \frac{\mathrm{d}}{\mathrm{d}t}(m_{\mathrm{rel}} \cdot v)$ gilt.

Ergebnis von Aufg. 5b:
Relativistischer Zusammenhang zwischen Kraft F und Beschleunigung $a = \frac{\mathrm{d}v}{\mathrm{d}t}$

$$F = \frac{m_0}{\left(\sqrt{1 - \left(\frac{v}{c}\right)^2}\right)^3} \cdot a$$

20.2 Äquivalenz von Masse und Energie - Relativistische Gesamtenergie

Wir betrachten nochmals den vollständig unelastischen, zentralen Stoß zweier gleicher Körper (vgl. **19.2**) im Schwerpunktsystem:

$m(v)$ $\;\;$ $m(v)$ $\;\;$ v $\;\;$ $-v$ $\;\;|\;\;$ M_0 in Ruhe

Die relativistische Masse und der relativistische Impuls wurden so definiert, daß die Massen- und Impulshaltung in jedem Bezugssystem gilt. Aus der Massenerhaltung folgt im obigen Beispiel:

$$M_0 = 2 \cdot m(v) = \frac{2m_0}{\sqrt{1 - \frac{v^2}{c^2}}} > 2m_0$$

Die **Ruhemasse** der am Stoß beteiligten Teilchen ändert sich also; sie *wächst* um:

$$\Delta m = M_0 - 2 \cdot m_0 = 2 \cdot m_0 \cdot \left(\frac{1}{\sqrt{1 - \frac{v^2}{c^2}}} - 1\right).$$

Woher kommt dieser Zuwachs an »Ruhemasse«? Aufschlußreich ist ein Vergleich mit der kinetischen Energie des Gesamtsystems. Nach dem Stoß ist sie Null, vor dem Stoß betrug sie

$$E_{\text{kin}} = 2 \cdot m_0 c^2 \cdot \left(\frac{1}{\sqrt{1 - \frac{v^2}{c^2}}} - 1 \right),$$

also gilt:
$$\Delta m = \frac{E_{\text{kin}} \text{(vor dem Stoß)}}{c^2}.$$

Der Zuwachs an Ruhemasse ist direkt proportional zu der vor dem Stoß vorhandenen kinetischen Energie. Diese ist aber, bei einem vollständig unelastischen Prozeß wie hier betrachtet, gleich dem Zuwachs an »innerer Energie« ΔE (z. B. Wärme) der beteiligten Körper.
Die naheliegende Verallgemeinerung dieses Sachverhalts ist: Wird die Energie eines Körpers um ΔE erhöht, so nimmt seine Masse um Δm zu, wobei gilt

$$\Delta m = \frac{\Delta E}{c^2}, \quad \text{bzw.} \quad \Delta E = \Delta m \cdot c^2. \tag{1}$$

Ein naheliegender Ansatz für die **Gesamtenergie *E*** ist daher

$$\boxed{E = m \cdot c^2 = \frac{m_0 \cdot c^2}{\sqrt{1 - \frac{v^2}{c^2}}}} \tag{2}$$

Einsteinsche Masse-Energie-Beziehung

Dieser Ansatz für die Gesamtenergie enthält eine Nullpunktswahl, die nicht zwangsläufig aus der Beziehung (1) folgt. Nach (2) besitzt ein Teilchen der Ruhemasse m_0 auch bei der Geschwindigkeit $v = 0$ noch Energie, die sog. **Ruheenergie:**

$$\boxed{E_0 = m_0 c^2}$$

Über die Gültigkeit dieser Nullpunktswahl haben letzten Endes zahlreiche experimentelle Befunde aus der Atom- und Kernphysik (positiv) entschieden, die zeigen, daß die »Ruheenergie eines Teilchens« auch in der Realität existiert (vgl. z. B. 4. Semester: Paarbildung und -Vernichtung).
Die kinetische Energie eines Teilchens ist nun durch die Differenz von Gesamtenergie und Ruheenergie bestimmt.

$$\boxed{E = E_0 + E_{\text{kin}} \Leftrightarrow E_{\text{kin}} = E - E_0 = m(v) \cdot c^2 - m_0 \cdot c^2}$$

Energieerhaltungssatz

Bei unseren Überlegungen zur Geschwindigkeitsabhängigkeit von Masse und Impuls (vgl. S. 232) haben wir die Erhaltung von Masse und Impuls *postuliert.* Es stellt sich nun die Frage nach der Erhaltung der Gesamtenergie auf der Grundlage des Ansatzes (2). Danach sind jedoch »*Erhaltung der Gesamtmasse*« und »*Erhaltung der Gesamtenergie*« gleichbedeutende Aussagen; beispielsweise gilt für ein System aus n Teilchen vor und nach ($\sim$) einer beliebigen Wechselwirkung:

$$m_1 + m_2 + \ldots + m_n = \tilde{m}_1 + \tilde{m}_2 + \ldots + \tilde{m}_n \quad | \cdot c^2$$
$$E_1 + E_2 + \ldots + E_n = \tilde{E}_1 + \tilde{E}_2 + \ldots + \tilde{E}_n$$

Die Erhaltungssätze der Masse und der Energie werden durch die Relativitätstheorie zu einem einzigen Satz verschmolzen.
Dagegen bleibt bei der Wechselwirkung zwischen Teilchen die Ruheenergie bzw. die Ruhemasse im allgemeinen nicht erhalten, wie bereits der unelastische Stoß zweier Teilchen zeigt.

20.3 Relativistische Energie-Impuls-Beziehung

Wegen der Gültigkeit der Erhaltungssätze sind Impuls und Gesamtenergie (bzw. Gesamtmasse) die grundlegenden Größen der relativistischen Dynamik. Welche Beziehung besteht zwischen p und E, gegeben durch die Beziehungen

I. $E = \dfrac{m_0 c^2}{\sqrt{1 - \dfrac{v^2}{c^2}}}$ und **II.** $p = \dfrac{m_0 v}{\sqrt{1 - \dfrac{v^2}{c^2}}}$?

Zur Elimination von v bildet man: $\dfrac{p}{E} = \dfrac{v}{c^2} \Rightarrow v = \dfrac{c^2 p}{E}$.

Einsetzen in **I**: $E \cdot \sqrt{1 - \dfrac{c^2 p^2}{E^2}} = m_0 c^2 \Rightarrow E^2 - c^2 p^2 = m_0^2 c^4$

$$\Rightarrow E^2 = m_0^2 c^4 + c^2 p^2$$

$$\boxed{E^2 = E_0^2 + (cp)^2 \quad \text{bzw.} \quad E = \sqrt{E_0^2 + (cp)^2}}$$

relativistische Energie-Impuls-Beziehung

Merk-»Regel«:

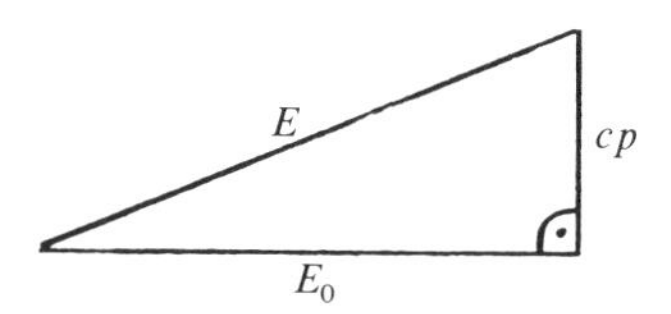

Klassischer Grenzfall: Für sehr kleine v wird p sehr klein, und es gilt $cp \ll E_0$.

Daraus folgt: $E = \sqrt{E_0^2 \cdot \left(1 + \dfrac{c^2 p^2}{E_0^2}\right)} = E_0 \cdot \sqrt{1 + \dfrac{c^2 p^2}{E_0^2}} \approx E_0 \cdot \left(1 + \dfrac{1}{2} \cdot \dfrac{c^2 p^2}{E_0^2}\right)$,

wobei die für $|x| \ll 1$ gültige Näherungsformel $\sqrt{1 + x} \approx 1 + \dfrac{x}{2}$ verwendet wurde.

Also: $E \approx E_0 + \frac{c^2 p^2}{2 \cdot E_0} \approx m_0 c^2 + \frac{c^2 m_0^2 v^2}{2 \cdot m_0 c^2} \approx m_0 c^2 + \frac{1}{2} \cdot m_0 v^2$

Im klassischen Grenzfall ergibt sich die Gesamtenergie als Summe aus der Ruheenergie und dem klassischen Ausdruck für die kinetische Energie.

6. Aufgabe:
Vergleichen Sie die kinetische Energie mit der Ruheenergie
a) für ein Elektron aus dem radioaktiven β-Zerfall mit einer Geschwindigkeit von $0{,}97\,c$.
b) für einen He-Kern aus dem radioaktiven α-Zerfall mit einer kinetischen Energie von 5,0 MeV

7. Aufgabe: (Leistungskurs-Abitur 1974, II, Teilaufgabe 2a–c)
a) Von welcher Beschleunigungsspannung an müßte man für Protonen den relativistischen Massenzuwachs berücksichtigen, wenn man dies, wie üblich, für $v \geqq 0{,}1 \cdot c$ zu tun pflegt?
b) Ein Proton habe eine Gesamtenergie von 3,0 GeV.
Berechnen Sie den Anteil seiner kinetischen Energie, seine Geschwindigkeit und das Verhältnis seiner Masse zu seiner Ruhemasse. [Teilergebnis: $v = 0{,}95 \cdot c$]
c) Um Protonen von 3,0 GeV auf einer Kreisbahn von 1,5 km Umfang zu halten, benötigt man ein magnetisches Führungsfeld.
Wie groß muß dessen Flußdichte B sein?

8. Aufgabe: (Leistungskurs-Abitur 1976, VI, Teilaufgabe 3b)
Ein bewegtes Teilchen (Ruhemasse m_0) besitze zunächst die kinetische Energie $E_{\text{kin}} = m_0 c^2$, bis es vollkommen unelastisch mit einem anfänglich ruhenden Teilchen zusammenstößt, das vor dem Stoß ebenfalls die Ruhemasse m_0 hat.
Berechnen Sie die Ruhemasse des nach dem Stoß zusammengesetzten Teilchens.

9. Aufgabe: (Leistungskurs-Abitur 1977, VI, Teilaufgaben 1a–h, 2a–c)
Ein utopisches Raumschiff, dessen Länge von den mitfahrenden Astronauten zu 300000 km bestimmt wurde, fliegt an der Erde und an einer Reihe von Raumstationen, deren Position zur Erde konstant ist, mit der Geschwindigkeit $v = 0{,}6\,c$ vorbei. Die Uhren der Raumstationen und der Erde sind untereinander synchronisiert. Wenn die Uhr in der Raumschiffmitte an der Uhr auf der Erde vorbeifliegt, zeigen beide Uhren 0 s an.
1. a) Welche Länge hat das Raumschiff für einen Beobachter auf der Erde?
Wie lang dauert für diesen folglich der Vorbeiflug des Raumschiffs?

b) Legen Sie ein rechtwinkliges t-x-Koordinatensystem für den Beobachter auf der Erde an (Zeitachse: 1 s $\hat{=}$ 5 cm; Ortsachse: 300000 km $\hat{=}$ 5 cm). Tragen Sie die Zeit-Weg-Linien des Anfangs, der Mitte und des Endes des Raumschiffes ein.

c) Am Anfang und am Ende des Raumschiffes sind Spiegel angebracht. In der Mitte wird zur Raumschiffzeit $t' = 0$ s ein Lichtblitz ausgesandt, der sich nach allen Seiten ausbreitet. Was zeigen die Raumschiffuhren am Anfang und am Ende des Schiffes im Zeitpunkt der Reflexionen an? Wann registriert ein Beobachter in der Mitte des Raumschiffs das Wiedereintreffen der Lichtblitze?

d) Tragen Sie die Zeit-Weg-Linien der in c) beschriebenen Lichtsignale in das Koordinatensystem von b) ein.

e) Welche Zeiten schreiben die Beobachter des Systems Erde-Raumstationen der Reflexion am Anfang und dem Wiedereintreffen der Signale in der Mitte des Raumschiffes zu? Keine graphische Lösung!

f) Wie erläutern die Astronauten bzw. die Beobachter des Systems Erde-Raumstationen qualitativ, warum sie jeweils zu ihrem Ergebnis über die zeitliche Reihenfolge der Reflexionen kommen?

g) Die Uhr in der Mitte des Raumschiffs zeige im Augenblick des Vorbeiflugs an einer Raumstation die Zeit $t' = 0{,}4$ s an. Was zeigt die Uhr in der Raumstation an, an der sie gerade vorbeifliegt?
Die Erduhr zeige $t = 0{,}4$ s an. Was zeigt die Raumschiffuhr an, die gerade an ihr vorbeifliegt?

h) Zeichnen Sie das t'-x'-Koordinatensystem in das Koordinatensystem von b) ein. Legen Sie in ihm die Ereignisse ($x' = 0$ km; $t' = 1$ s) und ($x' = 3 \cdot 10^5$ km; $t' = 0$ s) fest.

2. Im Raumschiff ruht ein Teilchen der Masse M_0. Es zerfällt in zwei Teilchen gleicher Ruhemasse m_0.

a) Was kann man im Raumschiff über Bewegungsrichtungen und Geschwindigkeiten der beiden entstehenden Teilchen aus dem Impulssatz folgern?

b) Der Zerfall erfolge nun so, daß die beiden entstehenden Teilchen relativ zum Raumschiff die Geschwindigkeiten $0{,}6c$ und $-0{,}6c$ besitzen. Berechnen Sie für diesen Fall m_0 in Abhängigkeit von M_0. [Ergebnis: $m_0 = 0{,}4 \cdot M_0$]

c) Der Zerfall von b) werde vom System Erde-Raumstationen aus beobachtet. Welche Geschwindigkeiten haben das ursprüngliche Teilchen und die beim Zerfall entstandenen Teilchen, wenn sich letztere in bzw. gegen die Flugrichtung des Raumschiffs bewegen? [Teilergebnis: $\frac{15}{17}c$]
Weisen Sie nach, daß auch in diesem System für den Zerfall der Energiesatz gilt.

3. Das im Raumschiff ruhende Teilchen sei ein »Elektron-Positron-Paar«, das dann zerstrahlt. Die beiden dabei entstehenden γ-Quanten fliegen jeweils in bzw. gegen die Flugrichtung des Raumschiffs.

a) Welche Energie besitzt jedes γ-Quant bei Messung im Raumschiff?
b) Geben Sie die Beträge der Geschwindigkeiten an, die das »Elektron-Positron-Paar« und die γ-Quanten im System Erde-Raumstationen besitzen.
c) Auch im System Erde-Raumstationen erfüllt diese Paarzerstrahlung Impuls- und Energiesatz. Welche für die γ-Quanten charakteristische Größe muß sich folglich beim Übergang vom Raumschiff zum System Erde-Raumstationen ändern? Geben Sie qualitativ an, in welcher Weise die Änderung erfolgt.
d) Welche Folgerung ergibt sich aus dieser Erkenntnis für das Licht einer monochromatischen Lichtquelle, die sich mit sehr hoher Geschwindigkeit an einem Beobachter vorbeibewegt?

Zusammenfassung der relativistischen Dynamik

1. **Geschwindigkeitsabhängigkeit der Masse:** $$m = \frac{m_0}{\sqrt{1 - \left(\frac{u}{c}\right)^2}}$$

2. **Relativistischer Impuls:** $$p = m \cdot u = \frac{m_0 u}{\sqrt{1 - \left(\frac{u}{c}\right)^2}}$$

3. **Zusammenhang zwischen Kraft und Impuls:** **(2. Newtonsches Axiom)** $$F = \frac{\mathrm{d}p}{\mathrm{d}t}$$

4. **Zusammenhang zwischen Kraft und Beschleunigung:** (Voraussetzung: Kraft in Bewegungsrichtung) $$F = \frac{m_0}{\left(\sqrt{1 - \left(\frac{u}{c}\right)^2}\right)^3} \cdot a$$

5. **Relativistische Gesamtenergie:** $$E = mc^2 = \frac{m_0 c^2}{\sqrt{1 - \left(\frac{u}{c}\right)^2}}$$

6. **Ruheenergie:** $E_0 = m_0 c^2$

7. **Kinetische Energie:** $E_{\mathrm{kin}} = E - E_0 = mc^2 - m_0 c^2$

8. **Zusammenhang zwischen Gesamtenergie und Impuls:** $E^2 = E_0^2 + (cp)^2$

Merkregel:

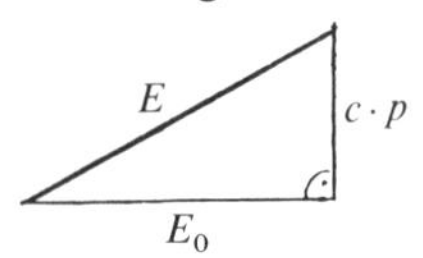

Anhang 1:

Beispiele zur numerischen Lösung von Schwingungsgleichungen

Ein Näherungsverfahren zur Bestimmung einer Zeit-Ort-Funktion $x(t)$

Dieses Verfahren dient zur Berechnung des Ortes x eines Körpers in gleichen Zeitabständen Δt. Dabei wird **schrittweise** jede neue Position aus der unmittelbar vorausgehenden durch eine Näherungsrechnung bestimmt. Man nennt ein solches Verfahren ein **Iterationsverfahren**.

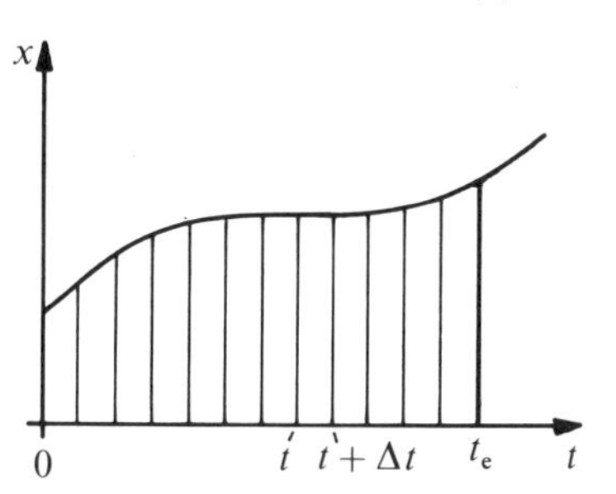

Als Startzeitpunkt wählen wir $t = 0$. Zu diesem Zeitpunkt müssen die **Anfangsbedingungen** – der Anfangsort $x(0)$ und die Anfangsgeschwindigkeit $v(0)$ – bekannt sein. Außerdem muß die **Bewegungsgleichung** (Differentialgleichung) für die gesamte Laufzeit vorliegen.

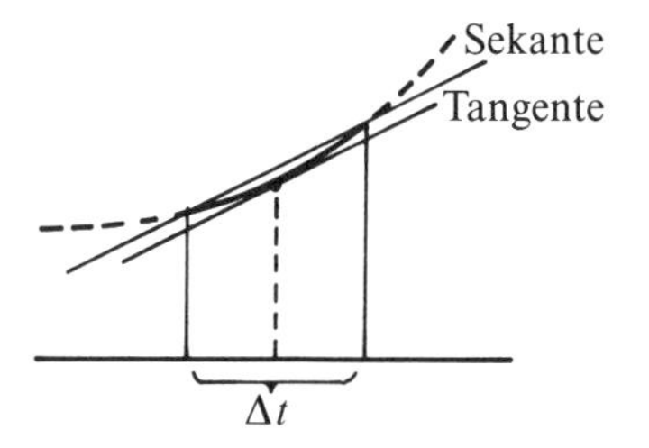

Die Näherung in dem Berechnungsverfahren besteht darin, daß man in jedem Zeitintervall Δt die Sekantensteigung durch die Tangentensteigung in der Intervallmitte ersetzt.

Die Bewegungsgleichung für den hier betrachteten gedämpften Oszillator unter der Einwirkung einer Kraft $F(t)$ lautet (vgl. Seite 28):

$$m \cdot a = -D \cdot x - k_r \cdot v + F(t)$$

Zur Erinnerung:
Die Momentangeschwindigkeit erhält man als Steigung der Tangente an die Zeit-Ort-Kurve

$$v(t) = \dot{x}(t).$$

Die Momentanbeschleunigung erhält man als die Steigung der Tangente an die Zeit-Geschwindigkeits-Kurve

$$a(t) = \dot{v}(t) = \ddot{x}(t).$$

Unter Verwendung der Ableitungen des Ortes nach der Zeit und einer einheitlichen Schreibweise der Konstanten erhält man:

$$k3 \cdot \ddot{x} = -k1 \cdot x - k2 \cdot \dot{x} + F(t)$$

Hieraus ergibt sich für die Beschleunigung:

$$\ddot{x} = -\frac{k1}{k3} \cdot x - \frac{k2}{k3} \cdot \dot{x} + \frac{F(t)}{k3}$$

Unter der Anwendung des Näherungsverfahrens erhält man:

a) für den **Ort**

$$\frac{x(t + \Delta t) - x(t)}{\Delta t} \approx \dot{x}\left(t + \frac{\Delta t}{2}\right) \quad \text{oder}$$

$$x(t+\Delta t) \approx x(t) + \dot{x}\left(t + \frac{\Delta t}{2}\right) \cdot \Delta t;$$

Merke:
Sekantensteigung im Intervall der Breite Δt

ist ungefähr gleich

Tangentensteigung in der Intervallmitte.

b) für die **Geschwindigkeit**

$$\frac{\dot{x}(t+\Delta t/2) - \dot{x}(t-\Delta t/2)}{\Delta t} \approx \ddot{x}(t) \quad \text{oder}$$

$$\dot{x}(t+\Delta t/2) \approx \dot{x}(t-\Delta t/2) + \ddot{x}(t)\Delta t$$

Die Orte werden also zu den Zeitpunkten Δt, $2 \cdot \Delta t, \ldots$, die Geschwindigkeiten zu den Zeitpunkten $\Delta t/2$, $3 \cdot \Delta t/2$, $5 \cdot \Delta t/2, \ldots$ berechnet.
Für die erste Geschwindigkeit $\dot{x}(\Delta t/2)$, die sich nach obiger Beziehung nicht berechnen läßt, verwendet man die Näherung

$$\dot{x}(\Delta t/2) \approx \dot{x}(0) + \ddot{x}(0) \cdot \Delta t/2;$$

Δt darf nicht zu groß gewählt werden, da sich sonst die Fehler wegen der Näherungen zu stark auswirken. Ist Δt zu klein, so wird u. a. die Rechenzeit für das gesamte Zeitintervall zu lang. In den angegebenen Beispielen wurde $\Delta t = 0{,}05$ gewählt. In jedem Fall ist ein Probelauf zu empfehlen.

Bezeichnungen der Variablen im Programm: (Zu Seite 247)

$x(t) \rightarrow$ x;
$x(0) \rightarrow$ x0;
$\dot{x}(t) \rightarrow$ xp; (lies x-Punkt)
$\dot{x}(0) \rightarrow$ xp0;
$\ddot{x}(t) \rightarrow$ xpp; (lies x-zwei-Punkt)
$\Delta t \rightarrow$ dt;
Zeitende der Laufzeit $\rightarrow$ te.

Beispiele für verschiedene Kraftgesetze mit Computerausdrucken

Für $F(t)$ wurden die folgenden Funktionen benutzt:

a) Ballistische Messung (vgl. 1. Sem., S. 201f)

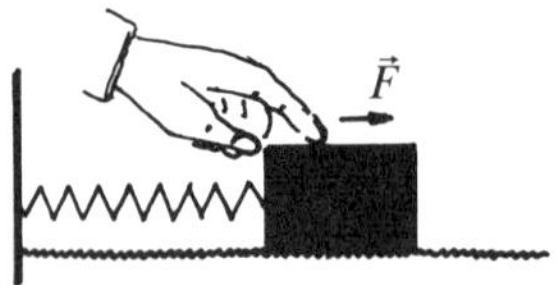

$$F(t) = \begin{cases} F0 & \text{für } t_{\text{ein}} < t < t_{\text{aus}} \\ 0 & \text{für } t < t_{\text{ein}} \text{ oder } t > t_{\text{aus}} \end{cases}$$

Die Variablen t-ein und t-aus müssen ebenso wie $F0$ bei der Funktionsdefinition mit Werten belegt werden.

(Abbildungen siehe Seite 248)

Flußdiagramm für den Programmablauf:

Bewegungsgleichung: $\ddot{x} = -\frac{k1}{k3} \cdot x - \frac{k2}{k3} \cdot \dot{x} + \frac{1}{k3} \cdot F(t)$

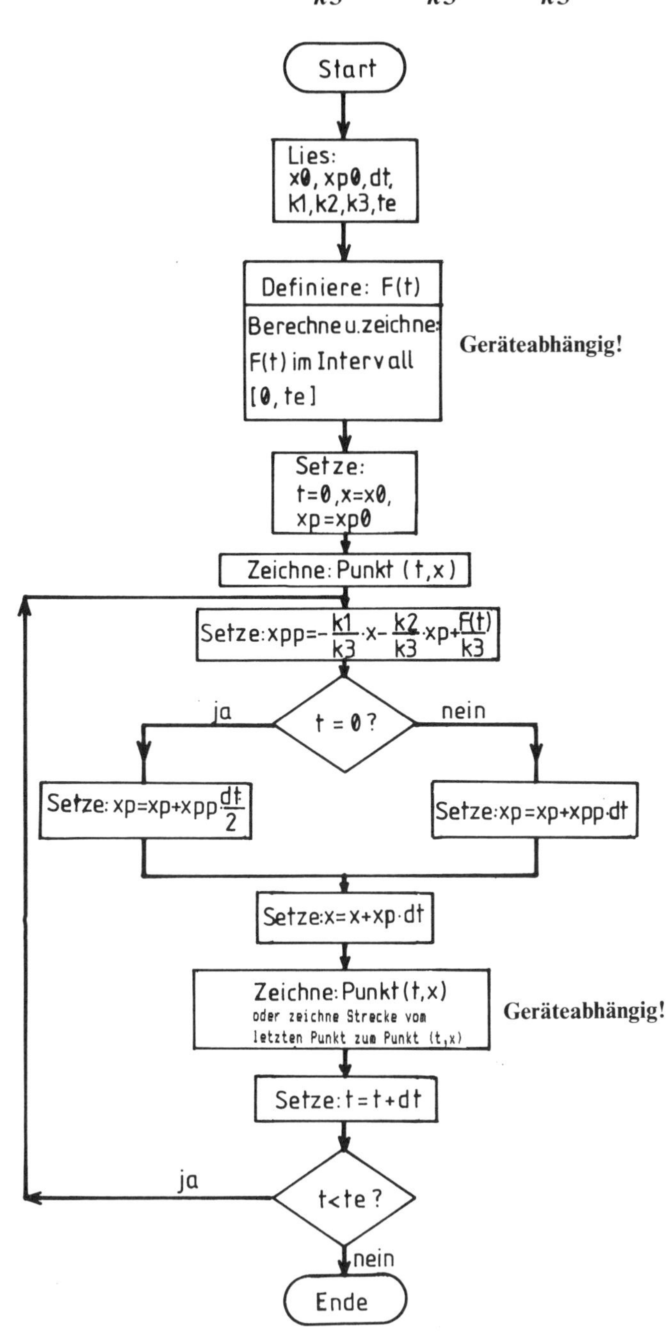

Ballistische Messung

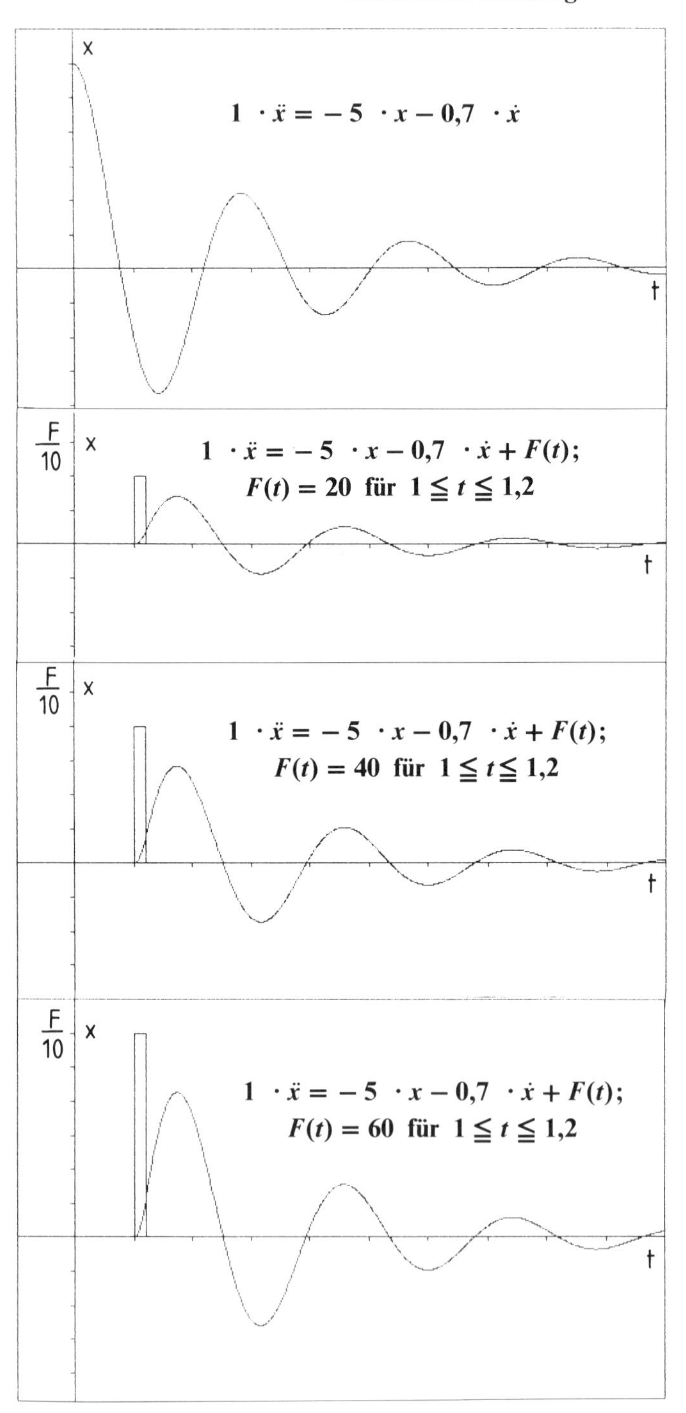

frei schwingender Oszillator

Im ersten Bild ist die freie Schwingung des Oszillators (ohne äußere Kraft) dargestellt.
In den folgenden Bildern wird der Oszillator mit drei verschiedenen kurzzeitigen Kraftstößen angeregt. Das erste Maximum des Oszillatorausschlages ist proportional zum Produkt $F \cdot \Delta t$.
Bei einem Galvanometer wird die Kraft F durch den fließenden Strom in der Drehspule bzw. durch die an ihr anliegende Spannung bewirkt.
Vorschläge für weitere Untersuchungen:

- Vergrößerung der Stoßdauer bei gleichbleibendem $F \cdot \Delta t$. Zeigen Sie, daß $\alpha \sim F \cdot \Delta t$ nur für kleine Δt gilt.
- Einfluß der Dämpfung auf den Stoßausschlag α.

b) Erzwungene Schwingung - Resonanz (vgl. Seite 38f)

α) Zeit-Ort-Funktion in Abhängigkeit von der äußeren Kraft

$F(t) = F0 \cdot \sin(\text{omega} \cdot t)$

Die Variablen omega und $F0$ müssen bei der Funktionsdefinition mit Werten belegt werden.

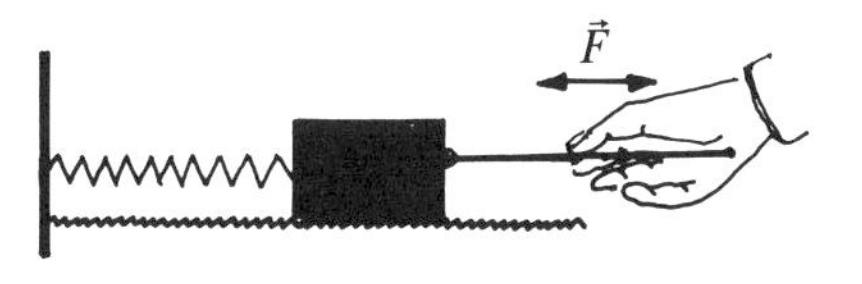

β) Zeit-Ort-Funktion in Abhängigkeit von der Elongation des Erregers

$F(t) \rightarrow k1 \cdot F(t)$

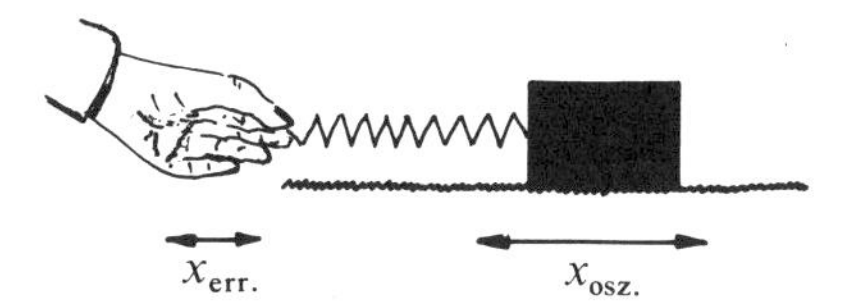

Erzwungene Schwingung - Resonanz

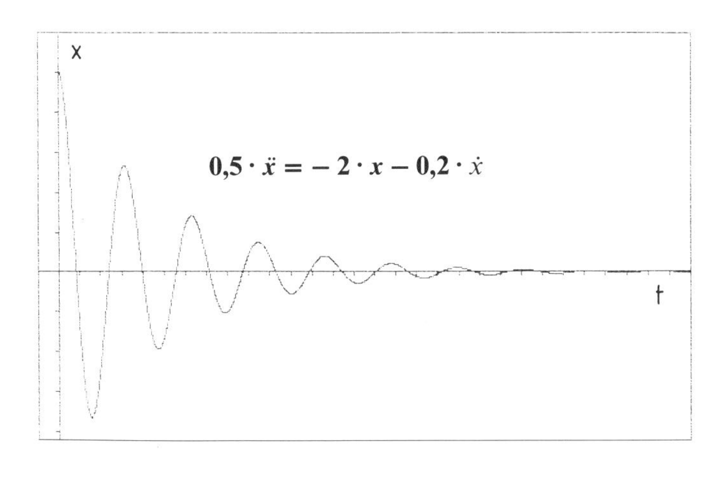

freischwingender Oszillator

β) Zeit-Ort-Funktion in Abhängigkeit von der Elongation und Frequenz des Erregers

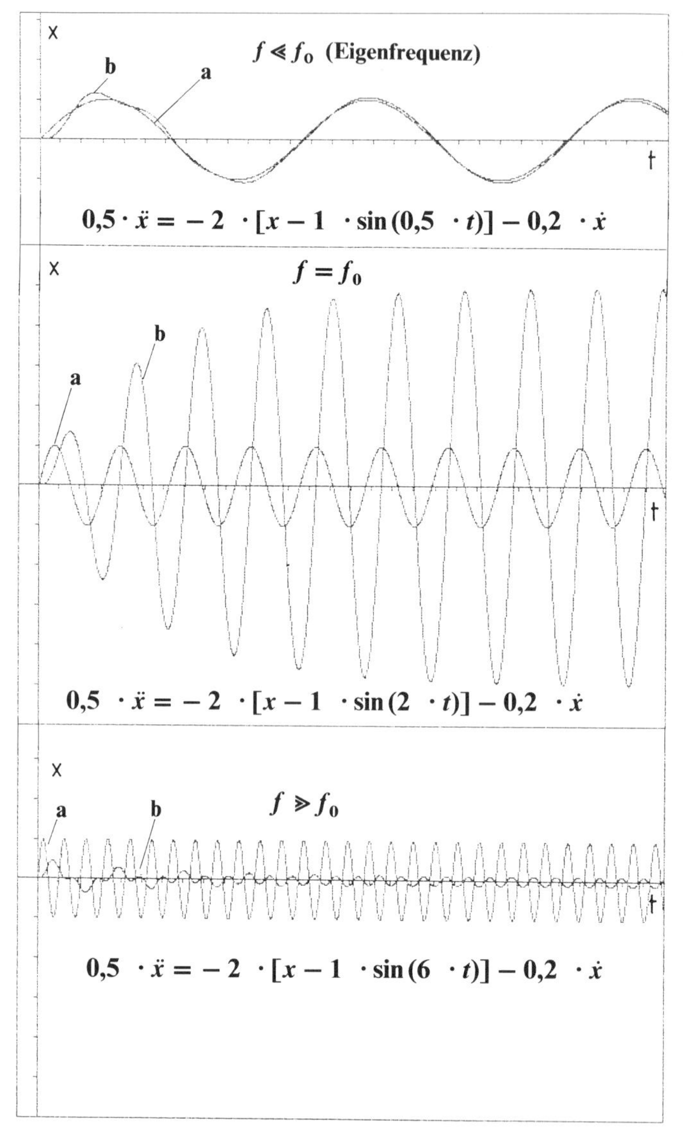

a: Erregerschwingung
b: Oszillatorschwingung

Vorschläge für weitere Untersuchungen:

- Untersuchung von $x_{\text{Oszillator}}$ bei verschiedenen Frequenzen in Abhängigkeit von der Dämpfung.
- Darstellung von $x_{\text{Oszillator}}$ in Abhängigkeit von der Erregerkraft.

c) Modulation und Demodulation (vgl. Seite 94)

$$F(t) = F0 \cdot \sin(\text{omega} \cdot t) \cdot [1 + F1 \cdot \cos(\text{omega}\,1 \cdot t)]$$

Die Variablen omega, omega 1, $F0$ und $F1$ werden am Programmanfang mit Werten belegt.

$$F_{gl}(t) = \begin{cases} F(t), & \text{wenn } F(t) \geqq 0 \\ 0, & \text{wenn } F(t) < 0 \end{cases}$$

x0 und xp0 werden mit dem Wert 0 belegt.

Modulation – Demodulation

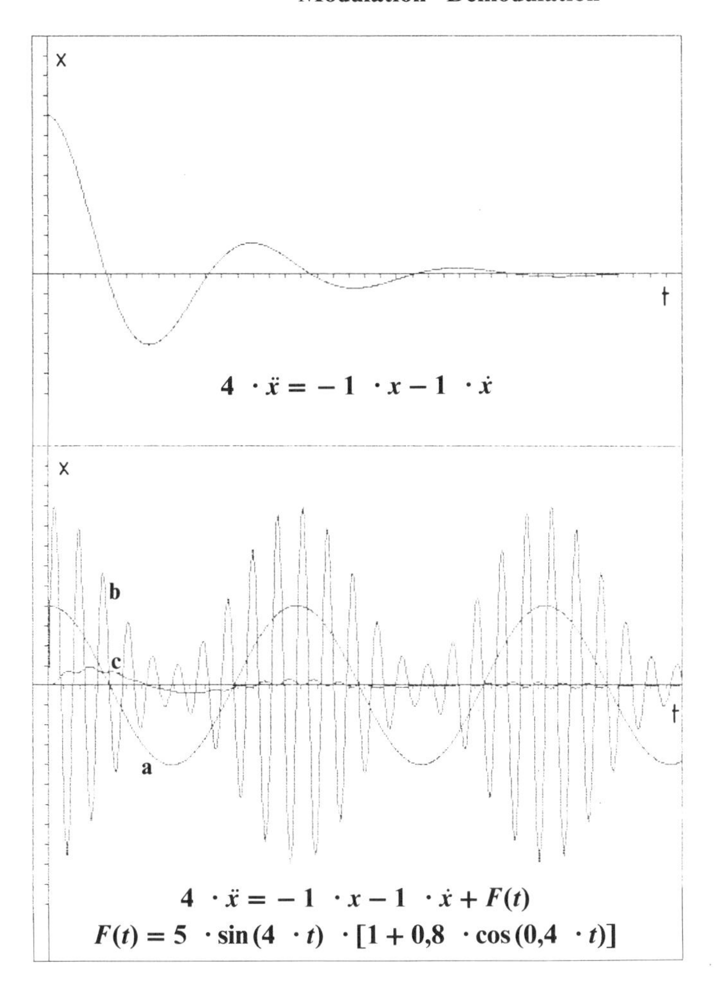

frei schwingender Oszillator

a Modulationsschwingung
b modulierte Trägerschwingung
c Oszillatorschwingung

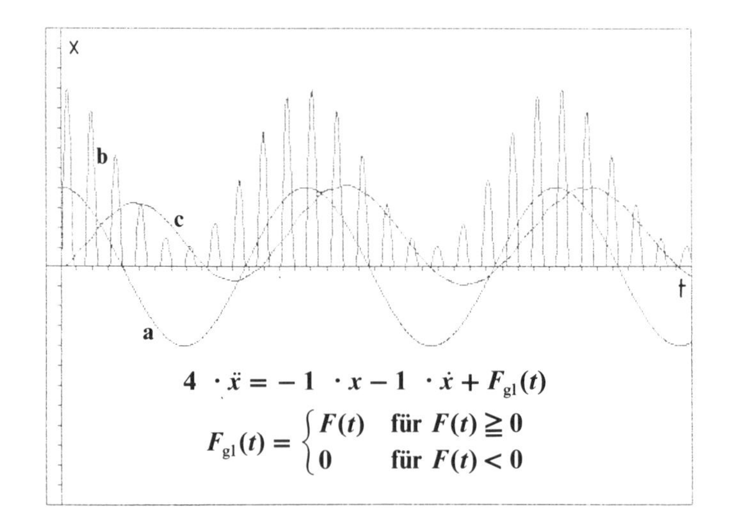

a Modulationsschwingung
b: gleichgerichtete modulierte Trägerschwingung (Einweggleichrichtung)
c: Oszillatorschwingung

d) Gedämpfte Schwingung des Oszillators (vgl. Seite 29)

$$F(0) = 0$$

im jeweiligen Programm.

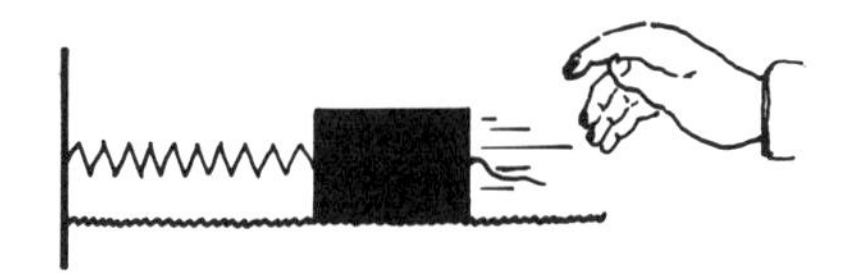

Die Gleichung

$$\ddot{x} = -\frac{k1}{k3} \cdot x - \frac{k2}{k3} \cdot \dot{x} + F(t)$$

gilt auch für elektrische Schwingungen, wenn man die mechanischen Größen durch die entsprechenden elektrischen ersetzt (siehe hierzu auch Seite 29). Sie lautet dann:

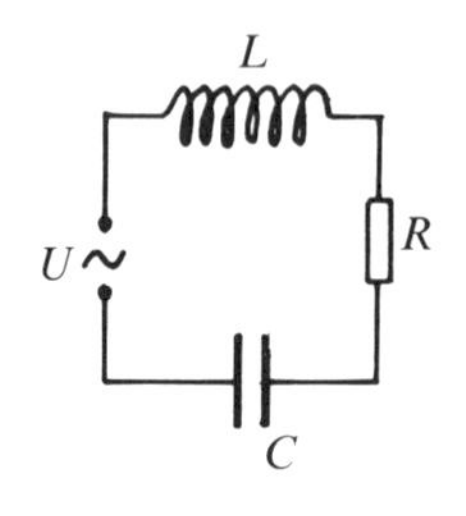

$$\ddot{Q} = -\frac{1}{L \cdot C} \cdot Q - \frac{R}{L} \cdot \dot{Q} + U(t) \cdot \frac{1}{L}$$

oder

$$L \cdot \dot{I} = -\frac{1}{C} \cdot Q - R \cdot I + U(t)$$

Dies entspricht

$$U(t) + U_{\text{ind}} = U_c + U_R$$

Anhang 2:

Mathematische Behandlung von Gitter und Einfachspalt

Mathematische Behandlung der Beugung an N Spalten

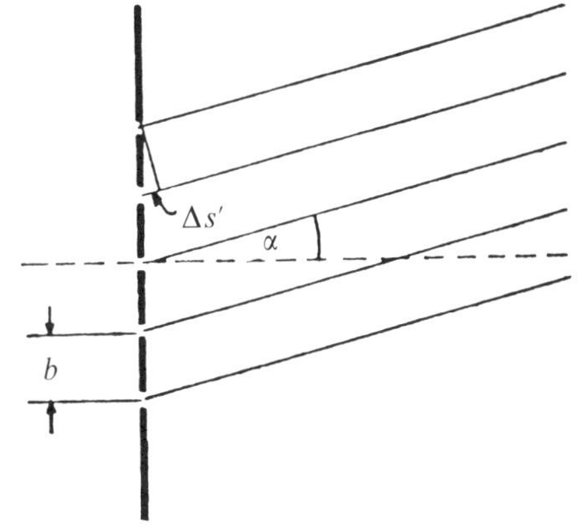

Die in 10.2 angestellten Überlegungen für den Zweifach-, Vierfach- und Achtfach-Spalt sollen nun verallgemeinert werden. Nach wie vor soll jedoch die Annahme gemacht werden, daß die Spalte so eng sind, daß von ihnen Elementarwellen ausgehen.

Der Gangunterschied $\Delta s'$ benachbarter Wellen ist:

$$\Delta s' = b \sin \alpha$$

Die dazugehörige Phasendifferenz δ ist:

$$\frac{\delta}{2\pi} = \frac{\Delta s'}{\lambda}$$

$$\delta = \frac{2\pi \cdot b \cdot \sin \alpha}{\lambda}$$

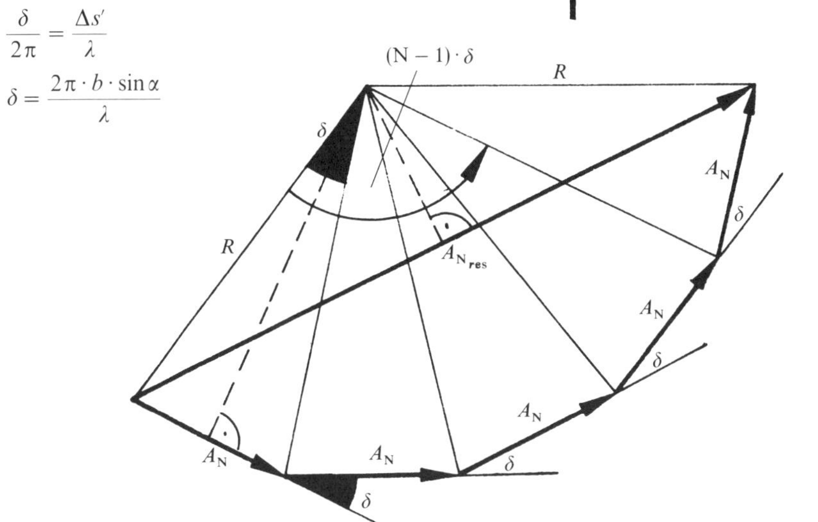

Aus der Zeichnung liest man ab:

$$\frac{\frac{A_{N\,res}}{2}}{R} = \sin\left(\frac{N \cdot \delta}{2}\right); \quad \frac{\frac{A_N}{2}}{R} = \sin\left(\frac{\delta}{2}\right).$$

Hinweis:
Für große N gilt:
$N \approx N - 1$

Setzt man die rechten Seiten dieser Gleichungen zwischen Betragszeichen, so bleiben sie auch für größere Phasendifferenzen ($N \cdot \delta > \pi$) gültig. Aus beiden Gleichungen folgt dann

$$A_{N\,res} = A_N \left| \frac{\sin\left(\frac{N\delta}{2}\right)}{\sin\left(\frac{\delta}{2}\right)} \right| \qquad (*)$$

Da die Intensität J proportional zu $A^2_{\mathrm{N\,res}}$ ist, gilt:

$$J(\alpha) \sim A_{\mathrm{N}}^2 \cdot \frac{\left[\sin\left(\frac{\mathrm{N}\delta}{2}\right)\right]^2}{\left[\sin\left(\frac{\delta}{2}\right)\right]^2} = A_{\mathrm{N}}^2 \cdot \frac{\left[\sin\left(\frac{\mathrm{N}\pi \cdot b \cdot (\sin\alpha)}{\lambda}\right)\right]^2}{\left[\sin\left(\frac{\pi \cdot b \cdot (\sin\alpha)}{\lambda}\right)\right]^2}$$

Grenzwert für $\alpha \to 0$ (0. Hauptmaximum)

Mit α strebt auch $\sin\alpha$ und die Größe $x := \pi \cdot b \cdot (\sin\alpha)/\lambda$ gegen Null. Mit dieser Substitution erhält man

$$J_0 = J(\alpha = 0) \sim A_{\mathrm{N}}^2 \cdot \lim_{x \to 0} \left(\frac{\sin \mathrm{N}x}{\sin x}\right)^2$$

Aus den Grenzwertsätzen folgt

$$\lim_{x \to 0} \left(\frac{\sin \mathrm{N}x}{\sin x}\right)^2 = \left[\lim_{x \to 0} \frac{\sin \mathrm{N}x}{\sin x}\right]^2 = \left[\lim_{x \to 0} \frac{\frac{\sin \mathrm{N}x}{x}}{\frac{\sin x}{x}}\right]^2 = \left[\frac{\mathrm{N}}{1}\right]^2 = \mathrm{N}^2$$

Also: $$\boxed{J_0 \sim A_{\mathrm{N}}^2 \cdot \mathrm{N}^2}$$

Damit ergibt sich für die relative Intensität der Ausdruck

$$J_{\mathrm{rel}} = \frac{J(\alpha)}{J_0} = \left[\frac{\sin(\mathrm{N} \cdot x)}{\mathrm{N} \cdot \sin x}\right]^2, \quad \text{mit} \quad x := \pi \cdot b \cdot (\sin\alpha)/\lambda\,.$$

Diskussion der relativen Intensitätsverteilung

Zähler und Nenner des Bruchterms sind periodische Funktionen von x mit der Periodenlänge $2\pi/\mathrm{N}$ bzw. 2π.

Beispiel: $\mathrm{N} = 5$

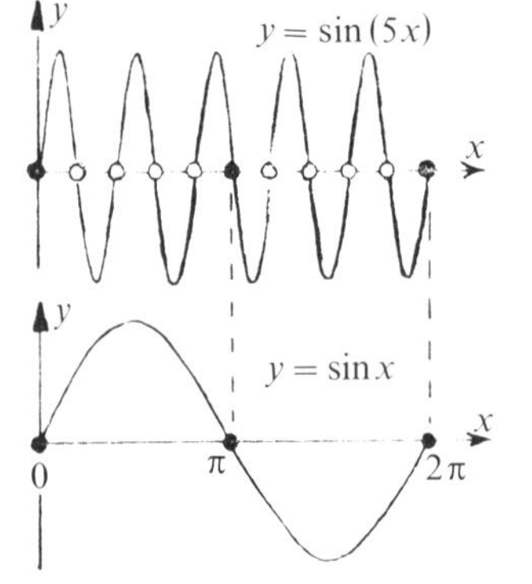

Nullstellen des Zählers:

$$x = 0;\ \frac{1}{\mathrm{N}} \cdot \pi;\ \frac{2}{\mathrm{N}} \cdot \pi;\ \ldots;\ \frac{\mathrm{N}-1}{\mathrm{N}} \cdot \pi;\ \pi;\ \frac{\mathrm{N}+1}{\mathrm{N}} \cdot \pi;\ \ldots;\ 2\pi;\ \ldots$$

Nullstellen des Nenners:

$$x = 0;\ \pi;\ 2\pi;\ \ldots$$

Die Nullstellen des Gesamtausdrucks J_{rel} sind diejenigen Stellen, an denen der Zähler des Bruches gleich Null und der Nenner verschieden von Null ist:

$$x = \frac{\mathrm{m}}{\mathrm{N}} \cdot \pi, \quad \text{mit} \quad \mathrm{m} \in \mathbb{N} \quad \text{und} \quad \frac{\mathrm{m}}{\mathrm{N}} \notin \mathbb{N}$$

Wegen $x = \frac{\pi \cdot b \cdot (\sin \alpha)}{\lambda}$ folgt für die **Lage des m-ten Minimums:**

$$\sin \alpha_{\min} = \frac{m}{N} \cdot \frac{\lambda}{b}, \quad \text{mit} \quad m \in \mathbb{N} \quad \text{und} \quad \frac{m}{N} \notin \mathbb{N}$$

Die gemeinsamen Nullstellen von Zähler und Nenner sind bei $x = k \cdot \pi$ ($k \in \mathbb{N}_0$). Wegen der Symmetrieeigenschaft und der Periodizität der Sinusfunktionen erhält man für $x \to \pi, 2\pi, \dots$ denselben Grenzwert von J_{rel} wie für $x \to 0$, nämlich $J_{rel} = 1$: Hauptmaximum.
Somit folgt für die **Lage des k-ten Hauptmaximums:**

$$\sin \alpha_k = \frac{k \cdot \lambda}{b} \quad (k \in \mathbb{N}_0)$$

Zwischen zwei aufeinanderfolgenden Hauptmaxima liegen jeweils $N - 1$ Minima, zwischen benachbarten Minima derselben Ordnung liegt jeweils ein Nebenmaximum. Dies hat zur Folge, daß die Breite der Hauptmaxima mit zunehmender Spaltzahl N wie $\frac{1}{N}$ abnimmt.

Zusammenfassung:

1. Bei der Beugung an N Spalten treten zwischen zwei aufeinanderfolgenden Hauptmaxima jeweils $N - 1$ Minima und $N - 2$ Nebenmaxima auf.
2. Mit zunehmender Spaltzahl N wächst die Intensität der Hauptmaxima (proportional zu N^2), während ihre Breite abnimmt $\left(\text{proportional zu } \frac{1}{N}\right)$.

Aufgabe: Richtantenne
Eine Richtantenne besteht aus nebeneinander parallel angeordneten Dipolen, die gleichphasig schwingen. Der Abstand zwischen den Dipolen ist gleich der Wellenlänge der abgestrahlten Welle. Aus wievielen Dipolen muß die Antenne bestehen, wenn das erste Minimum der Intensität bei $\alpha \leqq 10°$ liegen soll?

Mit der Gleichung (*) kann aber auch der Intensitätsverlauf für die Beugung am Einzelspalt hergeleitet werden. Dazu nimmt man zunächst wie auf S. 144 N äquidistante Erregerzentren im Einzelspalt an, die Zentren (1) und (N) liegen an den Spalträndern.
Der Gangunterschied der Wellen, die von den Zentren (1) und (N) ausgehen, ist im Punkt P des Schirmes

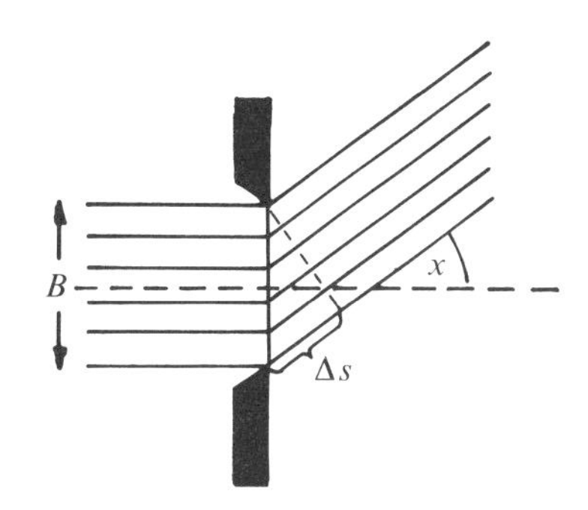

$$\Delta s = B \cdot \sin \alpha.$$

Der entsprechende Gangunterschied zwischen Wellen benachbarter Zentren ist

$$\Delta s' = \frac{B \cdot \sin\alpha}{N-1},$$

und für große Werte von N

$$\Delta s' \approx \frac{B \cdot \sin\alpha}{N}.$$

Die Phasendifferenz der Wellen von (1) und (N) sei ϑ, die benachbarter Wellen wieder δ. Es gilt:

$$\vartheta = 2\pi \cdot \frac{\Delta s}{\lambda} = 2\pi \cdot \frac{B \cdot \sin\alpha}{\lambda}$$

und

$$\delta = 2\pi \frac{\Delta s'}{\lambda} = 2\pi \frac{\Delta s}{(N-1)\lambda} \approx 2\pi \cdot \frac{\Delta s}{N \cdot \lambda}, \quad \text{und} \quad \delta \approx \frac{\vartheta}{N}.$$

Damit gilt Gleichung (*) in folgender Form:

$$A_{\mathrm{Nres}} = A_N \left| \frac{\sin\left(\frac{N \cdot \delta}{2}\right)}{\sin\left(\frac{\delta}{2}\right)} \right| = A_N \left| \frac{\sin\left(\frac{N \cdot \vartheta}{2 \cdot N}\right)}{\sin\left(\frac{\vartheta}{2N}\right)} \right|$$

Nun läßt man die Zahl N der Wellenzentren gegen Unendlich gehen, wobei man zu beachten hat, daß jedes Zentrum einen immer kleineren Abschnitt der Spaltbreite B repräsentiert. Für die Amplitude A_N, die die Welle eines Zentrums im Punkt P des Schirms hervorruft, muß gelten:

$$A_N \cdot N = A_0 (\text{konstant}),$$

wobei A_0 die resultierende Amplitude im nullten Maximum ist, da sich die Wellen hier ohne Phasendifferenz überlagern und die Amplituden sich einfach addieren. Außerdem kann verwendet werden, daß für $|x| \ll 1$ gilt: $\sin x \approx x$.

Damit ist

$$A_{\mathrm{res}} = \lim_{N \to \infty} A_N \cdot \left| \frac{\sin\frac{\vartheta}{2}}{\frac{\vartheta}{2N}} \right|$$

$$= \lim_{N \to \infty} A_N \cdot N \cdot \left| \frac{\sin\frac{\vartheta}{2}}{\frac{\vartheta}{2}} \right|$$

$$A_{\mathrm{res}} = A_0 \cdot \left| \frac{\sin\frac{\vartheta}{2}}{\frac{\vartheta}{2}} \right|$$

und

$$J = J_0 \cdot \left(\frac{\sin \frac{\vartheta}{2}}{\frac{\vartheta}{2}} \right)^2.$$

Unter Beachtung von $\lim_{x \to 0} \left(\frac{\sin x}{x} \right) = 1$ erhält man die auf S. 148 dargestellte Intensitätsverteilung.

Anhang 3:

Lösungen zu den Aufgaben

S. 10/1

a) Aufladen: $0 < t < \frac{1}{4}T$; $\frac{1}{2}T < t < \frac{3}{4}T$;
Entladen: $\frac{1}{4}T < t < \frac{1}{2}T$; $\frac{3}{4}T < t < T$.
Aufladen eines Kondensators heißt: seine Feldenergie $W_{el} = \frac{1}{2}C \cdot U^2$ nimmt zu. Dies ist der Fall, solange der **Betrag** der Spannung zunimmt.

b) Die Spannungsquelle gibt Energie ab (nimmt Energie auf) in denselben Zeitintervallen, in denen der Kondensator aufgeladen (entladen) wird (vgl. **a)**).

S. 12/2

f in s^{-1}	50	100	200	300	400	500	600	700	800	1000
X_C in Ω	796	398	199	133	99,5	79,6	66,3	56,8	49,7	39,7

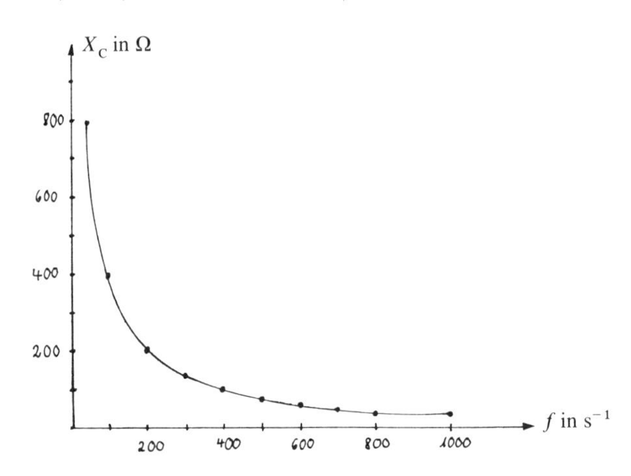

S. 13/3

a) $X_C = \dfrac{1}{\omega \cdot C} = \dfrac{1}{2 \cdot \pi \cdot f \cdot C}$; $\quad X_C = \dfrac{1}{2 \cdot \pi \cdot 50 \cdot 2{,}50 \cdot 10^{-6}} \dfrac{\mathrm{s} \cdot \mathrm{V}}{\mathrm{A} \cdot \mathrm{s}}$;

$\underline{X_C = 1{,}27 \cdot 10^3\ \Omega}$

b) $f = \dfrac{1}{2\pi \cdot X_C' \cdot C}$; $\quad f = \dfrac{1}{2 \cdot \pi \cdot 10{,}0 \cdot 10^3 \cdot 2{,}50 \cdot 10^{-6}} \dfrac{\mathrm{A} \cdot \mathrm{V}}{\mathrm{V} \cdot \mathrm{A} \cdot \mathrm{s}}$;

$\underline{f = 6{,}37\ \mathrm{Hz}}$

S. 13/4

Berechnung der Kapazität C_1:

$X_1 = \dfrac{1}{2 \cdot \pi \cdot f \cdot C_1}$; $\quad C_1 = \dfrac{1}{2 \cdot \pi \cdot f \cdot X_1}$; $\quad C_1 = \dfrac{1}{2 \cdot \pi \cdot 50 \cdot 5{,}0 \cdot 10^3}\ \mathrm{F}$;

$\underline{C_1 = 6{,}4 \cdot 10^{-7}\ \mathrm{F}}$

Berechnung der Kapazität C_g:

$$C_g = \frac{1}{2 \cdot \pi \cdot f \cdot X_g}; \quad C_g = \frac{1}{2 \cdot \pi \cdot 50 \cdot 3{,}0 \cdot 10^3}\,\text{F}; \quad C_g = 1{,}1 \cdot 10^{-6}\,\text{F}$$

Da die Gesamtkapazität größer ist als C_1, muß man einen Kondensator der Kapazität C_2 parallel schalten.

$$C_g = C_1 + C_2; \quad C_2 = C_g - C_1; \quad C_2 = (11 \cdot 10^{-7} - 6{,}4 \cdot 10^{-7})\,\text{F};$$

$$\underline{C_2 = 4{,}6 \cdot 10^{-7}\,\text{F}}$$

S. 14/5

a) Feldaufbau: $\frac{1}{4}T < t < \frac{1}{2}T$; $\frac{3}{4}T < t < T$;
Feldabbau: $0 < t < \frac{1}{4}T$; $\frac{1}{2}T < t < \frac{3}{4}T$.
Feldaufbau in einer Spule heißt: ihre magnetische Energie $W_m = \frac{1}{2}L \cdot I^2$ nimmt zu. Dies ist der Fall, solange der **Betrag** der Stromstärke zunimmt.

b) Die Spannungsquelle gibt Energie ab (nimmt Energie auf) in denselben Zeitintervallen, in denen das Magnetfeld aufgebaut (abgebaut) wird.

S. 15/6

a) Serienschaltung:
$$L_g = L_1 + L_2; \quad L_g = 30 \cdot 10^{-3}\,\text{H} + 70 \cdot 10^{-3}\,\text{H}; \quad L_g = 100 \cdot 10^{-3}\,\text{H}$$
$$X_g = \omega \cdot L_g = 2 \cdot \pi \cdot f \cdot L_g; \quad X_g = 2 \cdot \pi \cdot 100 \cdot 100 \cdot 10^{-3}\,\frac{\text{V} \cdot \text{s}}{\text{s} \cdot \text{A}}; \quad \underline{X_g = 63\,\Omega}$$

b) Parallelschaltung:

$$L'_g = \frac{L_1 \cdot L_2}{L_1 + L_2}; \quad L'_g = \frac{30 \cdot 70 \cdot 10^{-6}}{100 \cdot 10^{-3}}\,\text{H}; \quad L'_g = 2{,}1 \cdot 10^{-2}\,\text{H};$$
$$X'_g = 2 \cdot \pi \cdot f \cdot L'_g; \quad X'_g = 2 \cdot \pi \cdot 100 \cdot 2{,}1 \cdot 10^{-2}\,\Omega; \quad \underline{X'_g = 13\,\Omega}$$

S. 15/7

$$X_C = \frac{1}{2 \cdot \pi \cdot f \cdot C}; \quad X_L = 2 \cdot \pi \cdot f \cdot L; \quad X_C = X_L; \quad \frac{1}{2 \cdot \pi \cdot f \cdot C} = 2 \cdot \pi \cdot f \cdot L$$

$$f = \frac{1}{2\pi\sqrt{L \cdot C}}; \quad f = \frac{1}{2 \cdot \pi\sqrt{50 \cdot 10^{-3} \cdot 0{,}10 \cdot 10^{-6}}}\,\frac{1}{\sqrt{\frac{\text{Vs}}{\text{A}} \cdot \frac{\text{As}}{\text{V}}}}; \quad \underline{f = 2{,}3 \cdot 10^3\,\text{s}^{-1}}$$

S. 20/8

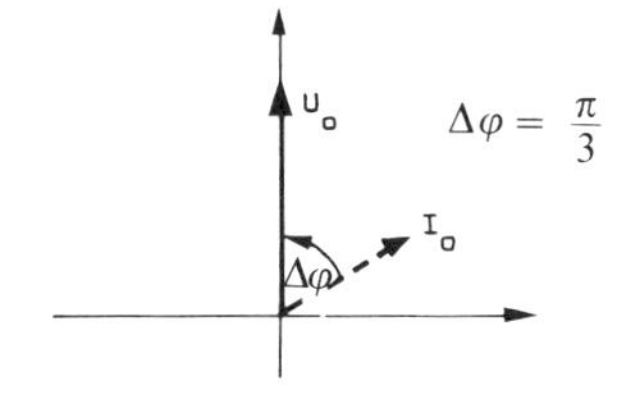

$$\Delta\varphi = \frac{\pi}{3}$$

S. 20/9

a) Feldaufbau: $\frac{1}{6}T < t < \frac{5}{12}T$; $\frac{2}{3}T < t < \frac{11}{12}T$;
Feldabbau: $0 < t < \frac{1}{6}T$; $\frac{5}{12}T < t < \frac{2}{3}T$; $\frac{11}{12}T < t < T$.

b) Energieabgabe: $\frac{1}{6}T < t < \frac{1}{2}T$; $\frac{2}{3}T < t < T$;
Energieaufnahme: $0 < t < \frac{1}{6}T$; $\frac{1}{2}T < t < \frac{2}{3}T$.

c) Bei der realen Spule gibt die Spannungsquelle während einer Periode mehr Energie ab, als sie aufnimmt, um die Energieverluste im Ohmschen Widerstand der Spule zu decken. Im Strom- und Spannungsverlauf zeigt sich der Energieverlust am deutlichsten in den Intervallen $\frac{5}{12}T < t < \frac{1}{2}T$ und $\frac{11}{12}T < t < T$. In diesen Zeitabschnitten gibt sowohl die Spannungsquelle als auch die Spule (Feldabbau!) Energie an den Widerstand ab.

S. 20/10

a) Bedingung für die Mindest-Kreisfrequenz ω_m: $X_{RL} = 1{,}01\,\omega_m \cdot L$;
Quadrieren: $R^2 + (\omega_m L)^2 = 1{,}02 \cdot (\omega_m L)^2$, und Auflösen nach ω_m ergibt:

$$\omega_m = \sqrt{50} \cdot \frac{R}{L}; \quad f_m = \frac{\sqrt{50}}{2\pi}\frac{R}{L} \approx 1{,}1 \cdot \frac{R}{L}; \quad \text{Zahlenwert: } f_m \approx 220\text{ Hz}.$$

b) $\tan\Delta\varphi_m = \dfrac{\omega_m L}{R} = \sqrt{50}$; $\Delta\varphi_m \approx 82°$.

S. 21/11

a) Meßgrößen: im Gleichstromkreis U_-, I_-;
im Wechselstromkreis U_{eff}, I_{eff}, f.

b) Ohmscher Widerstand: $R = \dfrac{U_-}{I_-}$;

Induktivität L: aus $X_{RL} = \dfrac{U_{eff}}{I_{eff}} = \sqrt{R^2 + (2\pi f L)^2}$ folgt

$$L = \frac{1}{2\pi f} \cdot \sqrt{\left(\frac{U_{eff}}{I_{eff}}\right)^2 - \left(\frac{U_-}{I_-}\right)^2}.$$

S. 32/1

a) $$f = \frac{1}{2\pi\sqrt{LC}} = \frac{1}{2\pi\sqrt{630\,\frac{\text{Vs}}{\text{A}} \cdot 40 \cdot 10^{-6}\,\frac{\text{As}}{\text{V}}}} = 1{,}0\text{ Hz};$$

b) $$c' = \frac{1}{4\pi^2 f'^2 \cdot L} = \frac{1}{4\pi^2 \cdot (0{,}50\text{ s}^{-1}) \cdot 630\,\frac{\text{Vs}}{\text{A}}} = 160\,\mu\text{F} \,(= 4C);$$

c) $$\frac{1}{C_E} = \frac{2}{C}; \quad C_E = \frac{C}{2}; \quad f'' = \frac{1}{2\pi\sqrt{L \cdot \frac{C}{2}}} = \sqrt{2}f = 1{,}4\text{ Hz};$$

S. 32/2

a) s. S. 24

b)

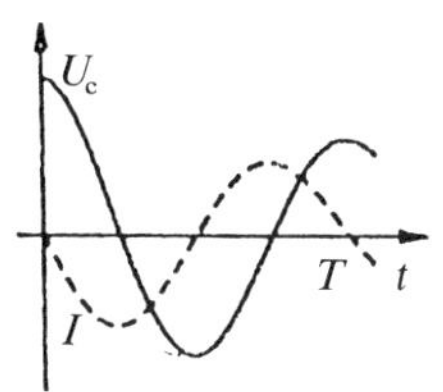

c) s. S. 23

S. 32/3

a) Durch den Stromanstieg baut sich in der Spule eine Induktionsspannung auf, die der Kondensatorspannung entgegengerichtet ist. Mit zunehmender Entladung wird der Stromanstieg geringer und die Induktionsspannung nimmt mit der Kondensatorspannung ab.

b) $U_{max} = \frac{Q_{max}}{C} = \frac{1{,}6 \cdot 10^{-4}\,\text{As}}{\pi \cdot 8{,}0 \cdot 10^{-6} \cdot \frac{1}{\pi}\,\frac{\text{As}}{\text{V}}} = 20\,\text{V};$

$$T = 2\pi\sqrt{LC} = 2\pi\sqrt{2{,}0 \cdot 10^{-12}\,\frac{1}{\pi}\,\frac{\text{Vs}}{\text{A}} \cdot 8{,}0 \cdot 10^{-6} \cdot \frac{1}{\pi}\,\frac{\text{As}}{\text{V}}} = 8{,}0 \cdot 10^{-9}\,\text{s};$$

c)

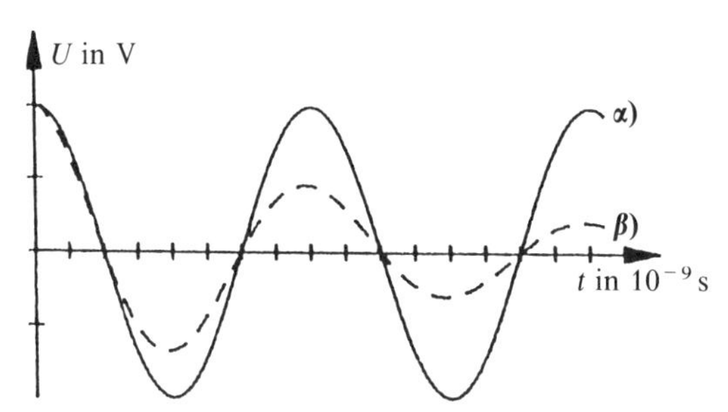

S. 34/4

Gestrichelte Kurve: Spannenergie der Feder
Strichpunkt Kurve: Kinetische Energie der Kugel
Gerade: Gesamtenergie

S. 34/5

a) $W_{ges} = \frac{1}{2} \cdot C \cdot U_B^2;\quad W_{ges} = \frac{1}{2} \cdot 30 \cdot 10^{-6} \cdot 3600\,\text{J} = \underline{0{,}054\,\text{J}}$

b)

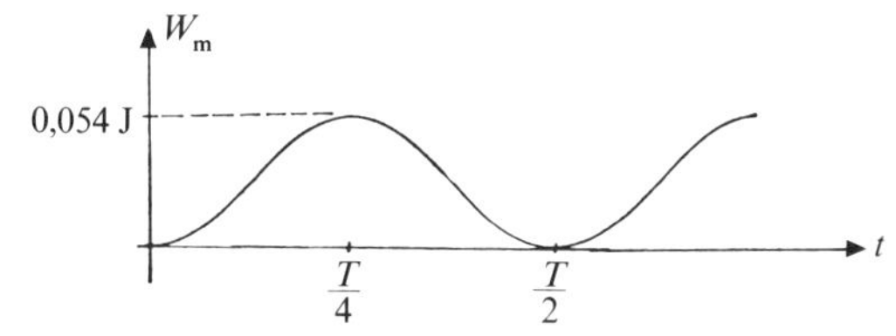

c) $T = 2 \cdot \pi \cdot \sqrt{L \cdot C}$; $\frac{T}{4} = \frac{\pi}{2} \cdot \sqrt{L \cdot C}$; $\frac{T}{4} = \frac{\pi}{2} \cdot \sqrt{6{,}0 \cdot 30 \cdot 10^{-6}}\,\mathrm{s} = \underline{21\,\mathrm{ms}}$

S. 34/6

a) $T = 2\pi\sqrt{LC} = 2\pi\sqrt{0{,}315\,\mathrm{H} \cdot 0{,}5 \cdot 10^{-6}\,\mathrm{F}} = 2{,}5 \cdot 10^{-3}\,\mathrm{s}$;

b) $0 = L \cdot \ddot{Q} + \frac{1}{C} \cdot Q$; nach Differentiation: $L \cdot \ddot{I} + \frac{1}{C} \cdot I = 0$;

c) $I(t) = -I_0 \cdot \sin(\omega t)$; $\omega = \frac{1}{\sqrt{LC}} = \frac{1}{\sqrt{0{,}315\,\mathrm{H} \cdot 0{,}50 \cdot 10^{-6}\,\mathrm{F}}} = 2520\,\mathrm{s}^{-1}$;

$I(t) = -I \cdot \sin(2520\,\mathrm{s}^{-1} \cdot t)$;

d) $W_{\mathrm{el,\,max}} = W_{\mathrm{mag,\,max}}$

$$\frac{1}{2} C U_0^2 = \frac{1}{2} L I_0^2;\quad I_0 = \sqrt{\frac{C}{L}}\, U_0 = \sqrt{\frac{0{,}5 \cdot 10^{-6}\,\frac{\mathrm{As}}{\mathrm{V}}}{0{,}315\,\frac{\mathrm{Vs}}{\mathrm{A}}}} \cdot 2{,}6\,\mathrm{V} = 3{,}3\,\mathrm{mA};$$

S. 35/7

a) $\frac{\mathrm{d}}{\mathrm{d}t}$: $\frac{1}{2} L \cdot 2 \cdot I(t) \cdot \dot{I}(t) + \frac{1}{2} C \cdot 2 \cdot U_c(t) \cdot \dot{U}_c(t) = 0$;

$L \cdot I(t) \cdot \dot{I}(t) + C \cdot U_c(t) \cdot \dot{U}_c(t) = 0$;

b) $C \cdot U_c(t) = Q(t)$; $\dot{U}_c(t) = \frac{\dot{Q}(t)}{C} = \frac{I(t)}{C}$; $\dot{I}(t) = \ddot{Q}(t)$

$$L \cdot I(t) \cdot \dot{I}(t) + Q(t) \cdot \frac{I(t)}{C} = 0;$$

$$L \cdot \ddot{Q}(t) + \frac{1}{C} \cdot Q(t) = 0;$$

S. 35/8

$\frac{1}{2} \cdot m \cdot [\dot{x}]^2 + \frac{1}{2} \cdot D \cdot x^2 = \mathrm{const.}$;

Differentiation nach der Zeit:

$\frac{1}{2} \cdot m \cdot 2 \cdot \dot{x} \cdot \ddot{x} + \frac{1}{2} \cdot D \cdot 2 \cdot x \cdot \dot{x} = 0$;

Division durch $\dot{x}$:

$\underline{m\ddot{x} + Dx = 0}$;

S. 35/9

a) $T = 1{,}2\,\mathrm{s}$; $f = \frac{1}{2 \cdot \pi} \frac{1}{\sqrt{L \cdot C}}$; $C = \frac{T^2}{4\pi^2 \cdot L}$;

$$C = \frac{(1{,}2)^2}{4 \cdot \pi^2 \cdot 630}\,\mathrm{F};\quad C = 5{,}8 \cdot 10^{-5}\,\mathrm{F};$$

b) Bei maximaler Ausbildung des Magnetfeldes

$U(t) = U_0 \cdot \sin(\omega \cdot t)$; wegen $Q = C \cdot U$ gilt dann

$Q(t) = C \cdot U_0 \sin(\omega \cdot t) = Q_0 \sin(\omega \cdot t)$

$$Q(1{,}0\,\text{s}) = 5{,}0 \cdot 10^{-4} \cdot \sin\left(\frac{2\pi}{1{,}2} \cdot 1{,}0\right) \text{As}; \quad \underline{Q(1{,}0\,\text{s}) = -4{,}3 \cdot 10^{-4}\,\text{As}}$$

c) $I(t) = \dfrac{\mathrm{d}Q}{\mathrm{d}t}$

$I(t) = Q_0 \cdot \omega \cdot \cos\omega t$

$$I(1{,}0\,\text{s}) = \frac{5{,}0 \cdot 10^{-4} \cdot 2 \cdot \pi}{1{,}2} \cos\left(\frac{2\pi}{1{,}2} \cdot 1{,}0\right) \text{A}; \quad \underline{I(1{,}0\,\text{s}) = 1{,}3 \cdot 10^{-3}\,\text{A};}$$

d) $W_{\text{el}} = \dfrac{1}{2} \cdot \dfrac{Q^2}{C}$; $\quad W_{\text{el}}(1{,}0\,\text{s}) = \dfrac{1}{2} \cdot \dfrac{(-4{,}3 \cdot 10^{-4}\,\text{As})^2}{5{,}8 \cdot 10^{-5}\,\text{F}}$; $\quad \underline{W_{\text{el}} = 1{,}6 \cdot 10^{-3}\,\text{J}.}$

$W_{\text{m}} = \frac{1}{2} \cdot L \cdot I^2$; $\quad W_{\text{m}}(1{,}0\,\text{s}) = \frac{1}{2} \cdot 630 \cdot (1{,}3 \cdot 10^{-3})^2\,\text{J}$; $\quad \underline{W_{\text{m}} = 5{,}3 \cdot 10^{-4}\,\text{J}.}$

S. 35/10

a) Anfangs (t_0) ist der Kondensator maximal geladen, die gesamte Energie ist dort gespeichert. Der Kondensator beginnt, sich über die Spule zu entladen, die Stromänderung ruft dort eine Induktionsspannung hervor, die stets der Kondensatorspannung entgegengerichtet ist.

Der Kondensator entlädt sich ($t_0 < t < t_1$), verliert Energie, der Strom durch die Spule baut dort ein Magnetfeld auf, die Stromstärke wächst, in der Spule wird magnetische Energie auf Kosten der Energie des Kondensators aufgebaut.

Wenn der Kondensator entladen ist (t_1), ist der Strom maximal, die Energie ist vollständig im Magnetfeld der Spule enthalten. Der Kondensator wird nun wieder (entgegengesetzt) aufgeladen ($t_1 < t < t_2$), weil der Ladestrom immer schneller abnimmt und die Spule deswegen eine immer höhere Induktionsspannung aufbaut, bis der Kondensator (t_2) genau entgegengesetzt geladen ist, wie zu Beginn. Dabei wandert die Energie wieder aus dem Magnetfeld der Spule in das elektrische Feld des Kondensators, bis die gesamte Energie dort gespeichert ist.

Der Vorgang wiederholt sich nun in entgegengesetzter Richtung.

$t = t_0$: $I = 0$ ($|\dot{I}|$ maximal); $\quad U = U_0$;
$B = 0$; $\quad E = E_{\text{max}}$;

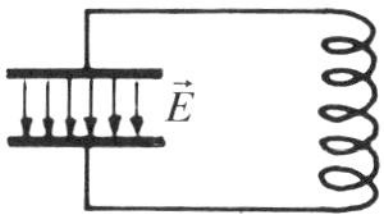

$\vec{E}$

$t = t_1$: $I = I_{\text{max}}$; $\quad (\dot{I} = 0)$; $\quad U = 0$;
$B = B_{\text{max}}$; $\quad E = 0$;

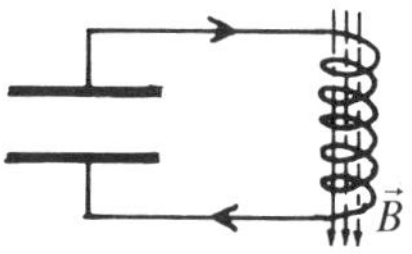

$\vec{B}$

$t = t_2$: $I = 0$ ($|\dot{I}|$ maximal); $\quad U = -U_0$;
$B = 0$; $\quad E = -E_{\text{max}}$;

$\vec{E}$

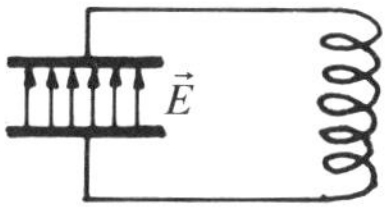

b) α) $U_c + U_L = 0; \Rightarrow \frac{1}{C} \cdot Q(t) + L \cdot \dot{I}(t) = 0;$

$$\frac{1}{C} \cdot Q(t) + L \cdot \ddot{Q}(t) = 0; \qquad (1)$$

β) $Q(t) = C \cdot U(t) = Q_0 \cdot \cos(\omega t)$ (Ansatz);

In (1): $\frac{1}{C} \cdot Q_0 \cdot \cos(\omega t) - L \cdot Q_0 \omega^2 \cos(\omega t) = 0;$

Für alle Zeiten, daher $\frac{1}{C} - L \cdot \omega^2 = 0;$

$$\text{und } \omega = \frac{1}{\sqrt{LC}}; \quad f = \frac{1}{2\pi\sqrt{LC}};$$

$$f = \frac{1}{2\pi \cdot \sqrt{630\,\text{H} \cdot 40 \cdot 10^{-6}\,\text{F}}} = 1{,}0\,\text{Hz}$$

γ) $Q_0 = C \cdot U_0 = 40 \cdot 10^{-6}\,\text{F} \cdot 40\,\text{V} = 1{,}6 \cdot 10^{-3}\,\text{C};$
$Q(t) = 1{,}6 \cdot 10^{-3}\,\text{C} \cdot \cos(2\pi\,\text{s}^{-1}\,t);$
$U(t) = 40\,\text{V} \cdot \cos(2\pi\,\text{s}^{-1}\,t);$
$I(t) = \dot{Q}(t) = -1{,}6 \cdot 10^{-3}\,\text{C} \cdot 2\pi\,\text{s}^{-1} \sin(2\pi\,\text{s}^{-1}\,t);$
$I(t) = -10\,\text{mA} \cdot \sin(2\pi\,\text{s}^{-1}\,t);$

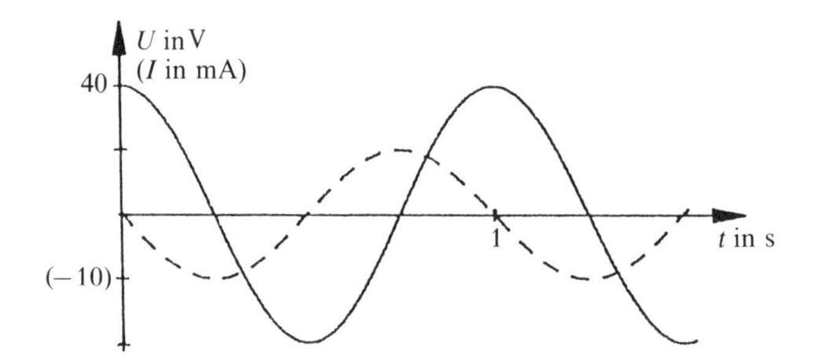

δ) $I\left(\frac{1}{6}\,\text{s}\right) = -10\,\text{mA} \cdot \sin\left(\frac{\pi}{3}\right) = -8{,}7\,\text{mA};$

$U\left(\frac{1}{6}\,\text{s}\right) = 40\,\text{V} \cdot \cos\left(\frac{\pi}{3}\right) = 20\,\text{V};$

$W_{el}\left(\frac{1}{6}\,\text{s}\right) = \frac{1}{2} C\,U(t)^2 = \frac{1}{2} 40 \cdot 10^{-6} \frac{\text{As}}{\text{V}} \cdot 400\,\text{V}^2 = 8{,}0\,\text{mJ};$

$W_{mag}\left(\frac{1}{6}\,\text{s}\right) = \frac{1}{2} L \cdot I(t)^2 = \frac{1}{2} \cdot 630 \frac{\text{Vs}}{\text{A}} \cdot (-8{,}7 \cdot 10^{-3}\,\text{A})^2 = 24\,\text{mJ};$

c) α) $\frac{1}{C} \cdot Q(t) + R \cdot \dot{Q}(t) + L \cdot \ddot{Q}(t) = 0;$

β)

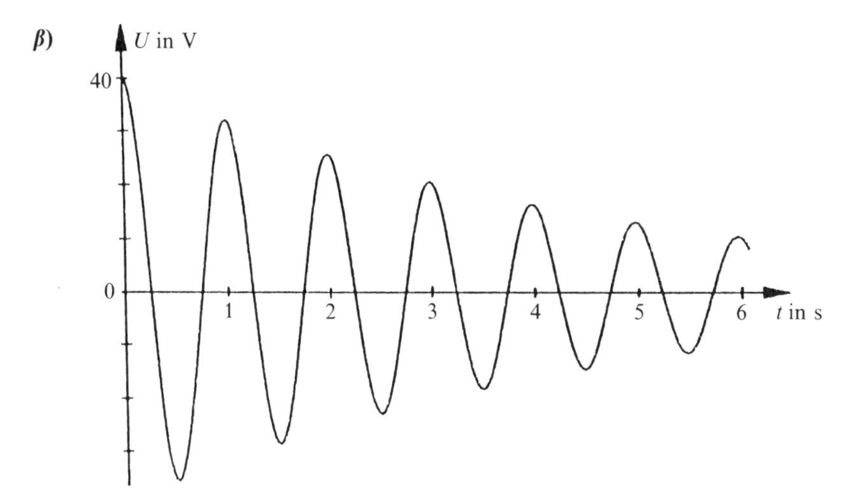

γ) $e^{-\frac{R}{2L}\cdot 1\,\mathrm{s}} = 0{,}8; \quad \frac{R}{2L}\cdot 1\,\mathrm{s} = -\ln 0{,}8; \quad R = \frac{2L}{1\,\mathrm{s}}\cdot \ln 1{,}25;$

$$R = \frac{1260\ \mathrm{Vs}}{\mathrm{As}}\cdot \ln 1{,}25 = 280\ \Omega;$$

S. 37/11

a) $F = 2F_1; \quad |:x; \quad \Rightarrow \quad D = 2D_1;$

b) $\omega_0 = \sqrt{\frac{D}{m}} = \sqrt{\frac{32{,}0\ \mathrm{N}}{2{,}00\ \mathrm{kg\ m}}} = 4{,}0\ \mathrm{s}^{-1};$

c) $m\cdot\ddot{x} + D\cdot x = 0; \quad x(t) = \hat{x}\cdot\sin(\omega t + \varphi_0);$

$x(t) = \hat{x}\cdot\sin(4{,}0\ \mathrm{s}^{-1}\,t + \varphi_0);$

d) $x_0 = x(0) = \hat{x}\cdot\sin\varphi_0;$

$v_0 = v(0) = \dot{x}(0) = \hat{x}\cdot 4{,}0\ \mathrm{s}^{-1}\cdot\cos\varphi_0;$

$$\frac{x_0}{v_0} = \frac{1}{4{,}0\ \mathrm{s}^{-1}}\cdot\tan\varphi_0; \quad \tan\varphi_0 = \frac{x_0}{v_0}\cdot 4{,}0\ \mathrm{s}^{-1}$$

$$= \frac{2{,}0\ \mathrm{cm}\cdot 4{,}0\ \mathrm{s}^{-1}}{8{,}0\ \mathrm{cm\ s}^{-1}} = 1;$$

$$\varphi_0 = \frac{\pi}{4} = 45^\circ;$$

$$\hat{x} = \frac{x_0}{\sin\frac{\pi}{4}} = 2{,}83\ \mathrm{cm};$$

$$x(t) = 2{,}83\ \mathrm{cm}\cdot\sin\left(4{,}0\ \mathrm{s}^{-1}\,t + \frac{\pi}{4}\right);$$

e) $W_{sp} = \frac{1}{2} Dx^2 = 16 \frac{N}{m} \cdot x^2 = 0{,}16 \frac{N}{cm} \cdot x^2;$

$$W_{sp,\,max} = 0{,}16 \frac{N}{cm} \cdot 25\,cm^2 = 4{,}0 \cdot 10^{-2}\,J;$$

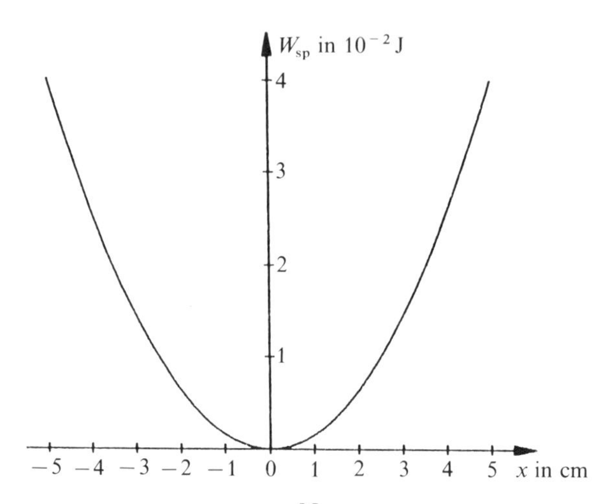

f) $W_{kin} = W_{sp,\,max} - W_{sp} = 4{,}0 \cdot 10^{-2}\,J - 0{,}16 \frac{N}{cm} \cdot x^2;$

S. 43/1

Zerstörung des Systems durch zu große Schwingungen, wenn Erregerfrequenz gleich Eigenfrequenz des Systems ist und die Dämpfung gering ist.

S. 43/2 richtig: b, f, h, i, n

S. 44/3 $f = 1{,}25\,s^{-1}$

S. 44/4 $v = 16{,}2 \frac{km}{h}$

S. 44/5

$f_{Pendel} = \frac{1}{2\pi}\sqrt{\frac{D}{m}}$; Satz von Federpendeln mit Eigenfrequenzen in der Umgebung der Frequenz der Werkbank f_w. Pendel mit größter Amplitude zeigt f_w, f_w aus D und m berechenbar.

S. 46/1

Bei niederen Frequenzen leitet der Kondensator schlecht, der Strom fließt im wesentlichen durch Zuleitung und Spule. Bei hohen Frequenzen leitet der Kondensator gut, die Spule sperrt, der Strom fließt im wesentlichen durch Zuleitung und Kondensator. Wenn bei einer bestimmten Frequenz die Ströme im Kondensator- und Spulenzweig gleich sind, ist der Strom in der Zuleitung praktisch Null: Der Kondensatorstrom ist der Spannung um $\frac{\pi}{2}$

voraus, der Spulenstrom eilt um $\frac{\pi}{2}$ nach; damit sind die beiden Ströme gegenphasig und ihre Summe an den Verzweigungspunkten ist Null.

S. 46/2

a) α) β) γ)

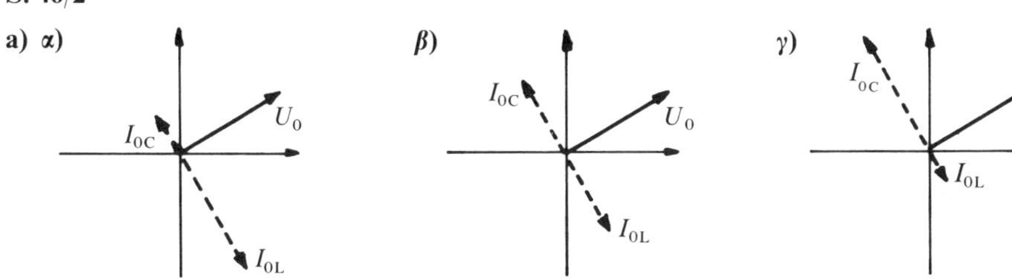

b) $I_{0L} = I_{0C}$; $U_0 \cdot \omega C = \frac{U_0}{\omega L}$; $\omega^2 = \frac{1}{LC}$; $f = \frac{1}{2\pi\sqrt{LC}}$

S. 46/3

a) Änderung der Spulengeometrie bzw. Einführen von Ferromagnetika in das Spuleninnere.

b) $\omega_{r1} = \frac{1}{\sqrt{L \cdot C}}$; $\omega_{r2} = \frac{1}{\sqrt{2 \cdot L \cdot C}}$; $\underline{\frac{\omega_{r1}}{\omega_{r2}} = \frac{\sqrt{2}}{1}}$;

S. 46/4

a) $f = \frac{1}{2 \cdot \pi \cdot \sqrt{L \cdot C}}$; $f = \frac{1}{2 \cdot \pi \cdot \sqrt{2{,}0 \cdot 10^{-3} \cdot 4{,}0 \cdot 10^{-6}}} \cdot \frac{1}{\sqrt{\frac{\text{V} \cdot \text{s}}{\text{A}} \cdot \frac{\text{A} \cdot \text{s}}{\text{V}}}}$; $\underline{f = 1{,}78 \cdot 10^3\ \text{s}^{-1}}$

b) $L = \frac{1}{(2 \cdot \pi \cdot f)^2 \cdot C}$; $L = \frac{1}{(2 \cdot \pi \cdot 600)^2 \cdot 500 \cdot 10^{-9}}\ \text{H}$; $\underline{L = 1{,}4 \cdot 10^{-1}\ \text{H}}$

S. 46/5

Aufgrund von Versuch 1 (Gleichstrom von 1 mA fließt durch die Schaltung) scheiden folgende Schaltungen aus:

Schaltung 1 und 3 wegen Kondensator in der Hauptleitung;
Schaltung 7 und 8 wegen idealer Spule in einer Zweigleitung (Strom würde beliebig groß werden).

Aufgrund von Versuch 3 (Widerstand der Schaltung nimmt bei hohen Frequenzen zu, zum Schluß fließt ein Strom von ca. 1 mA) scheiden von den verbleibenden Schaltungen die folgenden aus:

Schaltung 4 (wegen des sehr hohen Widerstandes der Spule in der Hauptleitung bei sehr hohen Frequenzen) und Schaltung 5 (Kondensator in der Zweigleitung wirkt bei hohen Frequenzen wie Kurzschluß).

Von den verbleibenden Schaltungen 2 und 6 fällt die Schaltung 2 wegen des Versuches 2 aus:

Bei der Parallelschaltung von Kondensator und Spule wäre ein Stromminimum zu erwarten.

Bleibt also noch Schaltung 6. Bei der Serienschaltung von Kondensator und Spule tritt tatsächlich ein Strommaximum auf (vgl. 2. Versuch auf Seite 45).

S. 47/6

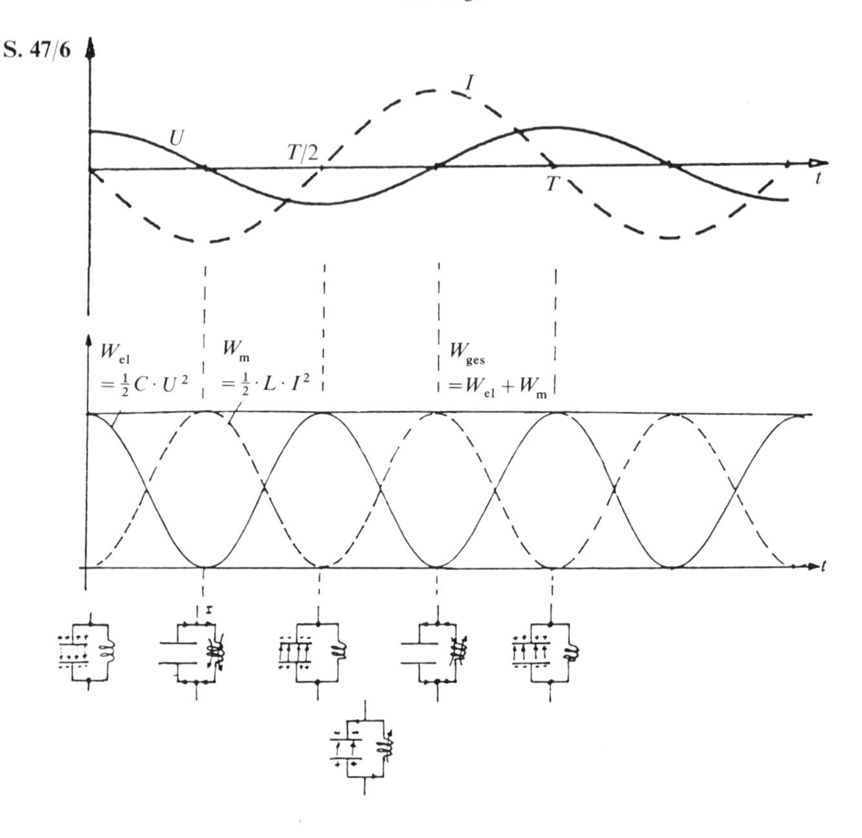

S. 47/7

a) $U_{R0} = R \cdot I_0 = 2\,\text{V}$; $U_{L0} = \omega L \cdot I_0 = 6\,\text{V}$; $U_{C0} = \frac{1}{\omega C} \cdot I_0 = 8\,\text{V}$.

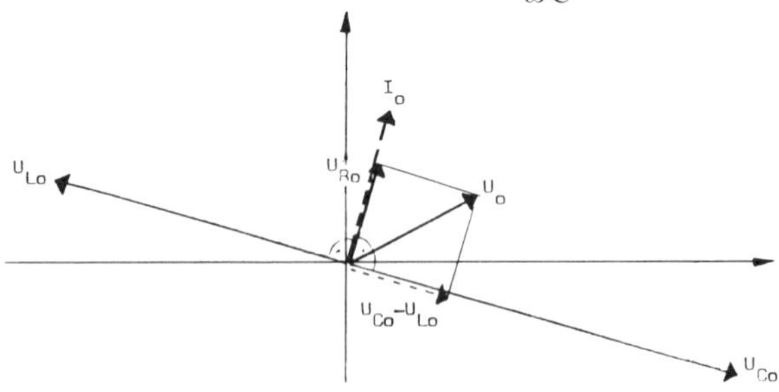

b) $U_0 = \sqrt{U_{R0}^2 + (U_{C0} - U_{L0})^2} = I_0 \cdot \sqrt{R^2 + \left(\frac{1}{\omega C} - \omega L\right)^2}$

$$X_g = \frac{U_{\text{eff}}}{I_{\text{eff}}} = \frac{U_0}{I_0} = \sqrt{R^2 + \left(\frac{1}{\omega C} - \omega L\right)^2}$$

c) X_g wird minimal für $\left(\frac{1}{\omega C} - \omega L\right) = 0 \Rightarrow \omega_r = \frac{1}{\sqrt{L \cdot C}}$; $f_r = \frac{1}{2\pi \cdot \sqrt{L \cdot C}}$; $X_g = R$

S. 48/8

a) Man erhält in jedem der drei Parallelzweige Serienresonanz bei der für diesen Zweig typischen Resonanzfrequenz $f = \frac{1}{2\pi\sqrt{LC}}$.

Die Werte von f werden von links nach rechts immer größer, da die Werte für LC immer kleiner werden.

b) f_2 für den mittleren Zweig:
$$L_2 = \frac{1}{4\pi^2 f_2^2 \cdot C_2} = \frac{1}{4\pi^2 \cdot (823\ \mathrm{s}^{-1})^2 \cdot 1{,}0 \cdot 10^{-6}\ \mathrm{F}};$$
$$L_2 = 37\ \mathrm{m\,H};$$

c) $$f_3 = \frac{1}{2\pi\sqrt{L_3 C_3}} = \frac{1}{2\pi\sqrt{L_2 \cdot \frac{1}{2} C_2}} = \sqrt{2} f_2 = 1164\ \mathrm{Hz};$$

S. 52/1

Kleines ΔU_{gk} bewirkt große Änderung des Anodenstroms; dadurch große Spannungsschwankungen am Widerstand.

S. 54/3

a) $f = \frac{1}{2 \cdot \pi} \cdot \frac{1}{\sqrt{L \cdot C}}$; $L \cdot C = \frac{1}{(2 \cdot \pi \cdot f)^2}$; $2{,}5 \cdot 10^{-10}\ \mathrm{s}^2 < L \cdot C < 6{,}3 \cdot 10^{-5}\ \mathrm{s}^2$;

b) $L \cdot C = 1{,}3 \cdot 10^{-7}\ \mathrm{s}^2$;

c) Der Ton wird höher;

d) $f' = 880\ \mathrm{Hz}$

$L \cdot C' = \frac{1}{(2\pi f')^2}$; $L \cdot C' = 3{,}3 \cdot 10^{-8}\ \mathrm{s}^2$; $\frac{C}{C'} = \frac{4}{1}$.

Die Gesamtkapazität muß zum Schluß $\frac{1}{4}$ der anfänglichen Kapazität sein. Eine Verkleinerung der Kapazität wird durch Serienschaltung eines Zusatzkondensators mit der Kapazität C_x erreicht.

$C' = \frac{C \cdot C_x}{C + C_x}$; $\frac{1}{4} C = \frac{C \cdot C_x}{C + C_x}$; $\underline{C_x = \frac{C}{3}}$.

S. 54/4

a) s. S. 53;

b) $$f_0 = \frac{1}{2\pi\sqrt{L_0 C_0}}; \quad C_0 = \frac{1}{(2\pi f_0)^2 \mathrm{L}_0} = \frac{1}{(2\pi \cdot 440\ \mathrm{s}^{-1})^2 \cdot 0{,}520\ \mathrm{H}}$$
$$C_0 = 252\ \mathrm{nF};$$

c) Beim Schließen von Schalter A wird die Induktivität verkleinert (Parallelschaltung),

ergibt höheren Ton als a $\rightarrow$ a^0. Beim Schließen von Schalter B wird die Kapazität erhöht (Parallelschaltung), ergibt tieferen Ton als a $\rightarrow$ a^u.
a^0: Verdoppeln der Frequenz: „Viertel von L“.

$$\frac{1}{L^0} = \frac{1}{L_0} + \frac{1}{L_1} = \frac{4}{L_0}; \quad \frac{1}{L_1} = \frac{3}{L_0}; \quad L_1 = \frac{L_0}{3}; \quad L_1 = 173\,\text{m H};$$

a^u: Halbieren der Frequenz: Vierfache Kapazität:
$C^0 = C_0 + C_1 = 4C_0; \quad C_1 = 3 \cdot C_0 = 756\,\text{nF};$

S. 57/1

a) $f_{II} = f_I = 600\,\text{Hz};$

b) $$L_{II} = \frac{1}{(2\pi f_{II})^2 \cdot C_{II}} = \frac{1}{(2\pi \cdot 600\,\text{s}^{-1})^2 \cdot 400 \cdot 10^{-12}\,\text{F}} = 176\,\text{H}.$$

c) Wegen $f_I = f_{II}$ ist $L_I C_I = L_{II} C_{II}$

$$L_I \cdot 3C_{II} = L_{II} \cdot C_{II}$$
$$L_I = \frac{1}{3} L_{II} = 59\,\text{H};$$

S. 57/2

a) Es gilt $L_s \gg L_1$ Ersatzschaltbild:

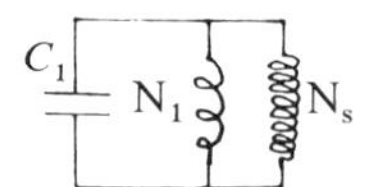

$$\omega = \frac{1}{\sqrt{C_1 \cdot \dfrac{L_1 \cdot L_s}{L_1 + L_s}}};$$

$$\omega \approx \frac{1}{\sqrt{L_1 \cdot C_1}}; \text{ da } \frac{L_s}{L_1 + L_s} \approx 1$$

b) $$L_1 = \mu_0 \cdot \frac{N_1^2 \cdot A}{l}; \quad L_1 = 4 \cdot \pi \cdot 10^{-7} \frac{(10)^2 \cdot (0{,}05)^2 \pi}{0{,}1}\,\text{H}; \quad \underline{L_1 \approx 10^{-5}\,\text{H}}$$

Leidener Flasche: Hohlzylinder aus Isoliermaterial, der an der Innen- und Außenseite mit leitendem Material belegt ist.

$$C_1 = \varepsilon_0 \cdot \varepsilon_r \cdot \frac{A}{d} = \varepsilon_0 \cdot \varepsilon_r \cdot \frac{2 \cdot \pi \cdot r \cdot h}{d}; \quad r = 0{,}05\,\text{m}; \quad d = 3{,}0 \cdot 10^{-3}\,\text{m}; \quad h = 0{,}20\,\text{m}; \quad \varepsilon_r \approx 10;$$

$$C_1 = 8{,}85 \cdot 10^{-12} \cdot 10 \cdot \frac{2 \cdot \pi \cdot 0{,}05 \cdot 0{,}20}{0{,}003}\,\text{F}; \quad \underline{C_1 \approx 2{,}0 \cdot 10^{-9}\,\text{F}}$$

c) $$L_2 = \mu_0 \cdot \frac{(250\,\text{N})^2 \cdot \dfrac{A}{4}}{6 \cdot l}; \quad \underline{L_2 = 2{,}6 \cdot 10^{-2}\,\text{H}}$$

$$C_2 = \frac{L_1 \cdot C_1}{L_2}; \quad \underline{C_2 \approx 7{,}0 \cdot 10^{-13}\,\text{F}}$$

S. 65/1

Die 1. Oberschwingung der Feder kann an den Federenden oder in der Mitte der Feder angeregt werden.

S. 65/2

a) vgl. S. 62

b) Bauch der Stromstärke: Induktionsschleife mit Lampe
Bauch der Ladungsverteilung: Glimmlampe

S. 66/3

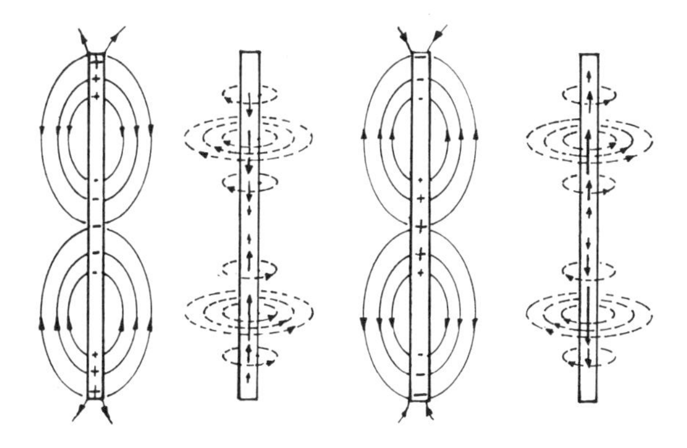

S. 66/4

Induktive Ankopplung bei Strombäuchen, d. h. damit die 1. Oberschwingung auftritt, müßte bei $l_1 = \frac{l}{4}$ oder $l_1 = \frac{3}{4} \cdot l$ angeregt werden.

S. 66/5

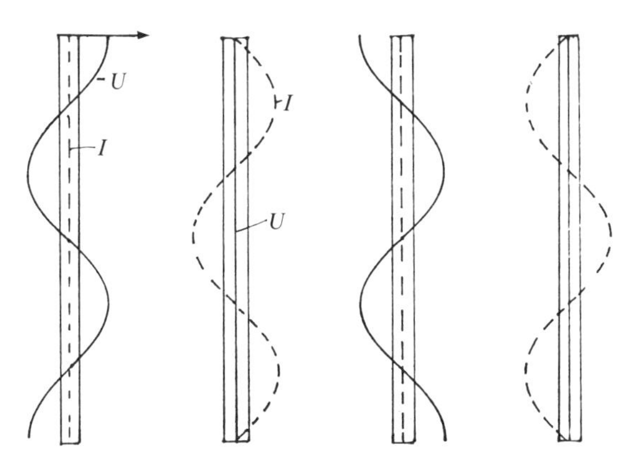

S. 76/1 Es handelt sich um eine Schwingung und nicht um eine Welle.

S. 76/2

Der Term $+2\pi \cdot \frac{x}{\lambda}$ gibt ein Voreilen der Schwingungen in positiver x-Richtung, ein Nacheilen in negativer x-Richtung. Weiter links liegende Punkte erhalten die gleiche Schwingungsphase wegen des kleineren x-Wertes erst für größere Werte von t: Ausbreitung mit endlicher Geschwindigkeit in Richtung kleinerer x-Werte, also von rechts nach links.

S. 77/3

a) $$y_g = y_1 + y_2 = a\left[\sin\left(2\pi\frac{t}{T} - 2\pi\frac{x}{\lambda}\right) + \sin\left(2\pi\frac{t}{T} + 2\pi\frac{x}{\lambda}\right)\right]$$

$$y_g = a \cdot \left[\sin\left(2\pi\frac{t}{T}\right) \cdot \cos\left(2\pi\frac{x}{\lambda}\right) - \cos\left(2\pi\frac{t}{T}\right)\sin\left(2\pi\frac{x}{\lambda}\right)\right.$$

$$\left. + \sin\left(2\pi\frac{t}{T}\right)\cos\left(2\pi\frac{x}{\lambda}\right) + \cos\left(2\pi\frac{t}{T}\right)\sin\left(2\pi\frac{x}{\lambda}\right)\right]$$

$$y_g = 2a \cdot \sin\left(2\pi\frac{t}{T}\right) \cdot \cos\left(2\pi\frac{x}{\lambda}\right)$$

b) Die Knoten liegen an den Stellen, an denen zu allen Zeiten $y_g = 0$, also dort, wo $2a \cdot \cos\left(2\pi\frac{x}{\lambda}\right) = 0$.

Dies ist der Fall für
$$\left.\begin{aligned} 2\pi\frac{x}{\lambda} &= (2k + 1) \cdot \frac{\pi}{2} \\ x &= (2k + 1) \cdot \frac{\lambda}{4} \end{aligned}\right\} k \in \mathbb{N}_0;$$

c) Für x konstant ist $\cos\left(2\pi\frac{x}{\lambda}\right)$ konstant und wegen $-1 \leqq \sin\left(2\pi\frac{t}{T}\right) \leqq 1$ ist $2a \cdot \cos\left(2\pi\frac{x}{\lambda}\right)$ die Schwingungsamplitude am Ort x.

d)

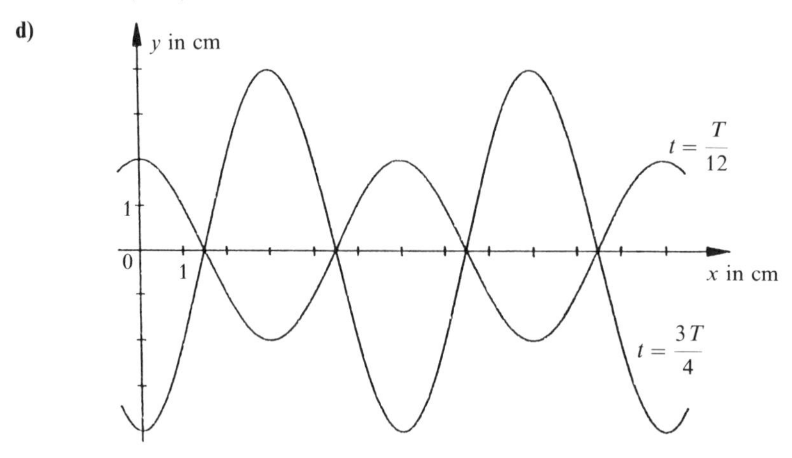

e)

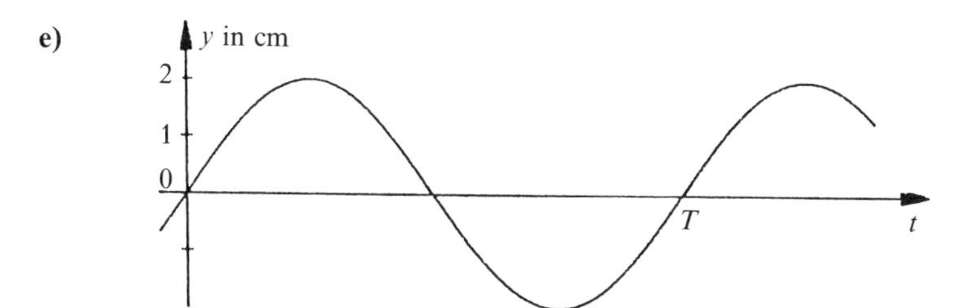

S. 82/4

$C_{ges} = C + C'$; $\omega = \dfrac{1}{\sqrt{L \cdot C_{ges}}}$; $C_{ges} = \dfrac{1}{\omega^2 \cdot L}$

$\lambda = 2 \cdot l$; $\lambda \cdot f = c$; $\omega = 2 \cdot \pi \cdot \dfrac{c}{\lambda}$;

$C' = \dfrac{(2l)^2}{L \cdot 4 \cdot \pi^2 \cdot c^2} - C$; $C_{ges} = \dfrac{4 \cdot 9 \cdot \pi^2}{5 \cdot 10^{-6} \cdot 4 \cdot \pi^2 \cdot 9 \cdot 10^{16}} \dfrac{m^2}{\dfrac{\text{Vs}}{\text{A}} \cdot \dfrac{\text{m}^2}{\text{s}^2}}$;

$C_{ges} = 20$ pF; $C' = 20$ pF $- 1{,}0$ pF; $\underline{C' = 19 \text{ pF}}$

S. 82/5

a) $L = \dfrac{1}{C \cdot (2 \cdot \pi f)^2}$; $L = \dfrac{1}{0{,}5 \cdot 10^{-12} \cdot 4 \cdot \pi^2 \cdot (4{,}0 \cdot 10^8)^2}$ H; $\underline{L = 3{,}2 \cdot 10^{-7} \text{ H}}$

b) $c = \lambda \cdot f$; $\lambda = \dfrac{c}{f}$; $\lambda = \dfrac{3{,}0 \cdot 10^8}{4{,}0 \cdot 10^8}$ m; $\underline{\lambda = 0{,}75 \text{ m}}$

c) $l = \dfrac{\lambda}{2}$; $\underline{l = 37{,}5 \text{ cm}}$; $l' = \dfrac{3}{2} \cdot \lambda$; $\underline{l' = 1{,}13 \text{ m}}$;

S. 82/6

a) Stehende Wellen vor einer Metallwand (vgl. Versuch 5).
Der Abstand zweier Knoten ist $\dfrac{\lambda}{2}$.

b) $l = \dfrac{\lambda}{2}$; $l = 35$ cm; In der Grundschwingung gilt $l = \dfrac{\lambda}{2}$ (vgl. Seite 81)

c) $f = \dfrac{c}{\lambda}$; $f = \dfrac{3{,}0 \cdot 10^8}{0{,}70}$ s^{-1}; $\underline{f = 4{,}3 \cdot 10^8 \text{ s}^{-1}}$

d) $\lambda' = \dfrac{\lambda}{2}$; $f' = 2 \cdot f$; $\underline{C' = \dfrac{1}{4} C}$;

Die Schwingkreiskapazität darf nur ein Viertel der ursprünglichen Kapazität sein.

S. 82/7

a)

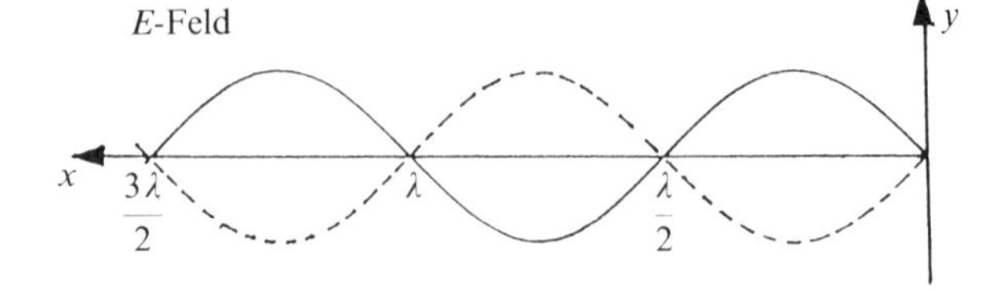

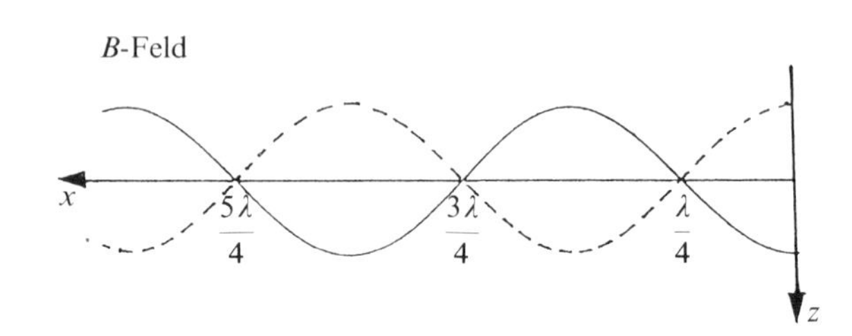

Da die Metallwand gut leitet, ist dort das elektrische Feld Null, das Magnetfeld maximal.

b)

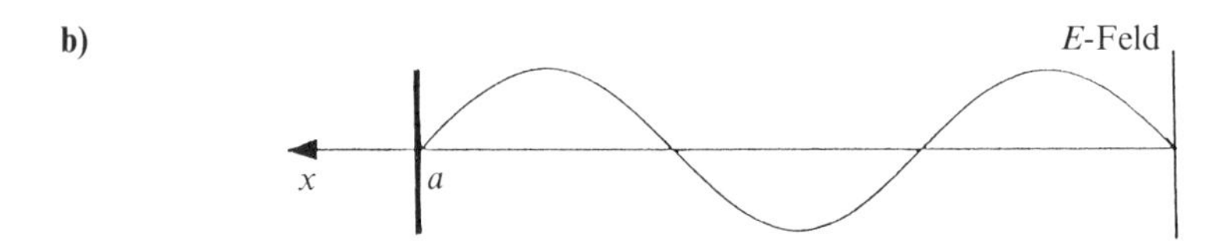

a sei ein ganzzahliges Vielfaches der halben Wellenlänge, $a = \mathrm{k} \cdot \frac{\lambda}{2}$; $\mathrm{k} \in \mathbb{N}$.

An den Knotenstellen ist die reflektierte elektrische Welle offensichtlich stets gegenphasig zur ausgesandten elektrischen Welle, also auch am Dipol. Die nach links in $+x$-Richtung laufende Welle ist symmetrisch zu der nach rechts laufenden und damit für $x > a$ stets gegenphasig zur reflektierten Welle.
An den E-Feld-Knoten ist die reflektierte magnetische Welle offensichtlich stets gleichphasig mit der ausgesandten magnetischen Welle, also auch am Dipol. Die nach links $+x$-Richtung laufende magnetische Welle ist punktsymmetrisch zu der nach rechts laufenden (ringförmige B-Felder), und damit für $x > a$ stets gegenphasig zur reflektierten Welle. Man erhält also für $a = \mathrm{k} \cdot \frac{\lambda}{2}$; $\mathrm{k} \in \mathbb{N}$ minimalen Empfang. Entsprechend vertauschen sich für $a = (2\mathrm{k} + 1)\ \frac{\lambda}{4}$ die Phasenbeziehungen am Dipol und man erhält hier maximalen Empfang.
Siehe auch S. 121 und S. 133

S. 83/8 **a)** $l = 3{,}33\ \mathrm{m}$ **b)** $c' = 0{,}111\ c = 33{,}3 \cdot 10^6\ \frac{\mathrm{m}}{\mathrm{s}}$

S. 91/9

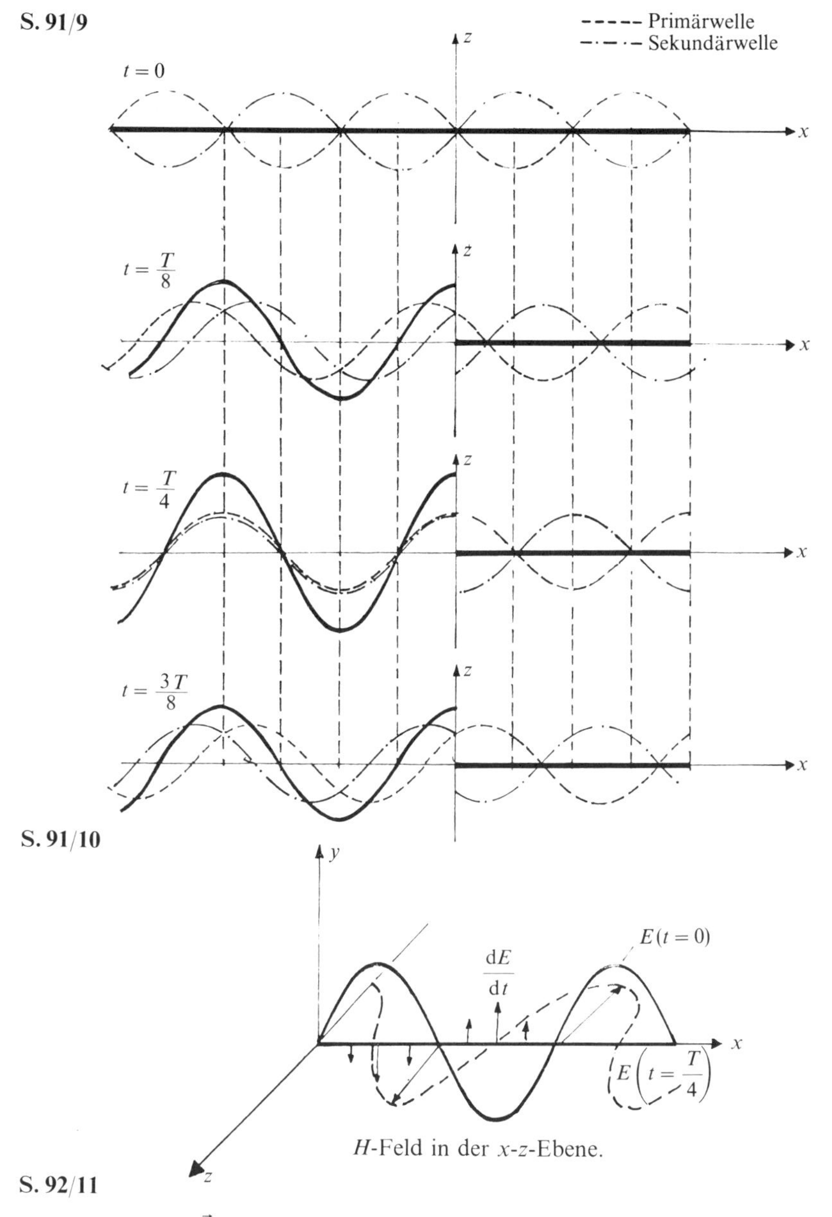

S. 91/10

H-Feld in der *x*-*z*-Ebene.

S. 92/11

a) Man kann den $\vec{E}$-Vektor der ankommenden Primärwelle in eine Komponente parallel zu den Gitterstäben ($\vec{E}_{||}$) und in eine Komponente senkrecht zu den Gitterstäben ($\vec{E}_{\perp}$) aufteilen.
Die Komponente $\vec{E}_{||}$ regt die Elektronen in den Gitterstäben zu erzwungenen Schwingungen an. Hinter dem Gitter tritt die Komponente $\vec{E}_{||}$ nicht mehr auf. Die Komponente $\vec{E}_{\perp}$ wird durch das Gitter nicht beeinflußt.
Die durch das Gitter gelangende Welle ist also senkrecht zu den Gitterstäben (linear) polarisiert.

b) Maximaler Empfang, wenn Empfangsdipol parallel zu $\vec{E}_\perp$ ist. Minimaler Empfang, wenn Empfangsdipol senkrecht zu $\vec{E}_\perp$ ist, d. h. wenn der Empfangsdipol parallel zu den Gitterstäben ist.

c) $\frac{E_0}{E_\alpha} = \frac{E_0}{E_\perp} = \frac{E_0}{E_0 \cdot \sin\alpha} = \frac{1}{\sin\alpha}$;

S. 93/12

a) Kein Empfang möglich, da sich Primärwelle und Sekundärwelle hinter dem 2. Gitter auslöschen.

b) Durch Drehen des 1. Gitters ist keine Empfangsverbesserung möglich. Der Empfänger E kann nur Strahlung mit einer Vertikalkomponente von $\vec{E}$ registrieren, gerade diese wird aber durch das 2. Gitter herausgefiltert.

c)

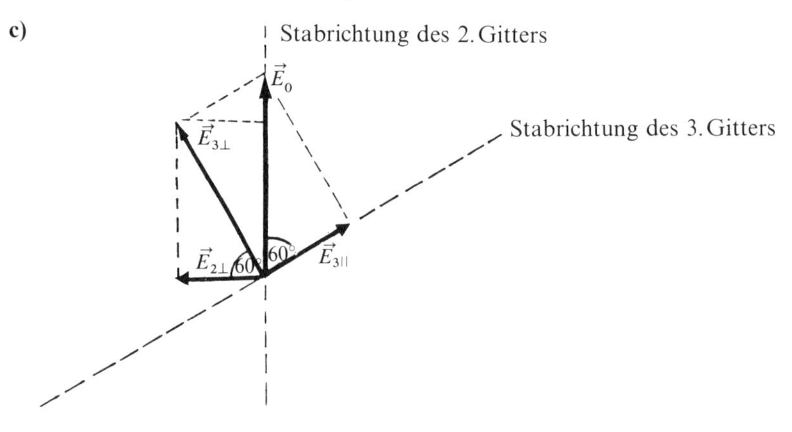

Die Feldstärke der vom Sender ausgehenden Welle (E_0) wird vom 1. Gitter nicht beeinflußt.
Durch das 3. Gitter gelangt nur die Komponente $E_{3\perp} = E_0 \cdot \sin 60°$. Nur die Komponente von $\vec{E}_{3\perp}$, die senkrecht zu den Gitterstäben des zweiten Gitters ist, gelangt zum Sender.

$E_{2\perp} = E_{3\perp} \cdot \cos 60° = E_0 \cdot \sin 60° \cdot \cos 60°$;

$E_{2\perp} = E_0 \cdot \frac{1}{2}\sqrt{3} \cdot \frac{1}{2} = E_0 \cdot \frac{\sqrt{3}}{4}$;

Da die Energie proportional zum Amplitudenquadrat ist, gilt:

$\frac{W_{\text{Empfänger}}}{W_{\text{Sender}}} = \frac{3}{16}$; dabei muß der Empfangsdipol parallel zu $\vec{E}_{2\perp}$ sein.

S. 93/13

a) In der Spule wird eine Wechselspannung induziert, wenn sie vom magnetischen Wechselfeld durchsetzt wird. Ist die Induktionsspannung so gepolt, daß die Diode leitet, bricht die Spannung zusammen. Bei entgegengesetzter Polung sperrt die Diode und es fließt (pulsierender Gleich-)Strom durch das Amperemeter.

b) Wenn die Drähte parallel zum E-Feld, also senkrecht zum B-Feld stehen, ist kein Empfang hinter dem Gitter möglich.

c) Man bringt das Nachweisgerät zwischen Sender und Gitter und tastet die sich ausbildende stehende Welle ab. Der Abstand d zweier benachbarter H-Feld-Knoten ist $\lambda/2$. Hieraus ergibt sich $f = c/2 \cdot d$.

d) $\lambda = \frac{c}{f}$; $\lambda_1 = \frac{c}{f_1} = \frac{3{,}0 \cdot 10^8 \frac{\mathrm{m}}{\mathrm{s}}}{1{,}0 \cdot 10^8\,\mathrm{s}^{-1}} = 3{,}0\,\mathrm{m}$; $l_1 = \frac{\lambda_1}{2} = 1{,}50\,\mathrm{m}$;

$\lambda_2 = \frac{c}{f_2} = \frac{3{,}0 \cdot 10^8 \frac{\mathrm{m}}{\mathrm{s}}}{6{,}0 \cdot 10^8\,\mathrm{s}^{-1}} = 0{,}5\,\mathrm{m}$; $l_2 = \frac{\lambda_2}{2} = 0{,}25\,\mathrm{m}$;

$0{,}25\,\mathrm{m} \leqq l \leqq 1{,}50\,\mathrm{m}$;

e)

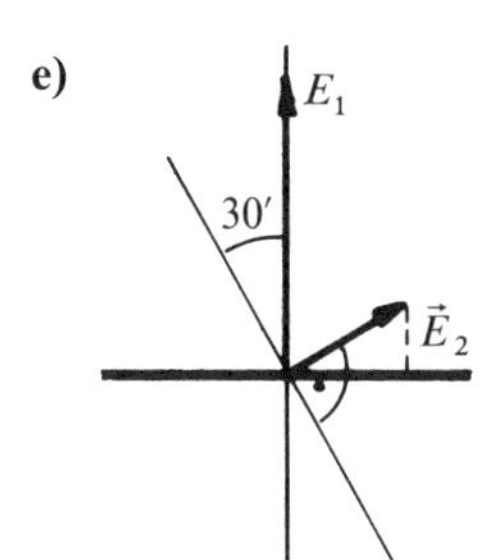

Durchgelassen wird die Komponente $\vec{E}_\perp$,

$E_\perp = E_1 \cdot \sin 30°$.

Empfangen wird davon die Komponente in Dipolrichtung, $E_\perp \cdot \cos 30°$;

$E_{\mathrm{empf}} = E_i \cdot \sin 30° \cdot \cos 30° = 4{,}3\,\frac{\mathrm{V}}{\mathrm{m}}$;

S. 104/1

Vgl. Abb. S. 104, für $\Delta s = (2\mathrm{k} - 1) \cdot \frac{\lambda}{2}$ sind die Schwingungen in Q_1' und Q_2 gleichphasig → Maximum in P; für $\Delta s = \mathrm{k} \cdot \lambda$ ist bei Gegenphasigkeit von Q_1 und Q_2 und $\Delta s = \mathrm{k} \cdot \lambda$ auch Gegenphasigkeit in Q_1' und Q_2 → Minimum in P.

S. 106/2 $\lambda = 0{,}04\,\mathrm{m}$

a) $\Delta s = \lambda$ (Max. 1. Ordnung) **b)** $\Delta s = \frac{\lambda}{2}$ (Min. 1. Ordnung)

c) $\Delta s = 0$ (Max. 0. Ordnung) **d)** $\Delta s = 2\lambda$ (Max. 2. Ordnung)

e) $\Delta s = \frac{3}{2}\lambda$ (Min. 2. Ordnung) **f)** weder Max. noch Min.

S. 107/3

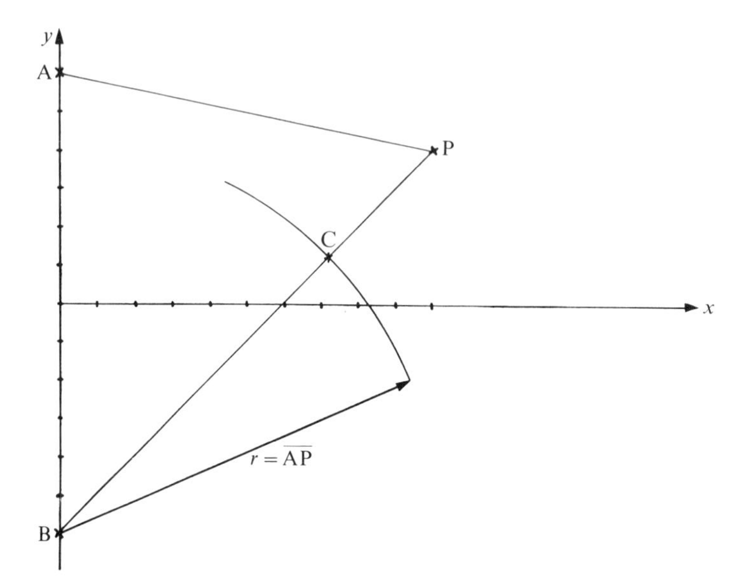

a) $\lambda = \frac{c}{f}$; $\lambda = \frac{3{,}0 \cdot 10^8}{750 \cdot 10^6}$ m; $\lambda = 4{,}0$ dm

Da der Gangunterschied $\Delta s = \overline{CP}$ gerade 4,0 dm ist (zeichnerische Lösung), wird in P das erste Maximum empfangen.

Rechnerische Lösung:

$\overline{AP} = \sqrt{10^2 + (6-4)^2}$ dm $= 10{,}2$ dm (Satz von Pythagoras)

$\overline{BP} = \sqrt{10^2 + (-6-4)^2}$ dm $= 14{,}1$ dm

$\Delta s = \overline{BP} - \overline{AP} = \lambda$

b) Das Antennensystem strahlt in 12 Richtungen maximal Energie ab.

$\Delta s = k \cdot \lambda$;

$\Delta s \leqq b$;

$\Rightarrow k \cdot \lambda \leqq b$;

d.h. für k sind die Werte 0, 1, 2 und 3 möglich.

c) Mit $b \cdot \sin\alpha = k \cdot \lambda$ ergeben sich im 1. Quadranten die Winkel

$\alpha_0 = 0°$; $\alpha_1 = 19{,}5°$; $\alpha_2 = 41{,}8°$ und $\alpha_3 = 90°$.

Analoge Überlegung gilt für den 2., 3. und 4. Quadranten.

S. 107/4

a) $\lambda_1 = 2$ cm; $\lambda_2 = 1$ cm; $\lambda_3 = 0{,}67$ cm

b) $b'_1 = 17{,}5$ cm; $b'_2 = 4{,}5$ cm; $b'_3 = 1{,}1$ cm

S. 108/5

Maxima: $\alpha_0 = 0°$; $\alpha_1 = 12{,}8°$; $\alpha_2 = 26{,}4°$; $\alpha_3 = 41{,}8°$; $\alpha_4 = 62{,}7°$
Minima: $\alpha'_1 = 6{,}4°$; $\alpha'_2 = 19{,}5°$; $\alpha_3 = 33{,}7°$; $\alpha_4 = 51{,}1°$

S. 108/6 **a)** $\lambda = 1{,}5\,\text{m}$ **b)** $b = 6\,\text{m}$ **c)** $l = 0{,}75\,\text{m}$

S. 108/7 vgl. auch S. 104/1

a) Minima: $\alpha_1' = 6{,}4°$; $\alpha_2' = 19{,}5°$; $\alpha_3' = 33{,}7°$; $\alpha_4' = 51{,}1'$
Maxima: $\alpha_0 = 0°$; $\alpha_1 = 12{,}8°$; $\alpha_2 = 26{,}4°$; $\alpha_3 = 41{,}8°$; $\alpha_4 = 62{,}7°$

S. 109/8

a)

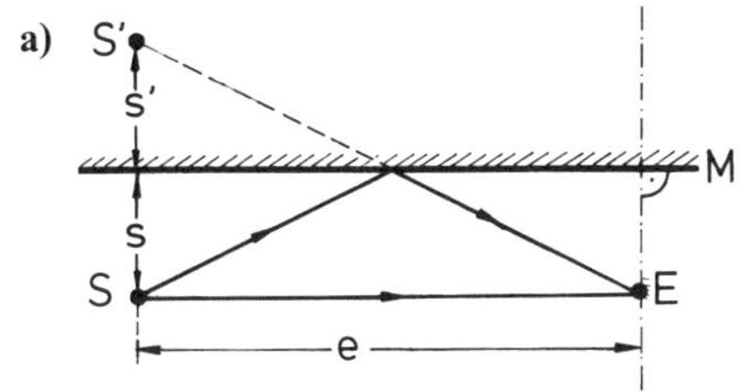

$$\Delta s = \sqrt{e^2 + (2s)^2} - e = 1{,}6\,\text{cm}; \quad \Delta s' = \Delta s + \frac{\lambda}{2} = 3{,}2\,\text{cm} = 1 \cdot \lambda \Rightarrow \text{Maximum.}$$

b) Sowohl bei der Hin- als auch bei der Wegbewegung nimmt die Intensität ab.

S. 110/9

Bedingung für Maximum:
$\Delta s = k \cdot \lambda$; $k \in \mathbb{N}_0$;
Im Dreieck ABP gilt die Dreiecksungleichung:
$|\overline{AP} - \overline{BP}| < \overline{AB}$ oder $\Delta s < b$;

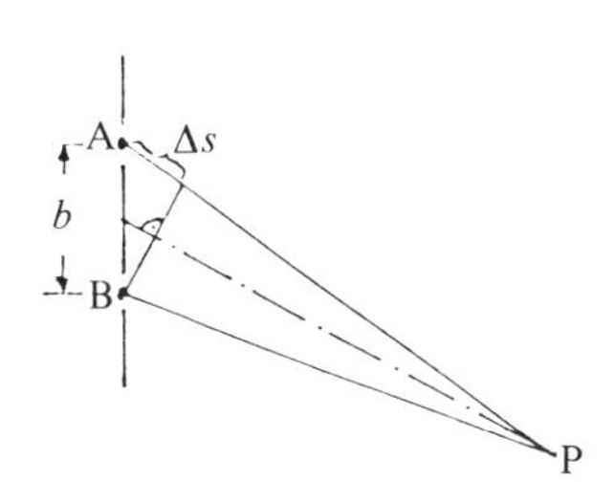

S. 112/10 $\lambda = 2{,}6\,\text{cm}$

S. 112/11

Da $r \gg b$ ist, gilt:
$\Delta s = b \cdot \sin\alpha$;
$\Delta s = 2 \cdot \lambda$;
$\sin\alpha = \frac{2\lambda}{b} = \frac{2 \cdot c}{b \cdot f}$; $\sin\alpha = 0{,}67$
$\underline{\alpha \approx 42°}$

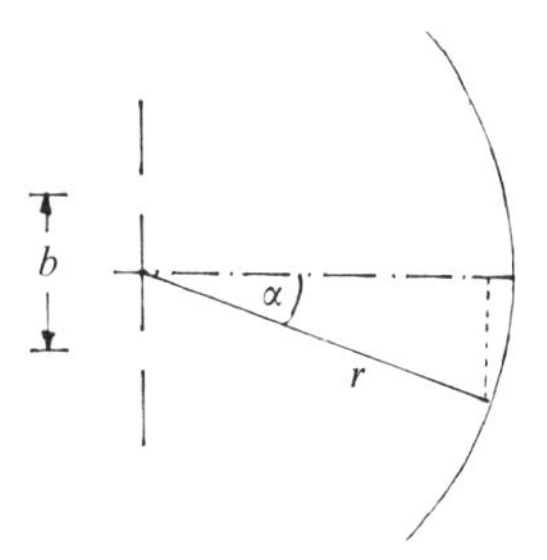

S. 115/12

a) $s_1 = \sqrt{b^2 + x^2}$; $s_2 = \sqrt{b^2 + (d-x)^2}$;
b) $T = \frac{s_1}{c_1} + \frac{s_2}{c_2} = \frac{1}{c_1}\sqrt{b^2 + x^2} + \frac{1}{c_2} \cdot \sqrt{b^2 + (d-x)^2} = f(x)$;

c) $f'(x) = \frac{1}{c_1} \cdot \frac{1}{2} \cdot \frac{2x}{\sqrt{b^2 + x^2}} + \frac{1}{c_2} \cdot \frac{1}{2} \cdot \frac{2 \cdot (d-x) \cdot (-1)}{\sqrt{b^2 + (d-x)^2}};$

$f'(x) = 0; \Rightarrow \frac{1}{c_1} \cdot \frac{x}{\sqrt{b^2 + x^2}} - \frac{1}{c_2} \cdot \frac{(d-x)}{\sqrt{b^2 + (d-x)^2}} = 0;$

d) $\sin\alpha = \frac{x}{\sqrt{b^2 + x^2}}; \quad \sin\beta = \frac{d-x}{\sqrt{b^2 + (d-x)^2}};$

damit aus **c)**: $\frac{\sin\alpha}{c_1} - \frac{\sin\beta}{c_2} = 0;$

und somit: $\frac{\sin\alpha}{\sin\beta} = \frac{c_1}{c_2}.$

S.119/13

Auf der Seite der Metallwand, auf der sich der Sender S befindet, kann man so tun, als ob von S' eine Strahlung gleicher Frequenz und Amplitude ausgeht. Der Unterschied zum Doppelspalt besteht jedoch darin, daß aufgrund des Phasensprungs bei der Reflexion am dichteren Ende die von S und S' aufgehenden Wellen im Punkt A (gleiche Entfernung von S und S') bereits einen Gangunterschied von $\frac{\lambda}{2}$ haben. Daraus folgt: Auslöschung bei A.

S.119/14

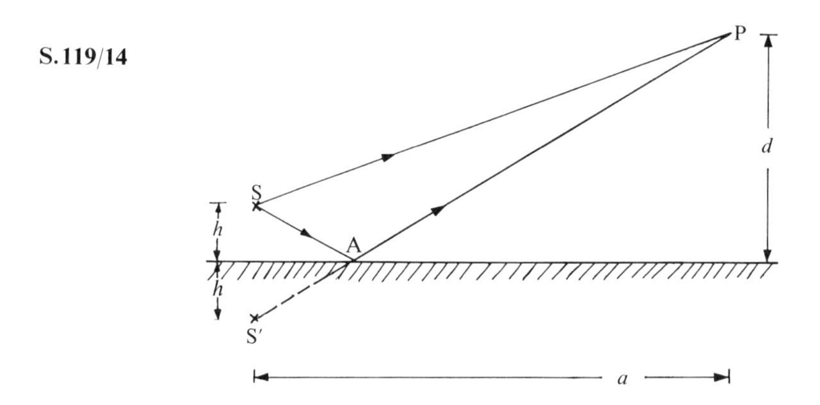

a) Bei der Reflexion des Lichtes am Übergang »dünn → dicht« findet ein Phasensprung von π statt. Dies entspricht einem Gangunterschied von $\frac{\lambda}{2}$.

$$\lambda = \frac{c}{f} = \frac{3{,}0 \cdot 10^8 \frac{\text{m}}{\text{s}}}{6{,}0 \cdot 10^8 \text{ s}^{-1}} = 0{,}50 \text{ m};$$

SP fast parallel zu S'P, daher

$\Delta s = \overline{\text{S'P}} - \overline{\text{SP}} \approx 2h \cdot \sin\alpha \quad$ mit $\quad \tan\alpha = \frac{d}{a};$

Wegen $\lambda = \frac{2h}{40}$ sind die Winkel für niedrige Ordnungen klein, damit $\sin\alpha \approx \tan\alpha$ und $\frac{d}{a} \approx \frac{\Delta s}{2h}$.

Maxima: $\Delta s = k \cdot \lambda + \frac{\lambda}{2}$; $k \in \mathbb{N}_0$ (wegen Phasensprung)

$\Delta s = (2k+1)\frac{\lambda}{2}$;

also: $d_k = (2k+1)\frac{\lambda \cdot a}{2 \cdot 2h} = (2k+1) \cdot \frac{0{,}50\,\mathrm{m} \cdot 5{,}0 \cdot 10^3\,\mathrm{m}}{40\,\mathrm{m}} = (2k+1) \cdot 62{,}5\,\mathrm{m}$;

d. h.: $d_0 = 62{,}5\,\mathrm{m}$;
$d_1 = 187{,}5\,\mathrm{m}$;
$d_2 = 312{,}5\,\mathrm{m}$;
....

b) $d_k = (2k+1) \cdot \lambda \cdot 125 = 125\,\mathrm{m}$;

$\lambda = \frac{1{,}0\,\mathrm{m}}{2k+1}$;

$k = 0$; $\lambda = 1{,}0\,\mathrm{m}$;
$k = 1$; $\lambda = 0{,}33\,\mathrm{m}$;
$k = 2$; $\lambda = 0{,}20\,\mathrm{m}$;
....

S. 120/15

$n = \tan(65°)$; $\underline{n = 2{,}1}$

S. 120/16

a) Die Welle wird reflektiert.
Sie wird zwar unter dem Brewster-Winkel eingestrahlt, jedoch ist die Polarisierungsrichtung senkrecht zur Einfallsebene.

b) Maximaler Empfang: $\varphi = 0°, 180°$
Minimaler Empfang: $\varphi = 90°, 270°$

S. 122/17

An der Vorderseite der Platte erfolgt die Reflexion am opt. dichteren Medium: Phasensprung π.
An der Rückseite der Platte erfolgt die Reflexion am opt. dünneren Medium: Kein Phasensprung.

S. 122/18

Die Zentren schwingen gegenphasig (s. Aufgabe **17**), ihr Abstand $2d$ ist klein gegen die Wellenlänge. Die beiden Wellenzüge sind in jedem Punkt der Verbindungsgeraden der beiden Zentren gegenphasig: Auslöschung.

S. 122/19

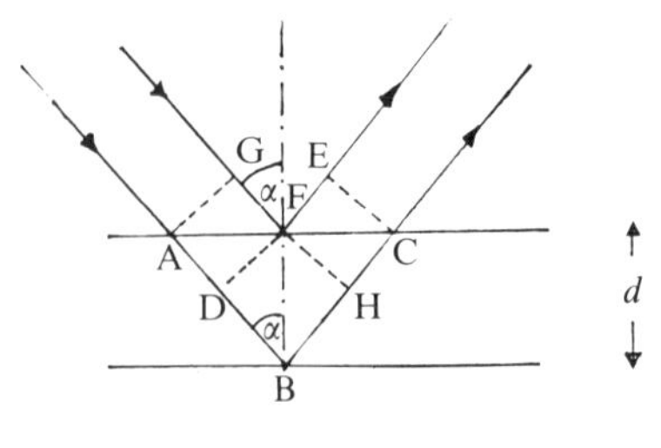

a) $\Delta s = \overline{DB} + \overline{BH} = 2 \cdot \overline{DB}$;

$\Delta s = 2 \cdot d \cdot \cos\alpha$;

Bedingung für Minimum:

$\Delta s = \frac{\lambda}{2}(2k + 1)$;

1. Minimum für $k = 0$;

$$\underline{d_{min} = \frac{\lambda}{4 \cdot \cos\alpha}}$$

b) $\Delta s = (\overline{AB} + \overline{BC}) \cdot n - (\overline{EF} + \overline{FG}) + \frac{\lambda}{2} = 2(n \cdot \overline{AB} - \overline{FG}) + \frac{\lambda}{2}$;

$\overline{AB} = \frac{d}{\cos\alpha}$; $\overline{FG} = \overline{AB} - \overline{DB} = \frac{d}{\cos\alpha} - d \cdot \cos\alpha$;

$\Delta s = \frac{2 \cdot d}{\cos\alpha}[n - (\sin\alpha)^2] + \frac{\lambda}{2}$;

S. 123/20 $\overline{S_1 S_2} = 20\,m + (k - 1) \cdot 6\,m \quad k \in \mathbb{N}_0$

S. 127/1 $\Delta s = 3{,}0 \cdot 10^{-2}\,m$

S. 130/2

a) $\Delta d = \frac{2 \cdot d_k}{6} = \frac{33 \cdot 10^{-3}\,m}{6} = 5{,}5 \cdot 10^{-3}\,m$;

b) $d_4 = 4 \cdot \Delta d = 22 \cdot 10^{-3}\,m$.

c)

a g g′ b b′

D-Spalt Linse Schirm

$a = g + g'$;

$g' = a - g$;

$\frac{b}{b'} = \frac{g}{g'}$

$a = 4{,}65\,m$; $g = 0{,}15\,m$; $b' = 12 \cdot 10^{-3}\,m$;

$g' = 4{,}65\,m - 0{,}15\,m = 4{,}50\,m$;

$b = \frac{g}{g'} \cdot b' = \frac{0{,}15\,m}{4{,}50\,m} \cdot 12 \cdot 10^{-3}\,m = 0{,}40 \cdot 10^{-3}\,m$;

d) Für das 1. Maximum: $\sin\delta_1 = \frac{\lambda}{b}$; $\tan\delta_1 = \frac{d}{a}$; wegen $\sin\delta_1 \approx \tan\delta_1$ gilt:

$\frac{\lambda}{b} = \frac{d}{a}$; $\lambda = \frac{d}{a} \cdot b = \frac{5{,}5 \cdot 10^{-3}\,m}{4{,}65\,m} \cdot 0{,}40 \cdot 10^{-3}\,m = 4{,}7 \cdot 10^{-7}\,m$;

e) $f = \frac{c}{\lambda} = \frac{3{,}0 \cdot 10^8 \frac{\text{m}}{\text{s}}}{4{,}7 \cdot 10^{-7}\,\text{m}} = 6{,}3 \cdot 10^{14}\,\text{s}^{-1}$.

S. 131/3 **a)** $\lambda_r = 7 \cdot 10^{-7}\,\text{m}$ **b)** $\lambda_g = 5 \cdot 10^{-7}\,\text{m}$ **c)** $\lambda_b = 4{,}5 \cdot 10^{-7}\,\text{m}$

S. 131/4

a)

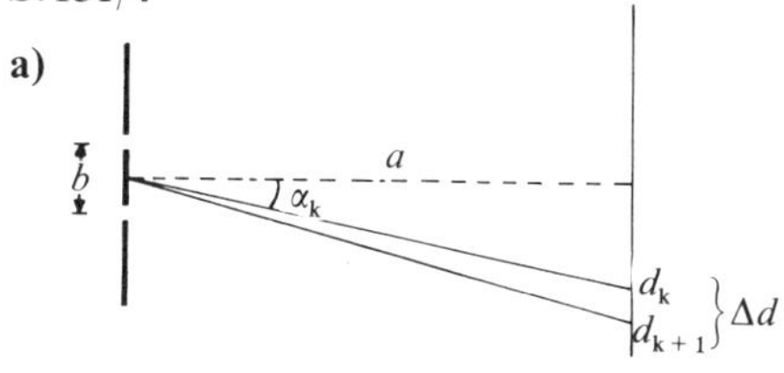

$$\frac{\text{k} \cdot \lambda}{b} = \sin\alpha_k; \quad \frac{d_k}{a} = \tan\alpha_k$$

$$\frac{(\text{k}+1) \cdot \lambda}{b} = \sin\alpha_{k+1}; \quad \frac{d_{k+1}}{a} = \tan\alpha_{k+1};$$

Für kleine Winkel gilt:

$$\frac{d_k}{a} = \frac{\text{k} \cdot \lambda}{b}; \quad \frac{d_{k+1}}{a} = \frac{(\text{k}+1) \cdot \lambda}{b};$$

also

$$d_{k+1} = (\text{k}+1) \cdot \frac{\lambda}{b} \cdot a; \quad d_k = \text{k} \cdot \frac{\lambda}{b} \cdot a;$$

$$\Delta d = d_{k+1} - d_k = \text{k} \cdot \frac{\lambda}{b} \cdot a + \frac{\lambda}{b} \cdot a - \text{k} \cdot \frac{\lambda}{b} \cdot a = \frac{\lambda}{b} \cdot a;$$

$\Delta d = \frac{\lambda}{b} \cdot a$ für benachbarte Maxima und

$$\Delta d = \frac{750 \cdot 10^{-9}\,\text{m}}{0{,}50 \cdot 10^{-3}\,\text{m}} \cdot 2{,}00\,\text{m}$$
$$= 3{,}0 \cdot 10^{-3}\,\text{m}.$$

b) Beim Durchgang durch die Glasplatte wird die effektive Weglänge (opt. Weglänge) des betreffenden Bündels vergrößert. Damit auch das andere Lichtbündel die gleiche optische Weglänge hat, muß es nach dem Spalt einen um Δs (s. Skizze) größeren Weg zurücklegen: Unterschied der opt. Weglängen vor dem Spalt: $n \cdot d - d = (n-1) \cdot d$ (n ist die Brechzahl des Glases).

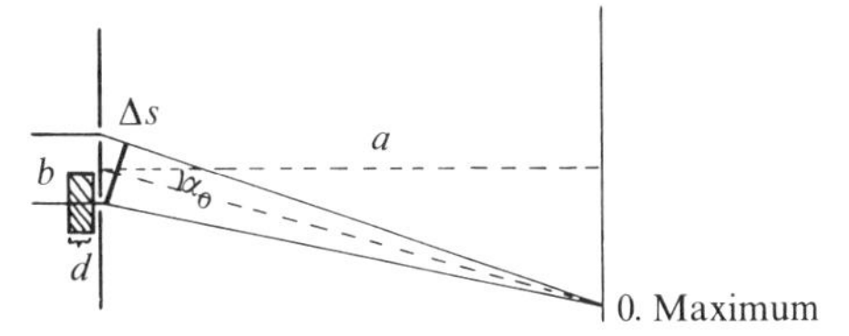

Damit ist $\Delta s = (n-1) \cdot d$.
Damit wird das 0. Maximum um den Winkel α_0 verschoben. Wenn $a \gg b$; gilt:

$$\sin\alpha_0 = \frac{\Delta s}{b} = \frac{(n-1)d}{b}$$

Für $\frac{(n-1)d}{b} > 1$ (d.h. für gewöhnliches Glas mit $n = 1{,}5$, wenn $d > 2b$) gibt es keinen Winkel α_0, also auch kein 0. Maximum.

Für bestimmte Werte von d kann sich also die Zahl der Interferenzstreifen ändern. Beachten Sie aber, daß sich durch das Einschieben der Glasplatte die Art der Interferenzfigur gegenüber dem Fall ohne Glasplatte nicht ändert. Diese wird nämlich durch die

Beugung an den Einzelspalten bestimmt und an dieser ändert sich ja nichts. Es ändert sich nur die Phasenbeziehung der beiden Spalte und somit die Ordnung der Interferenzmaxima. Bei Verwendung von weißem Licht überlagern sich daher die einzelnen Farben, so daß keine deutlichen Interferenzstreifen zu beobachten sind.

c) $\lambda_{rot} = 750 \cdot 10^{-9}$ m;
$\lambda_{grün} = 500 \cdot 10^{-9}$ m;

Bedingung für rote Maximalstellen: $\sin\alpha = \frac{k \cdot \lambda_{rot}}{b}$; $k \in \mathbb{N}$

Bedingung für grüne Maximalstellen: $\sin\alpha = \frac{l \cdot \lambda_{grün}}{b}$; $l \in \mathbb{N}$

Bedingung für rote Minimalstellen: $\sin\alpha = \frac{2m-1}{2} \cdot \frac{\lambda_{rot}}{b}$; $m \in \mathbb{N}$

Bedingung für grüne Minimalstellen: $\sin\alpha = \frac{2n-1}{2} \cdot \frac{\lambda_{grün}}{b}$; $n \in \mathbb{N}$

»weiße Maximalstellen«:

$\frac{k \cdot \lambda_{rot}}{b} = \frac{l \cdot \lambda_{grün}}{b}$; also $k \cdot \lambda_{rot} = l \cdot \lambda_{grün}$ und $\frac{k}{l} = \frac{\lambda_{grün}}{\lambda_{rot}} = \frac{500}{750} = \frac{2}{3}$.

Es gibt »weiße Maximalstellen« für $\frac{k}{l} = \frac{2}{3}$ oder $3k = 2l$

(also für das 2., 4., 6., ... rote bzw. das 3., 6., 9., ... grüne Maximum)

»rote Maximalstellen«:

$\frac{k \cdot \lambda_{rot}}{b} = \frac{2n-1}{2} \cdot \frac{\lambda_{grün}}{b}$; also $k \cdot \lambda_{rot} = \frac{2n-1}{2} \cdot \lambda_{grün}$;

$k = \frac{2n-1}{2} \cdot \frac{2}{3}$; oder $3k = 2n - 1$.

Es gibt »rote Maximalstellen« für $3k = 2n - 1$
(also für das 1., 3., 5., ... rote Maximum bzw. das 2., 5., 8., grüne Minimum)

»dunkle Streifen«: $\frac{2m-1}{2} \cdot \frac{\lambda_{rot}}{b} = \frac{2n-1}{2} \cdot \frac{\lambda_{grün}}{b}$

$$(2m-1) \cdot 3 = (2n-1) \cdot 2$$
$$6m - 3 = 4n - 2;$$
$$\underbrace{6m - 1}_{\text{ungerade}} = \underbrace{4n}_{\text{gerade}}$$

Eine Zahl kann nicht gleichzeitig gerade und ungerade sein.
Es gibt keine dunklen Streifen.

S. 131/5 $b = 1{,}0 \cdot 10^{-3}$ m **S. 132/6** $a = 3{,}27$ m

S. 132/7

b) $\frac{\lambda}{b} = \frac{d}{a}$ **c)** $\lambda = 5{,}6 \cdot 10^{-7}$ m

d) Maximum 0. Ordnung weiß; Maxima höherer Ordnung mit Farbsäumen

S. 132/8

a) Beugung: Wellenausbreitung greift in den geometrischen Schattenraum, die Wellen werden an den Spalten gebeugt.
Interferenz: Überlagerung der Wellenzüge, die von den Spalten ausgehen.

b) $\lambda = 4{,}4 \cdot 10^{-7}\,\text{m}$ **c)** $\text{k} \approx 1150$

S. 132/9 **a)** $\lambda_F = 5{,}44 \cdot 10^{-7}\,\text{m}$ **b)** $\Delta\lambda = 0{,}12 \cdot 10^{-7}\,\text{m}$; ca. 2,2% von λ_F

S. 138/10

a) Vergleiche die Theorie zum Doppelspaltversuch S. 126.
Bei 2 mm Streifenabstand ist für das 1. Maximum:

$$\tan\alpha_1 = \frac{2\,\text{mm}}{5\,\text{m}} = 4 \cdot 10^{-4}; \quad \alpha_1 \approx 0{,}023°,$$

dieser Winkel ist so klein, daß auch für hundertmal größere Winkel noch gilt:

$$\sin\alpha \approx \tan\alpha \qquad \text{Damit gilt:} \quad \frac{\text{k} \cdot \lambda}{b} = \frac{d_\text{k}}{a}, \quad \text{also} \quad d_\text{k} = \text{k} \cdot \frac{\lambda \cdot a}{b} = \text{k} \cdot d_1\,.$$

Die Abstände d_k der Maxima vom 0. Maximum sind Vielfache des Abstands des 1. Maximums.

b) Spalthöhe $G = 25\,\text{mm}$; Spaltbildhöhe $B = 40\,\text{cm}$.
Spaltabstand $G' = b$; Spaltbildabstand $B' = 24\,\text{mm}$.

Gleicher Abbildungsmaßstab $\frac{G}{B} = \frac{G'}{B'}$; $b = G' = \frac{G}{B} \cdot B'$;

$$b = \frac{25\,\text{mm}}{40\,\text{cm}} \cdot 24\,\text{mm}; \quad b = 1{,}5 \cdot 10^{-3}\,\text{m};$$

1. Maximum: $\frac{\lambda}{b} = \frac{d_1}{a}$; $\lambda = \frac{d_1}{a} \cdot b$

$$\lambda = \frac{2 \cdot 10^{-3}\,\text{m}}{5\,\text{m}} \cdot 1{,}5 \cdot 10^{-3}\,\text{m}$$

$$\lambda = 6 \cdot 10^{-7}\,\text{m}.$$

S. 140/11

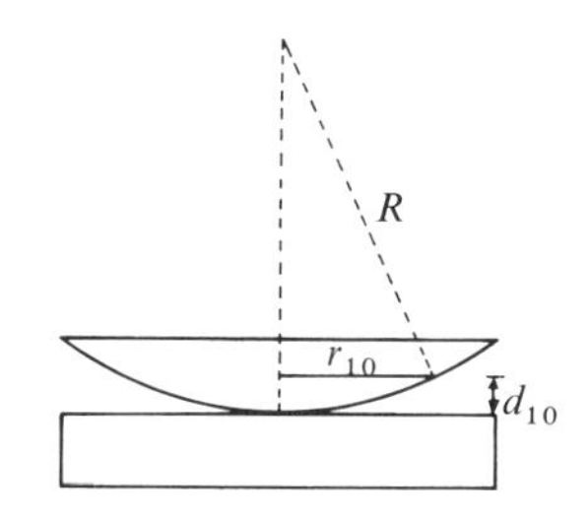

Ohne Flüssigkeit: $r_{10} = 1{,}40\,\text{cm}$;
mit Flüssigkeit: $r'_{10} = 1{,}27\,\text{cm}$;
Gangunterschied:

ohne Flüssigkeit: $\Delta s_{10} = 2d_{10} + \frac{\lambda}{2}$

mit Flüssigkeit: $\Delta s'_{10} = 2d'_{10} \cdot n_2 + \frac{\lambda}{2}$.

Bedingung für Maximum:

$\Delta s = \Delta s' = 10\,\lambda$; also $d_{10} = d'_{10} \cdot n_2$

Zusammenhang zwischen d_{10}, r_{10} und R bzw.
zwischen d'_{10}, r'_{10} und R.

$$d_{10} = \frac{r_{10}^2}{2 \cdot R}; \quad d'_{10} = \frac{r'^2_{10}}{2R}$$

also: $$\frac{r_{10}^2}{2R} = \frac{r'^2_{10}}{2R} \cdot n_2$$

damit $$n_2 = \frac{r_{10}^2}{r'^2_{10}} = \left(\frac{r_{10}}{r'_{10}}\right)^2 = \left(\frac{1{,}40}{1{,}27}\right)^2 = 1{,}22;$$

S. 141/12

a) Gangunterschied $\Delta s = 2d_x + \frac{\lambda}{2}$ (wegen Phasensprung π bei Refl. in A)

Maximum für $\Delta s = k \cdot \lambda$

also: $k \cdot \lambda = 2d_x + \frac{\lambda}{2}$; $k \in \mathbb{N}$.

Zusammenhang zwischen d_x und x: $\frac{h}{L} = \frac{d_x}{x}$; $d_x = \frac{h}{L} \cdot x$;

damit: $$k \cdot \lambda = 2 \cdot \frac{h}{L} \cdot x + \frac{\lambda}{2}$$

$$x \cdot \frac{2h}{L} = (2k-1) \cdot \frac{\lambda}{2}$$

b) $$x_k = \frac{(2k-1) \cdot \lambda \cdot L}{4h}$$

$$x_{k+1} = \frac{(2k+1)\lambda \cdot L}{4h} = \frac{(2k-1)\lambda \cdot L}{4h} + \frac{\lambda \cdot L}{2h}$$

$$\Delta x = x_{k+1} - x_k = \frac{\lambda \cdot L}{2h}.$$

c) Da Δx unabhängig ist von k, erhält man äquidistante zueinander parallele Interferenzstreifen.

S. 141/13

Bedingungen für die Auslöschung:

1. Intensität der an der Grenzschicht ①/② reflektierten Strahlung muß gleich sein der Intensität der an Grenzschicht ②/③ reflektierten Strahlung: $r_{12} = r_{23}$
2. Gangunterschied $\Delta s = 2d \cdot n_2 = \frac{\lambda}{2}$; (mit Vorbehalt, s. u.)

Zu 1. $r_{12} = \left(\frac{n_2 - n_1}{n_2 + n_1}\right)^2$; $r_{23} = \left(\frac{n_3 - n_2}{n_3 + n_2}\right)^2$;

Gleichsetzen ergibt:

$$\frac{n_2 - n_1}{n_2 + n_1} = \pm \frac{n_3 - n_2}{n_3 + n_2}; \quad \text{(quadrat. Gleichung!)}$$

falls $\frac{n_2 - n_1}{n_2 + n_1} = \frac{n_3 - n_2}{n_3 + n_2}$; folgt $n_2^2 = n_1 n_3$ oder $n_2 = \sqrt{n_1 \cdot n_3}$

falls $\frac{n_2 - n_1}{n_2 + n_1} = -\frac{n_3 - n_2}{n_3 + n_2}$; folgt $n_2(n_3 - n_1) = 0$

also entweder $n_2 = 0$ oder $n_1 = n_3$
$n_2 = 0$ ist unmöglich, $n_1 = n_3$ heißt »das Glas ist aus Luft«.
also: $n_2 = \sqrt{1{,}5} = 1{,}22$.

Zu 2. Da $n_1 < n_2 < n_3$, wird das Licht zweimal am dichteren Medium reflektiert, also zweimal mit Phasensprung π, der damit unberücksichtigt bleiben kann.

Es gilt: $2d \cdot n_2 = \frac{\lambda}{2}$;

$$d = \frac{\lambda}{4} \cdot \frac{1}{n_2}$$

$$d = \frac{589 \cdot 10^{-9}\,\mathrm{m}}{4 \cdot 1{,}22} = 1{,}20 \cdot 10^{-7}\,\mathrm{m} = 120\,\mathrm{nm}.$$

S. 145/14

$\Delta s = 2\lambda$: 4 Bündel: (1)–(15); (16)–(30); (31)–(45); (46)–(60).
Auslöschung jeweils für (1) und (16), (31) und (46) usw.
$\Delta s = 3\lambda$: 6 Bündel: (1)–(10); (11)–(20) usw.

S. 146/15

$\Delta s = 5 \cdot \frac{\lambda}{2}$: 5 Bündel: (1)–(12); (13)–(24); (25)–(36); (37)–(48); (49)–(60);
Die ersten 4 Bündel löschen sich jeweils gegenseitig aus (s.o.)
Es verbleibt Bündel (V): (49)–(60)

Die Strahlen (1) und (13) haben den Gangunterschied $\frac{\lambda}{2}$, also die Phasendifferenz $\pi = 180°$. Die Phasendifferenz zwischen (49) und (50) ist damit δ, $\delta = \frac{\pi}{12} = 15°$, und man erhält nebenstehendes Diagramm.

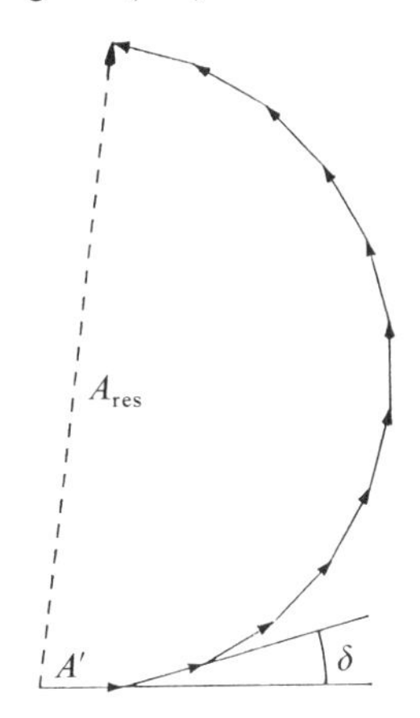

S. 149/16

Das 5. Maximum der Doppelspaltinterferenz fällt auf das erste Minimum der Einzelspaltbeugung:

$\frac{5 \cdot \lambda}{b} = \frac{\lambda}{B}$; $\frac{B}{b} = \frac{1}{5}$;

S. 154/1

Bei der wirklichen Intensitätsverteilung nimmt die Intensität der Hauptmaxima (und der Nebenmaxima) nach außen ab, weil sich die Beugung an den Einzelspalten überlagert. Werden die Einzelspalten schmäler (unter Beibehaltung des Abstands), dann wird die Beugungsfigur der Einzelspalte breiter und die Verteilung der Gesamtintensität nähert sich dem gezeichneten Idealfall.

S. 154/2

a) $\delta = 0$:

$A_{8\,\text{res}} = 8 \cdot A_8$; $(A_{8\,\text{res}})^2 = 64\,A_8^2$;

b) $\delta = \frac{\pi}{4}$ $\delta = \frac{\pi}{2}$

(doppelt durchlaufen)

$\delta = \frac{3\pi}{4} = 135°$ Jeweils $A_{8\,\text{res}} = 0$

Die Hauptmaxima werden schmäler.

c) $\delta = \frac{\pi}{8}$

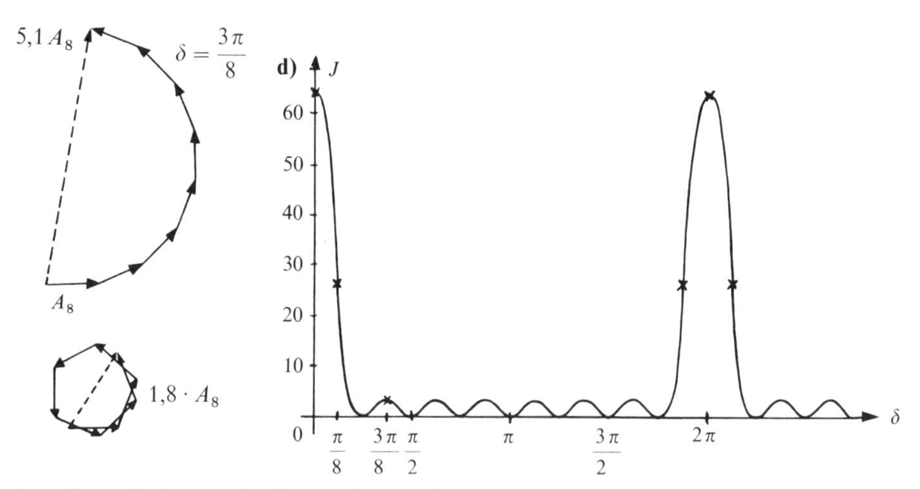

Aus Platzgründen wurde die J-Achse um den Faktor 2,5 gestaucht, wegen der Deutlichkeit der Darstellung der Nebenminima die δ-Achse um den Faktor 2 gestreckt.

S. 154/3

a) $\delta = 0°$ $\delta = 45°$

$\delta = 90°$ $\delta = 135°$

$\delta = 180°$ $\delta = 225°$

$\delta = 270°$ $\delta = 315°$

δ	0°	45°	90°	135°	180°	225°	270°	315°
$A_{2\,\mathrm{res}}$	$2A_2$	$1{,}85A_2$	$1{,}4A_2$	$0{,}75A_2$	0	$0{,}75A_2$	$1{,}4A_2$	$1{,}85A_2$
$A^2_{2\,\mathrm{res}}$	$4A_2^2$	$3{,}4A_2^2$	$2A_2^2$	$0{,}6A_2^2$	0	$0{,}6A_2^2$	$2A_2^2$	$3{,}4A_2^2$

b)

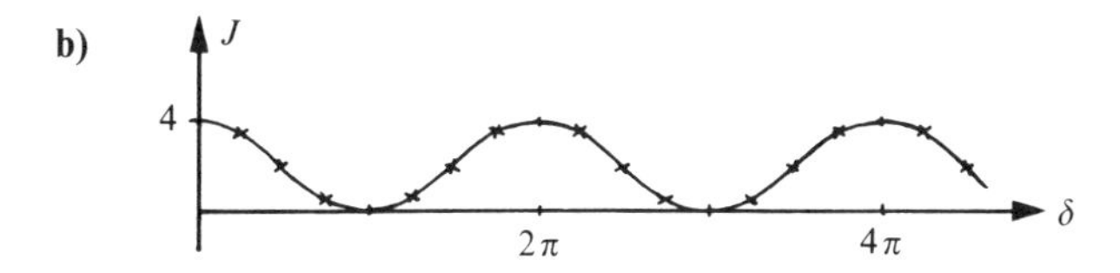

S. 160/4 **a)** $\bar{\lambda} = 6{,}46 \cdot 10^{-7}$ m; **b)** k = 62

S. 160/5 $\lambda = 5{,}46 \cdot 10^{-7}$ m

S. 160/6 $b = 2{,}00 \cdot 10^{-5}$ m; ca. 50 Striche/mm

S. 160/7 **a)** $\lambda_b = 433 \cdot 10^{-9}$ m; $b \geqq 1{,}85 \cdot 10^{-6}$ m

S. 160/8

b) 57 cm: blaues Ende; 122 cm: rotes Ende **c)** $\lambda_v = 390$ nm; $\lambda_r = 770$ nm

S. 161/9 $f_v = 7{,}69 \cdot 10^{14}$ Hz; $f_r = 3{,}9 \cdot 10^{14}$ Hz

S. 161/10

a) $\frac{3 \cdot \lambda_v}{b} < \frac{2 \cdot \lambda_R}{b}$; Überlappung **b)** $\frac{k \cdot \lambda_r}{b} \leqq 2{,}08$

S. 161/11

b) $x_0 = 0$ m; $x_1 = 250{,}3$ m; $x_2 = 502{,}5$ m; $x_3 = 758{,}6$ m : Maxima
$x'_1 = 125{,}0$ m; $x'_2 = 376{,}1$ m; $x'_3 = 630{,}0$ m : Minima

c) 6fache Amplitude

d) e) Maxima am gleichen Ort; Maxima jedoch schärfer

f) $x_{min} = 20{,}8$ m

S. 162/12

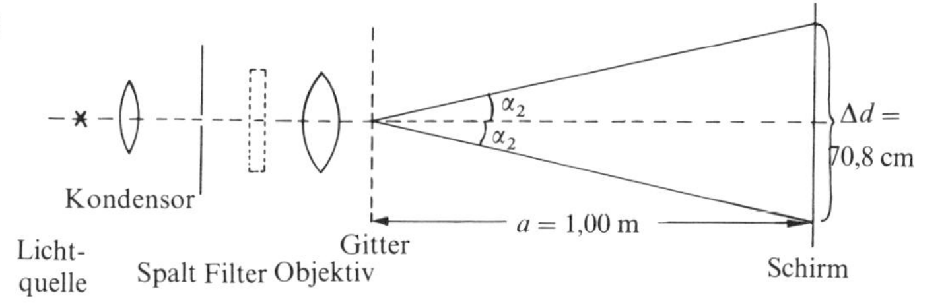

a) Kondensor: Zur Bündelung des divergenten Lichts.
Spalt: Erzeugen von kohärentem Licht.
Filter: Ausfiltern von Licht einer bestimmten Wellenlänge.
Objektiv: Zum Abbilden des Spalts auf dem Schirm.
Beugungsgitter: Erzeugen von Vielstrahlinterferenz durch Beugung.

b) Es gilt für das 2. Hauptmaximum:
$\Delta s_2 = 2 \cdot \lambda = b \cdot \sin\alpha_2$
und $d_2 = a \cdot \tan\alpha_2$ (s. Skizze bei a))
wegen der Symmetrie ist $\Delta d = 2 d_2$, also

$$d_2 = \frac{\Delta d}{2}.$$

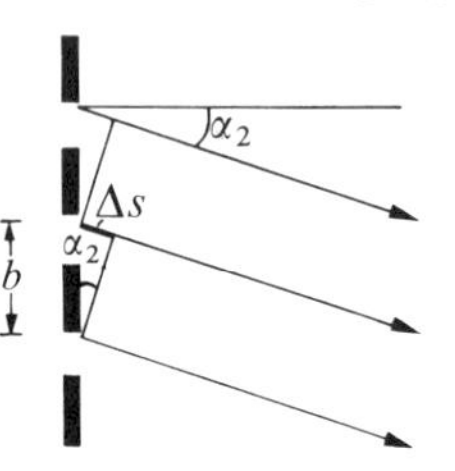

Damit gilt: $$\tan\alpha_2 = \frac{d_2}{a} = \frac{\Delta d}{2a} = \frac{70{,}8\text{ cm}}{2 \cdot 1{,}00\text{ m}} = 0{,}354\,;$$
$$\alpha_2 = 19{,}5^\circ\,;$$
$$b = \frac{2\lambda}{\sin\alpha_2} = \frac{2 \cdot 668 \cdot 10^{-9}\text{ m}}{\sin 19{,}5^\circ} = 4{,}00 \cdot 10^{-6}\text{ m}.$$

S. 162/13

Damit eine Größe sicher auf drei Stellen genau zu berechnen ist, muß für die Abschätzung des relativen Fehlers der Fall genommen werden, bei dem der relative Fehler am kleinsten ist:

$999 \pm 0{,}5$ relativer Fehler: $\frac{0{,}5}{999} \approx \frac{1}{2000}$

Verwendet man dagegen zur Abschätzung

$100 \pm 0{,}5$ relativer Fehler: $\frac{0{,}5}{100} \approx \frac{1}{200}$,

dann ist z. B. $538 \pm 0{,}5\% = 538 \pm \frac{1}{200} \cdot 538 = 538 \pm 2{,}7$ eben nicht auf 3 Stellen genau angebbar, die 3. Stelle ist um 3 Einheiten unsicher.
Damit die Hauptmaxima bis zur 3. Ordnung äquidistant sind, müßte gelten:

$d_3 - d_2 \approx d_1$ oder wegen der Genauigkeit auf drei Stellen $d_3 - d_2 < d_1 + \frac{1}{2000} d_1$

(Hier ist keine Abschätzung nach unten nötig, weil für die einzelnen Hauptmaxima die Sinuswerte der Ablenkwinkel $\left(\sin\alpha_k = k \cdot \frac{\lambda}{b}\right)$ proportional zu k anwachsen, in $d_k = a \cdot \tan\alpha_k$ die Tangenswerte dagegen überproportional ansteigen.)
Diese Rechnung muß auf eine Bedingung für die Wellenlänge λ führen. Die Rechnung ist so nicht durchführbar, sie wird viel zu kompliziert. Wir schätzen lieber ab, ob d_3 (auf 3 Stellen genau) gleich $3 d_1$ ist, ob also d_k proportional zur Ordnungszahl k anwächst.

Also: $d_3 < 3 d_1 + \frac{1}{2000} d_3$

(d_3 soll um weniger als die Hälfte seiner 3. Stelle größer sein als $3 d_1$)

$0{,}9995\, d_3 < 3 d_1$

Es ist aber $d_1 = a \cdot \tan\alpha_1 = a \cdot \frac{\sin\alpha_1}{\sqrt{1-\sin^2\alpha_1}} = a \cdot \frac{\lambda}{b\sqrt{1-\frac{\lambda^2}{b^2}}} = \frac{a\cdot\lambda}{\sqrt{b^2-\lambda^2}}$;

$$d_3 = a \cdot \tan\alpha_3 = a \cdot \frac{\sin\alpha_3}{\sqrt{1-\sin^2\alpha_3}} = \frac{3a\cdot\lambda}{\sqrt{b^2-9\lambda^2}};$$

Also $\quad 0{,}9995 \cdot \frac{3\cdot a\cdot\lambda}{\sqrt{b^2-9\lambda^2}} < \frac{3\cdot a\cdot\lambda}{\sqrt{b^2-\lambda^2}}$

$$0{,}9995 \cdot \sqrt{b^2-\lambda^2} < \sqrt{b^2-9\lambda^2}$$

$$0{,}9995^2 b^2 - 0{,}9995^2\lambda^2 < b^2 - 9\lambda^2$$

$$(9-0{,}9995^2)\lambda^2 < (1-0{,}9995^2)b^2$$

$$\lambda^2 < \frac{1-0{,}9995^2}{9-0{,}9995^2}\,b^2$$

$$\lambda < 0{,}01118\,b.$$

Probe: $\quad a = 2{,}970$ m

$$\sin\alpha_1 = \frac{\lambda}{b} = 0{,}01118; \quad \alpha_1 = 0{,}640°; \quad d_1 = 0{,}03320 \text{ m}$$

$$\sin\alpha_2 = \frac{2\lambda}{b} = 0{,}01236; \quad \alpha_2 = 1{,}281°; \quad d_2 = 0{,}06642 \text{ m}$$

$$\sin\alpha_3 = \frac{3\lambda}{b} = 0{,}03353; \quad \alpha_3 = 1{,}922°; \quad d_3 = 0{,}09965 \text{ m} \approx 0{,}0997 \text{ m}$$

$$3 \cdot d_1 = 0{,}09960 \text{ m} \approx 0{,}0996 \text{ m}$$

Also Übereinstimmung ca. auf eine halbe Einheit der 3. Stelle.
Außerdem ist $d_3 - d_2 = 0{,}03323 \text{ m} \approx 0{,}0332 \text{ m} = d_1$

S. 163/14

a) $\sin\alpha_1 = \frac{\lambda}{b} = \frac{b}{3b} = \frac{1}{3}$; d. h. $\alpha_1 = 19°$;

$$d_1 = a \cdot \tan\alpha_1 = 0{,}50 \text{ m} \cdot \tan 19° = 0{,}177 \text{ m}.$$

$\sin\alpha_2 = \frac{2\lambda}{b} = \frac{2b}{3b} = \frac{2}{3}$; d. h. $\alpha_2 = 42°$;

$$d_2 = a \cdot \tan\alpha_2 = 0{,}50 \text{ m} \cdot \tan 42° = 0{,}447 \text{ m}.$$

$\Delta d = d_2 - d_1 = 0{,}447 \text{ m} - 0{,}177 \text{ m} = 0{,}270 \text{ m}.$

b) $\Delta s = |\overline{A'B} - \overline{AB'}|$

$\Delta s = |b \cdot \sin\alpha - b \cdot \sin\alpha_n| = b \cdot |\sin\alpha - \sin\alpha_n|$

n-tes Hauptmaximum: $\Delta s = n \cdot \lambda$

also: $\quad n \cdot \lambda = b \cdot |\sin\alpha - \sin\alpha_n|$

$$\frac{n\cdot\lambda}{b} = |\sin\alpha - \sin\alpha_n|$$

Fall 1: $\alpha > \alpha_n$;

$$\frac{n \cdot \lambda}{b} = \sin\alpha - \sin\alpha_n;$$

$$\sin\alpha_n = \sin\alpha - \frac{n \cdot \lambda}{b};$$

Fall 2: $\frac{n \cdot \lambda}{b} = \sin\alpha_n - \sin\alpha$;

$$\sin\alpha_n = \sin\alpha + \frac{n \cdot \lambda}{b};$$

Zusammengefaßt: $\sin\alpha_n = \sin\alpha \pm \frac{n \cdot \lambda}{b}$.

S. 164/15

Benötigtes Auflösungsvermögen für die Natriumlinien:

$$A' = \frac{\lambda}{\Delta\lambda} = \frac{\lambda_1}{\lambda_2 - \lambda_1} = \frac{589\ \text{nm}}{0{,}6\ \text{nm}} = 982$$

Das ist größer als das gegebene Auflösungsvermögen. Die Trennung der Linien ist nicht möglich.

S. 165/16

a) $d_1 = a \cdot \tan\alpha_1$; $\sin\alpha_1 = \frac{\lambda}{b}$;

$$\sin\alpha_1 = \frac{633 \cdot 10^{-9}\ \text{m}}{1{,}0 \cdot 10^{-3}\ \text{m}} \cdot 600 = 0{,}38; \quad \alpha_1 = 22{,}3°;$$

$$d_1 = 0{,}30\ \text{m} \cdot \tan 22{,}3° = 0{,}123\ \text{m};$$

Abstand: $2d_1 = 0{,}246$ m;

b) $\Delta s \leqq b$: $k \cdot \lambda \leqq b$; $k \leqq \frac{1{,}0 \cdot 10^{-3}\ \text{m}}{600 \cdot 6{,}33 \cdot 10^{-7}\ \text{m}} = 2{,}6$

Es treten Maxima bis zur 2. Ordnung einschließlich auf. Auf dem Mattglas beobachtbar sind nur die mit $k \leqq 1$, weil $\alpha_2 = 49{,}3°$; $\alpha_{max} = 45°$!

c) s. S. 116

$$n \cdot \Delta s_w = k \cdot \lambda_L \quad \text{oder} \quad \Delta s_W = k \cdot \frac{\lambda_L}{n} = k \cdot \lambda_W;$$

$$d_{1w} = \frac{0{,}178\ \text{m}}{2}; \quad \tan\alpha_{1w} = \frac{0{,}178\ \text{m}}{2 \cdot 0{,}300\ \text{m}}; \quad \alpha_{1w} = 16{,}5°;$$

$$\lambda_w = \frac{\lambda_L}{n} = b \cdot \sin\alpha_{1w} = \frac{1{,}0 \cdot 10^{-3}\ \text{m}}{600} \cdot \sin 16{,}5°$$

$$= 474\ \text{nm};$$

$$n = \frac{\lambda_L}{\lambda_w} = \frac{633}{474} = 1{,}34;$$

d) $\Delta s_W \leqq b$; $k_w \cdot \lambda_w \leqq b$; $k_w \leqq \dfrac{1{,}0 \cdot 10^{-3}\,\text{m}}{600 \cdot 4{,}74 \cdot 10^{-7}\,\text{m}} = 3{,}5$;

Bis k = 3 treten Maxima auf; beobachtbar sind die mit $k \leqq 2$, weil $\alpha_3 = 58{,}6°$; $\alpha_{max} = 45°$!

S. 167/1

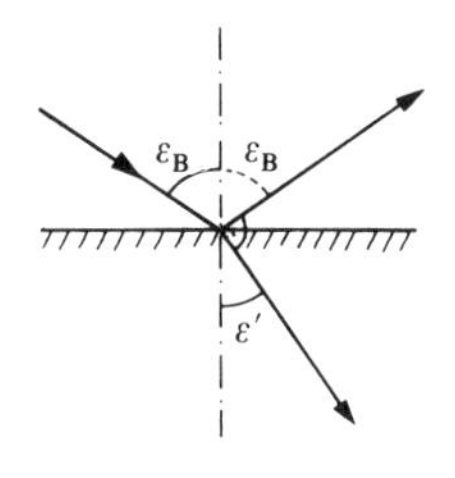

$\dfrac{\sin \varepsilon_B}{\sin \varepsilon'} = n$ (Brechungsgesetz)

$\varepsilon_B + 90° + \varepsilon' = 180°$

$\varepsilon' = 90° - \varepsilon_B$

$\sin \varepsilon' = \cos \varepsilon_B$

also $\dfrac{\sin \varepsilon_B}{\sin \varepsilon'} = \dfrac{\sin \varepsilon_B}{\cos \varepsilon_B} = \tan \varepsilon_B = n$

$\tan \varepsilon_B = 1{,}5$ für Glas. Also $\varepsilon_B = 56{,}3°$.

S. 167/2

Parallel zur gezeichneten Stellung.

S. 168/3

Das Licht der Lampe schwingt statistisch verteilt in allen möglichen Schwingungsrichtungen senkrecht zur Ausbreitungsrichtung. Bei der Glasplatte werden nur die Komponenten senkrecht zur Einfallsebene reflektiert (zu einem bestimmten Anteil).
Durch das Einbringen des Polarisationsfilters ist das auf die Glasplatte auftreffende Licht schon polarisiert: Schwingt es senkrecht zur Einfallsebene, reflektiert die Glasplatte wie vorher, weil alle Senkrechtkomponenten auftreffen. Schwingt es in der Einfallsebene, wird nichts reflektiert. Zwischen diesen beiden Extremfällen ändert sich die Intensität kontinuierlich.

S. 174/1

Gegeben: $d = 4{,}0 \cdot 10^{-2}$ m; $\lambda = 3{,}2 \cdot 10^{-2}$ m

Braggsche Bedingung: $2d \cdot \sin \alpha_k = k \cdot \lambda$; $\sin \alpha_k = \dfrac{k \cdot \lambda}{2d}$;

$$\sin \alpha_1 = \frac{3{,}2 \cdot 10^{-2}\,\text{m}}{2 \cdot 4{,}0 \cdot 10^{-2}\,\text{m}} = 0{,}4; \quad \alpha_1 = 23{,}6°$$

$$\sin \alpha_2 = 0{,}8; \quad \alpha_2 = 53{,}1°.$$

S. 175/2

Kochsalz: $\alpha_1 = 7{,}5°$; $\lambda = 2d \cdot \sin \alpha_1 = 2 \cdot 2{,}82 \cdot 10^{-10}\,\text{m} \cdot \sin 7{,}5°$;

$\lambda = 7{,}36 \cdot 10^{-11}$ m;

$\alpha_2 = 15{,}5°$; $2 \cdot \lambda = 2d \cdot \sin \alpha_2$

$\lambda = d \cdot \sin \alpha_2 = 2{,}82 \cdot 10^{-10}\,\text{m} \cdot \sin 15{,}5°$

$\lambda = 7{,}54 \cdot 10^{-11}$ m;

$\alpha_3 = 22{,}7^\circ$; $\quad 3 \cdot \lambda = 2d \cdot \sin\alpha_3$

$\lambda = \frac{2}{3}d \cdot \sin\alpha_3 = \frac{2}{3} \cdot 2{,}82 \cdot 10^{-10}\,\text{m} \cdot \sin 22{,}7^\circ$

$\lambda = 7{,}26 \cdot 10^{-11}\,\text{m}$;

Lithiumfluorid: $\alpha_1 = 9{,}9^\circ$; $\quad \lambda = 2d \cdot \sin\alpha_1 = 2 \cdot 2{,}01 \cdot 10^{-10}\,\text{m} \cdot \sin 9{,}9^\circ$;

$\lambda = 6{,}91 \cdot 10^{-11}\,\text{m}$;

$\alpha_2 = 20{,}7^\circ$; $\quad 2 \cdot \lambda = 2d \cdot \sin\alpha_2$;

$\lambda = d \cdot \sin\alpha_2 = 2{,}01 \cdot 10^{-10}\,\text{m} \cdot \sin 20{,}7^\circ$;

$\lambda = 7{,}10 \cdot 10^{-11}\,\text{m}$;

$\alpha_3 = 30{,}9^\circ$; $\quad 3 \cdot \lambda = 2d \cdot \sin\alpha_3$;

$\lambda = \frac{2}{3}d \cdot \sin\alpha_3 = \frac{2}{3} \cdot 2{,}01 \cdot 10^{-10}\,\text{m} \cdot \sin 30{,}9^\circ$;

$\lambda = 6{,}88 \cdot 10^{-11}\,\text{m}$;

Mittelwert $\bar{\lambda} = 7{,}2 \cdot 10^{-11}\,\text{m}$.

S. 176/3

a)

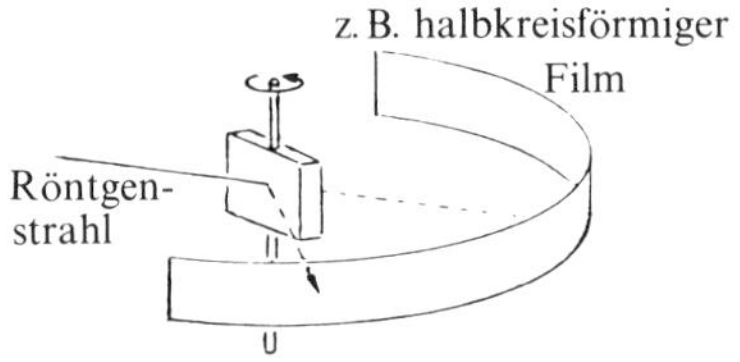

z. B. halbkreisförmiger Film

Röntgenstrahl

Der Film kann auch fast einen Vollkreis um die Auftreffstelle beschreiben.

Der Kristall wird gleichförmig gedreht. Wenn die Auftreffwinkel α zwischen der Strahlrichtung und den Kristallebenen der Braggschen Beziehung

$2d \cdot \sin\alpha_k = k \cdot \lambda$

genügen, wird Röntgenstrahlung reflektiert und schwärzt den Film an den Stellen $2\alpha_k$ gegen die ursprüngliche Richtung.

b) $\lambda = 0{,}85 \cdot 10^{-10}\,\text{m}$; $\quad d = 2{,}8 \cdot 10^{-10}\,\text{m}$; $\quad r = 0{,}40\,\text{m}$.

Ablenkwinkel $\beta_k = 2\alpha_k$; $\quad$ Bogen $b_k = \beta_k \cdot r \cdot \dfrac{\pi}{180^\circ}$;

$$\sin\alpha_k = k \cdot \frac{\lambda}{2d} = k \cdot \frac{0{,}85 \cdot 10^{-10}\,\text{m}}{2 \cdot 2{,}8 \cdot 10^{-10}\,\text{m}} = k \cdot 0{,}15.$$

$\sin\alpha_1 = 0{,}15$; $\quad \alpha_1 = 8{,}73^\circ$; $\quad \beta_1 = 17{,}5^\circ$; $\quad b_1 = 0{,}122\,\text{m}$;

$\sin\alpha_2 = 0{,}30$; $\quad \alpha_2 = 17{,}7^\circ$; $\quad \beta_2 = 35{,}3^\circ$; $\quad b_2 = 0{,}247\,\text{m}$;

$\sin\alpha_3 = 0{,}46$; $\quad \alpha_3 = 27{,}1^\circ$; $\quad \beta_3 = 54{,}2^\circ$; $\quad b_3 = 0{,}378\,\text{m}$;

$\sin\alpha_4 = 0{,}61$; $\quad \alpha_4 = 37{,}4^\circ$; $\quad \beta_4 = 74{,}8^\circ$; $\quad b_4 = 0{,}522\,\text{m}$;

$\sin\alpha_5 = 0{,}76$; $\quad \alpha_5 = 49{,}4$; $\quad \beta_5 = 98{,}7^\circ$; $\quad b_5 = 0{,}689\,\text{m}$;

$\sin\alpha_6 = 0{,}91$; $\quad \alpha_6 = 65{,}6^\circ$; $\quad \beta_6 = 131{,}2^\circ$; $\quad b_6 = 0{,}919\,\text{m}$;

$\sin\alpha_7 = 1{,}06$; $\quad \alpha_7$ existiert nicht mehr.

Dabei ist angenommen, daß der Halbkreis so angeordnet ist, daß der Film noch getroffen wird.

S. 182/1

Die kinetische Energie nach dem Durchlaufen der Potentialdifferenz U ist gleich der Arbeit, die durch das elektr. Feld verrichtet wird:

$$\tfrac{1}{2} m_e v^2 = e \cdot U$$

$$v = \sqrt{2 \frac{e}{m_e} \cdot U}$$

$$v = \sqrt{2 \cdot 1{,}7588 \cdot 10^{11} \frac{\mathrm{C}}{\mathrm{kg}} \cdot 20 \cdot 10^3\,\mathrm{V}}$$

$$v = 8{,}4 \cdot 10^7 \frac{\mathrm{m}}{\mathrm{s}}.$$

Die Elektronen werden durch die Spannung 20 kV auf die Geschwindigkeit $8{,}4 \cdot 10^7 \frac{\mathrm{m}}{\mathrm{s}}$ beschleunigt.
Beschleunigung auf Lichtgeschwindigkeit nach klassischer Rechnung:

$$U = \frac{1}{2} \frac{m_e}{e} \cdot c^2 = \frac{c^2}{2 \cdot \frac{e}{m_e}} = \frac{9{,}0 \cdot 10^{16} \frac{m^2}{\mathrm{s}^2}}{2 \cdot 1{,}7588 \cdot 10^{11} \frac{\mathrm{C}}{\mathrm{kg}}}$$

$$U = 2{,}6 \cdot 10^5\,\mathrm{V} = 260\,\mathrm{kV}.$$

S. 182/2

$$\tfrac{1}{2} m_\alpha v^2 = W_{\mathrm{kin}}$$

$$v = \sqrt{\frac{2\,W_{\mathrm{kin}}}{m_\alpha}} = \sqrt{\frac{2 \cdot 5{,}0 \cdot 10^6 \cdot 1{,}6 \cdot 10^{-19}\,\mathrm{J}}{6{,}644 \cdot 10^{-27}\,\mathrm{kg}}} = 1{,}6 \cdot 10^7 \frac{\mathrm{m}}{\mathrm{s}}.$$

S. 185/3

a) A bewegt sich mit $0{,}8\,c$ nach links
B bewegt sich mit $1{,}3\,c$ nach links

b) A bewegt sich mit $0{,}5\,c$ nach rechts
C bewegt sich mit $1{,}3\,c$ nach rechts

S. 188/1

Meerestiefe h; Laufzeit $\Delta t = 3{,}728$ s;

Schallgeschwindigkeit $c = 1480 \frac{\mathrm{m}}{\mathrm{s}}$;

$$2h = c \cdot \Delta t$$

$$h = \frac{c \cdot \Delta t}{2}$$

$$h = \frac{1480 \frac{\mathrm{m}}{\mathrm{s}} \cdot 3{,}728\,\mathrm{s}}{2} = 2759\,\mathrm{m}.$$

S. 188/2

$l = 380\,000\text{ km} = 3{,}8 \cdot 10^8\text{ m}$;

$c = (299\,792\,458 \pm 1{,}2)\,\frac{\text{m}}{\text{s}} = c_0 \pm \Delta c$

Zeitmeßfehler bleiben unberücksichtigt.
Das Lasersignal ist insgesamt die Zeit t unterwegs.

Dann gilt: $l_0 = c_0 \cdot \frac{t}{2}$; $\frac{t}{2} = \frac{l_0}{c_0}$

l_0 wäre der exakte Wert der Mondentfernung

Wegen der Unsicherheit der Lichtgeschwindigkeit ergibt sich

$$l = l_0 \pm \Delta l = (c_0 \pm \Delta c) \cdot \frac{t}{2}$$

$$l_0 \pm \Delta l = c_0 \cdot \frac{t}{2} \pm \Delta c \cdot \frac{l_0}{c_0}$$

$$l_0 \pm \Delta l = l_0 \pm \Delta c \cdot \frac{l_0}{c_0}$$

$$\Delta l = \Delta c \cdot \frac{l_0}{c_0}$$

$$\Delta l = 1{,}2\,\frac{\text{m}}{\text{s}} \cdot \frac{3{,}8 \cdot 10^8\text{ m}}{3{,}0 \cdot 10^8\,\frac{\text{m}}{\text{s}}}$$

(Δc ist nur auf 2 Stellen genau gegeben, größere Genauigkeit für c_0 daher unnötig.)

$$\Delta l = 1{,}5\text{ m}.$$

Die Meßstrecke ist (abgesehen von weiteren Fehlern) auf 1,5 m genau zu messen.

S. 189/3

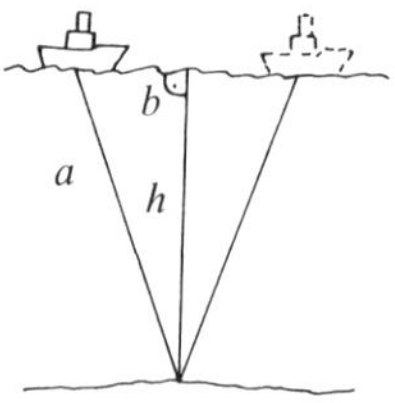

a b h

Meerestiefe h; Laufzeit $\Delta t = 3{,}728$ s;

Schallgeschwindigkeit $c = 1480\,\frac{\text{m}}{\text{s}}$;

Schiffsgeschwindigkeit $v = 40{,}00\,\frac{\text{km}}{\text{h}}$

$$v = 11{,}11\,\frac{\text{m}}{\text{s}}.$$

$$h = \sqrt{a^2 - b^2} = \sqrt{\left(c \cdot \frac{\Delta t}{2}\right)^2 - \left(v \cdot \frac{\Delta t}{2}\right)^2} = \frac{\Delta t}{2}\sqrt{c^2 - v^2}$$

$$h = \frac{\Delta t}{2} \cdot c\sqrt{1 - \left(\frac{v}{c}\right)^2}$$

$$h = \frac{3{,}728\ \text{s}}{2} \cdot 1480\ \frac{\text{m}}{\text{s}} \sqrt{1 - \left(\frac{11{,}11}{1480}\right)^2}$$

$$= 2759\ \text{m} \cdot \sqrt{1 - 0{,}00005636}$$

$$= 2759\ \text{m} \cdot 0{,}999972$$

$$= 2759\ \text{m} \qquad \text{wie bei Aufgabe 1.}$$

Die Schiffsgeschwindigkeit ist relativ zur Schallgeschwindigkeit zu gering, um eine Rolle zu spielen.

S. 189/4

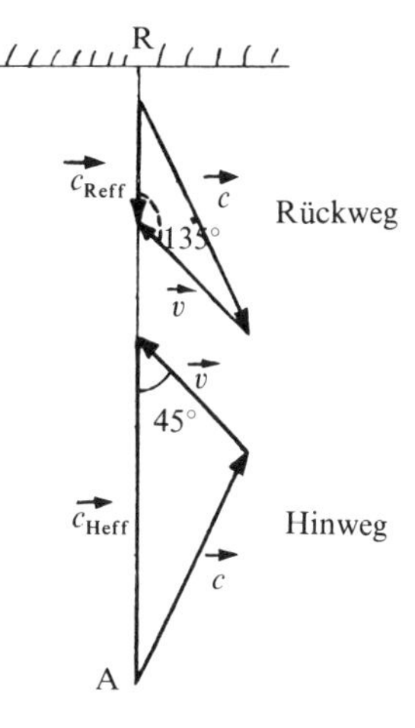

Hinweg:

$$c^2 = v^2 + c_{\text{H eff}}^2 - 2\,v c_{\text{H eff}} \cdot \cos 45^\circ$$

$$c^2 = v^2 + c_{\text{H eff}}^2 - 2\,v \cdot \tfrac{1}{2}\sqrt{2} \cdot c_{\text{H eff}}$$

$$c_{\text{H eff}}^2 - \sqrt{2}\,v c_{\text{H eff}} - (c^2 - v^2) = 0$$

$$c_{\text{H eff}} = \frac{\sqrt{2}\,v\,(\pm)\sqrt{2v^2 + 4c^2 - 4v^2}}{2}$$

Die Lösung mit dem Minuszeichen kommt nicht in Betracht, da ein negativer Geschwindigkeitsbetrag sinnlos ist.

also: $$c_{\text{H eff}} = \frac{\sqrt{2}}{2}\,v + c\sqrt{1 - \frac{v^2}{2c^2}}$$

Rückweg: $$c^2 = v^2 + c_{\text{R eff}}^2 - 2\,v \cdot c_{\text{R eff}} \cdot \cos 135^\circ$$

$$c^2 = v^2 + c_{\text{R eff}}^2 + 2 \cdot v \cdot \tfrac{1}{2}\sqrt{2} \cdot c_{\text{R eff}}$$

$$c_{\text{R eff}}^2 + \sqrt{2} \cdot v \cdot c_{\text{R eff}} - (c^2 - v^2) = 0\,;$$

$$c_{\text{R eff}} = \frac{-\sqrt{2}\,v\,(\pm)\sqrt{2v^2 + 4c^2 - 4v^2}}{2}$$

also: $$c_{\text{R eff}} = -\frac{\sqrt{2}}{2}\,v + c\sqrt{1 - \frac{v^2}{2c^2}}$$

Laufzeit: $$T_{\text{ARA}} = T_{\text{AR}} + T_{\text{RA}} = \frac{l}{c_{\text{H eff}}} + \frac{l}{c_{\text{R eff}}}$$

$$T_{\text{ARA}} = \frac{l}{\frac{\sqrt{2}}{2}\,v + c\sqrt{1 - \frac{v^2}{2c^2}}} + \frac{l}{-\frac{\sqrt{2}}{2}\,v + c\sqrt{1 - \frac{v^2}{2c^2}}}$$

$$= \frac{l\left[-\frac{\sqrt{2}}{2}\,v + c\sqrt{1 - \frac{v^2}{2c^2}} + \frac{\sqrt{2}}{2}\,v + c\sqrt{1 - \frac{v^2}{2c^2}}\right]}{-\frac{1}{2}\,v^2 + c^2\left(1 - \frac{v^2}{2c^2}\right)}$$

$$= \frac{l \cdot 2c\sqrt{1 - \frac{v^2}{2c^2}}}{c^2 - v^2} = \frac{2l}{c} \cdot \frac{\sqrt{1 - \frac{v^2}{2c^2}}}{1 - \frac{v^2}{c^2}}$$

S. 189/5

a) Laufzeit bei Windstille:

$$T_{\text{ARA}} = \frac{2l}{c} = \frac{2 \cdot 200{,}0\ \text{m}}{340{,}0\ \frac{\text{m}}{\text{s}}} = 1{,}176\ \text{s}$$

Laufzeit bei Rücken-/Gegenwind:

$$T_{\text{ARA}} = \frac{2l}{c} \cdot \frac{1}{1 - \left(\frac{v}{c}\right)^2} = 1{,}176\ \text{s} \cdot \frac{1}{1 - \left(\frac{17{,}00}{340{,}0}\right)^2}$$

$$= 1{,}176\ \text{s} \cdot \frac{1}{0{,}9975}$$

$$= 1{,}176\ \text{s} \cdot 1{,}00251 = 1{,}179\ \text{s}; \qquad \text{Vergrößerung um rund } 0{,}25\%$$

Laufzeit bei Seitenwind:

$$T_{\text{ARA}} = \frac{2l}{c} \cdot \frac{1}{\sqrt{1 - \left(\frac{v}{c}\right)^2}} = 1{,}176\ \text{s} \cdot \frac{1}{\sqrt{1 - \left(\frac{17{,}00}{340{,}0}\right)^2}} = 1{,}176\ \text{s} \cdot \frac{1}{0{,}99875}$$

$$= 1{,}176\ \text{s} \cdot 1{,}00125 = 1{,}178\ \text{s}; \qquad \text{Vergrößerung um rund } 0{,}125\%.$$

Der Wert von $\left(\frac{v}{c}\right)^2$ ist 0,0025, d.h. v^2 beträgt 0,25% von c^2.

Der Laufzeitzuwachs bei Rücken-/Gegenwind ist in der Größenordnung von $\left(\frac{v}{c}\right)^2$, bei Seitenwind nur halb so groß.

b)

$$\frac{T\,(\text{Rücken-/Gegenwind})}{T\,(\text{Windstille})} = \frac{\frac{2l}{c} \cdot \frac{1}{1 - \left(\frac{v}{c}\right)^2}}{\frac{2l}{c}} = \frac{1}{1 - \left(\frac{v}{c}\right)^2}$$

$$\frac{T\,(\text{Seitenwind})}{T\,(\text{Windstille})} = \frac{\frac{2l}{c} \cdot \frac{1}{\sqrt{1 - \left(\frac{v}{c}\right)^2}}}{\frac{2l}{c}} = \frac{1}{\sqrt{1 - \left(\frac{v}{c}\right)^2}}$$

c)

x	0,01	0,02	0,05	0,1	0,2	0,5	Übereinstimmung auf $1 \cdot 10^{-3}$
$\frac{1}{1-x}$	1,0101	1,0204	1,0526	1,1111	1,2500	2,0000	bis 0,02
$1+x$	1,0100	1,0200	1,0500	1,100	1,2000	1,5000	
$\frac{1}{\sqrt{1-x}}$	1,0050	1,0102	1,0260	1,0541	1,1180	1,4142	bis 0,05
$1+\frac{x}{2}$	1,0050	1,0100	1,0250	1,0500	1,1000	1,2500	

Abschätzung:

Wann unterscheidet sich $\frac{1}{1-x}$ von $1+x$ um weniger als ein Tausendstel von $\frac{1}{1-x}$?

$$\frac{1}{1-x} - (1+x) < \frac{1}{1000} \cdot \frac{1}{1-x}.$$

Für $x < 1$ Multiplikation mit $1 - x$

$$1 - (1 - x^2) < \frac{1}{1000}$$

$$x^2 < \frac{1}{1000}$$

$$|x| < \frac{\sqrt{10}}{100} = 0{,}0316.$$

Für $\frac{1}{\sqrt{1-x}}$ ist keine einfache Abschätzung möglich.

S. 190/6

$$\text{Geschwindigkeit} = \frac{\text{Bahnumfang}}{\text{Dauer eines Jahres}}$$

$$v = \frac{2\pi \cdot r}{t} = \frac{2\pi \cdot 1{,}49 \cdot 10^{11}\,\text{m}}{365{,}25 \cdot 24 \cdot 3600\,\text{s}} = 29{,}7\,\frac{\text{km}}{\text{s}}$$

$$\frac{v}{c} = \frac{29{,}7\,\frac{\text{km}}{\text{s}}}{300\,000\,\frac{\text{km}}{\text{s}}} \approx 10^{-4}$$

S. 195/7

a) 1. Variante

Der Beobachter auf dem Zug sendet ein Signal vom Punkt A über den Spiegel B zum Punkt C, wobei sich für den Beobachter auf dem Bahnsteig der Punkt C während der Laufzeit des Signals bis zum ehemaligen Standort des Punktes A bewegt hat.

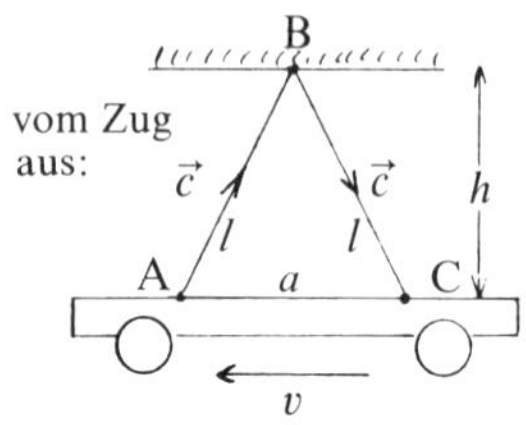

Für den Beobachter am Bahnsteig läuft das Lichtsignal also nur zwischen A und B hin und her.

Für ihn ist $\Delta t = \frac{2h}{c} = \frac{2\sqrt{l^2 - \left(\frac{a}{2}\right)^2}}{c}$, für den Beobachter im Zug ist $\Delta t' = \frac{2l}{c}$.

Also ist $\frac{\Delta t'}{\Delta t} = \frac{l}{\sqrt{l^2 - \left(\frac{a}{2}\right)^2}}$.

Außerdem ist $2l = c \cdot \Delta t'$ (Laufzeit im Zugsystem)

$a = v \cdot \Delta t'$

also $\frac{\Delta t'}{\Delta t} = \frac{1}{\sqrt{1 - \left(\frac{a}{2l}\right)^2}} = \frac{1}{\sqrt{1 - \left(\frac{v}{c}\right)^2}}$; und $\frac{\Delta t}{\Delta t'} = \sqrt{1 - \left(\frac{v}{c}\right)^2}$

b) 2. Variante

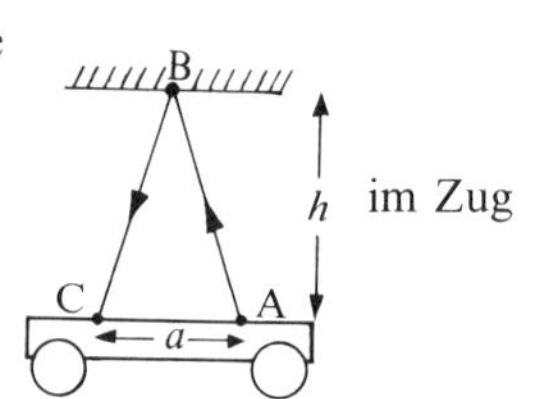

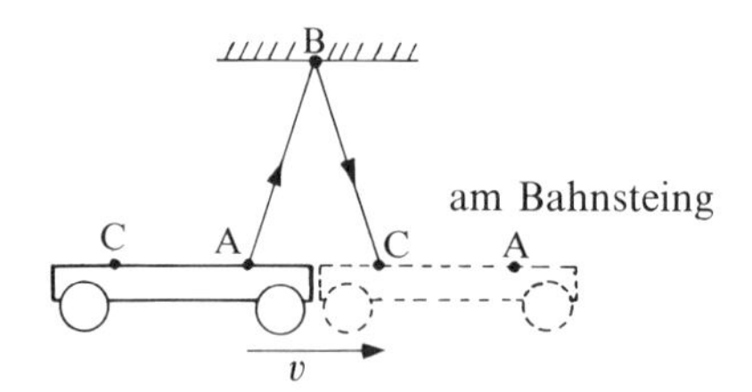

Fährt der Zug während der Laufzeit des Signals von der schwarz gezeichneten Position in die gestrichelte Position, so sind für beide Beobachter die Weglängen und damit die Zeiten gleich. Das heißt, daß sich der Zug während der Laufzeit T um die Strecke $2a$ bewegt hat.

$v = \frac{2a}{T}$; Außerdem gilt $c = \frac{2\sqrt{h^2 + \left(\frac{a}{2}\right)^2}}{T}$

also ist $T = \frac{2a}{v} = \frac{2\sqrt{h^2 + \left(\frac{a}{2}\right)^2}}{c}$ damit $\frac{v}{c} = \frac{a}{\sqrt{h^2 + \left(\frac{a}{2}\right)^2}}$

S. 195/8

Lichtsignale sind erheblich schneller als Schallsignale. Das hat den Vorteil, daß man innerhalb einer kurzen Zeit mehrere Laufzeitmessungen durchführen kann. Lichtsignale sind unabhängig von der Bewegung eines Trägers und deshalb immer unabhängig von der Richtung der Aussendung.
Für den Schall gibt es ein ausgezeichnetes Inertialsystem, nämlich das im Trägermedium ruhende. Es besitzt gegenüber allen anderen eine Sonderstellung (kürzeste Laufzeit!). Für Licht gibt es kein ausgezeichnetes Inertialsystem.

S. 195/9

Siehe S. 193.

S. 200/1

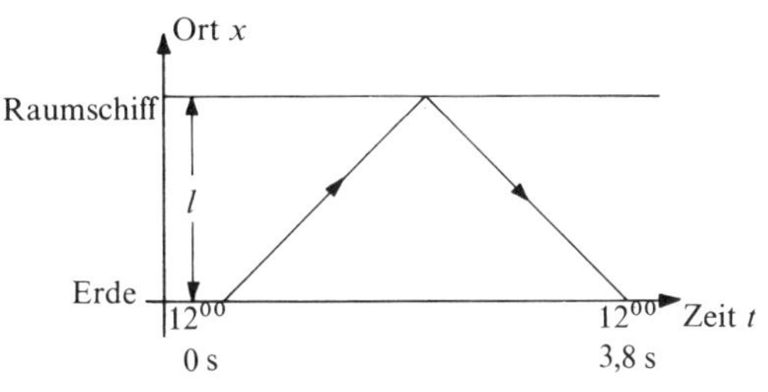

a) Entfernung Raumschiff–Erde: l

$$l = c \cdot \frac{T}{2} = 3{,}0 \cdot 10^8 \frac{\text{m}}{\text{s}} \cdot \frac{3{,}8\text{ s}}{2} = 5{,}7 \cdot 10^8\text{ m} = 5{,}7 \cdot 10^5\text{ km}.$$

b) Der Raumfahrer rechnet, daß das Signal um $\Delta t = \frac{l}{c}$ verzögert bei ihm eintrifft.

$$\Delta t = \frac{5{,}7 \cdot 10^8\text{ m}}{3{,}0 \cdot 10^8 \frac{\text{m}}{\text{s}}} = 1{,}9\text{ s} = \frac{T}{2};$$

Beim Eintreffen des 13-Uhr-Signals ist es also tatsächlich 13 Uhr und 1,9 s.

c) Auf der Erde:
Wenn die Rückkehrzeit des 12-Uhr-Signals und die des 13-Uhr-Signals gleich ist.
Auf dem Raumschiff:
Wenn das 13-Uhr-Signal genau eine Stunde nach dem 12-Uhr-Signal eintrifft. Ist der Zeitunterschied größer, so bewegt sich das Raumschiff weg, ist der Zeitunterschied kleiner, bewegt es sich auf die Erde zu.

S. 201/2

a)

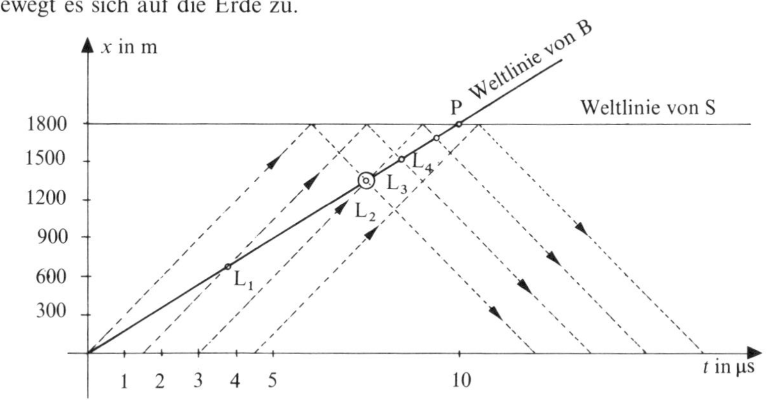

b) P (10 μs/1800 m)

d) Es sind 4 Punkte: L_1, L_2, L_2, L_3, wobei in L_2 2 Lichtsignale aus entgegengesetzten Richtungen B passieren.

S. 203/1

z. B. für $v = 0{,}02\,c$;

x
R_1
A-Diagramm $(t; x)$
Weltlinie von B.
t
R_2

Die Ereignisse R_1 und R_2 sind für B gleichzeitig, für A fast gleichzeitig.

S. 204/2

a)

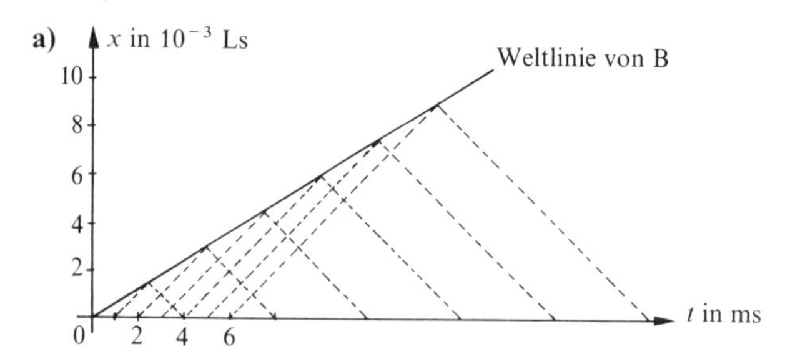

Signal: $\tau = 1$ ms; $f = 1$ kHz;
Echo: $\bar{\tau} = 4$ ms; $f = 0{,}25$ kHz

b)

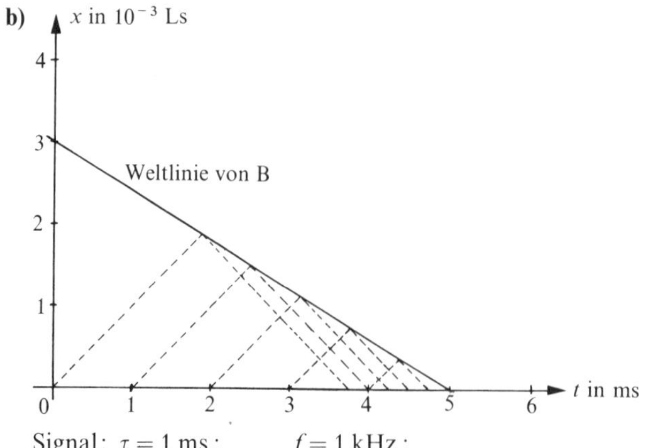

Signal: $\tau = 1$ ms; $f = 1$ kHz;
Echo: $\bar{\tau} = \frac{1}{4}$ ms; $f = 4$ kHz

S. 206/3

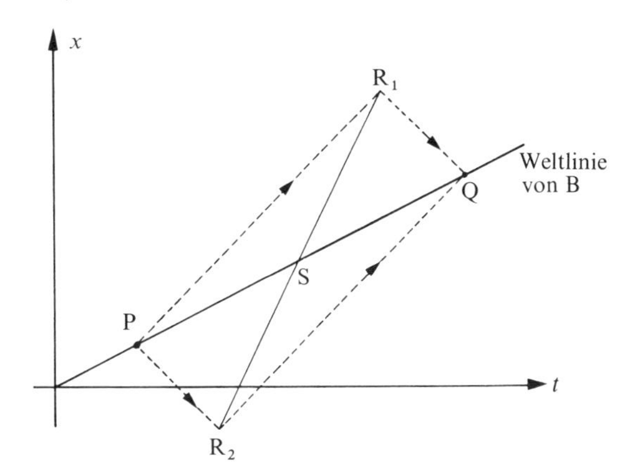

Das Viereck PR_2QR_1 ist ein Parallelogramm (in unserem speziellen Fall, daß die Lichtlinien unter 45° gegen die Achsen verlaufen, sogar ein Rechteck).
Die Diagonalen [P; Q] und $[R_1; R_2]$ halbieren sich in S, d.h. es ist

$$t'_S - t'_P = t'_Q - t'_S,$$

also $$2t'_S = t'_P + t'_Q;$$

$$t'_S = \tfrac{1}{2}(t'_P + t'_Q) = t'_{R_1} = t'_{R_2}$$

nach Definition der Zeiten, die B für R_1 bzw. R_2 mißt. Wählt man nun einen beliebigen Punkt (ein Ereignis) T_1 auf R_1R_2 und schickt ein Lichtsignal von B dorthin (Ereignis U), läßt es in T_1 reflektieren, dann trifft es wieder bei B ein (Ereignis V). Damit ein Lichtsignal, das in entgegengesetzter Richtung abgesandt wird, ebenfalls in V eintrifft, muß es in T_2 reflektiert werden. Aus Symmetriegründen liegt T_2 auch auf R_1R_2 und es ist

$$t'_S - t'_U = t'_V - t'_S$$

also $$t'_S = \tfrac{1}{2}(t'_U + t'_V) = t'_{T_1} = t'_{T_2}$$

und insgesamt

$$t'_{T_1} = t'_{T_2} = t'_{R_1} = t'_{R_2} = t'_S$$

S. 207/4

Wir wählen im A-System einen anderen Koordinatenursprung und erhalten das $(\hat{t}; \hat{x})$-System mit dem Ereignis »der erste Lichtstrahl trifft bei B ein« als Ursprung. Die »B-Zeit« t' soll bei diesem Ereignis Null sein.

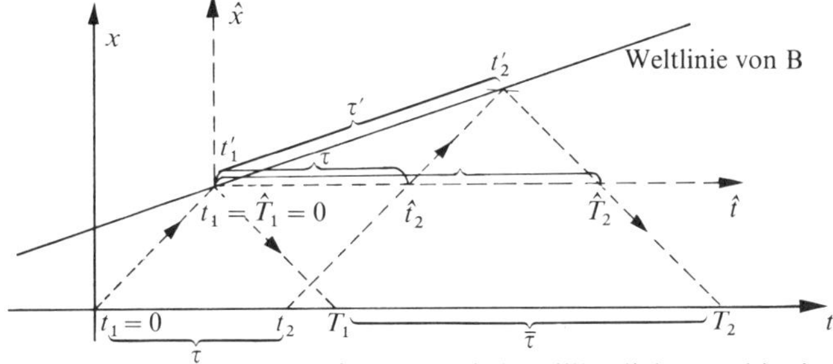

Das ist zulässig, da Bezugspunkt und Bezugszeit ja willkürlich gewählt sind.

Damit ergibt sich:

$$\tau = t_2 - t_1 = \hat{t}_2 - \hat{t}_1 = \hat{t}_2\,; \quad \tau' = t'_2 - t'_1 = t'_2 = \mathrm{k} \cdot t_2 = \mathrm{k} \cdot \tau\,;$$

$$\bar{\tau} = T_2 - T_1 = \hat{T}_2 - \hat{T}_1 = \hat{T}_2 = \mathrm{k}^2 \cdot \hat{t}_2 = \mathrm{k}^2 \cdot \tau\,;$$

und mit den Überlegungen von Seite 203 ist

$$\frac{\tau'}{\tau} = \mathrm{k} = \sqrt{\frac{c+v}{c-v}} \quad \text{und} \quad \frac{\bar{\tau}}{\tau} = \mathrm{k}^2 = \frac{c+v}{c-v}\,;$$

Wenn sich A und B annähern, kann man ein entsprechendes Koordinatensystem angeben:

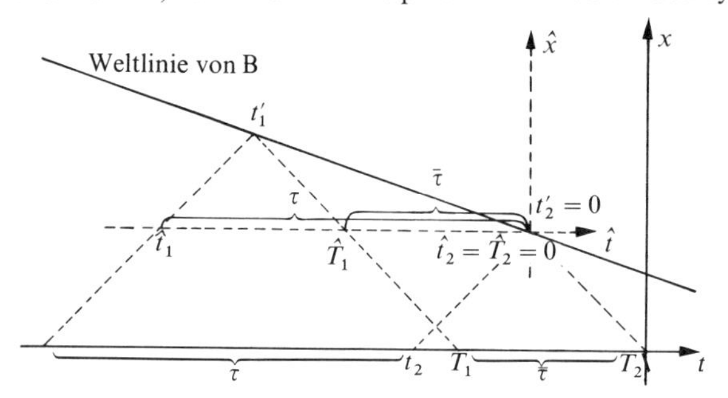

Daß sich B hier von der positiven x-Achse annähert, ist ohne Belang, die Festlegung einer Richtung ändert ja nichts an einem physikalischen Sachverhalt.
Es ergibt sich

$$\tau = t_2 - t_1 = \hat{t}_2 - t_1 = -\,\hat{t}_1\,; \quad \tau' = t'_2 - t'_1 = -\,t'_1 = -\,\mathrm{k} \cdot \hat{t}_1 = \mathrm{k} \cdot \tau$$

$$\bar{\tau} = T_2 - T_1 = \hat{T}_2 - \hat{T}_1 = -\,\hat{T}_1 = -\,\mathrm{k}^2 \hat{t}_1 = \mathrm{k}^2 \cdot \tau$$

und mit dem Ergebnis von S. 206 ist

$$\frac{\tau'}{\tau} = \mathrm{k} = \sqrt{\frac{c-v}{c+v}} \quad \text{und} \quad \frac{\bar{\tau}}{\tau} = \mathrm{k}^2 = \frac{c-v}{c+v}$$

S. 207/5

a) Die Wellenlänge λ ist in einer Welle der kleinste Abstand zweier Punkte gleicher Phasenlage

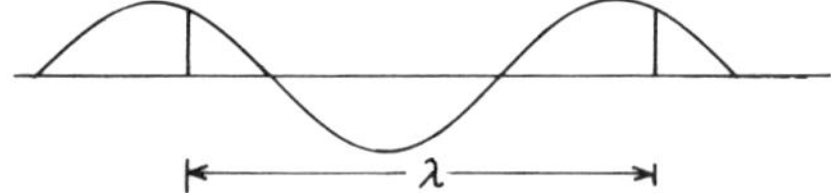

T ist die Zeitdauer, die verstreicht, bis der »Wellensender« von einer bestimmten Phasenlage wieder in diese zurückkehrt, oder die eine Phasenlage braucht, um in Ausbreitungsrichtung genau um eine Wellenlänge fortzuschreiten (das setzt allerdings schon einen Beobachter voraus, der gegenüber dem Wellensender ruht), oder die Zeitdauer, die bei einem gegenüber dem Sender ruhenden Empfänger zwischen dem Eintreffen gleicher Phasenlagen der Welle liegt. Für einen dagegen bewegten Beobachter ist $T' = \mathrm{k} \cdot T$.

b) $f' = \dfrac{1}{T'} = \dfrac{1}{\mathrm{k}T} = \dfrac{1}{\mathrm{k}} \cdot f;$

$$\lambda' f' = \lambda \cdot f = c; \quad \lambda' = \lambda \cdot \frac{f}{f'} = \mathrm{k} \cdot \lambda;$$

c) S. 206: $\mathrm{k} = \sqrt{\dfrac{c-|v|}{c+|v|}} = \sqrt{\dfrac{c+v}{c-v}}$ mit $v < 0$ für Annäherung

d) $\Delta\lambda = \lambda' - \lambda = \mathrm{k}\cdot\lambda - \lambda = (\mathrm{k}-1)\lambda;$

$$\Delta f = f' - f = \frac{1}{\mathrm{k}}\cdot f - f = \left(\frac{1}{\mathrm{k}} - 1\right)f;$$

e) $$\frac{\Delta\lambda}{\lambda} = \mathrm{k} - 1 = \sqrt{\frac{c+v}{c-v}} - 1 = \sqrt{\frac{1+\frac{v}{c}}{1-\frac{v}{c}}} - 1 \approx \sqrt{\left(1+\frac{v}{c}\right)^2} - 1 = 1 + \frac{v}{c} - 1 = \frac{v}{c}$$

$$\frac{\Delta\lambda}{\lambda} \approx \frac{v}{c}; \quad \text{für } |v| \ll c$$

$$\frac{\Delta f}{f} = \frac{1}{\mathrm{k}} - 1 = \sqrt{\frac{c-v}{c+v}} - 1 = \sqrt{\frac{1-\frac{v}{c}}{1+\frac{v}{c}}} - 1 \approx \sqrt{\left(1-\frac{v}{c}\right)^2} - 1 = 1 - \frac{v}{c} - 1 = -\frac{v}{c};$$

$$\frac{\Delta f}{f} \approx -\frac{v}{c}; \quad \text{für } |v| \ll c$$

Beim Entfernen zwischen Sender und Empfänger erscheint die Wellenlänge der empfangenen Strahlung größer (bei Licht: Rotverschiebung), bei Annäherung kleiner (bei Licht: Blauverschiebung) als bei der emittierten Strahlung.

S. 209/6

Es ist anzunehmen, daß die Calciumlinie auf Alpha Centauri die gleiche Wellenlänge λ hat wie in irdischen Lichtquellen. Wir empfangen eine kleinere Wellenlänge $\lambda' = \mathrm{k}\cdot\lambda$. Damit ist $\mathrm{k} < 1$, der Stern nähert sich der Erde.

$$\mathrm{k} = \frac{\lambda'}{\lambda} \quad \text{und}$$

$$\mathrm{k} = \sqrt{\frac{c-v}{c+v}}; \quad \mathrm{k}^2 = \frac{c-v}{c+v}; \quad \mathrm{k}^2 c + \mathrm{k}^2 v = c - v$$

$$\mathrm{k}^2 v + v = c - \mathrm{k}^2 c$$

$$v(1+\mathrm{k}^2) = c(1-\mathrm{k}^2)$$

$$v = \frac{1-\mathrm{k}^2}{1+\mathrm{k}^2}\cdot c \quad \left(\text{bei } \mathrm{k} > 1 \text{ ergibt sich } v = \frac{\mathrm{k}^2-1}{\mathrm{k}^2+1}c\right)$$

$$= \frac{1-\frac{\lambda'^2}{\lambda^2}}{1+\frac{\lambda'^2}{\lambda^2}}\cdot c = \frac{\lambda^2-\lambda'^2}{\lambda^2+\lambda'^2}\cdot c = \frac{(\lambda-\lambda')(\lambda+\lambda')}{\lambda^2+\lambda'^2}\cdot c;$$

$$v = \frac{(396{,}849\text{ nm} - 396{,}820\text{ nm})\,(396{,}849\text{ nm} + 396{,}820\text{ nm})}{(396{,}849^2 + 396{,}820^2)\,(\text{nm})^2} \cdot c$$

$$= 73{,}1 \cdot 10^{-6} \cdot c = 73{,}1 \cdot 10^{-6} \cdot 300\,000\,\frac{\text{km}}{\text{s}} = 22\,\frac{\text{km}}{\text{s}}.$$

S. 209/7

k-Faktor für Annäherung:

$$k = \sqrt{\frac{c-v}{c+v}} = \sqrt{\frac{c-0{,}2\,c}{c+0{,}2\,c}} = \sqrt{\frac{0{,}8}{1{,}2}} = 0{,}82$$

$\lambda' = k \cdot \lambda$ empfangene Wellenlänge

Äußerste kurzwellige Grenze für helles Rot $\lambda \approx 620$ nm.

$\lambda' = 0{,}82 \cdot 620\text{ nm} = 506\text{ nm}.$

Das ist sicher »Grün«. Die Entschuldigung ist zu akzeptieren.

S. 211/8

Wegen $v = 0{,}8\,c$ ist $k = \sqrt{\frac{c+0{,}8\,c}{c-0{,}8\,c}} = \sqrt{\frac{1{,}8}{0{,}2}} = 3.$

Dies ergibt sich auch, wenn man $\tau = \frac{1}{3}$ s wählt und die Lichtlinien einzeichnet. Man erhält $\bar{\tau} = 3$ s, damit ist $k^2 = 9$, also $k = 3$. Man zeichnet die Lichtlinien durch die Punkte ($\frac{1}{3}$ s/0), ($\frac{2}{3}$ s/0) und (1 s/0) der t-Achse. Sie treffen die Ortslinie von B in den Punkten mit $t' = 1$ s, 2 s, 3 s.
Dann zeichnet man nach b) und c) die Linien gleicher B-Zeit und gleichen B-Orts.
Schließlich zeichnet man nach d) mit Lichtlinien den B-Längen-Maßstab auf der Gleichzeitigkeitslinie und das Koordinatennetz.

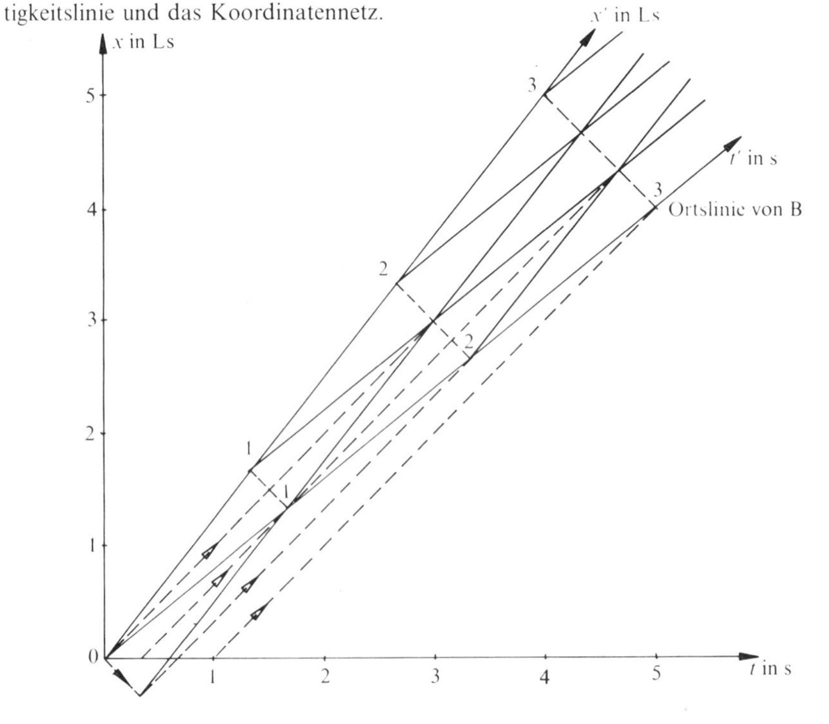

S. 213/9

a) $k = \sqrt{\dfrac{c + 0{,}6c}{c - 0{,}6c}} = \sqrt{\dfrac{1{,}6c}{0{,}4}} = \sqrt{4} = 2\,;$

$t'_Q = k \cdot t_P = 2\text{ s}\,;$
$t_R = k \cdot t'_Q = 4\text{ s}\,;$
$t'_S = k \cdot t_R = 8\text{ s}\,;$
$t_T = k \cdot t'_S = 16\text{ s}\,;$

b) $t_Q = 2{,}5\text{ s}\,;\quad t_S = 10\text{ s}\,;\qquad \tau_{QS} = t_S - t_Q = 7{,}5\text{ s}\,;$
$t'_Q = 2\text{ s}\,;\quad t'_S = 8\text{ s}\,;\qquad \tau'_{QS} = t'_S - t'_Q = 6\text{ s}\,;$

$\dfrac{\tau'_{QS}}{\tau_{QS}} = \dfrac{6\text{ s}}{7{,}5\text{ s}} = 0{,}8\,;\qquad \sqrt{1 - \dfrac{v^2}{c^2}} = \sqrt{1 - 0{,}6^2} = 0{,}8\,;$ Stimmt überein.

c) $t'_R = 5\text{ s}.$
$\tau_{0R} = 4\text{ s}\,;\quad \tau'_{0R} = 5\text{ s}\,;$
$\dfrac{\tau'_{0R}}{\tau_{0R}} = 1{,}25 = \dfrac{1}{0{,}8}$

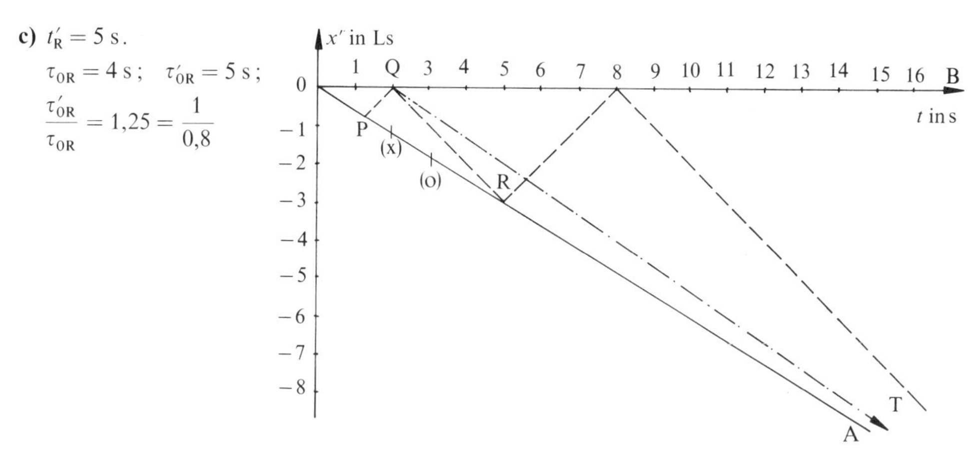

d) $\dfrac{\tau'_{QS}}{\tau_{QS}} = 0{,}8\,;\quad \dfrac{\tau'_{0R}}{\tau_{0R}} = 1{,}25 = \dfrac{1}{0{,}8}$

Der Unterschied liegt daran, daß in 2 verschiedenen gegeneinander bewegten Inertialsystemen beurteilt wurde, was gleichzeitig ist.
Damit wurde in **b)** beurteilt, daß vom A-System aus die Zeit im B-System um den Faktor 0,8 langsamer abläuft, so z. B. $t'_Q = 2$ s gegen $t_Q = 2{,}5$ s. Q wird dabei mit (2,5 s; 0) gleichzeitig gesetzt.
In **c)** wurde dagegen im B-System beurteilt, daß im A-System die Zeit um den Faktor 0,8 langsamer abläuft. Das muß so sein, weil beide Systeme grundsätzlich gleichberechtigt sind. Für B ist (x) gleichzeitig mit Q, für A ist (o) gleichzeitig mit Q.

e) $t'_U = t_T \cdot k = 2 \cdot 16\text{ s} = 32\text{ s}.$
$t'_T = \frac{1}{2}(t'_S + t'_U) = \frac{1}{2}(8\text{ s} + 32\text{ s}) = 20\text{ s}\,;$

$$\left.\begin{array}{l}\tau_{QT} = 16\,\mathrm{s} - 2{,}5\,\mathrm{s} = 13{,}5\,\mathrm{s}\,;\\ \tau'_{QT} = 20\,\mathrm{s} - 2\,\mathrm{s} \;\;\; = 18\,\mathrm{s}\,;\end{array}\right\} \quad \frac{\tau'_{QT}}{\tau_{QT}} = 1\tfrac{1}{3}$$

Hier werden Ereignisse verglichen, die weder von A noch von B aus beurteilt am gleichen Ort stattfinden:

Q: Lichtblitz von A trifft bei B ein.
T: Lichtblitz von B trifft bei A ein.

Um die Formel für die Zeitdilatation zu bestätigen, müßte sich eine Uhr vom Ereignis O zum Ereignis T bewegen. Hierzu wäre jedoch eine ganz andere Geschwindigkeit nötig (–·—-Linie).

S. 214/10

Ein hin und her laufender Lichtstrahl stellt in einem System eine Uhr dar.
Auf S. 194 ist eine Uhr im Zugsystem gegeben, die vom Bahnsteig aus beurteilt wird und für den Beobachter am Bahnsteig langsamer geht als seine eigene.
In Aufgabe S. 195/7a) ist eine Uhr am Bahnsteig (dort läuft der Lichtstrahl hin und her!) gegeben, die vom Zug aus betrachtet wird und für diesen Betrachter langsamer geht als seine eigene.
In Aufgabe S. 195/7b stellt das Lichtsignal in keinem der beiden Systeme eine Uhr dar, sondern in einem System, das vom Zug mit der gleichen Geschwindigkeit überholt wird, die es selber gegen den Bahnsteig hat. Sowohl vom Zug wie auch vom Bahnsteig aus beurteilt, geht seine Uhr um gleichviel nach.

Beachten Sie dabei: Die Geschwindigkeit dieses Systems ist nicht $\frac{v}{2}$!

S. 215/11

Halbwertszeit im Ruhesystem: $T'_H = 1{,}52\,\mu\mathrm{s}$
Halbwertszeit im »Erdsystem«: $T_H = 13\,\mu\mathrm{s}$

$$\gamma = \frac{T'_H}{T_H} = \frac{1{,}52\,\mu\mathrm{s}}{13\,\mu\mathrm{s}} = 0{,}117$$

$$\gamma = \sqrt{1 - \frac{v^2}{c^2}}\,; \quad \gamma^2 = 1 - \frac{v^2}{c^2}\,;$$

$$\frac{v^2}{c^2} = 1 - \gamma^2\,; \quad v^2 = (1 - \gamma^2) \cdot c^2\,;$$

$$v = \sqrt{1 - \gamma^2} \cdot c = \sqrt{1 - 0{,}117^2} \cdot c = 0{,}993\,c\,.$$

S. 215/12

Der Myonenzerfall stellt eine Uhr dar.
Die bewegte Uhr zeigt weniger an als die ruhenden Uhren, an denen sie vorbeikommt.

$T_{1/2} = 1{,}5 \cdot 10^{-6}\,\mathrm{s}$;

$N_0\ (h = 2000\,\mathrm{m}) = 1{,}0 \cdot 10^4$ vorhandene Myonen
$N\ (h = 0\,\mathrm{m}) = 440$ am Erdboden zu erwarten
$N'\ (h = 0\,\mathrm{m}) = 6{,}45 \cdot 10^3$ am Erdboden tatsächlich gemessen.

Betrachtung von der Erde aus:

Die Teilchen sind $\tau = \frac{h}{0{,}99\,c} = \frac{2000\,\text{m}}{0{,}99 \cdot 3 \cdot 10^8\,\frac{\text{m}}{\text{s}}} = 6{,}7 \cdot 10^{-6}\,\text{s} = 4{,}5\,T_{1/2}$,

also 4,5 Halbwertszeiten unterwegs.
Betrachtung im Ruhesystem der Myonen:

$$\tau' = \tau \sqrt{1 - \frac{v^2}{c^2}} = 4{,}5 \cdot T_{1/2} \cdot 0{,}14 = 0{,}63 \cdot T_{1/2},$$

hier sind die Teilchen nur 0,63 Halbwertszeiten unterwegs.
Nach einer Halbwertszeit sind noch $N_1 = \frac{1}{2} N_0$ Teilchen übrig,

nach zwei Halbwertszeiten noch $N_2 = \frac{1}{2} \cdot \frac{1}{2} N_0 = (\frac{1}{2})^2 N_0$ Teilchen,

nach drei Halbwertszeiten noch $N_3 = \frac{1}{2} \cdot (\frac{1}{2})^2 N_0 = (\frac{1}{2})^3 N_0$ Teilchen.

nach 0,63 Halbwertszeiten noch $N'' = (\frac{1}{2})^{0{,}63} N_0$ Teilchen, d. h.

$N'' = (\frac{1}{2})^{0{,}63} \cdot 1{,}0 \cdot 10^4 = 6{,}46 \cdot 10^3 = N'$.

S. 217/13

a) Gesamtreisezeit für Max: $T' = 8\,\text{a}$.

$$\gamma = \sqrt{1 - \left(\frac{v}{c}\right)^2} = \sqrt{1 - 0{,}6^2} = 0{,}8$$

Reisezeit von Sepp aus beurteilt: T $\quad \frac{T'}{T} = \gamma = 0{,}8; \quad T = \frac{T'}{0{,}8}; \quad T = 10\,\text{a};$

b) $x_u = \frac{T}{2} \cdot v = 5\,\text{a} \cdot 0{,}6\,c = 3\,\text{Lj}.$

c)

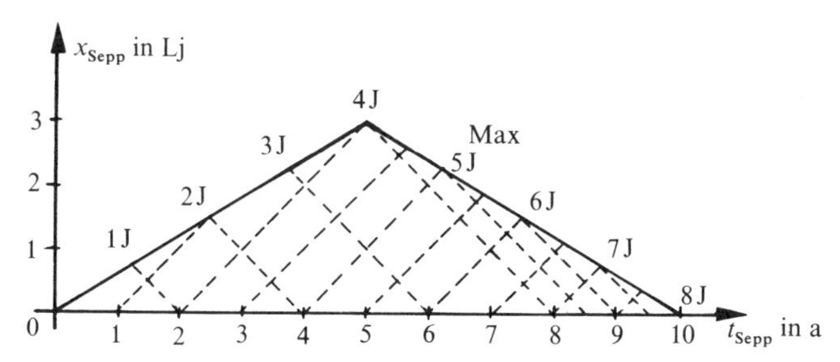

d) Zeichnerisch:
Auf dem Hinflug empfängt Max nur alle zwei Jahre ein Signal, beim Rückflug jedes halbe Jahr.
Das gleiche gilt für Sepp.
Allerdings empfängt Max beim Hinflug nur 2 Signale, beim Rückflug 7 Signale, also insgesamt 9 Signale, und Sepp vom Hinflug 4 Signale, vom Rückflug nur 3, also insgesamt 7.

Rechnerisch:

$$\frac{\tau'}{\tau} = k = \sqrt{\frac{c - v}{c + v}} = \sqrt{\frac{c + 0{,}6\,c}{c - 0{,}6\,c}} = 2$$

$$\frac{\tau'}{\tau} = \mathrm{k} = \sqrt{\frac{c+v}{c-v}} = \sqrt{\frac{c-0{,}6c}{c+0{,}6c}} = \frac{1}{2}.$$

S.217/14

a) Annahme: Alpha Centauri ruht.

$x_{AC} = 4$ Lj.

Gesamtreisezeit: $T = 40$ a; $\quad v = \frac{x_{AC}}{\frac{T}{2}} = \frac{4\,\mathrm{Lj}}{20\,\mathrm{a}} = \frac{4\,\mathrm{a}\cdot c}{20\,\mathrm{a}} = 0{,}2c$;

$$T' = T\cdot\gamma = T\cdot\sqrt{1-\left(\frac{0{,}2c}{c}\right)^2} = T\cdot 0{,}98 = 39{,}2\,\mathrm{a}.$$

Max wäre 59 Jahre, 2 Monate und rd. 9 Tage alt.

b) Gesamtreisezeit: $T' = 40$ a.

Entfernung, die in der halben Reisezeit zurückzulegen ist:

$x_Z = 30\,000\,\mathrm{a}\cdot c$

Geschwindigkeit $v = \frac{x_Z}{\frac{T}{2}}$ (T: Reisezeit, gemessen auf der Erde)

$$v = \frac{2x_Z}{T'}\cdot\sqrt{1-\frac{v^2}{c^2}}$$

$$v^2 = \frac{4x_Z^2}{T'^2}\left(1-\frac{v^2}{c^2}\right)$$

$$v^2 = \frac{4x_Z}{T'^2} - \frac{4x_Z}{T'^2}\cdot\frac{v^2}{c^2}$$

$$v^2\left(1+\frac{4x_Z^2}{T'^2\cdot c^2}\right) = \frac{4x_Z^2}{T'^2}$$

$$v = \frac{\frac{2x_Z}{T'}}{\sqrt{1+\left(\frac{2x_Z}{T'c}\right)^2}}$$

$$v = \frac{\frac{60\,000a\cdot c}{40a}}{\sqrt{1+\left(\frac{60\,000a}{40a}\right)^2}} = \frac{1500}{\sqrt{1+1500^2}}\cdot c = \frac{1500}{1500{,}0003}\,c;$$

$v = 0{,}9999997778\,c$

Zeit auf der Erde:

$$T' = T\cdot\gamma = T\cdot\sqrt{1-\frac{v^2}{c^2}}$$

$$T = \frac{T'}{\gamma} = \frac{T'}{\sqrt{1-\left(\frac{v}{c}\right)^2}} = \frac{40\,\mathrm{a}}{\sqrt{1-\left(\frac{v}{c}\right)^2}} = 60\,000{,}3\ \mathrm{a}\,.$$

Die Reise dauert etwas mehr als 60 000 Jahre, da sich Max mit (fast) Lichtgeschwindigkeit ca. 60 000 Lj weit bewegt. Max käme also im 620. Jahrhundert wieder zurück.

S. 218/15

Für die Myonen wäre nur die Höhe

$$h' = h\sqrt{1-\frac{v^2}{c^2}}$$

zurückzulegen.
Dazu benötigen sie nur die Zeit

$$\tau' = \frac{h'}{v} = \frac{h\sqrt{1-\frac{v^2}{c^2}}}{v} = \tau\cdot\sqrt{1-\frac{v^2}{c^2}}$$

d.h. an den Myonen bewegt sich nur eine Atmosphärenschicht der Dicke

$$h' = 2000\,\mathrm{m}\cdot\sqrt{1-0{,}993^2} = 236\,\mathrm{m} \quad \text{(s. S. 215/11)}$$

vorbei, dann kommt der Erdboden.
Dazu benötigen sie die Zeit

$$\tau' = \frac{h'}{v} = \frac{236\,\mathrm{m}}{0{,}993\,c} = 7{,}93\cdot 10^{-7}\,s = 0{,}522\cdot T_{\mathrm{H}}$$

(also rund die Hälfte der Halbwertszeit).
Danach sind aber noch

$$\mathrm{N}' = \left(\tfrac{1}{2}\right)^{0{,}522}\cdot \mathrm{N}_0$$
$$= \left(\tfrac{1}{2}\right)^{0{,}522}\cdot 2000 = 1400 \text{ Myonen vorhanden.}$$

S. 218/16

a) $l' = l\cdot\sqrt{1-\left(\frac{v}{c}\right)^2}$; $\quad l'^2 = l^2\left(1-\left(\frac{v}{c}\right)^2\right)$

$l'^2 = l^2 - l^2\cdot\left(\frac{v}{c}\right)^2 \quad \left(\frac{v}{c}\right)^2 = \frac{l^2-l'^2}{l^2}$

$$\left(\frac{v}{c}\right)^2 = 1-\left(\frac{l'}{l}\right)^2$$

$$v = \sqrt{1-\left(\frac{l'}{l}\right)^2}\cdot c$$

$$v = \sqrt{1-\left(\frac{360}{450}\right)^2}\cdot c$$

$$v = \sqrt{1-0{,}8^2}\cdot c$$

$$v = 0{,}6\,c\,;$$

b) $\tau' = \frac{l'}{v}$; $\quad \tau' = \frac{360\,\text{m}}{0{,}6\,c} = 2 \cdot 10^{-6}\,\text{s} = 2\,\mu\text{s}$;

c) $\tau = \frac{l}{v}$; $\quad \tau = \frac{450\,\text{m}}{0{,}6\,c} = 2{,}5 \cdot 10^{-6}\,\text{s} = 2{,}5\,\mu\text{s}$;

d)

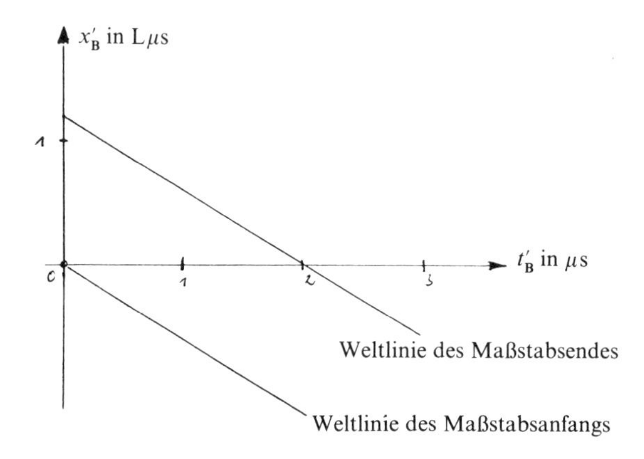

S. 220/1

Beide Systeme sind gleichbedeutend.
Wenn beide Ortsachsen gleich orientiert sind und das (x', t')-System sich gegenüber dem (x, t)-System mit der Geschwindigkeit v bewegt, dann bewegt sich das (x, t)-System gegenüber dem $(x'\, t')$-System mit der Geschwindigkeit $-v$.

S. 220/2

Gegeben ist $v = 0{,}6\,c$

a) $\text{k} = \sqrt{\frac{c+v}{c-v}} = \sqrt{\frac{c+0{,}6\,c}{c-0{,}6\,c}} = \sqrt{\frac{1{,}6\,c}{0{,}4\,c}} = \sqrt{4} = 2$;

Zeitpunkt des ersten Passierens $\text{k} \cdot t_1 = 2\,t_1$

Zeitpunkt des zweiten Passierens $\frac{1}{\text{k}} \cdot t_2 = \frac{1}{2}\,t_2$

b) $t = \frac{1}{2}(t_1 + t_2)$; $\qquad x = \frac{1}{2}c(t_2 - t_1)$;

$t' = \frac{1}{2}(2\,t_1 + \frac{1}{2}\,t_2)$; $\quad x' = \frac{1}{2}c(\frac{1}{2}t_2 - 2\,t_1)$;

c) $2t = t_1 + t_2$; $\quad$ (1) $\quad \Rightarrow \quad (1)+(2) \quad 2\,t + \frac{2\,x}{c} = 2\,t_2$;

$\frac{2\,x}{c} = t_2 - t_1$; $\quad$ (2) $\quad \Rightarrow \quad (1)-(2) \quad 2\,t - \frac{2\,x}{c} = 2\,t_1$;

Also: $\quad t_2 = t + \frac{x}{c}$; $\quad t_1 = t - \frac{x}{c}$;

Einsetzen in die Gleichungen für t', x':

$$t' = \frac{1}{2}\left(2 \cdot t - \frac{2\,x}{c} + \frac{1}{2}\,t + \frac{x}{2\,c}\right) = \frac{1}{2}\left(\frac{5}{2}\,t - \frac{3}{2}\,\frac{x}{c}\right) = \frac{5}{4}\,t - \frac{3}{4} \cdot \frac{x}{c};$$

$$x' = \frac{1}{2}c\left(\frac{1}{2}\cdot t + \frac{x}{2c} - 2t + 2\frac{x}{c}\right) = \frac{1}{2}c\left(\frac{5}{2}\frac{x}{c} - \frac{3}{2}t\right) = \frac{5}{4}x - \frac{3}{4}ct\,;$$

d) Q(0; 4): $\Rightarrow t'_Q = -3;\ x'_Q = 5;$ Q′(−3; 5)
R(8; 0): $\Rightarrow t'_R = 10;\ x'_R = -6;$ R′(10; −6)
S(8; 4): $\Rightarrow t'_S = 7;\ x'_S = -1;$ S′ (7; −1)

Anmerkung: Einsetzen von »4« für x in $\frac{3}{4}\frac{x}{c}$:

$x = 4\,\text{Ls}$: $\frac{3}{4}\cdot\frac{4\,\text{Ls}}{c} = \frac{3}{4}\cdot 4\,\text{s} = 3\,\text{s}$

ergibt »3« für t'.

Entsprechend beim Einsetzen in $\frac{3}{4}ct$:

$t = 8\,\text{s}$: $\frac{3}{4}c\cdot 8\,\text{s} = 3c\cdot 2\,\text{s} = 6\,\text{Ls}$.

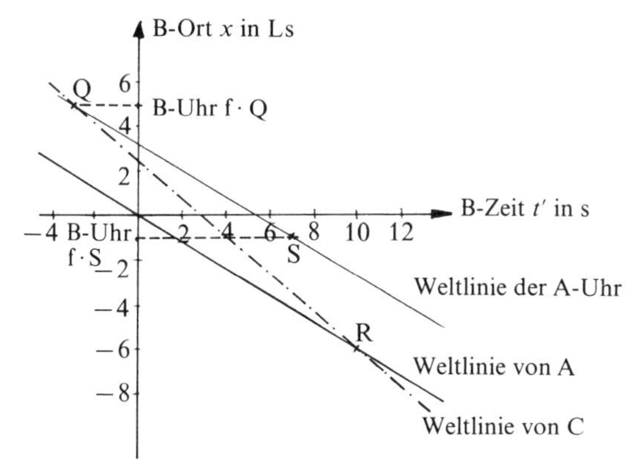

e) $\left.\begin{aligned}\tau &= t_S - t_Q = 8\,\text{s} - 0\,\text{s} = 8\,\text{s};\\ \tau' &= t'_S - t'_Q = 7\,\text{s} + 3\,\text{s} = 10\,\text{s};\end{aligned}\right\}\ \frac{\tau'}{\tau} = 1{,}25\,;$

Q und S sind im A-System am selben Ort, werden also mit der selben Uhr gemessen, die an zwei Uhren des B-Systems vorbeibewegt wird:

$$\frac{\tau}{\tau'} = \sqrt{1 - \left(\frac{v}{c}\right)^2} = 0{,}8\,;\quad \text{also}\quad \frac{\tau'}{\tau} = 1{,}25\,.$$

(Siehe Skizze von **d)**).

f) $u = \frac{x_R - x_Q}{t_R - t_Q} = \frac{0\,\text{Ls} - 4\,\text{Ls}}{8\,\text{s} - 0\,\text{s}} = -\frac{1}{2}c\,;$

$u' = \frac{x'_R - x'_Q}{t'_R - t'_Q} = \frac{-6\,\text{Ls} - 5\,\text{Ls}}{10\,\text{s} + 3\,\text{s}} = -\frac{11}{13}c\,;$

u' wird im B-System gemessen. Damit wäre nach der Galilei-Transformation, da die Geschwindigkeit von A gegen B $-v$ ist:

$$u' = u + (-v)$$
$$= -\tfrac{1}{2}c - \tfrac{3}{5}c = -0{,}5c - 0{,}6c = -1{,}1c$$

Die Galilei-Transformation wird nicht erfüllt.

S. 221/3

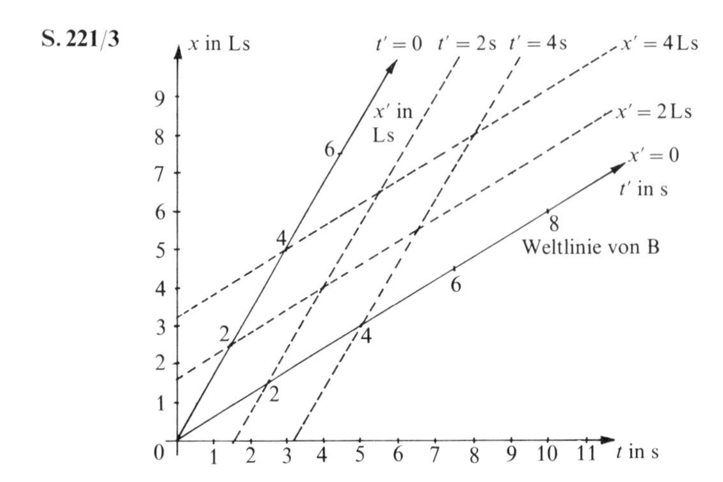

a) Linie gleicher B-Zeit $t' = 0$ s:

$$t' = \frac{1}{\sqrt{1-\left(\frac{v}{c}\right)^2}}\left(t - \frac{v}{c^2}x\right)$$

$$0 = \frac{1}{\sqrt{1-\left(\frac{v}{c}\right)^2}}\left(t - \frac{v}{c^2}x\right) \Leftrightarrow x = \frac{c^2}{v}\cdot t; \quad x = \tfrac{5}{3}ct;$$

b) Linien gleicher B-Zeit:

$$t' = \frac{1}{\sqrt{1-\left(\frac{v}{c}\right)^2}}\left(t - \frac{v}{c^2}x\right); \quad \Leftrightarrow \quad t'\sqrt{1-\left(\frac{v}{c}\right)^2} = t - \frac{v}{c^2}x;$$

$$\frac{v}{c^2}x = t - t'\sqrt{1-\left(\frac{v}{c}\right)^2}; \quad \Leftrightarrow \quad x = \frac{c^2}{v}t - \frac{t'c^2}{v}\sqrt{1-\left(\frac{v}{c}\right)^2}$$

$t' = 2$ s: $x = \frac{5}{3}ct - \frac{8}{3}$ Ls; $\quad x = \frac{5}{3}c(t - 1{,}6\text{ s})$;

$t' = 4$ s: $x = \frac{5}{3}ct - \frac{16}{3}$ Ls; $\quad x = \frac{5}{3}c(t - 3{,}2\text{ s})$;

Linien gleichen B-Orts:

$$x' = \frac{1}{\sqrt{1-\left(\frac{v}{c}\right)^2}}(x - vt); \qquad x = v\cdot t + x'\sqrt{1-\left(\frac{v}{c}\right)^2}$$

$x' = 2\text{ Ls} = 2\text{ s}\cdot c$: $\quad x = 0{,}6ct + 2\text{ s}\cdot c\cdot 0{,}8$; $\quad \Leftrightarrow x = \frac{3}{5}ct + 1{,}6$ Ls;

$x' = 4\text{ Ls} = 4\text{ s}\cdot c$: $\quad x = 0{,}6ct + 4\text{ s}\cdot c\cdot 0{,}8$; $\quad \Leftrightarrow x = \frac{3}{5}ct + 3{,}2$ Ls.

c) Die Steigungen der Linien gleicher B-Zeit sind jeweils $\frac{5}{3}$, die Steigungen der Linien gleichen B-Orts sind jeweils $\frac{3}{5}$. Die Steigungen sind zueinander reziprok, d. h. speziell die Linien für

$t'=0$ und $x'=0$ sind zueinander symmetrisch bezüglich der Lichtlinie durch den Koordinatenursprung (Winkelhalbierende des 1. Quadranten).

d) Linien gleicher A-Zeit:

$$t=\frac{1}{\sqrt{1-\left(\frac{v}{c}\right)^2}}\left(t'+\frac{v}{c^2}x'\right); \quad \Leftrightarrow \quad t\sqrt{1-\left(\frac{v}{c}\right)^2}=t'+\frac{v}{c^2}x';$$

$$\frac{v}{c^2}x'=-t'+t\sqrt{1-\left(\frac{v}{c}\right)^2}; \quad x'=-\frac{c^2}{v}\cdot t'+\frac{tc^2}{v}\sqrt{1-\left(\frac{v}{c}\right)^2}$$

$t=0$: $x'=-\frac{5}{3}ct'$;

$t=2\,\text{s}$: $x'=-\frac{5}{3}ct'+\frac{8}{3}\,\text{Ls}$; $x'=-\frac{5}{3}c(t'-1{,}6\,\text{s})$;

$t=4\,\text{s}$: $x'=-\frac{5}{3}ct'+\frac{16}{3}\,\text{Ls}$; $x'=-\frac{5}{3}c(t'-3{,}2\,\text{s})$;

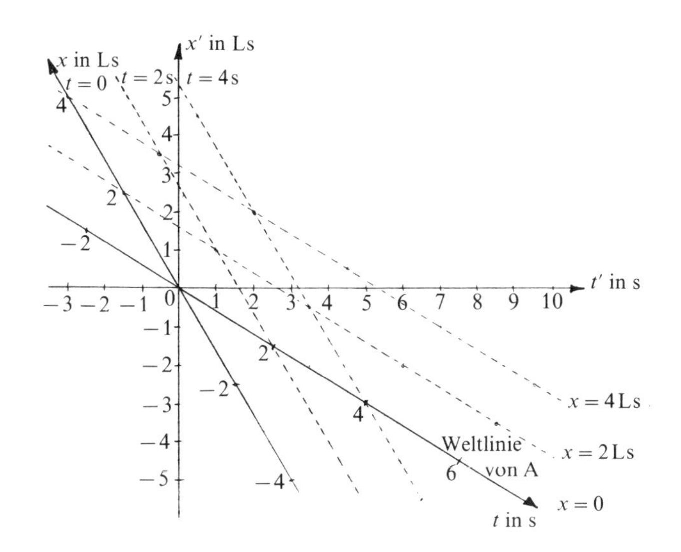

Linien gleichen A-Orts:

$$x=\frac{1}{\sqrt{1-\left(\frac{v}{c}\right)^2}}(x'+vt'); \quad \Leftrightarrow \quad x'=-vt'+x\sqrt{1-\left(\frac{v}{c}\right)^2};$$

$x=2\,\text{Ls}$: $x'=-\frac{3}{5}ct'+1{,}6\,\text{Ls}$;

$x=4\,\text{Ls}$: $x'=-\frac{3}{5}ct'+3{,}2\,\text{Ls}$.

S. 222/4

Für zwei Ereignisse E_1 und E_2, die im bewegten System am gleichen Ort sind, gilt im bewegten System:

$E_1(t'_1; x'_0)$; $E_2(t'_2; x'_0)$

Nach der Lorentz-Transformation gilt:

$$t = \frac{1}{\sqrt{1-\left(\frac{v}{c}\right)^2}} \left(t' + \frac{v}{c^2} x'\right)$$

Damit sind die Zeitkoordinaten von E_1 und E_2 im Ruhesystem:

$$t_1 = \frac{1}{\sqrt{1-\left(\frac{v}{c}\right)^2}} \left(t_1' + \frac{v}{c^2} x_0'\right); \quad t_2 = \frac{1}{\sqrt{1-\left(\frac{v}{c}\right)^2}} \left(t_2' + \frac{v}{c^2} x_0'\right).$$

Für die Zeitdifferenzen gilt

im bewegten System: $\tau' = t_2' - t_1'$;

im ruhenden System: $\tau = t_2 - t_1$

$$\tau = \frac{1}{\sqrt{1-\left(\frac{v}{c}\right)^2}} \left(t_2' + \frac{v}{c^2} x_0'\right) - \frac{1}{\sqrt{1-\left(\frac{v}{c}\right)^2}} \left(t_1' + \frac{v}{c^2} x_0'\right)$$

also:

$$\tau = \frac{1}{\sqrt{1-\left(\frac{v}{c}\right)^2}} (t_2' - t_1')$$

und

$$\tau = \frac{\tau'}{\sqrt{1-\left(\frac{v}{c}\right)^2}}; \quad \text{d.h. } \tau' = \sqrt{1-\left(\frac{v}{c}\right)^2} \cdot \tau$$

Das ist die Formel für die Zeitdilatation, die gültig ist, wenn sich eine Uhr an zwei anderen vorbeibewegt.

S. 224/5 $\xleftarrow{-0{,}5c}$ B A C $\xrightarrow{0{,}8c}$

Klassische Betrachtungsweise:

A von C aus: $u_A = u_A' + v$;

$0 = u_A' + 0{,}8c$;

$u_A' = -0{,}8c$;

B von C aus: $u_B = u_B' + v$;

$-0{,}5c = u_B' + 0{,}8c$;

$u_B' = -1{,}3c$;

A von B aus: $u_A' = 0{,}5c$;

Relativistische Betrachtungsweise:

$$u_A' = \frac{u_A - v}{1 - \frac{u_A v}{c^2}};$$

$u_A' = -0{,}8c$;

$$u_B' = \frac{u_B - v}{1 - \frac{u_B \cdot v}{c^2}};$$

$$u_B' = \frac{-0{,}5c - 0{,}8c}{1 + 0{,}5 \cdot 0{,}8} = \frac{-1{,}3c}{1{,}4} = -0{,}93c;$$

$u_A' = 0{,}5c$;

C von B aus: $u_C = u'_C + v$; $\qquad u'_C = \dfrac{u_C - v}{1 - \dfrac{u_C \cdot v}{c^2}}$;

$u'_C = u_C - v$

$u'_C = 0{,}8\,c - (-0{,}5\,c)$; $\qquad u'_C = \dfrac{0{,}8\,c + 0{,}5\,c}{1 + 0{,}8 \cdot 0{,}5} = \dfrac{1{,}3\,c}{1{,}4}$;

$u'_C = 1{,}3\,c$; $\qquad u'_C = 0{,}93\,c$.

S. 224/6

a)

$\frac{u'}{c}$	−1	−0,8	−0,6	−0,4	−0,2	0	0,2	0,4	0,6	0,8	1
$\frac{u}{c}$	−1	−0,59	−0,26	0	0,22	0,4	0,56	0,69	0,81	0,91	1

(Abb. s. **b)**)

b) Klassisch: $u = u' + 0{,}4\,c$;
(Gerade durch $(-0{,}4\,c/0)$ und $(0/0{,}4\,c)$) gestrichelt gezeichnet!
Die Übereinstimmung ist gut für $-0{,}5\,c \leqq u' \leqq 0{,}1\,c$;
und für $-0{,}1\,c \leqq u \leqq 0{,}5\,c$.

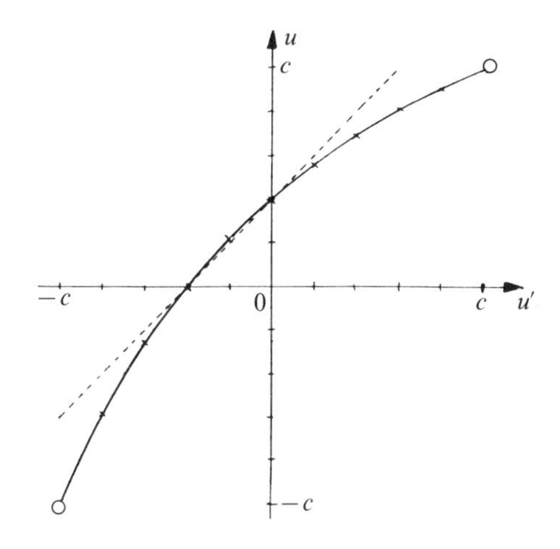

S. 225/7

Siehe Lösung zu Aufgabe S. 207/5 auf S. 304: $f' = \dfrac{1}{k} \cdot f$;

a) B empfängt die Sendung von A: $v = 0{,}3\,c$;

$$k = \sqrt{\frac{1{,}3\,c}{0{,}7\,c}} = 1{,}36\,; \quad f_B = f_0 \cdot \frac{1}{k} = \frac{f_0}{1{,}36} = 0{,}73 f_0\,;$$

b) A empfängt die Sendung von C: $v = 0{,}1\,c$;

$$k = \sqrt{\frac{1{,}1\,c}{0{,}9\,c}} = 1{,}11\,; \quad f_A = f_0 \cdot \frac{1}{k} = \frac{f_0}{1{,}11} = 0{,}90 f_0\,;$$

c) C empfängt die Sendung von B:

$$v_{\text{rel}} = \frac{-0{,}3\,c - 0{,}1\,c}{1 - \dfrac{(-0{,}3\,c)\,(0{,}1\,c)}{c^2}} = \frac{-0{,}4\,c}{1 + 0{,}03} = -\,0{,}39\,c\,.$$

Wird die Ortsachse von C umorientiert, erhält man

$$v_{\text{rel}} = \frac{0{,}3\,c - (-0{,}1\,c)}{1 - \dfrac{(0{,}3\,c)\cdot(-0{,}1\,c)}{c^2}} = 0{,}39\,c\,;$$

Mit dieser Geschwindigkeit entfernt sich B von C.
(Das Minuszeichen in der ersten Zeile bedeutet nur, daß B in negativer x-Richtung von C fliegt.)

Damit ist $\mathrm{k} = \sqrt{\dfrac{1 + 0{,}39\,c}{1 - 0{,}39\,c}} = 1{,}51\,;\quad f_{\mathrm{C}} = f_0 \cdot \dfrac{1}{1{,}51} = 0{,}66\,f_0\,;$

S. 225/8

a) $\tau = 10\ \text{min}\,;\quad \bar{\tau} = 2{,}5\ \text{min}\,;$

$\bar{\tau} = \mathrm{k}^2 \cdot \tau\,;\quad \mathrm{k}^2 = \dfrac{\bar{\tau}}{\tau} = \dfrac{2{,}5\ \text{min}}{10\ \text{min}} = 0{,}25\,;$ d.h. $\mathrm{k} = 0{,}5\,;$

$\mathrm{k}^2 = \dfrac{c - v}{c + v}\,;\quad v = \dfrac{1 - \mathrm{k}^2}{1 + \mathrm{k}^2} \cdot c$ (siehe Lösung zu S. 209/6 auf S. 305)

also $\quad v = \dfrac{1 - 0{,}25}{1 + 0{,}25}\,c = \dfrac{0{,}75}{1{,}25}\,c = 0{,}60\,c\,;$

b) 

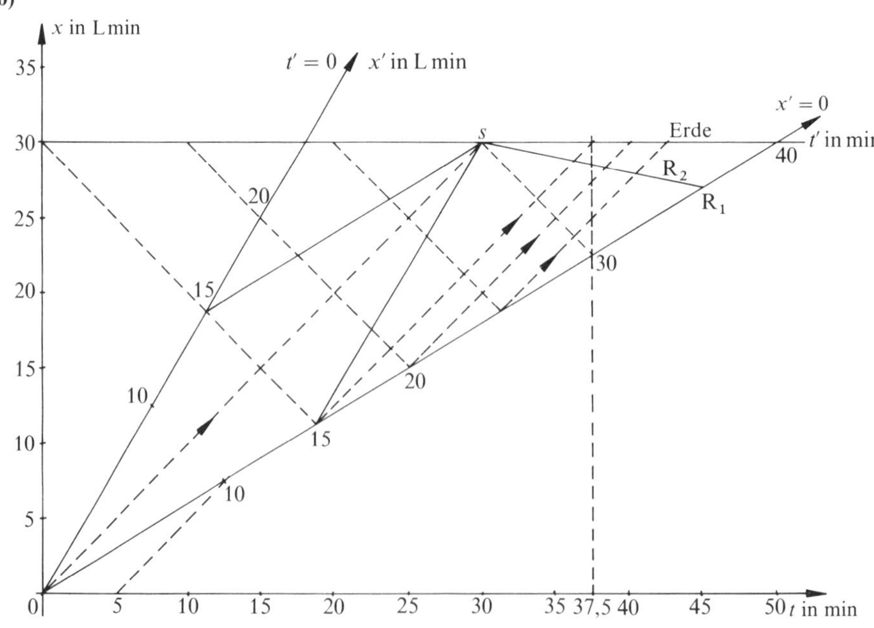

c) Von der Raumstation aus beurteilt, ist für R_1: $k = 2$.
Mit einem Lichtsignal, das von der Raumstation zur Zeit $t = 5$ min abgeschickt wird und bei R_1 zur Zeit $t' = k \cdot t = 2 \cdot 5 \text{ min} = 10$ min eintrifft, wird die Eichung der Weltlinie von R_1 als Zeitachse vorgenommen.
Symmetrisch dazu bezüglich der Lichtlinie durch »O« liegt die Gerade, für die $t' = 0$, also die x'-Achse, die entsprechend der Zeitachse geeicht wird.
Die Parallelen zu diesen Achsen durch S (»Start von R_2«) schneiden die jeweils andere Achse in den Skalenpunkten, die die Koordinaten des Ereignisses S im System von R_1 angeben:

$t' = 15 \text{ min}$; $x' = 15 \text{ Lmin}$;

Rechnerische Lösung:

Ereignis S im System der Raumstation: $t = 30 \text{ min}$; $x = 30 \text{ Lmin}$

Lorentz-Transformation:

$$t' = \frac{1}{\sqrt{1-\left(\frac{v}{c}\right)^2}}\left(t - \frac{v}{c^2}x\right) = \frac{1}{\sqrt{1-0{,}6^2}}\left(30 \text{ min} - 0{,}6 \cdot \frac{30 \text{ min} \cdot c}{c}\right);$$

$$t' = 1{,}25(30 \text{ min} - 18 \text{ min}) = 1{,}25 \cdot (12 \text{ min}) = 15 \text{ min};$$

$$x' = \frac{1}{\sqrt{1-\left(\frac{v}{c}\right)^2}}(x - v \cdot t) = 1{,}25\,(30 \text{ Lmin} - 0{,}6c \cdot 30 \text{ min}) = 1{,}25 \cdot 12 \text{ Lmin}$$
$$= 15 \text{ Lmin};$$

Die Ergebnisse stimmen überein.

d) Die Raumfahrer in R_1 erhalten vom Start S frühestens dann Meldung, wenn von dort ein Licht- oder Funksignal bei ihnen eintrifft. Das ist nach ihrer Zeit bei $t' = 30$ min, für die Raumstation (und Erde) bei $t = 37{,}5$ min.

S. 226/9

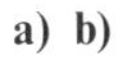
a) b)

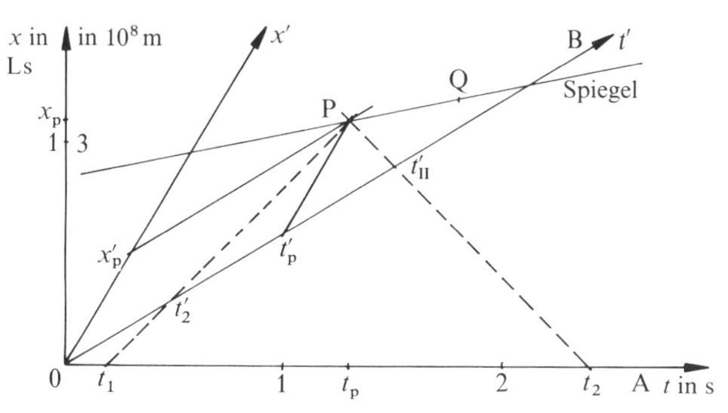

c) $t_p = \frac{1}{2}(t_1 + t_2)$; $\quad t_2 = 2t_p - t_1 = 2{,}4 \text{ s}$;
$x_p = \frac{1}{2}c(t_2 - t_1)$; $\quad x_p = \frac{1}{2}c \cdot 2{,}2 \text{ s} = 1{,}1 \text{ Ls}$;
$k = 2$: $\quad t'_I = k \cdot t_1 = 0{,}4 \text{ s}$;

$$t'_{II} = \frac{1}{k} \cdot t_2 = 1{,}2 \text{ s};$$

d) $t'_P = \frac{1}{2}(t'_I + t'_{II}) = 0{,}8\ \text{s}\,;$

$x'_P = \frac{1}{2}c\,(t'_{II} - t'_I) = 0{,}4\ \text{Ls} = 0{,}4 \cdot 3{,}0 \cdot 10^8\ \text{m} = 1{,}2 \cdot 10^8\ \text{m}\,;$

e) $x_Q = 3{,}6 \cdot 10^8\ \text{m} = 1{,}2\ \text{Ls}\,;$

$$u = \frac{x_Q - x_P}{t_Q - t_P} = \frac{0{,}1\ \text{Ls}}{0{,}5\ \text{s}} = 0{,}2\,c\,;$$

$$u' = \frac{u - v}{1 - \frac{uv}{c^2}} = \frac{0{,}2c - 0{,}6c}{1 - 0{,}2 \cdot 0{,}6} = \frac{-0{,}4c}{0{,}88} = -0{,}45\,c\,;$$

Der Spiegel wird von B eingeholt, bewegt sich also in $-x'$-Richtung.

S. 231/1

a) $F_e = F_m\,;$ d.h. $eE = evB\,;$ also $v = \dfrac{E}{B}\,;$

b) Die Lorentz-Kraft liefert außerhalb des Kondensators die Zentripetalkraft, die die Elektronen auf die Kreisbahn zwingt:

$F_Z = F_m\,;$ d.h. $\dfrac{mv^2}{r} = evB\,;$ also $\dfrac{e}{m} = \dfrac{v}{Br}\,;$

Bestimmung von r:

$$s^2 = \frac{d}{2}\left(2r - \frac{d}{2}\right) \quad \text{(Höhensatz)}$$

$s^2 = dr - \dfrac{d^2}{4}\,;$ und $dr = s^2 + \dfrac{d^2}{4}\,;$

damit ist:

$r = \dfrac{s^2}{d} + \dfrac{d}{4}\,;$ also $\dfrac{e}{m} = \dfrac{v}{B\left(\dfrac{s^2}{d} + \dfrac{d}{4}\right)}\,;$

und falls $d \ll s$:

$r = \dfrac{s^2}{d}\,;$ und $\dfrac{e}{m} = \dfrac{v \cdot d}{B \cdot s^2}\,;$

und mit **a)** $\dfrac{e}{m} = \dfrac{Ed}{B^2 s^2}$

S. 233/2

$\Delta m = m - m_0 < 0{,}01\,m_0$

$$\frac{m_0}{\sqrt{1 - \left(\frac{v}{c}\right)^2}} - m_0 < 0{,}01\,m_0 \qquad \frac{1}{\sqrt{1 - \left(\frac{v}{c}\right)^2}} - 1 < 0{,}01\,; \qquad \frac{1}{\sqrt{1 - \left(\frac{v}{c}\right)^2}} < 1{,}01\,;$$

$$\sqrt{1 - \left(\frac{v}{c}\right)^2} > \frac{1}{1{,}01}\,; \qquad 1 - \left(\frac{v}{c}\right)^2 > \frac{1}{1{,}0201}\,; \qquad \left(\frac{v}{c}\right)^2 < 1 - \frac{1}{1{,}0201}\,; \qquad \left(\frac{v}{c}\right)^2 < \frac{0{,}0201}{1{,}0201}\,;$$

$$v < \sqrt{\frac{0{,}0201}{1{,}0201}}\,c\,; \qquad v < 0{,}14c\,.$$

S. 233/3

1. a)

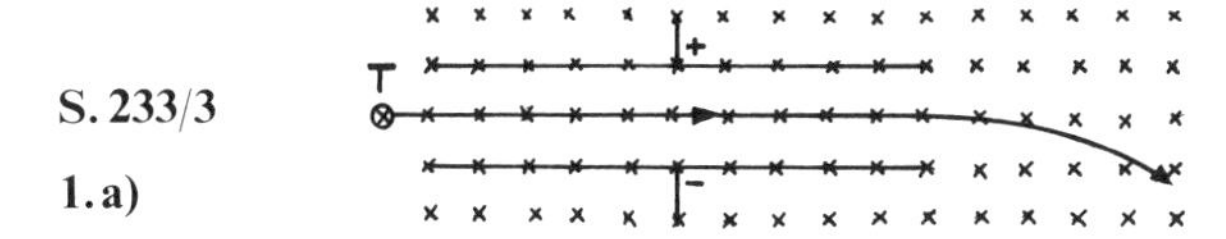

Dem elektrischen Feld eines Plattenkondensators wird ein Magnetfeld so überlagert, daß seine Feldlinien senkrecht zur Bewegungsrichtung der von T ausgehenden Teilchen und senkrecht zu den elektrischen Feldlinien stehen, dann werden nach der Lösung von S. 231/1a) auf S. 320 die Teilchen der Geschwindigkeit v nicht abgelenkt, wenn $v = \frac{E}{B}$. (Feldrichtung für negative Teilchen wie angegeben. Wird das elektrische Feld umgepolt, muß auch das magnetische umgepolt werden.)

Einheitliche Geschwindigkeit ist nicht exakt erreichbar, weil

elektrisches und magnetisches Feld nie genau homogen und konstant sind,
der Teilchenstrahl divergiert und
der Plattenabstand d eine endliche Größe besitzt.

Möglichkeiten zur Abhilfe:

Kondensator mit großem Durchmesser und kleinem Plattenabstand
(nicht beliebig, sonst wird das Magnetfeld zu inhomogen)
feine Blenden nach Präparat und Kondensator.

b) Siehe Aufgabe S. 231/1

$$\frac{e}{m} = \frac{Ed}{B^2 s^2}\,;$$

2. a)

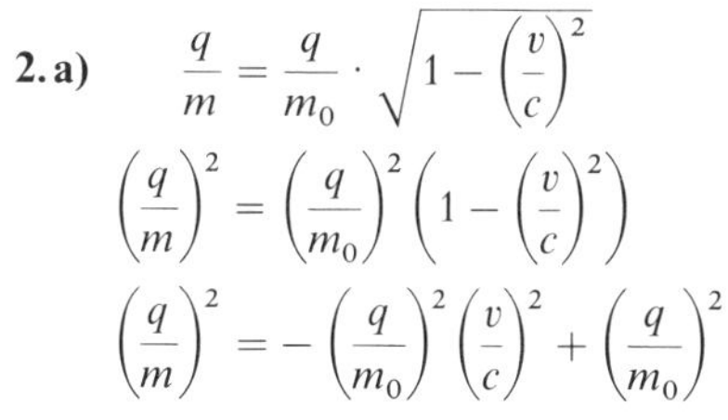

$$\frac{q}{m} = \frac{q}{m_0} \cdot \sqrt{1 - \left(\frac{v}{c}\right)^2}$$

$$\left(\frac{q}{m}\right)^2 = \left(\frac{q}{m_0}\right)^2 \left(1 - \left(\frac{v}{c}\right)^2\right)$$

$$\left(\frac{q}{m}\right)^2 = -\left(\frac{q}{m_0}\right)^2 \left(\frac{v}{c}\right)^2 + \left(\frac{q}{m_0}\right)^2$$

Gerade

$y = -ax + a$

Enden:

A: $x = 0$: $\left(\frac{v}{c}\right)^2 = 0$, also $|v| = 0$ (eine kleinere Geschwindigkeit gibt es nicht.)

hier ist $\left(\frac{q}{m}\right)^2 = \left(\frac{q}{m_0}\right)^2$ oder $\frac{q}{m} = \frac{q}{m_0}$ (spez. Ruheladung)

B: $x = 1 : \left(\frac{v}{c}\right)^2 = 1$, also $v = c$

(diese Geschwindigkeit wird nicht erreicht.)

hier wäre $\frac{q}{m} = 0$, weil bei $v \to c$ die

Masse gegen Unendlich geht.

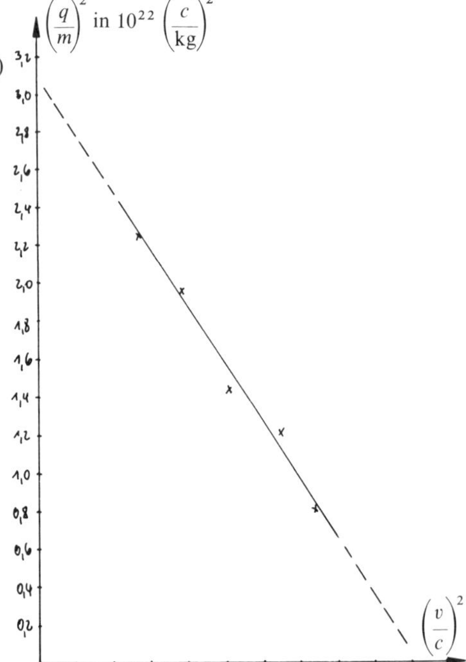

b)

Es ergibt sich $\left(\frac{q}{m_0}\right)^2 \approx 3{,}09 \cdot 10^{22} \left(\frac{c}{\text{kg}}\right)^2$

und $\frac{q}{m_0} = 1{,}76 \cdot 10^{11} \frac{c}{\text{kg}}$.

Es handelt sich wahrscheinlich um Elektronen.

3. a) $\frac{e}{m} = \frac{v}{Br}$ Lösung zu S. 231/1b), S. 320)

$$v = \frac{e}{m} \cdot Br$$

Abschätzung:

$$v = 1{,}76 \cdot 10^{11} \frac{c}{\text{kg}} \cdot 6{,}0 \cdot 10^{-2} \frac{\text{Vs}}{\text{m}^2} \cdot 5{,}7 \cdot 10^{-2}\ \text{m} = 6 \cdot 10^8 \frac{\text{m}}{\text{s}}$$

relativistische Rechnung ist nötig:

$$mv = eBr$$

$$\frac{m_0 v}{\sqrt{1 - \left(\frac{v}{c}\right)^2}} = eBr\,; \quad m_0^2 v^2 = e^2 B^2 r^2 \left(1 - \left(\frac{v}{c}\right)^2\right)$$

$$m_0^2 v^2 = e^2 B^2 r^2 - \frac{e^2 B^2 r^2}{c^2} v^2\,; \quad \left(m_0^2 + \frac{e^2 B^2 r^2}{c^2}\right) v^2 = e^2 B^2 r^2\,;$$

$$v = \frac{eBr}{\sqrt{m_0^2 + \left(\frac{eBr}{c}\right)^2}}$$

$$= \frac{1{,}6 \cdot 10^{-19}\ \text{C} \cdot 6{,}0 \cdot 10^{-2} \frac{\text{Vs}}{\text{m}^2} \cdot 5{,}7 \cdot 10^{-2}\ \text{m}}{\sqrt{(9{,}11 \cdot 10^{-31}\ \text{kg})^2 + \left(\frac{1{,}6 \cdot 10^{-19}\ \text{C} \cdot 10^{-2} \frac{\text{Vs}}{\text{m}^2} \cdot 5{,}7 \cdot 10^{-2}\ \text{m}}{3{,}0 \cdot 10^8 \frac{\text{m}}{\text{s}}}\right)^2}}\,;$$

$$v = \frac{5{,}48 \cdot 10^{-22}\,\frac{\text{kg m}}{\text{s}}}{\sqrt{(9{,}11 \cdot 10^{-31}\,\text{kg})^2 + \left(\frac{5{,}48 \cdot 10^{-22}\,\frac{\text{kg m}}{\text{s}}}{3{,}0 \cdot 10^8\,\frac{\text{m}}{\text{s}}}\right)^2}} = 2{,}68 \cdot 10^8\,\frac{\text{m}}{\text{s}};$$

b) $E_{\text{kin}} = mc^2 - m_0 c^2;$ $\quad E_{\text{kin}} + m_0 c^2 = mc^2;$

$$E_{\text{kin}} + m_0 c^2 = \frac{m_0 c^2}{\sqrt{1 - \left(\frac{v}{c}\right)^2}}; \qquad \sqrt{1 - \left(\frac{v}{c}\right)^2}\,(E_{\text{kin}} + m_0 c^2) = m_0 c^2;$$

$$1 - \left(\frac{v}{c}\right)^2 = \frac{m_0^2 c^4}{(E_{\text{kin}} + m_0 c^2)^2};$$

$$\left(\frac{v}{c}\right)^2 = 1 - \left(\frac{m_0 c^2}{E_{\text{kin}} + m_0 c^2}\right)^2;$$

$$v = \sqrt{1 - \left(\frac{m_0 c^2}{E_{\text{kin}} + m_0 c^2}\right)^2} \cdot c;$$

$$v = \sqrt{1 - \left(\frac{0{,}511\,\text{MeV}}{0{,}77\,\text{MeV} + 0{,}51\,\text{MeV}}\right)^2} \cdot c$$

$$= 0{,}92 \cdot c;$$

S. 234/4

a) α) Da $\vec{v} \perp \vec{B}$ und $\vec{F}_{\text{m}} \perp (\vec{v}, \vec{B})$,

erhält man ebene Kreisbahnen senkrecht zur Feldrichtung.

β) Für alle Elektronen mit gleicher spezifischer Ladung ist die Umlaufzeit T gleich:

$$T = \frac{u}{v} = \frac{2\pi r}{v} = \frac{2\pi r}{\frac{e}{m} \cdot Br} = \frac{2\pi m}{eB};$$

b) α)

$\vec{B}$-Richtung

$$v_{\parallel} = v \cdot \cos\alpha$$
$$v_{\perp} = v \cdot \sin\alpha$$

$$x = v_{\parallel} \cdot T = v \cdot \cos\alpha \cdot \frac{2\pi m}{eB};$$

β) $\alpha = 30°$; $v = 0{,}6c$; $B = 0{,}25 \frac{\text{Vs}}{\text{m}^2}$;

$$m = \frac{m_0}{\sqrt{1-0{,}6^2}} = \frac{m_0}{0{,}8} = 1{,}25 m_0;$$

$$x = 0{,}6c \cdot \frac{1}{2}\sqrt{3} \cdot \frac{2\pi \cdot 1{,}25 m_0}{e \cdot B}$$

$$= 0{,}75\sqrt{3}\pi \cdot \frac{3{,}0 \cdot 10^8 \cdot 9{,}1 \cdot 10^{-31}}{1{,}6 \cdot 10^{-19} \cdot 0{,}25} \text{ m};$$

$$= 2{,}79 \cdot 10^{-2} \text{ m}.$$

S. 235/5

Siehe 231/1 und 233/3

S. 235/6

a) $\frac{mv^2}{r} = q \cdot v \cdot B$; $\qquad B = \frac{v}{r} \cdot \frac{1}{\frac{q}{m}}$;

wegen $v = \frac{2\pi r}{T}$ gilt: $\qquad B = \frac{2\pi}{T} \cdot \frac{1}{\frac{q}{m}}$;

b) Bei relativistischen Teilchen ist die Masse geschwindigkeitsabhängig ($m = m(v)$).

Bei konstanter Umlaufzeit T hängt die Geschwindigkeit v nach $v = \frac{2\pi r}{T}$ von r ab, d.h. die Masse und damit auch B hängen doch von r ab.

c) $v = \frac{2\pi r}{T} = \frac{2\pi \cdot 1\text{ m}}{5{,}0 \cdot 10^{-8}\text{ s}} = 1{,}26 \cdot 10^8 \frac{\text{m}}{\text{s}} \approx 0{,}42c$;

Mit $m = \frac{m_0}{\sqrt{1-\left(\frac{v}{c}\right)^2}}$ gilt für B:

$$B = \frac{2\pi}{T} \cdot \frac{1}{\frac{q}{m_0}} \cdot \frac{1}{\sqrt{1-\left(\frac{v}{c}\right)^2}};$$

$$B = \frac{2\pi}{5{,}0 \cdot 10^{-8}\text{ s}} \cdot \frac{1 \cdot \text{kg}}{4{,}82 \cdot 10^7\text{ C}} \cdot \frac{1}{\sqrt{1-(0{,}42)^2}} = 2{,}87 \frac{\text{Vs}}{\text{m}^2};$$

d)

$|\vec{v}| = 4{,}0 \cdot 10^6 \frac{\text{m}}{\text{s}} < 0{,}1c$;

$|\vec{B}| = 1{,}3 \frac{\text{Vs}}{\text{m}^2}$;

$h = 8{,}0 \cdot 10^{-2}$ m;

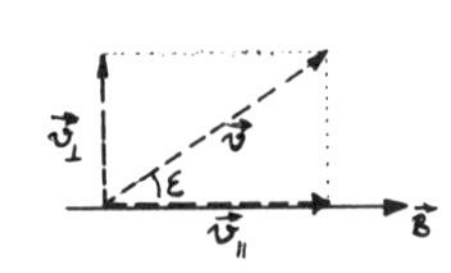

$$T = \frac{2\pi}{B} \cdot \frac{1}{\frac{q}{m_0}}; \quad T = \frac{2\pi}{1{,}3\,\frac{\text{Vs}}{\text{m}^2}} \cdot \frac{1}{4{,}82 \cdot 10^7\,\frac{\text{C}}{\text{kg}}}$$

$$T = \frac{2\pi}{1{,}3} \cdot \frac{1}{4{,}82 \cdot 10^7}\,\frac{\text{m}^2\,\text{kg}}{\text{VAs}^2} = 1{,}0 \cdot 10^{-7}\,\text{s};$$

$$v_{\|} = \frac{h}{T} = \frac{8{,}0 \cdot 10^{-2}\,\text{m}}{1{,}0 \cdot 10^{-7}\,\text{s}} = 8{,}0 \cdot 10^5\,\frac{\text{m}}{\text{s}};$$

$$\cos\varepsilon = \frac{v_{\|}}{v} = \frac{8{,}0 \cdot 10^5}{4{,}0 \cdot 10^6} = 0{,}2; \quad \varepsilon = 78{,}5^\circ;$$

S. 237/1

$$\frac{\text{d}}{\text{d}v}\left[c^2 \cdot \left(1 - \frac{v^2}{c^2}\right)^{-\frac{1}{2}}\right] = c^2\left(-\frac{1}{2}\right) \cdot \left(1 - \frac{v^2}{c^2}\right)^{-\frac{3}{2}} \cdot \left(\frac{-2v}{c^2}\right) = v \cdot \left(1 - \frac{v^2}{c^2}\right)^{-\frac{3}{2}};$$

S. 238/2

a) $m_0 c^2 = 9{,}11 \cdot 10^{-31}\,\text{kg} \cdot 9{,}0 \cdot 10^{16}\,\frac{\text{m}^2}{\text{s}^2} = 8{,}18 \cdot 10^{-14}\,\text{J};$

$$m_0 c^2 = \frac{8{,}18 \cdot 10^{-14}\,\text{J}}{1{,}6 \cdot 10^{-19}\,\text{J}} \cdot \text{eV} = 5{,}11 \cdot 10^5\,\text{eV} = 0{,}511\,\text{MeV};$$

b) $E_{\text{kin}} = mc^2 - m_0 c^2 = \dfrac{m_0 c^2}{\sqrt{1 - \left(\frac{u}{c}\right)^2}} - m_0 c^2 = m_0 c^2 \cdot \left(\dfrac{1}{\sqrt{1 - \left(\frac{u}{c}\right)^2}} - 1\right)$

$\frac{u}{c}$	0,3	0,6	0,8	0,9	0,95	0,99
E_{kin} in eV	$2{,}47 \cdot 10^4$	$1{,}27 \cdot 10^5$	$3{,}41 \cdot 10^5$	$6{,}61 \cdot 10^5$	$1{,}13 \cdot 10^6$	$3{,}11 \cdot 10^6$

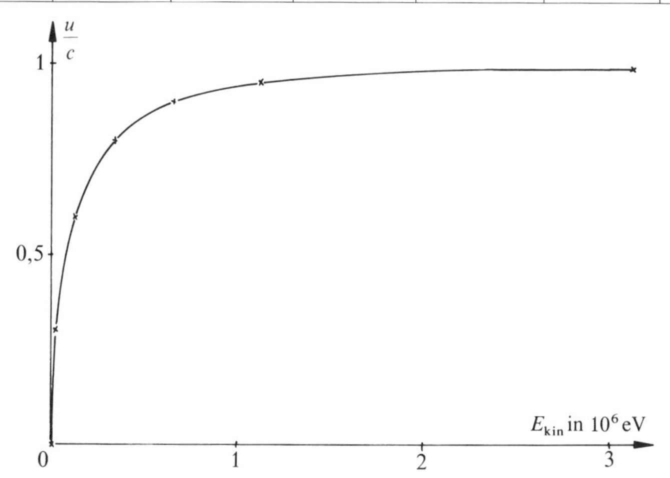

S. 238/3

$$E_{kin} = mc^2 - m_0 c^2\,; \quad mc^2 = E_{kin} + m_0 c^2\,;$$

$$\frac{m_0 c^2}{\sqrt{1-\left(\frac{v}{c}\right)^2}} = E_{kin} + m_0 c^2\,; \quad 1-\left(\frac{v}{c}\right)^2 = \left(\frac{m_0 c^2}{E_{kin} + m_0 c^2}\right)^2$$

$$\frac{v}{c} = \sqrt{1-\left(\frac{m_0 c^2}{E_{kin} + m_0 c^2}\right)^2}\,;$$

$$E_{kin} = e \cdot U = 800 \cdot 10^3 \text{ eV}$$

$$v = \sqrt{1-\left(\frac{0{,}511 \text{ MeV}}{0{,}800 \text{ MeV} + 0{,}511 \text{ MeV}}\right)^2} \cdot c = 0{,}92\,c\,;$$

S. 238/4

Siehe z. B. S. 238/3:

$$\sqrt{1-\left(\frac{v}{c}\right)^2} = \frac{m_0 c^2}{E_{kin} + m_0 c^2}$$

Damit:

$$\frac{e}{m} = \frac{e}{m_0} \cdot \sqrt{1-\left(\frac{v}{c}\right)^2} = \frac{e}{m_0} \cdot \frac{m_0 c^2}{E_{kin} + m_0 c^2}\,;$$

und mit $E_k = e \cdot U$ ist:

$$\frac{e}{m} = \frac{e}{m_0} \cdot \frac{m_0 c^2}{e \cdot U + m_0 c^2}$$

$$\frac{e}{m} = 1{,}7588 \cdot 10^{11}\,\frac{\text{C}}{\text{kg}} \cdot \frac{0{,}511 \text{ MeV}}{0{,}100 \text{ MeV} + 0{,}511 \text{ MeV}} = 1{,}7588 \cdot 10^{11}\,\frac{\text{C}}{\text{kg}} \cdot 0{,}836\,;$$

$$\frac{e}{m} = 1{,}47 \cdot 10^{11}\,\frac{\text{C}}{\text{kg}}\,;$$

S. 239/5

a) $\Delta E_{kin} = E_2 - E_1\,;$

$$e \cdot U = \frac{m_0 c^2}{\sqrt{1-\left(\frac{v_2}{c}\right)^2}} - \frac{m_0 c^2}{\sqrt{1-\left(\frac{v_1}{c}\right)^2}}\,;$$

$$U = \frac{m_0 c^2}{e}\left(\frac{1}{\sqrt{1-\left(\frac{v_2}{c}\right)^2}} - \frac{1}{\sqrt{1-\left(\frac{v_1}{c}\right)^2}}\right)$$

$$= \frac{0{,}511 \text{ MeV}}{e}\left(\frac{1}{\sqrt{1-0{,}5^2}} - \frac{1}{\sqrt{1-0{,}01^2}}\right)\,;$$

$$U = 0{,}511 \text{ MV} \cdot 0{,}155 = 79{,}0 \text{ kV}\,;$$

b) $F = e \cdot E$ und $F = \dfrac{dp}{dt} = \dfrac{d}{dt}(m_{rel} \cdot v)$

$$F = \frac{d}{dt}(m_{rel} \cdot v);$$

$$F = \left(\frac{d}{dt} m_{rel}\right) \cdot v + m_{rel} \cdot \dot{v};$$

$$F = \frac{d}{dv}(m_{rel}) \cdot \frac{dv}{dt} \cdot v + m_{rel} \cdot \dot{v};$$

$$F = \dot{v}\left[\frac{d}{dv}\left(\frac{m_0}{\sqrt{1-\left(\frac{v}{c}\right)^2}}\right) \cdot v + m_{rel}\right]$$

$$F = \dot{v}\left[\left(-\frac{1}{2}\right) m_0 \cdot \frac{1}{\left(\sqrt{1-\left(\frac{v}{c}\right)^2}\right)^3} \cdot \left(-\frac{2v}{c^2}\right) \cdot v + \frac{m_0}{\left(\sqrt{1-\left(\frac{v}{c}\right)^2}\right)^3} \cdot \left(1-\left(\frac{v}{c}\right)^2\right)\right]$$

$$F = \dot{v}\left[\frac{m_0}{\left(\sqrt{1-\left(\frac{v}{c}\right)^2}\right)^3} \cdot \frac{v^2}{c^2} + \frac{m_0}{\left(\sqrt{1-\left(\frac{v}{c}\right)^2}\right)^3}\left(1-\frac{v^2}{c^2}\right)\right]$$

$$F = \dot{v}\frac{m_0}{\left(\sqrt{1-\left(\frac{v}{c}\right)^2}\right)^3};$$

$$e \cdot E = \dot{v}\frac{m_0}{\left(\sqrt{1-\left(\frac{v}{c}\right)^2}\right)^3}; \quad \dot{v} = a = \frac{e}{m_0} \cdot E\left(\sqrt{1-\left(\frac{v}{c}\right)^2}\right)^3$$

$$a = 1{,}7588 \cdot 10^{11}\,\frac{\text{C}}{\text{kg}} \cdot 1{,}0 \cdot 10^5\,\frac{\text{V}}{\text{m}}\left(\sqrt{1-0{,}5^2}\right)^3 = 1{,}14 \cdot 10^{16}\,\frac{\text{m}}{\text{s}^2};$$

S. 242/6

a) $v = 0{,}97c;$

$E_0 = m_0 c^2 = 0{,}51$ MeV;

$$E_{kin} = mc^2 - m_0 c^2 = \frac{m_0 c^2}{\sqrt{1-\left(\frac{v}{c}\right)^2}} - m_0 c^2 = m_0 c^2\left(\frac{1}{\sqrt{1-\left(\frac{v}{c}\right)^2}} - 1\right)$$

$$\frac{E_{kin}}{E_0} = \frac{1}{\sqrt{1-\left(\frac{v}{c}\right)^2}} - 1 = \frac{1}{\sqrt{1-0{,}97^2}} - 1 = 3{,}1;$$

b) $E_{kin} = 5{,}0$ MeV;

$E_{0\alpha} = 3{,}7 \cdot 10^3$ MeV;

$$\frac{E_{kin}}{E_0} = \frac{5{,}0}{3{,}7 \cdot 10^3} = 1{,}3 \cdot 10^{-3};$$

S. 242/7

a) $E_{\text{kin}} = e \cdot U$; maximale Energie $E_{\text{kin, max}} = E_{\text{kin}}(v_m) = e \cdot U_m$;

Klassisch:

$$\frac{1}{2} m_{p_0} \cdot v_m^2 = e \cdot U_m;$$

$$\frac{1}{2} m_{p_0} \cdot (0{,}1\,c)^2 = e \cdot U_m;$$

$$U_m = \frac{1}{2} \frac{m_{p_0}}{e} \cdot (0{,}1\,c)^2;$$

$$U_m = \frac{(0{,}1\,c)^2}{2 \frac{e}{m_{p_0}}} = \frac{\left(3{,}0 \cdot 10^7 \frac{\text{m}}{\text{s}}\right)^2}{2 \cdot 9{,}594 \cdot 10^7 \frac{\text{C}}{\text{kg}}};$$

$$U_m = 4{,}69 \cdot 10^6\ \text{V};$$

Relativistisch:

$$\frac{m_0 c^2}{\sqrt{1 - \left(\frac{v_m}{c}\right)^2}} - m_0 c^2 = e \cdot U_m;$$

$$m_0 c^2 \left(\frac{1}{\sqrt{1 - 0{,}1^2}} - 1\right) = e \cdot U_m;$$

$$U_m = \frac{m_0 c^2}{e} \left(\frac{1}{\sqrt{1 - 0{,}1^2}} - 1\right);$$

$$U_m = \frac{938{,}21 \cdot 10^6\ \text{eV}}{e} \left(\frac{1}{\sqrt{0{,}99}} - 1\right);$$

$$U_m = 938{,}21 \cdot 10^6\ \text{V} \cdot 5{,}04 \cdot 10^{-3};$$

$$U_m = 4{,}73 \cdot 10^6\ \text{V};$$

b) Kinetische Energie:

$$E_{\text{kin}} = mc^2 - m_0 c^2 = 3{,}0 \cdot 10^9\ \text{eV} - 0{,}938 \cdot 10^9\ \text{eV} = 2{,}06\ \text{GeV};$$

Masse zu Ruhemasse:

$$\frac{m}{m_0} = \frac{mc^2}{m_0 c^2} = \frac{3{,}0 \cdot 10^9\ \text{eV}}{0{,}938 \cdot 10^9\ \text{eV}} = 3{,}2;$$

Geschwindigkeit:

$$mc^2 = \frac{m_0 c^2}{\sqrt{1 - \left(\frac{v}{c}\right)^2}}; \quad \sqrt{1 - \left(\frac{v}{c}\right)^2} = \frac{m_0 c^2}{mc^2}; \quad 1 - \left(\frac{v}{c}\right)^2 = \left(\frac{m_0 c^2}{mc^2}\right)^2;$$

$$\frac{v}{c} = \sqrt{1 - \left(\frac{m_0 c^2}{mc^2}\right)^2}$$

$$v = \sqrt{1 - \left(\frac{m_0 c^2}{mc^2}\right)^2}\, c = \sqrt{1 - \left(\frac{0{,}938}{3{,}0}\right)^2} \cdot c = 0{,}95\,c;$$

c) Umfang:

$$u = 2\pi r; \quad r = \frac{u}{2\pi} = \frac{1500\ \text{m}}{2\pi} = 239\ \text{m};$$

Kreisbahn:

$$m \frac{v^2}{r} = q \cdot v \cdot B; \quad B = \frac{mv}{qr} = \frac{3{,}2 m_{p_0} \cdot 0{,}95\,c}{e \cdot r}; \quad B = 4{,}0 \cdot 10^{-2} \frac{\text{Vs}}{\text{m}^2};$$

S. 242/8

Geschwindigkeit des Teilchens 1:

$E_{\text{kin}} = mc^2 - m_0 c^2 = m_0 c^2$; d.h. $mc^2 = 2m_0 c^2$; also $m = 2m_0$;

$$\frac{m_0}{\sqrt{1-\left(\frac{v}{c}\right)^2}} = 2m_0; \quad \sqrt{1-\left(\frac{v}{c}\right)^2} = \frac{1}{2}; \quad \frac{v}{c} = \sqrt{\frac{3}{4}}; \quad v = \frac{\sqrt{3}}{2}c;$$

Energiesatz:

$$2m_0 c^2 + m_0 c^2 = Mc^2, \quad \text{also} \quad 3m_0 = M = \frac{M_0}{\sqrt{1-\left(\frac{\bar{v}}{c}\right)^2}}$$

(M_0 ist die Ruhemasse des zusammengesetzten Teilchens, $\bar{v}$ seine Geschwindigkeit.)

Impulssatz:

$$mv = M\bar{v}; \quad \text{also} \quad 2m_0 v = 3m_0 \bar{v};$$

$$\bar{v} = \frac{2}{3}v;$$

$$\bar{v} = \frac{\sqrt{3}}{3}c;$$

und damit $M_0 = 3m_0 \cdot \sqrt{1-\left(\frac{\bar{v}}{c}\right)^2} = 3m_0 \cdot \sqrt{1-\frac{1}{3}} = 3m_0\sqrt{\frac{2}{3}} = m_0 \cdot \sqrt{6}$;

S. 242/9

1.a) $l = l'\sqrt{1-\left(\frac{v}{c}\right)^2} = 300\,000\text{ km} \cdot \sqrt{1-0{,}6^2} = 300\,000\text{ km} \cdot 0{,}8$;

$l = 240\,000\text{ km}$;

$$\Delta t = \frac{l}{v} = \frac{240\,000\text{ km}}{0{,}6 \cdot 300\,000\,\frac{\text{km}}{\text{s}}} = \frac{4}{3}\text{ s};$$

b), d), h)

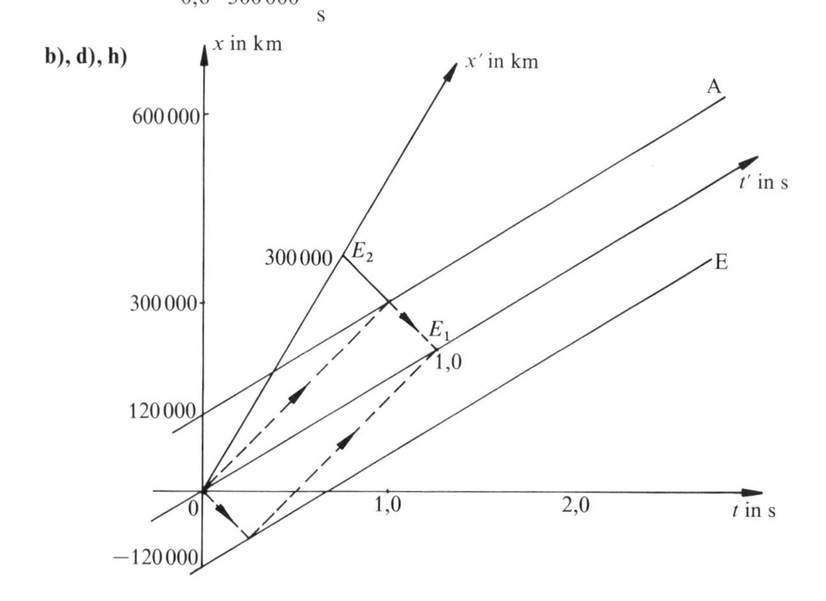

c) Für die Beobachter im Raumschiff legen die Lichtsignale einfach je 150000 km zurück. Dafür benötigen sie die Zeitdauer

$$\Delta t' = \frac{150000\ \text{km}}{300000\ \frac{\text{km}}{\text{s}}} = 0{,}50\ \text{s}.$$

Sind die Uhren mit der Uhr in der Raumschiffmitte synchronisiert, dann zeigen sie $t' = 0\ \text{s} + \Delta t' = 0{,}50\ \text{s}$ an.
Der Beobachter in der Mitte registriert das Wiedereintreffen der Lichtsignale zur Zeit $t' = 0\ \text{s} + 2\Delta t' = 1{,}0\ \text{s}$.

e) Reflexion am Anfang:

$$t_{\text{RA}} \cdot c = \frac{l}{2} + v \cdot t_{\text{RA}}; \quad \text{(Weg des Lichtsignals)}$$

$$t_{\text{RA}}(c - v) = \frac{l}{2};$$

$$t_{\text{RA}} = \frac{l}{2(c-v)} = \frac{240000\ \text{km}}{2 \cdot 0{,}4c} = 1{,}0\ \text{s};$$

Eintreffen in der Raumschiffmitte:

$$c \cdot \Delta t + v \cdot \Delta t = \frac{l}{2}$$

(Die Raumschiffmitte fährt dem Signal entgegen)

$$\Delta t = \frac{l}{2(c+v)}; \qquad \Delta t = \frac{240000\ \frac{\text{km}}{\text{s}}}{2 \cdot 1{,}6c} = 0{,}25\ \text{s};$$

$$t_{\text{E}} = t_{\text{RA}} + \Delta t = 1{,}25\ \text{s}.$$

f) Astronaut:
Da A und E von M gleich weit entfernt sind, und c unabhängig von der Ausbreitungsrichtung ist, wird in A und E gleichzeitig reflektiert.
Erde-System:
Die Spitze des Raumschiffs fährt weg, das Ende der Lichtaussendung entgegen, daher wird zuerst am Ende, dann erst am Anfang reflektiert.

g) $t' = 0{,}4\ \text{s};$

Umrechnung mit der Zeitdilatation:

$$t' = t\sqrt{1 - \left(\frac{v}{c}\right)^2}; \quad t = \frac{t'}{\sqrt{1 - \left(\frac{v}{c}\right)^2}} = \frac{0{,}4\ \text{s}}{\sqrt{1 - 0{,}6^2}} = \frac{0{,}4\ \text{s}}{0{,}8} = 0{,}5\ \text{s};$$

(Auch mit der Lorentz-Transformation möglich, liefert dieselbe Formel.)

$t = 0{,}4\ \text{s};$

Lorentz-Transformation:

$$t' = \frac{1}{\sqrt{1 - \left(\frac{v}{c}\right)^2}} \left(t - \frac{v}{c^2} x\right) = \frac{1}{0{,}8} \cdot 0{,}26\ \text{s} = 0{,}32\ \text{s};$$

2. a) $p'_1 + p'_2 = 0$;

Da die Ruhemassen gleich sind, sind die Geschwindigkeiten entgegengesetzt gleich groß.

b) Energiesatz:

$$\underbrace{M_0 c^2}_{\text{Gesamtenergie vorher}} = \underbrace{mc^2 + mc^2}_{\text{Gesamtenergie nachher}};$$

$$M_0 c^2 = 2\frac{m_0 c^2}{\sqrt{1-\left(\frac{v}{c}\right)^2}}; \qquad \text{mit } \frac{v}{c} = 0{,}6 \text{ ist } \sqrt{1-\left(\frac{v}{c}\right)^2} = 0{,}8;$$

$$M_0 c^2 = 2\frac{m_0}{0{,}8} c^2;$$

$$M_0 c^2 = 2{,}5 m_0 c^2;$$

$$m_0 = 0{,}4 M_0;$$

c) Unzerfallenes Teilchen: $v = 0{,}6c$;

Teilchen 1 $v_1 = 0$

Teilchen 2 $v_2 = \dfrac{0{,}6c + 0{,}6c}{1 + \left(\frac{0{,}6c}{c}\right)^2} = \dfrac{1{,}2c}{1{,}36} = \dfrac{15}{17}c$;

Energiesatz:

Gesamtenergie vorher: $E = Mc^2 = \dfrac{M_0 c^2}{\sqrt{1-0{,}6^2}} = 1{,}25 M_0 c^2$;

Gesamtenergie nachher: $E = m_1 c^2 + m_2 c^2 = m_0 c^2 + \dfrac{m_0 c^2}{\sqrt{1-\left(\frac{15}{17}\right)^2}}$

$$= m_0 c^2 + \frac{m_0 c^2}{\frac{8}{17}} = m_0 c^2 + \frac{17}{8} m_0 c^2$$

$$= \frac{25}{8} m_0 c^2 = \frac{25}{8} \cdot \frac{2}{5} M_0 c^2 = \frac{5}{4} M_0 c^2 = 1{,}25 M_0 c^2.$$

3. (Diese Aufgabe kann eigentlich erst nach dem 3. Semester völlig verstanden werden.)

a) $E_1 = E_2 = 0{,}511$ MeV;

b) $v_{e-} = v_{e+} = 0{,}6c$;

$v_1 = c$; $v_2 = c$;

c) Impuls vorher: ⊕⊖ ⟶

Impulse nachher: ⟵○ ○⟶

$\dfrac{hf_1}{c}$ $\dfrac{hf_2}{c}$

f ist die Frequenz der mit dem Quant verbundenen elektromagnetischen Welle. Es ist also $f_2 > f_1$.

d) Fährt eine sich schnell bewegende Lichtquelle an einem Beobachter vorbei, so erniedrigt sich schlagartig ihre zu beobachtende Frequenz.

S. 255

Es gilt: $b = \lambda$, d. h. es gibt nur das 0. Maximum, das 1. Hauptmaximum läge in Verbindungsrichtung der Dipole (s. Skizze).

Auslöschung für $\alpha \leqq 10°$:

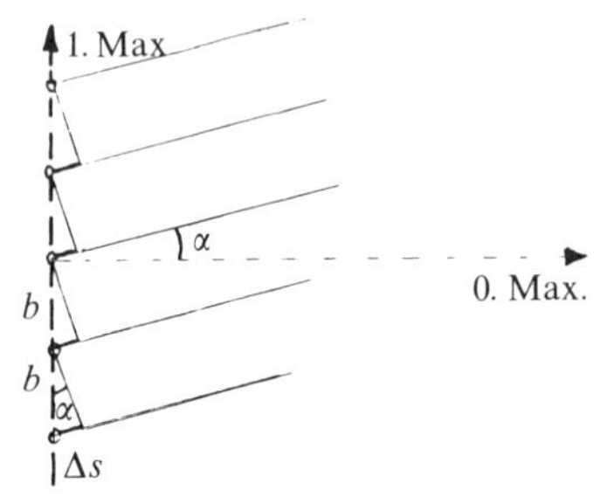

Wegen $\frac{\Delta s}{b} = \sin\alpha$ und $b = \lambda$ ist $\Delta s = \lambda \cdot \sin\alpha \leqq \lambda \cdot \sin 10° = 0{,}174\lambda$ also $\Delta s \leqq 0{,}174\lambda$.

Für die Phasendifferenz δ benachbarter Strahlen gilt dann:

$$\frac{\delta}{2\pi} = \frac{\Delta s}{\lambda}; \quad \delta = 2\pi \cdot \frac{\Delta s}{\lambda} \quad \text{und} \quad \delta \leqq 0{,}174 \cdot 2\pi.$$

Für das erste Minimum gilt aber:

$n \cdot \delta = 2\pi$ (n ist die Zahl der Wellenzentren)

Für n gilt dann:

$$n = \frac{2\pi}{\delta}$$

und die Abschätzung:

$$n \geqq \frac{2\pi}{0{,}174 \cdot 2\pi} = \frac{1}{0{,}174} = 5{,}76$$

Da n eine ganze Zahl ist, muß n also wenigstens 6 sein.

Anhang 4:

Reifeprüfungsaufgaben zur Relativitätstheorie und Auszüge aus Reifeprüfungsaufgaben mit Fragen zur Wellenoptik

Relativitätstheorie:

Reifeprüfungsaufgaben für den Leistungskurs Physik zum Themenbereich »Relativitätstheorie«. Für die Bearbeitung einer Aufgabe waren 120 Minuten vorgesehen. Diejenigen Teile der Aufgabe, welche erst mit Kenntnissen des 3. oder 4. Semesters lösbar sind, wurden am linken Rand mit einem Strich versehen.

Leistungskursabitur 1979, VI

Zwei Raumstationen R_1 und R_2 ruhen im System X im festen Abstand von 1,00 Lichtstunden voneinander. Ihre gleichanzeigenden Uhren sind synchronisiert.
Zum Zeitpunkt $t_0 = 0{,}00$ h passiert das Raumschiff S′ (mit dem Eigensystem X′) die Station R_1 fahrplanmäßig in Richtung auf R_2 mit der Geschwindigkeit $0{,}6\,c$ (Ereignis P). Die Borduhr von S′ zeige im Vorbeiflug die Zeit $t'_0 = 0{,}00$ h an.

1. 0,50 h nach dem Ereignis P registriert R_2 einen mit der Geschwindigkeit $0{,}8\,c$ vorbeistreichenden Meteoriten M in Richtung auf S′ und R_1.

a) Tragen Sie in ein Minkowski-Diagramm (kartesisches Koordinatensystem für X) die Weltlinien von R_1, R_2, S′ und M ein. (Querformat; Ursprung 4 cm vom linken, 6 cm vom unteren Blattrand entfernt. Zeitachse nach rechts, 10 cm $\hat{=}$ 1 h; $-0{,}3\text{ h} \leqq t \leqq 2\text{h}$. $+x$-Richtung von R_1 nach R_2; Lichtlinien unter 45° gegen die Achsen.)

b) Zu welcher X-Zeit t_K und in welcher Entfernung x_K von R_1 befürchtet die Besatzung von R_2 eine gefährliche Kollision (Ereignis K) von M und S′?
Ermitteln Sie die Lösung graphisch.

c) Zu welcher X′-Zeit t'_K wäre für S′ das Ereignis K zu erwarten? Berechnen Sie dazu, zu welcher Zeit t' ein Lichtsignal bei S′ eintrifft, das zur Zeit $t = 0{,}20$ h von R_1 ausgeht. Tragen Sie die t'-Skala auf der Weltlinie von S′ ein und ermitteln Sie dann t'_K.

Ergänzen Sie das Diagramm bei den folgenden Aufgaben (Weltlinien und Koordinatenachsen stark zeichnen, Lichtlinien gestrichelt).

d) R_2 sendet sofort ($t = 0{,}50$ h) einen warnenden Funkspruch an S′, der zur X-Zeit t_F dort eintrifft (Ereignis F).

α) Berechnen Sie, zu welcher Zeit t_F S′ den Funkspruch erhält.

β) Wie viele Minuten bleiben S′ in eigener Zeit dann noch bis zum Ereignis K? Berechnen Sie diese Zeitdauer.

e) Welche Geschwindigkeit hat der Meteorit M für S′?
Wie weit ist er bei Eintreffen des Funkspruchs für S′ noch entfernt?

f) S′ passiert den Meteoriten knapp und meldet dieses Ereignis mit zwei Funksprüchen gleichzeitig und sofort an R_1 und R_2.
Zur Zeit des Geschehens ist noch ein langsames Versorgungsschiff V zwischen R_1 und R_2 unterwegs. Von V aus gesehen erreichen die beiden Funksignale gleichzeitig den jeweiligen Bestimmungsort. Welche Geschwindigkeit und welche Bewegungsrichtung gegenüber R_1 besitzt V?
Graphische Lösung mit erläuternden Stichworten.

2. a) Zwei gleiche Teilchen stoßen im Laborsystem mit entgegengesetzt gleichen, sehr hohen Geschwindigkeiten vollkommen unelastisch zusammen.
Zeigen Sie durch Betrachtung des Stoßes in einem geeigneten anderen Bezugssystem, daß der »Newton-Impuls« (Ruhemasse mal Geschwindigkeit) nicht stets erhalten bleibt.

b) Was muß am klassisch formulierten Impulssatz geändert werden, damit er auch relativistisch gültig ist?

c) Vergleichen Sie qualitativ die gesamte Ruhemasse (M_0) beider Stoßpartner vor dem unelastischen Stoß mit der gesamten Ruhemasse (M_0') nach dem Stoß.
Kurze Erläuterung, keine Rechnung.

d) Beim lichtelektrischen Effekt an einzelnen Metallatomen verleiht ein Röntgenphoton dem als zunächst ruhend angenommenen Elektron den Impuls $p = 100 \frac{\text{keV}}{c}$.
Welche Geschwindigkeit erhält das Elektron dadurch?

Leistungskursabitur 1980, VI

An einer Raumstation fliegt ein Raumschiff geradlinig mit konstanter Geschwindigkeit vorbei.
Für die Raumstation ist das S-System (t; x), für das Raumschiff das S'-System (t'; x') für Zeit- und Ortsbestimmungen eingeführt. Die Ortsachsen sind beide in Flugrichtung des Raumschiffs orientiert. In der Raumstation wird die Geschwindigkeit des Raumschiffs zu $v = 0{,}6\,c$ gemessen.

1. Im Moment des Vorbeifliegens werden die Borduhren der Raumstation und des Raumschiffs auf $t_0 = t_0' = 0$ gestellt.
Zur S-Zeit $t_1 = 2{,}0$ s wird dem Raumschiff von der Station aus ein Lichtsignal nachgeschickt.

a) Tragen Sie die Bewegungen von Raumschiff und Lichtsignal in ein rechtwinkliges t-x-Diagramm ein.
(Querformat, Nullpunkt jeweils 5 cm vom linken bzw. unteren Rand entfernt; Rechtsachse: 1 s $\mathrel{\hat=}$ 2 cm; Hochachse: $3 \cdot 10^8$ m $\mathrel{\hat=}$ 2 cm).

b) Berechnen Sie, zu welcher Stationszeit t_2 und zu welcher Raumschiffszeit t_2' das Lichtsignal beim Raumschiff eintrifft. Verwenden Sie das Ergebnis, um die t'-Skala in das Diagramm einzutragen.

c) Erklären Sie, wie sich im t-x-Diagramm die Linien gleicher t'-Zeit bestimmen lassen, indem Sie ein Experiment angeben, das vom Raumschiff zur Untersuchung der Gleichzeitigkeit zweier Ereignisse anzustellen ist.
Zeichnen Sie jetzt die x'-Achse ein und tragen Sie die x'-Skala an. Begründen Sie Ihr Vorgehen.

2. Parallel zur Flugrichtung des Raumschiffs bewegen sich zwei Teilchen (1) und (2) mit der gleichen Ruhemasse m_0. Sie haben im S'-System die Geschwindigkeiten $u_1' = 0{,}6\,c$ bzw. $u_2' = -0{,}6\,c$ und stoßen zur Zeit $t_3' = 3$ s in Höhe des Raumschiffs völlig unelastisch zusammen.

a) Tragen Sie die Weltlinien der beiden Teilchen in das t-x-Diagramm ein.
Zeichnen Sie auch die Weltlinie des zusammengesetzten Teilchens (nach dem Stoß) ein und geben Sie dazu eine kurze Begründung.

b) Welche Geschwindigkeiten u_1 bzw. u_2 vor dem Stoß und welche Geschwindigkeit u nach dem Stoß stellt ein Beobachter in der Raumstation für die drei Teilchen fest? Nachweis durch Rechnung.

3. Ein Elektron und ein Positron bewegen sich in einem Bezugssystem S mit den Geschwindigkeiten $v_E = 0{,}6\,c$ und $v_P = -0{,}6\,c$ aufeinander zu.

a) Beim Zusammentreffen zerstrahlt das Elektron-Positron-Paar. Zeigen Sie, daß auf keinen Fall nur ein γ-Quant entstehen kann.

b) Es entstehen bei der Zerstrahlung 2 γ-Quanten.
Warum haben diese im betrachteten Bezugssystem S gleiche Energie? Berechnen Sie die Energie eines solchen Quants im S-System.

c) Ein System S″ hat die gleiche Bewegungsrichtung wie das Elektron vor der Zerstrahlung. Ein Beobachter in diesem System stellt für das Elektron die Energie $E'' = 51$ keV fest. Mit welcher Geschwindigkeit v'' bewegt sich das System S″ gegenüber dem System S?

Leistungsabitur 1981, VI

1. Mit fortschreitender Raumfahrttechnologie hat der Mensch die Grenzen seines Sonnensystems überschritten. Die benachbarten Sonnensysteme sind erschlossen und deren bewohnbare Planeten kolonisiert. Alle Sonnensysteme befinden sich relativ zueinander in Ruhe und bilden das Ruhesystem S. Die Uhren auf allen Welten sind synchronisiert und zeigen eine einheitliche »Systemzeit« an.
Der Antrieb der Raumschiffe ist hoch entwickelt, so daß Beschleunigungszeiten im Vergleich zur gesamten Flugdauer so kurz ausfallen, daß sie bei den folgenden Berechnungen völlig vernachlässigt werden können.
Alle Zeiten sind in Jahren (a), alle Streckenlängen in Lichtjahren (Lj) anzugeben.

a) Zur Systemzeit $t = 0$ startet ein Raumschiff A vom Sirius mit Flugziel Alpha Centauri; die Entfernung Sirius – Alpha Centauri beträgt 9,6 Lj.
Die Uhr von A zeigt beim Start $t' = 0$ an.
1,0 a nach dem Start sendet Sirius dem Raumschiff A einen Funkspruch nach, der dort zur A-Zeit $t' = 2{,}0$ a eintrifft. Welche Geschwindigkeit v_A hat A relativ zu Sirius?
[Ergebnis: $v_A = 0{,}60\,c$]

b) Zur Systemzeit $t = 4{,}0$ a startet ein Raumschiff B von Alpha Centauri in Richtung Sirius. Entsprechend einer Messung sieht A das Schiff B mit der Relativgeschwindigkeit $v_{rel} = -0{,}95\,c$ auf sich zu kommen. Berechnen Sie die Geschwindigkeit v_B von B relativ zum System S.
[Ergebnis: $v_B = -0{,}81\,c$].

c) Zeichnen Sie ein t-x-Diagramm, Ortsachse von Sirius nach Alpha Centauri gerichtet, Sirius bei $x = 0$.
Querformat, Koordinatenursprung je etwa 5 cm vom linken und unteren Blattrand.
Einheiten: 1 a ≙ 1 cm; 1 Lj ≙ 1 cm.
Tragen Sie die Weltlinien von Alpha Centauri, von A und von B ein. Eichen Sie die Weltlinie von A in A-Zeit und schätzen Sie aus Ihrer Zeichnung den Zeitpunkt t_2' ab, zu dem sich die beiden Raumschiffe nach der Uhr von A treffen.

d) Ermitteln Sie nun durch Rechnung, wann sich A und B nach Systemzeit (t_2) bzw. nach der Uhr von A (t_2') treffen.

e) A meldet die Begegnung sofort per Funk an Sirius. Berechnen Sie, zu welcher Systemzeit t_3 die Botschaft dort eintrifft.

f) Die Ortsachse des S′-Systems des Raumschiffs A sei ebenfalls auf Alpha Centauri hin orientiert.
Tragen Sie die x'-Achse von A für den Zeitpunkt $t' = 0$ in das t-x-Diagramm ein, eichen Sie die Achse und erläutern Sie kurz den Konstruktionsgang.

g) Belegen Sie anhand Ihrer Zeichnung, ob der Start von B aus der Sicht von A vor oder nach dem eigenen Start erfolgte und schätzen Sie aus Ihrer Zeichnung die von A ermittelte Startzeit t'_B von B ab.

2. Nun werden die beiden Raumschiffe A und B etwa um die Zeit ihrer Begegnung betrachtet. Im Raumschiff A wird ein Teilchenexperiment durchgeführt:
Protonen werden in Flugrichtung von A, Antiprotonen in entgegengesetzter Richtung auf eine Geschwindigkeit von je 0,95 c gebracht und aufeinandergeschossen. Wenn ein Proton p dabei mit einem Antiproton $\tilde{\text{p}}$ zusammentrifft, können die beiden Teilchen in mehrere γ-Quanten zerstrahlen. Es werden dabei besonders die Prozesse betrachtet, die nach der Reaktionsgleichung

$$\text{p} + \tilde{\text{p}} \rightarrow 2\gamma$$

so ablaufen, daß ein γ-Quant in Flugrichtung von A, das andere entgegengesetzt emittiert wird.

a) Weisen Sie nach, daß es unmöglich ist, daß bei einem solchen Zusammenstoß überhaupt nur ein γ-Quant entsteht.

b) Welche Gesamtenergie hat ein Proton bzw. Antiproton im System S′ des Raumschiffs A?

c) Welche Gesamtenergie hat ein Proton bzw. Antiproton für das gerade vorbeifliegende Raumschiff B?

d) Berechnen Sie, welche Frequenz man im Raumschiff A für die entstehende γ-Strahlung mißt.

e) Mit welcher Frequenz empfängt Raumschiff B diese Strahlung vor bzw. nach den Passieren von A?
Welche Energie schreibt B den entsprechenden Quanten zu?

Leistungsabitur 1982, VI Bewertung

1. Es wurde behauptet, daß mit einer »Supertechnik« (völlige Zerstrahlung der Materie) die Probleme der interstellaren Raumfahrt gelöst werden könnten. Der Mensch sollte mit dieser Technik in der Lage sein, das Milchstraßensystem zu durchqueren, eine Strecke, für die das Licht 100000 Jahre benötigt.
Für folgende Aufgabe sei

m_0 die Startmasse einer Rakete,
m_b die Ruhemasse der Rakete nach Brennschluß,
v der Betrag der erreichten Endgeschwindigkeit,
v' der Betrag der Austrittsgeschwindigkeit des Antriebsmediums in Bezug auf die Rakete.

a) Nach klassischer Rechnung gilt die sogenannte »Raketengleichung« $v = v' \ln\left(\frac{m_0}{m_b}\right)$. Zu welchem Widerspruch führt diese Gleichung bei sehr großen Werten von $\frac{m_0}{m_b}$? — 6

b) α) Zeigen Sie, daß für eine relativistische Rakete mit Photonenantrieb die Gesamtenergie der abgegebenen Photonen $W' = m_0 c^2 - m_b c^2 \cdot \frac{1}{\sqrt{1-\beta^2}}$ ist. — 21

Bewertung

β) Zeigen Sie mit Hilfe von α), daß der Impuls der abgestrahlten Photonen den Betrag $m_0 c - m_b c \cdot \frac{1}{\sqrt{1-\beta^2}}$ hat.

γ) Zeigen Sie, ausgehend von der Impulserhaltung und unter Verwendung des Ergebnisses von β) die Gültigkeit der Beziehung $\frac{m_b}{m_0} = \sqrt{\frac{c-v}{c+v}}$.

δ) Zeigen Sie, daß auch eine relativistische Rakete die Lichtgeschwindigkeit nicht überschreiten kann.

2. Wegen $v < c$ ist die praktische Reichweite auch relativistischer Raketen begrenzt. Dennoch könnten größere Strecken wegen der Zeitdilatation für die Raumschiffbesatzung überbrückt werden.

a) Gegen diese Aussage wird die folgende Argumentation vorgebracht: Von der Erde aus bewegt sich die Rakete zunächst weg und kehrt dann zurück. Wegen dieser Symmetrie müssen die Uhren von Erde und Raumschiff auch nach der Rückkehr die gleiche Zeit anzeigen. Wo liegt der Fehler in dieser Argumentation? — 8

b) Welche Endgeschwindigkeit muß die Rakete erreichen, wenn die Zeit im Raumschiff hundert mal langsamer ablaufen soll als auf der Erde? — 7

c) α) Zeigen Sie, daß eine solche Rakete vielleicht möglich wäre. Berechnen Sie dazu mit der Gleichung aus 1 bγ) die Startmasse m_0 einer Rakete, die durch Zerstrahlung der eigenen Materie eine Restmasse $m_b = 10$ t auf 99,995% der Lichtgeschwindigkeit beschleunigen soll. — 14

β) Dennoch erscheint auch eine solche Raumfahrt kaum möglich, wenn die Rakete nach Aufenthalt auf einem fremden Planeten auch wieder mit einer Restmasse $m_b = 10$ t zur Erde zurückkehren soll. Die hierzu erforderliche Masse beim Erststart auf der Erde wäre $m_0' = 1{,}6 \cdot 10^{10}$ t.
Überprüfen Sie diese Angabe durch Rechnung.

3. Auch die Bewohner der Planeten A und B (in der gegenseitigen Entfernung von 12 Lichtjahren relativ zueinander ruhend) haben die Unmöglichkeit größerer Raumflüge erkannt. Trotzdem haben sie Superraketen entwickelt ($v = 0{,}6\,c$), um sich wenigstens untereinander zu besuchen.
Zur Verkürzung der Flugzeit sollen sich die gleichzeitig gestarteten Raketen A′ (von A) und B′ (von B) auf einem Planeten 0 in der Mitte zwischen A und B treffen.

a) Wie können A und B vor dem Start ihrer Raumschiffe die Uhren synchronisieren? — 8

b) Planet A sendet mit einem Zentimeterwellensender ($f = 30$ GHz) seinem Raumschiff einen Funkspruch nach. Auf welche Frequenz muß der Funker des Raumschiffs seinen Empfänger einstellen? — 8

c) α) Stellen Sie den Flug der Raumschiffe im Zeit-Orts-System von 0 dar. Der Start erfolge in allen Systemen zur Zeit Null. Orientierung der Ortsachse von A nach B. Einheit auf der t-Achse: 1 cm ≙ 1 a; auf der x-Achse: 1 cm ≙ 1 Lj. — 8

β) Konstruieren Sie für das Raumschiff A′ die Linie gleicher Bordzeit $t' = 0$.

Leistungskursabitur 1983, VI Bewertung

1. R_1 und R_2 seien zwei relativ zueinander ruhende Raumstationen in der gegenseitigen Entfernung 46 Lichtminuten (Lm). Ein Raumfahrer A fliegt auf der Verbindungsgeraden von R_1 nach R_2 mit der konstanten Geschwindigkeit $v_A = \frac{7}{25}c$. Im Zeitpunkt des Vorbeiflugs von A an R_1 zeigen die Uhren von A und R_1 die Zeit 0 s an.

A empfängt Lichtsignale aus der Richtung von R_1 im Abstand $\Delta t_A = 10$ min. Die Signale stammen von einem Raumschiff B, das auch mit konstanter Geschwindigkeit $v_B > v_A$ von R_1 nach R_2 fliegt. Zum Zeitpunkt $t_Ü = 48$ min (A-Zeit) wird A von B eingeholt. In diesem Augenblick zeigt die Uhr von B ebenfalls 48 min an. Nach dem Überholen registriert A die von B in unverändertem zeitlichen Abstand ausgesandten Signale im Abstand $\Delta t'_A = 22{,}5$ min.

a) Erklären Sie anschaulich, warum $\Delta t'_A > \Delta t_A$ ist. 6

b) Berechnen Sie, mit welcher Geschwindigkeit v_{AB} sich B relativ zu A bewegt. 8
[Ergebnis: $v_{AB} = \frac{5}{13}c$]

c) Berechnen Sie die Geschwindigkeit von B relativ zu R_1. 4
[Ergebnis: $v_B = \frac{3}{5}c$]

d) Zeichnen Sie ein Minkowski-Diagramm für das System von R_1 (DIN A4 Querformat; 10 min $\triangleq$ 2 cm; 10 Lm $\triangleq$ 2 cm) mit den Weltlinien von A und B und den Weltlinien von je 2 Lichtsignalen, die vor bzw. nach dem Überholen von A empfangen werden, unter der Voraussetzung, daß im Augenblick des Überholens von B ein Lichtsignal ausgesandt wird. 11

e) Berechnen Sie die Entfernung $x_Ü$, die ein Beobachter in R_1 dem Überholereignis zuordnet. 3

f) Berechnen Sie, zu welcher A-Zeit A ein Signal an B absenden muß, damit es B erreicht, wenn B an R_2 vorbeifliegt. Zeichnen Sie die entsprechende Weltlinie in das Minkowski-Diagramm. 13

g) Berechnen Sie, zu welchem B-Zeitpunkt B bei R_1 vorbeifliegt. 11

2. Durch Beschuß von Wasserstoff mit energiereichen Protonen kann man positiv geladene π-Mesonen (Pionen) erzeugen. Dabei entstehen aus den beiden Protonen P_1 und P_2 ein Proton P, ein Neutron N und ein Pion π^+:

$$P_1 + P_2 \longrightarrow P + N + \pi^+.$$

Damit das Pion erzeugt werden kann, ist eine Energieschwelle zu überwinden, die im folgenden ermittelt werden soll.

a) Es wird ein Bezugssystem S gewählt, in dem die Summe der Impulse vor der Kollision Null ist. Zusätzlich soll jedes der produzierten Teilchen in diesem System in Ruhe sein. 12

α) Zeigen Sie die Gültigkeit der Beziehung

$$m = m_0 + \tfrac{1}{2} m_{0,\pi},$$

wobei $m_0 = m_{0,P} = m_{0,N}$ die Ruhemasse von Proton bzw. Neutron, m die (relativistische) Masse eines Protons vor der Kollision und $m_{0,\pi}$ die Ruhemasse des Pions π^+ ist.

β) Welche Geschwindigkeit hatten die Protonen im System S vor der Kollision?

($m_{0,\pi} = 273\, m_{0,e}$; $m_0 = 1837\, m_{0,e}$) [Ergebnis: $v = 0{,}37c$]

Bewertung

b) α) Mit welcher Geschwindigkeit bewegt sich das System S im Laborsystem L, wenn P_2 dort in Ruhe ist? 12

β) Welche Geschwindigkeit wird für P_1 im Laborsystem gemessen?

γ) Berechnen Sie die Energieschwelle, d.h. die kinetische Mindestenergie des Geschoßprotons in MeV bezüglich des Laborsystems L.

Leistungskursabitur 1984, VI

1. Michelson-Interferometer:
Nebenstehende Skizze zeigt den prinzipiellen Aufbau eines Michelson-Interferometers. Es wird Laserlicht der Wellenlänge λ verwendet.
Stehen die Spiegel genau senkrecht zum Strahlengang, so besteht das Interferenzmuster in der Bildebene aus konzentrischen, abwechselnd hellen und dunklen Ringen, deren Zentrum mit einer empfindlichen Photodiode abgetastet werden kann.

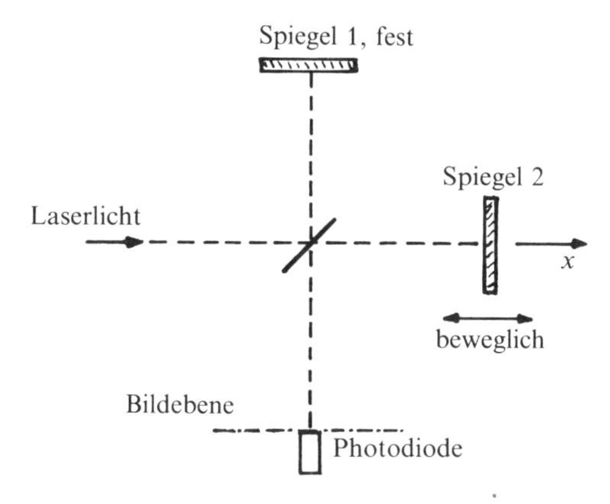

a) **α)** Verschiebt man den Spiegel 2 in x-Richtung, so wird das Zentrum der Interferenzerscheinung abwechselnd hell und dunkel. Erklären Sie kurz, wie diese abwechselnden Hell-Dunkel-Phasen zustandekommen. 9

β) f sei die Frequenz der Aufeinanderfolge der »Hell«-Phasen im Zentrum bei Verschiebung mit konstanter Geschwindigkeit. Berechnen Sie die Geschwindigkeit v des Spiegels 2 aus λ und f.

b) Erklären Sie kurz, was Michelson mit seinem Experiment zeigen wollte, und beschreiben Sie die prinzipielle Durchführung. Welche einfache Deutung gibt man dem Versuchsergebnis? 9

2. Ereignisse in Bezugssystemen:
Das Bezugssystem $S'(t'; x')$ bewegt sich relativ zum Bezugssystem $S(t; x)$ mit konstanter Geschwindigkeit v in positive x-Richtung. Es ist $t = t' = 0$ für $x = x' = 0$. Die Punktereignisse P_1 und P_2 haben, gemessen in S, die Zeitkoordinaten $t_1 = 2{,}0$ s bzw. $t_2 = 5{,}0$ s und die Ortskoordinaten $x_1 = x_2 = 4{,}0$ Ls (Lichtsekunden).
In S' beträgt der zeitliche Abstand zwischen P_1 und P_2 5,0 s.

a) Tragen Sie P_1 und P_2 in ein rechtwinkliges t-x-Diagramm von S ein. (1 s $\hat{=}$ 2 cm; 1 L $\hat{=}$ 2 cm) 2

b) Berechnen Sie die Relativgeschwindigkeit v zwischen S und S'. 6

[Ergebnis: $v = 0{,}8\,c$]

c) Berechnen Sie die Koordinaten t_1', t_2', x_1' und x_2' der Ereignisse P_1 und P_2, gemessen in S'. 10

d) Leiten Sie die Gleichungen her, die die Linien von $t' = 0$ und $x' = 0$ des Zeit-Orts-Diagramms von S' im Zeit-Orts-Diagramm von S haben, und tragen Sie die Linien im Diagramm von S ein. 7

Bewertung

e) Gibt es ein System S'', in dem der Zeitabstand von P_1 und P_2 nur 2,0 s beträgt? Begründen Sie Ihre Antwort. 8

3. Stoß relativistischer Teilchen:
Zwei Teilchen gleicher Ruhemasse m_0 bewegen sich im Laborsystem (L) geradlinig mit den Geschwindigkeiten $v_1 = 0{,}6\,c$ bzw. $v_2 = -0{,}8\,c$ aufeinander zu.

a) Welche Geschwindigkeit hat Teilchen (2) bezüglich Teilchen (1)? 6

b) Weisen Sie nach, daß es ein Bezugssystem (S) gibt, das sich bezüglich (L) mit $|v| = 0{,}2\,c$ parallel zur Teilchenbahn bewegt und in dem der Gesamtimpuls verschwindet.
Geben Sie zunächst die Bewegungsrichtung von (S) bezüglich (L) an. 9

c) Berechnen Sie unter Berücksichtigung von Teilaufgabe b) die Ruhemasse M_0 des Teilchens, das beim vollkommen unelastischen Zusammenstoß von Teilchen (1) und (2) entsteht (angegeben in Abhängigkeit von m_0). 7

d) Welche konstante beschleunigende Kraft war nötig, um das Teilchen (1) aus der Ruhe heraus auf v_1 zu beschleunigen? Die Beschleunigungsstrecke im Labor betrug 25 m, die Ruhemasse $1{,}0 \cdot 10^{-15}$ kg. 7

Leistungskursabitur 1985, VI

1. Ein Raumschiff A bewegt sich mit der konstanten Geschwindigkeit $0{,}60\,c$ an der Erde vorbei in Richtung der positiven x-Achse des Erdsystems S. Die Uhren im Raumschiff (System S') und auf der Erde zeigen im Augenblick des Vorbeiflugs $t = t' = 0{,}0$ h an. Zum selben Zeitpunkt ist ein Raumschiff B 4,6 Lichtstunden von der Erde entfernt und bewegt sich mit konstanter Geschwindigkeit in derselben Richtung wie das Raumschiff A von der Erde weg. Die Ortsachsen aller Systeme sind gleich orientiert. Zur Zeit $t = 1{,}0$ h wird von der Erde ein Lichtsignal abgesanst. Es überholt das Raumschiff A (Ereignis X), wird anschließend an Raumschiff B reflektiert (Ereignis R) und kommt nach Passieren des Raumschiffs A (Ereignis Y) zur Zeit $t = 13{,}0$ h wieder auf der Erde an.

a) Wählen Sie für das Erdsystem ein rechtwinkliges t-x-Koordinatensystem (Einheiten: 1 cm $\hat{=}$ 1 h; 1 cm $\hat{=}$ 1 Lichtstunde (Lh); Ursprung 1 cm vom linken, 10 cm vom oberen Rand). Zeichnen Sie die Weltlinien der Raumschiffe und des Lichtsignals ein. Ergänzen Sie das Diagramm gegebenenfalls bei den folgenden Aufgaben. 8

b) Berechnen Sie die Geschwindigkeit des Raumschiffs B gegenüber der Erde. 6
[Ergebnis: $0{,}20\,c$]

c) Zu welchen Zeiten t'_x und t'_y im A-System S' finden die Ereignisse X und Y statt? 8
[Ergebnisse: $t'_x = 2{,}0$ h; $t'_y = 6{,}5$ h]

d) Die Gleichzeitigkeitslinie des A-Systems S' durch den Ereignispunkt Y schneidet die t-Achse des Erdsystems S im Ereignispunkt W. Berechnen Sie für das Ereignis W die x'_w-Koordinate im A-System und mittels Lorentztransformation die t'_w-Koordinate im A-System und mittels Lorentztransformation die t_w-Koordinate im Erdsystem. 10
[Teilergebnis: $t_w = 5{,}2$ h]

Bewertung

e) Der Vorbeiflug des Raumschiffs A an der Erde sei Ereignis V. Wegen des Relativitätsprinzips kann die Besatzung des Raumschiffs A sich als ruhend und die Erde als bewegt ansehen. Demnach müßte die Zeitspanne zwischen den Ereignissen V und W im Erdsystem S kleiner als im A-System S′ sein. Zeigen Sie, daß dies zutrifft. — 6

f) Berechnen Sie den »Dopplerfaktor« k des B-Systems S″ gegenüber dem A-System S′. — 10

2. Zur »Zerstrahlung« eines Elektrons mit einem Positron kann unter bestimmten Voraussetzungen auch der umgekehrte Effekt beobachtet werden, die »Paarbildung« Elektron-Positron aus einem γ-Quant.

a) Zu jedem bewegten Teilchen mit von Null verschiedener Ruhemasse läßt sich ein Bezugssystem finden, in dem der Teilchenimpuls Null wird. Begründen Sie, warum dies für ein γ-Quant nicht gelten kann. — 6

b) Beweisen Sie unter Verwendung von **a)**, daß beim Paarbildungsprozeß $\gamma \rightarrow e^-$ noch ein weiteres Teilchen beteiligt sein muß. — 6

c) Es wird angenommen, daß noch ein im Laborsystem L ruhendes Elektron beim Paarbildungsprozeß beteiligt ist, die Reaktionsgleichung also $\gamma + e^- \rightarrow e^- + e^+ + e^-$ lautet. — 20

In einem zweiten Bezugssystem S, das sich mit der Geschwindigkeit 0,800 c gegenüber dem L-System in derselben Richtung wie das γ-Quant bewegt, sei der Gesamtimpuls von γ-Quant und Elektron Null.

α) Welche Geschwindigkeit hat das im L-System ruhende Elektron gegenüber dem S-System?

β) Welche Frequenz f_S mißt man im S-System für das γ-Quant?
[Ergebnis: $1{,}64 \cdot 10^{20}\,\mathrm{s}^{-1}$]

γ) Welche Frequenz f_L mißt man im L-System für das γ-Quant?

δ) Ist die Gesamtenergie im S-System groß genug, um die Teilchen wenigstens als im S-System ruhende Teilchen zu erzeugen?

Leistungskursabitur 1986, VI

1. R_1 und R_2 seien zwei relativ zueinander ruhende Raumstationen im gegenseitigen Abstand von 66 Lichtminuten (Lm).
Die Uhren der Raumstationen sind untereinander synchronisiert. Zur Stationszeit 12:00 Uhr passiert das Raumschiff A die Station R_1 in Richtung auf R_2 mit der Geschwindigkeit 0,6 c. Die Borduhr des Raumschiffs zeigt im Moment des Vorbeiflugs ebenfalls 12:00 Uhr.
Die Besatzung von A sendet Radarsignale in Flugrichtung aus, wobei sie die zu den Bordzeiten 11:48 Uhr und 12:24 Uhr ausgesandten um 12:36 Uhr bzw. 12:48 Uhr Bordzeit wieder empfängt. Die Besatzung nimmt richtig an, daß die Signale von einem Raumschiff B reflektiert werden, das ebenfalls mit konstanter Geschwindigkeit von R_1 nach R_2 unterwegs ist.

a) Zeichnen Sie ein Minkowski-Diagramm für das System R_1 mit den Weltlinien von A und R_2. — 10
(DIN A4 Querformat, Nullpunkt 3 cm vom linken, 2 cm vom unteren Rand; RW: 1 cm ≙ 6 min; HW: 1 cm ≙ 6 Lmin.)
Tragen Sie die t'-Achse des A-Systems ein, und eichen Sie diese. Geben Sie eine kurze Begründung für Ihr Vorgehen.

Bewertung

b) Tragen Sie in die Zeichnung die beiden Radarsignale ein, und bestimmen Sie geometrisch die Weltlinie des Raumschiffs B. 6

c) Welche Relativgeschwindigkeit von B bezüglich A errechnet die Besatzung von A? 9

[Ergebnis: $v_{BA} = -0{,}5\,c$]

d) Berechnen Sie die Geschwindigkeit des Raumschiffs B gegenüber R_1. 4

$$\left[\text{Ergebnis: } \frac{1}{7}\,c\right]$$

e) Errechnen Sie den Zeitpunkt der Begegnung von A und B nach Bordzeit von A. 6

f) Berechnen Sie, wo und wann die Begegnung zwischen A und B für einen Beobachter in R_1 stattfindet. 5

g) Um 12:48 Uhr (Bordzeit A) meldet Raumschiff A die eben errechnete bevorstehende Begegnung mit B über Funk an B und R_2. Wie viele Minuten (nach Bordzeit B) vor der Begegnung empfängt B die Nachricht? 9

h) Entnehmen Sie aus der Zeichnung, ob die Ankunft der Meldung bei R_2 aus der Sicht von A vor oder nach der Begegnung stattfindet. 4

2. Zur Erzeugung von Antiprotonen werden beschleunigte Protonen auf ruhende Protonen geschossen. Bei Kollisionen liegen nach der Entstehung des Proton-Antiproton-Paares außerdem wieder zwei Protonen vor:

$$\mathrm{p} + \mathrm{p} + E_{\mathrm{kin}} = \mathrm{p} + \mathrm{p} + (\mathrm{p} + \bar{\mathrm{p}}).$$

a) Die Reaktion wird zunächst in dem Bezugssystem betrachtet, in dem der Gesamtimpuls der beiden zusammenstoßenden Protonen Null ist (Schwerpunktsystem). 5
Wie groß ist im Schwerpunktsystem die kinetische Energie, die mindestens zur Paarerzeugung notwendig ist?

b) Welche Mindestgeschwindigkeiten müssen die beiden kollidierenden Protonen im Schwerpunktsystem haben, damit die Reaktion möglich wird? 5

[Ergebnis: $v = \pm\sqrt{3/4}\,c$]

c) Der Grenzfall, daß die Energie gerade für die Reaktion ausreicht, wird nun von einem Bezugssystem aus betrachtet, in dem eines der kollidierenden Protonen vor dem Zusammenstoß ruht, während das andere eine positive Geschwindigkeit hat (Laborsystem). 2
Mit welcher Geschwindigkeit v_r bewegt sich das Schwerpunktsystem relativ zum Laborsystem?

d) Welche Geschwindigkeit hat das ankommende Proton im Laborsystem? 4

$$\left[\text{Ergebnis: } u = \frac{4}{7}\sqrt{3}\,c\right]$$

e) In welchem Verhältnis stehen im Laborsystem Gesamtenergie und Ruheenergie des bewegten Protons? 5

f) Begründen Sie mit Hilfe eines Energievergleichs, warum es günstiger ist, bewegte Protonen gegeneinander zu schießen, anstatt ein ruhendes Ziel (»Target«) zu verwenden.

Hinweis: Dopplerfaktor $k = \sqrt{\dfrac{c+v}{c-v}}$.

Leistungskursabitur 1987, VI Bewertung

1. Gegeben sind zwei Inertialsysteme S und S′ mit paralleler Orientierung der Ortsachsen. Das System S′ bewegt sich gegenüber S mit der Geschwindigkeit $v = 0{,}6\,c$ in Richtung von dessen x-Ortsachse. Zur Zeit $t = t' = 0$ s sei $x = x' = 0$ Ls, fallen also die Nullpunkte O und O′ der Ortsachsen zusammen.

a) Zeichnen Sie in das rechtwinklige Minkowski-Diagramm des Systems S die Achsen des Systems S′ ein. 4
t-Achse: 1 s $\hat{=}$ 2 cm; Bereich: $-1\text{ s} \leqq t \leqq 4\text{ s}$;
x-Achse: 1 Ls $\hat{=}$ 2 cm; Bereich: $-1\text{ Ls} \leqq x \leqq 4\text{ Ls}$.

b) Führen Sie eine Eichung der t'- und der x'-Achse in den Einheiten s und Ls durch. 7

c) Im System S′ ruhe ein Maßstab der S′-Länge 1 Ls. Zeichnen Sie die Weltlinien seiner Enden in das S-Diagramm ein. 10
Wie kann man dem Diagramm entnehmen, daß dieser Maßstab im S-System längenkontrahiert gemessen wird?
Wie kann sich ein S′-Beobachter dieses Meßergebnis erklären?

2. Das π^+-Meson hat in einem Bezugssystem, in dem es ruht (Eigensystem S′), die mittlere Lebensdauer $\Delta t' = 2{,}5 \cdot 10^{-8}$ s.
Wir betrachten zunächst π^+-Mesonen, die sich gegenüber dem Erdsystem S fast mit Lichtgeschwindigkeit bewegen. Sie haben dabei bis zum Zerfall eine mittlere Reichweite von etwa 30 km.

a) Nach nichtrelativistischer Auffassung enthalten die genannten Versuchsergebnisse einen eklatanten Widerspruch. Stellen Sie ihn dar, und lösen Sie ihn mit der Relativitätstheorie auf. 8

Nun werden π^+-Mesonen beliebiger Geschwindigkeit v im Erdsystem S betrachtet. Für die mittlere Reichweite Δx der Mesonen im Erdsystem gilt folgende Formel:

$$\Delta x = \Delta x(\beta) = \frac{\beta \cdot c \cdot \Delta t'}{\sqrt{1-\beta^2}} \qquad \text{mit} \qquad \beta = \frac{v}{c}.$$

b) Leiten Sie diese Formel her.

c) Berechnen Sie Δx für die β-Werte 0,2; 0,8 und 0,95 und zeichnen Sie den Graphen von $\Delta x(\beta)$ für $0 \leqq \beta \leqq 0{,}95$. 7
β-Achse: 1 $\hat{=}$ 10 cm; x-Achse: 10 m $\hat{=}$ 5 cm.

d) Für kleine Geschwindigkeiten gilt $\Delta x \approx \beta \cdot c \cdot \Delta t'$. Bei welcher Geschwindigkeit ist die wirkliche Reichweite doppelt so groß, wie man sie nach dieser Näherung berechnen würde? 8

e) Welche Geschwindigkeit haben π^+-Mesonen der mittleren Reichweite 30 km? 8
(Verwenden Sie die Näherungsformel $(1 + x)^a \approx 1 + ax$ für $|x| \ll 1$.)

3. Im folgenden wird der Zerfall ruhender π^+-Mesonen betrachtet. Die π^+-Mesonen zerfallen nach der Reaktionsgleichung 20

$$\pi^+ \rightarrow \mu^+ + \nu_\mu$$

in ein Myon μ^+ und ein μ-Neutrino ν_μ.
Dabei sind folgende Ruheenergien bekannt:

π^+: $m_{0\pi}c^2 = 139{,}568$ MeV; μ^+: $m_{0\mu}c^2 = 105{,}6595$ MeV.

Bewertung

Den Impuls des entstehenden Myons bestimmt man mit einem Magnetspektrometer zu 29,7877 MeV/c.
Stellen Sie eine Energiebilanz des Zerfallsprozesses unter Verwendung der relativistischen Energie-Impuls-Beziehung auf.
Berechnen Sie die Gesamtenergie des μ-Neutrinos.
Welche Ruheenergie würde man somit für das Neutrino erhalten?

Leistungskursabitur 1988, VI

1. Von einer Raumstation A startet in positiver x-Richtung ein Raumschiff B mit der Geschwindigkeit $v = 0{,}60\,c$. Die Uhren von A und B zeigen beim Start 0:00 Uhr an. Zum Zeitpunkt t_1 wird von A aus dem Raumschiff ein Lichtsignal nachgesandt. Das Signal überholt das Raumschiff, wird zur A-Zeit $t_R = 7{,}0$ min an einem Spiegel reflektiert (Ereignis R) und erreicht zur A-Zeit $t_2 = 13$ min wieder die Station A.

a) Berechnen Sie t_1 und die Entfernung x_R zwischen A und dem Spiegel. 3

b) Zu welcher B-Zeit t'_R und an welchem B-Ort x'_R beobachtet B das Reflexionsereignis R? 5

c) Zu welcher Zeit t^* und an welchem Ort x^* beobachtet A, daß das reflektierte Lichtsignal das Raumschiff B passiert? 8

d) Stellen Sie die in den Teilaufgaben **a)** bis **c)** behandelten Weltlinien und Ereignisse in einem t-x-Diagramm des A-Systems so dar, daß alle für beide Bezugssysteme berechneten Zeiten und Orte eingetragen sind. 12
(Für das A-System: 1 Lmin $\triangleq$ 1 cm; 1 min $\triangleq$ 1 cm).

2. Der Versuch von Fizeau

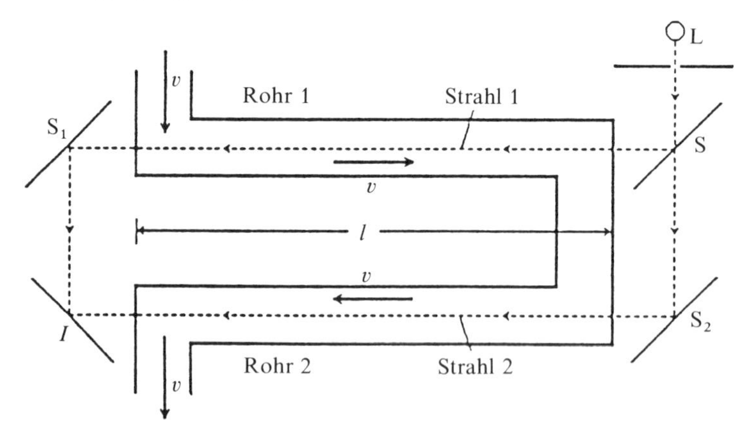

Licht aus einer monochromatischen Lichtquelle L (Wellenlänge λ) wird durch den halbdurchlässigen Spiegel S in zwei kohärente Strahlen zerlegt. Diese gehen durch zwei Rohre der Länge l, in denen sich eine Flüssigkeit vom Brechungsindex n mit der Geschwindigkeit v bewegt. Die beiden Strahlen interferieren auf dem Schirm I.

Bewertung

a) In einem ruhenden Medium der Brechzahl n breitet sich Licht mit der Geschwindigkeit $c' = \frac{c}{n}$ aus. — 9
Welche Lichtgeschwindigkeitswerte c_1 bzw. c_2 mißt man im Laborsystem in den Rohren 1 bzw. 2?

b) Im Versuch ist $l = 3{,}00$ m, $n = 1{,}35$, $v = 15{,}2\ \mathrm{ms}^{-1}$ und $\lambda = 500$ nm. Stellen Sie eine Formel für den Laufzeitunterschied Δt der beiden Lichtstrahlen auf, und berechnen Sie daraus den zugehörigen Gangunterschied (als Bruchteil von λ) mit Hilfe folgender Näherungsformel:

$$\frac{1}{c_1} - \frac{1}{c_2} \approx \frac{2\,v\,(n^2-1)}{c^2}.$$

3. Nebenstehende Zeichnung gibt die Spuren einer Blasenkammeraufnahme vom Zerfall eines Pions π^+ in ein Myon μ^+ wieder. Dabei fliegt das Myon im rechten Winkel zur Bahn des Pions weg. Die Bahnkrümmungen weisen darauf hin, daß die Anordnung einem zur Zeichenebene senkrechten Magnetfeld ausgesetzt war.
Verwenden Sie für die folgenden Aufgaben die Daten aus der untenstehenden Tabelle.

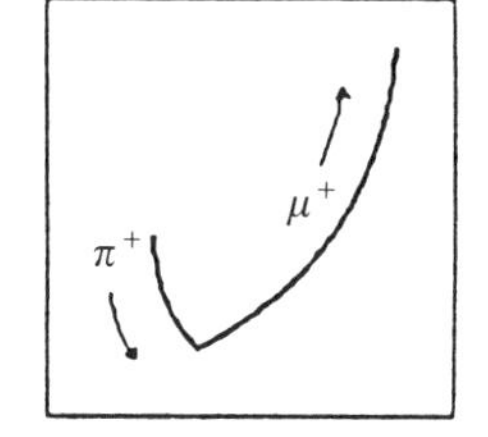

a) Leiten Sie allgemein den Impuls des Myons aus dem Krümmungsradius r der Bahn und der Flußdichte B her. — 3

b) Berechnen Sie, welche Gesamtenergie das Myon besitzt, wenn der Krümmungsradius der Bahn $r = 0{,}36$ m und die Flußdichte $B = 0{,}20\ \mathrm{Vs/m^2}$ ist. — 9

c) Mit welcher Geschwindigkeit bewegt sich das Myon? — 4
[Ergebnis: $v_\mu = 0{,}20\,c$]

d) Erklären Sie, warum bei dem dargestellten Zerfall mindestens ein weiteres Teilchen beteiligt sein muß. — 5

e) Die obige Blasenkammeraufnahme zeigt den Zerfall $\pi^+ \rightarrow \mu^+ + \nu$. Der Impulsbetrag des Pions π^+ ergibt sich aus der Aufnahme zu $1{,}10 \cdot 10^{-20}$ Ns. Berechnen Sie mit Hilfe des Ergebnisses von Teilaufgabe **c)** den Winkel, den die Neutrinobahn mit der Flugrichtung des Pions einschließt. — 10

	Pion π^+	Myon μ^+	Neutrino ν
Ruhemasse	$273{,}19\,m_{\text{Elektron}}$	$206{,}77\,m_{\text{Elektron}}$	0
Ladung	$+e$	$+e$	0

Leistungskursabitur 1989, VI

Auf einem sehr langen Bahndamm fährt ein sehr langer und schneller Zug mit der Geschwindigkeit v. Mit dem Bahndamm ist das Bezugssystem S verbunden, mit dem fahrenden Zug das System S'. x-Achse und x'-Achse fallen zusammen und zeigen beide in Fahrtrichtung des Zuges.
Wenn sich die Nullpunkte O und O' der beiden Bezugssysteme begegnen, geben die jeweils dort aufgestellten Uhren die Zeit $t = t' = 0$ an.

Bewertung

Im Zug befindet sich bei O′ und bei einem Punkt B′ der positiven x'-Achse je ein Spiegel. Im Zug gemessen gilt $\overline{O'B'} = l_0$.

1. Die Spiegel reflektieren ein von O′ nach B′ ausgesandtes Lichtsignal periodisch hin und her.

a) Wie berechnet ein Beobachter im Zug die Zeitspanne bis zur ersten Wiederkehr des Lichtsignals nach O′ aus l_0 und der Lichtgeschwindigkeit? 2

b) Wie berechnet man dagegen im Bahndamm-System die Zeitspanne bis zur ersten Wiederkehr des Lichtsignals nach O′? 5

Für alle folgenden Teilaufgaben sei nun $v = 0{,}70\,c$ und $l_0 = 1{,}50$ Ls.

2. Im Zug werden zur Zeit $t' = 0$ von den Punkten O′ und B′ aus Marken A und B auf den Bahndamm gezeichnet (Ereignis $E_{O'}$ bzw. $E_{B'}$).

a) Beschreiben Sie kurz, wie man dieses gleichzeitige Setzen der Marken realisieren kann. 4

b) Erläutern Sie kurz, weshalb die Entfernung der beiden Marken A und B auf dem Bahndamm nicht mit der im Bahndammsystem gemessenen Entfernung zwischen O′ und B′ übereinstimmt. 4

c) Bestimmen Sie die gegenseitige Entfernung der beiden Marken A und B im Bahndammsystem mit Hilfe eines Minkowski-Diagramms. 11
(1 s $\hat{=}$ 5 cm; 1 Ls $\hat{=}$ 5 cm.)

3. Im Zug werden ruhende Elektronen durch die Spannung 12,5 kV in Fahrtrichtung beschleunigt.

a) Welche Geschwindigkeit u' erreichen die Elektronen im Zug? 9
[Ergebnis: $u' = 0{,}217\,c$]

b) Diese Elektronen werden auch im Bahndammsystem beobachtet. Welche Geschwindigkeit wird ihnen dort zugeordnet, und mit welcher Spannung hätten sie dazu aus dem Ruhezustand beschleunigt werden müssen? 10

4. Im Zug werden jetzt Teilchen mit begrenzter, einheitlicher Lebensdauer betrachtet, die sich im Zug mit der Geschwindigkeit $u' = 0{,}217\,c$ in Fahrtrichtung bewegen. Sie entstehen in O′, ihre gemeinsame Reichweite erstreckt sich bis nach B′.

a) Berechnen Sie Reichweite und Flugzeit dieser Teilchen für das Bahndammsystem S 13

b) Berechnen Sie die Lebensdauer dieser Teilchen in ihrem Eigensystem. 5
Vorschlag: Betrachten Sie ein solches Teilchen als eine Uhr, die mit den Uhren in O′ und B′ verglichen wird.

5. Im Zug bewegen sich von den Punkten O′ und B′ aus zwei Kugeln mit gleicher Ruhemasse und mit gleichem Geschwindigkeitsbetrag $w' = 0{,}70\,c$ aufeinander zu und stoßen vollkommen unelastisch.

a) Welche Geschwindigkeit hat die entstehende Doppelkugel im Zug? 2

b) Der Stoßvorgang soll jetzt im Bahndammsystem beschrieben werden. Bestimmen Sie die Geschwindigkeiten der beiden Kugeln und der Doppelkugel für das Bahndammsystem S. 6

c) Jede stoßende Kugel habe die Ruhemasse 1,0 g. Berechnen Sie die Ruhemasse der Doppelkugel, und erläutern Sie das Ergebnis. 9

Auszüge aus Reifeprüfungsaufgaben mit Fragen zur Wellenoptik

Abiturprüfung 1980, III

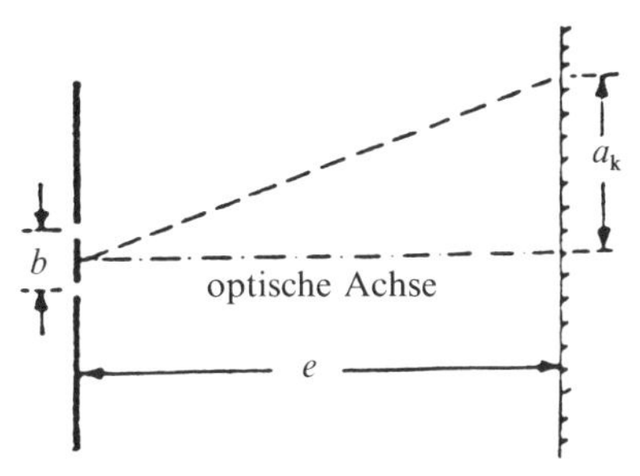

1. a) Ein Interferenzversuch mit einem Doppelspalt soll mit dem Licht einer Bogenlampe durchgeführt werden.

α) Skizzieren und erläutern Sie den Versuchsaufbau.

β) Beschreiben Sie die Interferenzerscheinung, wenn weißes bzw. monochromatisches Licht verwendet wird.

b) Wie kann man aus dem Spaltabstand b, der Entfernung e des Schirmes vom Doppelspalt und der Entfernung a_k des k-ten hellen Streifens von der optischen Achse die Wellenlänge von Laserlicht berechnen? (Näherungsformel genügt; geben Sie die Voraussetzungen für die Gültigkeit der Näherung an.)

c) Zeigen Sie, daß sich unter den in Teilaufgabe **1 b)** gemachten Näherungen auf dem Schirm ein System von äquidistanten hellen Streifen ergibt.

d) Bei einem Doppelspaltversuch mit Laserlicht zählt man auf dem $e = 4{,}74$ m entfernten Schirm 6 Maxima pro Zentimeter (siehe Skizze). Tauscht man den Doppelspalt Sp ($b = 1{,}50$ mm) gegen einen anderen Doppelspalt Sp′ aus, so zählt man pro cm 9 Maxima. Berechnen Sie

1 cm

α) den Abstand b' der Spalte bei Sp′,

β) die Wellenlänge des Laserlichts.

e) Bringt man zwischen den Doppelspalt Sp und den Schirm eine durchsichtige Flüssigkeit, so erhöht sich die Zahl der Maxima pro Zentimeter. Erklären Sie diese Veränderung des Streifensystems.

Abiturprüfung 1982, III Bewertung

Der Versuch von Möllenstedt, mit dem die Welleneigenschaft von Elektronen nachgewiesen werden kann, ist analog dem optischen Biprisma-Versuch.

1. Mit dem skizzierten Biprisma-Versuch kann die Wellennatur des Lichtes gezeigt werden.

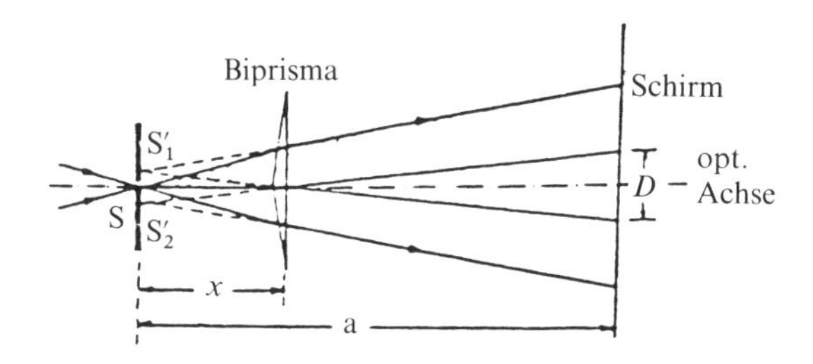

a) Beschreiben Sie knapp den wesentlichen Grundgedanken des Experimentes. 10

Bewertung

b) Leiten Sie aus den in der Skizze angegebenen Größen den Abstand b der beiden virtuellen Spaltbilder S_1' und S_2' her. 4

c) Wie kann man aus den in der Skizze gegebenen Größen und dem Abstand Δy zweier benachbarter Interferenzstreifen die Wellenlänge des verwendeten monochromatischen Lichtes berechnen? Fertigen Sie dazu eine Skizze und gehen Sie davon aus, daß die Abmessungen parallel zur optischen Achse als groß gegenüber solchen senkrecht zur optischen Achse betrachtet werden können. 12

Abiturprüfung 1984, III

1. Der Wellenaspekt des Lichtes tritt bei Interferenzerscheinungen am Gitter deutlich zutage. Das Licht einer Quecksilberdampflampe wird durch ein Gitter (570 Spalte pro mm) spektral zerlegt. Der Abstand zwischen Gitter und Schirm beträgt $e = 3{,}50$ m. Es wird das sichtbare Spektrum von $\lambda_1 = 405$ nm bis $\lambda_2 = 579$ nm betrachtet.

a) Zeichnen Sie den optischen Versuchsaufbau für die Herstellung dieses Gitterspektrums, und beschriften Sie die Zeichnung. 8

b) Wodurch unterscheidet sich dieses Spektrum 6

α) von einem Prismenspektrum (bei gleicher Lampe),

β) vom Gitterspektrum des Lichts einer Glühlampe?

c) Berechnen Sie für die gelbe Hg-Linie mit $\lambda_2 = 579$ nm den Abstand d_2 der beiden Maxima 2. Ordnung. 10

d) Ab der wievielten Ordnung liegt das gelbe Maximum mit $\lambda_2 = 579$ nm innerhalb des Spektrums der nächsten Ordnung? 8

e) Im Gitterspektrum des Sonnenlichts findet man dunkle Linien. Wie werden diese Linien genannt? Erklären Sie ihre Entstehung. 4

Abiturprüfung 1986, III

1. Ein Reflexionsgitter R entsteht durch Einritzen äquidistanter Linien in eine spiegelnde Fläche.

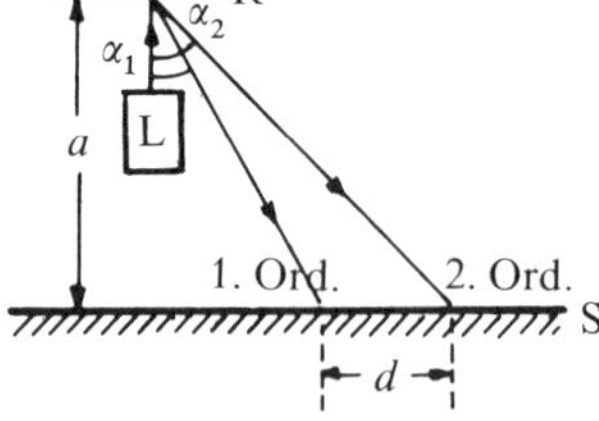

a) Das Parallelbündel eines Lasers L trifft senkrecht auf das Reflexionsgitter R. Auf dem Schirm S, der im Abstand $a = 5{,}00$ m parallel zu R angebracht ist, entsteht ein Interferenzmuster.

α) Nach dem Reflexionsgesetz der Strahlenoptik müßte das einfallende Lichtbündel in sich reflektiert werden. Erklären Sie das tatsächliche Versuchsergebnis vom Wellenstandpunkt aus.

β) Leiten Sie anhand einer Skizze eine Beziehung zwischen $\sin\alpha_n$, der Wellenlänge λ, der Gitterkonstanten b und der Ordnungszahl n des Interferenzmaximums her (α_n ist der Winkel, unter dem das n-te Maximum in Bezug auf die optische Achse erscheint).

Bewertung

γ) Das Gitter R habe 40 Linien pro Millimeter. Die Maxima 1. und 2. Ordnung haben auf dem Schirm S die Entfernung $d = 12{,}6$ cm. Berechnen Sie λ (Kleinwinkelnäherung ist erlaubt).

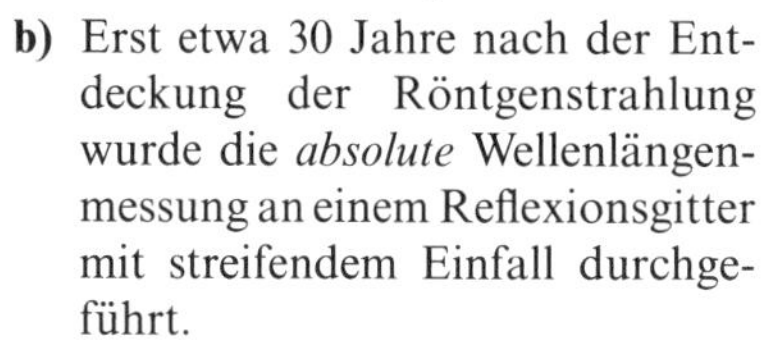

b) Erst etwa 30 Jahre nach der Entdeckung der Röntgenstrahlung wurde die *absolute* Wellenlängenmessung an einem Reflexionsgitter mit streifendem Einfall durchgeführt.

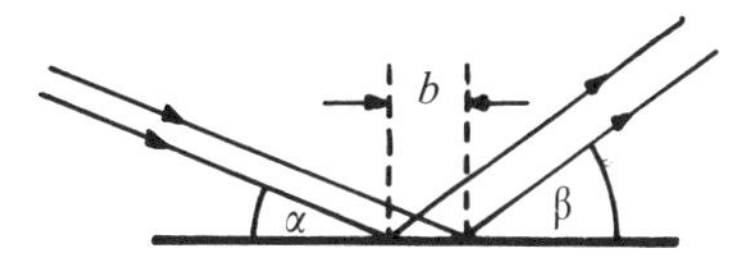

α) Zeigen Sie anhand der beigefügten Skizze, daß für das Interferenzmaximum 1. Ordnung gilt:
$\lambda = b \cdot (\cos\alpha - \cos\beta)$ bei $\beta > \alpha$.

β) Fällt Röntgenstrahlung streifend mit $\alpha = 10'$ auf ein Reflexionsgitter mit 200 Strichen pro Millimeter, so erscheint das Maximum 1. Ordnung unter dem Winkel $\beta = 22'$. Berechnen Sie damit die Wellenlänge der Röntgenstrahlung.

2. Die von einer Molybdän-Anode ausgehende und durch Kollimatorspalte Kl eng gebündelte Röntgenstrahlung trifft auf den Lithiumfluorid-Einkristall E. Der »reflektierte« Strahl trifft auf einen empfindlichen Röntgenfilm F im Abstand $a = 9{,}2$ cm. Während der Aufnahme wird der Kristall im Winkelbereich $0° \leqq \vartheta < 45°$ gedreht.

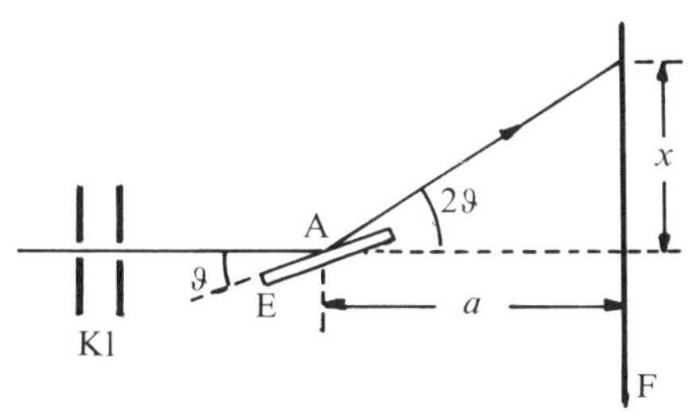

a) Erläutern Sie, daß zur größeren Wellenlänge ein größerer Abstand x des »Reflexes« (1. Ordnung) auf dem Film gehört.

Abiturprüfung 1987, III

1. Doppelspaltversuch nach Young

a) Beim Youngschen Doppelspaltversuch sei der Spaltabstand $d = 1{,}0$ mm; es werde mit Licht im Bereich 400 nm $< \lambda <$ 750 nm gearbeitet. Wie groß muß man den Abstand Doppelspalt – Schirm mindestens machen, damit der Mittenabstand benachbarter Interferenzmaxima im gesamten Spektralbereich größer als 2,0 mm ist? — 8

b) Bei der Verwendung einer Glühlampe (400 nm $< \lambda <$ 750 nm) treten Überlappungen der Maxima verschiedener Ordnung auf (Farbmischungen). Bis zu welcher Ordnung tritt keine Überlappung benachbarter Interferenzmaxima auf? Rechnerische Begründung! — 6

2. Kontinuierliches Röntgenspektrum

1916 fanden Duane und Hunt bei der Untersuchung des kontinuierlichen Teils von Röntgenemissionsspektren den folgenden Zusammenhang zwischen der kurzwelligen Grenze $\lambda_{\min}$ des Spektrums und der Beschleunigungsspannung der Röntgenröhre:

$$\lambda_{\min} \cdot U = \mathrm{K} \quad \text{(konstant)}\,.$$

Bewertung

a) Skizzieren und erläutern Sie eine Anordnung, mit der die obige Gesetzmäßigkeit überprüft werden kann. 8

b) Skizzieren Sie qualitativ für zwei unterschiedliche Betriebsspannungen $U_1 < U_2$ die zugehörigen kontinuierlichen Röntgenspektren, und beschriften Sie die Graphen eindeutig. 3

Abiturprüfung 1988, III

1. Interferenz beim Licht

a) Das Spektrum einer Quecksilberdampflampe enthält intensive sichtbare Spektrallinien im Wellenlängenbereich von 405 nm bis 579 nm. Erstellen Sie eine vollständig beschriftete Skizze eines Versuchsaufbaus, bei dem unter Verwendung eines Gitters das Hg-Spektrum auf einem Schirm sichtbar gemacht werden kann. 6

b) Hinter dem Gitter befindet sich im Abstand $a = 1{,}00$ m ein dazu paralleler Schirm. Wie groß muß dieser mindestens sein, damit die beiden Spektren 1. Ordnung vollständig auf dem Schirm erscheinen, wenn das Gitter 570 Striche pro Millimeter besitzt? Keine Kleinwinkelnäherung! 7

c) Mit Hilfe eines Beugungsgitters sollen Spektrallinien getrennt werden. Zwei Linien benachbarter Wellenlängen λ_1 und $\lambda_2 = \lambda_1 + \Delta\lambda$ können im Spektrum 1. Ordnung getrennt werden, wenn gilt: $\frac{\lambda_1}{\Delta\lambda} \leqq N$ (N: Anzahl der beleuchteten Gitterspalte). 4
Wie groß muß N mindestens sein, damit die Linien der gelben Quecksilber-Doppellinie ($\lambda_1 = 577{,}0$ nm und $\lambda_2 = 579{,}1$ nm) im Spektrum 1. Ordnung getrennt beobachtet werden können?

Anhang 5

Referatsthemen für das 2. Semester im Leistungskurs Physik

1. Wechselstromwiderstand des Kondensators

a) Abhängigkeit von der Frequenz.
b) Abhängigkeit von der Kapazität.

Literatur:
Buch Seite 9f.

2. Hoch- und Tiefpaß

a) Sinusförmige Spannung an eine Serienschaltung aus Kondensator und Widerstand. Untersuchung der Teilspannungen an Kondensator und Widerstand bei verschiedenen Frequenzen.
b) Theoretische Behandlung der Schaltung.
c) Anwendung von Hoch- bzw. Tiefpaß.

Literatur:
Tietze, Schenk: Halbleiterschaltungstechnik, Seite 5f.; Springer-Verlag, Berlin

3. Die reale Spule

a) Messung des Wechselstromwiderstandes der realen Spule mit Hilfe sinusförmiger Wechselspannung.
b) Bestimmung des ohmschen Widerstandes der Spule mit einer Gleichstrommessung.
c) Herleitung des Wechselstromwiderstandes der realen Spule.
d) Bestimmung von L mit Hilfe der Ergebnisse der vorangegangenen Teilaufgaben.

Literatur:
Buch Seite 16f.

4. Bestimmung der Induktivität L

a) Berechnung der Induktivität L einer luftgefüllten Zylinderspule aus deren Daten.
b) Ermittlung von L aus $X_L = \omega \cdot L$
c) Vergleich von Theorie und Experiment. Fehlerbetrachtung!

Literatur:
Buch Seite 13f.
Leistungskurs 1. Semester, Seite 178

5. Die erzwungene mechanische Schwingung

a) Versuch nach Buch Seite 38 aufbauen;
b) Aufnahme der Resonanzkurve
c) Einige Beispiele für mechanische Resonanz; Anwendung in der Technik.

Literatur:
Sexl u. a.: Der Weg zur modernen Physik, Band 2, Seite 12f.; Diesterweg, Salle Verlag: Frankfurt
Bergmann, Schaefer: Lehrbuch der Experimentalphysik, Band I, Seite 189; Verlag de Gruyter, Berlin, 1974

6. Serienresonanz

a) Aufbau und Durchführung des Versuches nach den Daten des Buches; eventuell Aufnahme der Resonanzkurve.
b) Herleitung des Wechselstromwiderstandes des Serienresonanzkreises.

Literatur:
Buch Seite 44f.

7. Ungedämpfte Schwingungen

Gegenüberstellung der freien, ungedämpften mechanischen und elektromagnetischen Schwingung.

Literatur: Buch Seite 28f.

8. Gedämpfte elektromagnetische Schwingung

a) Aufstellen der Differentialgleichung.
b) Überprüfung des Lösungsansatzes durch Einsetzen in die Differentialgleichung.
c) Begriff der Güte eines Schwingkreises.
d) Schrittweise Lösung der Differentialgleichung durch Computersimulation.

Literatur: Buch Seite 22f, 245f
Dittmann, Jodl: Programmideen Physik; Seite 66; BSV-Verlag, München
Bergmann, Schaefer: Lehrbuch der Experimentalphysik, Band II, Seite 423f.; Verlag de Gruyter, Berlin, 1987

9. Die Meißnerschaltung

a) Schrittweise Entwicklung der Meißnerschaltung. Anstelle der Triode soll aber ein Transistor mit geeigneter Beschaltung verwendet werden. Die Schwingung soll eine niedere Frequenz haben, so daß die Zeiger von Gleichstrominstrumenten noch mitschwingen können.
b) Erzeugung von Schwingungen, die im Tonfrequenzbereich liegen.

Literatur:
A. Friedrich: Handbuch der experimentellen Schulphysik; Band 8, Seite 199; Aulis-Verlag, Köln

10. Induktive Kopplung von Schwingkreisen

a) Aufbau der elektrischen Versuchsanordnung; Anregung mit begrenztem Energieinhalt; Nachweis der Schwebung.
b) Aufbau eines mechanischen Analogieexperimentes.

Literatur:
Buch Seite 54f.
Bergmann, Schaefer: Lehrbuch der Experimentalphysik, Band II, Seite 451f.; Verlag de Gruyter, Berlin, 1987

11. Oberschwingungen

a) Formel für die Frequenzen der Oberschwingungen;
b) Nachweis der Oberschwingungen an einem Dipol;
c) Oberschwingungen in der Mechanik (z.B. Eigenschwingungen am Gummiseil).

Literatur: Buch, Seite 64f.
Kuhn: Physik; Schwingungen und Wellen III D, Seite 48f.: Westermann Verlag, Braunschweig 1975
Bergmann, Schaefer: Lehrbuch der Experimentalphysik, Band II, Seite 477f.; Verlag de Gruyter, Berlin, 1987

12. Stehende Wellen

a) Stehende mechanische Wellen z.B. in der Wasserwellenwanne;
b) Stehende elektromagnetische Wellen z.B. Dezimeterwellensender vor einer Metallwand; Nachweis des E-Feldes mit Dipol.

Literatur:
Leybold-Firmenschrift zur Wasserwellenwanne

13. Amplitudenmodulation

a) Modellversuch zur Amplitudenmodulation;
b) Amplitudenmodulation eines Dezimeterwellensenders;
c) Ausblick auf die Frequenzmodulation.

Literatur:
Buch Seite 94f.
Die Technik im Leben von heute, Seite 326; Bibliographisches Institut, Mannheim, 1971
Bergmann, Schaefer: Lehrbuch der Experimentalphysik, Band II, Seite 509f.; Verlag de Gruyter, Berlin, 1987

14. Ausbreitung von Rundfunkwellen

a) Eingehen auf das unterschiedliche Ausbreitungsverhalten von Langwellen, Kurzwellen und Ultrakurzwellen;
b) Die Heaviside-Schicht; evtl. Modellexperiment mit Mikrowellensender hierzu.

Literatur: Dransfeld, Kienle: Physik II, Seite 205f.; Oldenbourg-Verlag, München
Armbrüster, Grünberger: Elektromagnetische Wellen im HF-Bereich; Hüttig und Pflaum Verlag, München
Die Technik im Leben von heute, Seite 328; Bibliographisches Institut, Mannheim, 1971
Bergmann, Schaefer: Lehrbuch der Experimentalphysik, Band II, Seite 516f.; Verlag de Gruyter, Berlin, 1987

15. Radar

a) Entwicklung des Radars im 2. Weltkrieg;
b) Technische Informationen zum Radar;
c) Einige Beispiele für die Anwendung des Radars.

Literatur:
Meinke; Groll: Radar; Reclam-Verlag, Stuttgart, 1964
Die Technik im Leben von heute, Seite 348; Bibliographisches Institut, Mannheim, 1971

16. Die Hertzschen Versuche

a) Reflexion von Licht bzw. Mikrowellen an einem Metallspiegel;
b) Brechung von Licht durch ein Glasprisma; Brechung von Mikrowellen durch ein Paraffinprisma;
c) Bündelung von Licht durch eine Sammellinse aus Glas; Bündelung von Mikrowellen durch eine Sammellinse aus Paraffin; Nachweis der Brennpunktseigenschaft.

Literatur: Buch Seite 98f.
Leybold: Physikalische Handblätter DK 538566, Köln

17. Wellenlängenmessung bei Mikrowellen

a) Bestimmung mittels stehender Wellen vor einem Reflektor;
b) Bestimmung mittels Mehrfachreflexionen an Kunststoffplatten.

Literatur: Buch, Seite 111, 121
Leybold: Physikalische Handblätter DK 538566, Köln

18. Lichtinterferenzen am optischen Biprisma

Aufgabenstellung vgl. Buch Seite 136

Literatur:
Bergmann, Schaefer: Lehrbuch der Experimentalphysik, Band III Optik; Seite 309f., Walter de Gruyter Verlag, Berlin, 1973
U. Förster: Wellenoptik mit Laserlicht; Seite 11; Leybold Demonstrations- und Praktikumsversuche 471771; Köln, 1979

19. Lichtinterferenzen beim Fresnelspiegel

Aufgabenstellung vgl. Buch Seite 135

Literatur:
Bergmann, Schaefer: Lehrbuch der Experimentalphysik, Band III Optik; Seite 305f., Walter de Gruyter Verlag, Berlin, 1973
U. Förster: Wellenoptik mit Laserlicht; Seite 8: Leybold Demonstrations- und Praktikumsversuche 471771; Köln, 1979

20. Newton-Ringe

a) Erzeugung von Newton-Ringen in Reflexion;
b) Bestimmung des Krümmungsradius der plankonvexen Linse bei Bestrahlung mit dem Licht einer Natrium-Dampflampe.

Literatur: Buch, Seite 138
Bergmann, Schaefer: Lehrbuch der Experimentalphysik, Band III Optik; Seite 319f., Walter de Gruyter Verlag, Berlin, 1973

21. Versuche zur Spannungsoptik

a) Aufbau eines geeigneten Versuches unter Verwendung von Plexiglas-Werkstücken; Verwendung von weißem Licht;
b) Erklärung der Farberscheinungen bei Zonen starker Belastung;
c) Anwendungsmöglichkeiten der Spannungsoptik.

Literatur:
Bergmann, Schaefer: Lehrbuch der Experimentalphysik, Band III Optik; Seite 566f. Walter de Gruyter Verlag, Berlin, 1973
Schreiner: Physik Teil II, Seite 70 u. 384; Diesterweg Salle Verlag: Frankfurt 1978

22. Polarisation von Licht

a) Polarisation durch Filter;
b) Polarisation durch Reflexion unter dem Brewsterwinkel.

Literatur: Buch, Seite 166f.
Bergmann, Schaefer: Lehrbuch der Experimentalphysik, Band III Optik; Seite 451f. Walter de Gruyter Verlag, Berlin, 1973
Sexl u.a.: Der Weg zur modernen Physik, Band 2, Seite 75f.; Diesterweg Salle Verlag; Frankfurt; 1980

23. Nachrichtenübertragung durch Licht

a) Der Faradayeffekt;
b) Modulation von Licht mittels Faradayeffekt.

Literatur:
Blumenberg, Horstmeyer: Informationsübertragung durch Modulation von Laserlicht; Praxis der Naturwissenschaften, Praxis; 7/1981; Seite 195f.

24. Infrarot und Ultraviolett

a) Nachweis des Infrarot im Spektrum einer Bogenlampe durch eine Thermosäule;
b) Nachweis des Ultraviolett im Spektrum einer Bogenlampe durch einen ZnS-Schirm; Verwendung einer Quarzoptik.

Literatur: Buch, Seite 169f.
Bergmann, Schaefer: Lehrbuch der Experimentalphysik, Band III Optik; Seite 215f. Walter de Gruyter Verlag, Berlin, 1973

25. Die Braggsche Drehkristallmethode

a) Erläuterung des Aufbaues der Röntgenröhre;
b) Erläuterung der Braggschen Anordnung;
c) Messung der Wellenlänge der Röntgenstrahlung bei bekanntem Netzebenenabstand.

Literatur: Buch, Seite 174f.
Leybold-Firmenschrift zum Röntgengerät;
Bergmann, Schaefer: Lehrbuch der Experimentalphysik, Band III Optik: Seite 385f. Walter de Gruyter Verlag, Berlin, 1973

26. Spektralapparate

a) Aufbau und Funktionsweise des Prismenspektrographen;
b) Aufbau und Funktionsweise des Gitterspektrographen;
c) Vergleich der beiden Anordnungen.

Literatur:
Bergmann, Schaefer: Lehrbuch der Experimentalphysik, Band III Optik; Seite 277f., 367f. Walter de Gruyter Verlag, Berlin, 1973

27. Biographie von Einstein

a) Überblick zum Lebenslauf Einsteins;
b) Überblick über die Leistungen Einsteins.

Literatur:
J. Wickert: Einstein; Rowohlt Taschenbuch Verlag; 1972

28. Längenmessung

a) Einblick in die Messung großer Strecken (z. B. Erde–Mond; Erde–Sonne);
b) Einblick in die Messung kurzer Strecken.

Literatur:
Buch, Seite 186f.
Pohl: Mechanik, Akustik, Wärmelehre, Seite 2f.; Springer Verlag, Berlin, 1969

29. Zeitmessung

Geschichtliche Entwicklung der Zeitmessung bis heute.

Literatur:
Sexl, Schmidt: Raum-Zeit-Relativität. Seite 15f.; Rowohlt Taschenbuch Verlag.

30. Dopplereffekt mit Ultraschall

a) Herleitung der Formel für die Frequenzänderung;
b) Messung der Frequenzänderung mit einem Digitalzähler (Sender oder Empfänger befindet sich auf einem Wägelchen).

Literatur:
Sexl u. a.: Der Weg zur modernen Physik, Band 2, Seite 23f.; Diesterweg Salle Verlag: Frankfurt; 1980

31. Das Myonenexperiment

a) Zerfall der Myonen im Ruhesystem; Begriff der Halbwertszeit.
b) Erklärung des Versuchsergebnisses
α) über die Loretzkontraktion
β) über die Zeitdilitation

Literatur:
Sexl, Schmidt: Raum-Zeit-Relativität, Seite 43f.; Rowohlt Taschenbuch Verlag; Buch, Seite 214f.

Register

Absorptionskoeffizient 174
Äquivalenz von Masse und Energie 236
Ätherwind 188, 190
Amplitudenmodulation 94, 98
Analysator 166
Anfangsbedingungen 245f
Auflösungsvermögen 163
Ausbreitungsgeschwindigkeit einer Welle 73

Bauch einer stehenden Welle 76, 90
Beugung 100f, 109, 112f, 133
Beugung am Spalt
  bei Licht 142f
  bei Mikrowellen 100, 109
  Theorie der Beugung 112, 144, 253
Bewegungsgleichung 245f
Biprisma 136, 347
Braggsche Beziehung 174
  Drehkristallmethode 174f
Brechung
  Deutung der Brechung 112f
  von Licht 99, 115
  von Mikrowellen 99
  von Wellen 74
Brechzahl 114, 116, 120, 165, 167
Bremsspektrum 172, 176
Brewstersches Gesetz
  bei Licht 167
  bei Mikrowellen 120
Bucherer, Versuch von 231
Bündelung 99

Charakteristisches Röntgenspektrum 172, 176

Dämpfung (Schwingkreis) 23, 25f, 29, 252
Demodulation 94, 251f
Destruktive Überlagerung 104, 110, 121
Dezimeter-Sender 58
Differentialgleichung der freien
  gedämpften Schwingung 27, 29
  ungedämpften Schwingung 30
Dipol 58f, 81
Dipolcharakteristik 69f
Dipolstrahlung 67
Doppelspaltversuch
  mit Licht 125, 129, 149
  mit Mikrowellen 109
Doppelspiegel (Fresnel) 135
Dopplereffekt 204f., 227
Dopplerfaktor 207
Dopplerverschiebung 207
Drehkristallmethode von Bragg 174f
Drehung der Polarisationsebene 168
Durchlässigkeit 98

Echolot 188
Effektive Weglänge 116
Effektivwert v. Wechselstrom bzw. -spannung 7
Eigenfrequenz 38

Einfachspalt
  Beugung am Einfachspalt 101, 142f, 255f
  Intensitätsverteilung am Einfachspalt 146f, 257
  Theorie des Einfachspalts 144f, 255f
Einfallsebene 119
Einsteinsche Masse-Energie-Beziehung 240
Einsteins Postulate der Relativitätstheorie 193
Elektrische Energie 22, 33
Elektrodenlose Ringentladung 86
Elektromagnetische Schwingung
  Erzeugung ungedämpfter 48f
  erzwungene 44
  freie gedämpfte 22f
  freie ungedämpfte 29f
Elektromagnetisches Spektrum 169f, 177
Elektromagnetische Strahlung 70f
Elektromagnetische Welle
  Ausbreitungsgeschwindigkeit 72, 73, 81
  Dipolstrahlung als 72f, 80
  stehende (durch Reflexion) 80, 89f, 96, 100
Elementarwelle 102, 112, 151
Empfänger 94, 98
Empfangsdipol 60, 67
Energieerhaltung 33, 35, 240
Entfernungsradar 188, 227
Ereignis 198
Ersatzschaltbild für reale Spule 17
Erzeugung ungedämpfter Schwingungen 38, 48f
Erzwungene Schwingungen
  elektromagnetische 44
  mechanische 38f, 249f

Federpendel 28, 30, 38
Feldvektor 69
Feldverteilung am Dipol 60f
Fermat, Prinzip von 115
Fernzone des Dipols 68f, 87f
Fortschreitende Welle 80, 87
Freie elektromagnetische Schwingung 22f, 29f
Frequenz 9, 74
Frequenzmodulation 95
Fresnelsche Interferenzversuche 135f
Funkenstrecke 56, 86

Galileitransformation 179
Gangunterschied 103f, 110f, 117, 126, 134, 139, 143f, 152, 164
Gegenphasig 104
Gegenüberstellung
  Schwingung – Welle 79
  stehende – fortschreitende Welle 80
Geschwindigkeitsabhängigkeit der Masse 230f, 244

Geschwindigkeitsaddition
  klassische 179, 226
  relativistische 222f, 226, 229
Geschwindigkeitsradar 203, 228
Gitter, optisches 152, 155f
  Auflösungsvermögen des o. G. 163
  Wellenlängenmessung mit dem o. G. 155
Gitterkonstante 155, 159
Gitterspektrum 158, 170
Glanzwinkel 174
Gleichphasig 102, 121
Gleichzeitigkeitslinien 201, 210, 221
Grenzfall, s. klassischer Grenzfall
Grenzgeschwindigkeit 182
Grundgleichung der Wellenlehre 74
Grundschwingung 64, 66, 82

Halbwertszeit (von Myonen) 214
Hauptmaximum 151, 154, 163
Hertzsches Drahtgitter 92
Hertzsche Versuche 98f
Hohlraumresonator 96
Huygenssches Prinzip 112f, 144

Ideale Spule 13, 15, 20
  mathematische Behandlung 14
Induktionsgesetz, verallgemeinertes 86
Induktive Kopplung 55
Induktiver Widerstand 15
Inertialsystem 180
Infrarotstrahlung 169f
Interferenz
  am Luftkeil 141
  vereinfachende Näherungen 110, 126, 157
  I. von Dipolstrahlung 80
  I. von Licht 124ff, 133
    mit nicht kohärentem Licht 127
  I. von Mikrowellen 100, 109f, 121
  I. von Wellen 75, 102f
Interferometer, Michelson- 191
Iterationsverfahren 245f

Kapazitiver Widerstand 12
k-Faktor 205f
Kinetische Energie, relativistische 238
Klassischer Grenzfall
  der Bewegungsenergie 238, 242
  der Energie-Impuls-Beziehung 241
  der Lorentz-Transformation 224
Klystron 97
Knoten einer stehenden Welle 75, 90
Kohärenzbedingung 127f
Kohärenzspalt 128
Kondensator 9
  mathematische Behandlung 11
Konstanz der Lichtgeschwindigkeit 193
Konstruktive Überlagerung 104, 110, 121, 151
Kontraktionshypothese 193
Kopplung von E- und H-Feld 83f

Kopplung von Schwingkreisen, induktive 55
Kreisfrequenz 9
Kurven
gleicher Dicke 138
gleicher Neigung 134

Ladungsverteilung beim Dipol 60f
Längenkontraktion 217, 229
Längenmeßverfahren 187f, 200
Längsbetrachtung einer Zweiquelleninterferenz 121, 133
Längswellen 77
$\lambda/2$-Dipol 81
Laser 125, 127, 130, 146f, 150
Laufzeitmessung 187, 199
Leidener Flasche 56, 86
Lichtgeschwindigkeit 70, 72, 81
als Grenzgeschwindigkeit 182
Konstanz der Lichtgeschwindigkeit 193
Lichtlinie 199
Linien gleichen Ortes 210, 221
Linien gleicher Zeit 201, 210, 221
Linienspektrum 158
Linsenvergütung 141
Lloydscher Versuch 118, 136
Longitudinalwellen 77
Lorentztransformation
für Geschwindigkeiten 222f, 226, 229
für Ort und Zeit 219f, 229

Magnetische Energie 22, 23
Mathematische Behandlung
der idealen Spule 14
des Kondensators 11
der Welle 76
Maximum 103f, 110, 111, 126, 143, 151, 154
Mechanische Analogie
zu Dipolschwingungen 64f
zur elektromagnetischen Schwingung 22, 28f, 38f
zur elektromagnetischen Welle 72f
Mehrfachspalt 150f
Theorie zum 152f, 253f
Meißnerschaltung 51f
Meterdefinition 186
Michelson-Versuch, -Interferometer 190
Mikrowellen 96ff
Minimum 103f, 110, 139, 143, 155, 163
Minkowski-Diagramme 198
Mitführungshypothese 193
Mitkopplung 50
Modellversuch zur Zweiquelleninterferenz 105
Modulation 94, 98, 251f
Momentanwert 8, 10, 13
Monochromatisches Licht 130
Myonenexperiment 214

Näherungen, vereinfachende, zur Behandlung von Interferenzen 110, 126, 157
Nahzone des Dipols 61f
Nebenmaximum 152, 155
Newtonsche Ringe 138f
Newtonsches Axiom, 2., 236, 244

Oberschwingungen 64f, 82
Ohmscher Widerstand 7, 17f, 29
Optisch aktive Stoffe 168
Optisch dichteres/dünneres Medium 117
Optische Weglänge 116
Ordnung von Maxima/Minima 103f, 126, 164

Parallelresonanz 46
Parallelschaltung von Spule und Kondensator 45
Periodendauer 9
Phase 73
Phasenbeziehung bei Reflexion 117f
Phasensprung 90, 117
Phasenverschiebung zwischen Strom und Spannung
Kondensator 10f
ideale Spule 13, 15
reale Spule 18f
Phasenwinkel 9
Pohlscher Versuch 133f
Polarisation von
Dipolstrahlung 89, 91f
Licht 166f
Mikrowellen 100, 119f
Polarisationsebene 92, 119f
Drehung der 168
Polarisator 166
Primärwelle 89
Prinzip von der
Konstanz der Lichtgeschwindigkeit 193
Prinzip von Fermat 115
Prinzip von Huygens 112f, 144
Prismenspektrum 169, 170, 171

Querbetrachtung einer Zweiquelleninterferenz 133
Querwellen 77

Radar
Entfernungs- 188, 227
Geschwindigkeits- 203, 228
Schall- 188
Randstrahlen 143f
Raumvermessung 199f
Reale Spule 16f
Reflexion
Deutung der Reflexion 112
von Dipolstrahlung 71, 80, 89, 90
von Licht 124, 134, 135, 138f
von Mikrowellen 99, 118, 119, 121f
von Wellen 74, 117
Reflexionsgitter 163, 173
Reflexklystron 97
Relativistische(r)
Bewegungsenergie 236f, 244
Energie-Impuls-Beziehung 241, 244
Gesamtenergie 240, 244
Geschwindigkeitsaddition 222f, 226, 229
Impuls 230f, 233, 244
Masse 230f, 233, 244
Masse-Energie-Beziehung 240, 244
Zusammenhang zw. Kraft und Beschleunigung 239, 244
Relativität der Gleichzeitigkeit 202
Relativitätsprinzip 193, 205

Resonanz 38f, 44f, 56, 249f
Resonanzfrequenz 38
Richtantenne 255
Richtungsabhängigkeit der Dipolstrahlung 69f
Richtungsregeln für E- und H-Feld 85f
Röntgenstrahlung 171f
Rückkopplung 49f
Ruheenergie 240, 244
Ruhemasse 232, 239

Saccharimetrie 168
Schallradar 188
Schwingkreis 23
Schwingung, mechanische bzw. elektromagnetische 22
Schwingungsbauch 76, 90
Schwingungsdauer von mechanischer
bzw. elektromagnetischer Schwingung 31
Schwingungsknoten 75, 90
Sekundärwelle 89
Selbststeuerung 50
Sendedipol 60, 67
Sender 58, 94, 97
Serienresonanz 45
Spannungsverlauf am Dipol 60f
Spektrum 158f, 161, 169f, 170, 172, 177
Spule 13f
Stehende Welle 75f, 80f, 89f, 100, 124
Steuern 49
Stromstärkeverteilung am Dipol 60f
Synchronisation von Uhren 200, 227
Systemzeit 204

Teslatransformator 56
Thermoelement 169
Thermosäule 169
Thomsonsche Formel 31
Tonfrequenzbereich 54
Trägerschwingung 94
Transistor 53
Transversalwellen 77, 92
Triangulierung 187
Triode 51f

Uhrenparadoxon 215f
Uhrensynchronisation 200, 227
UKW-Sender 95
Ultraviolettstrahlung 171
Ungedämpfte elektromagnetische Schwingungen 29f, 38f, 48f

Vereinfachende Näherungen
zur Behandlung von Interferenzen 110, 126, 157
Verschiebungsstrom 85
Versuch(e) von
Bucherer 231
Fresnel 135f
Hertz 98f
Lloyd 136
Michelson 190f
Newton 138f
Pohl 133f
Young 129f
Virtuelle Lichtquelle 133, 135f, 137

Wechselstrom bzw. -spannung
Effektivwert 7
Momentanwerte 8, 10, 13
Wechselstromwiderstand
Definition 7
ideale Spule 15
Kondensator 12
ohmscher Widerstand 8
reale Spule 18
Weglänge, effektive, optische 116
Welle 72f
mathematische Beschreibung 76
stehende 75f, 80f, 89f, 100, 124
Wellenausbreitung 73
Wellenausbreitungsgeschwindigkeit c 73, 81
Wellenausbreitungsrichtung 73, 74, 103
Wellenfrequenz 74
Wellenfront 103
Wellenlänge 73, 81
Wellennormale 103
Wellencharakter und Wellenlängenmessung
von Dipolstrahlung 80f
von Licht 124f
mit dem optischen Gitter 155f
von Mikrowellen
Messung mit Doppelspalt 109f
Messung mit stehenden Wellen 100
von Röntgenstrahlung 172f
Welt, Weltpunkt, Weltlinie 198
Wirbelfeld, elektrisches 86

Youngscher Doppelspaltversuch 129f

Zeigeraddition
bei Beugung am Mehrfachspalt 153, 253
bei Beugung am Spalt 146, 253
bei Strömen und Spannungen 17
Zeigerdiagramm 9, 11, 14, 45, 146, 153, 253
Zeitdilatation 194, 212f, 228
Zeitmessung 196
Zeitlich-räumliches Bezugssystem 196
Zweiquelleninterferenz 102f, 106
Längsbetrachtung 121, 133
Modellversuch 105
Näherungen zur Vereinfachung 110, 126
Querbetrachtung 133
mit Schallwellen 106
Zwillingsparadoxon 215f